LES ARYTHMIES CARDIAQUES

Un guide clinique et thérapeutique

6e édition

Jean-Luc Beaumont

CHENELIÈRE
ÉDUCATION

Les arythmies cardiaques
Un guide clinique et thérapeutique, 6e édition

Jean-Luc Beaumont

Conception éditoriale : Sophie Gagnon
Édition : Maxime Forcier
Coordination : Caroline Côté
Révision linguistique : Chantale Bordeleau
Correction d'épreuves : Maryse Quesnel
Conception graphique : Alain Lapointe
Conception de la couverture : Tatou communication visuelle, Karina Dupuis

Catalogage avant publication de Bibliothèque et Archives nationales du Québec et Bibliothèque et Archives Canada

Beaumont, Jean-Luc

Les arythmies cardiaques : un guide clinique et thérapeutique
6e éd.
Éd. rev. de: L'apprentissage des arythmies cardiaques. [Montmagny, Québec] : J.-L. Beaumont, 1984.

Comprend des réf. bibliogr. et un index.

ISBN 978-2-7650-3545-9

1. Arythmie. 2. Cœur – Maladies. 3. Arythmie – Problèmes et exercices. I. Beaumont, Jean-Luc. Apprentissage des arythmies cardiaques. II. Titre.

RC685.A65B45 2011 616.1'28 C2011-942041-4

CHENELIÈRE ÉDUCATION

5800, rue Saint-Denis, bureau 900
Montréal (Québec) H2S 3L5 Canada
Téléphone : 514 273-1066
Télécopieur : 514 276-0324 ou 1 800 814-0324
info@cheneliere.ca

ISBN 978-2-7650-3545-9

Dépôt légal : 1er trimestre 2012
Bibliothèque et Archives nationales du Québec
Bibliothèque et Archives Canada

Imprimé au Canada

2 3 4 5 6 M 17 16 15 14 13

Nous reconnaissons l'aide financière du gouvernement du Canada par l'entremise du Fonds du livre du Canada (FLC) pour nos activités d'édition.

Gouvernement du Québec – Programme de crédit d'impôt pour l'édition de livres – Gestion SODEC.

Œuvre de la couverture

Artiste : Paul-Émile Borduas
Titre : *Composition 51*
Date : Vers 1958 - 1959
Médium : Huile sur toile
Mention : Musée des beaux-arts de Montréal
Crédit photographique : MBAM, Brian Merrett

Sources iconographiques

p. 136 : Reproduit de Circulation, Journal of The American Heart Association, Part 8: adult advenced cardivascular life support, American Heart Association, p. S749, 2010 ; **p. 137 et 231 :** © 2010 ERC ; **p.223 :** Mangiola, S. (1977). Self-assessment in electrocardiography. New York : Lippincott Wiliams & Wilkins.

Dans cet ouvrage, le masculin est utilisé comme représentant des deux sexes, sans discrimination à l'égard des hommes et des femmes, et dans le seul but d'alléger le texte.

Préface

J'ai le grand plaisir de signer la préface de cette sixième édition de l'ouvrage *Les arythmies cardiaques.*

Au fil des ans, les résultats des évaluations produites par diverses clientèles entérinent la formule pédagogique préconisée comme un choix de premier plan quant au succès de l'ouvrage. *Les arythmies cardiaques* constitue un ouvrage de référence majeur, autant pour le novice que pour le personnel expérimenté du milieu clinique. La progression méthodologique des chapitres permet cette double fonction, et ce, sans nuire à l'une ou l'autre.

L'électrophysiologie, le contexte clinique, les critères électrocardiographiques et les solutions thérapeutiques demeurent l'essence même de la compréhension des arythmies cardiaques. Les centaines de tracés présentés dans les exercices d'interprétation représentent un défi et une source de motivation pour les apprenants. Ils sont également un indicateur d'évaluation tangible des apprentissages réalisés.

Cette nouvelle édition comprend une restructuration de certains chapitres, de nouveaux exercices et la mise à jour des traitements pharmacologiques et non pharmacologiques. Les algorithmes thérapeutiques qui y sont présentés respectent les lignes directrices et les plus récents standards nord-américains et européens en matière de réanimation cardiorespiratoire et de soins d'urgence cardiovasculaires.

À tous ceux et celles qui ont fait honneur à mes formations, je vous suis profondément reconnaissant pour vos témoignages, votre appréciation et vos encouragements tout au long de mon parcours professionnel. Je vous dois en partie cette passion indéfectible pour le domaine fascinant de la cardiologie. Pour toutes ces raisons, je vous dédie cette présente édition.

Jean-Luc Beaumont

Avant-propos

Ce volume de 10 chapitres à caractère pédagogique est voué à l'apprentissage des arythmies cardiaques. Le contexte clinique, l'encadrement thérapeutique et l'interprétation des tracés constituent les enjeux majeurs de l'ouvrage. En plus, deux modules sont consacrés à des exercices d'intégration et de révision du contenu.

Les quatre premiers chapitres, à savoir «L'anatomie et la physiologie du cœur» (chapitre 1), «Le langage de l'électrocardiogramme» (chapitre 2), «Les dérivations électrocardiographiques» (chapitre 3) et «L'électrophysiologie» (chapitre 4), servent de préambule à la compréhension des arythmies cardiaques.

Les chapitres 5 à 9 présentent différentes arythmies regroupées selon leur point d'origine et leurs mécanismes de production. À ce titre, «Les anomalies sinusales» (chapitre 5), «Les anomalies auriculaires» (chapitre 6), «Les anomalies de la jonction auriculoventriculaire» (chapitre 7), «Les rythmes passifs et actifs» (chapitre 8) et «Les anomalies ventriculaires » (chapitre 9) sont les parties charnières de l'ouvrage. Tous ces chapitres proposent une information complète sur chacune de ces arythmies : définition, mécanisme électrophysiologique, étiologie, critères électrocardiographiques, sémiologie, encadrement thérapeutique et surveillance clinique s'y rattachant. De nombreux tableaux, encadrés, figures et algorithmes enrichissent les propos et permettent au lecteur une meilleure compréhension et intégration des contenus. Des aide-mémoire présentant une synthèse du contenu ainsi que des exercices d'interprétation de tracés sous forme d'autoévaluations complètent chacun des chapitres de cette section.

Le dixième chapitre (« Les traitements ») consiste en une description exhaustive des traitements associés aux arythmies cardiaques avec, comme point central, des informations pertinentes au sujet des antiarythmiques.

En complément, un tableau synoptique regroupant l'ensemble des arythmies cardiaques est offert au lecteur afin qu'il puisse repérer rapidement les anomalies et, par surcroît, maximiser ses apprentissages tout au long des exercices proposés dans l'ouvrage.

Remerciements

Le Dr Marcel Gilbert, cardiologue électrophysiologiste à l'Institut universitaire de cardiologie et de pneumologie de Québec, a contribué grandement à la réalisation de cette nouvelle édition. Il est un mentor d'exception et fait preuve d'une générosité incomparable. Il collabore au succès de l'ouvrage *Les arythmies cardiaques* depuis sa toute première parution, en 1984. Au nom de tous les lecteurs, je le remercie vivement et lui témoigne ma plus profonde reconnaissance.

J'adresse également des remerciements sincères au Dr Jean-François Sarrazin, cardiologue électrophysiologiste à l'Institut universitaire de cardiologie et de pneumologie de Québec, qui a révisé le chapitre 4 portant sur l'électrophysiologie, de même qu'à madame Marie Pagé, infirmière praticienne spécialisée en cardiologie à l'Institut de cardiologie de Montréal, pour sa participation à la conception des algorithmes thérapeutiques, ainsi qu'à monsieur Pierre Veilleux, spécialiste clinique en électrophysiologie pour St. Jude Medical, qui a révisé le contenu traitant de la cardiostimulation, une partie intégrante de l'encadrement thérapeutique (chapitre 10).

Finalement, je remercie le Dr Philippe Gilbert, cardiologue au Centre hospitalier affilié universitaire de Québec (CHA) – Hôpital de l'Enfant-Jésus – qui a révisé le contenu concernant les antiarythmiques et la médication spécifique, aussi partie intégrante du traitement des arythmies cardiaques (chapitre 10).

La raison d'être de cet ouvrage est d'inciter le lecteur
à atteindre un haut niveau d'excellence.

Merci, Hélène, de m'accompagner dans mon parcours professionnel.
Sincère gratitude à notre relève, Marc-André, Annie et Mathieu,
qui sont une source d'inspiration.

Table des matières

PARTIE 1 Éléments d'introduction

PARTIE 2 Les arythmies

PARTIE 1

Éléments d'introduction

CHAPITRE 1

L'anatomie et la physiologie du cœur

PLAN

1.1 Position du cœur dans la cage thoracique

1.2 Tuniques du cœur

1.3 Configuration du cœur

1.4 Structure interne du cœur

1.5 Circulation sanguine

1.6 Artères coronaires

1.7 Système de conduction électrique du cœur

1.8 Corrélation entre l'obstruction coronarienne et les arythmies cardiaques

1.9 Influence du système neurovégétatif sur le cœur

Autoévaluation

OBJECTIFS

- Décrire les cycles de la petite et de la grande circulation sanguine.
- Expliquer les quatre phases de la révolution cardiaque.
- Définir la précharge, la postcharge et la contractilité.
- Différencier les artères coronaires droite et gauche selon leur origine, leur trajet, leurs branches terminales, leurs collatérales ainsi que le territoire vascularisé.
- Préciser le nom, la situation, la fonction et la vascularisation, s'il y a lieu, de chacun des éléments du système de conduction électrique du cœur.
- Établir une corrélation entre le système artériel coronarien, l'obstruction coronarienne et les arythmies cardiaques sous-jacentes.
- Décrire le rôle des fonctions sympathique et parasympathique dans le système de conduction électrique du cœur.

1.1 Position du cœur dans la cage thoracique

Le cœur est logé dans le médiastin antérieur, à la partie médiane du thorax. La pointe est orientée vers le côté gauche et vers l'avant au niveau du cinquième espace intercostal gauche (*voir la figure 1.1*). La région où se trouve le cœur est limitée latéralement par les poumons, à la partie supérieure par la trachée et de gros vaisseaux, notamment l'aorte, et à la base par le diaphragme, sur lequel repose le cœur. À l'avant et à l'arrière, le médiastin est limité par le sternum et la colonne vertébrale.

1.2 Tuniques du cœur

Le cœur est pourvu de trois tuniques : l'endocarde, le myocarde et le péricarde (*voir la figure 1.2*).

L'endocarde est une mince membrane qui tapisse la face interne des quatre cavités cardiaques, soit les deux oreillettes et les deux ventricules, et se prolonge dans la tunique interne des artères et des veines. Sa surface lisse facilite la circulation du sang et empêche sa coagulation.

Le myocarde est le tissu musculaire du cœur. Son épaisseur est liée directement à la fonction des cavités. Assez mince aux oreillettes, il devient très épais aux ventricules, particulièrement au ventricule gauche. Il est formé de fibres propres à chaque cavité et de fibres communes aux deux oreillettes et aux deux ventricules. Les fibres cardiaques sont rattachées les unes aux autres et sont interdépendantes dans leurs contractions.

Le péricarde est l'enveloppe externe du cœur. Il s'agit d'une membrane séreuse n'ayant par définition aucune communication avec l'extérieur et constituée des feuillets viscéral, qui adhère à la face externe du myocarde, et pariétal (épicarde), qui recouvre

Figure 1.1 **Position du cœur dans la cage thoracique**

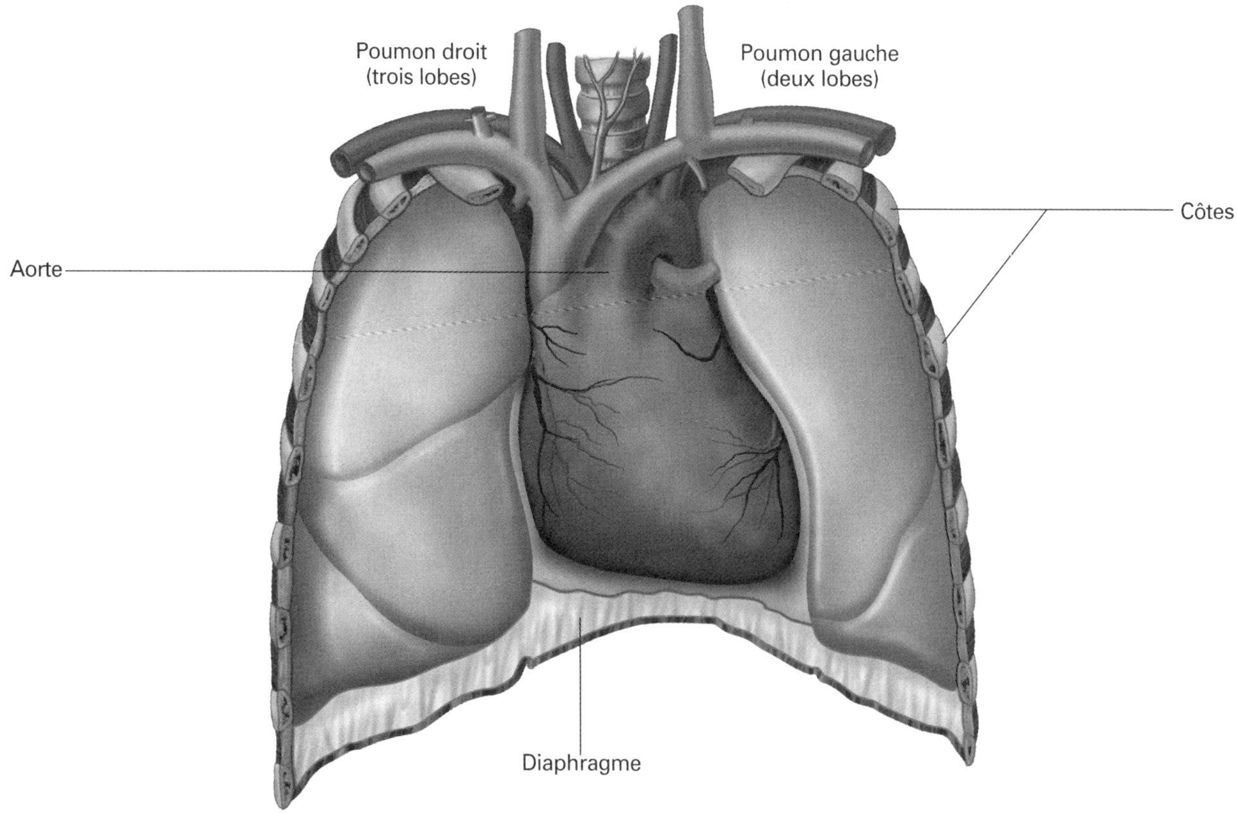

Figure 1.2 **Tuniques du cœur**

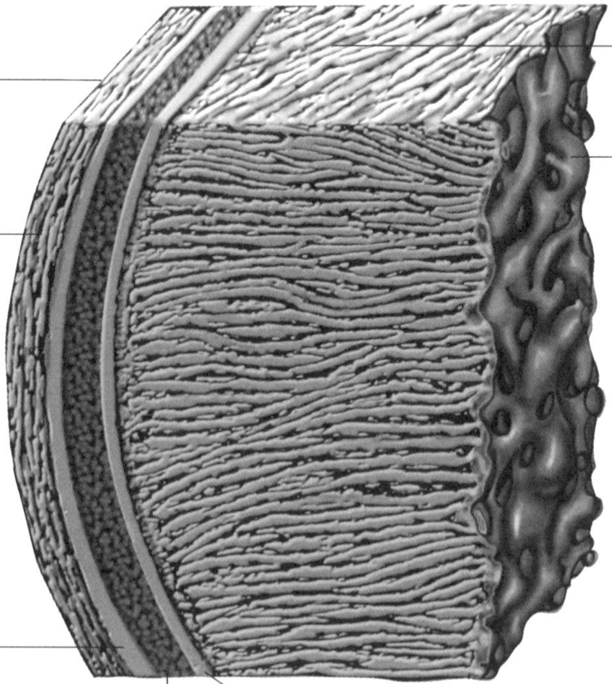

le feuillet viscéral. L'espace péricardique situé entre les deux feuillets contient une faible quantité de liquide, environ 15 à 60 ml, et a pour rôle de faciliter les mouvements du cœur.

1.3 Configuration du cœur

À la surface du cœur, plusieurs sillons séparent l'organe en quatre cavités, soit deux oreillettes et deux ventricules. Les sillons sont juxtaposés de telle sorte qu'ils forment deux cœurs : le cœur droit et le cœur gauche. Chacun comprend une oreillette et un ventricule. Ils sont séparés par les cloisons, ou septums, interauriculaire et interventriculaire. Il n'y a normalement aucune communication directe entre les cavités droites et gauches. L'orifice auriculoventriculaire relie chaque oreillette à son ventricule.

Les oreillettes ont la forme d'une ampoule et se prolongent dans les auricules ; leurs parois sont minces (1 à 2 mm) et fermes. Elles provoquent de faibles pressions pendant leur contraction. Les ventricules sont très épais et forment une volumineuse masse charnue. L'épaisseur de la paroi libre du ventricule gauche est de 7 à 9 mm en diastole, et de 12 à 15 mm en systole. L'épaisseur de la paroi du ventricule droit atteint à peine 5 à 6 mm.

1.4 Structure interne du cœur

Le cœur se compose du cœur droit, du cœur gauche, des appareils auriculoventriculaires et des valvules sigmoïdes (*voir les figures 1.3 et 1.4*).

1.4.1 Cœur droit

La partie droite du cœur comprend l'oreillette droite, l'orifice auriculoventriculaire droit et le ventricule droit.

L'oreillette droite reçoit, aux extrémités supérieure et inférieure, la veine cave supérieure et la veine cave inférieure. Sa pression varie de 3 à 8 mm Hg.

Figure 1.3 **Structure interne du cœur**

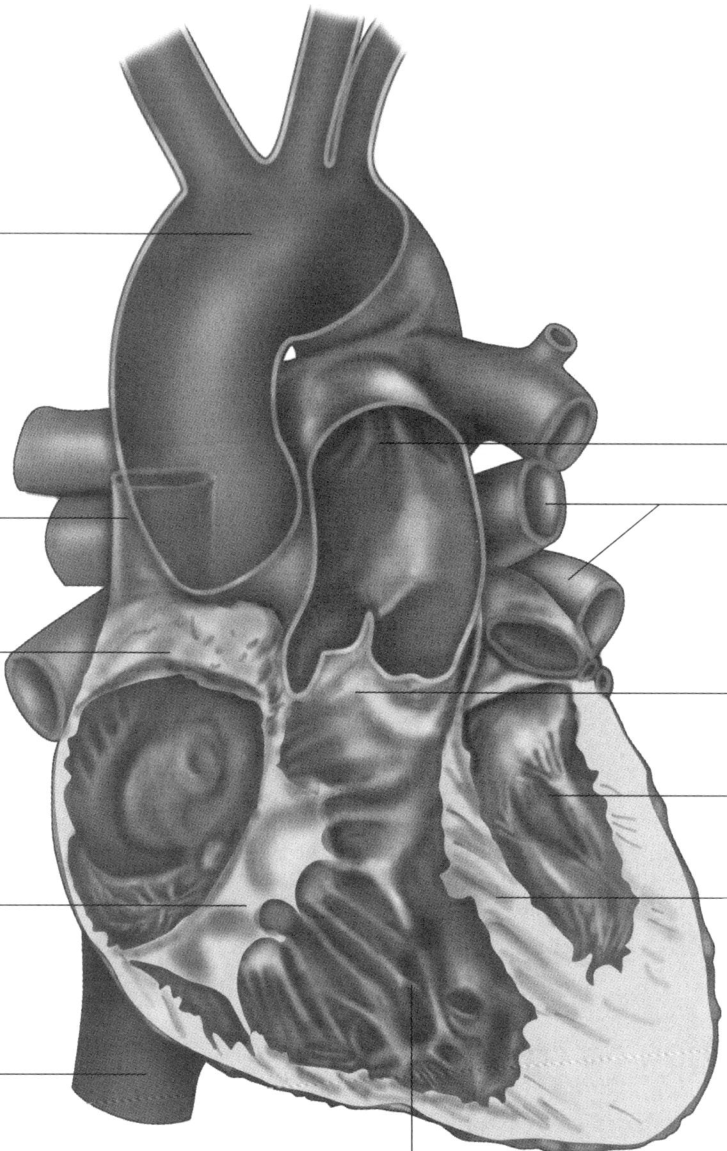

L'orifice auriculoventriculaire droit permet le passage du sang de l'oreillette droite au ventricule droit. Il est contrôlé par la valvule (ou valve) tricuspide. Celle-ci, d'un diamètre de 35 à 40 mm, est constituée de trois feuillets. Pendant la contraction, l'augmentation de la pression du sang qui se produit dans le ventricule entraîne la fermeture des valvules et, par conséquent, le blocage de la communication auriculoventriculaire.

Le ventricule droit, d'une épaisseur de 5 à 6 mm, est percé d'un orifice de 24 à 28 mm de diamètre auquel s'abouche l'artère pulmonaire. Cet orifice est pourvu de trois valvules semi-lunaires, appelées valvules sigmoïdes pulmonaires, qui ont la forme de trois petits godets fibreux ressemblant à des nids de pigeon. La pression du ventricule droit varie de 15 à 25 mm Hg en systole, et de 3 à 8 mm Hg en diastole. Quant à l'artère pulmonaire, sa pression systolique

Figure 1.4 **Circulation sanguine et pression intracardiaque**

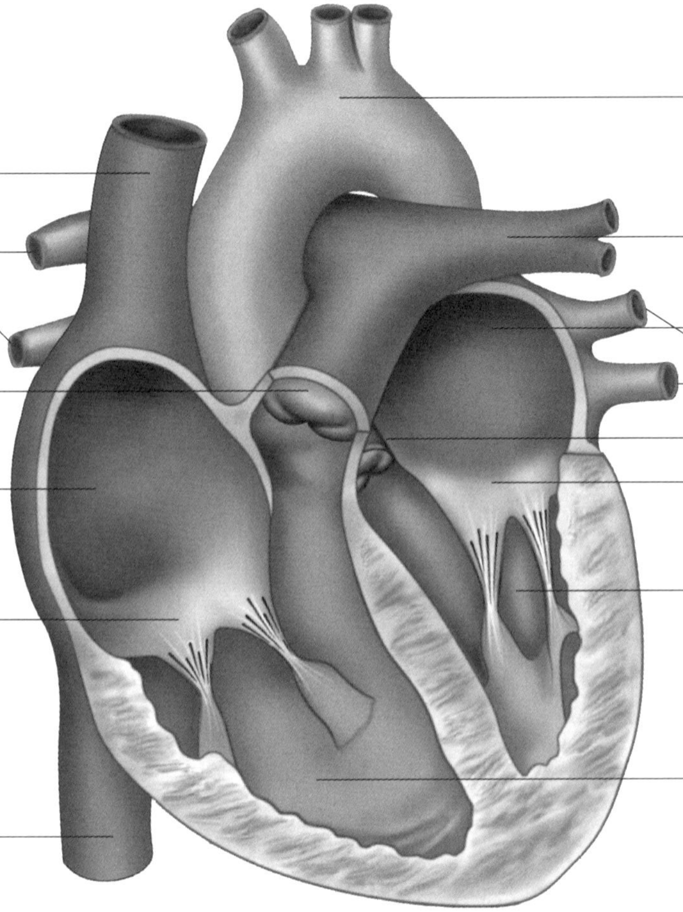

Source: Hendy, S., Proulx, M., & Roy, F. (1992). *Le monitoring hémodynamique: approche clinique et soins infirmiers.* Boucherville, Qc: Gaëtan Morin, p. 3.

est comparable à celle du ventricule droit, alors que sa pression diastolique est de 8 à 15 mm Hg.

1.4.2 Cœur gauche

La partie gauche du cœur comprend l'oreillette gauche, l'orifice auriculoventriculaire gauche et le ventricule gauche.

L'oreillette gauche reçoit, à ses extrémités droite et gauche, les quatre veines pulmonaires. Sa pression est de l'ordre de 6 à 12 mm Hg.

L'orifice auriculoventriculaire gauche, ou orifice mitral, permet le passage du sang de l'oreillette gauche au ventricule gauche. Il est contrôlé par la valvule mitrale, d'un diamètre d'environ 30 à 35 mm. Cette valvule est constituée de deux feuillets.

Le ventricule gauche, d'une épaisseur de 12 à 15 mm en systole, a l'apparence d'une cavité ovoïde. Il est percé d'un orifice d'environ 25 mm de diamètre, appelé orifice aortique, auquel se greffent trois valvules en forme de nids de pigeon, les valvules sigmoïdes aortiques. Sous la pression du sang exercée sur le ventricule gauche, ces valvules s'effacent, facilitant ainsi le passage du sang vers l'aorte. La pression du ventricule gauche est supérieure à celle du ventricule droit ; elle est de 110 à 130 mm Hg en systole, et de 6 à 12 mm Hg en diastole. La pression systolique de l'aorte est identique à celle du ventricule gauche, alors que sa pression diastolique est de 70 à 80 mm Hg.

1.4.3 Appareils valvulaires auriculoventriculaires

Les appareils valvulaires auriculoventriculaires incluent l'appareil mitral, les cordages, les piliers et l'appareil tricuspide (*voir la figure 1.5*).

L'appareil mitral est composé de l'anneau mitral, de la valvule mitrale, des cordages et des piliers. L'anneau mitral, d'un diamètre d'environ 35 mm, est ovale et en position oblique. La valvule mitrale se compose de deux feuillets, ou valves, appelés respectivement feuillet antérieur et feuillet postérieur. Le feuillet antérieur couvre plus de la moitié de la circonférence de l'anneau mitral.

Les cordages sont de petits cordons attachant les valvules auriculoventriculaires aux colonnes charnues de la paroi des ventricules. Ils sont disposés différemment sur chacun des feuillets des valvules. Les cordages du feuillet antérieur sont plus courts que ceux du feuillet postérieur. Les deux piliers, ou muscles papillaires, l'un antérieur et l'autre postérieur, sont reliés aux deux feuillets par les cordages. Leur rôle est de se contracter pendant la systole et d'empêcher l'ouverture de la valvule mitrale.

L'appareil tricuspide, quant à lui, est composé de l'anneau tricuspidien et de la valvule tricuspide. L'anneau tricuspidien est de forme ovale, et son diamètre peut atteindre 30 à 35 mm. La valvule tricuspide est divisée en trois valves, ou feuillets. Les cordages sont attachés aux nombreux piliers qui font saillie dans le ventricule droit. La fermeture des valvules mitrale et tricuspide en début de systole correspond au premier bruit de l'auscultation.

1.4.4 Valvules sigmoïdes

Les orifices aortique et pulmonaire ont une origine embryologique commune. Ils sont constitués de trois petits sacs membraneux, placés côte à côte à l'entrée de l'artère pulmonaire et de l'aorte,

Figure 1.5 **Valvules auriculoventriculaires et sigmoïdes**

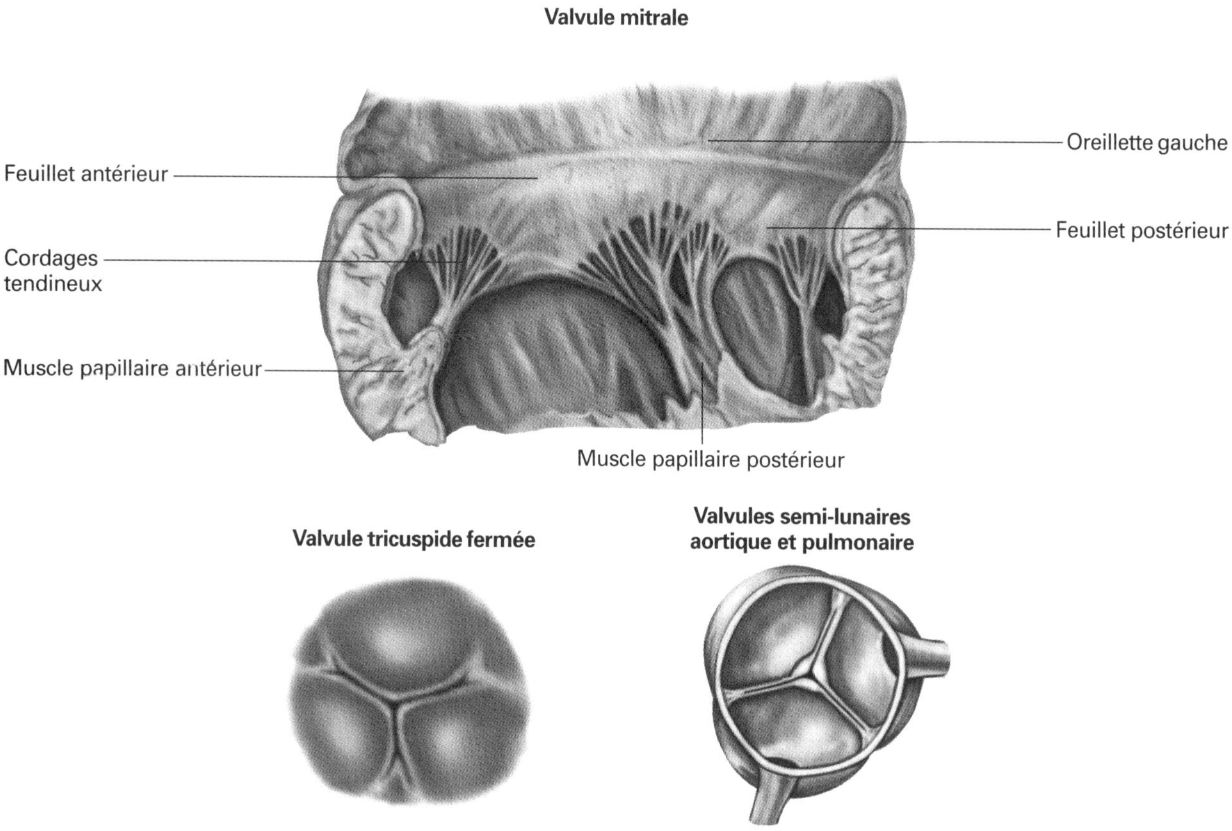

l'ouverture dirigée du côté des vaisseaux. Lorsque le sang tend à refluer des vaisseaux vers les ventricules, les sacs se remplissent, leurs parois s'accolent et le passage est fermé. La fermeture des valvules aortiques et pulmonaires en début de diastole correspond au second bruit de l'auscultation cardiaque. Le ventricule droit est percé d'un orifice à la naissance de l'artère pulmonaire et il est pourvu de valvules sigmoïdes dites pulmonaires. Le ventricule gauche communique avec l'aorte par un orifice et il présente des valvules sigmoïdes dites aortiques. L'ouverture et la fermeture des valvules sigmoïdes dépendent du régime de pression provenant des ventricules, de l'artère pulmonaire et de l'aorte.

1.5 Circulation sanguine

1.5.1 Cycles de fonctionnement

L'appareil circulatoire sanguin consiste en un vaste système de canalisations constitué d'artères et de veines. Cet appareil comprend deux grands cycles, celui de la petite circulation et celui de la grande circulation.

Cycle de la petite circulation

Le sang chargé de gaz carbonique provenant de la circulation systémique parvient à l'oreillette droite par les veines caves supérieure et inférieure. Sous la pression de l'oreillette droite, la valvule tricuspide s'ouvre et le sang pénètre dans le ventricule droit. Lorsque la pression ventriculaire est assez élevée, la valvule tricuspide se referme et la valvule pulmonaire s'ouvre pour laisser passer le sang dans l'artère pulmonaire. Le sang est ensuite oxygéné dans les poumons.

Cycle de la grande circulation

Le sang oxygéné arrive des poumons à l'oreillette gauche par les quatre veines pulmonaires. Il passe à travers la valvule mitrale et pénètre dans le ventricule gauche. Lorsque la pression ventriculaire est assez élevée, la valvule mitrale se referme et la valvule aortique s'ouvre pour laisser passer le sang dans l'aorte et l'arbre artériel.

1.5.2 Révolution cardiaque

L'alternance de la relaxation et de la contraction détermine les fonctions de diastole et de systole ventriculaires (*voir la figure 1.6*). Ces fonctions peuvent être segmentées en quatre phases dont le cycle complet forme une boucle pression-volume : le remplissage ventriculaire, la contraction isovolumétrique, l'éjection et la relaxation isovolumétrique.

Remplissage ventriculaire (diastole)

Cette première phase commence par l'ouverture des valvules auriculoventriculaires, c'est-à-dire les valvules mitrale et tricuspide. Le sang passe d'abord de l'oreillette au ventricule passivement, puisque à ce stade la pression auriculaire est supérieure à celle du ventricule, puis activement sous l'effet de la contraction auriculaire. À la fin de cette première phase, le ventricule contient 80 ml/m^2 de sang, et la pression du ventricule gauche est de l'ordre de 10 mm Hg. Sous

Figure 1.6 **Révolution cardiaque**

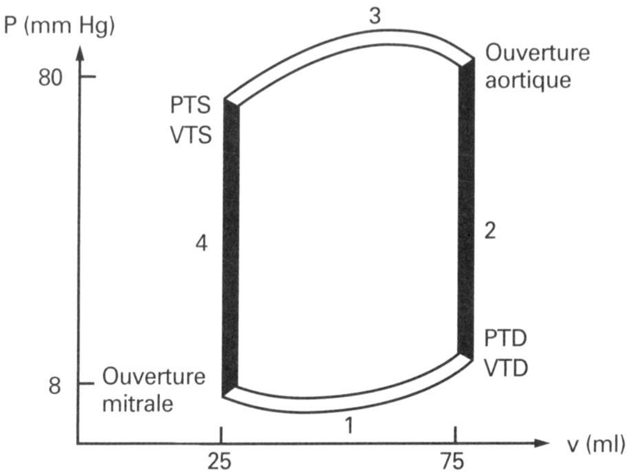

1. Remplissage ventriculaire
2. Contraction isovolumétrique
3. Éjection
4. Relaxation isovolumétrique

La surface incluse dans la boucle représente le travail ventriculaire.

PTD : pression télédiastolique
PTS : pression télésystolique
VTD : volume télédiastolique
VTS : volume télésystolique

Source : Leguerrier, A., Scordia, P., Ritter, B., & Matthewman, J. (1996). *Cardiologie médicale, chirurgicale, démarche de soins et cas concrets.* Paris : Éditions Heures de France, p. 137.

l'effet de la montée de pression, les valvules auriculoventriculaires se ferment et la phase suivante s'amorce.

Contraction isovolumétrique

Au cours de cette phase très brève, les ventricules sont isolés, puisque les valvules auriculoventriculaires viennent de se fermer et que les valvules sigmoïdes (aortiques et pulmonaires) ne sont pas encore ouvertes. Les fibres myocardiques se contractent ; la pression intraventriculaire augmente aux environs de 20 à 25 mm Hg dans le ventricule droit, et à près de 80 à 85 mm Hg dans le ventricule gauche. L'élévation de la pression entraîne l'ouverture des valvules sigmoïdes aortiques et pulmonaires. C'est le début de la troisième phase.

Éjection (systole)

Sous l'effet de la forte pression, le sang contenu dans les ventricules est brusquement éjecté dans l'aorte pour le ventricule gauche, et dans l'artère pulmonaire pour le ventricule droit, et ce, à travers les valvules sigmoïdes. Les pressions aortique et pulmonaire augmentent, tandis qu'il y a diminution du volume sanguin et, surtout, chute des pressions ventriculaires, entraînant ainsi la fermeture des valvules sigmoïdes aortiques et pulmonaires, et signifiant la fin de l'éjection ventriculaire.

Relaxation isovolumétrique

Pour la seconde fois, la cavité ventriculaire est isolée : les valvules aortique et pulmonaire viennent de se fermer, et les valvules mitrale et tricuspide ne sont pas encore ouvertes. Les fibres myocardiques se relâchent, et la pression intraventriculaire s'abaisse rapidement, devenant inférieure à la pression intraauriculaire. Il en résulte l'ouverture des valvules mitrale et tricuspide. Le cycle du remplissage ventriculaire recommence.

1.5.3 Débit cardiaque

La fonction principale du cœur est de pomper une quantité suffisante de sang dans le système vasculaire pour fournir de l'oxygène et des éléments nutritifs à tous les tissus de l'organisme.

Le débit cardiaque est la quantité de sang éjecté par les ventricules en une minute. Au repos, il est d'environ 4 à 8 L/min. Le débit est fonction de la fréquence cardiaque multipliée par le volume d'éjection. L'index cardiaque correspond au débit cardiaque par mètre carré de surface corporelle. Au repos, sa valeur normale est de 2,5 à 4 L/min/m^2.

Fréquence cardiaque

La fréquence cardiaque (F.C.) permet de régler efficacement le débit cardiaque en fonction des besoins de l'organisme. Chez le sujet sain, le débit cardiaque s'accroît avec toute augmentation de la F.C. Au-delà d'une fréquence de 160 à 180 batt./min, le débit cardiaque diminue du fait que le temps de remplissage ventriculaire est raccourci ; il peut également en résulter une gêne à la perfusion coronarienne. Une diminution sévère de la F.C. entraîne aussi une baisse importante du débit cardiaque.

Le tableau 1.1 présente les principaux facteurs susceptibles d'influer sur le débit cardiaque, soit par augmentation, soit par diminution de la F.C.

Volume d'éjection

Le volume d'éjection correspond à la quantité de sang qu'éjecte le ventricule à chaque contraction ; il équivaut en moyenne à 80 ml de sang ou à 40 à 65 ml/batt./m^2. La précharge, la postcharge et la contractilité de la fibre myocardique déterminent le volume d'éjection. Celles-ci sont interreliées et agissent simultanément pour influer sur le volume d'éjection et le débit cardiaque. Le pourcentage du volume de sang éjecté au cours de la systole constitue la fraction d'éjection (F.E.). Chez une personne normale, la F.E. est de l'ordre de 65 %.

Précharge La précharge est la tension des fibres myocardiques qui se développe en fin de diastole (télédiastole) dans la paroi du ventricule au moment de son étirement maximal. L'étirement de la fibre myocardique dépend du volume ou de la pression qui existe dans le ventricule en fin de diastole. La précharge est essentiellement déterminée par le volume de remplissage du ventricule en diastole (volémie) et le retour veineux au cœur. Il existe une relation longueur-tension entre la précharge et le débit cardiaque démontrée par la loi de Starling. À l'intérieur de certaines limites physiologiques, plus la fibre myocardique est étirée en télédiastole, plus grande sera la force de contraction en systole. Le débit cardiaque est aussi augmenté. Au-delà du seuil critique (tel un élastique trop étiré),

Tableau 1.1 **Facteurs influant sur la fréquence cardiaque et le débit cardiaque**

Facteurs augmentant la fréquence cardiaque et le débit cardiaque	Facteurs diminuant la fréquence cardiaque et le débit cardiaque
• Anxiété • Douleur • Exercice • Fièvre • Hypotension • Hypoxie • Médicaments – Parasympatholytique > Atropine – Sympathomimétiques > Adrénaline > Dopamine (Revinine^MD^) > Isoprotérénol (Isuprel^MD^) • Stimulants exogènes – Boissons énergisantes – Caféine – Cocaïne – Nicotine	• Manœuvres vagales et de Valsalva • Médicaments – Adénosine (Adenocard^MD^) – Antiarythmiques de classe III > Amiodarone (Cordarone^MD^) > Sotalol (Sotacor^MD^) – Bloquants des canaux calciques > Vérapamil (Isoptin^MD^, Isoptine^MD^) > Diltiazem (Cardizem^MD^, Tildiem^MD^) – Digitaliques (digoxine) – Sympatholytiques > β-bloquants

Tableau 1.2 **Valeurs normales des indicateurs hémodynamiques de la précharge**

Structure du cœur	Indicateur hémodynamique	Valeur normale
Cœur droit	Pression veineuse centrale	3-8 mm Hg
Cœur gauche	Pression capillaire pulmonaire	6-12 mm Hg
	Pression diastolique de l'artère pulmonaire	8-15 mm Hg

la fibre myocardique ne revient pas à sa longueur initiale : c'est la phase de décompensation cardiaque, inductrice d'une insuffisance cardiaque.

Les valeurs normales des indicateurs hémodynamiques de la précharge sont présentées dans le tableau 1.2.

Le tableau 1.3 présente les principaux facteurs qui influent sur la précharge. La figure 1.7 illustre, quant à elle, la relation entre la volémie, la pression et le degré d'étirement de la fibre myocardique en télédiastole.

Tableau 1.3 **Facteurs influant sur la précharge et le débit cardiaque**

Facteurs augmentant la précharge et le débit cardiaque	Facteurs diminuant la précharge et le débit cardiaque
• Administration d'un liquide (soluté, sang, albumine) • Position verticale • Pression intrathoracique négative en phase inspiratoire • Contraction auriculaire efficace (accroissement du débit sanguin aux ventricules en télédiastole d'environ 30 %)	• Diurétiques • Fibrillation auriculaire (perte de débit d'environ 30 %) • Médicaments – Vasodilatateurs veineux • Position de décubitus • Pression intrathoracique positive – Ventilation mécanique en pression positive maintenue en fin d'expiration (PEP)

Figure 1.7 **Précharge**

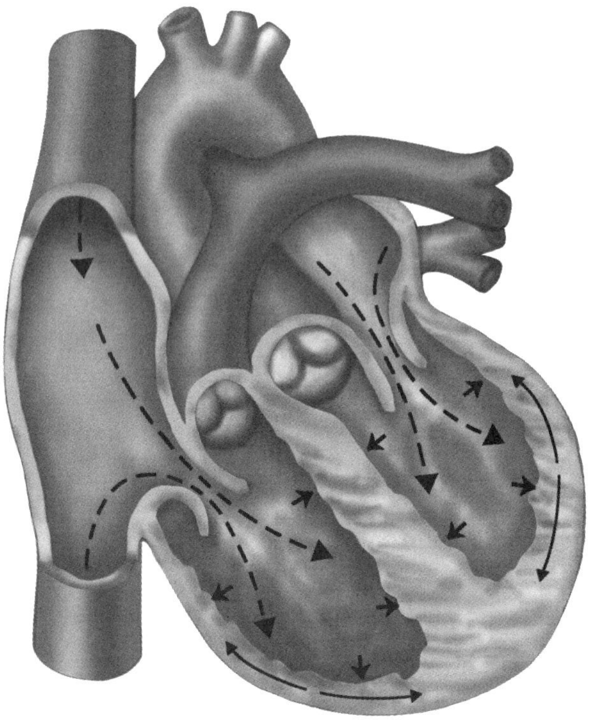

Source : Hendy, S., Proulx, M., & Roy, F. (1992). *Le monitoring hémodynamique : approche clinique et soins infirmiers*. Boucherville, Qc : Gaëtan Morin, p. 12.

Postcharge La postcharge correspond à la tension ou à l'ensemble des forces qui s'opposent à l'éjection ventriculaire. La résistance contre laquelle le ventricule doit éjecter son volume est causée par une friction entre l'écoulement du sang et les vaisseaux sanguins, et elle est directement liée au diamètre d'un vaisseau. Une augmentation des résistances entraîne une réduction de l'éjection ventriculaire, donc du débit cardiaque.

Les valeurs normales des indicateurs hémodynamiques de la postcharge sont présentées dans le tableau 1.4.

Le tableau 1.5 présente les principaux facteurs qui influent sur la postcharge. La figure 1.8 illustre, quant à elle, la relation entre la postcharge et le volume d'éjection.

Tableau 1.4 **Valeurs normales des indicateurs hémodynamiques de la postcharge**

Indicateur hémodynamique	Valeur normale
Résistance vasculaire systémique	900-1 400 dynes/s/cm^5
Résistance vasculaire pulmonaire	100-250 dynes/s/cm^5

Tableau 1.5 **Facteurs influant sur la postcharge et sur la résistance vasculaire**

Facteurs augmentant la postcharge et la résistance vasculaire	Facteurs diminuant la postcharge et la résistance vasculaire
• Hypertension artérielle (augmentation des résistances vasculaires périphériques) • Hypertension pulmonaire (augmentation des résistances pulmonaires et de la postcharge du ventricule droit) – Maladie pulmonaire obstructive chronique (MPOC) – Embolie pulmonaire • Hypothermie – État de vasoconstriction > Choc septique (phase hypodynamique) • Hypovolémie (augmentation de la résistance vasculaire) • Médicaments vasopresseurs – Norépinéphrine : Lévophed[MD] (augmentation des résistances vasculaires systémiques) – Chlorhydrate de phényléphrine > Néo-synéphrine[MD] (α-adrénergique) > Dopamine (Intropin[MD]) et adrénaline à haute dose • Rétrécissement aortique	• Anémie (diminution de la viscosité du sang) • Choc septique (phase hyperdynamique) • Médicaments – Dérivés nitrés intraveineux – Nitroprussiate de sodium intraveineux (Nipride[MD]) – Bloquants des canaux calciques > Nifédipine (Adalat[MD]) – Vasoconstricteurs inhibiteurs de la conversion de l'angiotensine I en angiotensine II > Captopril (Capoten[MD]) > Énalapril (Vasotec[MD])

Contractilité La contractilité est la capacité intrinsèque des fibres myocardiques à se contracter et à éjecter le contenu ventriculaire. Le tableau 1.6 décrit les principaux éléments d'une fibre myocardique (*voir la figure 1.9*).

Figure 1.8 **Postcharge**

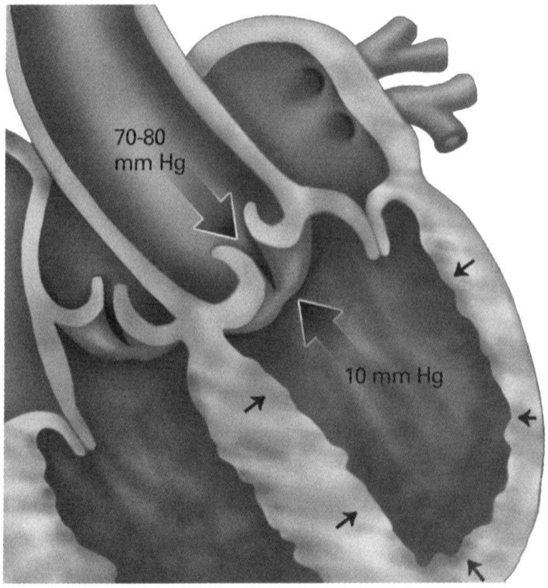

Source: Hendy, S., Proulx, M., & Roy, F. (1992). *Le monitoring hémodynamique: approche clinique et soins infirmiers.* Boucherville, Qc: Gaëtan Morin, p. 17.

Les valeurs normales des principaux indicateurs hémodynamiques de la contractilité sont présentées dans le tableau 1.7. Pour sa part, le tableau 1.8 présente les principaux facteurs qui influent sur la contractilité.

Le couplage excitation-contraction décrit la série d'événements qui met en relation, d'une part, les modifications électriques se produisant dans des fibres myocardiques et, d'autre part, la liaison du Ca^{++} sur les protéines myofibrillaires. Les étapes conduisant à la contraction musculaire sont présentées dans l'encadré 1.1.

Débit cardiaque et arythmies cardiaques Le tableau 1.9 illustre la baisse du débit sanguin systémique entraînée par certaines arythmies cardiaques majeures présentées dans la partie 2.

Tableau 1.7 **Valeurs normales des principaux indicateurs hémodynamiques de la contractilité**

Indicateur hémodynamique	Valeur normale
Travail d'éjection ventriculaire gauche indexé	40-75 g.m/m²/batt.
Travail d'éjection ventriculaire droit indexé	5-10 g.m/m²/batt.

Tableau 1.6 **Description des principaux éléments de la fibre musculaire**

Élément	Description
Système T ou système de tubules transverses	Sortes de couloirs en continuité avec la membrane cellulaire. Ces tubules entraînent la dépolarisation au voisinage immédiat des éléments contractiles.
Réticulum sarcoplasmique	Système intracellulaire de membranes avec des vésicules contenant des ions calcium en grande quantité.
Myofibrilles et myofilaments	Les myofibrilles sont les éléments moteurs de la contraction. Elles sont constituées de myofilaments dont certains sont épais et d'autres fins, qui sont eux-mêmes composés de troponines.
Sarcomères	Unités contractiles des muscles constituées de deux groupes de filaments fins et d'un groupe de filaments épais se chevauchant et donnant l'apparence striée des cellules musculaires. L'activité musculaire dépend donc de l'excitation des sarcomères. La strie Z attache deux sarcomères successifs.
Protéines	Les myofilaments épais sont composés de la protéine myosine et des myofilaments fins, de la protéine actine et de deux autres protéines[a] – la troponine et la tropomyosine – qui, en présence de calcium, amorcent la contraction. Le retrait du calcium provoque la relaxation musculaire.

[a] Bertinchant, J.-P., & Polge, A. (1999). Troponines: nouveaux marqueurs biochimiques de la souffrance myocardique. *Archives des maladies du cœur et des vaisseaux, 92*(12), 1773-1777.

Figure 1.9 **Principaux éléments d'une fibre myocardique**

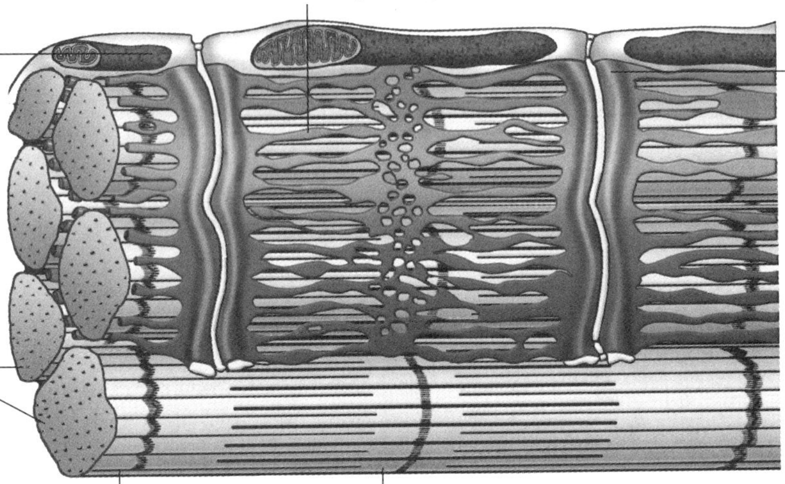

Tableau 1.8 **Facteurs influant sur la contractilité**

Facteurs augmentant la contractilité	Facteurs diminuant la contractilité
• Médicaments avec effet inotrope positif – Sympathomimétiques > Dopamine (Intropin[MD]) > Dobutamine (Dobutrex[MD]) > Milrinone (Primacor[MD]) – Digoxine (Lanoxin[MD]) • Stimulation adrénergique (p. ex., l'émotion, l'exercice, l'hyperthermie, les stimulants exogènes)	• Altération directe de la fibre myocardique – Infarctus – Myocardiopathies • Médicaments – Antiarythmiques avec effet inotrope négatif (*voir le chapitre 10*) • Trouble du rythme – Bradycardie symptomatique – Tachycardie excessive – Bloc auriculoventriculaire

Encadré 1.1 Étapes conduisant à la contraction musculaire

- Autodépolarisation de la cellule musculaire cardiaque. Un flux rapide entrant d'ions Na^+ est suivi par une entrée prolongée d'ions Ca^{++}.
- Propagation de la dépolarisation dans la cellule grâce aux tubules en T.
- Libération de Ca^{++} à partir des lieux d'accumulation dans le réticulum sarcoplasmique.
- Fixation d'ions Ca^{++} sur les protéines régulatrices (troponine et tropomyosine) des filaments fins. Cette fixation lève l'inhibition de la combinaison de l'actine avec la myosine.
- Formation de ponts entre l'actine et la myosine.
- À la suite d'une dépense énergétique de la cellule, les mouvements des ponts de myosine qui causent le glissement des myofilaments fins et épais les uns par rapport aux autres entraînent un raccourcissement de la cellule.
- Raccourcissement des sarcomères de toutes les cellules du myocarde et contraction du cœur. La régulation de la contraction du muscle cardiaque par le Ca^{++} s'exerce par l'intermédiaire d'effets sur les protéines des filaments fins.

Tableau 1.9 **Baisse du débit sanguin (%) selon le type d'arythmie et la région atteinte**

Type d'arythmie	Région atteinte			
	Coronaire	Cérébrale	Rénale	Mésentérique
Extrasystole auriculaire (ESA)	5	7	10	–
Fibrillation auriculaire	40	40	20	30
Tachycardie supraventriculaire	35	14	10	20
Extrasystole ventriculaire (ESV)	12	12	8	–
Salve d'ESV	25	25	10	–
Tachycardie ventriculaire	60	40-75	60	–

1.6 Artères coronaires

Les artères coronaires constituent les artères nourricières et fonctionnelles du cœur, puisqu'elles longent la surface externe de l'organe. Les coronaires droite et gauche, d'un calibre d'environ 3 mm, naissent directement dans l'aorte et alimentent les cavités cardiaques au moyen de ramifications (*voir les figures 1.10 et 1.11*).

1.6.1 Artère coronaire droite

Cette artère prend naissance du côté droit de l'aorte, dans le sinus de Valsalva droit, qui représente le lieu d'insertion des troncs coronariens.

L'artère coronaire droite suit un trajet qui va d'abord du sillon auriculoventriculaire droit pour atteindre le bord droit du cœur. L'artère contourne ensuite le bord droit du cœur et longe le sillon auriculoventriculaire postérieur jusqu'à un point de croisement des sillons appelé « croix du cœur ». Un peu avant d'atteindre ce point, elle se divise en deux branches terminales : l'artère interventriculaire postérieure (IVP) et l'artère rétroventriculaire gauche (segment de la croix du cœur).

L'artère IVP atteint le sillon interventriculaire postérieur ou inférieur qu'elle suit jusqu'à la pointe du cœur (apex). Les artères postérolatérales issues de l'artère rétroventriculaire gauche cheminent dans

Figure 1.10 **Artères coronaires – face antérieure**

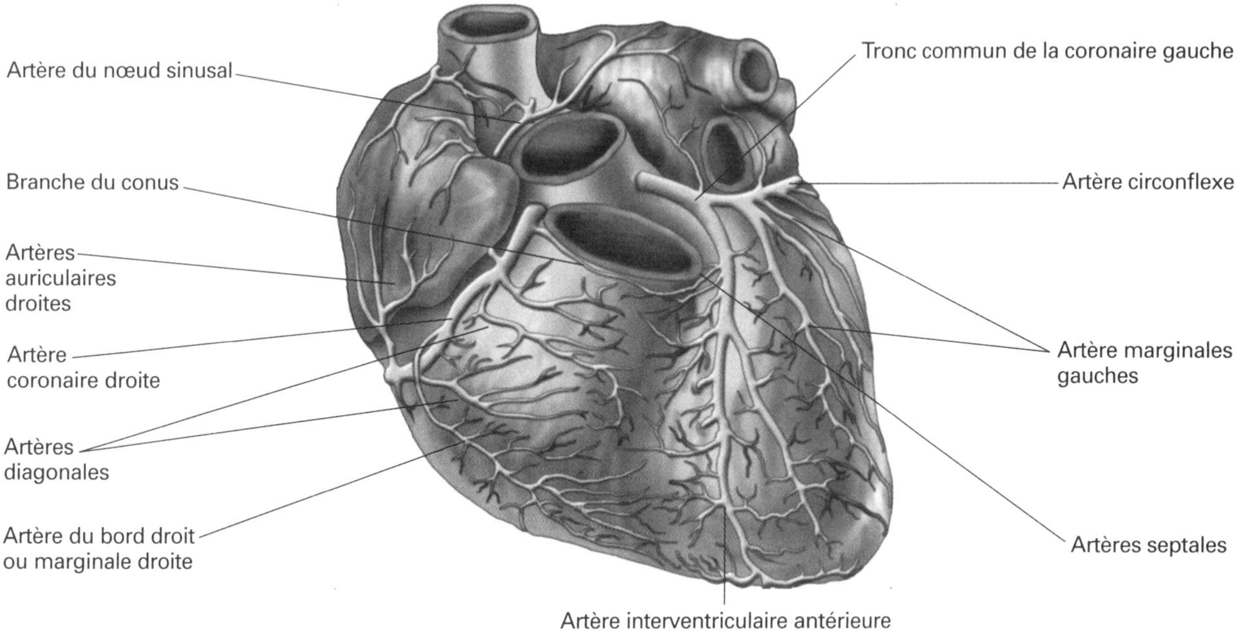

Figure 1.11 **Artères coronaires – face postérieure**

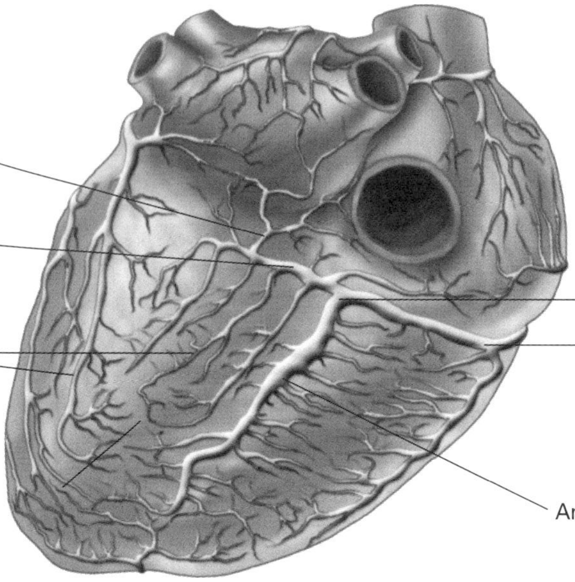

la portion gauche du sillon auriculoventriculaire, à la face diaphragmatique du cœur et en direction du bord gauche.

Les branches collatérales de l'artère coronaire droite sont les suivantes :

- Artères auriculaires : au nombre de deux à cinq, elles servent à la vascularisation de l'oreillette droite.
- Branche du conus : elle se dirige vers la chambre de chasse du ventricule droit et rejoint presque l'artère interventriculaire antérieure. Elle joue un rôle important dans la circulation collatérale ou anastomotique de suppléance.
- Artères septales : elles proviennent de l'artère IVP et vascularisent le tiers postérieur du septum.
- Artère du bord droit, ou marginale droite : elle vascularise la région inférieure du myocarde.
- Artère du nœud sinusal : elle prend son origine au tiers proximal de l'artère auriculaire droite antérieure.
- Artère du nœud auriculoventriculaire : son point d'origine est l'artère rétroventriculaire gauche.

1.6.2 Artère coronaire gauche

Cette artère prend naissance du côté gauche de l'aorte, dans le sinus de Valsalva gauche, à la base de l'aorte. Le tronc commun de l'artère coronaire gauche, qui mesure environ 15 mm, se dirige obliquement et nettement à gauche, un peu vers l'avant et en descendant légèrement. Il se divise ensuite en deux branches terminales principales : l'artère interventriculaire antérieure (IVA) et l'artère circonflexe. Environ 20 % des individus ont également une artère dite bissectrice qui sillonne aussi le ventricule.

L'artère IVA apparaît à la partie haute du sillon interventriculaire antérieur. Elle descend dans ce sillon et se termine au bord droit du cœur qu'elle peut contourner, légèrement en dedans de la pointe, sur une longueur moyenne de 130 mm. L'artère IVA comporte des branches collatérales, ou artères diagonales, qui peuvent être au nombre de deux à quatre et qui nourrissent la face antérolatérale du ventricule gauche. Elle comprend aussi des artères septales qui naissent dans l'artère IVA et qui irriguent les deux tiers antérieurs du septum.

L'artère circonflexe court dans le sillon auriculoventriculaire gauche, contourne le bord du cœur et va se terminer sur la face postérolatérale du ventricule gauche. Le long de son trajet, d'une longueur d'environ 90 mm, elle donne naissance à des artères auriculaires et à des branches latérales ou marginales, au nombre de deux à quatre, qui nourrissent les faces latérale et postérolatérale du ventricule gauche.

1.6.3 Dominance de la circulation coronarienne

La circulation coronarienne est de dominance droite lorsque l'artère IVP et les artères postérolatérales prennent leur origine dans l'artère coronaire droite. C'est le cas chez 85 % des individus. La circulation coronarienne est de dominance gauche si l'artère IVP et les artères postérolatérales partent de l'artère circonflexe. C'est ce qui se produit chez 10 % des individus. La circulation est balancée lorsque les artères postérolatérales et l'artère du nœud auriculoventriculaire sont issues de l'artère circonflexe, et que l'artère IVP prend son origine dans l'artère coronaire droite. Cela s'observe chez 5 % des individus.

1.6.4 Vascularisation

Le réseau vasculaire irrigué par les artères coronaires est différent selon qu'il s'agit de l'artère coronaire droite ou de l'artère coronaire gauche.

L'artère coronaire droite irrigue l'oreillette droite; le ventricule droit; le tiers postéro-inférieur du septum interventriculaire; la plus grande partie de la face diaphragmatique du ventricule gauche; la première portion du système de conduction électrique du cœur, c'est-à-dire le nœud sinusal, le nœud auriculoventriculaire et souvent la portion initiale du faisceau de His.

Quant à l'artère coronaire gauche, elle irrigue l'oreillette gauche; la face antérieure, le bord gauche et la portion latérale de la face diaphragmatique du ventricule gauche; les deux tiers antérosupérieurs du septum interventriculaire; la portion terminale du système de conduction électrique du cœur, c'est-à-dire une portion du faisceau de His, les branches droite et gauche du faisceau de His et le réseau de Purkinje.

Le calibre moyen des principaux vaisseaux coronariens est de 3 mm à leur tiers proximal et s'amenuise progressivement vers la périphérie. Un réseau de vaisseaux extrêmement petits relie les artères coronaires entre elles et devient très rapidement fonctionnel, plus particulièrement lors d'une obstruction.

1.7 Système de conduction électrique du cœur

Dans le myocarde, il existe un couplage électromécanique et de conduction qui se distingue du « myocarde musculaire ». Les différents éléments du système de conduction électrique (*voir la figure 1.12*) doivent être différenciés entre eux en raison des phénomènes électrophysiologiques qui leur sont particuliers.

Figure 1.12 **Système de conduction électrique du cœur**

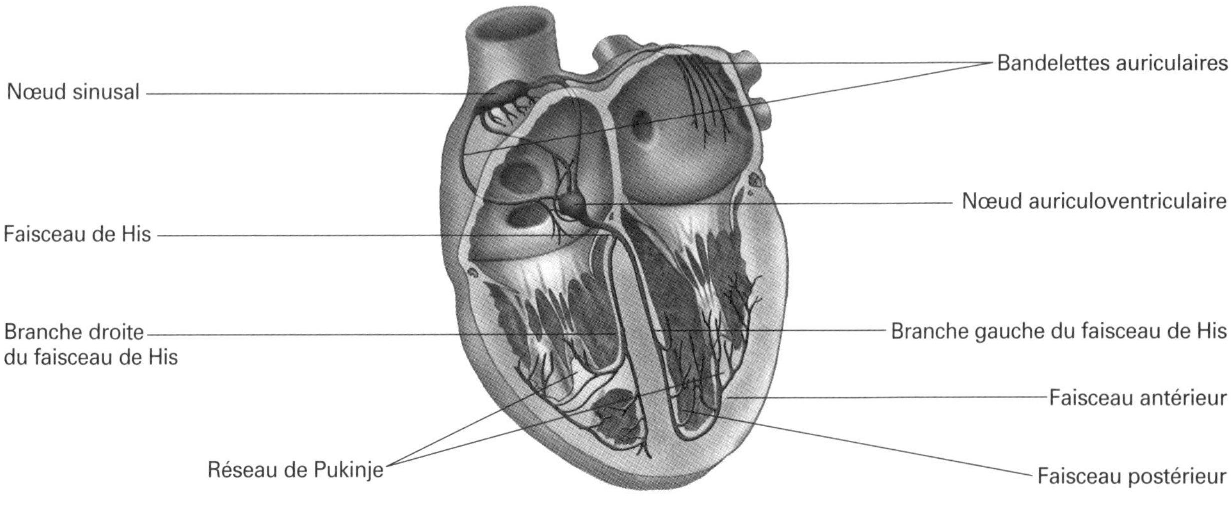

1.7.1 Nœud sinusal, ou nœud de Keith et Flack

Situation

Cette structure cellulaire épicardique mesure environ 15 mm de long sur 5 mm de large sur 1 mm d'épaisseur. C'est une masse située à la partie supérolatérale de l'oreillette droite et à la jonction de la veine cave supérieure.

Fonction

Le nœud sinusal génère l'influx électrique et s'autodépolarise spontanément à une fréquence approximative de 60 à 100 impulsions par minute. C'est le générateur, ou centre d'automatisme primaire. La F.C. est sous l'influence des tonus sympathique et parasympathique. Sa vitesse de conduction est inférieure à 0,05 m/s. La durée de l'intervalle sinoauriculaire est de l'ordre de 30 à 150 ms.

Vascularisation

La vascularisation se fait au moyen de l'artère du nœud sinusal, qui émerge de l'artère coronaire droite dans 55 % des cas, ou de l'artère coronaire circonflexe dans 45 % des cas.

1.7.2 Bandelettes auriculaires, ou voies préférentielles

Situation

L'influx électrique chemine du nœud sinusal vers le nœud auriculoventriculaire à travers des bandes de fibres auriculaires orientées de façon variable selon un plan antérosupérieur moyen et postérieur.

Fonction

Le rôle des bandelettes auriculaires consiste à propager les impulsions dans les oreillettes vers la jonction auriculoventriculaire dans un axe longitudinal. La vitesse de conduction est inférieure à 1 m/s

1.7.3 Nœud auriculoventriculaire, ou nœud de Tawara

Situation

Cette structure épicardique, appelée aussi nœud compact, est située à la base postérieure de l'oreillette droite, à l'apex du triangle de Koch, lequel est délimité par le tendon de Todaro et l'anneau tricuspidien (*voir la figure 1.13*). D'une longueur de 6 mm,

Figure 1.13 **Structure du nœud auriculoventriculaire**

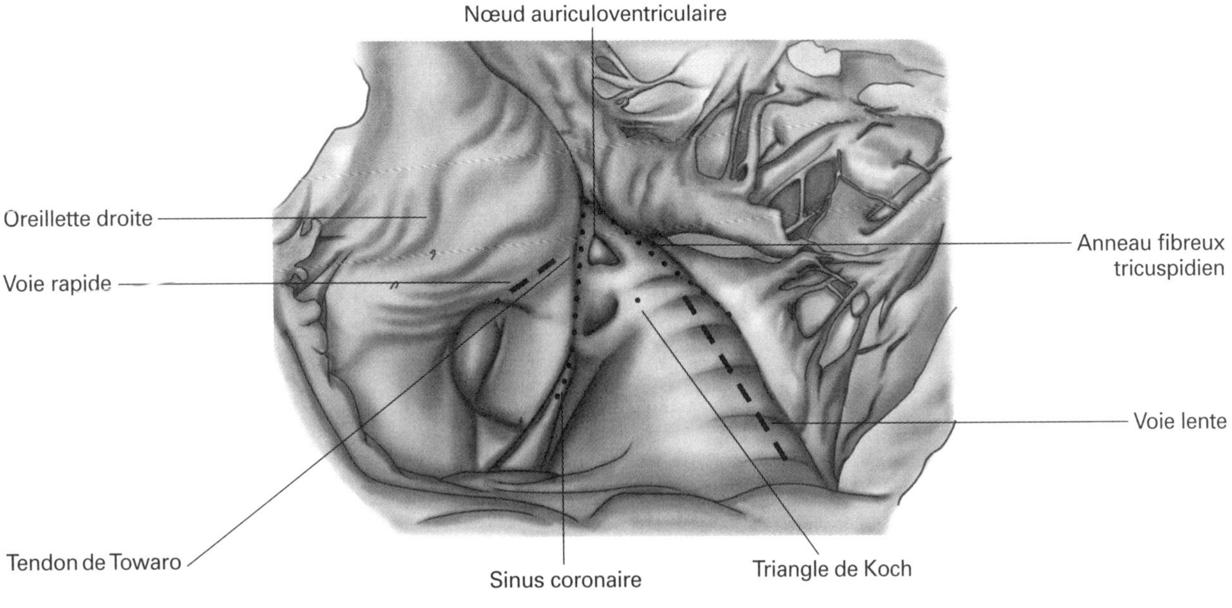

Source : Anderson, R.H., Becker, A.E., Meun, W.P., Verhoeven, R.E., & Allwork, S.P. (Eds) (1980). *Cardiac anatomy: An integrated text and colour atlas* [slide 6: Cardiac sub-systems]. London: Gower Medical Publishing, p. 6.13. (Traduction de l'auteur.)

d'une épaisseur de 1 mm et d'un diamètre de 3 mm, le nœud AV se connecte à des fibres auriculaires afférentes qui se subdivisent en deux voies : la voie rapide, située à la partie antérosupérieure, près du faisceau de His, et la voie lente, située à la partie postéro-inférieure, en regard du sinus coronaire.

Il siège donc à la partie basse de l'oreillette droite, près de la cloison interauriculaire et de la valvule tricuspide, et de front avec la valvule mitrale. Dans le nœud AV, la vitesse de conduction est inférieure à 0,05 m/s sur une durée de 60 à 120 ms.

Fonction

Le rôle du nœud AV est de transmettre l'impulsion au faisceau de His et de ralentir l'influx de 0,1 s, ce qui protège les ventricules contre les rythmes supraventriculaires trop rapides. La fibrillation auriculaire en est un exemple classique.

Vascularisation

Dans 90 % des cas, l'artère du nœud AV naît de branches distales de l'artère coronaire droite ; dans 10 % des cas, elle naît de la jonction distale de l'artère circonflexe.

Particularité

Des voies accessoires musculaires peuvent court-circuiter les voies normales de conduction, comme dans le syndrome de préexcitation. Ces voies sont le substrat de nombreuses arythmies et elles nécessitent un traitement approprié.

1.7.4 Faisceau de His

Situation

D'une longueur de 10 à 20 mm et d'une largeur de 2 mm, le faisceau de His se trouve sous l'angle formé par l'insertion des valvules tricuspides. Il fait la jonction entre le nœud auriculoventriculaire et les deux branches du faisceau de His.

Fonction

Ce centre d'automatisme secondaire, ou premier générateur de relève, propage à l'état physiologique l'influx de l'étage intranodal à l'étage ventriculaire à une vitesse approximative de 1 à 3 m/s en 10 ms. Il est capable d'entraîner spontanément les ventricules à une fréquence approximative de 40 à 60 impulsions par minute. Lorsqu'il s'impose, il devient un rythme d'échappement dit jonctionnel. Un ralentissement sinusal et le bloc AV complet constituent des exemples d'arythmies qui justifient ce type de rythme.

Vascularisation

Dans 90 % des cas, la vascularisation du faisceau de His s'effectue par les collatérales de l'artère du nœud AV et de la première branche septale de l'artère interventriculaire antérieure. Dans 10 % des cas, elle s'opère par l'artère coronaire circonflexe.

1.7.5 Branches du faisceau de His

Fonction

Les deux branches du faisceau de His ont pour fonction de propager l'influx dans les deux ventricules. L'activation se fait en moyenne en 40 ms.

Situation de la branche droite

La branche droite constitue un prolongement direct du faisceau de His ; elle chemine le long du bord droit du septum interventriculaire ainsi que par des ramifications s'éparpillant dans le ventricule droit jusqu'au pilier antérieur.

Vascularisation de la branche droite

La branche droite du faisceau de His est vascularisée à la fois par les collatérales de l'artère du nœud AV et par les artères septales de l'interventriculaire antérieure.

Situation de la branche gauche

La branche gauche du faisceau de His chemine en avant et à gauche, vers le pilier antérieur de la valvule mitrale. Elle ressemble d'abord à un tronc court et épais de 4 à 6 mm de long et de 8 à 9 mm de diamètre. Elle se subdivise principalement en un faisceau antérieur et un faisceau postérieur (*voir le tableau 1.10*). Toutefois, cette division est plus artificielle que réelle, puisqu'un large réseau de fibres s'étend dans la portion moyenne du septum. Dans certains cas, une branche septale moyenne constitue une troisième division de la branche gauche.

Tableau 1.10 **Subdivisions de la branche gauche du faisceau de His**

	Faisceau antérieur	Faisceau postérieur
Dimensions	Frêle et long; mesure 3 mm sur 25 mm dans la région supérieure.	Épais et moins long; mesure 6 mm sur 20 mm dans la région inférieure.
Localisation	Se dirige vers le pilier antérieur de la mitrale. Situé dans la chambre de chasse, il est exposé à une grande turbulence.	Se dirige vers le pilier postérieur de la mitrale dans la chambre de remplissage.
Vascularisation	Branches distales de l'artère coronaire droite et branches proximales de l'artère circonflexe	Collatérales de l'artère circonflexe

1.7.6 Réseau de Purkinje

Situation

Le réseau de Purkinje prend place sur les ramifications terminales des branches droite et gauche du faisceau de His, et il s'étend sur toute la musculature ventriculaire.

Fonction

Ce centre d'automatisme tertiaire, ou second générateur de relève, est capable de décharger spontanément environ 20 à 40 impulsions par minute. Les impulsions envahissent tout le tissu musculaire ventriculaire à une vitesse d'environ 1 m/s pour une durée totale de 80 ms. Lorsque ce rythme s'impose, il est désigné comme un rythme d'échappement ventriculaire. Les pauses de longue durée et le bloc AV complet constituent des exemples d'arythmies qui justifient ce type de rythme.

Pendant toute la durée de la propagation de l'impulsion entre le nœud sinusal et le réseau de Purkinje, une inhomogénéité électrophysiologique est observée. Celle-ci peut être accentuée par une anomalie ischémique, anoxique, mécanique, ionique, et générer secondairement des arythmies cardiaques.

1.8 Corrélation entre l'obstruction coronarienne et les arythmies cardiaques

1.8.1 Obstruction coronarienne

L'occlusion d'une artère coronaire a des conséquences variables. Elle a d'autant plus de chances de provoquer un syndrome coronarien aigu lorsqu'elle est située dans un plus gros tronc coronarien, qu'elle est proximale et qu'elle se développe plus rapidement, car ces circonstances sont peu favorables à l'intervention compensatrice d'une circulation anastomotique de suppléance.

L'oblitération d'une artère coronaire n'entraîne pas nécessairement la nécrose du secteur cardiaque correspondant, car les effets ischémiques de l'occlusion peuvent être compensés par une circulation collatérale de suppléance ou par une intervention thérapeutique précoce.

1.8.2 Infarctus du myocarde

La lésion myocardique peut entraîner l'occlusion d'une artère coronaire et, secondairement, l'infarctus du myocarde. Elle peut être localisée dans l'une des parois du ventricule gauche ou du ventricule droit. L'expression «infarctus du myocarde», sans autre mention particulière, désigne généralement l'atteinte du ventricule gauche. Lorsque la lésion siège dans la paroi ventriculaire droite, elle peut entraîner ce qu'il est convenu d'appeler un infarctus du ventricule droit. Le tableau 1.11 présente les principaux types d'infarctus du myocarde (*voir la figure 1.14*).

1.8.3 Arythmies cardiaques sous-jacentes aux obstructions coronariennes

Les artères auriculaires droites, l'artère du noeud sinusal et l'artère du nœud AV étant des collatérales de la coronaire droite, l'occlusion de celle-ci favorisera les arythmies prenant naissance dans le nœud sinusal et dans le nœud AV, par exemple les blocs auriculoventriculaires (BAV) du premier degré et du deuxième degré de type I (*voir le tableau 1.12*). Ces arythmies sont couramment associées à l'infarctus inférieur.

Tableau 1.11 **Corrélation entre l'obstruction coronarienne et la typologie de l'infarctus du myocarde**

Obstruction coronarienne	Typologie de l'infarctus
• Occlusion de l'artère interventriculaire antérieure. Jusqu'à 50 % de la surface du ventricule gauche peut être atteinte.	Infarctus antérieur
• Occlusion de l'artère circonflexe gauche	Infarctus latéral
• Occlusion de l'artère coronaire droite	Infarctus inférieur
• Occlusion de l'artère coronaire droite • Occlusion de l'artère circonflexe si la circulation coronarienne est de dominance gauche.	Infarctus postérieur

Figure 1.14 **Topographie de l'infarctus du myocarde**

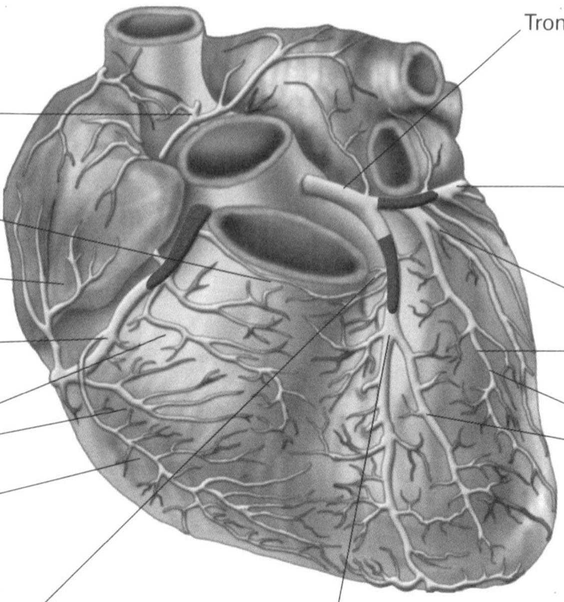

Tableau 1.12 **Corrélation entre l'obstruction coronarienne et les arythmies sous-jacentes**

Obstruction de la coronaire droite	Obstruction de la coronaire gauche
Anomalies sinusales	Anomalies auriculaires
Anomalies auriculaires	Anomalies ventriculaires
Bloc AV du premier degré	Bloc AV du deuxième degré de type II
Bloc AV du deuxième degré de type I	Bloc AV du troisième degré
Bloc AV du troisième degré	Blocs des branches du faisceau de His

Les artères auriculaires gauches, les artères marginales gauches et les artères septales découlant de la coronaire gauche, l'occlusion de cette dernière favorisera les arythmies prenant naissance dans l'oreillette gauche, le faisceau de His et ses branches, et le réseau de Purkinje (*voir la figure 1.15*). Le BAV du deuxième degré de type II, le BAV complet, les blocs des branches ainsi que les anomalies ventriculaires expliquent en partie la survenue de ces arythmies durant un infarctus antérieur (*voir le chapitre 7*).

1.9 Influence du système neurovégétatif sur le cœur

Bien que le cœur possède un système nerveux intrinsèque, son rythme est soumis à l'action du système nerveux central par l'intermédiaire du système neurovégétatif. Celui-ci comprend le système sympathique, qui émerge de la portion dorsolombaire de la moelle épinière, et le système parasympathique, issu du tronc cérébral et de la portion sacrée de la moelle épinière. Les actions de ces deux derniers systèmes sont antagonistes à l'égard des organes qui comportent une double innervation et, en principe, elles échappent au contrôle de la volonté.

Le système neurovégétatif agit par l'intermédiaire de substances qu'il libère à ses terminaisons: les médiateurs chimiques, ou neurotransmetteurs. Sous l'influence du système nerveux autonome, le système sympathique, ou adrénergique, sécrète principalement de la noradrénaline (ou norépinéphrine) et, par l'intermédiaire de la glande surrénale, de l'épinéphrine (ou adrénaline). Pour cette raison, les neurotransmetteurs du système sympathique sont appelés substances adrénergiques, ou catécholamines. La liaison entre ces neurotransmetteurs et les récepteurs spécifiques de la cellule entraîne certains effets physiologiques (*voir la figure 1.16*). Les principaux récepteurs adrénergiques sont présentés au tableau 1.13.

Figure 1.15 **Corrélation entre le système artériel coronarien et le réseau de conduction électrique du cœur**

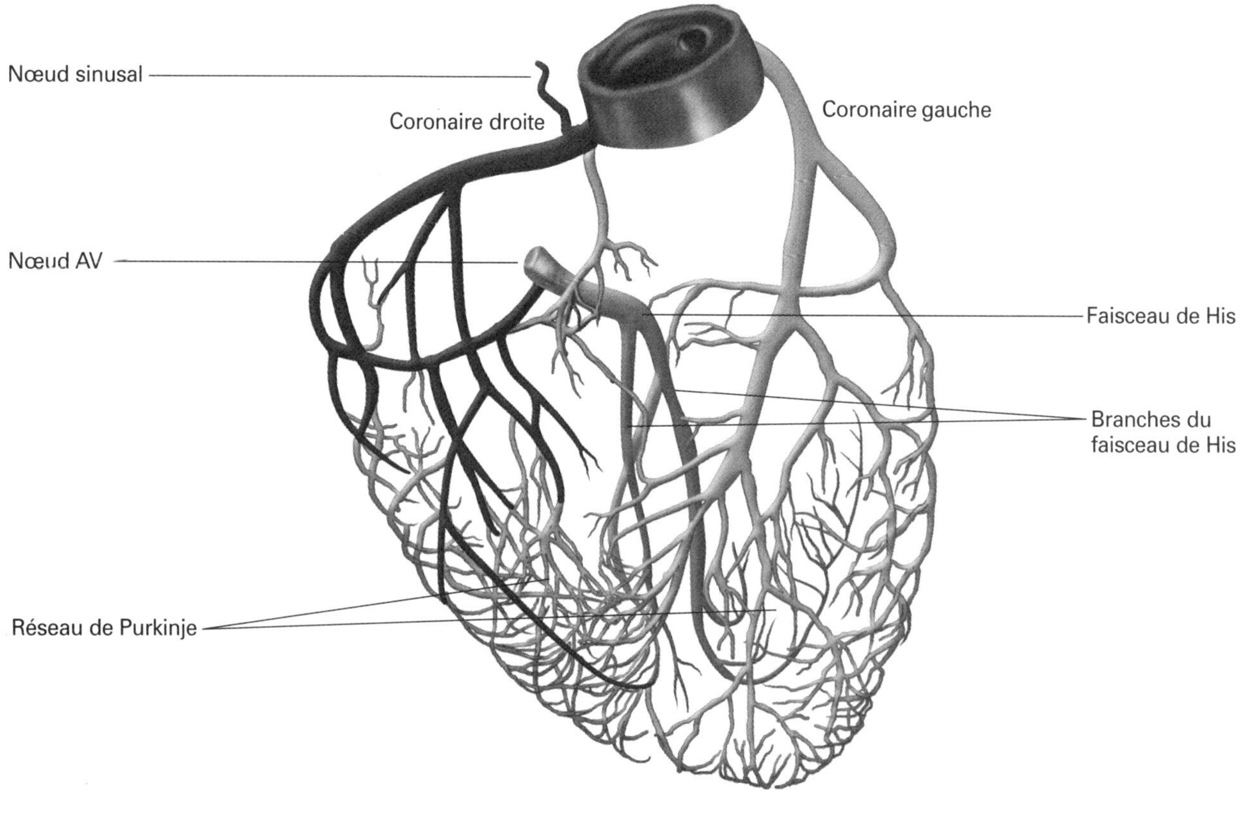

Figure 1.16 **Liaison entre un neurotransmetteur et un site spécifique de la cellule**

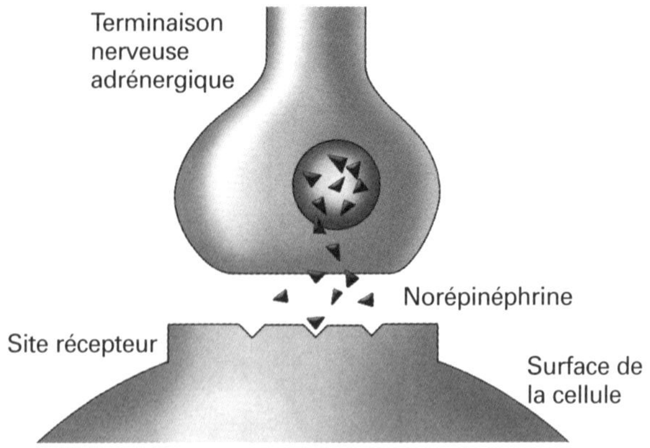

Sous l'action du système nerveux sympathique, la norépinéphrine est libérée de la terminaison nerveuse et se loge dans les sites récepteurs bêta de la cellule innervée.
Si la cellule innervée se situe dans le nœud sinusal, la F.C. augmente; si elle se situe dans le myocarde, la force et la vitesse de contraction du cœur augmentent.

Source: Hendy, S., Proulx, M., & Roy, F. (1992). *Le monitoring hémodynamique: approche clinique et soins infirmiers.* Boucherville, Qc: Gaëtan Morin, p. 8.

Tableau 1.13 **Récepteurs adrénergiques**

Récepteur	Localisation	Principaux effets physiologiques
• α-adrénergique		
– α_1	• Muscles vasculaires lisses (artérioles et veinules)	• Vasoconstriction
– α_2	• Branches terminales nerveuses	• Inhibition de la libération additionnelle de norépinéphrine
• β-adrénergique		
– β_1	• Principalement localisé dans la région cardiaque	
	– Myocarde	• ↑ contractilité
	– Nœud sinoauriculaire	• ↑ automaticité
	– Nœud auriculoventriculaire	• ↑ conduction
	– Faisceau de His et réseau de Purkinje	• ↑ automaticité
– β_2	• Lit vasculaire périphérique (artérioles et veinules)	• Dilatation (vasodilatation)
	• Muscles lisses des bronches	• Dilatation • Relaxation
• Dopaminergique	• Muscles vasculaires lisses (rénaux, mésentériques, coronariens, cérébraux)	• Vasodilatation

Source: Hendy, S., Proulx, M., & Roy, F. (1992). *Le monitoring hémodynamique: approche clinique et soins infirmiers.* Boucherville, Qc: Gaëtan Morin, p. 9.

Les fibres sympathiques du système adrénergique sont réparties autant à l'étage auriculaire qu'à l'étage ventriculaire (*voir la figure 1.17*); leur action a pour effet d'accélérer la F.C., d'augmenter la vitesse de conduction électrique et de renforcer la contraction.

Le nerf parasympathique est aussi connu sous le nom de nerf vague. Une stimulation de celui-ci a pour effet de ralentir la F.C. et de diminuer la conduction auriculoventriculaire. Les fibres cardiomodératrices du système parasympathique ont des terminaisons principalement dans l'oreillette. Puisque le système parasympathique (ou système vagal) agit par l'intermédiaire d'un médiateur chimique appelé acétylcholine, il est aussi appelé système cholinergique.

Les effets des systèmes sympathique et parasympathique sont reproduits par de nombreux médicaments (*voir le tableau 1.14*) ou certaines manœuvres des tonus sympathique et parasympathique (*voir le chapitre 10*).

Figure 1.17 **Système neurovégétatif**

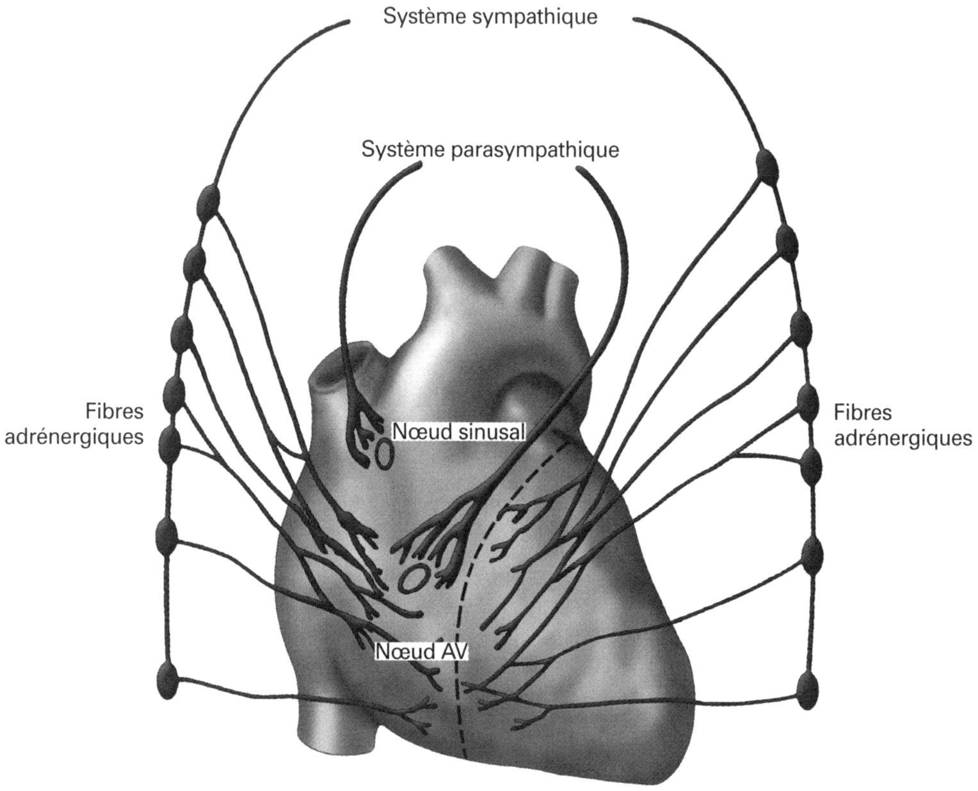

Tableau 1.14 **Médicaments reproduisant les effets des systèmes sympathique et parasympathique**

Classe	Mécanisme d'action	Exemples
Sympathomimétiques	Action analogue à l'action sympathique	Dopamine, épinéphrine
Sympatholytiques	Inhibition de l'action sympathique	β-bloquants – Propranolol (Indéral[MD], *Avlocardyl*[MD a])
Parasympathomimétiques	Action analogue à l'action parasympathique	Vérapamil (Isoptin[MD]) – Adenosine (Adenocard[MD], Krenosin[MD a])
Parasympatholytiques	Inhibition de l'action parasympathique	Atropine

[a] Appellation européenne du médicament.

Autoévaluation

Associer aux énoncés ci-dessous (1 à 10) la terminologie correspondante qui suit (A à P).

1. Je résiste à l'éjection ventriculaire.
2. J'agis principalement sur le système intrinsèque du cœur.
3. Je reflète la loi de Starling.
4. Je suis l'artère coronaire responsable de l'infarctus du ventricule droit.
5. Je suis constitué d'une voie à conduction lente et d'une voie à conduction rapide.
6. Je corresponds au résultat de la F.C. multipliée par le volume d'éjection.
7. Nous sommes fermées en systole ventriculaire.
8. J'ai un tronc commun à ma portion proximale.
9. J'agis strictement à l'étage auriculaire.
10. Je suis le résultat d'une occlusion de l'artère interventriculaire antérieure.

A. Interventriculaire antérieure
B. Infarctus antérieur
C. Système sympathique
D. Postcharge
E. Coronaire droite
F. Valvules sigmoïdes
G. Postcharge
H. Infarctus inférieur
I. Coronaire gauche
J. Système parasympathique
K. Valvules auriculoventriculaires
L. Précharge
M. Débit cardiaque
N. Récepteur adrénergique β_1
O. Nœud AV
P. Récepteur adrénergique α_1

Désigner les artères coronaires de la face antérieure.

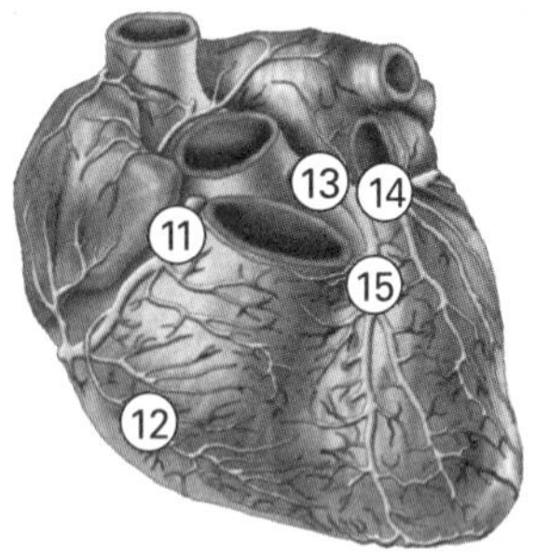

11. ______________________
12. ______________________
13. ______________________
14. ______________________
15. ______________________

Désigner les éléments du système de conduction.

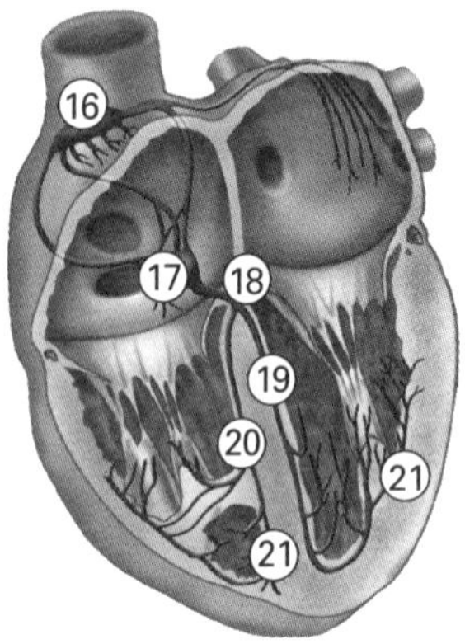

16. ______________________
17. ______________________
18. ______________________
19. ______________________
20. ______________________
21. ______________________

22. Compléter le diagramme suivant.

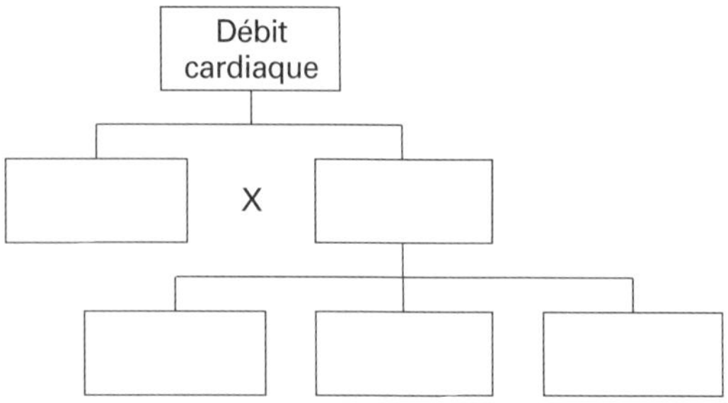

Répondre par vrai ou faux aux énoncés suivants.

23. Le système sympathique est aussi appelé système adrénergique. _____

24. Une action vagolytique entraîne une augmentation de la F.C. _____

25. La perfusion coronarienne est sous l'influence de la pression aortique diastolique. _____

Corrigé de l'autoévaluation

1. D
2. N
3. L
4. E
5. O
6. M
7. K
8. I
9. J
10. B

11. Coronaire droite

12. Artère du bord droit, ou marginale droite

13. Tronc commun de la coronaire gauche

14. Circonflexe

15. Interventriculaire antérieure

16. Nœud sinusal

17. Nœud auriculoventriculaire

18. Faisceau de His

19. Branche gauche du faisceau de His

20. Branche droite du faisceau de His

21. Réseau de Purkinje

22.

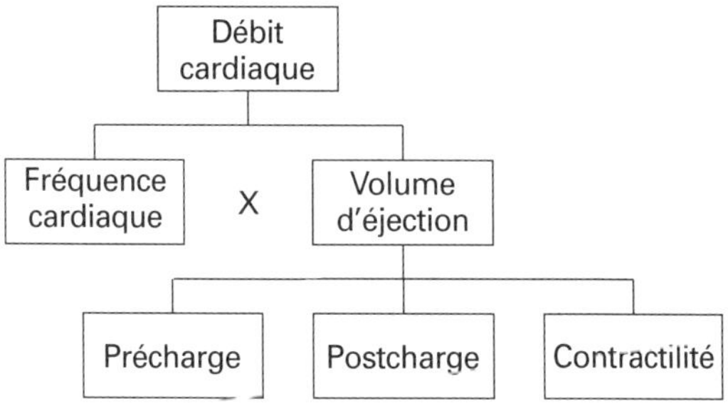

23. Vrai

24. Vrai

25. Vrai

CHAPITRE 2

Le langage de l'électrocardiogramme

PLAN

OBJECTIFS

- Préciser les caractéristiques du papier à électrocardiogramme.
- Nommer les éléments du cycle électrocardiographique.
- Préciser les particularités des éléments du cycle électrocardiographique.
- Savoir calculer la fréquence cardiaque selon la « méthode des 300 » et la « méthode des 6 secondes ».
- Définir les étapes essentielles à l'analyse d'un tracé.
- Analyser, à l'aide d'une bande de rythme, les étapes essentielles à l'interprétation d'un tracé.

2.1 Définition de l'électrocardiogramme

L'électrocardiogramme (ECG) est la représentation graphique des forces électromotrices générées par l'activité cardiaque et enregistrées par des électrodes placées à la surface du corps.

2.2 Papier à électrocardiogramme

Le papier utilisé pour l'enregistrement des tracés électrocardiographiques est millimétré et quadrillé. Les lignes verticales représentent le temps exprimé en centièmes de seconde, et les lignes horizontales, le voltage noté en millimètres. Ces unités de base permettent d'apprécier l'importance de l'activité électrique du cœur (*voir le tracé 2.1*). La vitesse de déroulement du papier est généralement de 25 mm/s.

2.2.1 Lignes horizontales

Les lignes horizontales servent à mesurer l'amplitude des ondes enregistrées, c'est-à-dire l'importance des potentiels d'action de la fibre myocardique. L'amplitude d'une onde est donnée en millimètres et constitue une mesure de voltage. L'intervalle entre deux traits fins horizontaux équivaut à 0,1 millivolt (mV) ; 10 mm équivalent donc à 1 mV (*voir le tracé 2.2*). Aux cinq lignes, le trait horizontal est plus épais.

2.2.2 Lignes verticales

L'intervalle entre les lignes verticales est aussi de 1 mm et, aux 5 mm, le trait vertical est renforcé. Le temps (en secondes) que met l'influx à activer les oreillettes et les ventricules correspond à la durée de l'activité (*voir l'encadré 2.1*). Pour une vitesse de déroulement du papier de 25 mm/s, l'intervalle entre deux traits fins est de 0,04 s; celui qui sépare deux traits renforcés est de 0,20 s (0,04 × 5) (*voir le tracé 2.3*).

Tracé 2.1

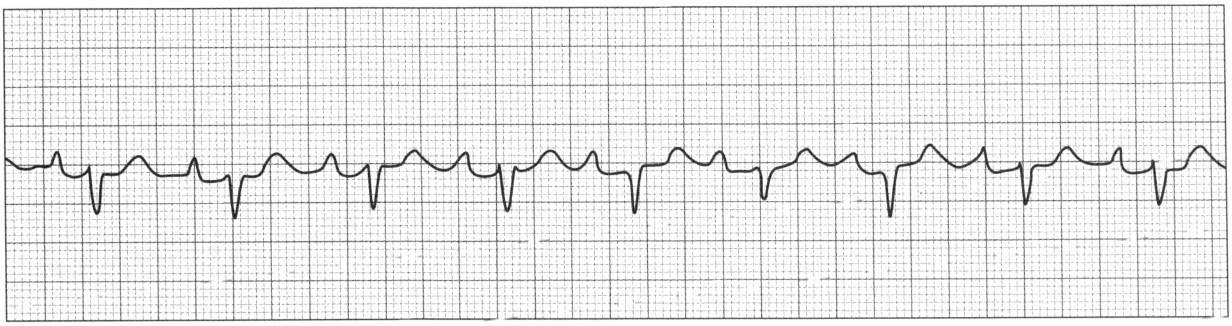

Tracé 2.2

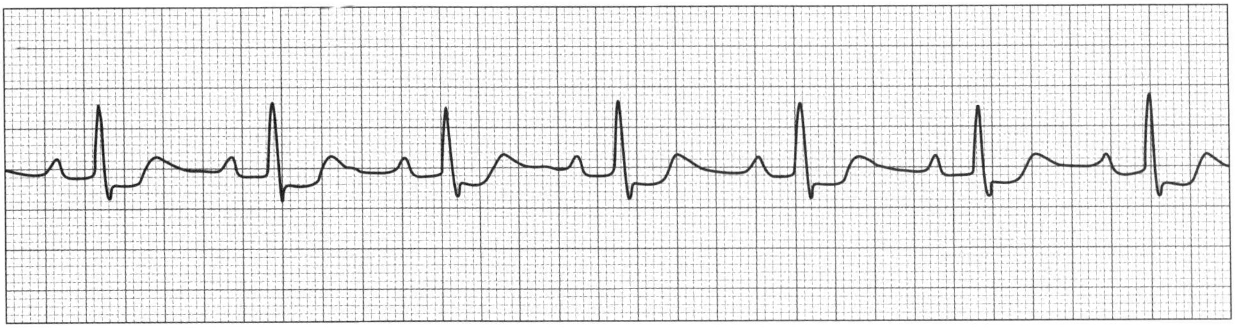

▼
10 mm = 1 mV

Encadré 2.1 Correspondance entre le nombre de carrés sur le papier millimétré et la durée de l'activité

- 1 petit carré = 1 mm = 0,04 s
- 5 petits carrés = 1 grand carré = 0,20 s
- 25 petits carrés = 5 grands carrés = 1 s
- 75 petits carrés = 15 grands carrés = 3 s
- 1 500 petits carrés = 300 grands carrés = 60 s = 1 min

2.3 Terminologie de l'électrocardiographie

L'électrocardiographie fait usage d'un vocabulaire qui lui est propre. Les ondes illustrées sur le tracé électrocardiographique sont désignées par des lettres (*voir la figure 2.1*).

2.3.1 Ligne isoélectrique

La ligne isoélectrique, ou ligne de référence, correspond à l'absence de phénomène électrique.

Tracé 2.3

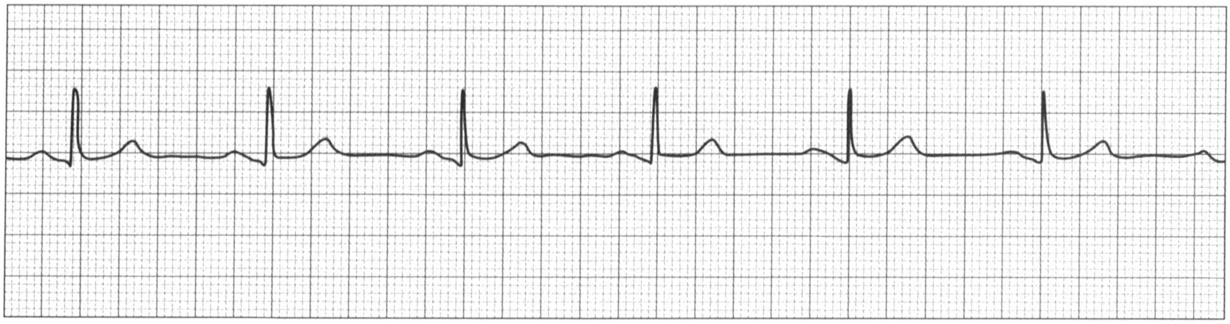

10 mm = 0,40 s
(vitesse de déroulement du papier : 25 mm/s)

Figure 2.1 **Terminologie de l'électrocardiographie**

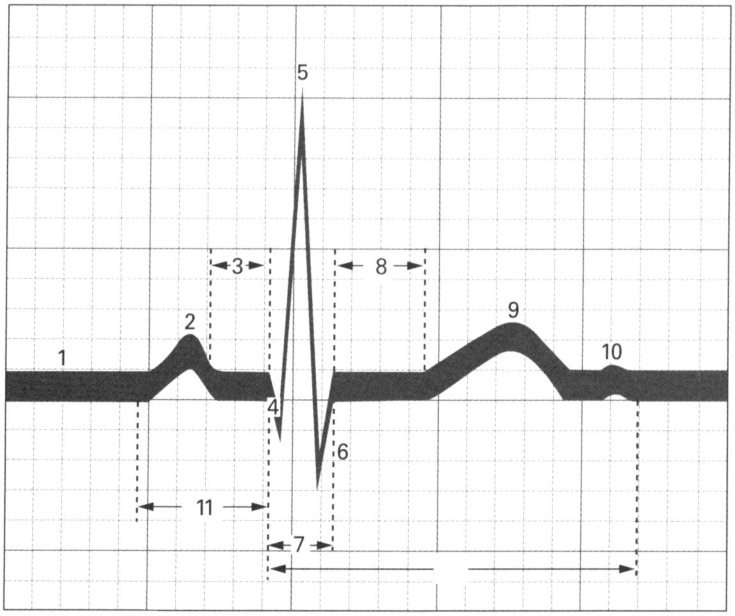

1. Ligne isoélectrique
2. Onde P
3. Segment PR
4. Onde Q
5. Onde R
6. Onde S
7. Complexe QRS
8. Segment ST
9. Onde T
10. Onde U
11. Intervalle PR
12. Intervalle QTU

Elle indique qu'aucune différence de potentiel n'a été enregistrée. Sur le tracé, elle se traduit par une ligne horizontale. Une onde située au-dessus de la ligne isoélectrique est considérée comme une onde positive. Une onde tracée au-dessous de la ligne isoélectrique est tenue pour une onde négative. Quand une partie de l'onde est au-dessus de la ligne de référence et l'autre partie au-dessous, l'onde est dite isodiphasique. Une onde se mesure au début de sa phase initiale à la ligne isoélectrique.

2.3.2 Onde P

L'onde P, de forme arrondie et le plus souvent positive, correspond à l'envahissement des oreillettes par l'onde d'activation sinusale. Elle indique une dépolarisation (ou activation) auriculaire (*voir le chapitre 4*). Étant donné que le muscle auriculaire est mince, l'onde P est de faible amplitude, c'est-à-dire de 1 à 3 mm. Sa durée est de moins de 0,12 s dans la dérivation D_{II} (*voir le chapitre 3*).

2.3.3 Segment PR

Le segment PR correspond à la pause de 0,1 s entre l'activation des oreillettes et l'envahissement des ventricules par l'onde d'activation auriculaire. Il consiste dans le passage de l'influx au nœud auriculoventriculaire (AV) et au faisceau de His. Cet intervalle se mesure en partant de la fin de l'onde P et en allant jusqu'au début du complexe QRS. L'activation du nœud AV apparaît seulement 0,03 ou 0,04 s après le début de l'onde P.

2.3.4 Intervalle PR

L'intervalle PR représente le temps de conduction auriculoventriculaire, c'est-à-dire le temps que met l'influx d'origine sinusale à dépolariser les oreillettes puis à franchir le nœud AV et le tronc du faisceau de His. Il se calcule à partir du début de l'onde P en allant jusqu'au début de la première onde du complexe QRS. Sa durée est intimement liée à la fréquence cardiaque (F.C.) ; elle varie entre 0,12 et 0,20 s pour un rythme sinusal avec conduction normale. Un intervalle PR dont la durée varie de 0,20 à 0,23 s n'a généralement pas de répercussions cliniques significatives.

2.3.5 Complexe QRS

Ce complexe d'ondes représente la dépolarisation, ou activation complète des ventricules. L'activation se fait de l'endocarde vers l'épicarde. Ce complexe inclut trois ondes :

- onde Q : première onde négative du complexe QRS, qui correspond à l'activation septale ;
- onde R : onde positive du complexe QRS, qui traduit l'activation pariétale du ventricule gauche ;
- onde S : onde négative qui suit l'onde R et reflète l'activation basale du ventricule gauche.

La morphologie du complexe QRS varie selon la dérivation de l'électrocardiogramme, c'est-à-dire la position de deux électrodes sur le corps d'une personne, ou selon les modifications pathologiques de la dépolarisation ventriculaire. Les aspects suivants du complexe QRS sont les morphologies les plus fréquentes : QS, QR, RS, QRS, RSR′ (se prononce RSR prime), R crochetée (forme d'oreilles de lapin).

La durée du complexe QRS varie de 0,06 à 0,10 s. Elle se calcule en partant du début du complexe QRS jusqu'au retour à la ligne isoélectrique de l'onde S, de l'onde R ou de l'onde R′, selon le cas. L'amplitude se mesure en millimètres, dans le plan horizontal. Par convention, une onde s'écrit en majuscules si son amplitude est égale ou supérieure à 5 mm, et en minuscules si son amplitude est inférieure à 5 mm.

2.3.6 Segment ST

Le segment ST correspond à la période pendant laquelle les ventricules sont excités de façon uniforme, c'est-à-dire la période qui s'étend de l'activation complète au début de la phase de récupération des ventricules. Il s'agit donc de la phase initiale de repolarisation des deux ventricules. La mesure de ce segment s'effectue à partir de la fin de l'onde S, ou de l'onde R, jusqu'au début de l'onde T.

Sa forme normale est horizontale ou légèrement oblique. Sur le plan de l'amplitude, un sus-décalage (élévation au-dessus de la ligne isoélectrique) ou un sous-décalage (dépression au-dessous de la ligne isoélectrique) peuvent atteindre 3 mm chez une personne d'âge juvénile.

2.3.7 Onde T

L'onde T reflète la période de récupération ou de repolarisation ventriculaire. Elle indique l'inhibition de l'excitation ventriculaire, de l'épicarde à l'endocarde. Étant positive et de forme asymétrique, elle se compose d'une branche ascendante initiale légèrement oblique et d'une branche descendante terminale plus abrupte. Son amplitude est au-dessus de 2 mm de hauteur. La surélévation du segment ST et de l'onde T négative peut normalement être observée chez une jeune personne dans certaines dérivations de l'ECG.

2.3.8 Onde U

L'onde U témoigne d'une repolarisation tardive de quelques zones du myocarde ventriculaire, plus particulièrement des muscles papillaires ou des fibres de Purkinje. Son amplitude s'inscrit entre l'onde T et l'onde P. Habituellement, l'amplitude de l'onde U n'excède pas 25 % de la hauteur de l'onde T précédente. À l'état normal, l'onde est plus visible dans les dérivations V_3 et V_4, et elle s'oriente de la même façon que l'onde T. L'alcalose métabolique, la bradycardie, l'ischémie, l'hypokaliémie et l'hypomagnésémie sont des anomalies qui favorisent l'apparition de l'onde U anormale.

2.3.9 Intervalle QT ou QTU

L'intervalle QTU indique la dépolarisation ventriculaire (QRS), l'excitation des deux ventricules (ST) et la repolarisation (ondes T et U). Il se mesure à partir du début du complexe QRS et jusqu'à la fin de l'onde T, ou de l'onde U, s'il y a lieu. Sa durée varie de 0,30 à 0,46 s pour une F.C. de 45 à 115 batt./min.

2.3.10 Intervalle QT corrigé (QT_c)

La formule de Bazett, précisée par certains appareils à ECG, est la plus utilisée pour calculer la durée normale de l'intervalle QT. Il s'agit de diviser l'intervalle QT par la racine carrée d'un intervalle RR. La durée normale peut varier selon la F.C., l'âge et le sexe. La durée normale de l'intervalle QT_c est approximativement de 0,44 s pour les hommes et de 0,46 s pour les femmes.

$$QT_c = \frac{\text{Intervalle QT}}{\sqrt{RR}}$$

2.4 Méthodes de calcul de la fréquence cardiaque sur un tracé

La F.C. sur un tracé se calcule selon différentes méthodes: la règle électrocardiographique, la «méthode des 300» et la «méthode des 6 secondes».

2.4.1 Règle électrocardiographique

Toutes les réglettes pour le calcul de la fréquence cardiaque sont formatées en fonction du papier à ECG dont la vitesse de déroulement est de 25 mm/s. Il s'agit d'un standard en électrocardiographie.

À l'aide de la règle électrocardiographique, la F.C. se calcule en mesurant deux cycles à partir de la flèche indiquée sur la règle. Un cycle représente une révolution cardiaque qui se traduit à l'électrocardiogramme par l'auriculogramme (onde P et intervalle PR) et le ventriculogramme (complexe QRS, et ondes T et U) (*voir le tracé 2.4*).

Tracé 2.4

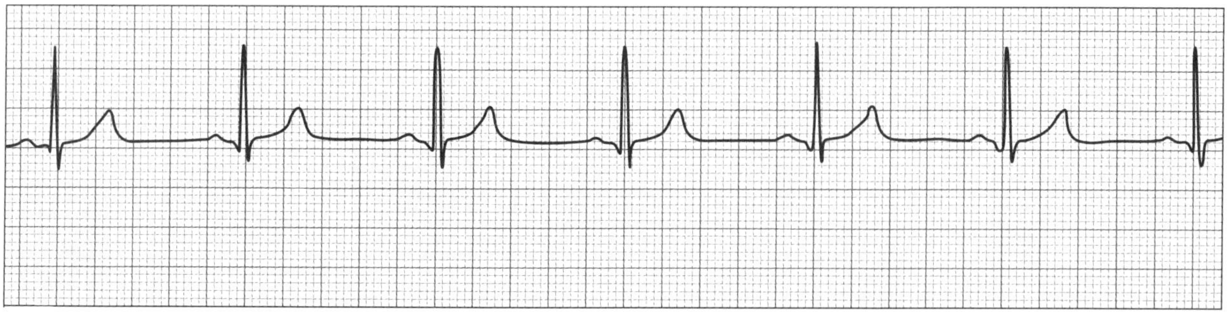

La règle s'utilise en superposant la flèche sur une onde P ou sur une onde R (*voir le tracé 2.5*). La F.C. correspond au chiffre qui apparaît vis-à-vis de la deuxième onde P (ou onde R) suivant immédiatement la flèche.

2.4.2 « Méthode des 300 » avec un compas à pointes sèches

En tenant compte du fait que la majorité des tracés présentés dans l'ouvrage ont été réduits afin de faciliter la mise en page, la F.C. pour tous les tracés a été calculée selon la « méthode des 300 ».

Cette méthode, la plus rapide et la plus pratique, s'appuie sur le fait que la F.C. correspond au nombre de battements cardiaques à la minute. Sur le papier à ECG, un petit carré dans le plan vertical correspond à 0,04 s ; 60 s (1 min) équivalent donc à 1 500 petits carrés. Chaque bloc de cinq petits carrés est marqué d'un trait gras. Il faut d'abord repérer une onde R coïncidant avec un trait gras. Ce trait devient un multiple des autres traits gras suivants.

En suivant les étapes de cette méthode, il est possible de calculer la F.C. dans le tracé 2.6 :

- Visualiser une onde R qui coïncide avec un trait gras (le cycle 2, dans le tracé).
- Faire de cette onde R le point de départ 1 500.
- Au prochain trait gras, compter 300 (1 500 ÷ 5), ensuite 150 (1 500 ÷ 10), puis 100 (1 500 ÷ 15), puis 75 (1 500 ÷ 20), puis 60 (1 500 ÷ 25) et, finalement, 50 (1 500 ÷ 30).

300 – 150 – 100 – 75 – 60 – 50 – 43 – 38 – 33 – 30

Sur le tracé 2.6, la F.C. est donc comprise entre 50 et 60 batt./min, en se basant sur les cycles 2 et 3.

Cette méthode, dite approximative, devient plus précise s'il est possible de repérer deux ondes R consécutives qui coïncident avec des traits gras. Sur le tracé 2.7, par exemple, les cycles 4 et 5 indiquent une fréquence précise de 75 batt./min.

Bien que les ondes R du tracé 2.6 ne coïncident pas avec un trait gras, une mesure plus précise de la F.C. peut néanmoins être obtenue. La troisième onde R s'intercale entre deux fréquences comprises entre 50 et 60 batt./min. La différence entre ces deux fréquences (60 – 50) divisée par cinq (10 ÷ 5) précise le nombre et la valeur pour chaque petit carré entre les traits gras. Par la suite, il est possible de transposer la F.C. au petit carré coïncidant avec l'onde R (sur le tracé 2.6, la fréquence est de 56 batt./min).

Tracé 2.5 **Fréquence à 75 batt./min**

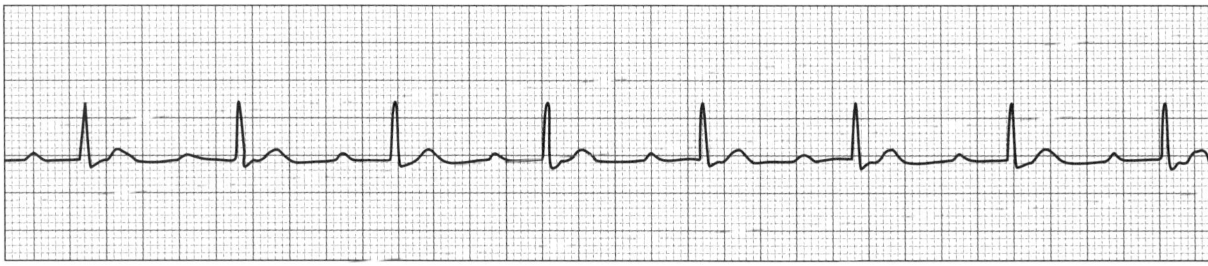

Tracé 2.6

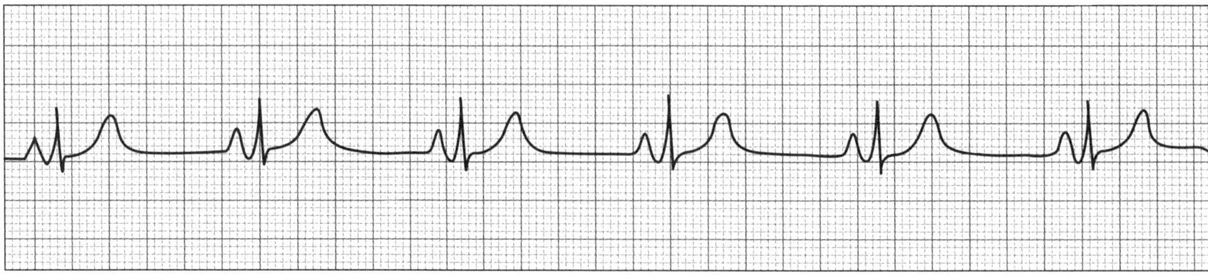

Tracé 2.7

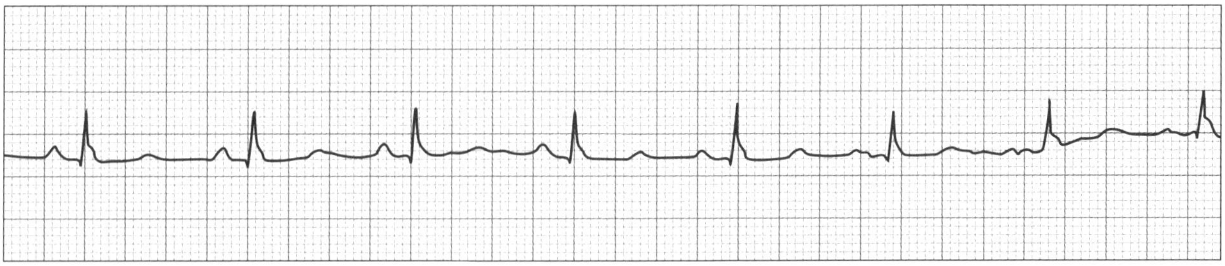

Exercice de compréhension Pour chacun des tracés suivants (*voir les tracés 1 à 3*), calculer la fréquence cardiaque au compas à partir de la «méthode des 300». Comparer les résultats avec les réponses fournies à la dernière page du chapitre.

Tracé 1

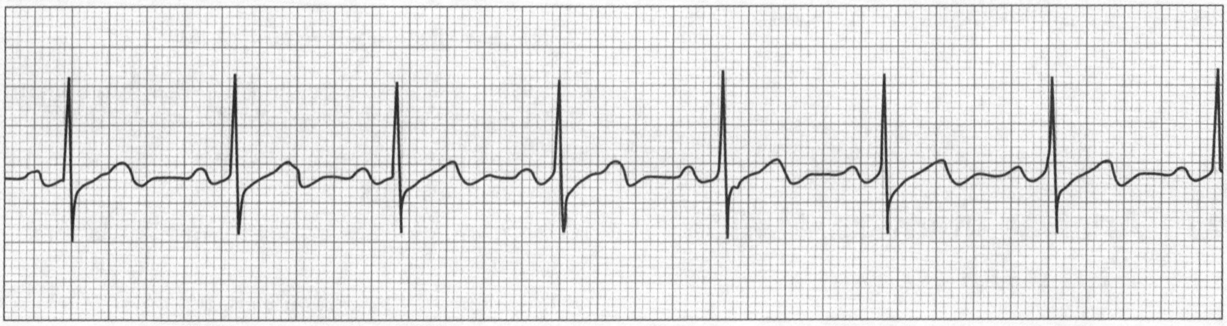

Fréquence précise ________________

Tracé 2

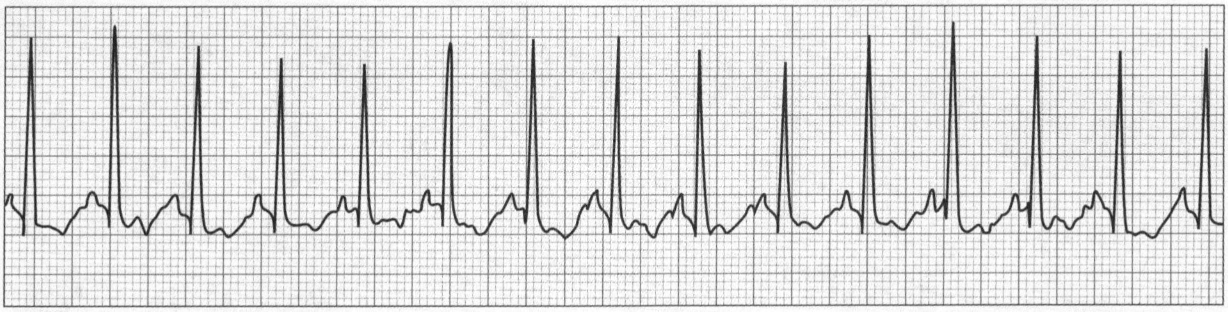

Fréquence précise ________________

Tracé 3

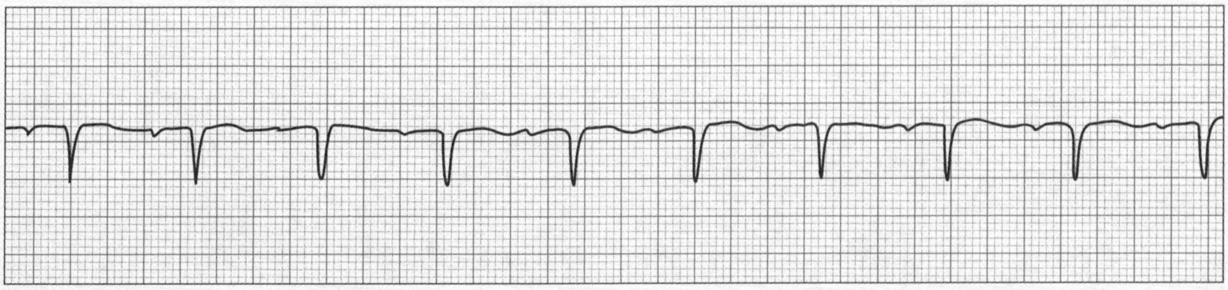

Fréquence précise ________________

2.4.3 « Méthode des 6 secondes »

Cette méthode, rapide et approximative, est particulièrement utile dans les situations d'urgence.

Au-dessus du papier millimétré, il existe des repères verticaux représentant des intervalles de 3 s (15 grands carrés) ou de 1 s (5 grands carrés). Ces repères sont utilisés pour le calcul de la F.C. selon la « méthode des 6 secondes » (*voir le tracé 2.8*).

Étant donné que 2 intervalles de 3 s représentent une bande de 6 s, et que chaque complexe QRS représente un cycle, il s'agit de déterminer le nombre de cycles compris dans un intervalle de 6 s. En appliquant la règle de trois, il est possible d'obtenir la F.C. pour une minute. Le tracé 2.8 présente 3 cycles en l'espace de 6 s, donc 30 cycles en 60 secondes (1 min).

$$x = \frac{60 \times 3}{6}$$
$$= 30 \text{ cycles/min}$$

2.5 Analyse et interprétation d'un tracé

Un tracé devrait d'abord faire l'objet d'une analyse avant d'être interprété. La démarche d'analyse et d'interprétation d'un tracé peut être subdivisée en huit étapes. Cette présentation n'est pas unique et indispensable. Cependant, elle est présentée comme un outil de référence susceptible de faire surgir les éléments clés, selon un ordre prédéterminé, avant d'en arriver à une interprétation objective.

1. Impression générale

- Qu'est-ce qui ressort le plus nettement du tracé 2.9 ? À cette étape, il s'agit de faire ressortir l'impression suggestive et globale du tracé basée sur les connaissances acquises antérieurement (p. ex., un rythme lent ou rapide, régulier ou irrégulier, etc.).

2. Repérage de la ligne isoélectrique

- La ligne isoélectrique est-elle facile à repérer ?

3. Examen de l'onde P en cinq points

- Présence : Y a-t-il une onde P précédant chacun des complexes QRS ?
- Conduction : Est-ce que chaque onde P entraîne un complexe QRS ?
- Morphologie : Les ondes P ont-elles la même forme sur tout le tracé ?
- Intervalle PP : L'écart entre deux ondes P consécutives est-il régulier sur tout le tracé ?
- Fréquence : Quelle est la F.C. calculée à l'aide des ondes P ?

Tracé 2.8

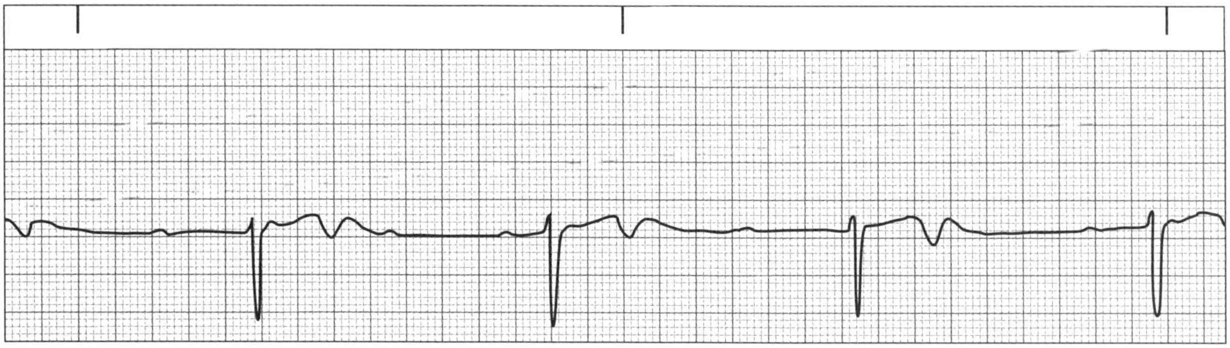

Tracé 2.9

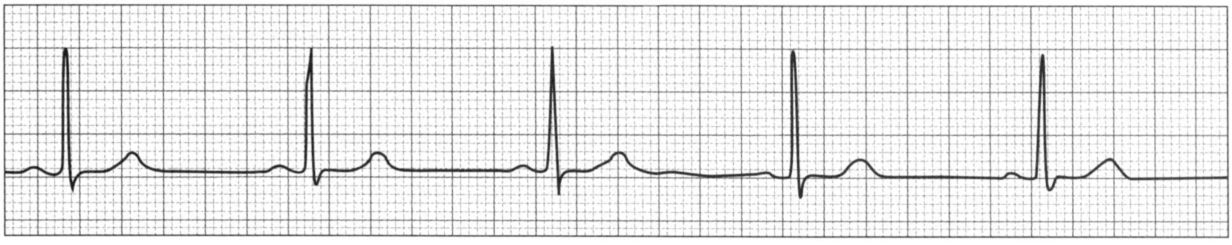

4. Examen de l'intervalle PR

- Quelle est sa durée ?
- Cet intervalle est-il constant dans tous les cycles du tracé ?

5. Observation du complexe QRS en cinq points

- Présence : Y a-t-il un complexe QRS pour chacun des cycles ?
- Morphologie : Les complexes QRS ont-ils tous la même forme ?
- Intervalle : L'écart entre deux complexes QRS (intervalle RR) est-il régulier sur tout le tracé ?
- Durée : Quelle est la durée du complexe QRS ?
- Fréquence : La fréquence des complexes QRS est-elle différente de la fréquence des ondes P ?

6. Observation de la morphologie de l'onde T sur toute sa longueur

- De façon globale, les ondes T se ressemblent-elles ?

7. Vérification de la présence d'autres anomalies

- À cette étape, il faut vérifier, par exemple, la présence d'une extrasystole auriculaire (ESA), d'une extrasystole ventriculaire (ESV), d'échappements et de pauses (*voir la partie 2*).

8. Interprétation du tracé

- Le tracé est interprété en fonction du rythme, de la fréquence et des anomalies, s'il y a lieu. Par exemple, un rythme sinusal à 52 batt./min est communément appelé bradycardie sinusale (*voir le chapitre 5*).
- Cette note peut être transmise verbalement ou par écrit. Par exemple :
  - *Bradycardie sinusale 50 batt./min avec ESV bigéminées*
  - *Fibrillation auriculaire avec réponse ventriculaire de 60 à 120 batt./min*
  - *Rythme sinusal 75 batt./min avec bloc auriculo-ventriculaire BAV du premier degré*

Exercice d'interprétation de tracés Pour chacun des tracés proposés (*voir les tracés 1 à 5*), remplir les espaces prévus.

Tracé 1

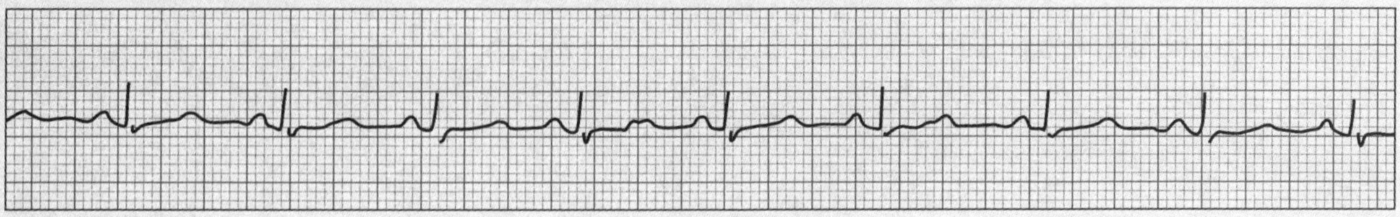

Impression générale ______________________________

____

Ligne isoélectrique

Facile à repérer Oui ☐ Non ☐

Onde P

Présente à chacun des cycles Oui ☐ Non ☐

Entraîne toujours un complexe QRS Oui ☐ Non ☐

Morphologie identique Oui ☐ Non ☐

Intervalle PP régulier Oui ☐ Non ☐

Fréquence cardiaque à partir des P _____ batt./min

Intervalle PR

Durée ______ seconde

Constant dans tous les cycles Oui ☐ Non ☐

Complexe QRS

Présent à chacun des cycles Oui ☐ Non ☐

Morphologie identique Oui ☐ Non ☐

Régularité Oui ☐ Non ☐

Durée ______ seconde

Fréquence différente de celle des P Oui ☐ Non ☐

Onde T

Morphologie identique Oui ☐ Non ☐

Interprétation

Aucune anomalie détectée.

Tracé 2

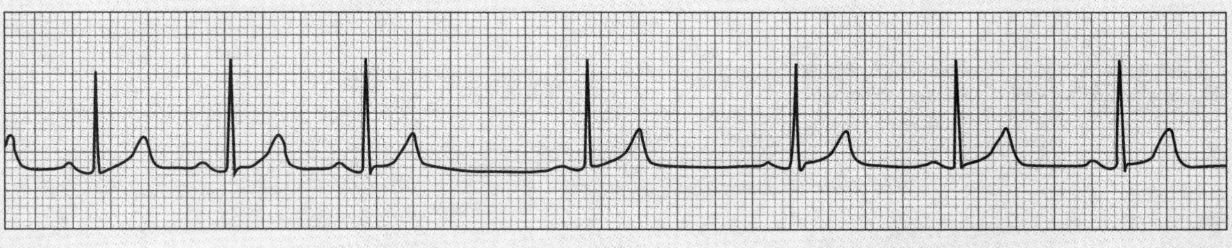

Impression générale ____

____

Ligne isoélectrique

Facile à repérer Oui ☐ Non ☐

Onde P

Présente à chacun des cycles Oui ☐ Non ☐

Entraîne toujours un complexe QRS Oui ☐ Non ☐

Morphologie identique Oui ☐ Non ☐

Intervalle PP régulier Oui ☐ Non ☐

Fréquence cardiaque à partir des P ______ batt./min

Intervalle PR

Durée ______ seconde

Constant dans tous les cycles Oui ☐ Non ☐

Complexe QRS

Présent à chacun des cycles	Oui ☐	Non ☐
Morphologie identique	Oui ☐	Non ☐
Régularité	Oui ☐	Non ☐
Durée	______ seconde	
Fréquence différente de celle des P	Oui ☐	Non ☐

Onde T

Morphologie identique	Oui ☐	Non ☐

Interprétation

Anomalie : Irrégularité des intervalles PP et des complexes QRS.

Tracé 3

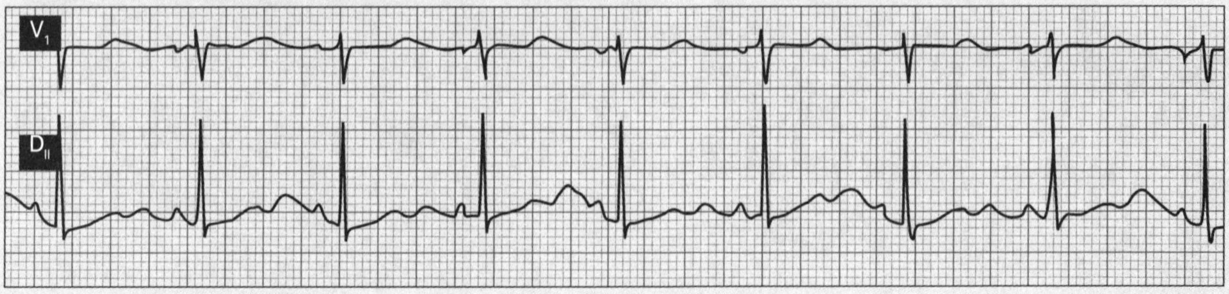

Impression générale ____

____

Ligne isoélectrique

Facile à repérer	Oui ☐	Non ☐

Onde P

Présente à chacun des cycles	Oui ☐	Non ☐
Entraîne toujours un complexe QRS	Oui ☐	Non ☐
Morphologie identique	Oui ☐	Non ☐
Intervalle PP régulier	Oui ☐	Non ☐
Fréquence cardiaque à partir des P	______ batt./min	

Intervalle PR

Durée	______ seconde	
Constant dans tous les cycles	Oui ☐	Non ☐

Complexe QRS

Présent à chacun des cycles	Oui ☐	Non ☐
Morphologie identique	Oui ☐	Non ☐
Régularité	Oui ☐	Non ☐
Durée	_____ seconde	
Fréquence différente de celle des P	Oui ☐	Non ☐

Onde T

Morphologie identique	Oui ☐	Non ☐

Interprétation

Aucune anomalie. Cependant, la présence d'une onde U dans la dérivation D_{II} peut être interprétée comme une variante de la normalité ou compatible avec une hypokaliémie avérée par le dosage sanguin du potassium.

Tracé 4

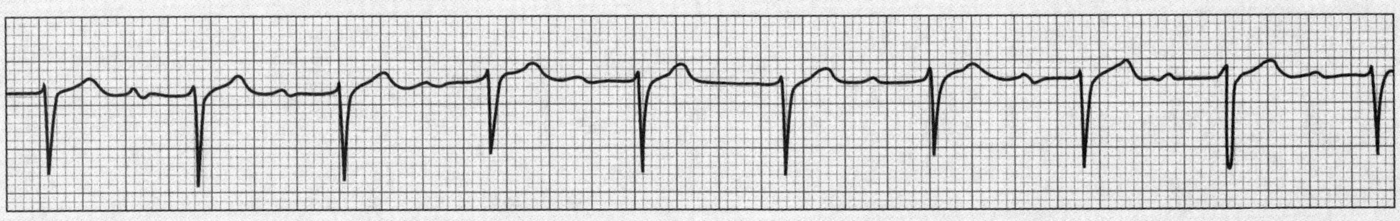

Impression générale ______________________________

____

Ligne isoélectrique

Facile à repérer	Oui ☐	Non ☐

Onde P

Présente à chacun des cycles	Oui ☐	Non ☐
Entraîne toujours un complexe QRS	Oui ☐	Non ☐
Morphologie identique	Oui ☐	Non ☐
Intervalle PP régulier	Oui ☐	Non ☐
Fréquence cardiaque à partir des P	_____ batt./min	

Intervalle PR

Durée	_____ seconde	
Constant dans tous les cycles	Oui ☐	Non ☐

Complexe QRS

Présent à chacun des cycles Oui ☐ Non ☐

Morphologie identique Oui ☐ Non ☐

Régularité Oui ☐ Non ☐

Durée _____ seconde

Fréquence différente de celle des P Oui ☐ Non ☐

Onde T

Morphologie identique Oui ☐ Non ☐

Interprétation

Anomalie : Intervalle PR à 0,32 s.

Tracé 5

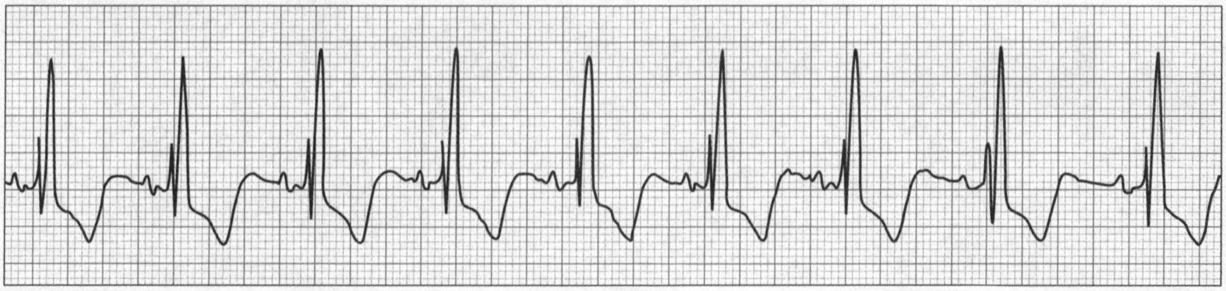

Impression générale ____

____

Ligne isoélectrique

Facile à repérer Oui ☐ Non ☐

Onde P

Présente à chacun des cycles Oui ☐ Non ☐

Entraîne toujours un complexe QRS Oui ☐ Non ☐

Morphologie identique Oui ☐ Non ☐

Intervalle PP régulier Oui ☐ Non ☐

Fréquence cardiaque à partir des P _____ batt./min

Intervalle PR

Durée _____ seconde

Constant dans tous les cycles Oui ☐ Non ☐

Complexe QRS

Présent à chacun des cycles	Oui ☐	Non ☐
Morphologie identique	Oui ☐	Non ☐
Régularité	Oui ☐	Non ☐
Durée	_____ seconde	
Fréquence différente de celle des P	Oui ☐	Non ☐

Onde T

Morphologie identique	Oui ☐	Non ☐

Interprétation

Anomalie : Durée du complexe QRS de 0,12 s.

Autoévaluation

Préciser la terminologie correspondant à chacun des chiffres.

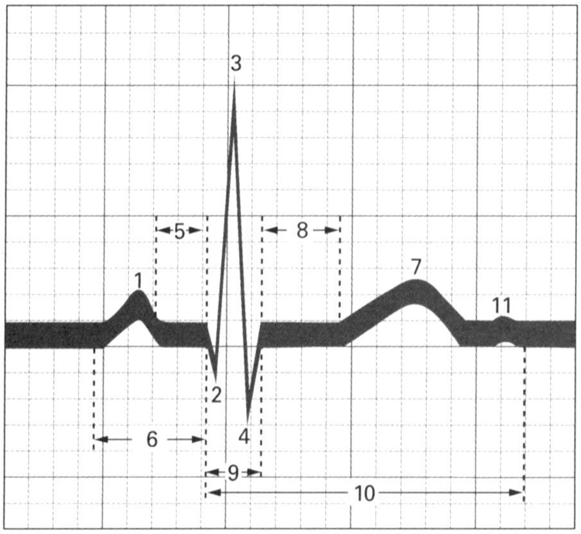

1. ____________________

2. ____________________

3. ____________________

4. ____________________

5. ____________________

6. ____________________

7. ____________________

8. ____________________

9. ____________________

10. ____________________

11. ____________________

Associer aux énoncés ci-dessous (12 à 16) la terminologie qui suit. Répondre par la lettre correspondante.

12. Je corresponds à l'envahissement des oreillettes par l'onde d'activation provenant du nœud sinusal.

13. Je suis l'onde positive du complexe QRS.

14. Ma durée est proportionnelle au temps de conduction auriculoventriculaire.

15. Je corresponds à la phase de récupération des ventricules.

16. Ma méthode est utile pour calculer une fréquence lente en situation d'urgence.

A. «Méthode des 6 secondes»
B. Onde S
C. Onde P
D. Onde R
E. Intervalle PR
F. Onde T
G. Segment ST
H. «Méthode des 300»

Préciser chacune des ondes du complexe QRS. Ces différentes morphologies, ou ondes constituantes du complexe QRS, sont courantes en électrocardiographie.

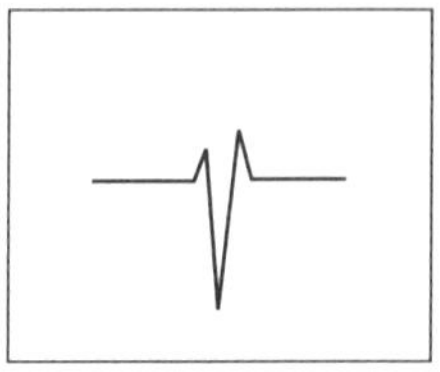

17. ____________________

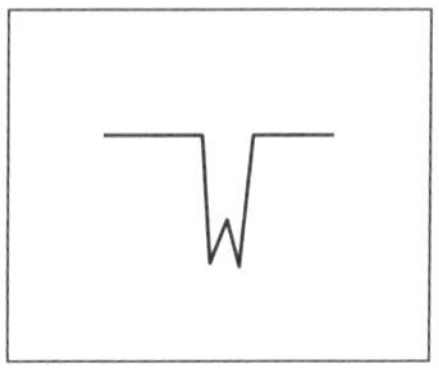

18. ____________________

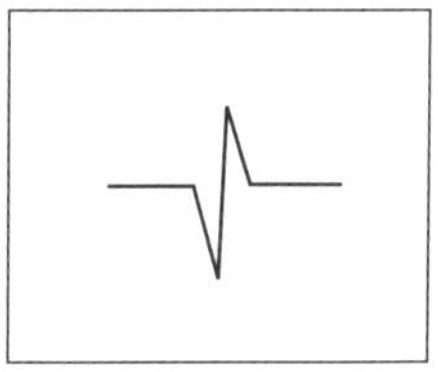

19. ____________________

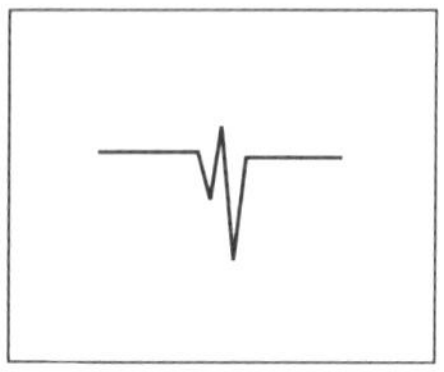

20. ____________________

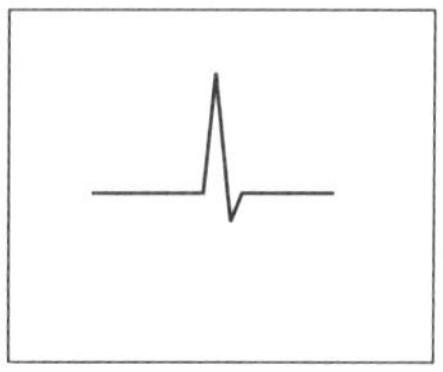

21. ____________________

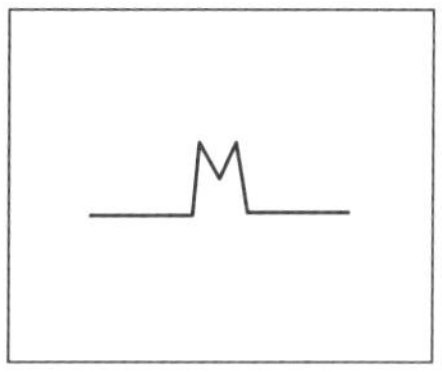

22. ____________________

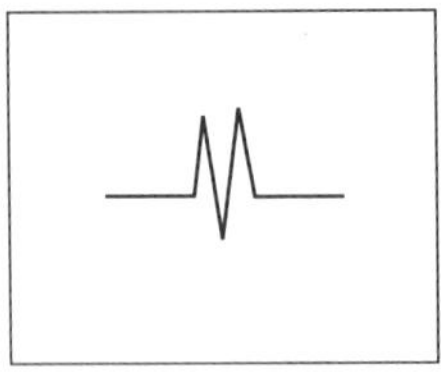

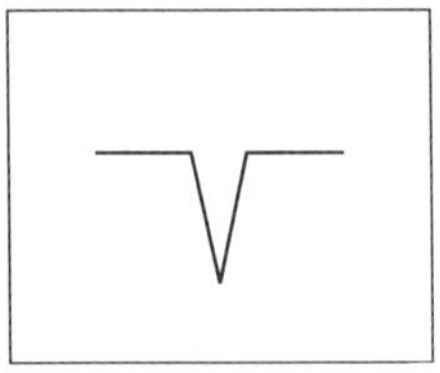

23. ____________________ 24. ____________________

Compléter les phrases suivantes.

25. En pratique courante, l'intervalle PR normal est inférieur à ____________.

26. La durée du complexe QRS est considérée comme normale lorsqu'elle est égale ou inférieure à ____________.

27. La mnémotechnique utilisée pour le calcul de la fréquence cardiaque selon la « méthode des 300 » est la suivante: ______________________________.

Répondre par vrai ou faux aux énoncés suivants.

28. Une conduction auriculoventriculaire normale implique que le même influx dépolarise successivement les oreillettes et les ventricules. ______

29. Un intervalle PR supérieur à 0,24 s, mais constant, signifie que la conduction auriculoventriculaire est nécessairement altérée. ______

Corrigé de l'exercice de la section 2.4.2

Tracé 1: F.C. 72 batt./min (1re onde R)

Tracé 2: F.C. 140 batt./min (6e onde R)

Tracé 3: F.C. 90 batt./min (1re onde R)

Corrigé de l'autoévaluation

1. Onde P
2. Onde Q
3. Onde R
4. Onde S
5. Segment PR
6. Intervalle PR
7. Onde T
8. Segment ST
9. Complexe QRS
10. Intervalle QTU
11. Onde U
12. C
13. D
14. E
15. F
16. A
17. rSr′
18. QS (onde Q crochetée)
19. QR
20. qrS
21. Rs
22. R (crochetée)
23. RsR′
24. QS (onde Q)
25. 0,24 s
26. 0,10 s
27. 300 – 150 – 100 – 75 – 60 – 50
28. Vrai
29. Vrai

CHAPITRE 3

Les dérivations électrocardiographiques

PLAN

OBJECTIFS

- Définir le terme « dérivation ».
- Classifier les 12 dérivations selon leur plan d'exploration.
- Définir les termes « dérivations périphériques », « dérivations unipolaires » et « dérivations bipolaires ».
- Désigner les régions du cœur captées par les dérivations périphériques.
- Définir le terme « dérivations précordiales ».
- Désigner les régions du cœur captées par les dérivations précordiales.
- Définir l'expression « axe moyen de QRS ».
- Comprendre les différentes morphologies du complexe QRS sur un électrocardiogramme.
- Expliquer la progression de l'onde R dans les dérivations précordiales.
- Justifier l'électrocardiogramme à 15 dérivations.

3.1 Définition et classification des dérivations

Comme mentionné au chapitre précédent, l'électrocardiogramme (ECG) standard est une projection graphique de l'activité électrique du cœur. Cette activité électrique, captée par des électrodes placées à des endroits précis du corps, est reproduite sur un papier millimétré. Les électrodes captent les ondes d'activation cardiaque selon le plan du cœur qu'elles explorent.

Une dérivation est un circuit électrique comprenant deux électrodes de contact reliées par un fil conducteur à un galvanomètre, un instrument qui mesure l'intensité des courants électriques.

L'ECG standard se compose de 12 dérivations (ou circuits) réparties sur deux plans, comme le montre la figure 3.1. Ces dérivations sont décrites dans les sections qui suivent.

3.2 Plan frontal: dérivations périphériques

Le plan frontal comprend les dérivations des membres, nommées dérivations périphériques. Elles sont au nombre de six: D_I, D_{II}, D_{III}, aVR, aVL et aVF. Elles s'obtiennent en plaçant les électrodes sur les bras droit et gauche, et sur la jambe gauche. Ces dérivations sont de deux types.

- Les dérivations bipolaires (ou standards), qui traduisent la différence de potentiel, c'est-à-dire l'état électrique d'un conducteur par rapport à un autre, entre deux membres (*voir la figure 3.2*).
- Les dérivations unipolaires des membres, qui traduisent les variations de potentiel de chaque membre séparément.

3.2.1 Dérivations bipolaires

Sur le plan électrocardiographique, le corps humain peut être considéré comme un milieu conducteur homogène de grande dimension (par rapport au cœur) ayant la forme d'un triangle équilatéral et prolongé à ses trois sommets par des conducteurs linéaires, à savoir les membres.

Les dérivations bipolaires correspondent aux projections graphiques illustrées dans la figure 3.2. Ainsi, les membres ne font que prolonger les câbles de l'électrocardiographe en transmettant les potentiels qui existent à la jonction entre le tronc et les membres. Les électrodes sont placées sur le poignet gauche, le poignet droit et la jambe gauche (*voir le tableau 3.1 et la figure 3.3*).

Figure 3.1 Répartition des dérivations sur deux plans

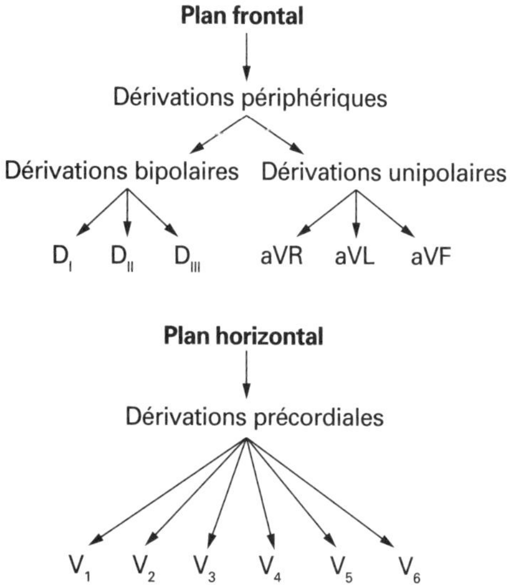

Figure 3.2 Projection graphique des dérivations bipolaires sur le thorax

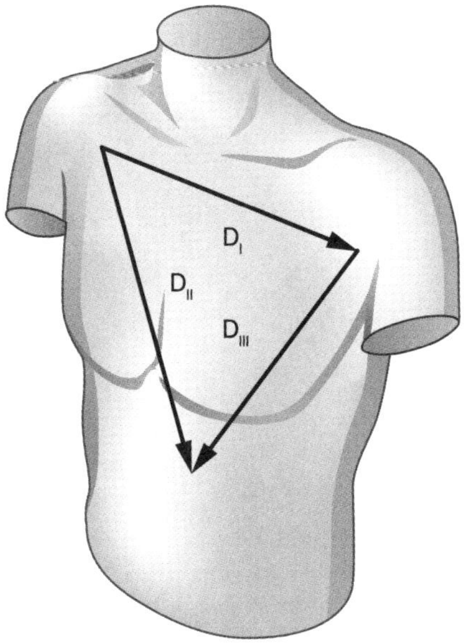

Tableau 3.1 **Fonctions des dérivations bipolaires**

Dérivation	Fonction
D_I	Enregistre les projections du phénomène électrique entre le bras droit (pôle négatif) et le bras gauche (pôle positif).
D_{II}	Enregistre les projections entre le bras droit (pôle négatif) et la jambe gauche (pôle positif).
D_{III}	Enregistre les projections entre le bras gauche (pôle négatif) et la jambe gauche (pôle positif).

Figure 3.3 **Dérivations bipolaires**

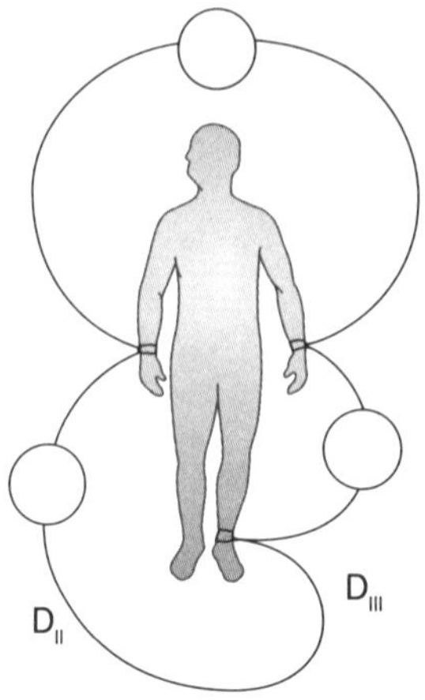

Figure 3.4 **Dérivations unipolaires des membres**

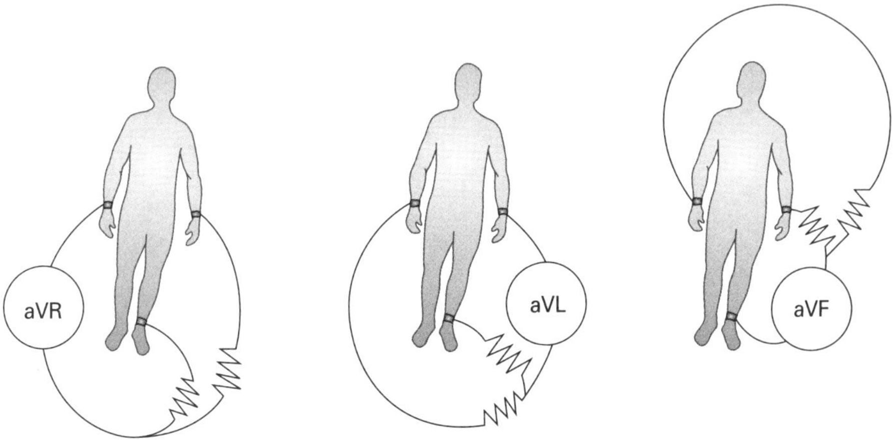

a: amplification
V: voltage
L: bras gauche (*left*)
R: bras droit (*right*)
F: pied (*foot*)

3.2.2 Dérivations unipolaires des membres

L'électrode exploratrice appliquée isolément au bras droit, au bras gauche et à la jambe gauche (*voir la figure 3.4*) permet d'obtenir les dérivations unipolaires aVR, aVL et aVF. L'amplification (a) du voltage à chacun des membres permet ensuite d'obtenir un tracé de même amplitude que les dérivations bipolaires D_I, D_{II} et D_{III}.

Les lignes d'exploration des trois dérivations unipolaires des membres, soit aVR, aVL et aVF, passent par les sommets et par le centre d'un triangle illustré dans la figure 3.5. Elles correspondent par conséquent aux trois bissectrices. La positivité (électrode exploratrice) se trouve toujours aux sommets du triangle.

Figure 3.5 **Projection graphique des dérivations unipolaires**

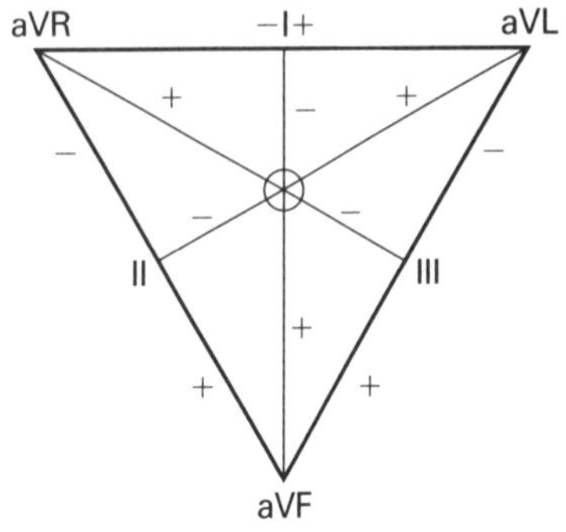

3.2.3 Double triaxe

La projection géométrique (angle de 30°) des dérivations bipolaires et unipolaires des membres sur une circonférence dont le centre représente schématiquement le cœur (*voir les figures 3.6 et 3.7*) se nomme double triaxe. Cette projection s'obtient par translation, c'est-à-dire en faisant se rejoindre les six lignes des dérivations périphériques par leur centre sans changer leur orientation respective. Le double triaxe permet de déterminer l'axe électrique du cœur.

L'utilité de cet axe réside dans le fait que, selon leur position respective par rapport au cœur, chacune des dérivations enregistre une morphologie électrocardiographique distincte. Le tracé rendu par une dérivation est particulier à l'électrode qui explore la région cardiaque. Les régions du cœur captées par les dérivations périphériques sont les suivantes: la paroi latérale du ventricule gauche (D_I et aVL), la paroi inférieure (D_{II}, D_{III} et aVF) et l'intérieur des cavités du cœur (aVR).

3.3 Plan horizontal: dérivations précordiales

Les électrodes fixées en des points définis sur la paroi thoracique (*voir la figure 3.8*) correspondent aux dérivations précordiales; ce sont des dérivations dites unipolaires puisque chaque électrode visualise une zone précise du cœur. L'électrode est placée dans l'aire précordiale en six points différents, numérotés de 1 à 6, d'après la nomenclature de l'American Heart Association (2010) (*voir la figure 3.9*). Les dérivations

Figure 3.6 Double triaxe

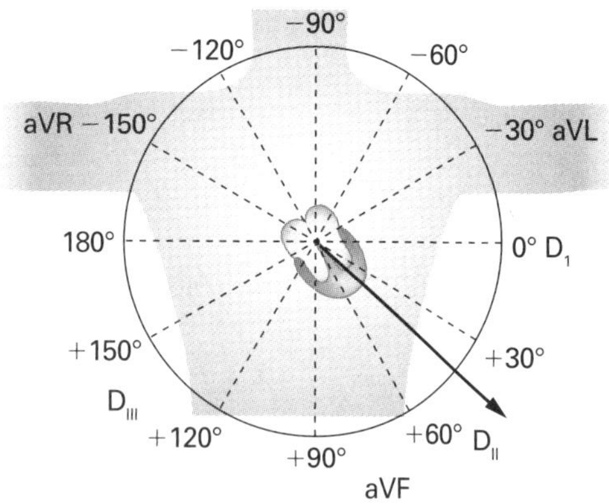

Figure 3.7 Projection géométrique du double triaxe

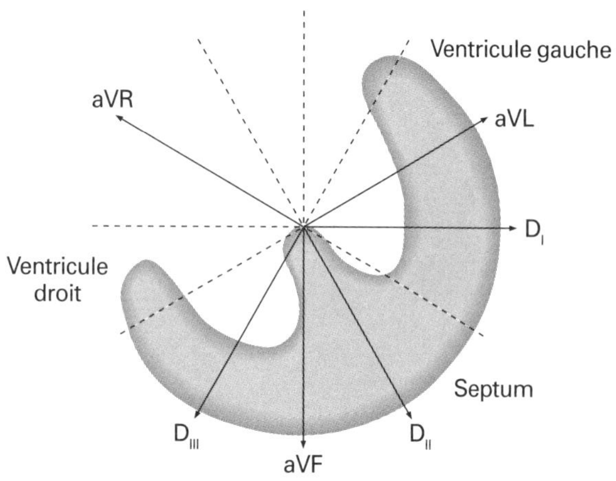

Figure 3.8 Dérivations précordiales

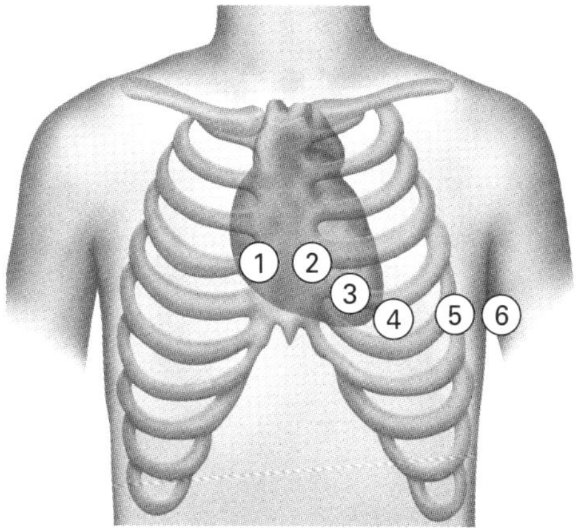

Figure 3.9 Parois du cœur visualisées par les dérivations précordiales

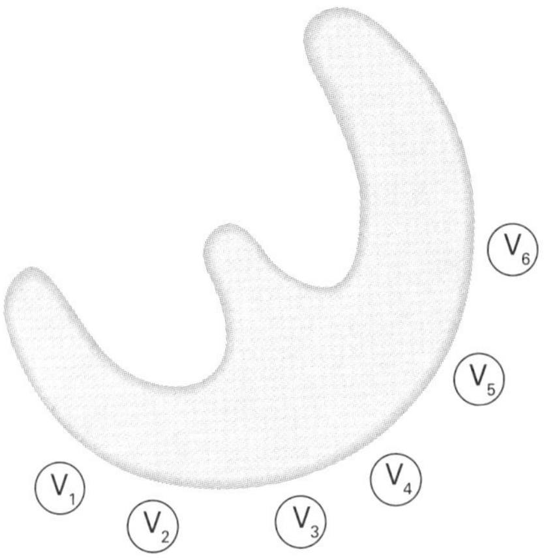

précordiales enregistrées sont désignées par les symboles V_1, V_2, V_3, V_4, V_5 et V_6. La lettre V indique le voltage ; les chiffres en indice correspondent aux points de dérivation décrits dans le tableau 3.2. Le tableau 3.3, pour sa part, présente les zones du cœur visualisées approximativement par les dérivations précordiales.

3.4 Axe électrique du cœur

Les cellules cardiaques se déchargent spontanément selon une force et une direction. L'activité électrique est schématiquement représentée par une ligne droite dont la longueur témoigne de la force de déplacement de l'influx (force électromotrice). La flèche en précise la direction. Ces éléments, à savoir la force et la direction, constituent le vecteur (*voir la figure 3.10*). Ce vecteur est également en relation avec la position du cœur dans la cage thoracique.

Le septum et les ventricules ont un grand nombre de vecteurs représentant l'activation septale et ventriculaire de leurs cellules respectives. Les vecteurs de la paroi ventriculaire gauche sont dominants, compte tenu de la masse musculaire à stimuler à cet endroit. L'activation septale moyenne se fait de gauche à droite (*voir la figure 3.11*). Pour sa part, l'activation ventriculaire moyenne pointe vers le ventricule gauche (*voir la figure 3.12*).

L'addition de tous les vecteurs, d'une part pour le septum et, d'autre part, pour les deux ventricules, en tenant compte respectivement de la force et de la grandeur de chacun d'eux, permet de schématiser la direction générale ou l'orientation de l'activité électrique globale du cœur communément appelée axe électrique, ou axe moyen du complexe QRS (*voir la figure 3.13*).

Tableau 3.2 **Emplacements des points de dérivations précordiales**[a]

Dérivation précordiale	Emplacement sur la cage thoracique
V_1	Quatrième espace intercostal droit, le plus près du sternum
V_2	Quatrième espace intercostal gauche, le plus près du sternum
V_3	À mi-chemin entre V_2 et V_4
V_4	Intersection de la ligne médioclaviculaire et du cinquième espace intercostal gauche
V_5	Intersection de la ligne axillaire antérieure et d'une horizontale passant par V_4
V_6	Intersection de la ligne axillaire moyenne et d'une horizontale passant par V_4 et V_5

[a] Point de repère : localiser d'abord le deuxième espace intercostal droit près de l'angle sternal.

Tableau 3.3 **Zones du cœur visualisées approximativement par les dérivations précordiales**

Dérivations précordiales	Emplacement sur la cage thoracique
V_1 et V_2	Paroi ventriculaire droite et septum interventriculaire dans sa partie haute et moyenne
V_3 et V_4	Partie antérieure du septum et pointe du ventricule gauche
V_5 et V_6	Partie antérieure et moyenne de la paroi libre du ventricule gauche

Figure 3.10 **Vecteurs d'activation cardiaque**

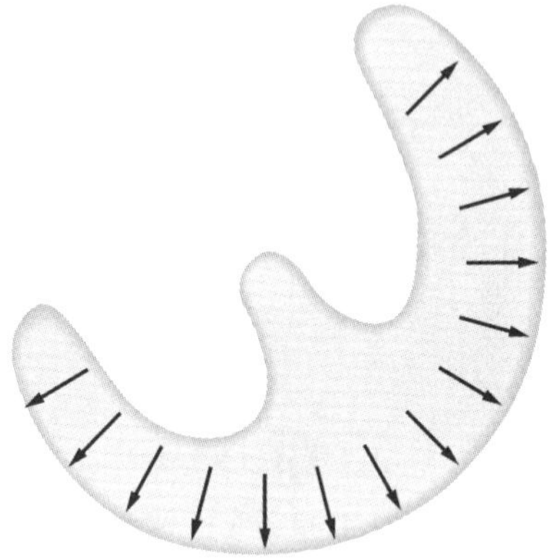

Figure 3.11 **Activation septale**

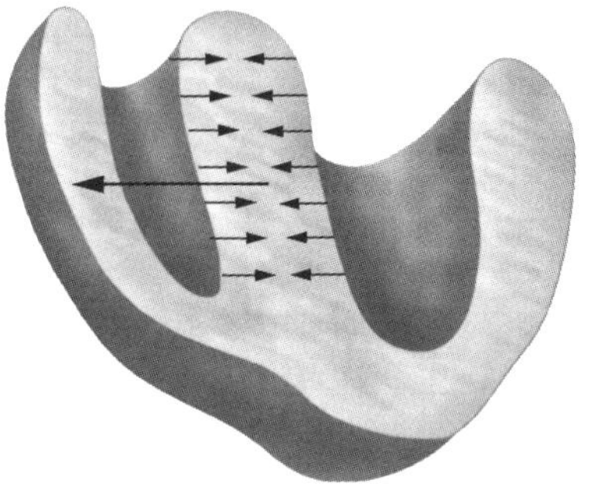

Figure 3.12 **Activation ventriculaire**

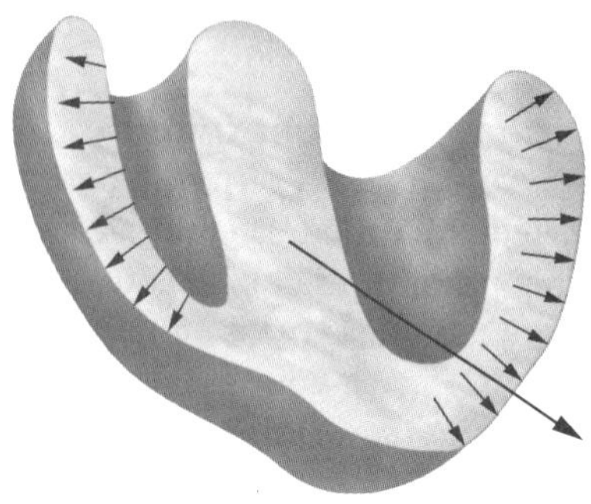

Figure 3.13 **Axe moyen du complexe QRS**

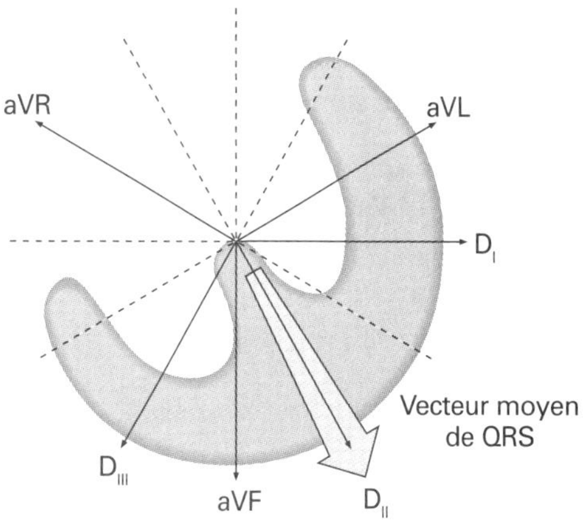

3.5 Morphologie du complexe QRS sur un électrocardiogramme standard

La morphologie du complexe QRS sur un ECG standard est en relation avec l'orientation de l'axe électrique, soit l'axe moyen de QRS.

3.5.1 Dérivations périphériques

Sur l'électrocardiogramme (*voir le tracé 3.1*), les dérivations périphériques, dans la partie gauche, présentent un complexe QRS positif en D_{II}, et négatif en D_{III} et en aVF. Dans la dérivation aVR, le complexe QRS de même que les ondes P et T sont négatifs. Les complexes QRS en D_I et en aVL sont positifs.

Étant situées près du vecteur moyen de QRS, les dérivations D_{II}, D_{III} et aVF (*voir la figure 3.13*) enregistrent le plus souvent, sur l'électrocardiogramme, des déflexions positives. Les dérivations D_I et aVL, s'éloignant du vecteur, enregistrent des déflexions à la fois positives et négatives (isodiphasiques), ou majoritairement négatives. Enfin, la dérivation aVR enregistre un complexe QRS toujours négatif sur un ECG standard, puisque le vecteur s'éloigne entièrement de la dérivation.

Sur le plan frontal, $D_I + D_{II} = D_{III}$, et $aVR + aVL + aVF = 0$. Il s'agit là d'un phénomène électrique toujours valable dans la zone délimitée par chaque déflexion.

3.5.2 Dérivations précordiales

Les dérivations précordiales (*voir la partie droite du tracé 3.1*) présentent, de V_1 à V_4, une morphologie de plus en plus positive du complexe QRS. Plus précisément, l'onde R progresse de V_1 vers V_4, puis l'amplitude du complexe QRS s'amenuise par la suite dans les dérivations V_5 à V_6 (*voir la figure 3.14 et l'encadré 3.1*).

Figure 3.14 **Dérivations précordiales et vecteur moyen de QRS**

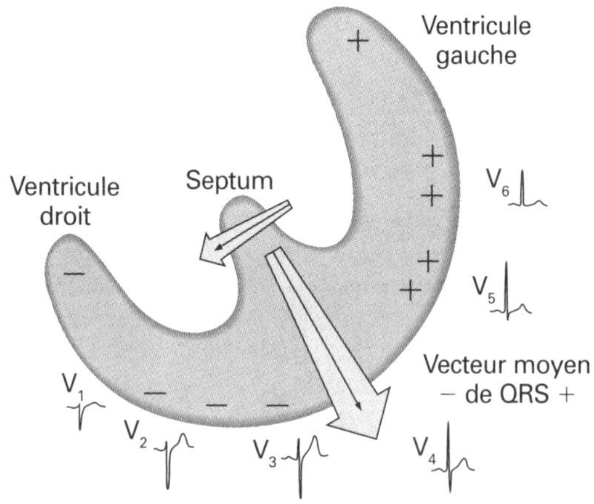

Tracé 3.1 Électrocardiogramme standard

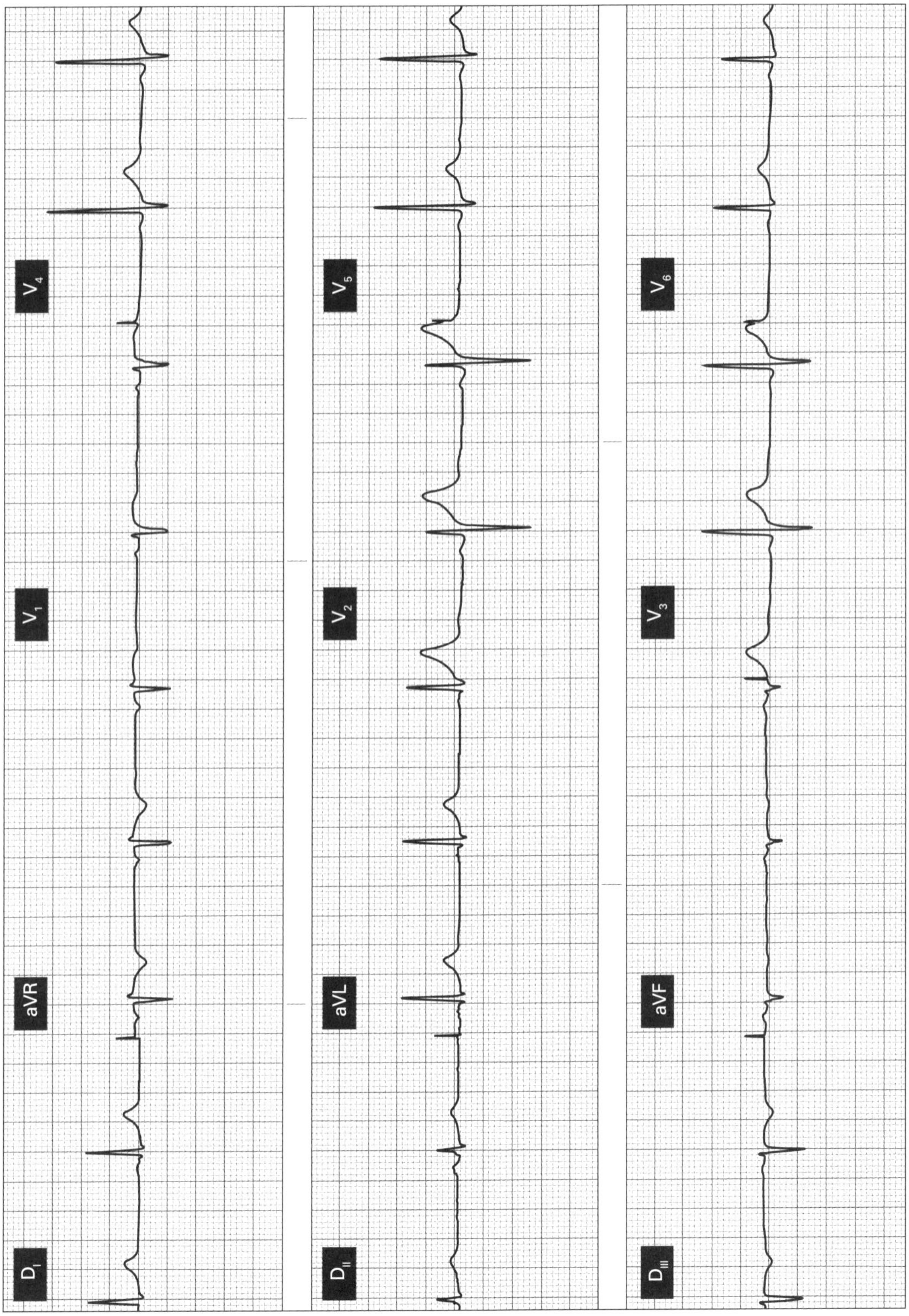

Encadré 3.1 Morphologie des dérivations précordiales du complexe QRS

- V_1 fait face au vecteur septal. Elle enregistre donc une petite déflexion positive (onde R). Toutefois, elle est derrière le vecteur ventriculaire, et il s'ensuit une déflexion négative (onde S).
- V_2 capte le vecteur septal. Par conséquent, une déflexion positive minime (onde R) s'ensuit. En revanche, elle s'éloigne du vecteur ventriculaire, d'où la présence d'une déflexion négative (onde S).
- V_3, qui est un vecteur septal, est masquée à cet endroit par la masse ventriculaire gauche. Il s'agit d'une dérivation de transition, car l'électrode est à mi-chemin, d'où une déflexion positive (onde R) suivie d'une onde négative (onde S).
- V_4 enregistre une déflexion fortement positive, puisque la dérivation fait face au vecteur moyen d'activation ventriculaire.
- V_5 voit s'éloigner le vecteur septal. Elle enregistre une petite onde négative, parfois visible, appelée onde q. S'éloignant légèrement du vecteur ventriculaire, cette dérivation enregistre une positivité moins marquée que la dérivation V_4.
- V_6 se cache derrière le vecteur septal, d'où l'inscription d'une onde négative pas toujours visible (onde q) et une déflexion positive (onde R) à peu près similaire à la dérivation V_5.

3.6 Dérivation MCL_1 (*modified chest lead*), ou V_1 modifiée

Certains moniteurs cardiaques enregistrent des tracés uniquement dans les dérivations bipolaires D_I, D_{II} et D_{III}. Il est alors pertinent de connaître la dérivation MCL_1 (*modified chest lead*), qui constitue une équivalence de la dérivation V_1 (*voir le tracé 3.2*).

La dérivation MCL_1, ou V_1 modifiée, comporte deux grands avantages : elle donne un tracé stable et elle permet notamment de déceler les troubles d'excitabilité ventriculaire ou de conduction intraventriculaire, ou les deux, l'origine des extrasystoles ventriculaires (*voir le chapitre 9*) et les blocs de branches (*voir le chapitre 7*).

Par contre, elle présente également des inconvénients : le bas voltage, qui donne une faible amplitude des ondes d'origine auriculaire ou sinusale ; l'impossibilité de l'utiliser en cas de cardioversion (*voir le chapitre 10*) ; la difficulté de reconnaître les modifications axiales telles que les hémiblocs (*voir le chapitre 7*) ; et la polarité de l'onde P, qui ne fournit que peu d'information.

Dans la dérivation MCL_1, l'électrode positive (+) capte les ondes provenant de la direction de l'électrode négative (–). L'électrode positive est située au quatrième espace intercostal, dans la région parasternale droite. L'électrode négative est placée au milieu de la région sous-claviculaire gauche. La position de l'électrode de mise à la terre (*ground G*) a peu d'importance. Il est cependant recommandé de la placer au milieu de la région sous-claviculaire droite, car elle permet alors d'obtenir la dérivation D_{II} rapidement (*voir la figure 3.15*).

Figure 3.15 Position des électrodes dans la dérivation MCL_1, ou V_1 modifiée

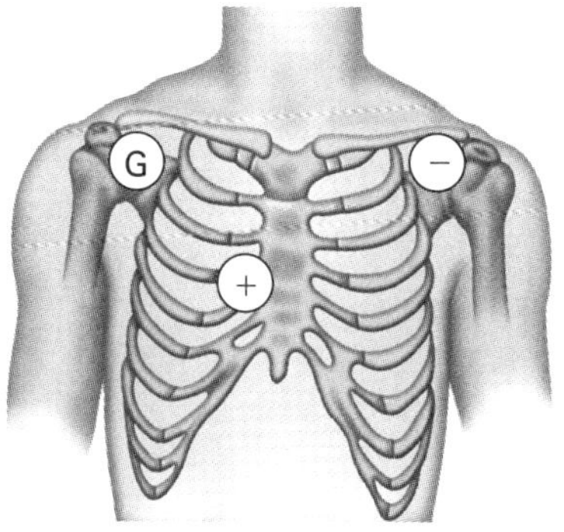

Tracé 3.2 Dérivation MCL_1

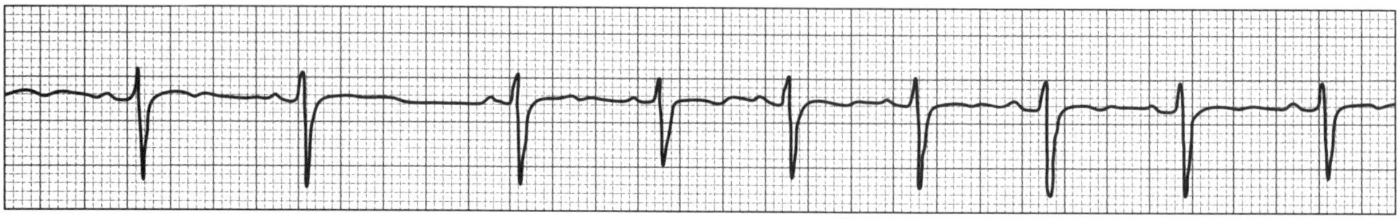

3.7 Électrocardiogramme à 15 dérivations

L'enregistrement d'un ECG à 15 dérivations permet d'augmenter la sensibilité du sus-décalage du segment ST associé aux infarctus postérieurs et du ventricule droit et, par conséquent, de stratifier les infarctus inférieurs. Aux 12 dérivations habituelles (*voir le tracé 3.1*) s'ajoutent ainsi les dérivations V_{4R}, V_8 et V_9 (*voir le tracé 3.3 et le tableau 3.4*), lesquelles permettent de visualiser la région ventriculaire droite (V_{4R}) et la région postérieure (V_8 et V_9).

Dans leur étude respective, Zalenski et ses collaborateurs (1993) ainsi que Zehender et ses collaborateurs (1993) ont démontré qu'au moins 30 % des infarctus inférieurs s'étendent aux régions postérieure et ventriculaire droite, d'où l'importance clinique de l'ECG à 15 dérivations.

Tableau 3.4 **Emplacements des électrodes pour un électrocardiogramme à 15 dérivations**

Dérivation complémentaire	Emplacement des électrodes
V_{4R}	Intersection de la région parasternale droite et d'une horizontale passant par V_4
V_8	Cinquième espace intercostal gauche, sous la ligne mi-scapulaire
V_9	Cinquième espace intercostal gauche, sur la ligne paravertébrale gauche

Tracé 3.3 Électrocardiogramme à 15 dérivations

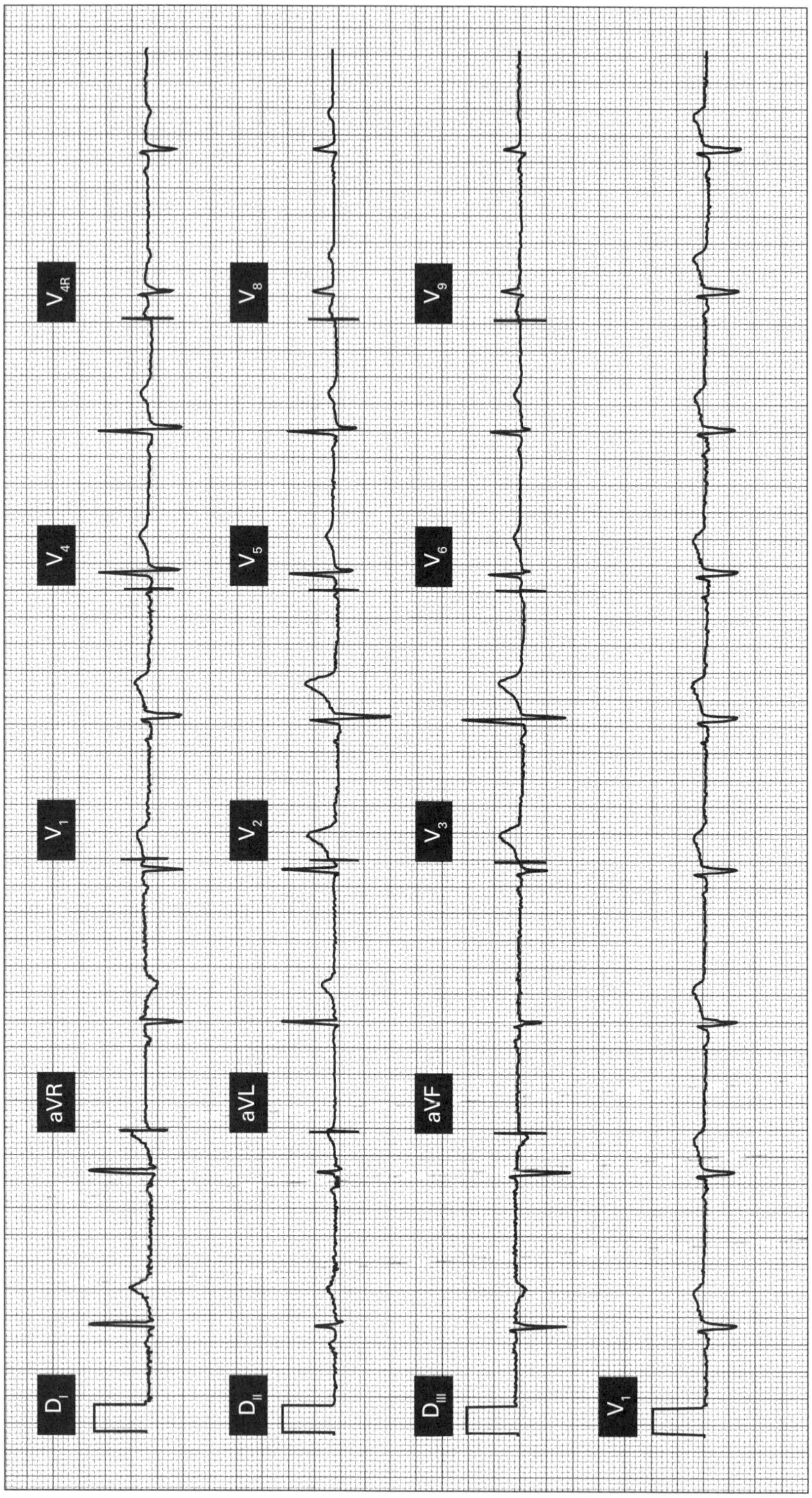

Autoévaluation

Associer les membres aux électrodes négative et positive des dérivations frontales.

A. Bras droit
B. Bras gauche
C. Jambe droite
D. Jambe gauche

	Électrode négative	Électrode positive
1. D_I:	______	______
2. D_{II}:	______	______
3. aVR:	______	______
4. aVL:	______	______
5. aVF:	______	______

Associer aux énoncés ci-dessous (6 à 10) la terminologie correspondante qui suit (A à H).

6. Nous sommes des dérivations bipolaires. ______

7. Nous portons aussi le nom de dérivations horizontales. ______

8. Nous sommes particulières à l'ECG à 15 dérivations. ______

9. Dans ma dérivation, le complexe QRS est toujours négatif sur un électrocardiogramme standard. ______

10. Ma grandeur reflète la force électromotrice de l'activité septale et ventriculaire. ______

A. Vecteur
B. V_{4R}, V_8 et V_9
C. Axe moyen du complexe QRS
D. Dérivations périphériques
E. aVR
F. D_I, D_{II} et D_{III}
G. Dérivations précordiales
H. V_1

11. Indiquer, sur le schéma, l'orientation du vecteur moyen de la dépolarisation septale et ventriculaire.

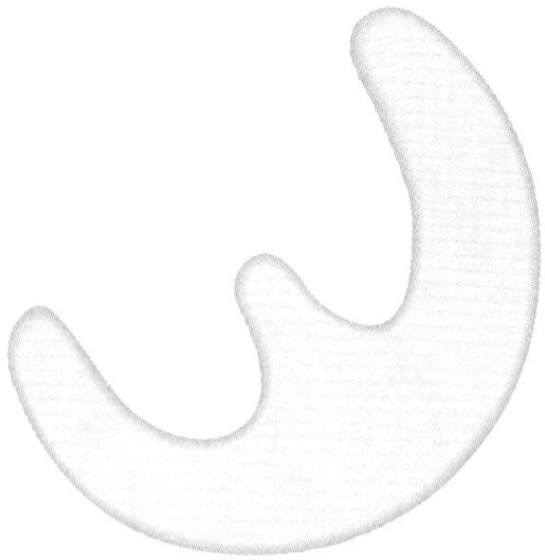

12. Reproduire l'axe moyen du complexe QRS.

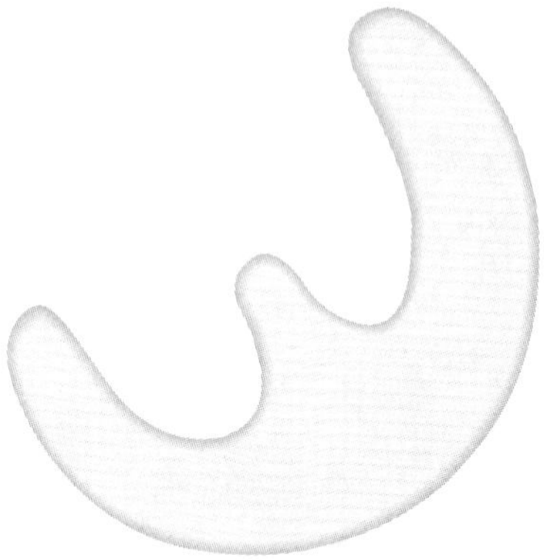

Indiquer à quelles régions du cœur correspondent les dérivations mentionnées.

13. D_I et aVL: ______________________________

14. D_{II}, D_{III} et aVF: ______________________________

15. V_1 et V_2: ______________________________

16. V_3 et V_4: ______________________________

17. V_5 et V_6: ______________________________

18. V_{4R}: ______________________________

19. Encercler la lettre de l'énoncé qui semble le plus vraisemblable.

A. La dérivation V_1 est située au quatrième espace intercostal gauche, près du sternum.

B. L'onde R progresse normalement de droite à gauche dans les dérivations précordiales.

C. L'axe moyen du complexe QRS est le même pour tous les individus normaux.

Répondre par vrai ou faux aux énoncés suivants.

20. L'infarctus inférieur s'étend à la paroi postérieure dans 30 % des cas. ______

21. La dérivation MCL_1 est compatible avec la dérivation précordiale V_1. ______

22. L'axe moyen du complexe QRS est une façon de schématiser le cheminement de l'influx électrique dans le cœur. ______

Corrigé de l'autoévaluation

		Électrode négative	Électrode positive
1.	D_I:	A	B
2.	D_{II}:	A	D
3.	aVR:		A
4.	aVL:		B
5.	aVF:		D

6. F

7. G

8. B

9. E

10. A

11. Voir les figures 3.11 et 3.12

12. Voir la figure 3.13

13. Paroi latérale ventriculaire gauche

14. Paroi inférieure

15. Paroi ventriculaire droite et septum

16. Paroi antérieure du ventricule gauche et du septum

17. Paroi antérieure et moyenne de la paroi libre du ventricule gauche

18. Région ventriculaire droite

19. B

20. Vrai

21. Vrai

22. Vrai

CHAPITRE 4

L'électrophysiologie

PLAN

OBJECTIFS

- Différencier les termes suivants : polarisation, dépolarisation et repolarisation.
- Expliquer l'expression « différence de potentiel ».
- Préciser les phases du potentiel d'action et le mécanisme ionique responsable de chacune d'elles.
- Nommer et définir les trois propriétés électrophysiologiques de la fibre cardiaque.
- Expliquer pourquoi le nœud sinusal est le centre d'automatisme dominant.
- Définir les phases réfractaires absolue et relative, et préciser leur correspondance avec le cycle électrocardiographique.
- Classifier les arythmies selon une approche électrophysiologique.
- Expliquer, à l'aide d'un exemple, le mécanisme de la réentrée.

4.1 Description de la fibre myocardique

Les nombreuses fibres qui s'enchevêtrent pour constituer le cœur possèdent des caractéristiques histologiques et des propriétés physiologiques différentes. D'une part, le myocarde indifférencié est composé de fibres musculaires contractiles qui accomplissent le travail mécanique de propulsion du sang. D'autre part, le tissu électrique est constitué de deux types de populations cellulaires, des fibres à réponse rapide et des fibres à réponse lente, responsables de la formation nodale et de la conduction de l'influx électrique à travers le réseau Purkinje.

Le myocarde possède un système spécifique de fibres spécialisées, différentes de celles de la musculature et facilement identifiables, même au microscope optique. Les propriétés électrophysiologiques de la fibre myocardique, c'est-à-dire l'automaticité, la conductibilité et l'excitabilité, dépendent des interactions entre les multiples charges électriques qui proviennent de l'environnement cellulaire. Lorsqu'un stimulus électrique excite une cellule cardiaque, des ions pénètrent en grand nombre dans celle-ci par des canaux spécifiques.

4.2 Activation de la fibre myocardique

Le fluide intracellulaire contient de fortes concentrations d'ions potassium (K^+) et de molécules organiques porteuses de groupements ionisés, de protéines et de composés organophosphorés. Le milieu extracellulaire est majoritairement constitué d'eau (H_2O), de sodium et de chlore.

4.2.1 Polarisation

Au repos, les cellules cardiaques sont polarisées, c'est-à-dire qu'elles sont négatives à l'intérieur et positives à l'extérieur de la membrane (*voir la figure 4.1*). Cette polarisation transmembranaire est liée à des gradients ioniques. La surface externe de la fibre au repos est alors positive, car les ions sodium (Na^+) dominants sont porteurs d'une charge positive. La perméabilité au sodium est minimale. Le potentiel est maximal quand la membrane est presque imperméable aux ions Na^+.

4.2.2 Dépolarisation

L'excitation de la fibre se propage de cellule en cellule dans une direction précise. Sa durée dépend de la longueur de la fibre. L'ouverture de canaux ioniques permet l'entrée d'ions Na^+ dans la cellule. En raison de l'avalanche d'ions Na^+ qui ont traversé la membrane, celle-ci devient négative sur sa face externe et positive sur sa face interne (*voir la figure 4.2*). Les cellules cardiaques sont dépolarisées lorsque la formation de potentiels d'action qui se diffusent entraîne une inversion du potentiel de membrane (*overshoot*).

4.2.3 Repolarisation

La fibre retrouve ses charges de repos au cours de la phase de repolarisation. La membrane perd rapidement sa conductibilité élevée pour le Na^+ et fait place à des ions K^+ chargés positivement, lesquels restaurent rapidement la positivité de la face externe de la membrane (*voir la figure 4.3*). La quasi-totalité du potentiel de repos se trouve alors rétablie. Le potassium est indispensable à la transmission d'influx nerveux et musculaires.

Figure 4.1 **Polarisation**

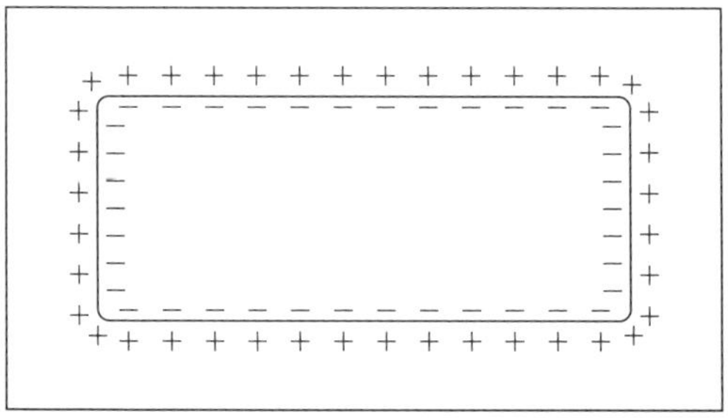

Figure 4.2 **Dépolarisation**

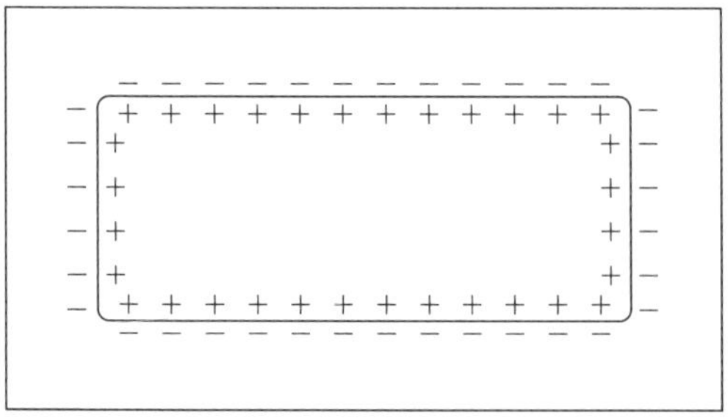

Figure 4.3 Repolarisation

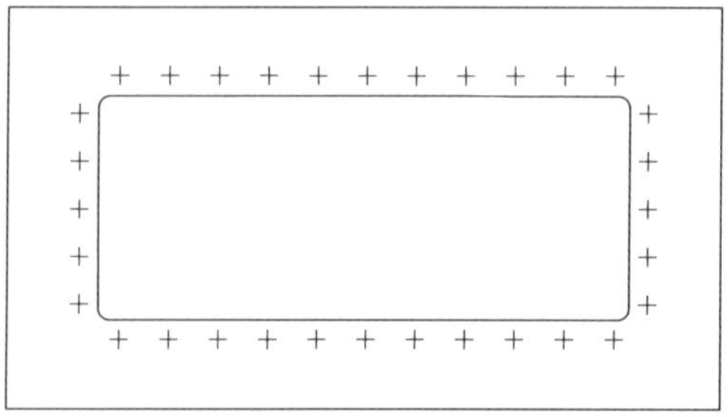

4.3 Potentiel de repos de la membrane

La formation du potentiel de repos, aussi appelé potentiel de membrane, est étroitement liée au rôle du sodium et du potassium. La concentration de K^+ intracellulaire est d'environ 300 fois supérieure à celle du milieu extracellulaire. Inversement, la concentration extracellulaire en Na^+ est 15 fois supérieure à la concentration intracellulaire. Des échanges ioniques se font en permanence de part et d'autre de la cellule; ces échanges peuvent être actifs ou passifs.

Les échanges passifs ne nécessitent pas d'énergie. Ils peuvent être constants ou déclenchés par un potentiel d'action. Ces échanges s'opèrent selon le gradient de concentration ionique transmembranaire grâce à la perméabilité sélective de la membrane.

Les échanges actifs nécessitent une consommation d'énergie et la présence de pompes, dont l'une des principales est la pompe à sodium. Celle-ci permet la sortie de trois ions Na^+ hors de la cellule et l'entrée de deux ions K^+, et ce, grâce à une enzyme, la Na/K ATPase. Cette enzyme hydrolyse l'adénosine triphosphate (ATP) et permet d'obtenir l'énergie nécessaire à la réaction.

La différence de potentiel transmembranaire de repos varie de −60 à −70 mV dans le nœud sinusal et le nœud auriculoventriculaire (AV), de −80 mV dans la fibre auriculaire et de −90 mV dans la fibre ventriculaire. La valeur du potentiel transmembranaire de repos détermine la vitesse de conduction et la réponse cellulaire à la stimulation électrique (*voir la figure 4.4*).

Plus le potentiel de repos est optimal (de −80 à −90 mV), plus les canaux sodiques sont disponibles, et plus la vitesse de dépolarisation cellulaire est grande.

Figure 4.4 Potentiel transmembranaire de repos

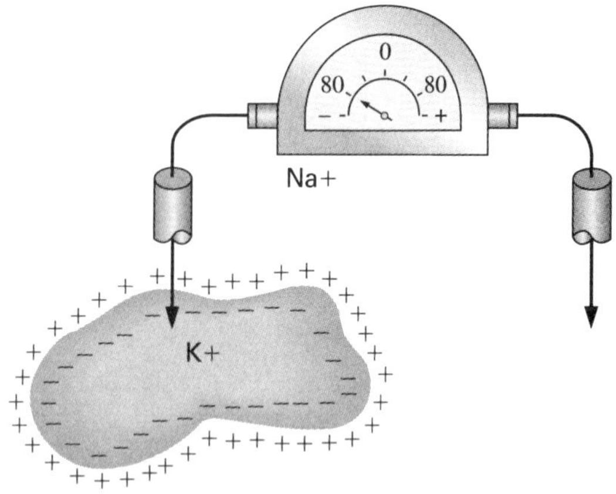

Lorsque le potentiel de repos est de l'ordre de −60 et −70 mV, environ la moitié des canaux sodiques peuvent s'activer; l'amplitude de la phase 0 du potentiel d'action est alors diminuée, et la vitesse de dépolarisation aussi. À −50 mV, les canaux sodiques sont inactivés.

4.4 Potentiel d'action de la fibre cardiaque

La cellule myocardique est excitable, c'est-à-dire que si, par une action mécanique, chimique ou électrique, la polarisation d'une partie de la cellule est modifiée, ce changement de polarisation se propagera tout le long de la membrane cellulaire. La couche externe deviendra alors négative, et la couche interne sera positive. Si la différence de potentiel détectée par la microélectrode est enregistrée, une image caractéristique appelée potentiel d'action sera obtenue (*voir la figure 4.5*).

La courbe de réponse de la membrane permet de reconnaître les capacités de conduction des fibres et de les individualiser en fibres à réponse rapide ou lente. Au repos, le potentiel d'action varie de −60 à −90 mV à la face interne, comparativement à la face externe de la membrane. À la suite de l'excitation cellulaire (stimulation), il est possible d'enregistrer les différences de potentiel ou de potentiels d'action correspondant à la séquence des phénomènes électrophysiologiques de dépolarisation et de repolarisation, laquelle est symbolisée par les phases 0, 1, 2, 3 et 4 (*voir le tableau 4.1 et la figure 4.6*).

Figure 4.5 **Potentiel d'action d'une fibre cardiaque**

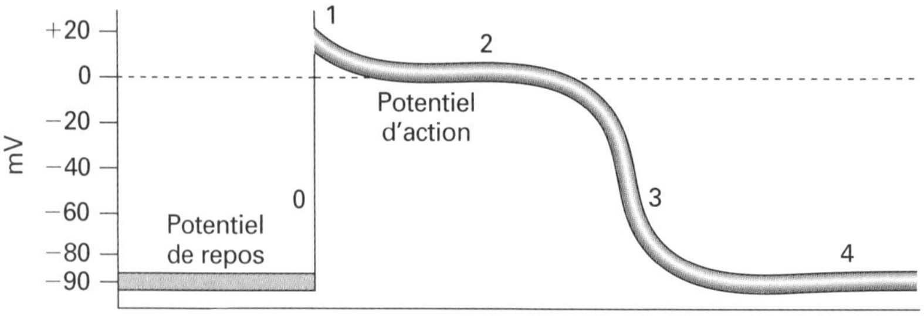

Tableau 4.1 **Types de potentiels d'action des fibres cardiaques**

	Fibres à réponse rapide ou à courant sodique	**Fibres à réponse lente ou à courant calcique**
Sites	• Fibres auriculaires (muscle) • Fibres His-Purkinje • Fibres ventriculaires (muscle)	• Fibres du nœud sinusal • Nœud AV
Phase 0	• Dépolarisation rapide dépendante d'un courant entrant sodique • Vitesse de conduction – Fibres auriculaires < 1 m/s – Fibres His-Purkinje = 3 m/s – Fibres ventriculaires = 1 m/s	• Dépolarisation systolique (phase 0) plus lente dépendante d'un courant calcique entrant • Vitesse de conduction < 0,05 m/s
Phases 1 et 2	• Phases 1 et 2 bien marquées, dépendantes de l'inactivation du courant sodique et du début du courant potassique sortant, et dépendantes aussi d'un courant calcique entrant plus lent	• Peu ou pas de phases en plateau • Courant calcique entrant
Phase 3	• Repolarisation rapide dépendante d'un courant potassique sortant • Temps de récupération = 180 à 350 ms	• Repolarisation plus lente • Temps de récupération plus long que 350 ms
Phase 4 Niveau de voltage nécessaire à la dépolarisation cellulaire et à la production d'un potentiel d'action	• Potentiel de repos entre −90 et −95 mV • Très perméable au K^+ • Seuil de dépolarisation = −70 mV • Dépolarisation diastolique très lente	• Potentiel de repos entre −50 et −60 mV • Seuil de dépolarisation élevé ≤ −50 mV • Dépolarisation spontanée diastolique plus rapide
Schéma Phases résultant de l'activation et de l'inactivation de courants ioniques entrant dans la cellule et en sortant	Potentiel membranaire (mV) 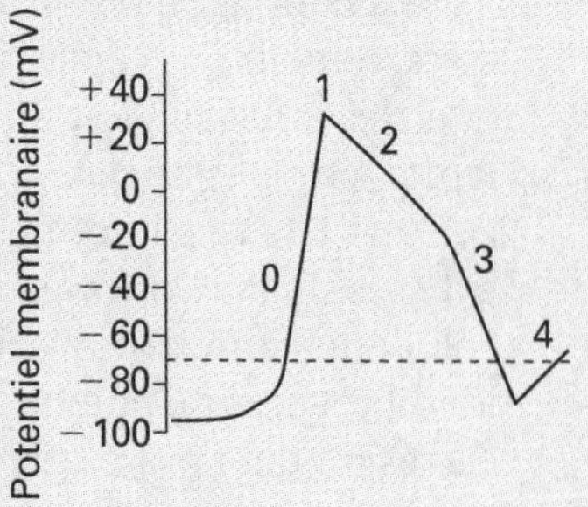	Potentiel membranaire (mV) (a) 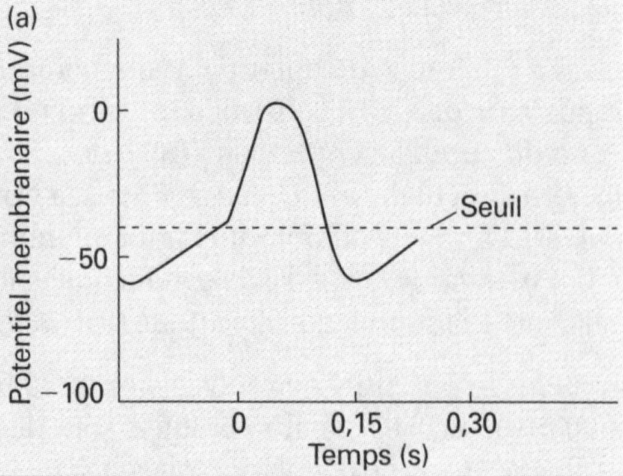

Figure 4.6 **Phases du potentiel d'action et mouvements ioniques transmembranaires**

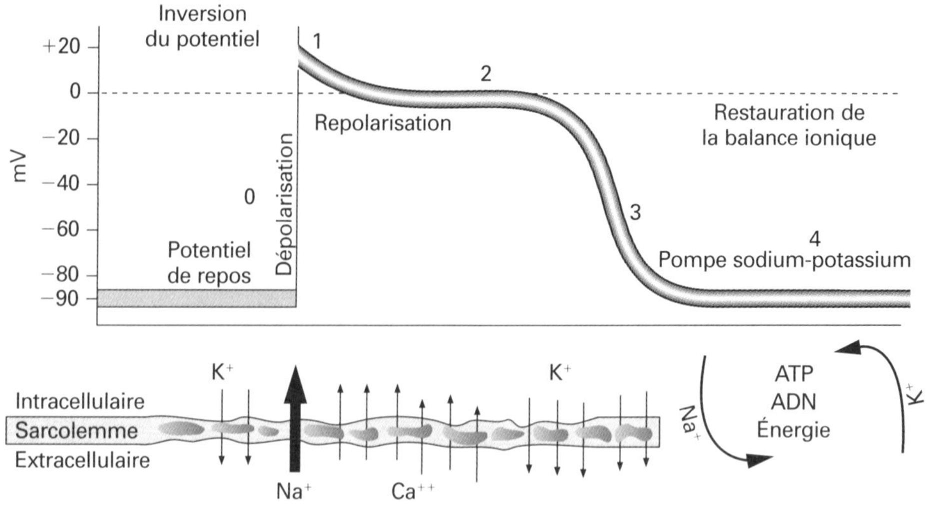

4.4.1 Phase de dépolarisation

Aussitôt après la stimulation, la face externe de la membrane cellulaire se dépolarise; il s'agit de la phase 0. Son potentiel passe de −90 mV à 0, puis devient positif. Ce potentiel seuil conditionne l'excitabilité cellulaire. La dépolarisation brusque et rapide de la cellule est exprimée par une pente abrupte, presque verticale. La durée totale de la dépolarisation des cellules ventriculaires est d'environ 0,08 s.

Les variations de potentiel sont assez importantes pour que l'impulsion se propage aux cellules voisines, ce qui entraîne d'autres potentiels d'action. L'entrée plus ou moins rapide de sodium dans les canaux sodiques sensibles au voltage et sélectifs pour le Na^+ conditionne la vitesse de conduction membranaire.

La dépolarisation dépend d'un courant entrant, qui est porté par les ions Na^+ (INa). Lorsque la dépolarisation initiale d'une cellule dépend des mouvements transmembranaires de calcium, il est question de potentiel d'action lent. De tels potentiels sont enregistrés dans le tissu nodal (noeud sinusal et noeud AV). L'index d'excitabilité cardiaque, ou seuil de potentiel, est le niveau auquel une cellule doit être portée pour déclencher la phase 0 du potentiel d'action.

4.4.2 Phases de repolarisation

La membrane se repolarise ensuite lentement pour revenir au potentiel initial. La durée du processus est inférieure à une demi-seconde. La repolarisation correspond au rétablissement de l'équilibre électrique initial et elle est symbolisée par les phases 1, 2 et 3.

La phase 1 représente une repolarisation rapide initiale. Le segment initial, court et rapide, fait suite au «pic». Il résulte de l'inactivation du courant sodique entrant et d'un faible courant de potassium (IKur). Celui-ci maintient la neutralité électrique.

La phase 2 (ou phase plateau) symbolise une repolarisation plus lente. Elle est représentée par un plateau légèrement descendant et oblique durant lequel le potentiel transmembranaire varie peu. Appelée courant calcique, cette phase diminue la vitesse de repolarisation, compensant momentanément les sorties potassiques. La repolarisation plus lente résulte du courant calcique entrant dans la cellule (ICa).

La phase 3 désigne une repolarisation rapide terminale. Elle est représentée par une descente rapide. Le courant s'amplifie au fur et à mesure de l'inactivation du courant calcique. La repolarisation membranaire résulte d'un courant sortant de potassium et correspond à l'onde T de l'ECG de surface. Les courants potassiques (IKr et IKs) peuvent s'activer en fonction du voltage, ou en fonction de la concentration cellulaire d'un ion (Na^+, Ca^{++}) ou d'un agoniste (ATP, acétylcholine).

4.4.3 Phase de potentiel de repos

La phase 4 symbolise un intervalle entre deux potentiels d'action. Ces deux potentiels se succèdent dans le déroulement des phénomènes électriques. En phase horizontale, la cellule a récupéré son potentiel de repos avec des charges équilibrées, positives en surface et négatives à l'intérieur, ce qui maintient le gradient de concentration.

Ce gradient entraîne une dépense énergétique emmagasinée sous forme d'ATP. La cellule peut à nouveau être activée et elle le sera dès que le potentiel seuil cellulaire sera rétabli. Le potentiel de repos correspond donc à l'intervalle entre l'onde T et le début du complexe QRS de l'ECG de surface.

Tableau 4.2 **Fréquence de dépolarisation des centres d'automatisme du cœur**

Centre d'automatisme	Site	Fréquence de dépolarisation
Primaire	Nœud sinusal	± 60 à ± 100 batt./min
Secondaire	Faisceau de His	± 40 à ± 60 batt./min
Tertiaire	Réseau de Purkinje	± 20 à ± 40 batt./min

4.5 Propriétés électrophysiologiques de la fibre cardiaque

Les propriétés électrophysiologiques de la fibre cardiaque sont l'automaticité, la conductibilité et l'excitabilité.

4.5.1 Automaticité

L'automaticité est la capacité que possède la cellule de s'activer et d'émettre spontanément des impulsions selon un rythme qui ne subit aucune influence extérieure. Cette propriété peut exister à l'état latent dans tout le tissu cardiaque. Toutefois, seules les cellules ayant une pente de dépolarisation spontanée (phase 4) sont dotées d'automatisme.

Ainsi, les cellules automatiques ont la propriété de s'activer spontanément en entraînant les oreillettes ou les ventricules, selon le cas. Les tonus sympathique et parasympathique influencent la pente de dépolarisation spontanée, c'est-à-dire la phase 4 du potentiel d'action.

Le nœud sinusal (centre primaire), le faisceau de His (centre secondaire) et le réseau de Purkinje (centre tertiaire) sont les centres d'automatisme normaux du cœur (*voir le tableau 4.2*). Le centre d'automatisme dont la vitesse de dépolarisation est la plus rapide détermine le rythme du cœur. Normalement, c'est donc le nœud sinusal qui commande le rythme du cœur, les centres de His et de Purkinje étant assujettis au rythme du nœud sinusal parce que leur rythme, plus lent, ne réussit pas à s'imposer. Ainsi, le rythme sinusal du sujet sain détermine le rythme du cœur tout entier; il s'agit du centre d'automatisme dominant.

Les cellules automatiques du nœud sinusal et des centres inférieurs latents ont la propriété de s'activer spontanément. La durée de la phase 4 de ces cellules détermine leur fréquence respective (*voir la figure 4.7*). Les cellules automatiques du nœud sinusal possèdent la phase 4 la plus courte, assurant à celui-ci la commande du cœur chez la personne normale.

La cellule d'un centre d'automatisme présente un potentiel d'action différent de celui d'une cellule myocardique (*voir la figure 4.8*). La phase 4 est instable à la suite de la repolarisation maximale, car la diminution du courant potassique sortant se poursuit et permet une dépolarisation diastolique lente et spontanée. La cellule change graduellement de potentiel de membrane selon une pente plus ou moins accentuée et atteint un potentiel seuil (autour de −55 mV) : c'est le déclenchement automatique et rapide de la phase 0, suivie d'une repolarisation (phases 1, 2 et 3) puis d'une phase de dépolarisation spontanée (phase 4) lente qui déclenche l'impulsion suivante. Ce mécanisme est observé dans les structures nodales et dans le tissu de Purkinje.

Les cellules automatiques du nœud sinusal peuvent s'activer entre autres, avant les cellules automatiques du faisceau de His et du réseau de Purkinje, et annuler en cours de route la phase 4 (dépolarisation diastolique lente) des cellules de ces centres avant qu'elles n'atteignent leur seuil de décharge. La phase 4 permet ainsi au sinus d'avoir une fréquence dominante. Cependant, celle-ci peut être influencée par des facteurs physiologiques (p. ex., une dysfonction sinusale), des facteurs pathologiques (p. ex., une ischémie) ou des facteurs médicamenteux (p. ex., des bêtabloquants).

Figure 4.7 **Phase 4 des centres d'automatisme**

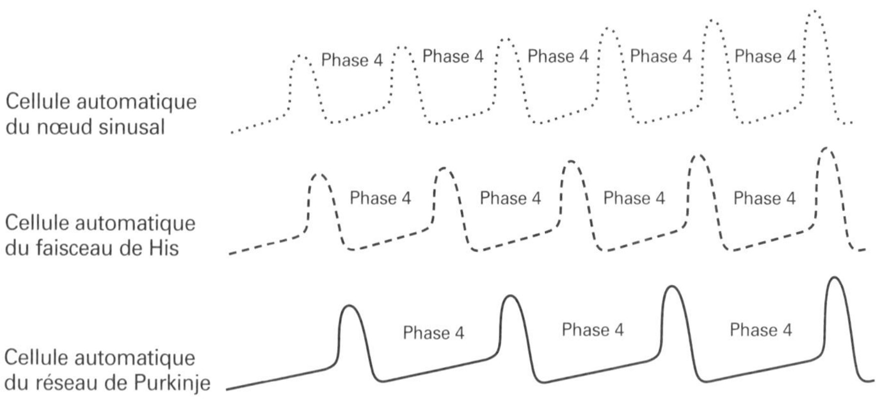

Figure 4.8 **Potentiel d'action d'une fibre automatique**

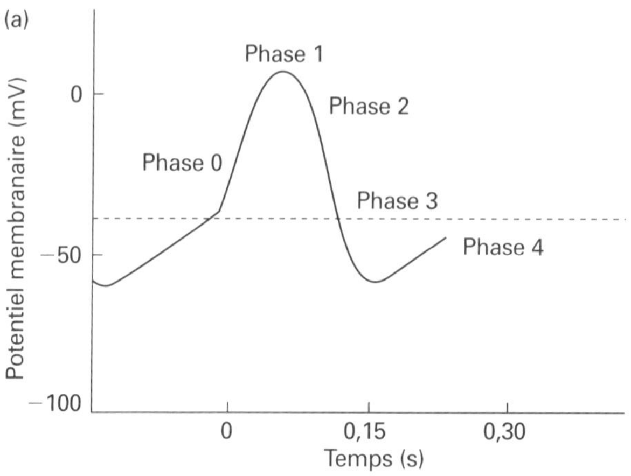

4.5.2 Conductibilité

Certaines cellules ont la capacité de transmettre l'influx de proche en proche à l'intérieur du myocarde. La vitesse de transmission (force électromotrice) de l'influx s'exprime en mètres par seconde (m/s). L'excitabilité et la conductibilité sont deux propriétés intimement liées. À l'état physiologique, une cellule normalement polarisée, lorsqu'elle est excitée, engendre une dépolarisation (phase 0) rapide et une propagation secondaire de l'influx. La vitesse de conduction d'une fibre est proportionnelle à la vitesse de la phase 0 de dépolarisation. Elle est, par conséquent, fonction du potentiel transmembranaire. Dans les nœuds sinusal et AV, la vitesse est inférieure à 0,05 m/s; dans les oreillettes, elle est de moins de 1 m/s; dans le réseau de Purkinje et dans ses ramifications, de 3 m/s; finalement, dans les ventricules, de 1 m/s.

L'anoxie, l'ischémie, l'étirement de la fibre et l'élévation du potassium extracellulaire peuvent entraîner l'hypopolarisation de la membrane dont peut découler un ralentissement de la vitesse de dépolarisation et, par le fait même, de celle de la conduction. À l'inverse, l'hyperpolarisation de la membrane, à la suite d'hypokaliémie par exemple, cause une accélération de la vitesse de conduction.

Par ailleurs, l'activation ou la dépolarisation du nœud AV étant sous la commande d'un courant calcique entrant lent, la conduction peut être ralentie. Cette conduction décrémentielle explique la diminution progressive de la propagation des impulsions vers les parties les plus distales du noeud auriculoventriculaire.

La conduction décrémentielle est le mode de conduction normal dans le nœud AV. Elle explique le ralentissement progressif plutôt que subit de la conduction à cet endroit. Les blocs auriculoventriculaires du 1er et du 2e degré de type I illustrent bien ce phénomène. Les réentrées à l'origine de la plupart des arythmies sont en relation avec un asynchronisme de la conduction.

4.5.3 Excitabilité

L'excitabilité est la capacité pour une cellule cardiaque de répondre à une stimulation et de déclencher un potentiel d'action. L'excitabilité est liée aux périodes réfractaires. Toute cellule myocardique qui vient de s'activer (cellule automatique), de conduire (cellule conductrice) ou de se contracter (cellule contractile) devient plus ou moins réfractaire à un nouveau stimulus, et ce, pour une durée égale à celle de son potentiel d'action. Pour qu'une cellule sorte de sa période réfractaire, elle doit être partiellement repolarisée jusqu'à un niveau de potentiel qui permet l'ouverture des canaux. C'est le facteur déterminant de la capacité d'une cellule à répondre à un influx.

Périodes réfractaires

Il existe trois types de périodes réfractaires liées à l'excitabilité cellulaire: la période réfractaire absolue, la période réfractaire effective et la période réfractaire relative (*voir la figure 4.9*).

La période réfractaire absolue (PRA) est une période d'inexcitabilité totale de la cellule, indépendamment de l'intensité du stimulus appliqué. Elle correspond aux phases 0, 1 et 2 du plateau, et jusqu'aux environs de −50 mV de la phase 3 du potentiel. Le complexe QRS et une partie du segment ST en sont le reflet électrocardiographique.

Toute intervention qui allonge la durée du potentiel d'action prolonge la période réfractaire absolue. La bradycardie, l'hypokaliémie et l'hypothyroïdie en sont des exemples. À l'inverse, la tachycardie et l'anoxie diminuent la durée du potentiel d'action, ce qui raccourcit la période réfractaire.

Durant la période réfractaire effective (PRE) ou fonctionnelle, la cellule redevient excitable localement sans être capable de conduire l'excitation aux cellules voisines. La réponse locale ne se propage pas. C'est là une barrière contre des dépolarisations prématurées.

La période réfractaire relative (PRR) est la phase pendant laquelle les fibres sont excitables par des courants d'intensité plus élevés que le seuil d'excitabilité diastolique. Elle correspond à la fin du segment ST et à l'onde T de l'électrocardiogramme (le début de cette période coïncide aussi avec la phase vulnérable).

Un lien peut être observé entre les périodes réfractaires absolue et relative de la fibre cardiaque et le cycle électrocardiographique. La figure 4.10 illustre ce lien ainsi que les phases des périodes réfractaires, soit:

- la phase de dépolarisation ventriculaire: complexe QRS et partie du segment ST (0 et 1) pour la période réfractaire absolue; le Na^+ est dominant;
- la phase de repolarisation ventriculaire: fin du segment ST et onde T (2 et 3) pour la période réfractaire relative; les ions Ca^{++} et K^+ sont dominants;
- la phase de la période vulnérable: branche ascendante et pointe de l'onde T (3).

Il faut noter que, dans l'ensemble du myocarde ventriculaire, la repolarisation n'est pas strictement simultanée et homogène. Une stimulation survenant à cet instant sera conduite par les cellules sorties de leur période réfractaire effective et elle sera arrêtée par d'autres groupes cellulaires encore dans cette période. Cette désynchronisation est un élément essentiel dans l'amorce de la fibrillation ventriculaire.

Figure 4.9 **Phases de l'excitabilité cardiaque et potentiels d'action correspondants**

PRA: période réfractaire absolue
PRE: période réfractaire effective
PRR: période réfractaire relative
PRT: période de récupération totale de l'excitabilité
PSN: phase supernormale d'excitabilité
Zone 1: inexcitabilité totale
Zone 2: réponses de trop faible amplitude pour être propagées
Zone 3: réponses propagées à partir de stimulations supraliminaires (au-dessus du seuil)
Zone 4: réponses propagées à partir de stimulations infraliminaires (au-dessous du seuil)
Zone 5: excitabilité normale, c'est-à-dire réponses à partir du seuil d'excitabilité diastolique

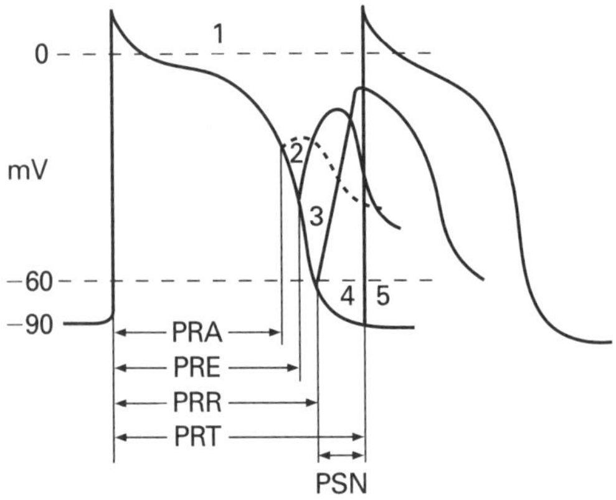

Figure 4.10 **Corrélation entre les mouvements ioniques transmembranaires, le potentiel d'action et l'électrocardiogramme de surface**

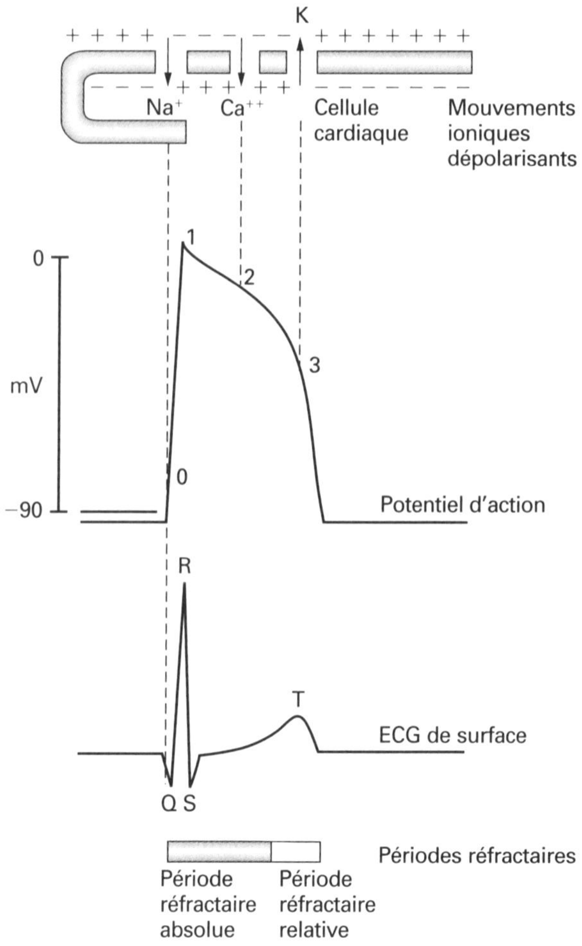

Facteurs de modification de l'excitabilité

Le taux d'excitabilité de la fibre cardiaque peut être influencé par trois facteurs : le niveau du seuil de dépolarisation, la durée des périodes réfractaires et l'asynchronisme physiologique de ces périodes.

D'une part, plus le niveau du seuil de dépolarisation est élevé, plus l'excitabilité est réduite, puisque le potentiel est moins négatif. D'autre part, la durée des périodes réfractaires peut également modifier l'excitabilité. En effet, plus la durée est courte, plus la cellule cardiaque redevient excitable ; plus la durée de la période réfractaire est longue, plus l'excitabilité est diminuée, ce qui protège la cellule cardiaque de la survenue d'un potentiel physiologique ou pathologique. Enfin, l'asynchronisme physiologique des périodes réfractaires entre les différentes structures cardiaques constitue un dernier facteur susceptible d'influer sur l'excitabilité et les influences potentielles.

4.5.4 Substances antiarythmiques

Sur le plan cellulaire, les antiarythmiques peuvent modifier les mouvements ioniques transmembranaires directement sur les canaux ioniques, ou indirectement par l'intermédiaire du système nerveux autonome. Voici les principales modifications qu'entraînent les substances arythmiques :

- l'aplatissement de la pente ascendante (phase 4) de la dépolarisation spontanée ou le ralentissement de la dépolarisation diastolique spontanée : le courant d'automatisme est altéré (*voir la figure 4.11*) ; les antiarythmiques des classes II et IV illustrent l'application de ce concept (*voir le chapitre 10*) ;
- l'élévation du seuil du potentiel d'action (*voir la figure 4.12*) ;

Figure 4.11 **Aplatissement de la pente ascendante**

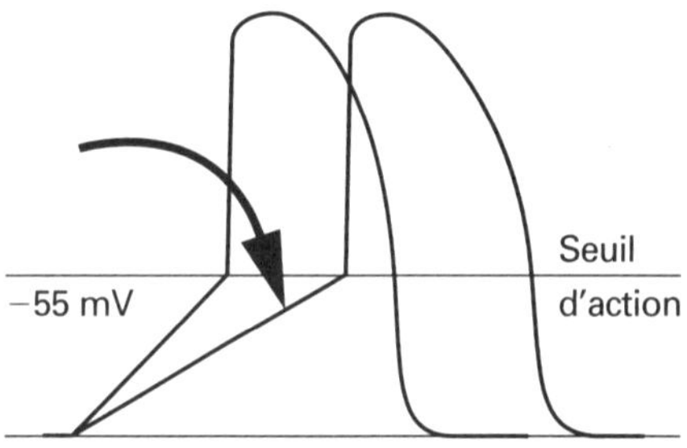

Figure 4.12 **Élévation du seuil du potentiel d'action**

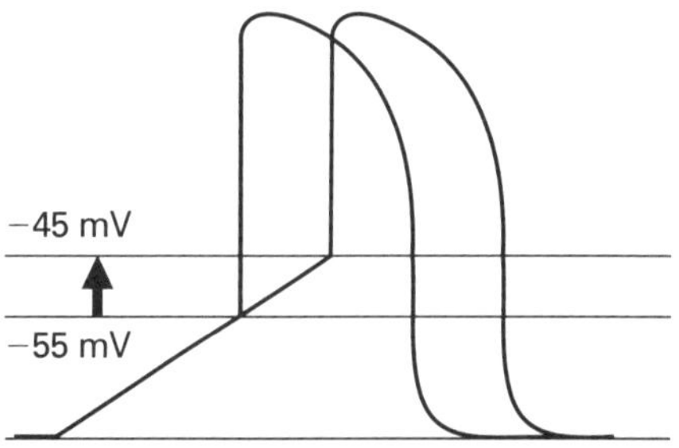

Figure 4.13 Élargissement du plateau

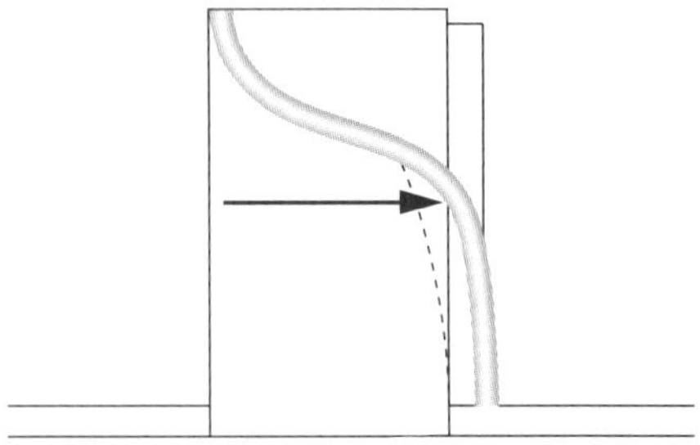

- l'élargissement du plateau de la phase 3 et, par le fait même, celui de la période réfractaire (*voir la figure 4.13*) ; les antiarythmiques de la classe III agissent à ces niveaux;
- la réduction de la vitesse de conduction dans le nœud auriculoventriculaire par diminution ou suppression de l'influence adrénergique sur les cellules cardiaques.

4.6 Genèse des arythmies cardiaques

L'automaticité, la conductibilité et l'excitabilité sont les propriétés fondamentales de la fibre cardiaque. Une altération de l'une ou l'autre de ces propriétés entraîne des arythmies cardiaques, conséquences d'une anomalie dans la formation des impulsions (automaticité) ou dans la conduction de celles-ci, ou encore les deux à la fois.

4.6.1 Anomalies dans la formation des impulsions

De telles anomalies peuvent se manifester par une défaillance du nœud sinusal favorisant l'automatisme des centres de commande secondaire et tertiaire. Par ailleurs, le système neurovégétatif agit également sur l'automatisme normal: en effet, les catécholamines l'accélèrent, alors que l'acétylcholine le ralentit.

Automaticité diminuée

L'hypertonie vagale ou l'inhibition du sympathique favorisent la bradycardie sinusale et les pauses de longue durée. De plus, une maladie du sinus ou l'effet dépresseur de certaines substances pharmacologiques risquent d'altérer l'automatisme et de favoriser des arythmies secondaires sous forme d'automatisme ou d'échappements provenant des générateurs secondaire (jonctionnel) ou tertiaire (ventriculaire).

Les facteurs diminuant l'automaticité sont ceux qui favorisent le ralentissement de la phase 4 (*voir l'encadré 4.1*).

Automaticité augmentée

Dans le nœud sinusal, l'automaticité est augmentée par l'inhibition du tonus parasympathique, par l'augmentation du tonus sympathique ou par ces deux mécanismes à la fois.

L'augmentation de l'automaticité dans l'oreillette, dans la jonction auriculoventriculaire ou dans les ventricules favorise des arythmies telles que la tachycardie auriculaire automatique, un rythme jonctionnel accéléré ou encore un rythme idioventriculaire accéléré.

Certaines fibres myocardiques peuvent déclencher une automaticité anormale en réponse aux catécholamines, à un déséquilibre électrolytique ou à une simple hypoxie. Les mécanismes déclencheurs sont la verticalisation de la phase 4 d'une fibre, la rapprochant de celle du nœud sinusal (*voir la figure 4.14*), et l'élévation du potentiel de repos par hypopolarisation de −90 mV à −60 mV, le rapprochant du potentiel seuil de déclenchement (*voir la figure 4.15*).

Encadré 4.1 Principaux facteurs diminuant l'automaticité

Automaticité normale dans le nœud sinusal
- Hypothermie
- Modifications ioniques
  - Hyperkaliémie
  - Hypercalcémie
- Stimulation vagale sur le plan auriculaire
- Stimulation électrique (déprime l'automatisme en augmentant le potentiel maximal [hyperpolarisation cellulaire]; la pente de la phase 4 restant la même, le seuil est atteint plus tardivement)

Automaticité anormale dans le ventricule
- Antiarythmiques des classes Ia et Ic
- β-bloquants

Figure 4.14 Verticalisation de la phase 4 d'une fibre

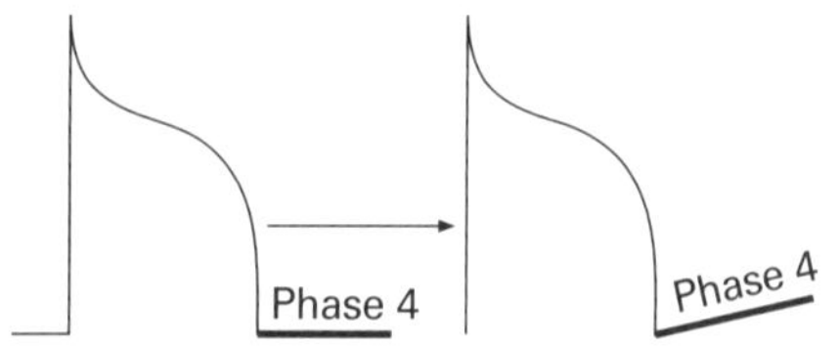

Figure 4.15 Élévation du potentiel de repos

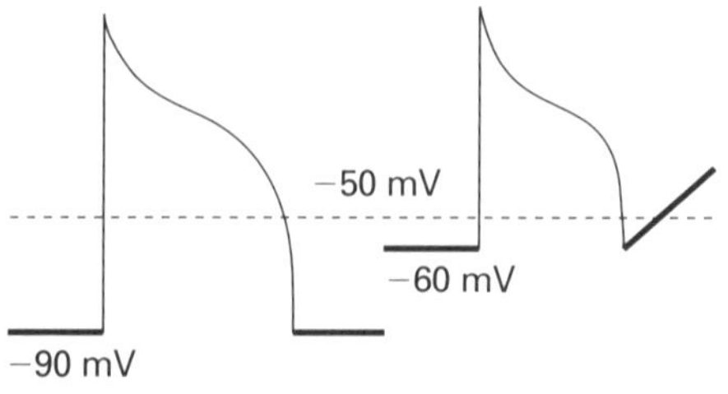

Les facteurs augmentant l'automaticité sont ceux qui entraînent une accélération de la phase 4. Ces principaux facteurs sont : les catécholamines ; l'hyperthermie ; l'hypokaliémie et l'hypocalcémie ; l'intoxication digitalique, qui exagère l'automatisme des cellules des systèmes His, Purkinje et ventriculaire ; l'ischémie et l'hypoxie ; la stimulation bêtaadrénergique.

Automaticité déclenchée (*triggered*)

Le déclenchement de l'automaticité s'effectue par des postdépolarisations précoces, qui sont des oscillations du potentiel membranaire se produisant au début de la phase 3, avant la repolarisation cellulaire complète. L'activité est dite déclenchée et non automatique, car elle dépend des potentiels d'action précédents.

Les concentrations potassiques faibles, une fréquence cardiaque très lente et certaines substances antiarythmiques sont des conditions favorables à l'allongement de l'intervalle QT et à des arythmies, notamment les torsades de pointes. Le déclenchement peut aussi découler de postdépolarisations tardives, qui consistent aussi en des oscillations du potentiel membranaire, apparaissant cependant après la dépolarisation complète. Une accumulation intracellulaire de calcium peut être la cause de ces postdépolarisations. La tachycardie auriculaire automatique induite par la digitale et la tachycardie auriculaire multifocale sont des exemples d'arythmies qui dépendent de ce mécanisme.

4.6.2 Anomalies dans la conduction des impulsions

Défaut de transmission de l'influx

Un bloc est un trouble de conduction qui découle d'une incapacité de l'impulsion à progresser d'une région à une autre. Il peut s'agir d'un défaut de propagation de l'impulsion entre un générateur et une région myocardique (p. ex., entre le nœud sinusal et les oreillettes, entraînant un bloc de sortie et se traduisant par un bloc sinoauriculaire) ou entre le nœud auriculoventriculaire et le faisceau de His, favorisant l'apparition d'un bloc AV et expliquant, sur le plan ventriculaire, la survenue d'un bloc de branche ou d'un bloc complet.

Rappelons que les cellules du nœud sinusal et du nœud AV sont à conduction lente avec une période réfractaire allongée, alors que les cellules infranodales de même que celles du faisceau de His et de ses branches ont une conduction rapide et une période de récupération plus courte. Le tableau 4.3 met en parallèle certaines influences physiologiques et le siège du bloc.

Réentrée

La réentrée est le mécanisme le plus fréquemment invoqué dans la genèse des arythmies cardiaques. Différentes structures cardiaques se prêtent tout particulièrement à ce mécanisme pour deux raisons. La réentrée infranodale est liée à deux voies ayant des propriétés électrophysiologiques distinctes : la voie lente avec période réfractaire courte et la voie rapide avec période réfractaire plus longue. La réentrée associée au syndrome de préexcitation (syndrome de Wolff-Parkinson-White [WPW]) a un substrat anatomique distinct, d'une part par la voie antérograde nodale (tissu à réponse lente), d'autre part par la voie rétrograde musculaire accessoire (tissu à réponse rapide). La réentrée intraventriculaire associée à une cicatrice d'infarctus est la résultante d'une modification histologique électrophysiologique du tissu musculaire ventriculaire normal.

Tableau 4.3 **Influences physiologiques sur le type et le siège du bloc**

	Nœud AV – Bloc AV de type I	His-Purkinje – Bloc AV de type II
Vitesse de conduction	Lente	Rapide
Période réfractaire relative	Longue	Très courte
Extrasystole auriculaire	Allonge l'intervalle PR.	Ne modifie pas l'intervalle PR.
Tachycardie auriculaire, automatique et stimulation endocavitaire auriculaire	Entraînent un bloc AV de type I ou un bloc infranodal.	Entraînent parfois un bloc de branche fonctionnel.
Stimulation sympathique	Accélère la conduction.	Aucun effet
Stimulation parasympathique	Ralentit la conduction.	Aucun effet
Digitale, vérapamil, β-bloquants, adénosine, diltiazem	Ralentissent la conduction.	Aucun effet

Les conditions essentielles au développement d'une réentrée sont les suivantes (*voir la figure 4.16*) : la dualité (A + B) potentielle de conduction ; le blocage unidirectionnel d'une impulsion dans une ou plusieurs régions du cœur (voie rapide B) ; la poursuite antérograde d'une excitation par l'intermédiaire d'une voie conductrice auxiliaire (voie lente A) ; l'excitation ralentie dans cette voie antérograde auxiliaire (voie lente A) ; et la réexcitation rétrograde de la partie située du côté distal du bloc (voie rapide B) qui a récupéré son excitabilité.

Réentrée nodale (tachycardie par réentrée nodale auriculoventriculaire) La réentrée nodale et la réentrée avec préexcitation sont deux modèles cliniques de la rentrée. Dans le cas d'une réentrée nodale, l'influx électrique transmis par l'oreillette aborde le pôle supérieur du nœud AV doté d'une dualité de transmission, soit la voie rapide avec période réfractaire longue et la voie lente avec période réfractaire plus courte. L'influx s'engage donc dans la voie lente (voie antérograde) vers le pôle inférieur du nœud AV où il retrouve la partie distale de la voie rapide qui est maintenant sortie de sa période réfractaire. L'impulsion remonte donc plus rapidement vers le pôle supérieur pour ainsi réexciter l'oreillette (voie rétrograde). Un circuit de réentrée est alors établi.

L'extrasystole auriculaire est souvent l'élément déclencheur, et la stimulation vagale, l'élément avorteur de ce phénomène. Le schéma du bas de la figure 4.17 illustre la dissociation des voies lente et rapide du nœud AV. L'impulsion progresse lentement par la voie lente (0,16 s), et plus rapidement par la voie rapide (0,12 s). Dans le schéma du haut, une extrasystole auriculaire survient à un moment critique, puisque la voie rapide est en période réfractaire. L'influx chemine donc dans la

Figure 4.16 **Réentrée**

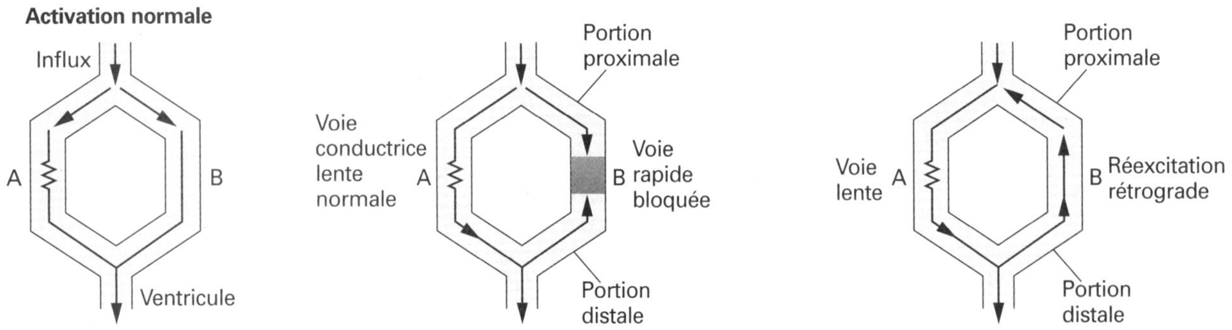

Figure 4.17 **Réentrée nodale**

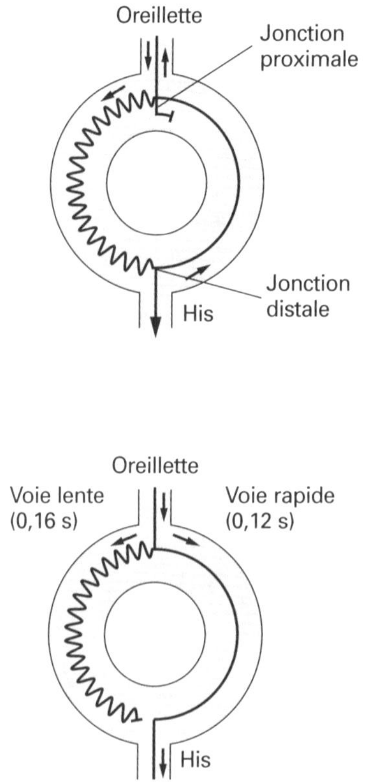

Figure 4.18 **Réentrée avec préexcitation**

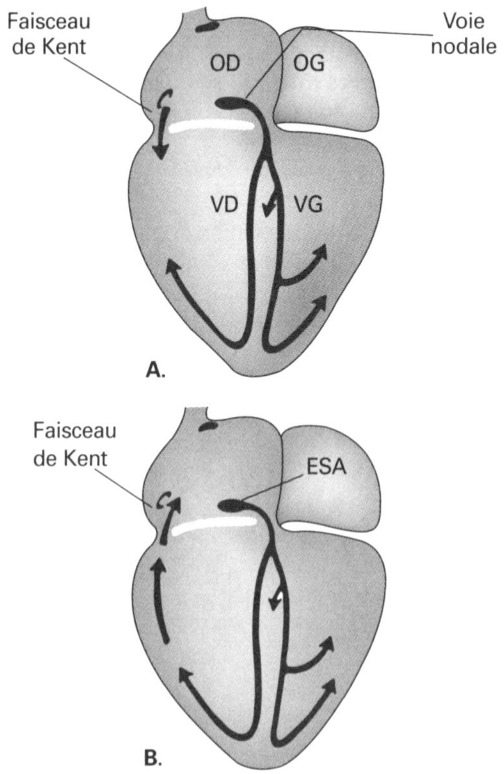

voie lente vers le faisceau de His par mode antérograde et retourne par la voie rapide vers l'oreillette par mode rétrograde.

Réentrée avec préexcitation (tachycardie réciproque par voie accessoire) Le mécanisme de la réentrée avec préexcitation est illustré dans la figure 4.18. En A, le substrat est constitué de deux voies anatomiques distinctes : la voie accessoire auriculoventriculaire (faisceau de Kent), avec une conduction rapide et une période réfractaire longue, et la voie nodale, avec une conduction plus lente et une période réfractaire rapide. En B, pendant une extrasystole auriculaire, l'influx s'engage par mode antérograde dans le nœud auriculoventriculaire non réfractaire vers les deux ventricules pour réexciter la voie accessoire (faisceau de Kent) dans sa partie ventriculaire. Il remonte alors par cette voie qui est devenue réexcitable vers l'oreillette, et boucle ainsi ce circuit antérograde vers la droite et rétrograde vers la gauche (tachycardie de réentrée). Il s'agit d'une tachycardie de réentrée orthodromique associée au syndrome de Wolff-Parkinson-White.

Autoévaluation

Associer aux énoncés ci-dessous (1 à 5) la terminologie correspondante qui suit (A à K).

1. Période de dépolarisation diastolique spontanée.

2. Mécanisme de production de la majorité des arythmies.

3. Fibres à réponse rapide.

4. Capacité pour une fibre de se dépolariser spontanément.

5. Période d'inexcitabilité totale de la cellule. ______

A. Inotrope
B. His-Purkinje
C. Période réfractaire relative
D. Automaticité
E. Excitabilité
F. Réentrée
G. Dromotrope
H. Phase 0
I. Phase réfractaire absolue
J. Repolarisation
K. Phase 4

Répondre par vrai ou faux aux énoncés suivants.

6. La membrane cellulaire est plus perméable au potassium qu'au sodium. ______

7. Le faisceau de His a une fréquence moyenne de dépolarisation de 20 à 40 batt./min. ______

8. La phase 0 du potentiel d'action est liée à l'entrée de potassium. ______

9. L'hypertonie vagale diminue l'automaticité. ______

10. Le complexe QRS correspond à la phase réfractaire absolue. ______

11. L'intoxication digitalique peut accroître l'automatisme du système His-Purkinje. ______

12. Entourer la lettre de l'énoncé qui est faux.

A. La phase 4 du potentiel d'action détermine la fréquence cardiaque.
B. Les cellules à conduction lente sont situées aux nœuds sinusal et AV.
C. La conduction AV est décrémentielle.
D. La voie lente du nœud AV a une période réfractaire plus longue que la voie rapide.

13. À partir du schéma ci-dessous, inscrire les chiffres correspondant aux phases du potentiel d'action de la cellule automatique.

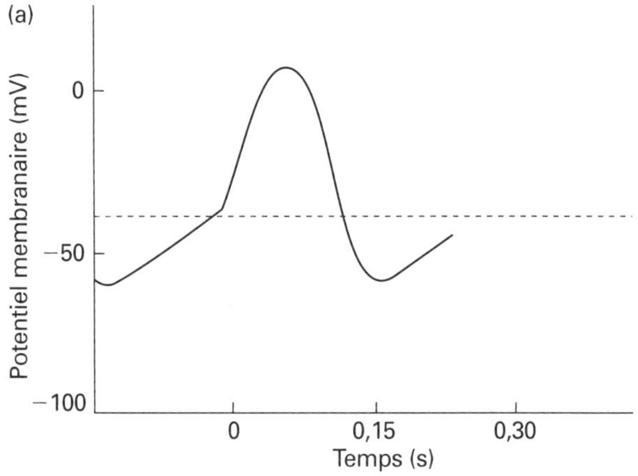

Pour chacune des phases du potentiel d'action, associer la lettre correspondant au mouvement ionique.

14. Phase 0: ____ A. Inactivation sodique

15. Phase 1: ____ B. Sortie de potassium

16. Phase 2: ____ C. Entrée de sodium

17. Phase 3: ____ D. Entrée de calcium

18. Expliquer la raison pour laquelle le nœud sinusal est considéré comme le centre d'automatisme dominant.

____

____

____

19. Différencier les périodes réfractaires absolue et relative, et indiquer leur correspondance électrocardiographique.

____

____

____

20. Différencier les voies de conduction du nœud AV.

____

____

____

21. Nommer le mécanisme électrophysiologique le plus souvent invoqué durant les arythmies cardiaques.

____

____

22. Dans la figure 1 présentée ci-dessous, les voies A et B sont activées simultanément; il s'agit d'une conduction normale le long d'une fibre.

Dans la figure 2, la voie B est réfractaire au cheminement de l'influx, créant à ce niveau un bloc antérograde.

Dans la figure 3, indiquer à l'aide de flèches dans quel sens l'activation doit être orientée afin d'établir un circuit de réentrée entre les voies A et B.

Figure 1

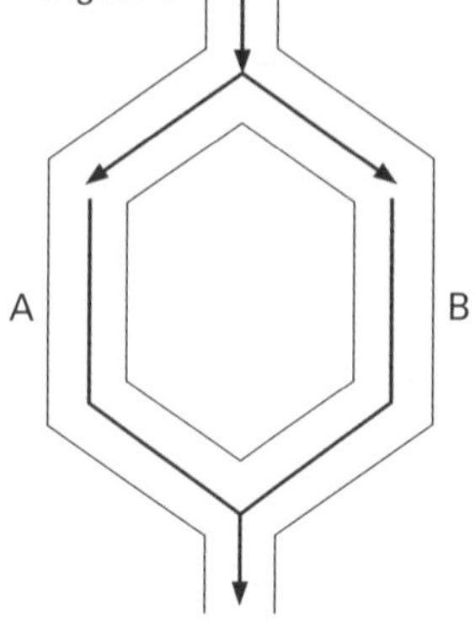

Figure 2

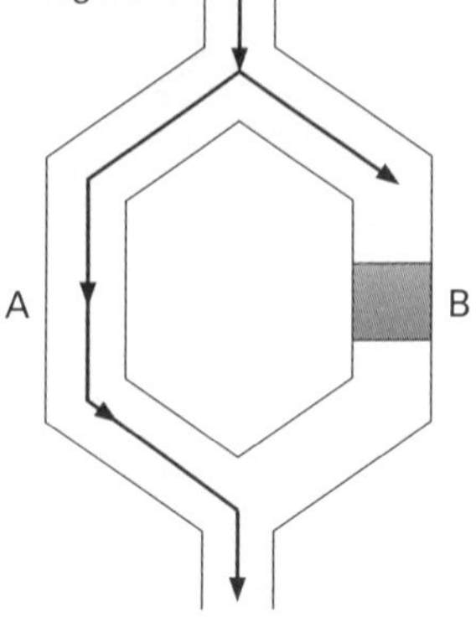

Figure 3

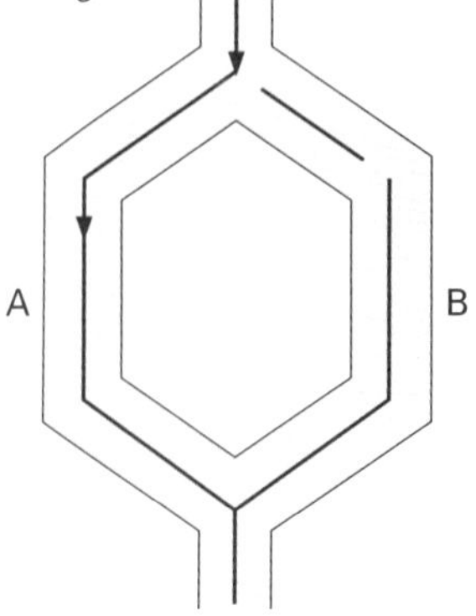

Corrigé de l'autoévaluation

1. K
2. F
3. B
4. D
5. I
6. Vrai
7. Faux
8. Faux
9. Vrai
10. Vrai
11. Vrai
12. D
13. Se référer à la figure 4.8.
14. C
15. A
16. D
17. B
18. La durée de la phase 4 du nœud sinusal est plus courte que la durée de la phase 4 des centres latents inférieurs.
19. Se référer à la sous-section 4.5.3.
20. Le nœud AV comprend une voie à conduction lente avec une période réfractaire courte et une voie à conduction rapide avec une période réfractaire plus longue.
21. La réentrée
22.

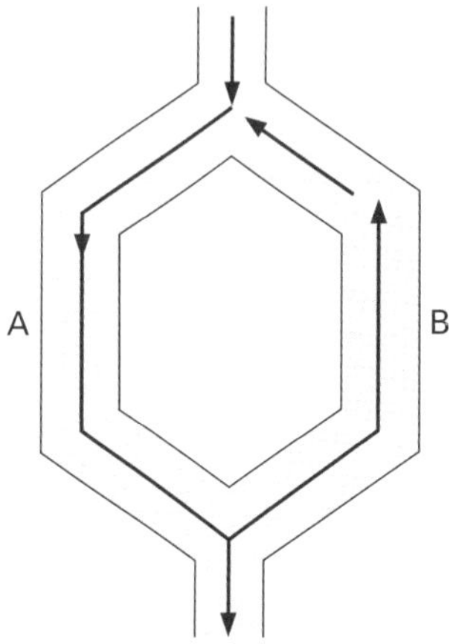

PARTIE 2

Les arythmies

CHAPITRE 5

Les anomalies sinusales

PLAN

OBJECTIFS

- Pour chacune des anomalies sinusales, définir l'arythmie, décrire le mécanisme électrophysiologique, préciser l'étiologie, mémoriser les critères électrocardiographiques, associer les signes et symptômes cliniques, et déterminer le traitement et les éléments de la surveillance clinique.
- Nommer les signes et les symptômes du syndrome de bas débit.

5.1 Rythme sinusal

Le rythme est dit sinusal lorsque l'impulsion prend naissance dans le nœud sinusal et qu'elle dépolarise successivement les oreillettes et les ventricules à une fréquence cardiaque (F.C.) de 60 à 100 batt./min.

Dans les sous-sections suivantes, le fonctionnement normal du cœur en lien avec le rythme sinusal sera présenté. Dans les autres sections du chapitre, un parallèle sera fait entre ces critères normaux et d'autres critères liés à des anomalies sinusales.

5.1.1 Mécanisme électrophysiologique normal

L'automaticité est influencée en partie par les systèmes sympathique et parasympathique, la saturation d'oxygène, les effets de la température, les modifications ioniques, les substances pharmacologiques et certains facteurs pathologiques (*voir la figure 5.1*). La F.C. de repos est un déterminant clé de l'ischémie myocardique et du pronostic de la maladie coronarienne.

5.1.2 Cheminement normal de la conduction

L'étage auriculaire (A), qui s'étend du nœud sinusal au nœud auriculoventriculaire (AV), est limité par les deux premières lignes de la figure 5.2.

Figure 5.1 **Correspondance électromécanique – rythme sinusal**

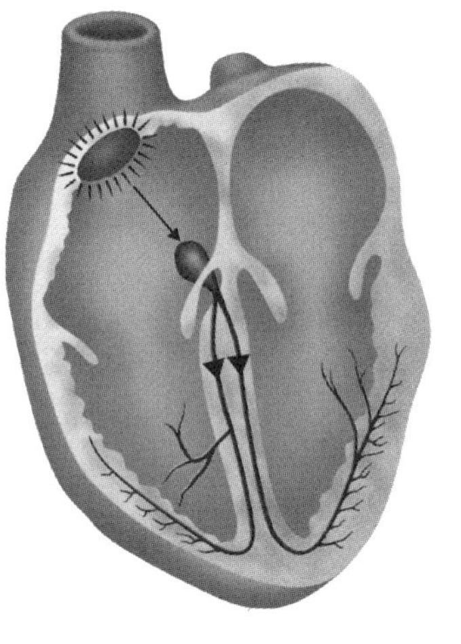

Figure 5.2 **Étages de la conduction**

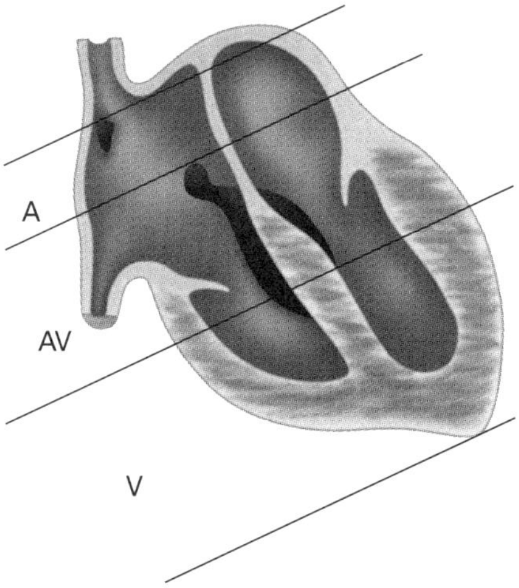

L'étage de la conduction auriculoventriculaire (AV), qui s'échelonne du nœud AV jusqu'à la fin des branches du faisceau de His, est délimité par les deuxième et troisième lignes de cette figure.

L'étage ventriculaire (V), depuis le réseau de Purkinje jusqu'à l'épicarde ventriculaire, est délimité par les troisième et quatrième lignes de la même figure.

La représentation graphique de la conduction, donnée à la figure 5.3, comprend les étapes suivantes:

1. Origine de l'impulsion: activation du cœur sous la dépendance du nœud sinusal.
2. Dépolarisation auriculaire: activation rapide des oreillettes droite et gauche reflétée par une ligne verticale.
3. Conduction AV: ralentissement de l'impulsion à l'étage auriculoventriculaire représenté par une ligne oblique.
4. Dépolarisation ventriculaire: activation ventriculaire. Les deux ventricules sont dépolarisés simultanément. Inscription rapide du complexe QRS représentée par une ligne verticale.

5.1.3 Critères électrocardiographiques

Les dérivations D_{II} et V_1 sont les plus préconisées dans l'étude des rythmes cardiaques. Les constatations suivantes peuvent être faites à partir des tracés 5.1a et 5.1b:

- Onde P : origine et morphologie sinusale. En D_{II}, elle est positive, alors qu'en V_1, l'onde P peut être positive, aplatie, isodiphasique ou négative.
- Intervalle PR : il est constant pour tous les cycles et d'une durée de 0,12 à 0,20 s.
- Complexe QRS : sa durée est égale ou inférieure à 0,10 s. En D_{II}, le QRS présente une morphologie positive (aspects qR, qRs ou Rs). En V_1, la morphologie normale du QRS est négative (aspect QS ou rS).
- Conduction AV : elle est de type 1:1, c'est-à-dire un P pour un QRS à chacun des cycles. Le même influx dépolarise successivement les oreillettes et les ventricules.

Figure 5.3 **Diagramme de la conduction normale**

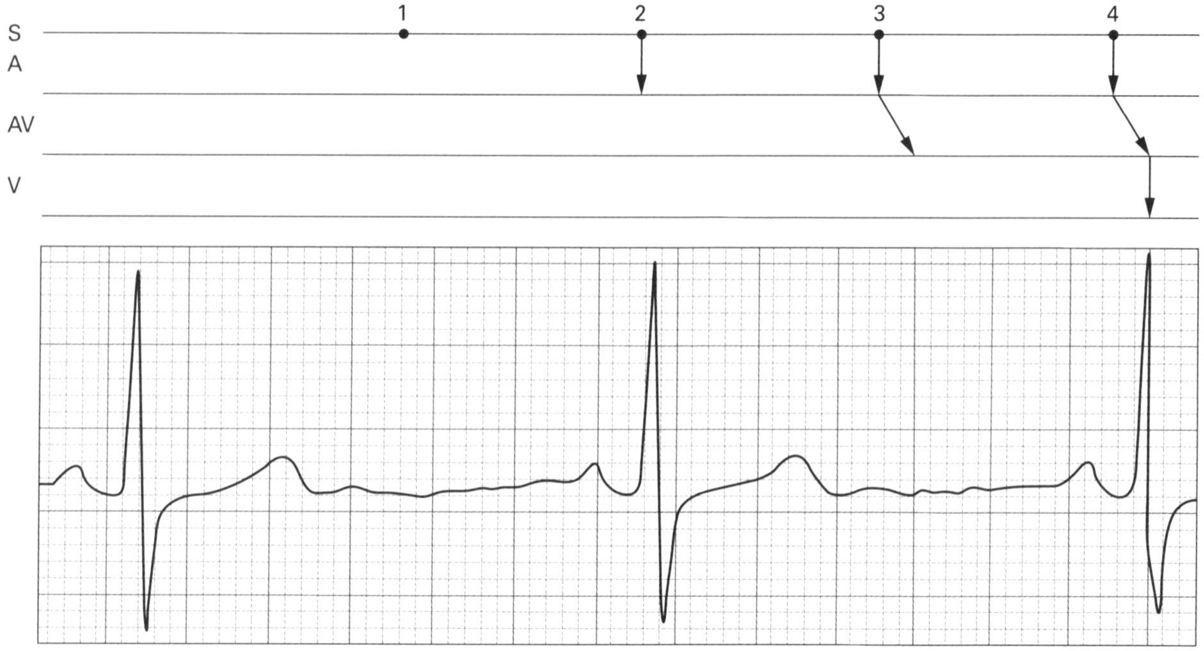

Tracé 5.1a **Morphologie positive des complexes QRS (aspect Rs)**

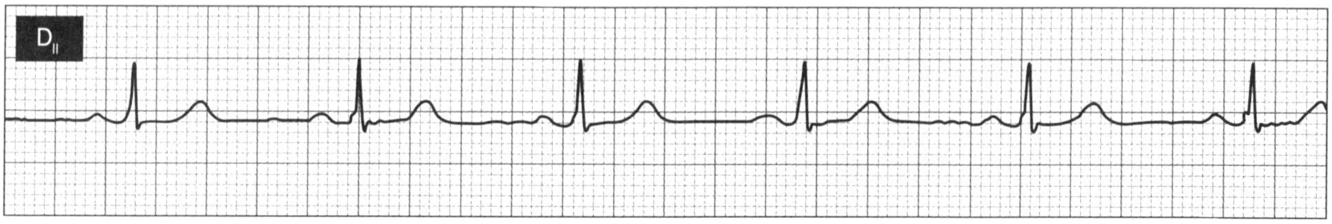

Tracé 5.1b **Morphologie négative des complexes QRS (aspect rS)**

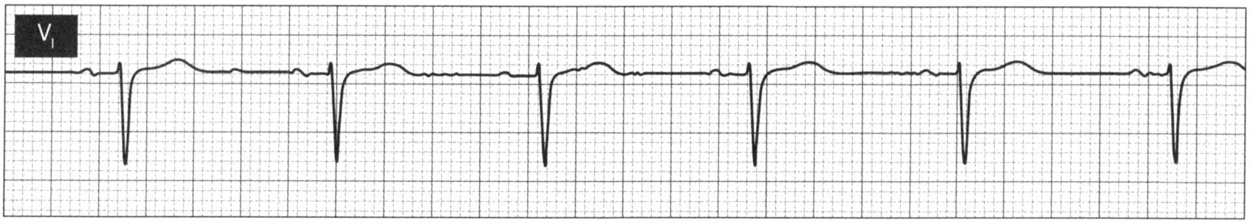

5.2 Bradycardie sinusale

La bradycardie sinusale correspond à un rythme prenant naissance dans le sinus et envahissant successivement les oreillettes et les ventricules à une fréquence régulière inférieure à 60 batt./min. Chez les personnes âgées de plus de 40 ans, la F.C. est inférieure à 50 batt./min pour 4 % de cette clientèle (De Roy, 2005).

5.2.1 Mécanisme électrophysiologique

L'influence humorale et surtout nerveuse module l'automatisme cardiaque. Les fibres parasympathiques ont des terminaisons essentiellement dans l'oreillette (*voir les figures 1.17 et 5.4*).

L'hyperactivité du parasympathique (hypertonie vagale) en réponse à l'occlusion de la coronaire droite ainsi qu'un trouble dans la formation des impulsions ou une défaillance dans la propagation à travers le système de conduction expliquent certaines bradycardies (*voir la figure 5.5*).

5.2.2 Étiologie

L'étiologie de la bradycardie sinusale est présentée dans l'encadré 5.1.

Figure 5.4 **Correspondance électromécanique – bradycardie sinusale**

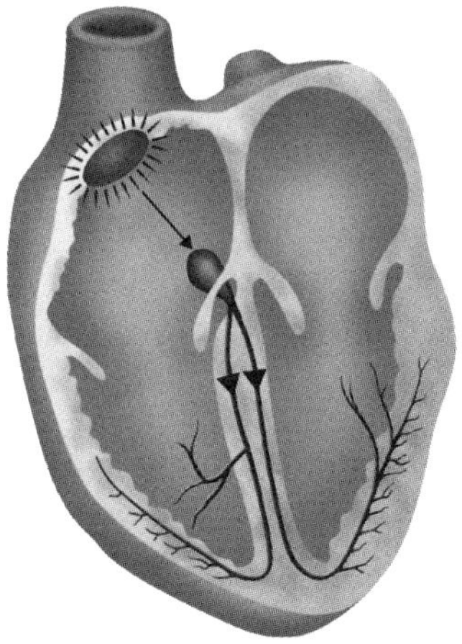

5.2.3 Critères électrocardiographiques

Un rythme sinusal et une fréquence des P inférieure à 60 batt./min en repérant les intervalles PP sont les critères électrocardiographiques de la bradycardie sinusale (*voir le tracé 5.2*).

5.2.4 Signes cliniques

Les signes cliniques de la bradycardie sinusale sont présentés dans l'encadré 5.2.

Figure 5.5 **Diagramme de la bradycardie sinusale**

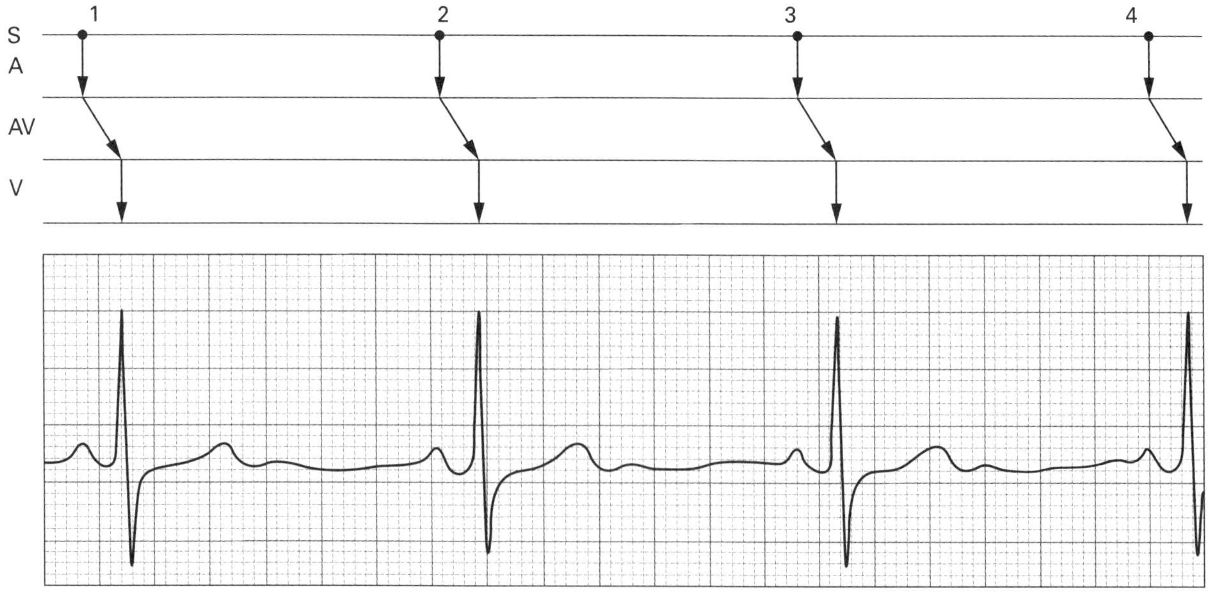

Encadré 5.1 Étiologie de la bradycardie sinusale

- Anorexie mentale
- Apnée associée à une respiration de Cheyne-Stokes
- β-bloquants
- Bradycardie du sportif
- Cachexie
- Fibrodégénérescence du tissu nodal
- Hyperkaliémie
- Hypertension intracrânienne
- Hypertonie vagale (sommeil, manœuvre de Valsalva, massage du sinus carotidien, vomissement)
- Hypothermie
- Hypothyroïdie
- Infarctus du myocarde (prévalence de 11 à 14 %)
- Insuffisance de sécrétion hormonale (myxœdème)
- Intubation
- Lésions chirurgicales
- Réaction médicamenteuse (adénosine, β-bloquants, bloquants calciques, bloquants potassiques, digitale)
- Sommeil (réponse normale à une diminution de la demande de retour veineux)
- Syndrome de la maladie du sinus
- Ventilation mécanique

Tracé 5.2

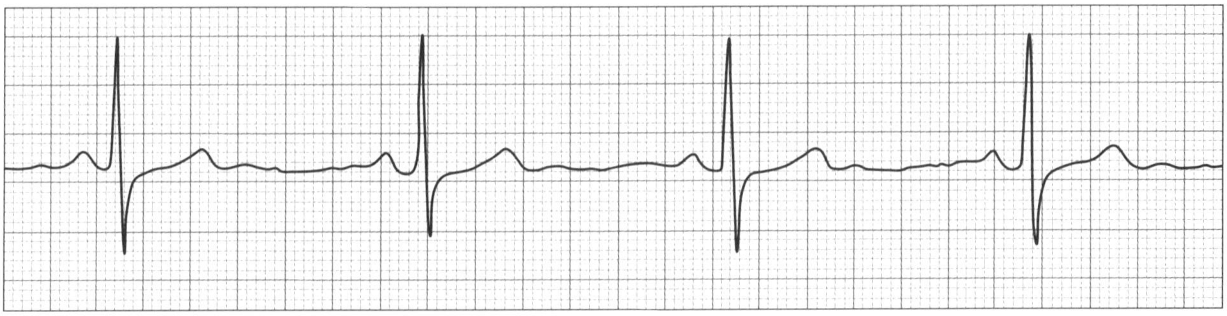

Encadré 5.2 Signes cliniques de la bradycardie sinusale

- Arythmies: échappements, extrasystoles ventriculaires (ESV), pauses
- Baisse de la pression artérielle
- Confusion
- Douleur thoracique
- Dyspnée
- F.C. régulière ou irrégulière inférieure à 60 batt./min
- Nausée
- Pâleur et sueurs suivies ou non d'une perte de conscience totale, le plus souvent liée à de l'hypertonie vagale

5.2.5 Traitement

Les objectifs du traitement de la bradycardie sinusale sont de diminuer la consommation d'oxygène, de prévenir l'hypoperfusion cérébrale et coronarienne, le bas débit et l'hypoxie, et de contrôler les arythmies et les taux sériques des électrolytes.

Aucun traitement n'est requis pour traiter les formes asymptomatiques de la bradycardie sinusale. Le traitement de la forme symptomatique est illustré à la figure 5.6. Il est à noter qu'une saturation artérielle en oxygène (O_2) supérieure à 92 % (hyperoxie) augmente les résistances vasculaires (postcharge), entraîne une baisse du débit cardiaque, diminue le flux coronarien et favorise l'augmentation du taux de mortalité. Dans une étude récente, il est mentionné que l'O_2 est un vasoconstricteur pouvant aggraver les dommages myocardiques. L'oxygène est un oxydant producteur de radicaux libres éventuellement toxiques. Or, il n'est d'aucun intérêt d'augmenter la saturation (SaO_2) au-delà de 92 %, ce qui correspond à une pression partielle artérielle normale en oxygène de 80 à 100 mm de mercure (Kilgannon *et al.*, 2010). Dans les formes secondaires aux blocs auriculoventriculaires, les algorithmes thérapeutiques de la bradycardie présentés aux figures 7.13 et 7.14 peuvent servir de référence au traitement.

Figure 5.6 **Traitement de la forme symptomatique de la bradycardie sinusale**

Monitorage des signes vitaux et de la saturométrie
↓
O_2 selon le protocole
↓
Position déclive avec jambes surélevées de 30° selon indication
↓
Accès intraveineux ou intraosseux
↓
Atropine 0,5 mg en bolus (maximum 3 mg)
↓
Hypovolémie : charge rapide par voie intraveineuse (p. ex., de 500 à 1 000 ml de NaCl 0,9 % en une demi-heure)

5.2.6 Surveillance clinique

La surveillance clinique repose sur la reconnaissance des signes et des symptômes (sémiologie) liés à la baisse du débit cardiaque et à la réponse au traitement. Pour cette raison, il faut être familiarisé avec le syndrome de bas débit. D'abord, des facteurs de compensation transitoire par stimulation du système sympathique apparaissent : augmentation de la F.C. et vasoconstriction artérielle avec augmentation de la pression artérielle. Les vaisseaux cérébraux et coronariens sont alors épargnés. Puis, des répercussions systémiques (choc) aggravent le pronostic (*voir le tableau 5.1*).

5.3 Tachycardie sinusale

La tachycardie sinusale correspond à un rythme qui prend naissance dans le sinus et qui entraîne successivement les oreillettes et les ventricules à une F.C. régulière supérieure à 100 batt./min. Lorsque la tachycardie se manifeste au repos et s'accélère exagérément pendant un stress physiologique, elle est désignée comme étant une tachycardie sinusale inappropriée, ou tachycardie sinusale non paroxystique ou permanente.

5.3.1 Mécanisme électrophysiologique

L'influence humorale et surtout nerveuse module l'automatisme cardiaque. C'est une réponse normale de l'organisme à une demande en oxygène. Les fibres sympathiques comportent des terminaisons dans le nœud sinusal, le nœud AV et les ventricules (*voir les figures 1.17, 5.7 et 5.8*).

Tableau 5.1 **Sémiologie du syndrome de bas débit**

Hypoperfusion cérébrale	Répercussions systémiques
• Agitation motrice • Altération de la conscience • Coma • Nausée • Révulsion oculaire • Sensation ébrieuse • Somnolence • Syncope • Vertige	• Arythmies cardiaques sévères • Bradypnée • Diaphorèse • Extrémités pâles, moites, froides et cyanosées • Hypotension : généralement < 80 mm Hg • Oligurie : débit urinaire < 20 ml/h • Remplissage capillaire > 3 s • Tachycardie • Tachypnée

Figure 5.7 **Correspondance électromécanique – tachycardie sinusale**

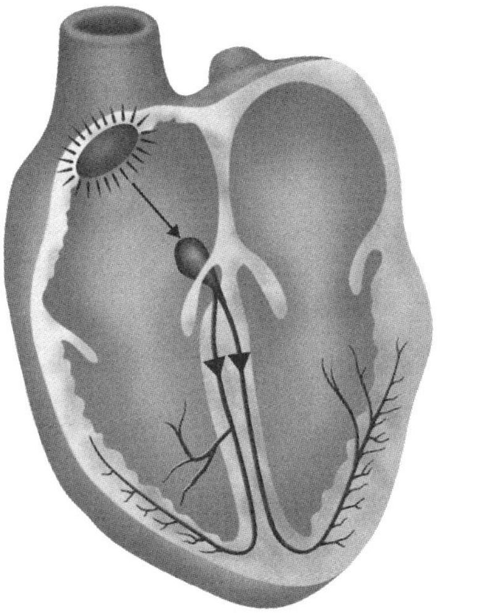

5.3.2 Étiologie

L'étiologie de la tachycardie sinusale est présentée dans l'encadré 5.3.

5.3.3 Critères électrocardiographiques

Un rythme sinusal, des complexes QRS fins, une fréquence des intervalles PP supérieure à 100 batt./min ainsi qu'un début et une fin progressifs sont les critères électrocardiographiques de la tachycardie sinusale (*voir le tracé 5.3*).

Figure 5.8 Diagramme de la tachycardie sinusale

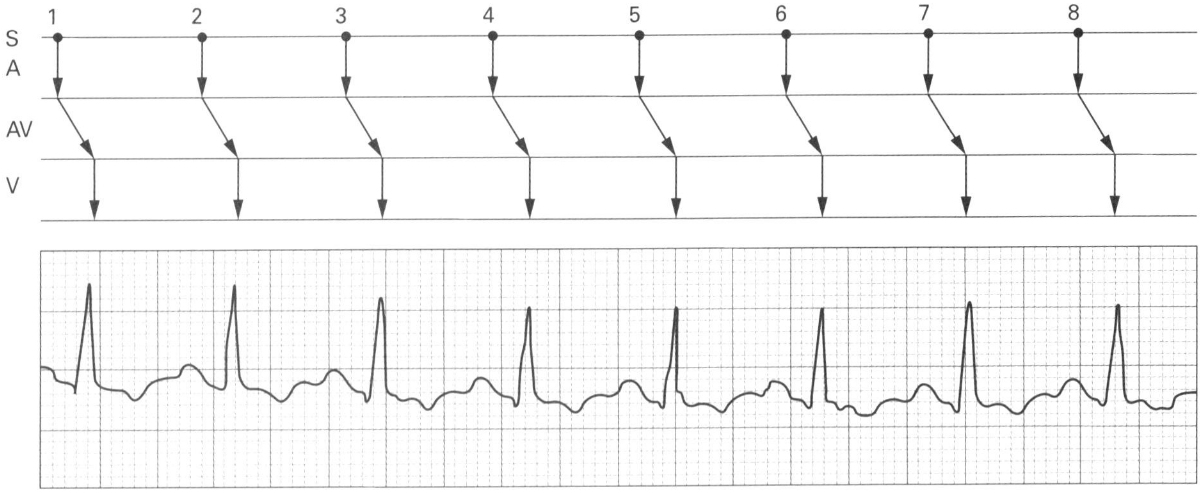

Encadré 5.3 Étiologie de la tachycardie sinusale

- Anémie
- Anomalie intrinsèque du nœud sinusal
- Antidépresseurs
- Choc
- Embolie pulmonaire
- Émotions
- Exercice (pulsation jusqu'à 200 batt./min chez le jeune athlète)
- Réponses cardiaques normales à l'augmentation des besoins en oxygène (fièvre, anxiété, douleur, agitation, déshydratation)
- Hémorragie
- Hormones thyroïdiennes
- Hyperthyroïdie
- Hypoxie
- Infection
- Insuffisance cardiaque
- Intoxication à la digitale
- Médicaments sympathomimétiques
- Syndrome coronarien aigu (environ 30 % [American Heart Association, 2010])
- Stimulants exogènes (alcool, boissons énergisantes, caféine, cocaïne et nicotine)
- Tachycardie sinusale inappropriée
- Pharmacothérapie adrénergique et anticholinergique

Tracé 5.3

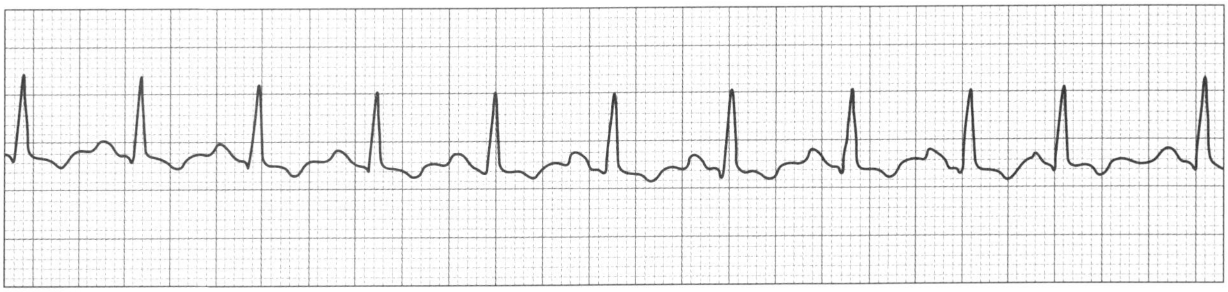

5.3.4 Signes cliniques

Les signes cliniques de la tachycardie sinusale sont présentés dans l'encadré 5.4.

5.3.5 Traitement

Les objectifs du traitement de la tachycardie sinusale sont de prévenir l'installation d'une insuffisance cardiaque ou l'aggravation du syndrome coronarien aigu (SCA), et de contrôler les facteurs susceptibles d'augmenter la consommation d'oxygène (fréquence, précharge, postcharge et contractilité). Un traitement causal, du repos, une sédation et l'administration de bêtabloquants sont des choix thérapeutiques indiqués pour le traitement de la tachycardie sinusale.

5.3.6 Surveillance clinique

La surveillance clinique repose sur la reconnaissance des signes et des symptômes liés à l'insuffisance cardiaque gauche: dyspnée, recherche du B3 à l'auscultation cardiaque et de crépitants inspiratoires à l'auscultation pulmonaire. Elle inclut également la prise des signes vitaux et la réponse thérapeutique aux substances pharmacologiques, s'il y a lieu.

Encadré 5.4 Signes cliniques de la tachycardie sinusale

- Agitation
- Anxiété
- Douleur
- Auscultation
  - Éclat du B1 à la pointe
  - Bruit de sommation: B3 et B4 simultanés
- Fièvre: augmentation d'environ huit battements par degré Celsius de fièvre
- F.C. régulière ou irrégulière supérieure à 100 batt./min[a]
- Palpitations

[a] Une augmentation importante de la F.C. diminue le temps de remplissage diastolique, le débit cardiaque, la perfusion coronarienne et la pression artérielle.

5.4 Arythmie sinusale

L'arythmie sinusale correspond à un rythme qui prend naissance dans le sinus et qui entraîne successivement les oreillettes et les ventricules à une fréquence irrégulière.

5.4.1 Mécanisme électrophysiologique

Il s'agit du mécanisme lié aux variations du tonus neurovégétatif. Le cycle respiratoire peut conditionner cette arythmie, particulièrement chez l'enfant (*voir la figure 5.9*).

5.4.2 Étiologie

L'étiologie de l'arythmie sinusale est présentée dans l'encadré 5.5.

5.4.3 Critères électrocardiographiques

Les critères électrocardiographiques de l'arythmie sinusale sont: une arythmie visible à l'œil, un rythme sinusal dont les intervalles PP varient d'au moins 0,16 s sur le tracé et une bradyarythmie (arythmie dont les deux fréquences calculées sont inférieures à 60 batt./min). La F.C. est calculée entre l'intervalle PP le plus court et l'intervalle PP le plus long (*voir le tracé 5.4*).

Figure 5.9 Correspondance électromécanique – arythmie sinusale

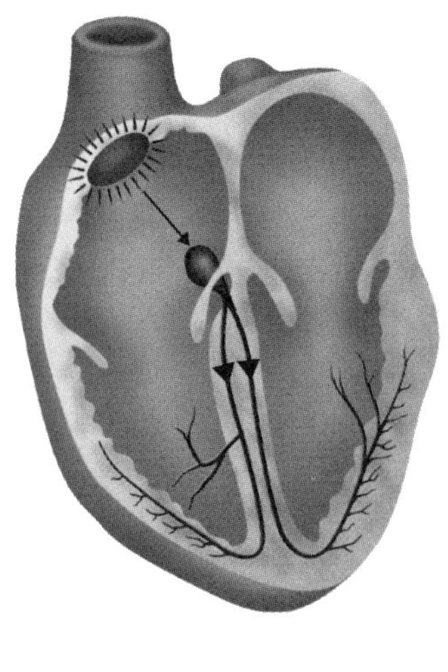

Encadré 5.5 Étiologie de l'arythmie sinusale

- Arythmie sinusale ventriculophasique dans les blocs AV des 2e et 3e degrés (30 à 40 %) (Surawicz & Knilans, 2008). Elle serait due à des modifications de la pression intrathoracique et du volume d'éjection responsable du changement du cycle sinusal. La perfusion du cycle sinusal peut influencer ce phénomène.
- Cycle respiratoire
  - Inspiration : augmentation du retour veineux et de la F.C. ; diminution du tonus vagal (affecte surtout la clientèle pédiatrique)
  - Expiration : diminution du retour veineux et de la F.C. ; augmentation du tonus vagal
- Bloc sinoauriculaire
- Clientèle âgée avec maladie cardiaque
- Hypertension intracrânienne
- Infarctus inférieur (surtout)
- Manœuvre vagolytique
- Massage du sinus carotidien
- Médicaments parasympathomimétiques

Tracé 5.4

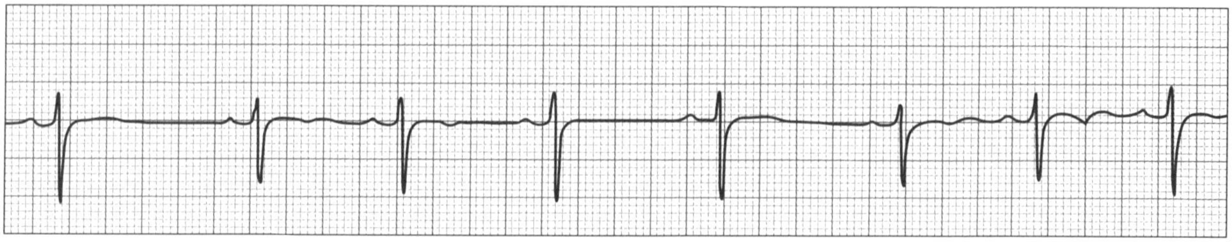

5.4.4 Traitement

L'arythmie est bénigne et nécessite rarement une intervention.

5.5 Bloc sinoauriculaire

Le bloc sinoauriculaire (SA) est une anomalie de la conduction. Les impulsions produites dans le nœud sinusal sont bloquées à leur sortie (bloc de sortie), ce qui empêche les influx d'atteindre les oreillettes.

5.5.1 Mécanisme électrophysiologique

L'impulsion est bloquée entre le nœud sinusal et les oreillettes ; les dépolarisations auriculaires et ventriculaires sont muettes (*voir les figures 5.10 et 5.11*). Le bloc sinoauriculaire est souvent considéré comme un phénomène intermittent.

5.5.2 Étiologie

L'étiologie du bloc sinoauriculaire est présentée dans l'encadré 5.6.

Figure 5.10 **Correspondance électromécanique – bloc sinoauriculaire**

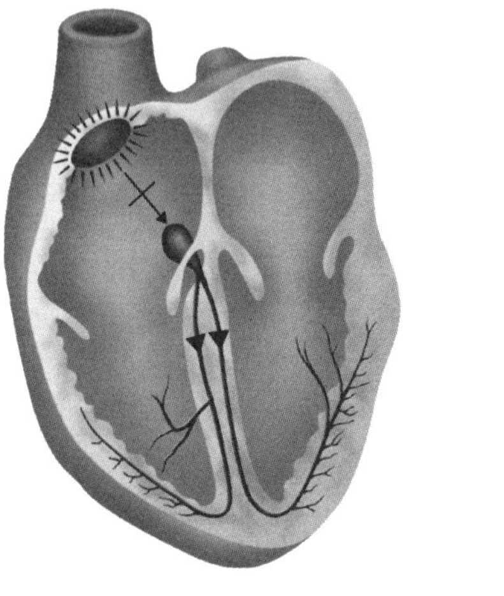

Encadré 5.6 Étiologie du bloc sinoauriculaire

- Antiarythmiques (β-bloquants, vérapamil [Isoptin[MD]])
- Augmentation de l'activité vagale
- Bradycardie asymptomatique de l'athlète
- Dégénérescence idiopathique du nœud AV (bloc sinoauriculaire chronique)
- Hyperirritabilité du sinus carotidien
- Hyperkaliémie
- Hypothyroïdie
- Infarctus inférieur aigu
- Insuffisance coronarienne chronique
- Intervention chirurgicale pour une cardiopathie congénitale
- Intoxication à la digitale
- Myocardiopathie primaire ou secondaire
- Myxome auriculaire
- Syndrome de la maladie du sinus
- Traitement antipsychotique prolongé au lithium

5.5.3 Critères électrocardiographiques

Des intervalles PP réguliers sur le tracé et une absence complète d'au moins un cycle (PQRST) sur le tracé, c'est-à-dire une pause, sont les critères électrocardiographiques du bloc sinoauriculaire. La durée de la pause représente au moins le double de l'intervalle PP normal (relation mathématique). Elle se calcule à partir de l'onde P du cycle précédant la pause jusqu'à l'onde P du cycle débutant après la pause.

Il existe trois types de blocs sinoauriculaires : le bloc SA du 1er degré, le bloc SA du 2e degré (classification de Blumberger) et le bloc SA du 3e degré.

Le bloc SA du 1er degré, invisible à l'ECG, est caractérisé par un prolongement du temps de conduction entre le nœud sinusal et les oreillettes. Seule l'exploration électrophysiologique permet d'en faire le diagnostic.

Le bloc SA du 2e degré (classification de Blumberger) compte trois types. Le type I (type Wenckebach) est caractérisé par un raccourcissement de l'intervalle PP jusqu'à l'absence totale d'un cycle complet. La pause est moindre que le double de l'intervalle PP le plus court (17 % des cas de bloc SA [De Roy, 2005]) (*voir le tracé 5.5*). Le type II est caractérisé par une interruption intermittente de la conduction sinoauriculaire (*voir le tracé 5.6*). La durée de la pause est le double d'un intervalle PP normal (*voir la figure 5.11*). Enfin, le type haut degré (ou avancé) est caractérisé par la disparition d'au moins deux cycles successifs. La pause constitue un multiple de l'intervalle PP.

Tracé 5.5 **Rythme sinusal de 54 batt./min, bloc sinoauriculaire du 2e degré de type I**

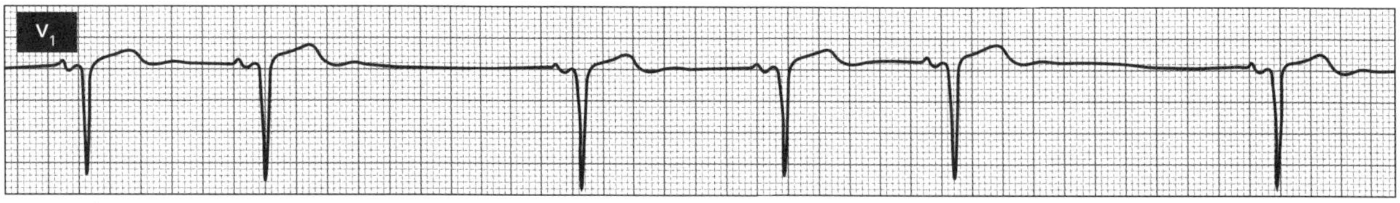

Tracé 5.6 **Rythme sinusal de 66 batt./min, bloc auriculoventriculaire du 1er degré, bloc sinoauriculaire 2:1 (2e degré de type II)**

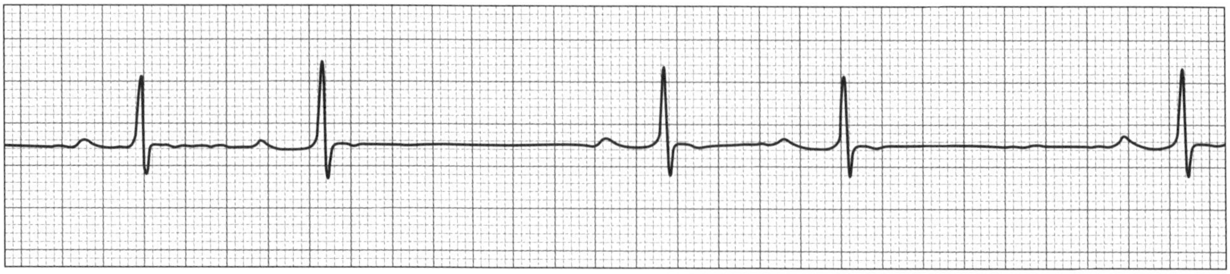

Figure 5.11 **Diagramme et tracé du bloc SA: rythme sinusal de 60 batt./min, bloc auriculoventriculaire du 1er degré, bloc sinoauriculaire 2:1 (2e degré de type II)**

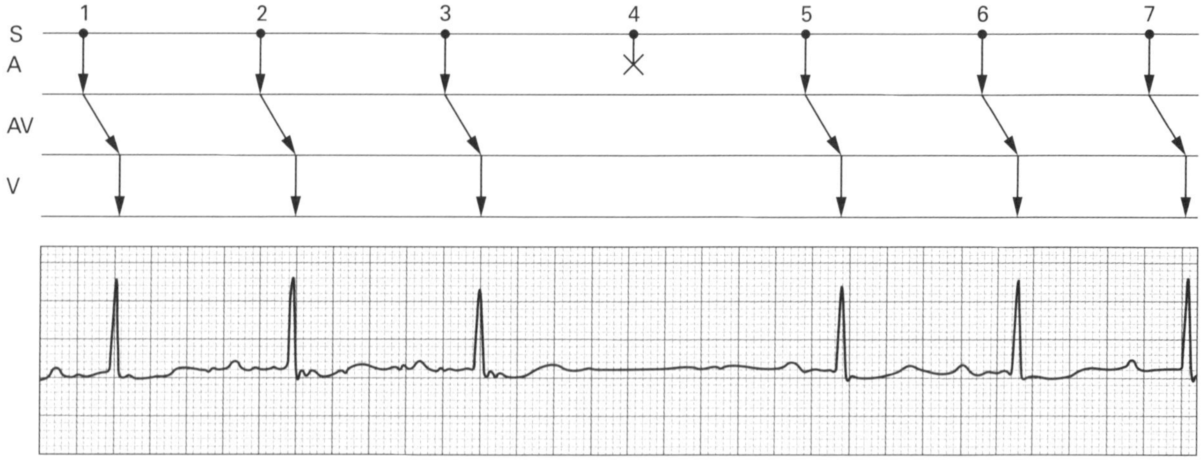

Le bloc SA du 3e degré est caractérisé par un blocage complet de la conduction sinoauriculaire. L'ECG démontre une ligne isoélectrique jusqu'à ce qu'un rythme d'échappement jonctionnel ou ventriculaire se manifeste.

5.5.4 Signes cliniques

Les signes cliniques du bloc sinoauriculaire sont présentés dans l'encadré 5.7.

5.5.5 Traitement

Le traitement du bloc sinoauriculaire peut être symptomatique et causal, et il nécessite, dans certains cas, l'implantation d'un cardiostimulateur.

Encadré 5.7 Signes cliniques du bloc sinoauriculaire

- Pauses de 2 à 5 s: vertiges
- Pauses de 5 à 8 s: lipothymie avec récupération rapide
- Pauses de 8 à 12 s: lipothymie, puis perte de conscience brutale et complète
- Pauses de 12 à 15 s: convulsions de type épileptique
- Pauses > 15 s: dyspnée, apnée, cyanose, mort

5.5.6 Surveillance clinique

La surveillance clinique inclut la recherche du contexte clinique inducteur de pauses, la détection des signes et des symptômes propres à l'hypovolémie ou à l'hypoperfusion cérébrale (*voir le tableau 5.1*), et la surveillance de la réponse thérapeutique.

5.6 Pause ou arrêt sinusal

La pause, ou arrêt sinusal, est une anomalie de formation dans laquelle les cellules automatiques du nœud sinusal ne produisent pas d'impulsion.

5.6.1 Mécanisme électrophysiologique

L'automaticité est altérée entre autres par un désordre de type ischémique ou une dégénérescence chronique (*voir les figures 5.12 et 5.13*).

5.6.2 Étiologie

L'étiologie de la pause, ou arrêt sinusal, est présentée dans l'encadré 5.8.

Figure 5.12 **Correspondance électromécanique – pause, ou arrêt sinusal**

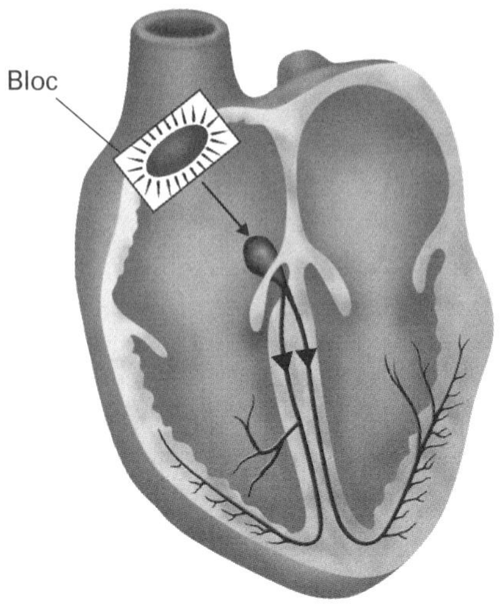

Encadré 5.8 Étiologie de la pause ou arrêt sinusal

- Infarctus inférieur aigu (surtout)
- Infection aiguë
- Intoxication aux salicylates
- Irritation pharyngée causée par une intubation endotrachéale
- Hyperkaliémie
- Hypersensibilité du sinus carotidien ou hypertonie vagale chez un individu sain
- Maladie coronarienne
- Médicaments (digitale et quinidine)
- Syndrome de la maladie du sinus
- Trauma médullaire (choc spinal)

Figure 5.13 **Diagramme et tracé de l'arrêt sinusal: bradycardie sinusale, pause sinusale de 2 s.**

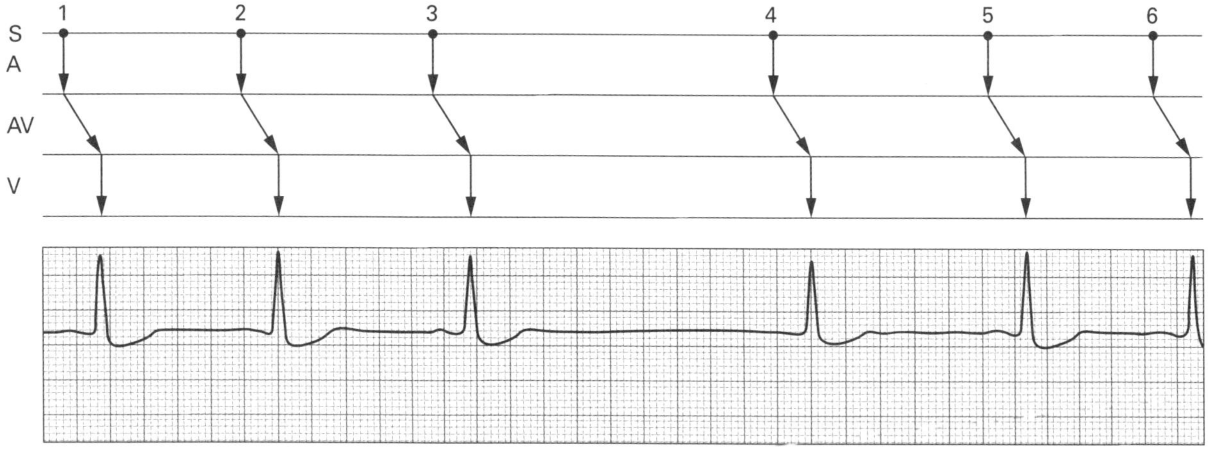

5.6.3 Critère électrocardiographique

Le critère électrocardiographique de la pause est l'absence complète d'un cycle ou plus sur le tracé. La durée de la pause n'est pas un multiple de la durée d'un cycle normal. La pause dépend de la durée de l'inactivité sinusale. Elle peut être interrompue par un complexe sinusal ou un échappement. La pause se calcule à partir de l'onde P du cycle précédant la pause jusqu'à l'onde P du cycle apparaissant après la pause. Le calcul s'exprime en seconde (nombre de carrés × 0,04 s). À titre d'exemple, le tracé 5.7 illustre un rythme sinusal de 66 batt./min entrecoupé d'une pause sinusale de 1,7 s.

5.6.4 Signes cliniques

Les signes cliniques de l'arrêt sinusal sont présentés dans l'encadré 5.9.

Tracé 5.7 **Rythme sinusal de 66 batt./min, pause sinusale de 1,7 s, cupule digitalique**

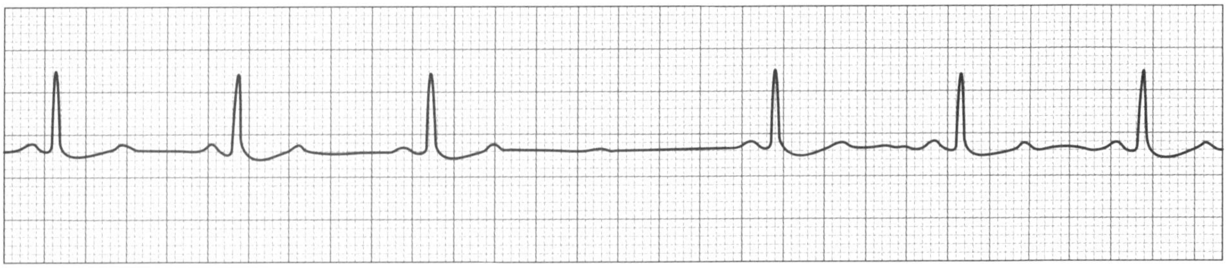

Encadré 5.9 Signes cliniques de l'arrêt sinusal[a]

- Pauses de 2 à 5 s: vertiges
- Pauses de 5 à 8 s: lipothymie avec récupération rapide
- Pauses de 8 à 12 s: lipothymie, puis perte de conscience brutale et complète
- Pauses de 12 à 15 s: convulsions de type épileptique
- Pauses au-delà de 15 s: dyspnée, apnée, cyanose, mort

[a] Des pauses supérieures à 2 s sont occasionnellement observées chez 11 % des sujets normaux et près de 30 % des athlètes (De Roy, 2005).

5.6.5 Traitement et surveillance clinique

L'encadrement thérapeutique de l'arrêt sinusal est identique à celui du bloc sinoauriculaire.

5.7 Entraîneur vagabond (*wandering pacemaker*)

Il s'agit d'un type de trouble du rythme supraventriculaire caractérisé par un déplacement du centre d'excitation en périphérie du nœud sinusal.

5.7.1 Mécanisme électrophysiologique

Le centre d'automatisme se déplace entre le nœud sinusal et le nœud auriculoventriculaire par automaticité normale augmentée, associée ou non à une dysfonction du sinus (*voir la figure 5.14*).

Figure 5.14 **Correspondance électromécanique – entraîneur vagabond**

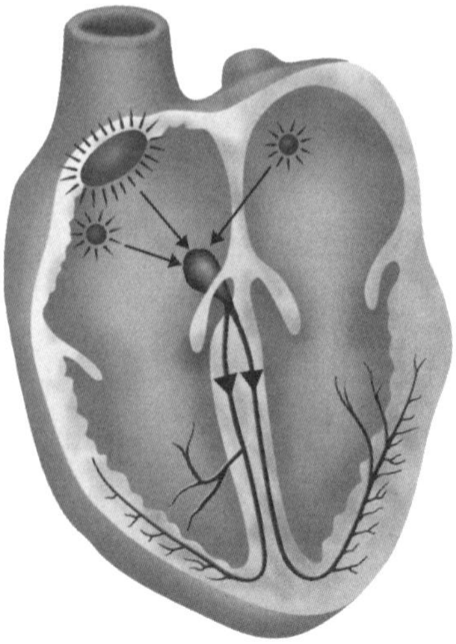

5.7.2 Étiologie

L'étiologie de l'entraîneur vagabond est présentée dans l'encadré 5.10.

Encadré 5.10 Étiologie de l'entraîneur vagabond

- Augmentation du système parasympathique du jeune adulte
- Bradyarythmie par défaillance du nœud sinusal
- Hypertonie vagale de la personne âgée
- Pneumopathie avec hypoxémie
- Tissu auriculaire altéré par une cardite rhumatismale ou une maladie organique cardiaque
- Toxicité à la digitale
- Variation du cycle respiratoire

5.7.3 Critères électrocardiographiques

Une morphologie variable des ondes P ainsi qu'un intervalle PR et une fréquence peu modifiés sont les critères électrocardiographiques de l'entraîneur vagabond (*voir le tracé 5.8*).

5.7.4 Signes cliniques

L'entraîneur vagabond, considéré comme bénin, est fréquemment observé chez l'athlète et l'enfant. L'hypertonie vagale occasionne ce type d'arythmie, qui s'apparente à l'arythmie sinusale.

5.7.5 Traitement

Si l'intoxication à la digitale n'est pas en cause, l'arythmie est considérée comme banale et ne requiert aucun traitement particulier.

5.8 Syndrome de la maladie du sinus

Ce syndrome, aussi appelé syndrome de brady-tachy ou maladie de l'oreillette, est une condition chronique caractérisée par une variété d'arythmies non spécifiques avec des épisodes de lipothymies et parfois de syncopes.

5.8.1 Mécanisme électrophysiologique

Ce syndrome est caractérisé par une dégénérescence et une fibrose de cause inconnue du nœud sinusal et du système de conduction auriculoventriculaire. Entre 40 et 50 % des personnes atteintes de ce syndrome n'ont pas d'affection cardiaque (De Roy, 2005).

5.8.2 Étiologie

L'étiologie du syndrome de la maladie du sinus est présentée dans l'encadré 5.11.

5.8.3 Critères électrocardiographiques

Les critères électrocardiographiques sont une bradycardie sinusale à moins de 40 batt./min, une bradycardie avec épisodes de tachycardie supraventriculaire paroxystique (flutter auriculaire,

Encadré 5.11 Étiologie du syndrome de la maladie du sinus

- Dysfonction du nœud sinusal en relation avec plusieurs conditions
- Chez de nombreuses personnes, corrélation entre ce syndrome et une maladie des artères coronaires
- Environ 5 % des infarctus inférieurs
- Antiarythmiques de classes II et IV, ainsi que quinidine et digitale
- Cardiomyopathie
- Chirurgie de certaines cardiopathies congénitales
- Déséquilibres électrolytiques
- Désordres endocriniens
- Formes familiales
- Idiopathie (dégénérescence de la paroi auriculaire)
- Myocardite aiguë
- Péricardite

Tracé 5.8 Rythme supraventriculaire (entraîneur vagabond) 72 batt./min

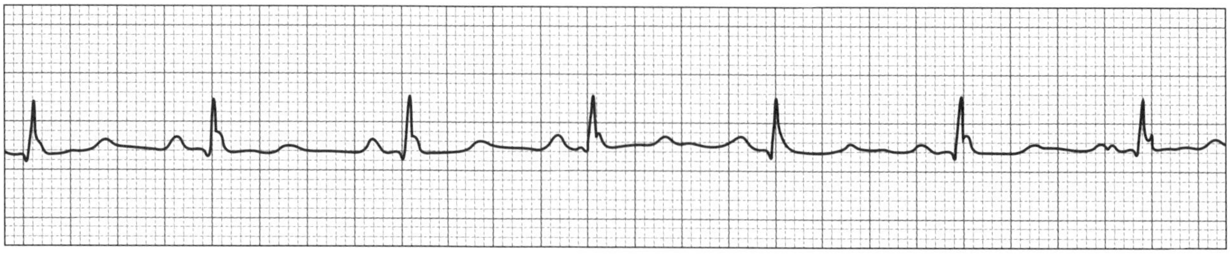

maladie de Bouveret, tachycardies jonctionnelles), une pause sinusale ou un bloc sinoauriculaire avec présence d'échappements ainsi qu'une fibrillation auriculaire (incidence de 8 à 16 % [De Roy, 2005]) (*voir le tracé 5.9*).

Les manifestations électrocardiographiques de la maladie du sinus peuvent provenir successivement du nœud sinusal, des oreillettes ou de la jonction AV. Les arythmies qui en découlent se manifestent sous forme de rythmes lents ou de rythmes rapides (*voir la figure 5.15*).

5.8.4 Traitement

Le cardiostimulateur, préférentiellement auriculaire, est indiqué lorsque la maladie du sinus est récurrente et qu'elle diminue la qualité de vie. La mortalité annuelle des personnes traitées par stimulateur est de 6 % (De Roy, 2005). L'ablation des arythmies auriculaires constitue aussi une alternative.

5.9 Encadrement thérapeutique

Le tableau 5.2 présente un résumé des choix thérapeutiques possibles pour les différents types d'arythmies sinusales.

Tracé 5.9 **Exemple de tracé du syndrome de la maladie du sinus**

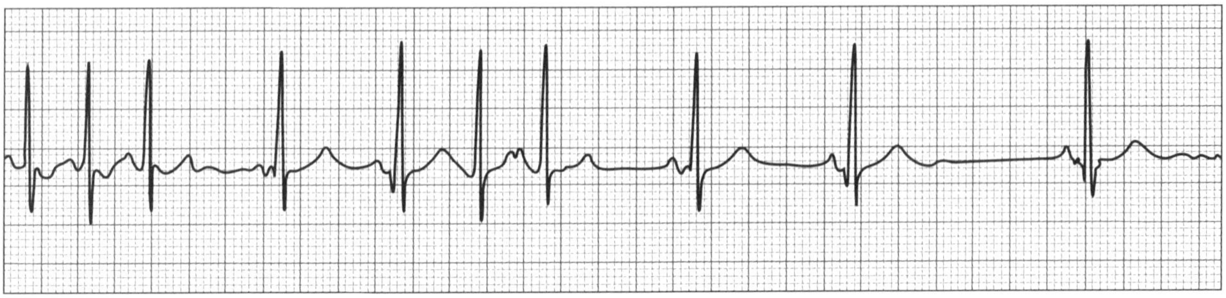

Figure 5.15 **Triade du syndrome de la maladie du sinus**

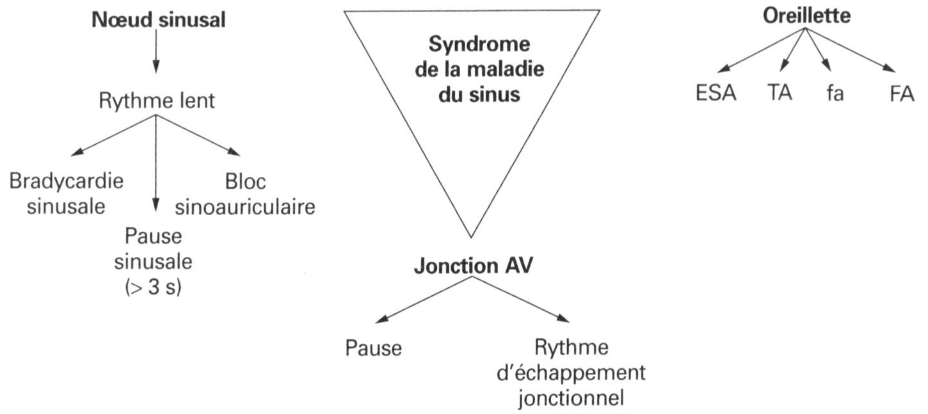

Tableau 5.2 **Encadrement thérapeutique des anomalies sinusales**

Arythmies	Choix thérapeutiques	Alertes cliniques
• Bradycardie sinusale	• Aucun traitement si asymptomatique • Traitement causal • Traitement symptomatique • Cardiostimulateur temporaire ou permanent	• Syndrome de bas débit
• Tachycardie sinusale • Tachycardie sinusale inappropriée	• Repos • Sédation • Traitement symptomatique (douleur, fièvre, etc.) • β-bloquants • Traitement causal • Ablation sélective	• Diminution du débit cardiaque • Insuffisance cardiaque
• Arythmie sinusale	• Aucun traitement • Traitement causal	• Bradycardie associée
• Bloc sinoauriculaire et pause sinusale	• Traitement symptomatique • Traitement causal • Atropine • Antiarythmiques • Cardiostimulateur auriculaire	• Durée des pauses
• Entraîneur vagabond	• Aucun traitement • Traitement causal	• Diagnostic différentiel avec arythmie sinusale et extrasystole auriculaire
• Syndrome de la maladie du sinus	• Antiarythmiques • Cardiostimulateur permanent • Ablation des arythmies supraventriculaires	• Sémiologie

Aide-mémoire

Rythme sinusal normal

- Conduction 1:1
- Fréquence: 60 à 100 batt./min

Bradycardie sinusale

- Rythme sinusal
- Fréquence: < 60 batt./min

Tachycardie sinusale

- Rythme sinusal
- Fréquence: > 100 batt./min

Arythmie sinusale

- Rythme sinusal
- Intervalle PP irrégulier ≥ 4 petits carrés ou ≥ 0,16 s

Bloc sinoauriculaire

- Pause dans le tracé (absence d'au moins un cycle PQRST)
- Relation mathématique

Pause, ou arrêt sinusal

- Pause dans le tracé (absence d'au moins un cycle PQRST)
- Pas de relation mathématique
- S'exprime en secondes

Entraîneur vagabond

- Morphologie variable de l'onde P
- Intervalle PR et fréquence peu modifiés

Autoévaluation

Pour chacun des tracés 1 à 12, préciser les critères électrocardiographiques, l'interprétation, les signes cliniques, les choix thérapeutiques, s'il y a lieu, ainsi que les éléments de surveillance clinique. Il est à noter que les fréquences cardiaques sont calculées au compas selon la «méthode des 300».

Tracé 1

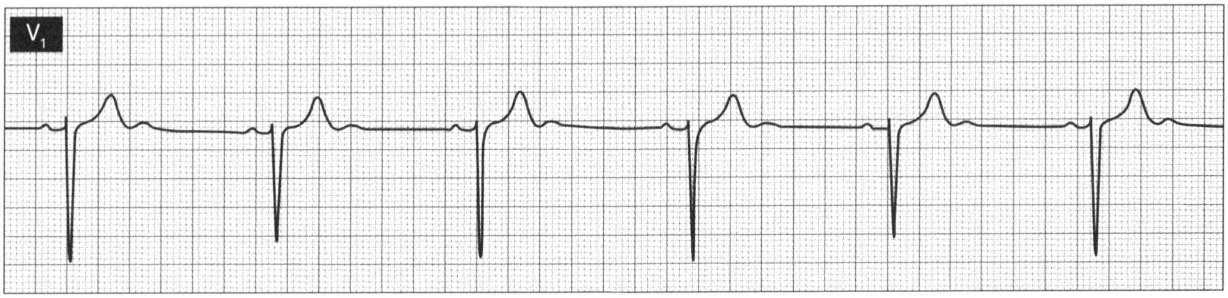

Critères électrocardiographiques ______________________________

____

Interprétation ______________________________

____

Tracé 2

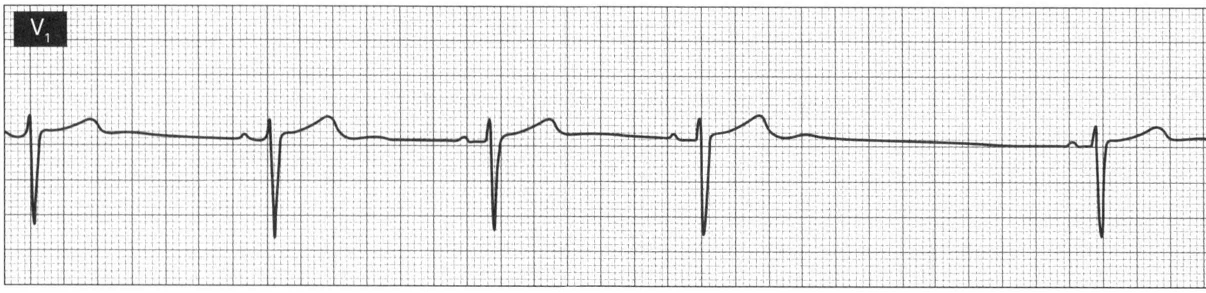

Critères électrocardiographiques ____

____

Interprétation ____

____

Tracé 3

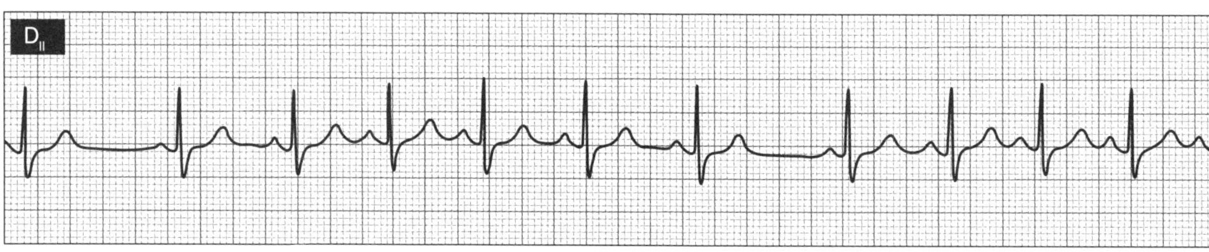

Critères électrocardiographiques ____

____

Interprétation ____

____

Tracé 4

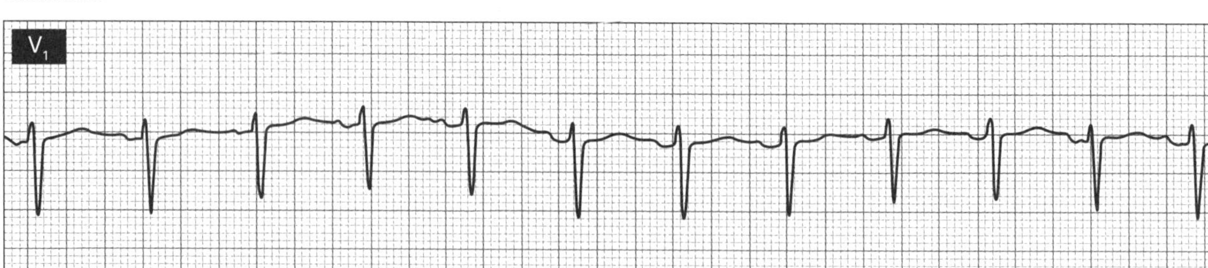

Critères électrocardiographiques ____

____

Interprétation

Tracé 5 (enregistrement continu)

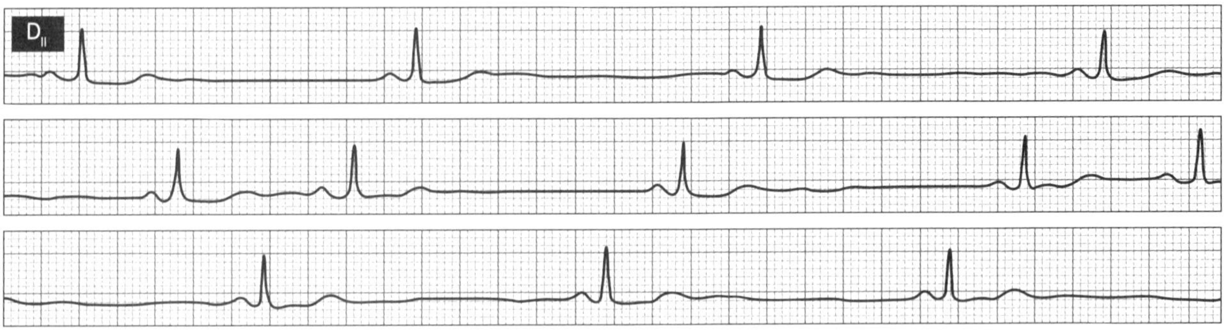

Critères électrocardiographiques

Interprétation

Tracé 6

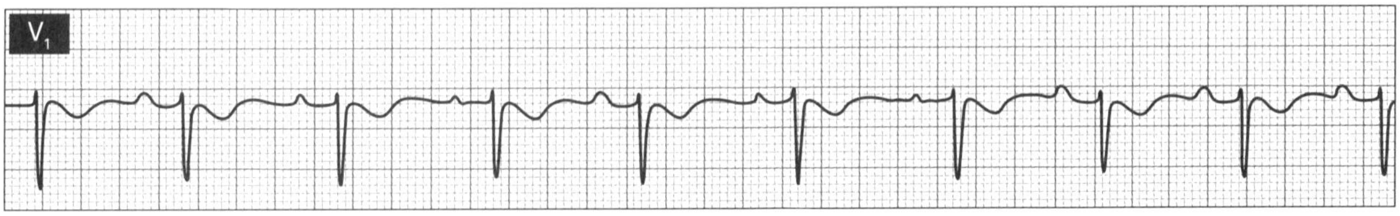

Critères électrocardiographiques

Interprétation

Tracé 7

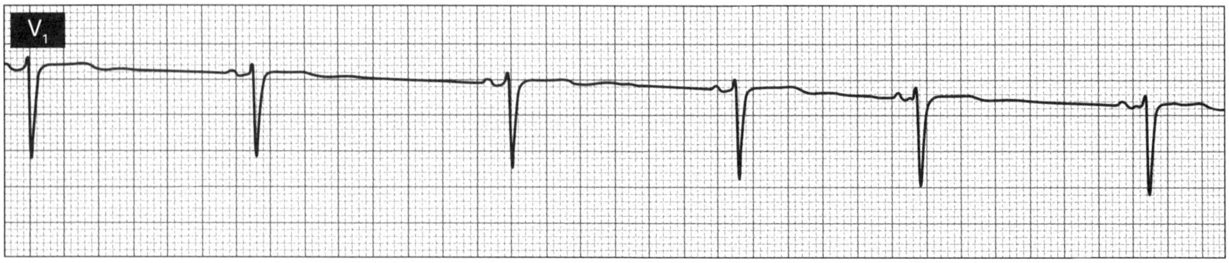

Critères électrocardiographiques ______________________________

____

Interprétation ______________________________

____

Tracé 8

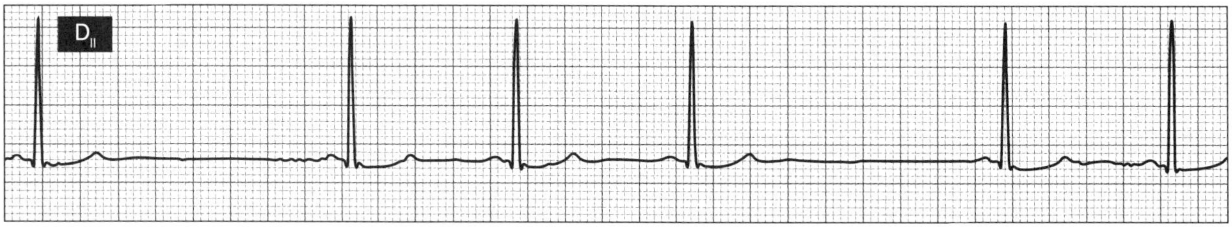

Critères électrocardiographiques ______________________________

____

Interprétation ______________________________

____

Tracé 9

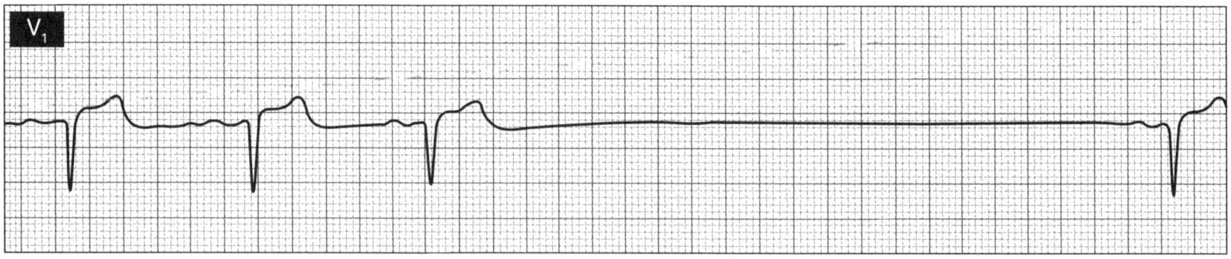

Critères électrocardiographiques ______________________________

____

Interprétation ____

____

Tracé 10

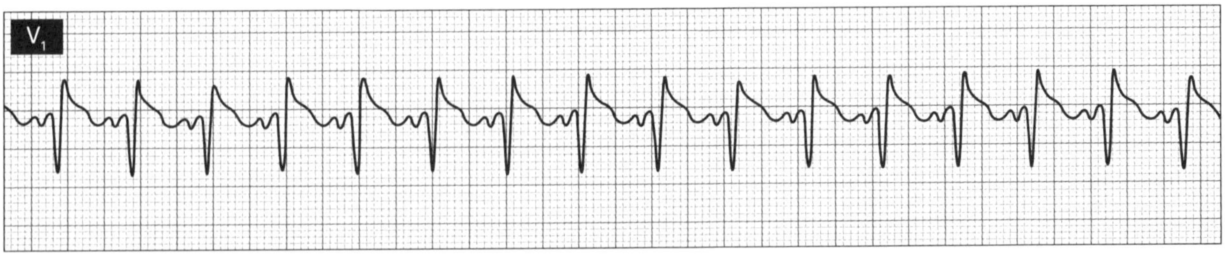

Critères électrocardiographiques ____

____

Interprétation ____

____

Tracé 11

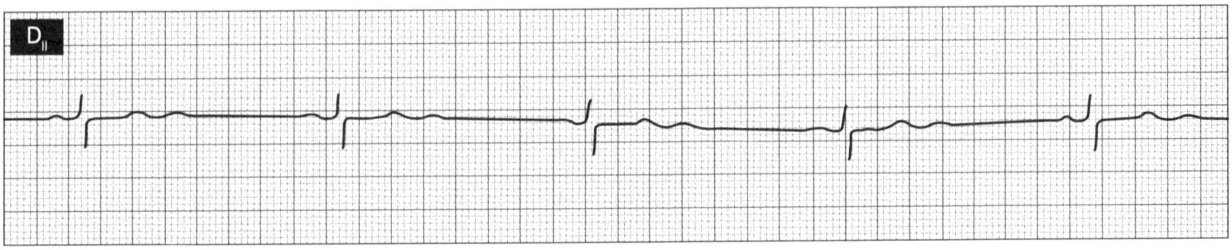

Critères électrocardiographiques ____

____

Interprétation ____

____

Tracé 12

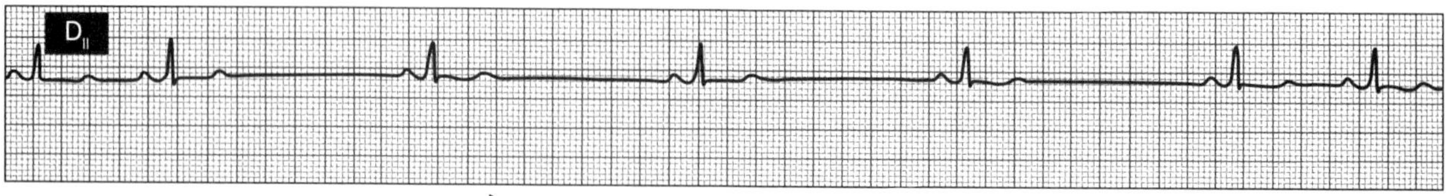

Critères électrocardiographiques ____________________

____

Interprétation ____________________

____

Corrigé de l'autoévaluation

1. Bradycardie sinusale. F.C. de ± 43 batt./min.
2. Bradycardie sinusale. F.C. de ± 45 batt./min, puis une pause sinusale de 2,4 s.
3. Arythmie sinusale. F.C. de 63 à 110 batt./min.
4. Tachycardie sinusale. F.C. de 110 batt./min.
5. Rythme sinusal. F.C. de 66 batt./min associée à des épisodes de bloc sinoauriculaire 2:1 (2e degré de type II).
6. Rythme sinusal alternant avec un rythme « entraîneur vagabond ». F.C. de 75 batt./min.
7. Bradyarythmie sinusale. F.C. de ± 40 à 58 batt./min.
8. Rythme sinusal. F.C. de 66 batt./min, puis une pause sinusale de 1,6 s.
9. Bradycardie sinusale. F.C. de 56 batt./min. Bloc AV du 1er degré. Bloc sinoauriculaire 4:1 (haut degré).
10. Tachycardie sinusale. F.C. de 150 batt./min.
11. Bradycardie sinusale. F.C. de 38 batt./min. Onde U.
12. Rythme sinusal. F.C. de 66 batt./min. Bloc sinoauriculaire 2:1 (2e degré de type II).

CHAPITRE 6

Les anomalies auriculaires

PLAN

OBJECTIFS

- Énumérer et définir les principales anomalies auriculaires.
- Comprendre les mécanismes électrophysiologiques.
- Préciser l'étiologie de l'arythmie.
- Mémoriser les critères électrocardiographiques de chacune des arythmies.
- Associer les symptômes et les signes cliniques aux anomalies correspondantes.
- Nommer les conséquences hémodynamiques des arythmies auriculaires.
- Préciser les subdivisions de la nomenclature des extrasystoles auriculaires.
- Différencier les types d'extrasystoles auriculaires.
- Résumer l'encadrement thérapeutique et la surveillance clinique des arythmies auriculaires.

6.1 Extrasystole auriculaire

L'extrasystole auriculaire (ESA) est une systole isolée ou répétitive qui a son point de départ dans l'oreillette. Par la suite, l'activation et la conduction se font normalement aux étages inférieurs. L'incidence est de l'ordre de 50 % en ce qui a trait au syndrome coronarien aigu (Surawicz & Knilans, 2008).

6.1.1 Mécanisme électrophysiologique

Il s'agit d'une systole auriculaire se dépolarisant prématurément dans une oreillette pour se propager à tout l'étage auriculaire. Si la conduction auriculoventriculaire s'effectue normalement, l'impulsion initiale gagnera les ventricules. Ce mécanisme résulte soit d'une automaticité augmentée, soit d'une réentrée (*voir la figure 6.1*).

L'automaticité normale est augmentée si la systole se produit dans les tissus capables de générer une impulsion; elle est anormale si elle se produit dans les tissus qui, habituellement, ne génèrent pas d'impulsion. L'ESA peut être un facteur précurseur d'un flutter auriculaire.

6.1.2 Étiologie

L'étiologie de l'extrasystole auriculaire est présentée dans l'encadré 6.1.

Figure 6.1 **Correspondance électromécanique – origine de l'extrasystole**

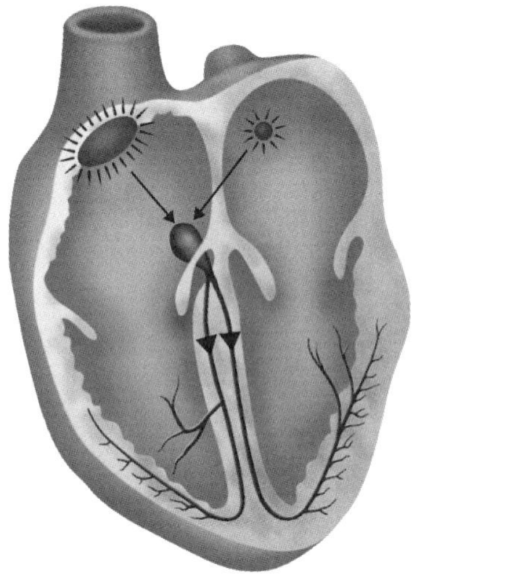

6.1.3 Critères électrocardiographiques

Onde P′

L'extrasystole auriculaire présente une onde P′ sur l'ECG. L'onde P est dite prime parce qu'elle diffère de l'onde P d'origine sinusale et qu'elle est de provenance auriculaire (*voir le tracé 6.1*). Elle est prématurée par rapport au rythme de base. L'onde P′ est différente des ondes P du même tracé; elle indique une origine autre. Un foyer auriculaire localisé près du sinus peut expliquer la morphologie comparable de P′ à l'onde P d'origine sinusale. L'onde P′ est visible ou déforme l'onde T du complexe précédent (*voir le tracé 6.2*). La régularité de l'intervalle PP est aussi troublée par l'extrasystole (*voir le tracé 6.3*).

Intervalle P′R

L'intervalle P′R peut être plus court, égal ou plus long que l'intervalle PR, selon l'origine de l'impulsion (*voir le tracé 6.4*).

Encadré 6.1 Étiologie de l'extrasystole auriculaire

- Anxiété
- Dilatation auriculaire
- Dystonie neurovégétative sur cœur sain
- Émotions
- Fatigue
- Hyperthyroïdie
- Hypokaliémie
- Hypoxie
- Insuffisance cardiaque
- Insuffisance respiratoire aiguë
- Maladie cardiaque ischémique
- Maladie pulmonaire obstructive chronique
- Maladie valvulaire ou artérielle
- Médicaments prolongeant la période réfractaire absolue du nœud auriculoventriculaire (quinidine, procaïnamide et digitale)
- Stimulants exogènes (caféine, nicotine et alcool)
- Stimulation du système sympathique

Tracé 6.1 **Extrasystole auriculaire**

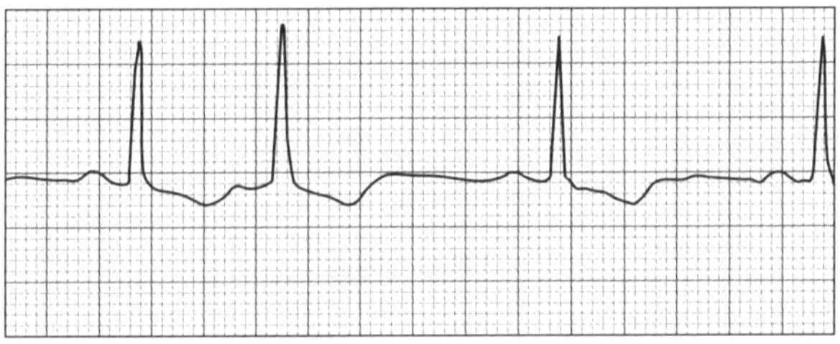

Tracé 6.2 **P′ dans l'onde T pointue du complexe précédent pour les 2e et 5e cycles**

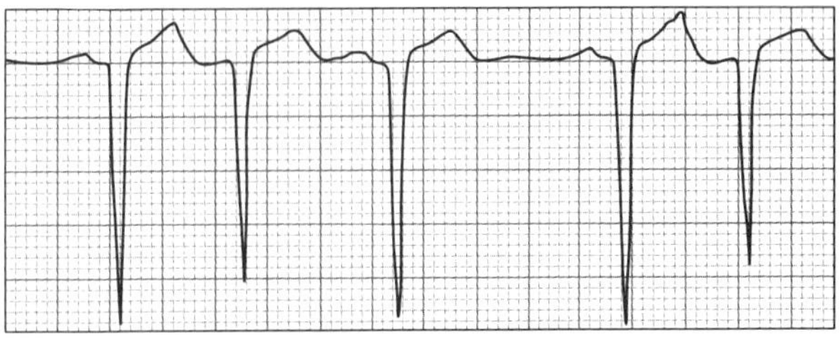

Tracé 6.3 **Intervalles PP irréguliers**

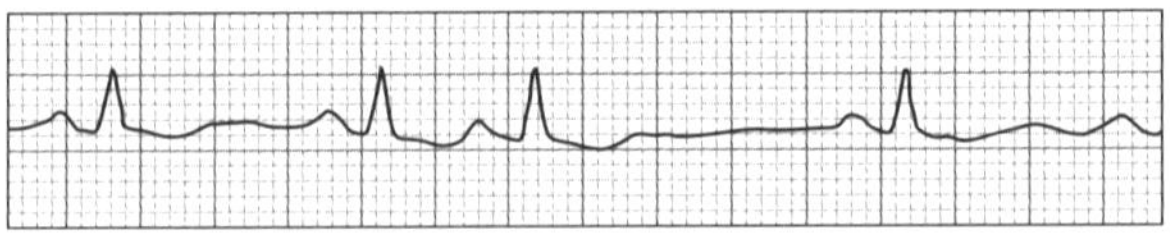

Tracé 6.4 **Intervalle P′R < intervalle PR**

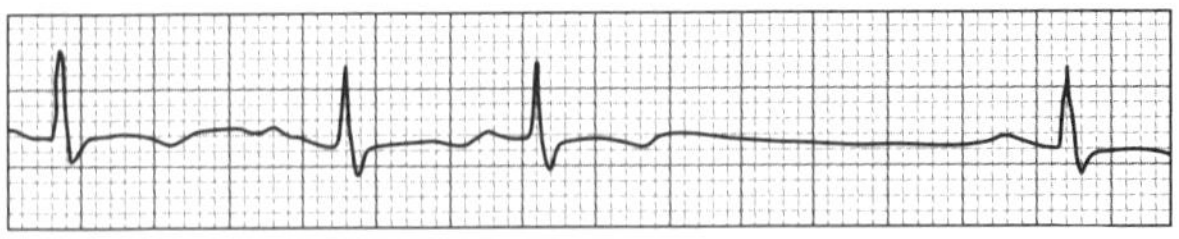

Complexe QRS

Le complexe QRS est généralement identique aux autres QRS du rythme de base, ce qui signifie que la conduction et l'activation sont normales à la jonction auriculoventriculaire et aux ventricules (*voir le tracé 6.5*).

Pause postextrasystolique

La pause postextrasystolique est non compensatrice, c'est-à-dire que l'ESA ne peut influer sur l'activité du nœud sinusal. L'intervalle entre le cycle précédant l'ESA et le cycle qui la suit est plus court que l'intervalle séparant deux cycles sinusaux normaux consécutifs (*voir le tracé 6.6*). Il convient de retenir la triade suivante:

- onde P′;
- complexe QRS prématuré;
- complexe QRS de morphologie identique aux autres QRS du tracé.

6.1.4 Nomenclature des extrasystoles auriculaires

Les extrasystoles auriculaires sont classifiées selon le mécanisme, la morphologie, le nombre et la structure du regroupement.

Selon le mécanisme (types)

La conduction de l'extrasystole auriculaire avec conduction normale se fait généralement par les voies auriculoventriculaire et intraventriculaire. L'onde P′ est visible ou cachée dans l'onde T du complexe précédent. Le complexe QRS est identique aux autres QRS du rythme de base (*voir la figure 6.2*).

Dans l'extrasystole auriculaire bloquée, l'ESA, très précoce, rencontre des voies de conduction auriculoventriculaires ou des ventricules en période réfractaire absolue. L'onde P′ est visible ou cachée dans l'onde T du complexe précédent.

Tracé 6.5 **Extrasystole auriculaire avec conduction normale aux ventricules**

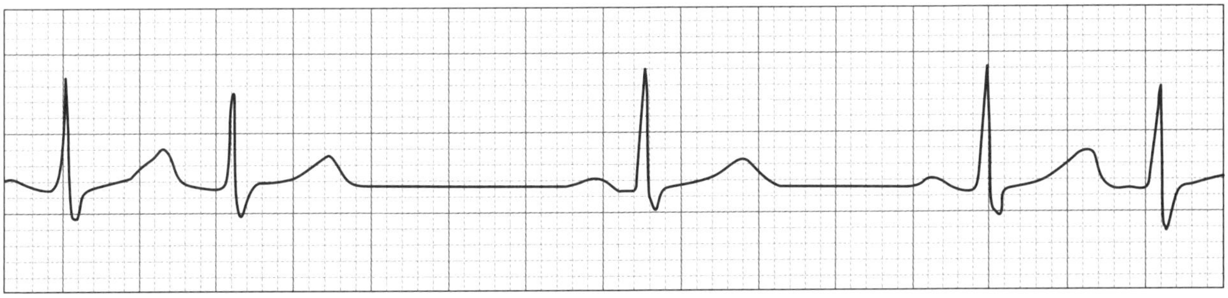

Tracé 6.6 PP′ + P′P < 2 PP

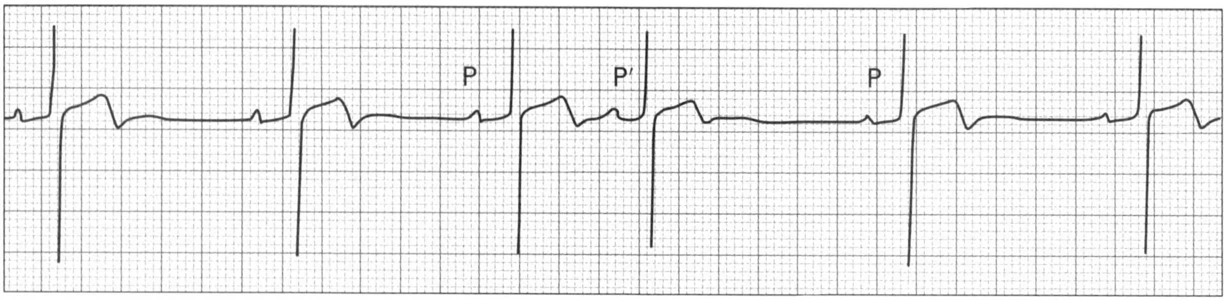

Figure 6.2 Origine de l'extrasystole auriculaire; extrasystole auriculaire (3e complexe)

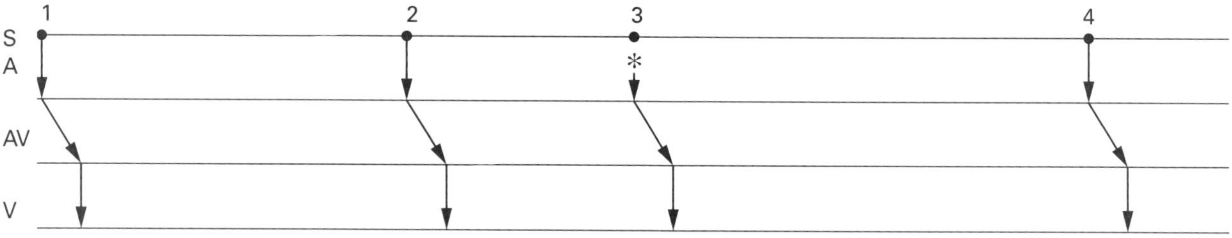

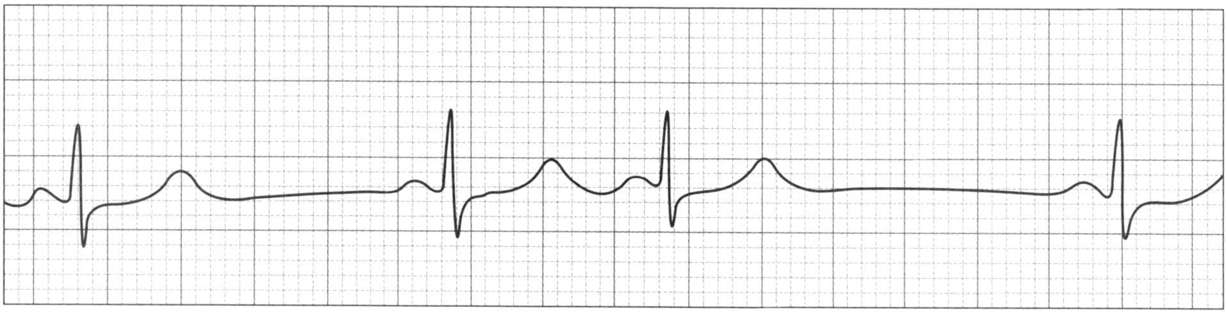

Le complexe QRS est absent (*voir la figure 6.3*). L'intoxication à la digitale et les pathologies pulmonaires favorisent cette arythmie.

Dans l'extrasystole auriculaire avec conduction ventriculaire aberrante (CVA), l'extrasystole active les oreillettes puis trouve la branche droite en période réfractaire relative tandis que la branche gauche conduit normalement (*voir la figure 6.4*). Il s'agit d'une aberration ventriculaire causée par le retard fonctionnel d'une branche par rapport à l'autre. Son apparition est plus fréquente lorsque l'ESA apparaît plus tôt (RP′ court) et que l'intervalle RR qui précède est long. L'onde P′ est visible ou cachée dans l'onde T du complexe précédent. Le complexe QRS est différent du complexe du rythme de base. Parfois, un complexe QRS présente une morphologie rsR′ (aspect bloc de la branche droite [BBD]).

Dans l'extrasystole jonctionnelle, l'impulsion provient de la jonction (*voir le tracé 6.7*). Le complexe QRS est identique au QRS du rythme de base, mais il peut ne pas être précédé d'une onde P. Celle-ci peut précéder le complexe QRS, se confondre avec celui-ci ou le suivre. Le P′R est très cout. Dans les dérivations D_{II}, D_{III} et aVF, l'onde P est négative; elle est positive en V_1. Le repos postextrasystolique est compensateur.

Selon la morphologie

Les ESA peuvent être monomorphes, ce qui signifie que les ondes P′ ont la même morphologie sur un tracé (*voir le tracé 6.8*). Elles peuvent aussi être polymorphes (*voir le tracé 6.9*), c'est-à-dire que, sur un tracé, les ondes P′ sont de formes différentes et elles sont associées à des intervalles P′R variés.

Figure 6.3 Origine de l'extrasystole auriculaire bloquée; extrasystoles auriculaires bloquées bigéminées

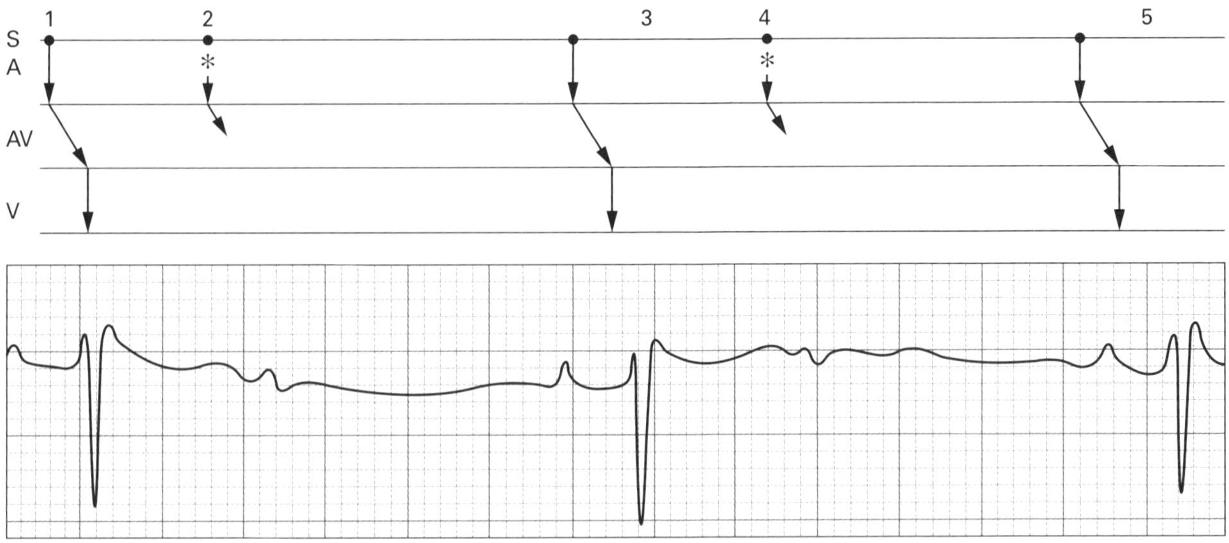

Figure 6.4 Activation des ventricules par l'extrasystole auriculaire; extrasystole auriculaire avec conduction ventriculaire aberrante (2e complexe)

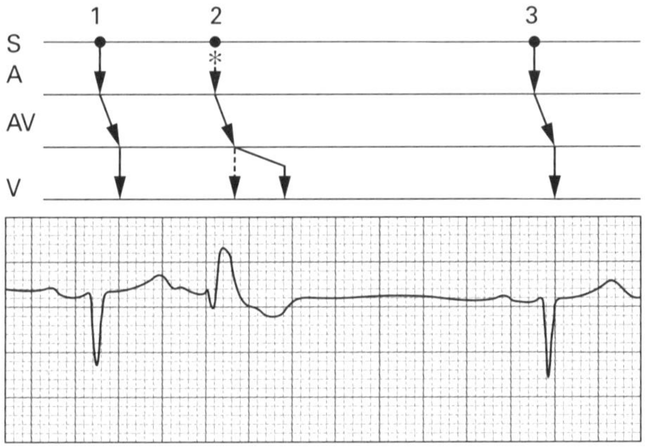

Tracé 6.7 Extrasystoles jonctionnelles bigéminées avec conduction rétrograde

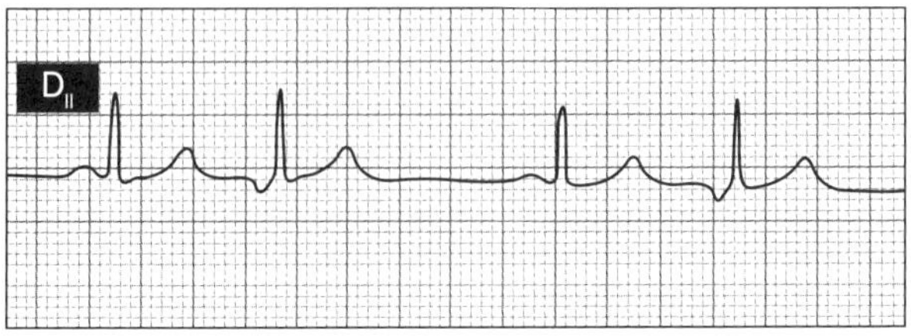

Tracé 6.8 Extrasystoles auriculaires monomorphes (2e et 4e complexes)

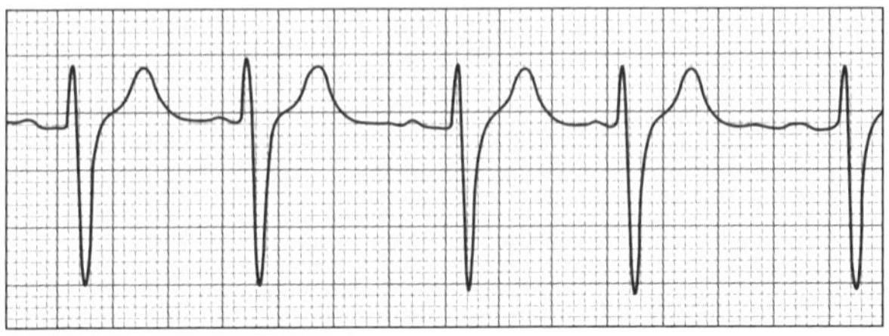

Tracé 6.9 Extrasystoles auriculaires polymorphes

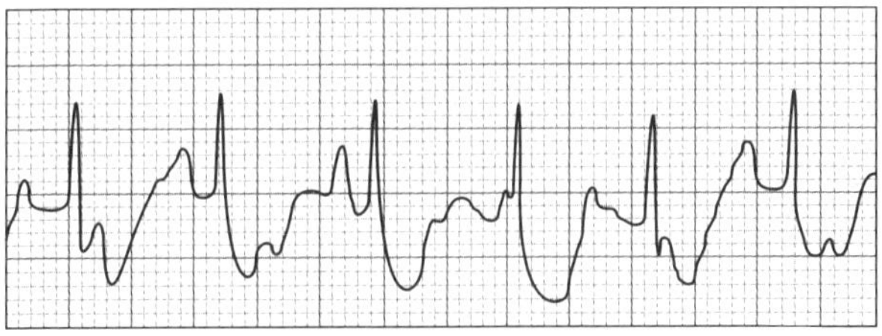

Selon le nombre

Sur un tracé, les ESA peuvent être isolées, c'est-à-dire que moins de 5 à 6 extrasystoles sont comptées par minute, ou moins de 30 par heure. Toutefois, lorsqu'elles sont fréquentes ou nombreuses, il est possible d'en compter plus de 5 à 6 par minute, ou plus de 30 par heure.

Selon la structure du regroupement

L'ESA peut être bigéminée, trigéminée ou quadrigéminée. Dans l'ESA bigéminée, le complexe sinusal alterne avec une extrasystole auriculaire sur au moins deux séquences consécutives (*voir le tracé 6.10*). L'ESA trigéminée survient après deux cycles sinusaux, et ce, sur au moins deux séquences successives (*voir le tracé 6.11*). Enfin, l'ESA quadrigéminée présente une extrasystole auriculaire survenant après trois cycles sinusaux, et ce, sur au moins deux séquences successives (*voir le tracé 6.12*).

L'ESA peut présenter une succession de deux extrasystoles auriculaires consécutives. Elle est ainsi structurée en couplet (ou en doublet, ou pairée) (*voir le tracé 6.13*).

L'ESA est structurée en salve (ou en triplet) lorsqu'elle présente une succession de trois extrasystoles auriculaires consécutives (*voir le tracé 6.14*). Il est à noter que le couplet et la salve peuvent être bigéminés, trigéminés et quadrigéminés.

Tracé 6.10

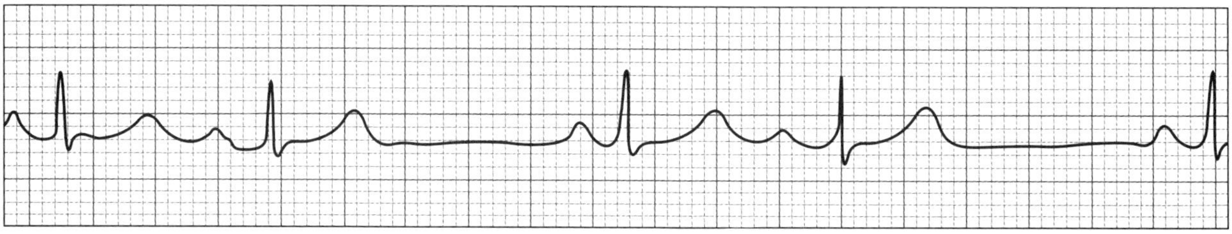

Tracé 6.11

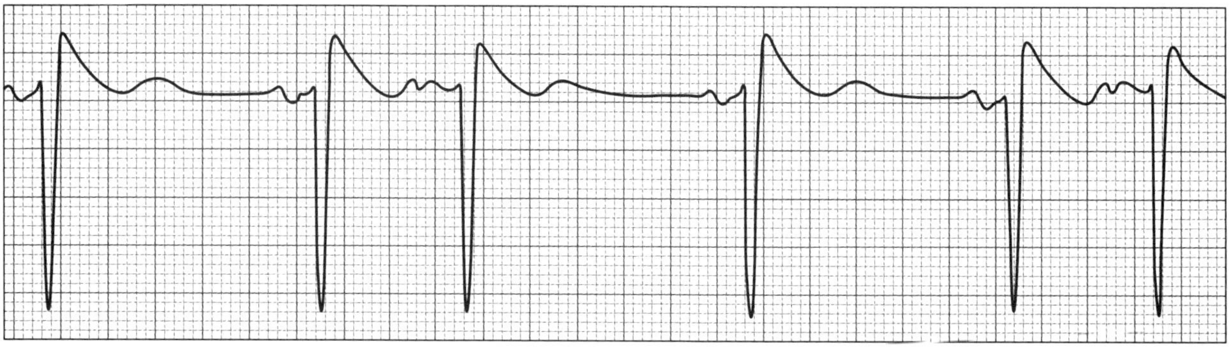

Tracé 6.12

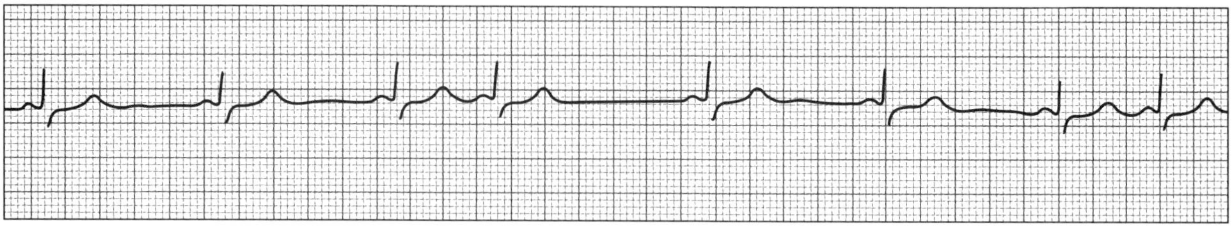

Tracé 6.13

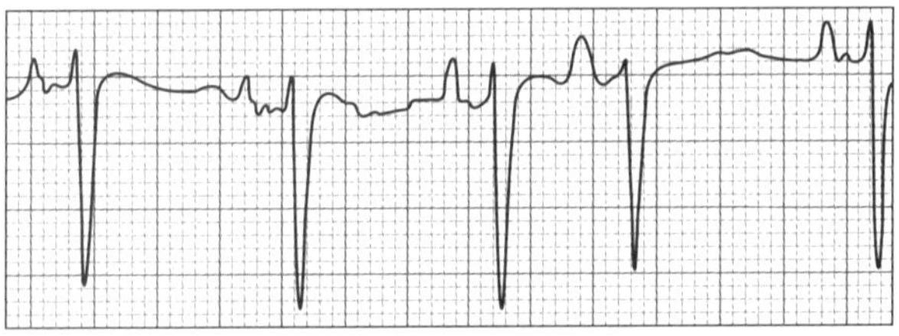

6.1.5 Signes cliniques

Les signes cliniques de l'extrasystole auriculaire sont les suivants: des anomalies souvent asymptomatiques, un pouls irrégulier, une prématurité à l'auscultation cardiaque et des extrasystoles accentuées par les excitants, la fatigue, le stress et les troubles digestifs.

La majorité des individus présentant des extrasystoles auriculaires n'ont pas de maladie cardiaque organique. L'incidence est plus élevée chez une population de jeunes adultes. Chez les personnes ayant un cœur ischémique, la présence des ESA peut entraîner une fibrillation auriculaire.

6.1.6 Traitement

Les extrasystoles sont bénignes et ne nécessitent pas de traitement. Si un traitement est indiqué, l'objectif est de prévenir la tachycardie supraventriculaire, le flutter auriculaire ou la fibrillation auriculaire.

6.1.7 Surveillance clinique

Il convient de surveiller toute nouvelle arythmie ou les symptômes susceptibles d'incommoder le client.

6.2 Tachycardie auriculaire

La tachycardie auriculaire, ou atriale, fait partie du groupe des tachycardies supraventriculaires qui englobe tous les rythmes à complexes QRS fins dont la fréquence, habituellement rapide, masque ou déforme la morphologie des ondes P, la provenance de l'arythmie, ou ces deux éléments. Les tachycardies supraventriculaires incluent les arythmies suivantes:

- la fibrillation auriculaire;
- le flutter auriculaire;
- la tachycardie auriculaire;
- la tachycardie jonctionnelle automatique;
- la tachycardie par réentrée nodale;
- la tachycardie réciproque orthodromique;
- la tachycardie sinusale.

Dans cette section, il sera question de la tachycardie auriculaire. Celle-ci se définit par la présence de plus de trois extrasystoles auriculaires consécutives qui imprègnent un rythme cardiaque à une fréquence cardiaque (F.C.) supérieure à 100 batt./min. La tachycardie auriculaire peut être unifocale ou multifocale. Ce type d'arythmie représente 15 % des ECG ambulatoires des clients âgés de plus de 60 ans (Surawicz & Knilans, 2008).

6.2.1 Mécanisme électrophysiologique

Le mécanisme électrophysiologique de la tachycardie auriculaire est compris dans le modèle de la figure 6.5, lequel illustre les différents types de tachycardie supraventriculaire.

L'automaticité est la formation dans les oreillettes d'un foyer ectopique dont l'automatisme est augmenté (schéma A). La réentrée auriculaire est présentée dans le schéma B. Une portion de tissu peut être dans un état réfractaire qui empêche la propagation de l'influx (X) dans la direction antérograde. L'influx va alors suivre une autre voie (Y) et, de façon rétrograde,

Tracé 6.14

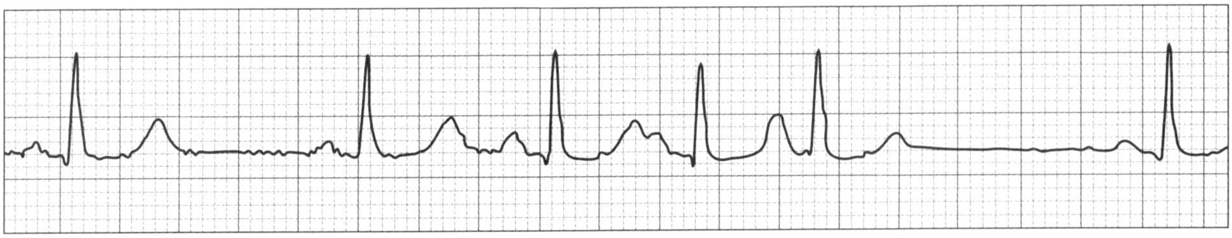

Figure 6.5 **Correspondance électromécanique – tachycardie supraventriculaire**

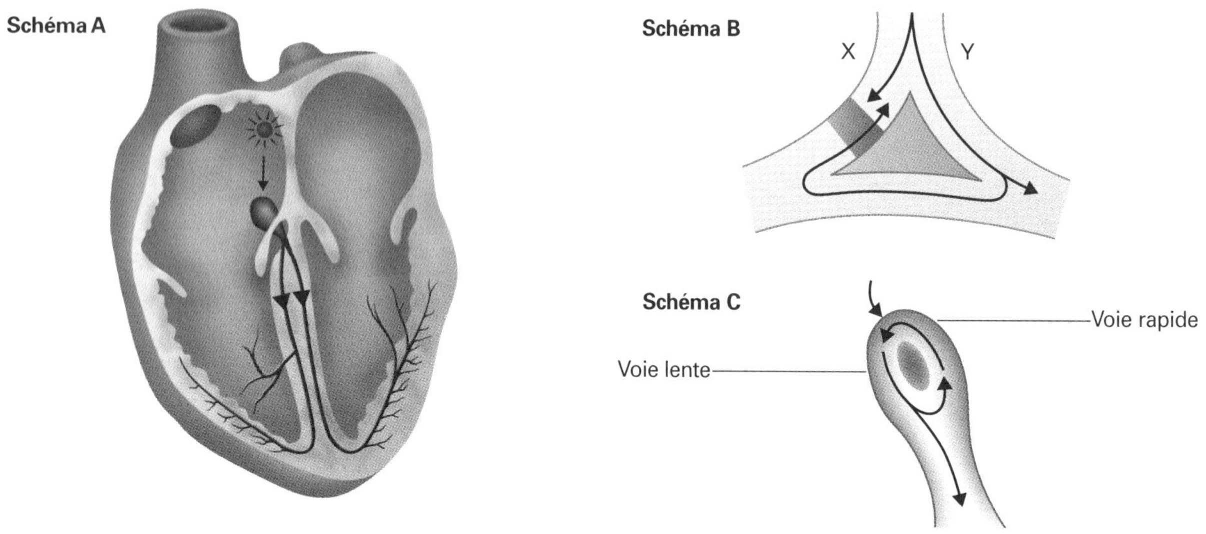

aborder la voie initialement bloquée qui sera sortie de sa période réfractaire. La réentrée nodale est le retour d'une impulsion qui active pour une seconde fois les voies du nœud auriculoventriculaire (AV) (schéma C). Il s'agit d'une dissociation longitudinale fonctionnelle entre les voies lente et rapide du nœud AV. Le mécanisme le plus fréquent est celui du *slow-fast*.

L'impulsion emprunte d'abord la voie lente du nœud AV, dépolarise le faisceau de His, puis retourne à l'oreillette par la voie rapide du nœud AV. La dépolarisation auriculaire par voie rétrograde engendre un battement en écho. Si, en revanche, un mouvement circulaire de réentrée se maintient, il peut en résulter une tachycardie supraventriculaire.

6.2.2 Étiologie

L'étiologie de la tachycardie auriculaire est présentée dans l'encadré 6.2.

Encadré 6.2 Étiologie de la tachycardie auriculaire

- Antiarythmiques
- Choc
- Cœur pulmonaire chronique
- Déséquilibre électrolytique
- Désordre cardiaque primaire (cardiopathie congénitale, infarctus, insuffisance cardiaque, péricardite, syndrome de Wolff-Parkinson-White, valvulopathie)
- Hypertension systémique
- Hyperthyroïdie
- Hypokaliémie
- Hypomagnésémie
- Hypoxie
- Intoxication digitalique
- Maladie coronarienne
- Maladie pulmonaire obstructive chronique
- Pneumopathie aiguë
- Stimulants exogènes (alcool, caféine, marijuana, nicotine)
- Surdosage aux antidépresseurs tricycliques

6.2.3 Critères électrocardiographiques

Tachycardie auriculaire soutenue (non paroxystique)

Les mécanismes électrocardiographiques diffèrent selon le type de tachycardie. Dans la tachycardie auriculaire soutenue (non paroxystique), les cellules automatiques de l'oreillette deviennent dominantes à une fréquence voisine de la tachycardie sinusale. L'augmentation du tonus sympathique précise ce mécanisme (*voir la figure 6.6*). Les ondes P′ pointues et

Figure 6.6 **Origine de la tachycardie auriculaire; tachycardie auriculaire: 130 batt./min**

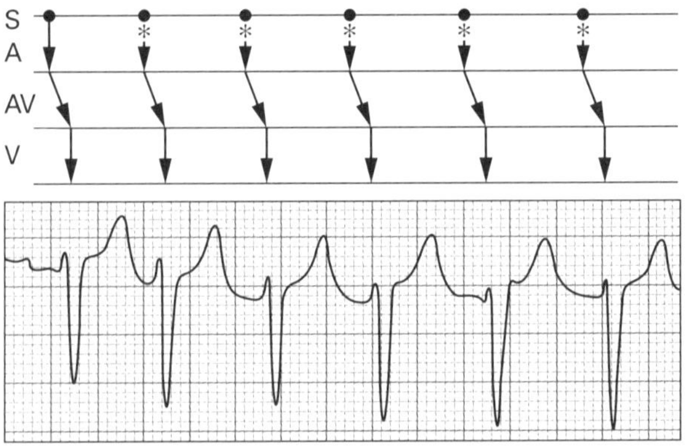

successives sont différentes des ondes P sinusales. Le P′R est plus court ou il est égal à 0,12 s. Il y a également activation céphalocaudale: P′ est positive en D_I, D_{II}, D_{III} et aVF. La F.C. régulière se situe autour de 120 batt./min. Le complexe QRS est normal et la dépression ST-T est fréquente. Si l'origine auriculaire est basse, l'onde P′ sera négative en D_{II}, D_{III} et aVF, et elle précédera le complexe QRS. La durée est supérieure à 30 s.

Tachycardie auriculaire paroxystique, ou non soutenue

La tachycardie auriculaire paroxystique (TAP) est une tachycardie automatique non soutenue caractérisée par des épisodes de 4 à 20 complexes par minute et dont la durée est inférieure à 30 s (*voir le tracé 6.15*). La fréquence auriculaire est généralement de 150 à 250 batt./min. Les épisodes de TAP sont entrecoupés de un à deux cycles sinusaux. Chez l'adulte, la TAP peut, dans plusieurs cas, être associée à un syndrome de préexcitation. Environ 10 % des tachycardies supraventriculaires sont de ce type.

Tachycardie auriculaire ectopique avec bloc

La tachycardie auriculaire ectopique avec bloc est caractérisée par une conduction AV intermittente et des intervalles P′R variables (*voir le tracé 6.16*). Les modes de conduction 2:1 et 3:1 ainsi que le phénomène de Wenckebach sont observés. La fréquence auriculaire régulière varie de 150 à 250 batt./min. L'intoxication à la digitale est la cause prédominante de cette arythmie. La maladie cardiaque avancée et la déplétion en potassium causée par les diurétiques sont aussi des causes documentées.

Tachycardie auriculaire multifocale

La fréquence auriculaire de ce type de tachycardie varie de 100 à 150 batt./min. À l'ECG, l'anomalie se caractérise par des ondes P′ qui présentent au moins trois morphologies différentes de l'onde P sinusale et par des intervalles P′R multiples (*voir le tracé 6.17*). Des ondes P′ intermittentes non conduites sont parfois observées. Le segment ST est déformé, et l'onde T est modifiée. Dans 50 % des cas, ce type de tachycardie est associé à la fibrillation auriculaire ou au flutter auriculaire (Surawicz & Knilans, 2008).

La tachycardie auriculaire multifocale est également associée au syndrome pulmonaire obstructif chronique, au cœur pulmonaire, au diabète ou à un traitement avec bronchodilatateur. Une proportion de 30 % de décès est enregistrée pendant l'hospitalisation en raison d'une pneumopathie sous-jacente (Surawicz & Knilans, 2008). L'insuffisance cardiaque, l'hypokaliémie et l'hypomagnésémie favorisent aussi cette arythmie.

Tracé 6.15 **Tachycardie auriculaire paroxystique à 130 batt./min**

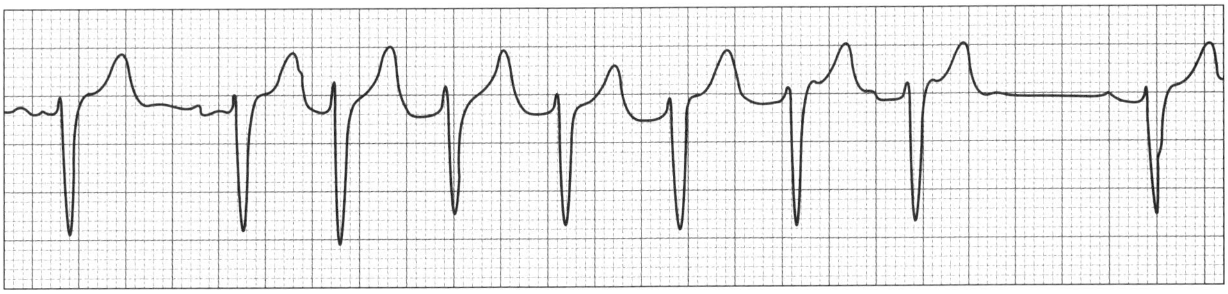

Tracé 6.16 **Tachycardie auriculaire à 180 batt./min avec conduction 3:1 et 4:1**

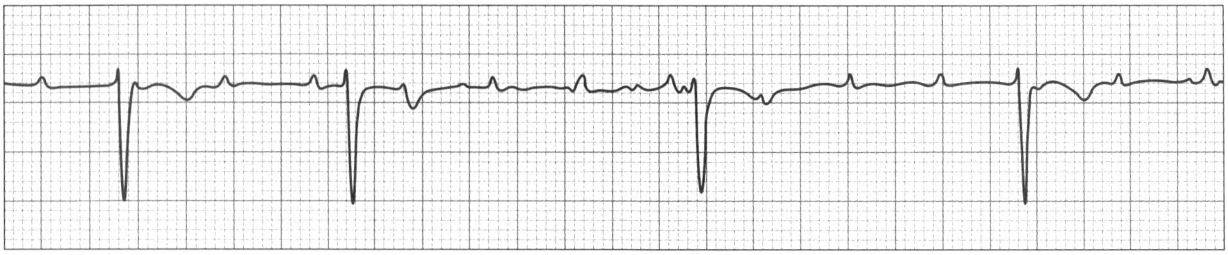

Tracé 6.17 **Tachycardie auriculaire multifocale, ou chaotique**

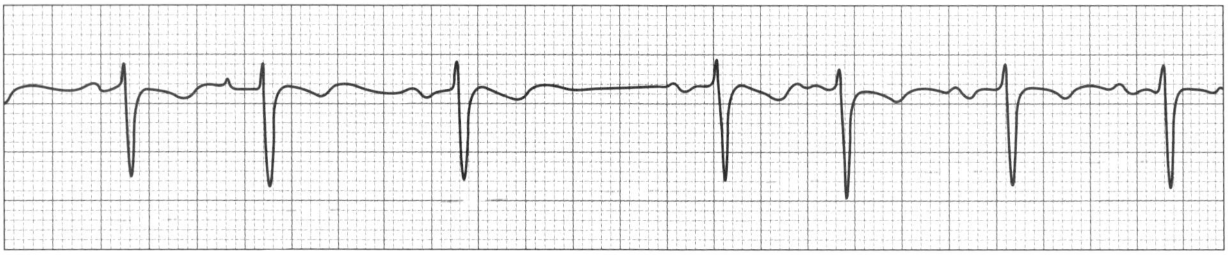

6.2.4 Signes cliniques

Les signes cliniques de la tachycardie auriculaire sont présentés dans l'encadré 6.3.

6.2.5 Traitement

Objectifs

Les objectifs du traitement de la tachycardie auriculaire sont d'éviter que certains excitants induisent cette arythmie, de corriger l'agent causal et de couper le circuit de réentrée ou de diminuer l'automaticité, puis de restaurer un rythme sinusal.

Encadré 6.3 Signes cliniques de la tachycardie auriculaire

- Angoisse
- Douleur thoracique
- Dyspnée
- Fréquence régulière ou irrégulière d'environ 100 à 200 batt./min
- Lipothymie
- Onde A jugulaire
- Palpitations, précordialgie
- Polyurie
- Syncope

Choix thérapeutiques

Les choix thérapeutiques pour le traitement de la tachycardie auriculaire sont présentés dans l'encadré 6.4.

6.2.6 Surveillance clinique

La surveillance clinique de la tachycardie auriculaire comprend l'évaluation de la fréquence ventriculaire sur le tracé ECG, la sémiologie de l'arythmie et la réponse au traitement.

6.3 Flutter auriculaire

Le flutter auriculaire est une anomalie auriculaire qui se caractérise par une cadence auriculaire très rapide (F.C. moyenne de 300 batt./min) s'accompagnant d'une fréquence ventriculaire d'environ 150 batt./min. L'arythmie peut être paroxystique, persistante ou chronique, et elle est typique ou atypique. Il est à noter que 55 % des flutters auriculaires ont une durée de moins de 7 jours, et plus de 10 % d'entre eux ont une durée supérieure à 1 an (Surawicz & Knilans, 2008).

Encadré 6.4 Choix thérapeutiques pour le traitement de la tachycardie auriculaire

- Mesures prophylactiques générales
  - Éviter la consommation d'excitants (alcool, boissons énergisantes, caféine, tabac)
  - Adopter de nouvelles habitudes de vie
  - Éviter les médicaments adrénergiques (p. ex., un décongestif)
  - Viser le niveau thérapeutique (digitale)
- Traitement causal
- Manœuvre de stimulation vagale, s'il y a lieu, et test à l'adénosine et ses dérivés
- Pharmacothérapie
  - Adénosine
  - Antiarythmiques des classes I (flécaïnide, propafénone) et III (amiodarone, sotalol)
  - β-bloquants
  - Bloquants calciques
  - Digitaliques
  - Diltiazem
  - Vérapamil
- Cardioversion électrique, si hémodynamie instable
- Stimulation auriculaire programmée
- Ablation par thermoénergie ou cryoénergie

6.3.1 Mécanisme électrophysiologique

L'activité auriculaire est commandée par un foyer ectopique, le plus souvent à la région postéro-inférieure de l'oreillette droite (*voir la figure 6.7*).

À partir de ce point de départ, l'oreillette gauche (1), le septum (2) et la paroi postérieure de l'oreillette droite (3) sont activés de bas en haut; la paroi antérieure de l'oreillette droite est ensuite activée de haut en bas et plus lentement (4); le foyer initial est enfin réactivé à son tour, ce qui maintient la tachycardie à la même fréquence en passant à travers un circuit appelé réentrée.

Le flutter auriculaire droit avec ondes positives sur l'ECG de surface s'explique par un circuit de réentrée autour de la veine cave inférieure ou une boucle en huit impliquant la veine cave inférieure et l'anneau tricuspidien. L'ESA en est parfois l'élément déclencheur.

Figure 6.7 **Correspondance électromécanique – flutter auriculaire**

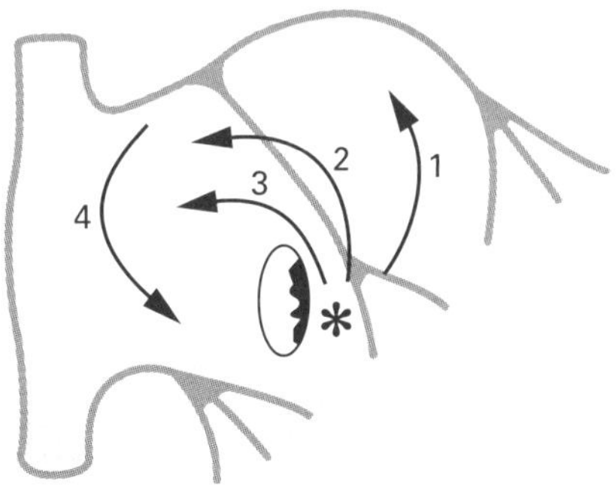

6.3.2 Étiologie

L'étiologie du flutter auriculaire est présentée dans l'encadré 6.5.

6.3.3 Critères électrocardiographiques

Onde F

Les ondes auriculaires du flutter sont nommées ondes F. Sur l'électrocardiogramme, la ligne isoélectrique est en dents de scie ou en toit d'usine (*voir le tracé 6.18*). L'activation est caudocéphalique, d'où l'aspect négatif des ondes en D_{II}, D_{III} et aVF.

Fréquence

La fréquence auriculaire est de 240 à 400 batt./min. Les ondes F sont régulières, surtout dans les dérivations D_{II} et V_1, à une fréquence habituelle de 300 batt./min. La fréquence ventriculaire est habituellement de 150 batt./min, d'où l'expression « avec conduction 2:1 ». La conduction 1:1 est plutôt rare et constitue un facteur aggravant qui risque d'entraîner la mort. La fréquence ventriculaire est fixe ou variable; elle est inférieure à la fréquence auriculaire créée par un bloc AV physiologique. Une conduction ventriculaire plus lente devrait évoquer un effet pharmacologique ou un bloc AV de haut degré, ou bloc AV complet.

Encadré 6.5 Étiologie du flutter auriculaire

- Action tonotrope positive
- Alcoolisme
- Anomalie du septum auriculaire
- Cardiomyopathie (cause fréquente)
- Clientèle âgée avec maladie cardiaque structurelle
- Défaut septal auriculaire
- Embolie pulmonaire
- Hyperthyroïdie
- Hypoxie
- Insuffisance cardiaque gauche
- Intervention chirurgicale cardiaque
- Intoxication médicamenteuse à la digitale et surtout à la quinidine
- Maladie coronarienne
- Maladie pulmonaire obstructive chronique
- Maladie valvulaire mitrale ou aortique
- Péricardite

Tracé 6.18 **Flutter auriculaire à 300 batt./min avec conduction 2:1 et 4:1**

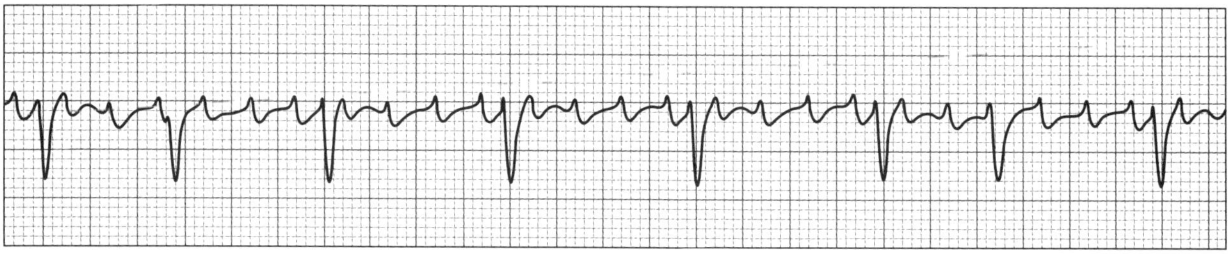

Mode de conduction

Le rapport entre la fréquence auriculaire et la fréquence ventriculaire est désigné par l'expression « mode de conduction ». La conduction peut être fixe ou variable. Elle est fixe lorsque les complexes QRS sont équidistants. La conduction peut être de type 2:1, 3:1, 4:1, 5:1, 6:1, etc. La conduction 2:1 est la plus fréquente, ce qui signifie qu'une onde F sur deux parvient aux ventricules. Sur le tracé 6.19, la conduction est de 4:1. Le mode de conduction s'obtient soit en comptant le nombre d'ondes F entre deux complexes QRS consécutifs, soit en divisant la fréquence auriculaire (qui est régulière) par la fréquence ventriculaire approximative sur deux cycles consécutifs.

La conduction est variable lorsque les complexes QRS sont « régulièrement irréguliers ». Tout au long d'un tracé, ce sont les mêmes types de conduction qui alternent, c'est-à-dire 2:1 et 3:1, d'où l'aspect plus irrégulier de la fréquence ventriculaire (*voir le tracé 6.20*).

Dans certains cas, la règle de Bix permet de confirmer le flutter auriculaire et de poser un diagnostic différentiel parmi d'autres arythmies

Tracé 6.19 **Flutter auriculaire à 300 batt./min avec conduction 4:1**

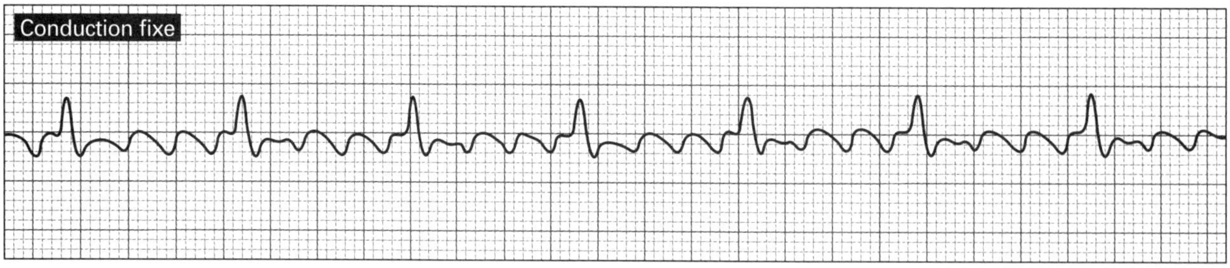

Tracé 6.20 **Flutter auriculaire à 300 batt./min avec conduction 2:1 et 3:1**

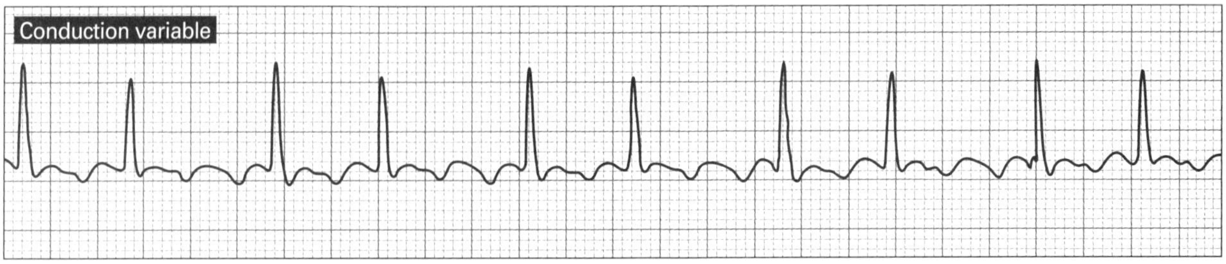

supraventriculaires. Cette règle s'applique de cette façon :

- repérer deux complexes QRS consécutifs sur le tracé (intervalle) ;
- calculer le nombre de carrés compris dans cet intervalle, puis diviser le résultat par deux ;
- superposer le résultat obtenu aux ondes auriculaires.

Si l'intervalle coïncide précisément aux ondes de flutter, ceci confirme un flutter auriculaire.

6.3.4 Signes cliniques

Les signes cliniques du flutter auriculaire sont présentés dans l'encadré 6.6. Les complications possibles sont les suivantes : des accidents thromboemboliques liés à une activité auriculaire rapide et une décompensation cardiaque ou des douleurs angineuses si la fréquence ventriculaire est rapide.

6.3.5 Traitement

La manœuvre vagotonique et le massage du sinus carotidien constituent des choix thérapeutiques.

Encadré 6.6 Signes cliniques du flutter auriculaire

- Dyspnée
- Fréquence régulière ou irrégulière variant de 75 à 150 batt./min
- Hypotension
- Lipothymie
- Onde A jugulaire
- Palpitations, précordialgie
- Syncope

Des antiarythmiques sont aussi utilisés pour traiter un flutter auriculaire. Les objectifs thérapeutiques sont de contrôler la réponse ventriculaire, de corriger l'hypotension, l'insuffisance cardiaque ou le déséquilibre électrolytique, et de convertir le flutter auriculaire en rythme sinusal.

Le traitement électrique par cardioversion atteint un résultat supérieur à 90 %. La difficulté est d'éviter la récidive, d'où la nécessité d'une médication préventive ou d'un traitement définitif avec l'ablation par radiofréquence. Le traitement électrique par stimulation endoauriculaire ou par voie œsophagienne est parfois utilisé dans certains services spécialisés.

La thermoablation par radiofréquence est une pratique courante pour traiter un flutter récidivant en ciblant l'isthme cavotricuspide. Selon divers relevés de la littérature, le taux de succès de cette approche est de l'ordre de 95 % (Taboulet, 2010). Enfin, selon l'évaluation clinique, il est d'usage d'avoir recours à l'anticoagulothérapie.

6.3.6 Surveillance clinique

La surveillance clinique du flutter auriculaire comprend le mode de conduction sur le tracé ECG, le syndrome de bas débit, la réponse au traitement pharmacologique ou électrique et la sémiologie de l'insuffisance cardiaque.

6.4 Fibrillation auriculaire

La fibrillation auriculaire (FA) est caractérisée par une activité électrique auriculaire désynchronisée et anarchique. Pour l'ensemble des hospitalisations de cause cardiovasculaire, 5 % sont attribuables à la fibrillation auriculaire. Le risque d'accident vasculaire cérébral est cinq fois plus grand en présence de fibrillation auriculaire. Les accidents vasculaires cérébraux (AVC) causés par la fibrillation auriculaire sont évalués à 15 %. Environ 6 % des gens âgés de plus de 65 ans présentent de la fibrillation auriculaire. La FA est paroxystique, persistante ou permanente. La prévalence au Canada est de 250 000 individus ; aux États-Unis, elle est de 2,5 millions d'individus (soit 1 % de la population) ; dans la communauté européenne, elle est de 4,5 millions d'individus (American Heart Association [AHA], 2010 ; Camm *et al.*, 2010 ; Fondation des maladies du cœur, 2010).

6.4.1 Mécanismes électrophysiologiques

Les mécanismes électrophysiologiques suivants peuvent expliquer l'arythmie : une augmentation de l'automaticité, une extrasystole auriculaire conduite, bloquée ou avec CVA (facteur déclenchant), ainsi que des anomalies de conduction siégeant dans l'oreillette qui provoquent de multiples réentrées (facteur d'entretien).

L'influx électrique initial décrit un circuit de réentrées complètement anarchique, rapide et sans fin au sein des oreillettes, avec de multiples fronts de dépolarisation secondaire, lesquels entraînent une désynchronisation fonctionnelle et une inefficacité mécanique (*voir les figures 6.8 et 6.9*). Les foyers déclencheurs sont localisés le plus souvent dans les veines pulmonaires gauches connectées à l'oreillette gauche par des crêtes fibreuses sur un cœur sain.

6.4.2 Étiologie

L'étiologie de la fibrillation auriculaire est présentée dans l'encadré 6.7.

6.4.3 Classification

La fibrillation auriculaire peut être classée selon quatre formes (Camm *et al.*, 2010), et ces formes peuvent être chroniques lorsqu'elles sont récidivantes.

Figure 6.8 Correspondance électromécanique – fibrillation auriculaire

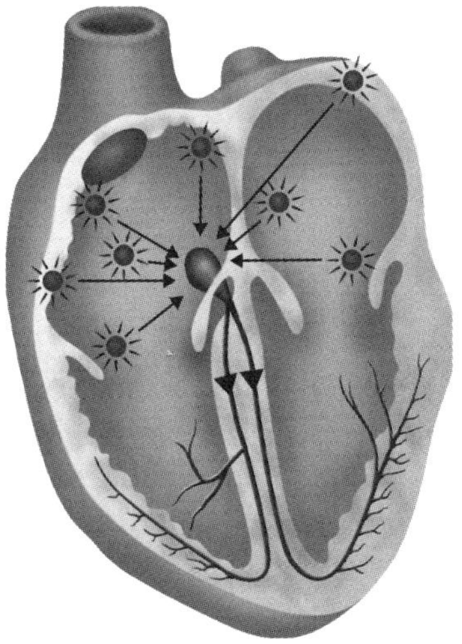

Figure 6.9 Diagramme de la fibrillation auriculaire

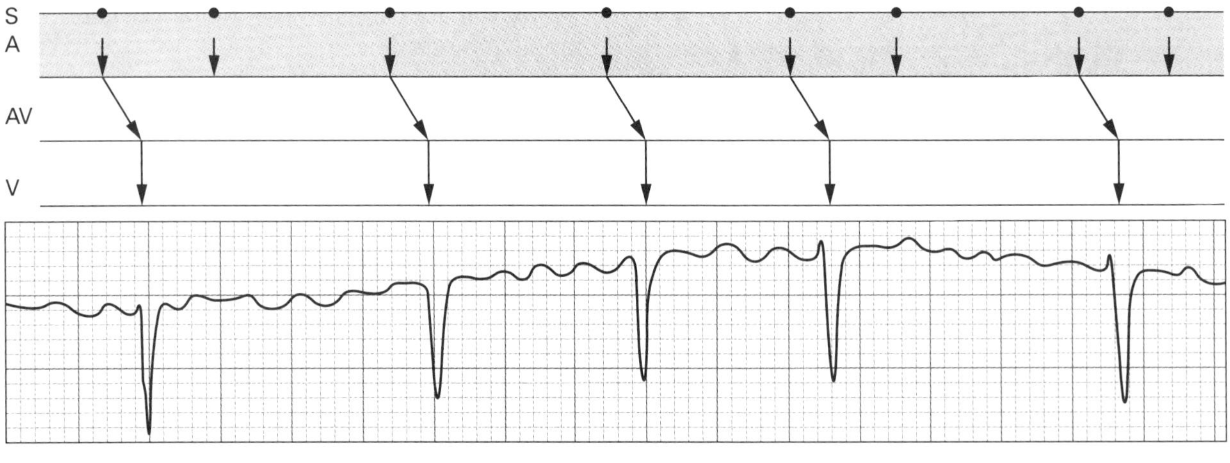

Encadré 6.7 Étiologie de la fibrillation auriculaire

- Âge (facteur le plus important en l'absence de pathologie asymptomatique)
- Activité sympathomimétique augmentée (exercice)
- Adénosine (dans le traitement de la tachycardie supraventriculaire)
- Affection bronchopulmonaire
- Cardiomyopathie
- Cardiopathie congénitale
- Cardiopathie ischémique
- Cardite rhumatismale
- Chirurgie thoracique
- Contexte périopératoire
- Digitale
- Embolie pulmonaire
- Facteurs génétiques
- Facteurs toxiques (l'alcoolisation aiguë est un générateur d'accès de FA dans la nuit qui suit l'abus d'alcool)
- Forme idiopathique ou primitive sans cardiopathie
- Hypertension artérielle[a]
- Hyperthyroïdie (10 à 20 % des cas)
- Hypervagotonie sur un cœur sain chez des individus de moins de 50 ans (favorise la fibrillation auriculaire paroxystique)
- Infarctus du myocarde (la plus fréquente des tachyarythmies : 6 à 21 % des cas)[a]
- Insuffisance cardiaque (10 à 30 % des cas)[a]
- Péricardite
- Période postopératoire des 72 premières heures pour les pontages aortocoronariens (plus de 30 % des cas)
- Pneumothorax
- Rupture de l'œsophage
- Syndromes de la maladie du sinus et de Wolff-Parkinson-White
- Valvulopathie mitrale[a] (incidence de 4 à 6 % d'embolies par année)

[a] Étiologies les plus fréquentes.

La forme paroxystique (FAP) de la fibrillation auriculaire est caractérisée par un début et une fin brusques entrecoupés d'épisodes de rythme sinusal. La durée n'excède pas 48 heures. Dans sa forme persistante, la durée de la fibrillation auriculaire excède sept jours d'une part ou, d'autre part, elle est traitée par cardioversion. La forme persistante prolongée est caractérisée par une FA dont la durée est supérieure à un an et pour laquelle une stratégie de contrôle du rythme est envisagée. Enfin, dans sa forme permanente, la conversion ne peut être spontanée, et les interventions pour restaurer le rythme sinusal s'avèrent inefficaces. Il s'agit d'une FA établie.

6.4.4 Critères électrocardiographiques

Les ondes auriculaires de fibrillation sont appelées ondes f; elles sont de faible ou de forte amplitude. Sur l'électrocardiogramme, la ligne isoélectrique est ondulée ou hachurée, car les ondes de fibrillation sont souvent faibles, chaotiques et changeantes; leur amplitude n'excède pas 1 mm. Elles sont mieux visualisées dans les dérivations inférieures (D_{II}, D_{III} et aVF) et précordiales droites (V_1 et V_{3R}).

Fréquence

La fréquence auriculaire est de l'ordre de 400 à 700 batt./min, donc impossible à calculer sur l'ECG de surface. Les impulsions auriculaires étant inégales dans leur intensité, elles ne sont pas toutes aptes à exciter le tissu nodal; certaines s'épuisent sans atteindre les ventricules, laissant par surcroît le tissu nodal dans un état réfractaire passager.

La fréquence ventriculaire est rarement supérieure à 180 batt./min, car le nœud AV joue le rôle de filtre, sinon le syndrome de Wolff-Parkinson-White (WPW) peut en être la cause. La fréquence ventriculaire est « irrégulièrement irrégulière », c'est-à-dire que l'intervalle RR est constamment variable (bloc AV physiologique). Cette fréquence s'exprime sur un même tracé en calculant l'écart qui sépare l'intervalle RR le plus court de l'intervalle RR le plus long. C'est ce qui est appelé « la réponse ventriculaire ».

Réponse ventriculaire

L'expression «avec réponse ventriculaire» associée à l'interprétation de la fibrillation auriculaire est particulière à cette arythmie, car c'est la conduction du nœud AV qui détermine la fréquence et le rythme ventriculaires (*voir le tracé 6.21*).

6.4.5 Sémiologie

La sémiologie de la fibrillation auriculaire est présentée dans l'encadré 6.8. Les conséquences hémodynamiques de la FA se répercutent principalement sur une diminution du débit cardiaque.

La suppression de la contraction auriculaire entraîne une chute du débit cardiaque de l'ordre de 20 à 30 %. Lorsque les fréquences ventriculaires sont rapides (supérieures à 180 batt./min), la contractilité est diminuée ainsi que la diastole, ce qui gêne le remplissage ventriculaire et la perfusion coronarienne. L'embolie est favorisée par la non-contraction de l'oreillette, et la stase sanguine résulte de l'inefficacité auriculaire. Les conséquences hémodynamiques de la FA incluent aussi une insuffisance valvulaire concomitante, une dysfonction ventriculaire gauche si la réponse ventriculaire est non contrôlée et le remodelage auriculaire.

6.4.6 Traitement

La résolution spontanée en moins de 24 heures peut atteindre 50 % pour la fibrillation auriculaire *de novo*. L'efficacité thérapeutique par les antiarythmiques est d'environ 50 %. La fréquence ventriculaire cible au repos est de 60 à 80 batt./min, et à l'exercice modéré, de 90 à 115 batt./min.

Les objectifs thérapeutiques du traitement de la fibrillation auriculaire sont de stabiliser l'hémodynamie, de maintenir un rythme sinusal (*voir la figure 6.10*), de contrôler la fréquence ou le rythme cardiaque (*voir la figure 6.11*), de prévenir la formation de thrombus ou les événements emboliques et de prévenir l'insuffisance cardiaque ou les crises angineuses liées à une baisse du débit cardiaque. Les facteurs et les solutions thérapeutiques sont présentés dans le tableau 6.1.

Fibrillation auriculaire avec hémodynamie stable

Dans le cas d'une fibrillation auriculaire avec hémodynamie stable d'apparition de moins de 48 heures avec faible risque thromboembolique, le modèle thérapeutique comprend:

Tracé 6.21 **Fibrillation auriculaire avec réponse ventriculaire de 66 à 110 batt./min**

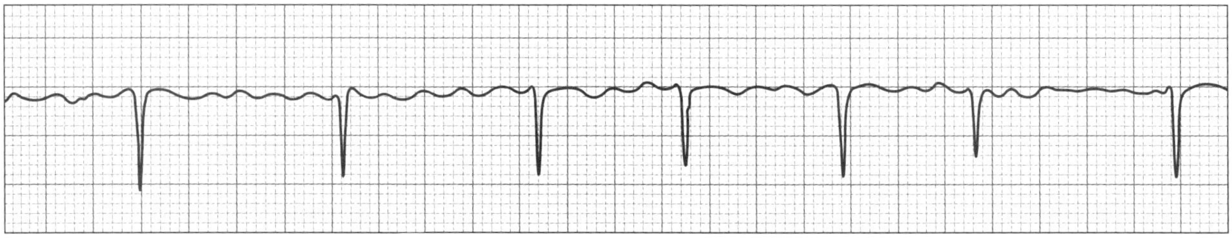

Encadré 6.8 Sémiologie de la fibrillation auriculaire

- Absence d'onde A jugulaire
- Altération de l'état de conscience
- Douleur rétrosternale
- Diaphorèse
- Diminution de la tolérance à l'effort
- Dyspnée (46 %)
- Fréquence irrégulière avec pouls déficitaire (différence du nombre de battements entre le pouls apical et le pouls périphérique)
- Fréquence ventriculaire irrégulière variant de 120 à 160 batt./min
- Lipothymie
- Palpitations (44 %)
- Pression artérielle variable
- Sensation de fatigue
- Syncope

Figure 6.10 **Algorithme du traitement de la fibrillation auriculaire pour le maintien du rythme sinusal**

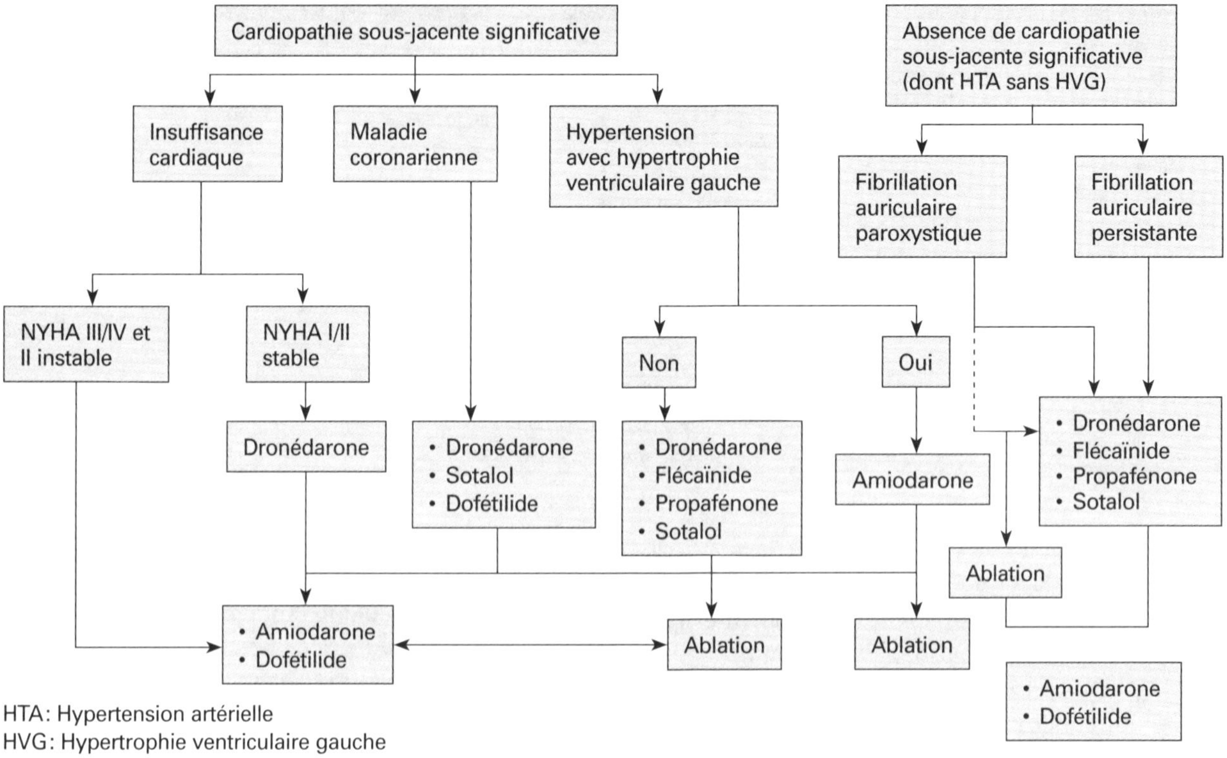

HTA: Hypertension artérielle
HVG: Hypertrophie ventriculaire gauche
NYHA: New York Heart Association

Source: Adapté de Le Heuzey, J.-Y. (2010). *Les nouvelles recommandations sur les traitements antiarythmiques de la fibrillation atriale.* [En ligne], www.consensus-online.fr/IMG/pdf/heuzey_attitude.pdf (Page consultée le 4 juillet 2011).

Figure 6.11 **Algorithme du traitement de la fibrillation auriculaire pour le contrôle de la fréquence cardiaque**

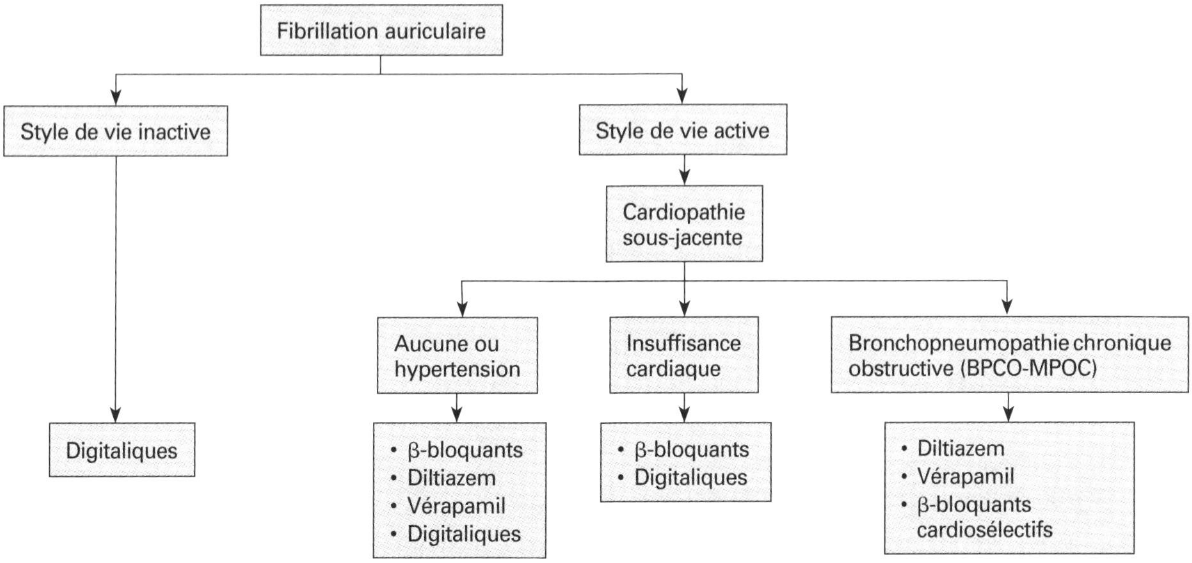

Source: Adapté de Le Heuzey. J.-Y. (2010). *Les nouvelles recommandations sur les traitements antiarythmiques de la fibrillation atriale.* [En ligne], www.consensus-online.fr/IMG/pdf/heuzey_attitude.pdf (Page consultée le 4 juillet 2011).

Tableau 6.1 **Facteurs et solutions thérapeutiques du traitement de la fibrillation auriculaire**

Facteurs thérapeutiques	Solutions thérapeutiques
• Facteurs étiologiques • Conséquences hémodynamiques • Cadre clinique de l'apparition de l'arythmie • Facteurs de risque liés à l'embolie périphérique • Spectre aigu, chronique ou récurrent de l'arythmie	• Traitement causal • Contrôle de la réponse ventriculaire – β-bloquants – Bloquants calciques – Digitalisation • Contrôle du rythme – Antiarythmiques des classes Ia et Ic – Amiodarone, dronédarone, vernakalant – Cardioversion électrique • Autres solutions – Anticoagulothérapie – Ablation primaire par déconnexion des veines pulmonaires (75 à 85 % de réussite pour la FAP ou la FA persistante) ou ablation du nœud AV – Stimulation auriculaire programmée

- une cardioversion réussie de l'ordre de 40 à 70 % pour les FA récentes;
- une cardioversion électrique synchrone d'au moins 200 J sous héparine, puis une anticoagulothérapie pour 4 semaines;
- une conversion pharmacologique, s'il y a lieu (p. ex., une amiodarone intraveineuse).

Il est à noter qu'un écho transœsophagien (ETO) est indiqué pour une FA dont la durée d'apparition est inconnue ou douteuse afin d'éliminer la présence d'un thrombus auriculaire.

Dans le cas d'une fibrillation auriculaire avec hémodynamie stable d'apparition supérieure à 48 heures, paroxystique ou persistante, le modèle thérapeutique comprend:

- une fibrillation auriculaire symptomatique: ETO, cardioversion médicamenteuse ou électrique et anticoagulothérapie;
- une fibrillation auriculaire peu symptomatique: pharmacologique pour le contrôle de la fréquence ventriculaire, anticoagulothérapie, cardioversion électrique post-anticoagulothérapie de 3 à 4 semaines avec rapport international normalisé (RIN) de 2 à 3.

Il est à noter que la cardioversion est souhaitable à court terme en raison des symptômes importants.

Dans le cas d'une fibrillation auriculaire persistante ou récidivante, le traitement comprend une anticoagulothérapie et une cardioversion élective.

Dans le cas d'une fibrillation auriculaire permanente, le traitement comprend le contrôle de la fréquence ventriculaire (anticoagulothérapie, bêtabloquants, bloquants calciques, digitale si défaillance cardiaque), le cardiostimulateur pour FA avec réponse ventriculaire lente et symptomatique ainsi que la thermoablation ciblée sur l'oreillette et, en cas d'échec ou de contre-indication, l'ablation du nœud AV et l'implantation d'un cardiostimulateur ventriculaire si la FA est rapide et non contrôlée en dépit du traitement.

Fibrillation auriculaire avec hémodynamie instable

Dans le cas d'une fibrillation auriculaire avec hémodynamie instable dans laquelle l'hypotension ou l'angine demeurent sans réponse immédiate au traitement, le modèle thérapeutique comprend:

- une cardioversion d'au moins 200 J sous sédation avec anticoagulothérapie;
- la recommandation d'un ETO, selon l'état clinique.

Lorsqu'il existe une fibrillation auriculaire permanente, le risque d'accident vasculaire cérébral est cinq fois plus élevé. De plus, 20 à 25 % des AVC ischémiques pourraient être causés par des embolies d'origine cardiogénique.

Le risque d'accident vasculaire cérébral ou d'ischémie cérébrale transitoire (AVC/ICT) associé à la fibrillation auriculaire doit être évalué afin de déterminer le traitement requis pour contrôler adéquatement ce risque. Le score de CHADS2 (acronyme des facteurs de risque) présenté au tableau 6.2 est l'un des outils pour évaluer le risque d'AVC/ICT chez les clients présentant une fibrillation auriculaire. Pour chacun des facteurs de risque, un pointage est alloué, pour un total de six points. Selon le résultat obtenu, des recommandations sont suggérées en vue d'une thérapie antithrombolytique (*voir le tableau 6.3*).

6.4.7 Surveillance clinique

Toute fréquence ventriculaire irrégulière en l'absence de rythme sinusal devrait évoquer la fibrillation auriculaire. La surveillance clinique comprend la réponse ventriculaire sur le tracé ECG, la réponse au traitement et la tolérance hémodynamique. Cette dernière varie selon la fréquence ventriculaire et l'état fonctionnel du cœur. Une baisse du débit cardiaque, en relation avec une réponse ventriculaire trop rapide ou avec un bloc AV, peut être une cause de décompensation (*voir le chapitre 5*).

Dans un registre international incluant 10 000 individus atteints de fibrillation auriculaire en provenance de 26 nations, il est rapporté que 40 % présentaient une FA non contrôlée au sens où la fréquence cardiaque de repos était supérieure à 80 batt./min ou que le rythme n'était pas sinusal. Environ 77 % de cette clientèle avait au moins une comorbidité, une maladie coronarienne, une maladie cérébrovasculaire ou une maladie valvulaire. Enfin, 30 % d'entre eux avaient été hospitalisés pour un événement cardiovasculaire grave dans les 12 derniers mois, par exemple pour une insuffisance cardiaque décompensée, un syndrome coronarien aigu ou un accident vasculaire cérébral (Le Heuzey, 2010).

La grande majorité de la clientèle restait symptomatique malgré les traitements médicaux modernes, c'est-à-dire 56 % chez ceux qui avaient une fibrillation auriculaire considérée comme contrôlée, et 68 % chez ceux qui avaient une fibrillation auriculaire considérée comme non contrôlée (Le Heuzey, 2010).

Tableau 6.2 **Facteurs de risque de la fibrillation auriculaire et pointage alloué selon le score de CHADS2**

Facteur de risque de la fibrillation auriculaire	Pointage alloué
C – insuffisance cardiaque (*congestive heart failure*)	1 point
H – hypertension	1 point
A – âge ≥ 75 ans	1 point
D – diabète	1 point
S – AVC/ICT (*stroke*)	2 points
TOTAL	**6 points**

Source : Adapté de Fuster, V., Walsh, R.A., & Harrington, R.A. (Eds) (2011). *Hurst's The Heart* (13th ed.). New York : McGraw-Hill.

Tableau 6.3 **Recommandations d'un agent antithrombolytique pour les individus à risque d'un AVC/ICT attribuable à la fibrillation auriculaire**

Score	Risque d'AVC[a]	Traitement
0	Très faible (1,9 %/an)	Aucun/AAS
1	Faible (2,8 %/an)	Anticoagulothérapie recommandée[b]
≥ 2	Risque d'AVC (4 %/an)	Anticoagulothérapie indiquée

[a] Les facteurs de risque comprennent : un âge avancé (égal ou supérieur à 75 ans), du diabète, une embolie systémique, un antécédent d'accident vasculaire cérébral ou d'ischémie cérébrale transitoire, de l'hypertension, une insuffisance cardiaque, une fraction d'éjection du ventricule gauche (FEVG) inférieure à 35 %, une maladie coronarienne, une sténose mitrale, une valvule prothétique.

[b] L'anticoagulothérapie doit être de mise chez les individus à haut risque, même si le rythme de base est sinusal.

Source : Adapté de Fuster, V., Walsh, R.A., & Harrington, R.A. (Eds) (2011). *Hurst's The Heart* (13th ed.). New York : McGraw-Hill.

Aide-mémoire

La fréquence est un indice précieux pour repérer l'origine d'une arythmie.

Extrasystole auriculaire

- Complexe prématuré
- Onde P′
  - visible
  - cache ou déforme l'onde T du complexe précédent
- QRS identique, absent ou CVA
- P′R différent du PR sinusal
- Pause non compensatrice

Tachycardie auriculaire

- Fréquence auriculaire régulière et rapide : de 120 à 250 batt./min
- Ondes P′ différentes des ondes P sinusales
- P′R différent du PR sinusal
- TAP : début et fin brusques
- Avec bloc : intervalle P′P′ > 120 batt./min
- Multifocale : trois morphologies différentes de P′ avec P′R multiples

Flutter auriculaire

- Ligne isoélectrique en dents de scie
- Ondes F régulières
- Fréquence auriculaire : ± 300 batt./min
- Conduction fixe ou variable

Fibrillation auriculaire

- Ligne isoélcctrique ondulée
- Complexes QRS « irrégulièrement irréguliers »
- Réponse ventriculaire variable

Autoévaluation

Pour chacun des tracés 1 à 20, préciser les critères électrocardiographiques et l'interprétation. Il est à noter que les F.C. sont calculées au compas selon la « méthode des 300 ».

Tracé 1

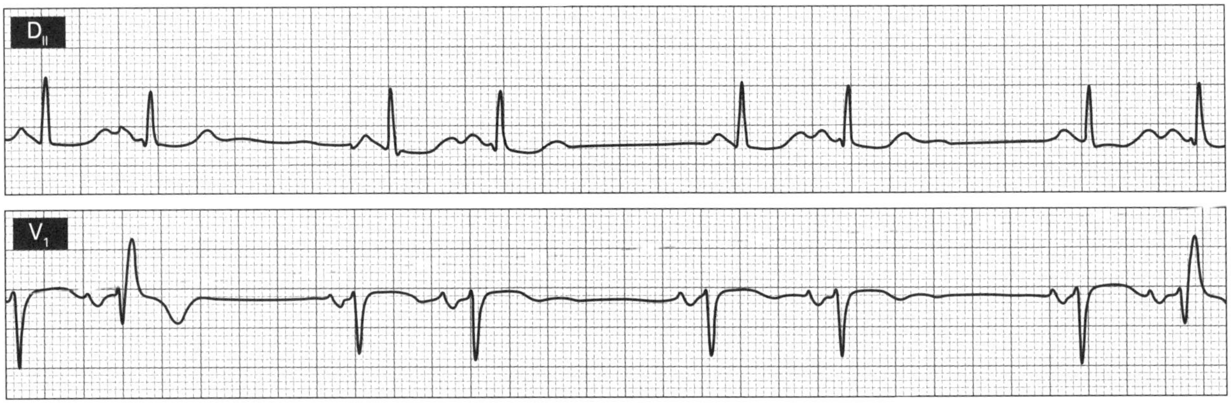

Critères électrocardiographiques ______________________________

____

Interprétation ______________________________

____

Tracé 2

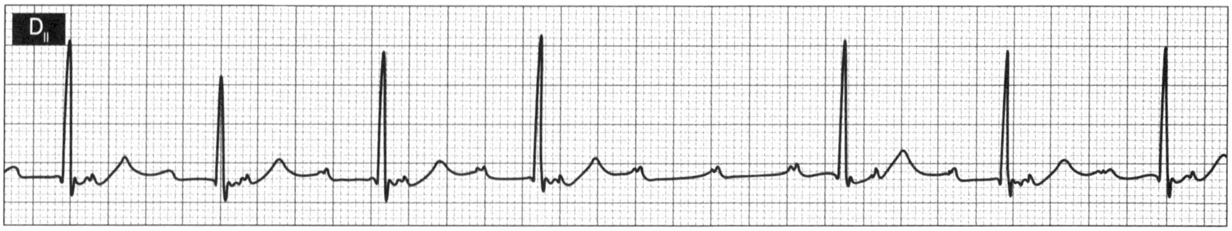

Critères électrocardiographiques ______________________________

____

Interprétation ______________________________

____

Tracé 3

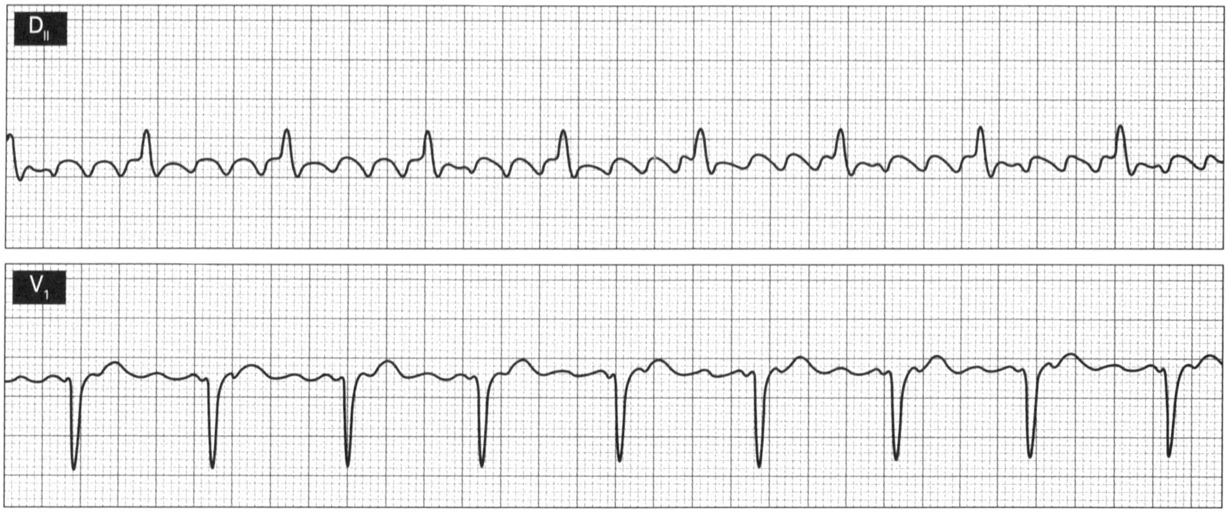

Critères électrocardiographiques ______________________________

____

Interprétation ______________________________

____

Tracé 4

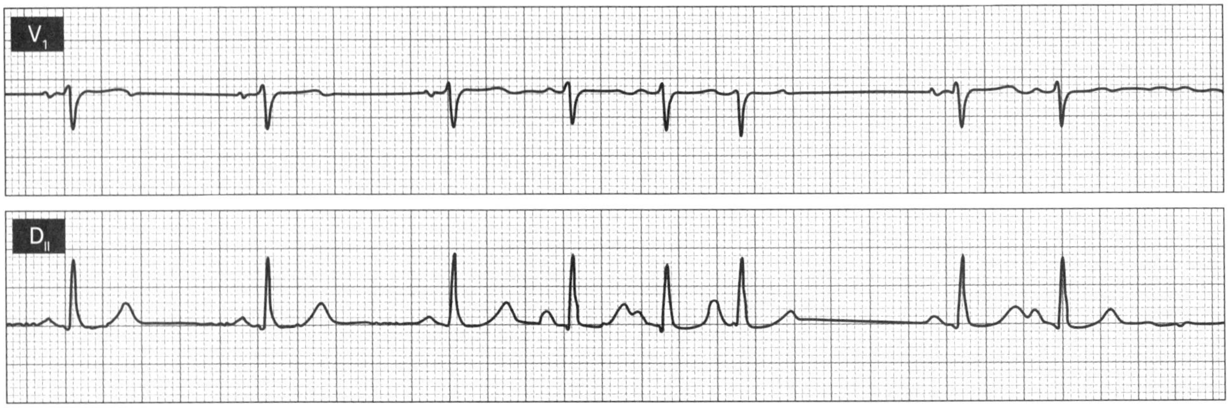

Critères électrocardiographiques ______________________________

____

Interprétation ______________________________

____

Tracé 5

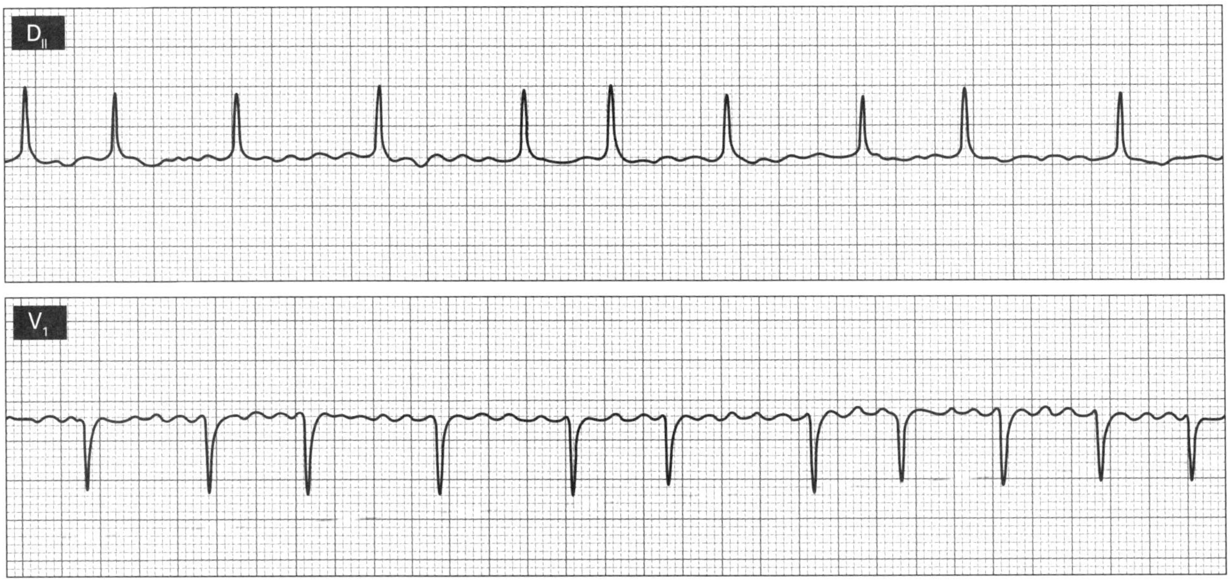

Critères électrocardiographiques ______________________________

____

Interprétation ______________________________

____

Tracé 6

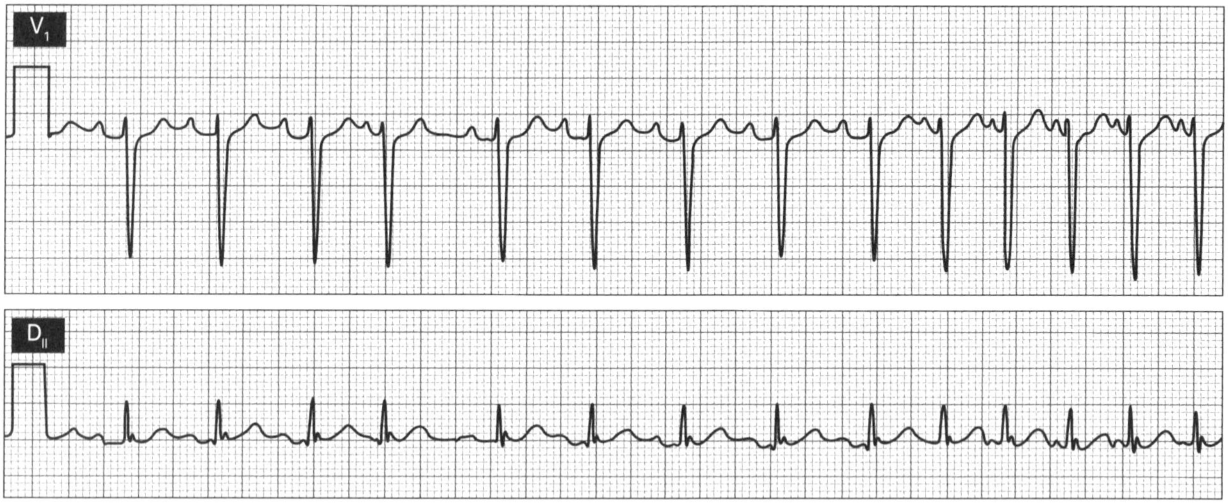

Critères électrocardiographiques ______________________________

____

Interprétation ______________________________

____

Tracé 7

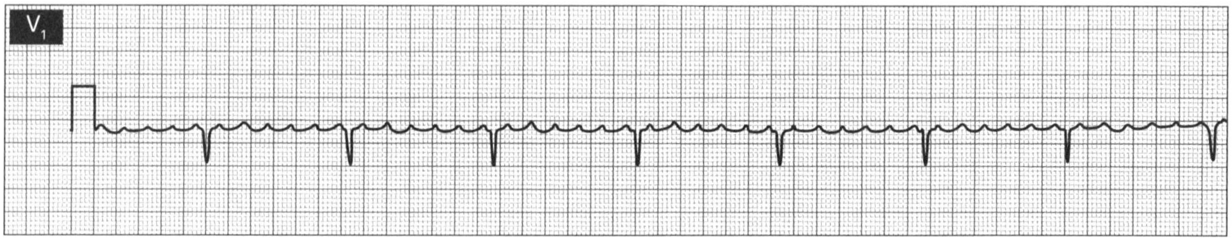

Critères électrocardiographiques ______________________________

____

Interprétation ______________________________

____

Tracé 8

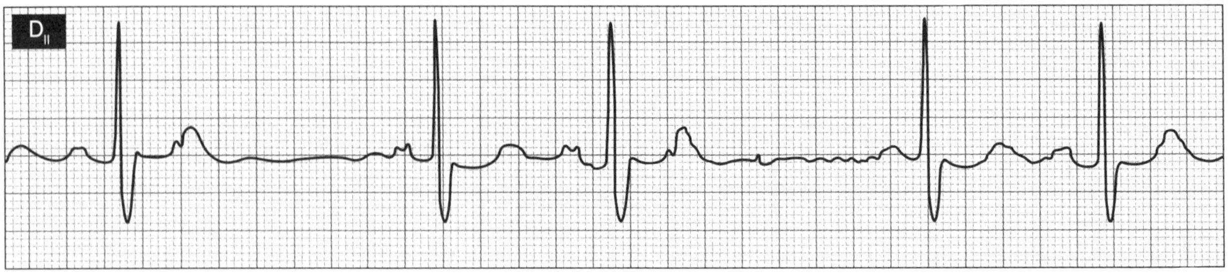

Critères électrocardiographiques ______________________________

____

Interprétation ______________________________

____

Tracé 9

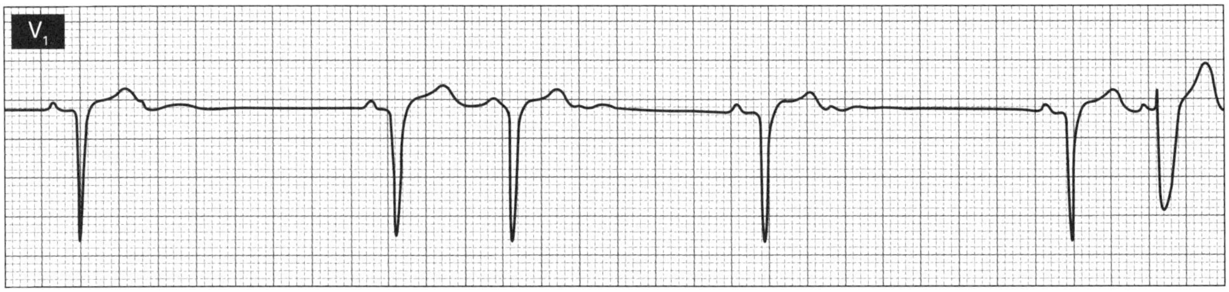

Critères électrocardiographiques ______________________________

____

Interprétation ______________________________

____

Tracé 10

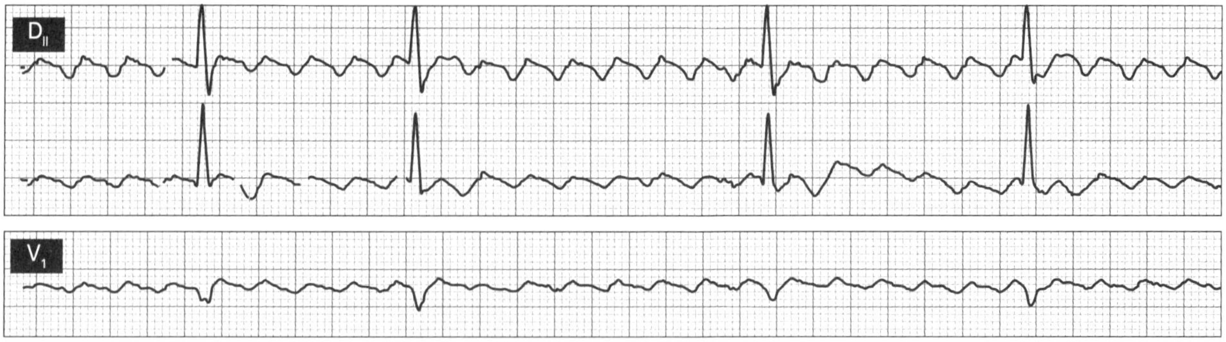

Critères électrocardiographiques ______________________________

Interprétation ______________________________

Tracé 11

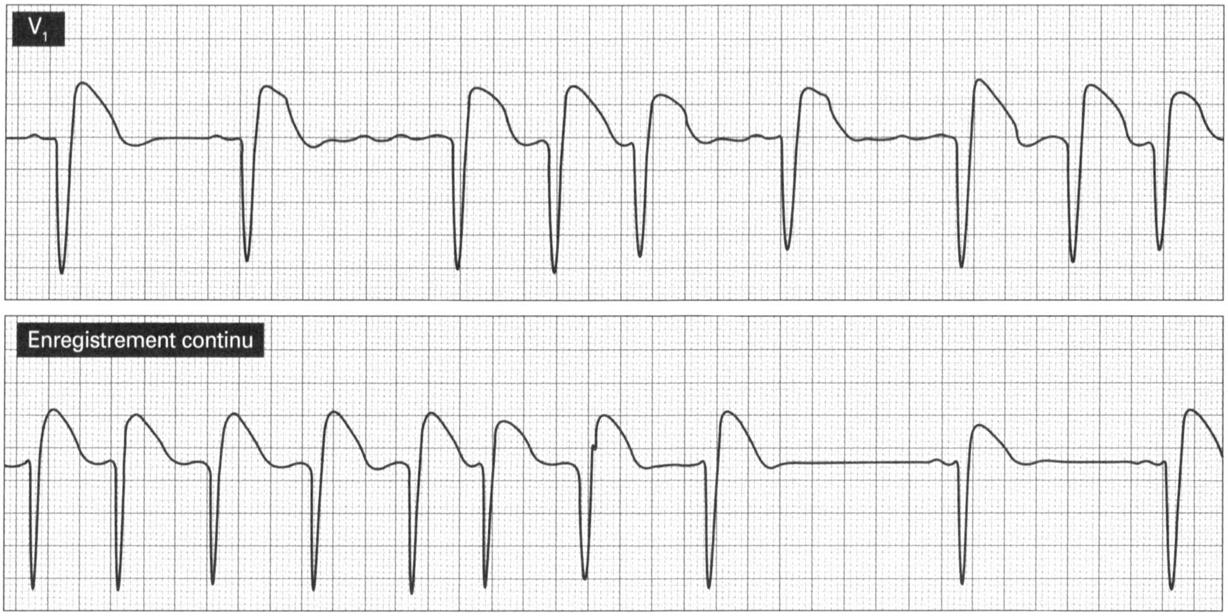

Critères électrocardiographiques ______________________________

Interprétation ______________________________

Tracé 12

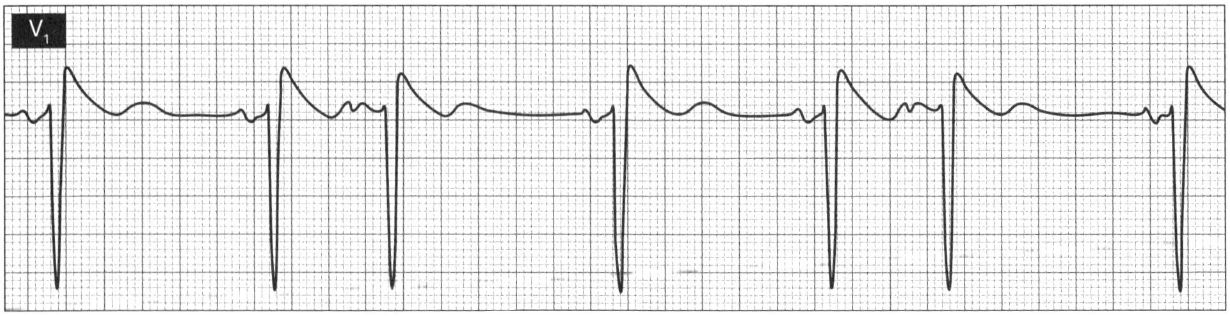

Critères électrocardiographiques ______________________________

____

Interprétation ______________________________

____

Tracé 13

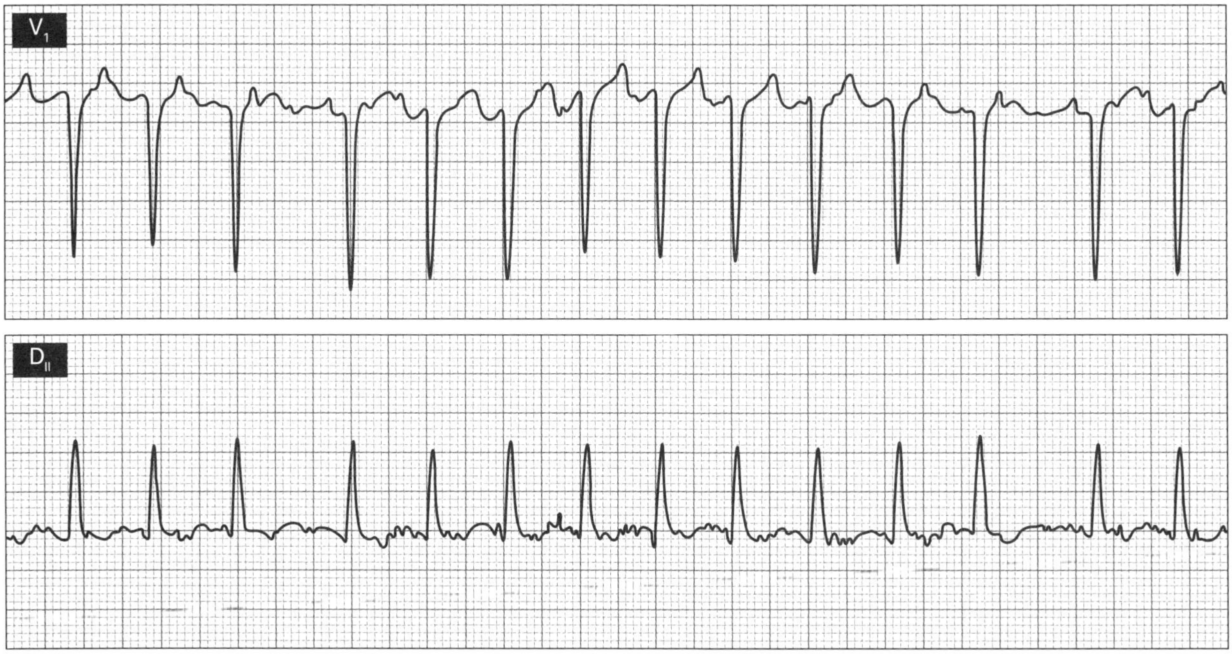

Critères électrocardiographiques ______________________________

____

Interprétation ______________________________

____

Tracé 14

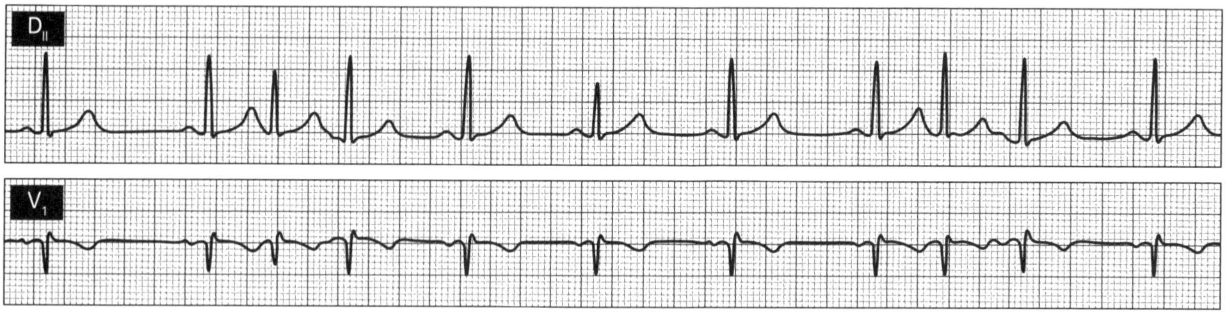

Critères électrocardiographiques ______________________________

____

Interprétation ______________________________

____

Tracé 15

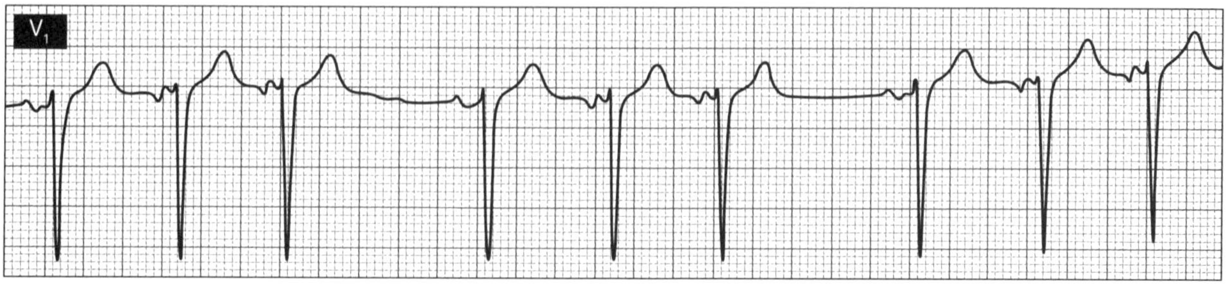

Critères électrocardiographiques ______________________________

____

Interprétation ______________________________

____

Tracé 16

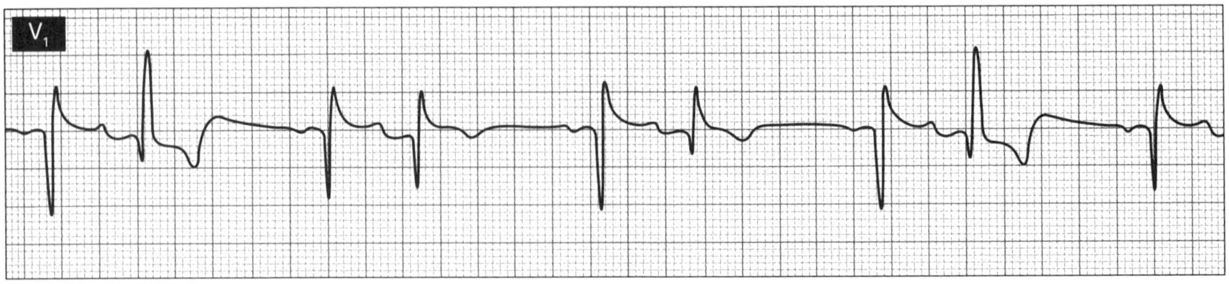

Critères électrocardiographiques ______________________________

____

Interprétation ______________________________

____

Tracé 17

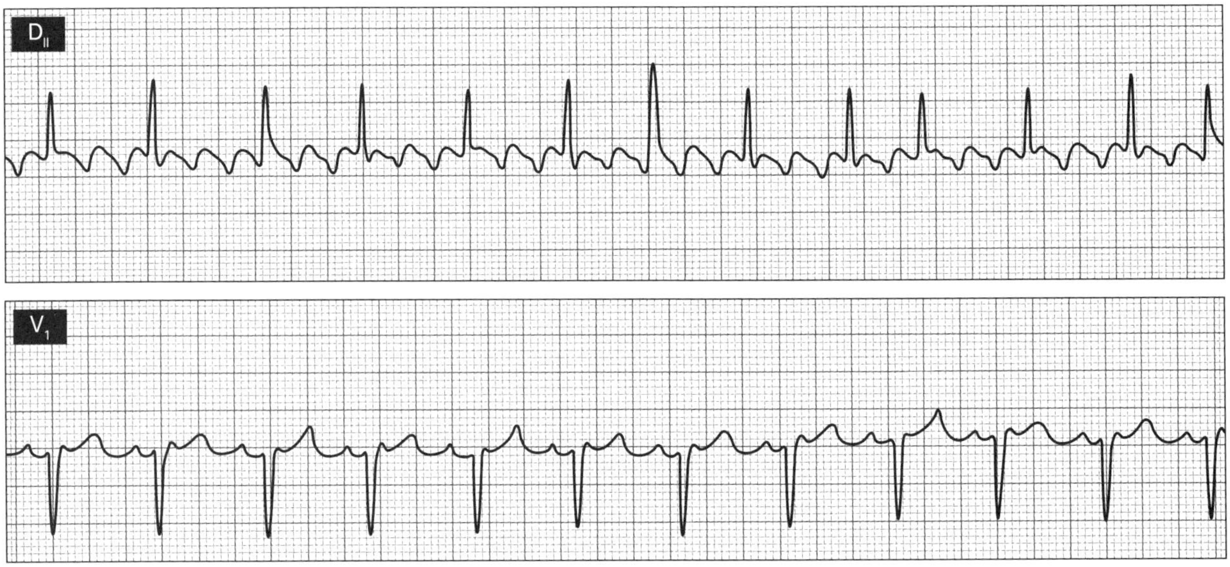

Critères électrocardiographiques ______________________________

____

Interprétation ______________________________

____

Tracé 18

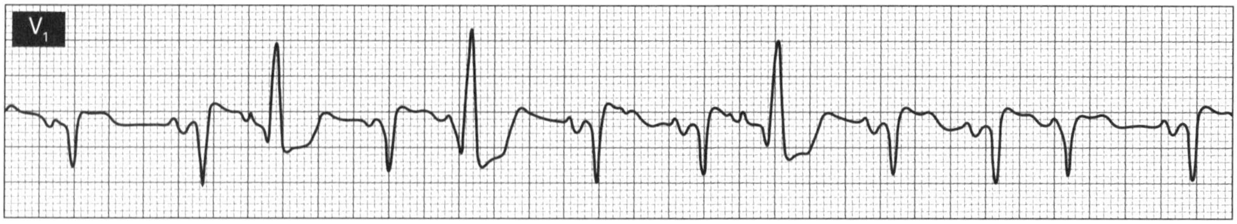

Critères électrocardiographiques ______________________________

____

Interprétation ______________________________

____

Tracé 19

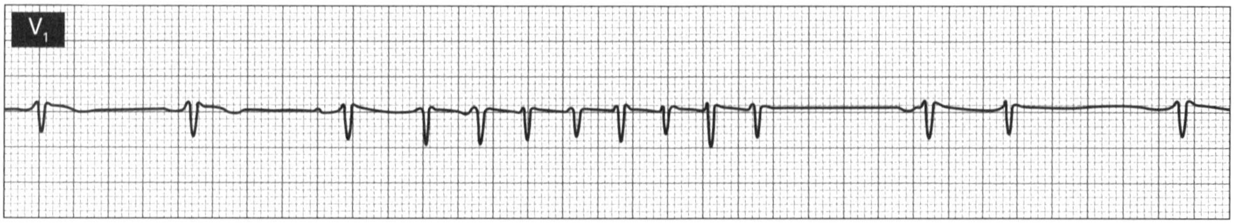

Critères électrocardiographiques ______________________________

____

Interprétation ______________________________

____

Tracé 20

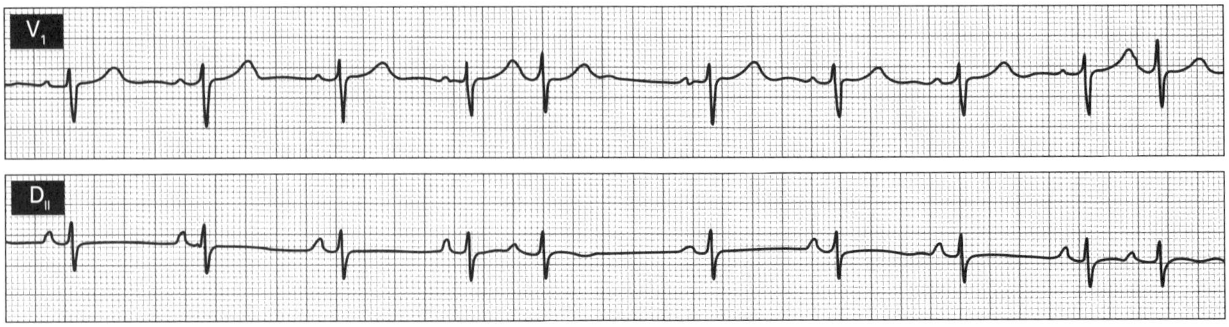

Critères électrocardiographiques ______________________________

____

Interprétation ______________________________

____

Corrigé de l'autoévaluation

1. Rythme sinusal avec ESA bigéminées en V_1. ESA bigéminées dont deux sont conduites avec aberration ventriculaire dans la dérivation V_1.
2. Tachycardie auriculaire à 140 batt./min avec conduction 2:1 et 4:1.
3. Flutter auriculaire à 375 batt./min avec conduction 4:1.
4. Rythme sinusal à 63 batt./min, quatre ESA, dont une salve.
5. Fibrillation auriculaire avec réponse ventriculaire de 75 à 140 batt./min (D_{II}) ou de 85 à 130 batt./min (V_1).
6. Tachycardie sinusale à 120 batt./min, ESA, tachycardie auriculaire à 180 batt./min.
7. Flutter auriculaire à 300 batt./min avec conduction 6:1.
8. Rythme sinusal à 66 batt./min avec ESA bloquées trigéminées. L'onde P sinusale est bifide. Complexe QRS de 0,12 s. Cupule digitalique.
9. Rythme sinusal avec ESA bigéminées, parfois bloquées ou avec conduction ventriculaire aberrante.
10. Flutter auriculaire à 270 batt./min avec conduction successive: 5:1, 8:1, 6:1.
11. Bradycardie sinusale à 54 batt./min. Fibrillation auriculaire paroxystique avec réponse ventriculaire de 58 à 130 batt./min. Reprise de la bradycardie sinusale: ± 45 batt./min.
12. Bradycardie sinusale à 54 batt./min avec ESA trigéminées.
13. Fibrillation auriculaire avec réponse ventriculaire de 95 à 150 batt./min.
14. Rythme sinusal variant de 58 à 72 batt./min avec deux couplets d'ESA.
15. Rythme sinusal entrecoupé de couplets d'ESA bigéminées.
16. Rythme sinusal entrecoupé d'ESA bigéminées parfois conduites ou tantôt avec conduction ventriculaire aberrante.
17. Flutter auriculaire à 300 batt./min avec conduction 3:1 et 2:1 dans la dérivation D_{II} et conduction 3:1 dans la dérivation V_1.
18. Rythme sinusal à 95 batt./min, ESA nombreuses, salve ESA, trigéminisme auriculaire, conduction ventriculaire aberrante intermittente.
19. Rythme sinusal à 60 batt./min, tachycardie auriculaire paroxystique ou non soutenue supérieure à 210 batt./min.
20. Rythme sinusal à 72 batt./min, ESA quintagéminées.

CHAPITRE 7

Les anomalies de la jonction auriculoventriculaire

PLAN

OBJECTIFS

- Définir l'expression « jonction auriculoventriculaire ».
- Établir la différence fondamentale entre les blocs auriculoventriculaires des 1er, 2e et 3e degrés.
- Mémoriser les critères électrocardiographiques pour chacun des blocs auriculoventriculaires.
- Expliquer le mécanisme de la dissociation auriculoventriculaire dans un bloc auriculoventriculaire du 3e degré.
- Appliquer la théorie des « P bloquées ».
- Différencier, sur le plan électrique, l'asystolie ventriculaire, l'asystolie complète et l'activité électrique sans pouls.
- Différencier le bloc de la branche droite du bloc de la branche gauche du faisceau de His.
- Expliquer la gravité des blocs des branches droite et gauche du faisceau de His.
- Associer les symptômes et les signes cliniques aux arythmies.
- Résumer l'encadrement thérapeutique, incluant les algorithmes thérapeutiques et la surveillance clinique, pour chacune des anomalies de la jonction auriculoventriculaire.
- Mémoriser l'algorithme de la bradycardie.

7.1 Généralités

7.1.1 Conduction

La propagation des impulsions se fait de proche en proche. Cette activité purement électrique est une propriété fondamentale du myocarde. Elle dépend de la charge du potentiel intracellulaire, puisque cette charge régit la vitesse de conduction. La conduction est d'autant plus rapide que le potentiel cellulaire est plus fortement négatif. Il existe deux types de populations cellulaires. Les fibres à conduction lente, ou à courant calcique, sont situées dans le nœud sinusal et le nœud auriculoventriculaire, où le potentiel de repos est faiblement négatif (−50 à −60 mV) (*voir la figure 7.1*). Les fibres à conduction rapide, ou à courant sodique, se trouvent dans les oreillettes, le réseau de His-Purkinje et les ventricules (*voir la figure 7.2*). Elles conduisent rapidement, car le potentiel de repos est fortement négatif (−90 à −95 mV).

7.1.2 Jonction auriculoventriculaire

La jonction auriculoventriculaire est la région du cœur qui fait la connexion électrique entre les oreillettes et les ventricules. Cette voie de passage de l'influx est représentée par le nœud auriculoventriculaire, le tronc du faisceau de His et les branches de ce faisceau.

La jonction a pour fonctions de conduire les impulsions électriques, de contrôler la vitesse de conduction de ces impulsions et de déclencher une impulsion électrique, par l'intermédiaire du faisceau de His, lorsqu'une impulsion supraventriculaire n'est pas conduite.

Figure 7.1 **Potentiel d'action d'une fibre à conduction lente**

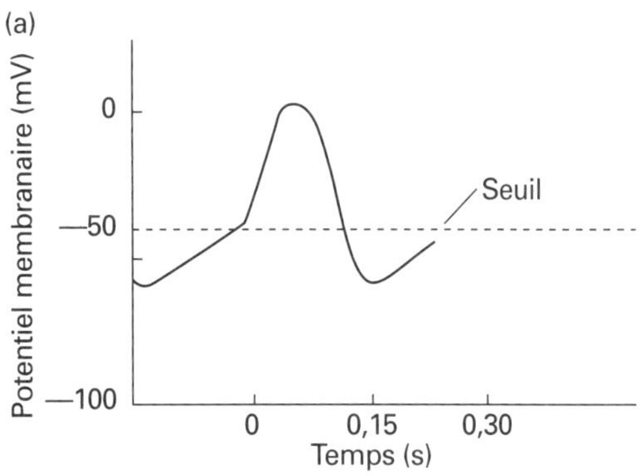

Source: Vander, A.J., Sherman, J.H., & Luciano, D.S. (2004). *Physiologie humaine: les mécanismes du fonctionnement de l'organisme* (4e éd.). Montréal: Chenelière McGraw-Hill.

7.2 Blocs de la jonction auriculoventriculaire

L'entrave à la conduction électrique intracardiaque, appelée bloc, découle principalement d'un désordre hormonal, d'une agression toxique, d'une lésion anatomique ou encore d'une affection cardiaque. Selon l'étage où la conduction est entravée, il faut distinguer les blocs sinoauriculaires (*voir le chapitre 5*), les blocs auriculoventriculaires (AV) et les blocs intraventriculaires.

7.2.1 Nomenclature

Les blocs AV sont classifiés selon la nature des lésions, le siège et l'étiologie, le mécanisme ainsi que le degré des blocs.

Selon la nature des lésions

La dégénérescence fibreuse des voies de conduction engendre les blocs chroniques et peut toucher toutes les voies, depuis le faisceau de His jusqu'aux branches. Les lésions inflammatoires (d'origine rhumatismale ou virale) entraînent des blocs régressifs, surtout dans le nœud AV. Les lésions ischémiques (d'origine coronarienne) causent des blocs souvent aigus et régressifs qui touchent le tronc et les

Figure 7.2 **Potentiel d'action d'une fibre à conduction rapide**

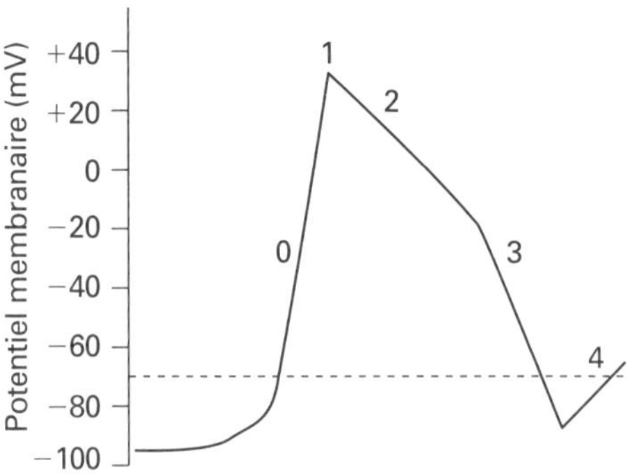

branches du faisceau de His. Certains médicaments (p. ex., l'adénosine, l'amiodarone, les bêtabloquants, les bloquants calciques et la digitale) accentuent le «coup de frein» du nœud AV, ce qui explique le caractère passager du trouble de conduction.

Selon le siège et l'étiologie

La classification des blocs AV selon le siège et l'étiologie est présentée dans le tableau 7.1.

Le bloc du nœud AV est souvent induit par un agent pharmacologique ou produit par une augmentation de l'activité parasympathique (dont les fibres sont importantes aux nœuds sinusal et AV); il s'agit du système cardio-inhibiteur ralentissant la conduction. Le bloc progresse graduellement du 1er au 3e degré et, dans la majorité des cas, il est réversible.

Le bloc dans le faisceau de His ou dans ses branches est en général irréversible, car les centres d'automatisme sont lents et moins fiables dans les branches distales. Souvent, ce bloc progresse subitement d'une «conduction sans bloc» au bloc AV du 3e degré.

Selon le mécanisme

Un bloc AV est considéré comme étant physiologique dans la mesure où le nœud AV protège les ventricules d'une fibrillation ventriculaire lorsque certaines arythmies d'origine auriculaire ont des fréquences cardiaques anormalement élevées. La tachycardie auriculaire rapide, le flutter auriculaire avec conduction 2:1 et la fibrillation auriculaire constituent des exemples de blocs AV physiologiques.

Les blocs AV pathologiques sont classés selon le siège du trouble de la conduction. Les blocs des 1er, 2e et 3e degrés sont situés dans les voies auriculoventriculaires (nœud AV-His); les blocs droit et gauche sont localisés dans les branches du faisceau de His.

Le mécanisme capable d'induire un bloc est lié à la phase réfractaire. Il faut cependant ajouter que lorsqu'il y a accélération du cœur, la phase réfractaire se raccourcit; cela prévient des phénomènes de bloc. L'extrasystole auriculaire bloquée et la conduction ventriculaire aberrante sont des exemples de blocs transitoires, car l'impulsion, dans ces cas, est prématurée et rencontre des voies de conduction encore réfractaires. Par ailleurs, les lésions anatomiques peuvent entraîner des lésions définitives; c'est le cas lors d'une fibrose entraînant une dégénérescence cellulaire ou lors de la destruction directe d'une partie du tissu nodal au cours d'une chirurgie cardiaque.

Selon le degré des blocs

Sur le plan électrocardiographique, les blocs pathologiques de la jonction AV sont classifiés selon le degré de ralentissement ou d'arrêt de la propagation de l'influx électrique en blocs incomplets ou complets (*voir le tableau 7.2*). Il est à noter que l'intervalle PR reflète fidèlement la conduction AV; c'est l'indice qui permet de différencier les blocs AV.

Tableau 7.2 **Degrés de ralentissement des blocs pathologiques de la jonction auriculoventriculaire**

Blocs	Degrés de ralentissement
Blocs AV incomplets	• Bloc AV du 1er degré • Bloc AV du 2e degré • Bloc AV de haut degré
Blocs AV complets	• Bloc AV du 3e degré • Asystolie
Blocs intraventriculaires	• Bloc de la branche droite • Bloc de la branche gauche

Tableau 7.1 **Nomenclature des blocs de la jonction auriculoventriculaire en fonction du siège et de l'étiologie**

Site du bloc	Site du rythme d'échappement	Étiologie				
		Vagal	DIG[a]	IMI[a]	IMA[a]	Fibrose
Nœud AV	Faisceau de His	Oui	Oui	Oui	Non	Oui
Faisceau de His	Réseau de Purkinje	Non	Non	Non	Non	Oui
Branches	Réseau de Purkinje	Non	Non	Non	Oui	Oui

[a] DIG: digitale; IMI: infarctus myocardique inférieur; IMA: infarctus myocardique antérieur.

7.2.2 Étiologie des blocs auriculoventriculaires

L'étiologie des blocs aigus et des blocs AV récurrents ou chroniques est présentée dans le tableau 7.3.

7.3 Bloc auriculoventriculaire du 1er degré

Le bloc AV du 1er degré est caractérisé par un simple retard de la conduction auriculoventriculaire. Son incidence est de 16 à 21 % à la phase aiguë d'un syndrome coronarien (Surawicz & Knilans, 2008).

7.3.1 Mécanisme électrophysiologique

La conduction est ralentie en raison d'une prolongation de la période réfractaire relative du nœud AV. Le bloc siège à la partie moyenne du nœud AV (*voir les figures 7.3 et 7.4*).

7.3.2 Critères électrocardiographiques

L'intervalle PR constant est égal ou supérieur à 0,24 s, et il est rarement plus long que 0,60 s (il se situe

Figure 7.3 **Correspondance électromécanique – bloc auriculoventriculaire du 1er degré**

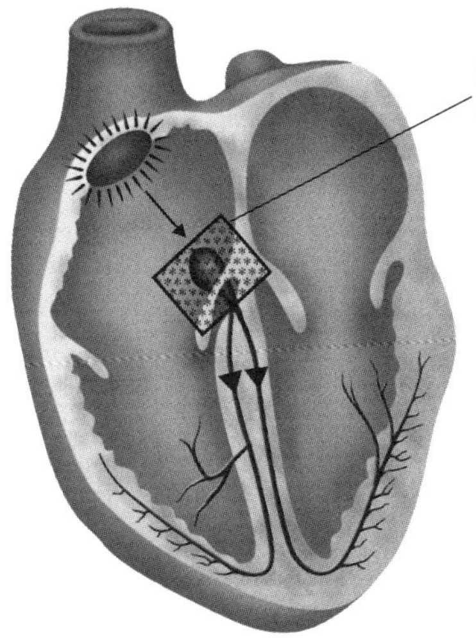

Tableau 7.3 **Étiologie des blocs auriculoventriculaires aigus et des blocs auriculoventriculaires récurrents ou chroniques**

Blocs AV aigus	Blocs AV récurrents ou chroniques
• Chirurgie cardiaque congénitale: bloc réversible pour les deux tiers des cas vers le neuvième jour postopératoire • Hypertonie vagale (manœuvre de Valsalva, massage du sinus carotidien) • Maladies cardiaques – Angine de Prinzmetal – Endocardite bactérienne – Myocardite (rhumatismale, virale, bactérienne) – Syndrome coronarien aigu • Réactions médicamenteuses – Antiarythmiques (classes Ia, Ic, II, III et IV) – Antidépresseurs tricycliques – Digitale (cause fréquente) – Phénothiazines • Déséquilibre électrolytique – Hyperkaliémie • Traumatisme à la cage thoracique	• Maladies cardiaques – Bloc AV congénital (p. ex., une anomalie d'Ebstein, une transposition des gros vaisseaux) – Bloc cardiaque chirurgical – Destruction des branches droite et gauche[a] – Cardiomyopathie[a] – Maladie de Lenègre[a] (bloc de branche bilatéral idiopathique; cause la plus fréquente de bloc AV complet chronique) – Maladie des artères coronaires – Sténose aortique calcifiée • Déséquilibre hormonal – Hypothyroïdie – Myxœdème • Troubles du tissu de conduction – Sarcoïdose – Sclérodermie

[a] Il s'agit des trois causes les plus fréquentes sur une étude de 100 autopsies (Surawicz & Knilans, 2008).

Figure 7.4 **Diagramme et tracé: tachycardie sinusale à 120 batt./min; bloc auriculoventriculaire du 1er degré; intervalle PR: 0,26 s**

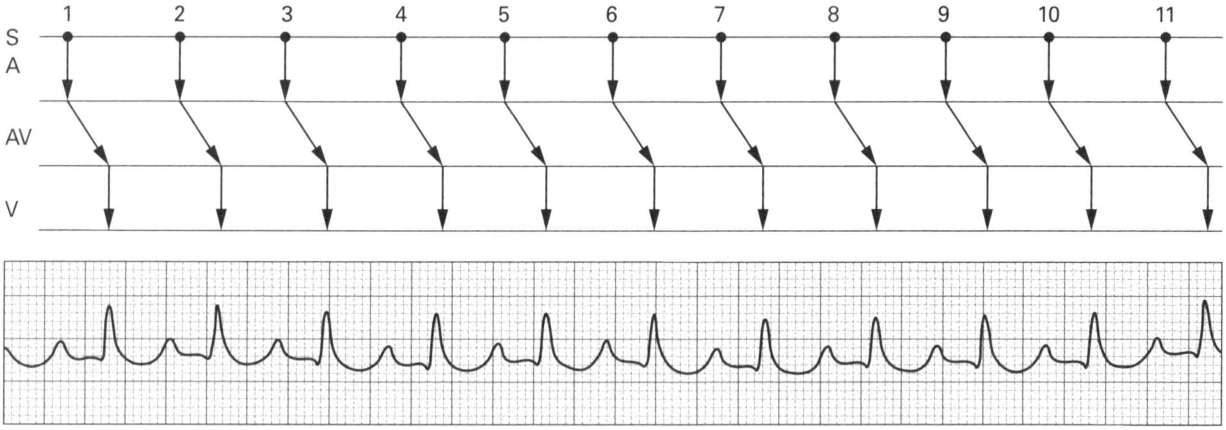

fréquemment entre 0,21 et 0,40 s). Le rythme de base est sinusal dans 90 % des cas, et le bloc siège au nœud AV dans sa partie moyenne: il s'agit d'un bloc incomplet.

Le retard de conduction varie en fonction de l'âge et de la fréquence. En effet, le PR peut varier de 0,20 à 0,23 s (variante physiologique normale possible) selon l'âge, s'il s'agit d'un athlète ou s'il y a bradycardie sur cœur sain. Le PR oscille entre 0,24 et 0,30 s lors d'une maladie cardiaque. Enfin, le PR peut atteindre 0,50 à 0,60 s.

7.3.3 Signes cliniques et traitement

À l'auscultation, le bruit cardiaque B1 est plus faible. Le bloc AV du 1er degré est généralement asymptomatique et ne nécessite aucun traitement, sauf s'il est associé à une bradycardie sinusale symptomatique.

7.4 Bloc auriculoventriculaire du 2e degré

Le bloc AV du 2e degré est caractérisé par une interruption intermittente de la conduction AV (bloc incomplet). Son incidence est de 4 à 10 % lors d'un syndrome coronarien aigu (Surawicz & Knilans, 2008). Il en existe deux types. Le type I, ou type Mobitz I, représente 90 % des blocs du 2e degré. Il est habituellement transitoire, et sa durée n'excède pas 48 heures. L'infarctus inférieur est un facteur prédisposant. Le type II, ou type Mobitz II, représente 10 % des blocs du 2e degré. L'occlusion de l'artère coronaire interventriculaire antérieure peut entraîner ce type de bloc AV.

7.4.1 Type I

Mécanisme électrophysiologique

Le bloc est induit par un allongement de l'intervalle AH jusqu'à la survenue d'une impulsion bloquée au nœud AV (*voir la figure 7.5*). Il s'agit d'un bloc pathologique. Le bloc est partiel et proximal, c'est-à-dire au-dessus du faisceau de His, principalement dans les tissus dont la conduction est sous l'influence des canaux sodiques ou calciques. Dans la majorité des cas, le rythme de base est sinusal. Associé à un bloc de branche, ce bloc se situe près du nœud AV dans 70 % des cas, et dans la région infranodale pour les 30 % restants (*voir la figure 7.5*). Ce bloc peut aussi apparaître chez le jeune adulte au cours du sommeil.

Critères électrocardiographiques

Les critères électrocardiographiques comprennent d'abord un allongement progressif de l'intervalle PR,

Figure 7.5 Correspondance électromécanique – type I

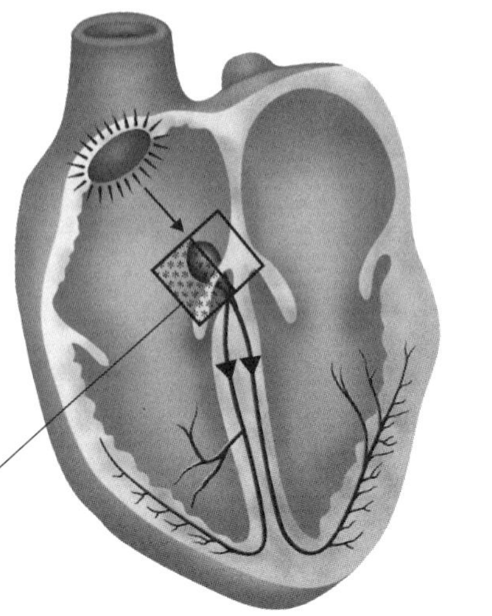

ou phénomène de Wenckebach, jusqu'à la survenue d'une onde P bloquée. L'expression «phénomène de Wenckebach» est aussi utilisée dans certaines formes de tachycardie auriculaire et de bloc sinoauriculaire. L'intervalle RR, incluant les P bloquées, est plus court que la somme de deux intervalles RR (*voir la figure 7.6*).

La conduction peut être fixe ou variable : elle s'exprime en comptant le nombre de P et de QRS entre deux pauses, ce qui correspond au phénomène de Wenckebach. Le type I peut aussi être caractérisé par une conduction fixe ou variable. Sur le tracé 7.1, la conduction est toujours la même puisque, d'une pause à l'autre, il y a trois P pour deux QRS. Ce rapport de conduction s'écrit 3:2. Sur le tracé 7.2, les rapports de conduction sont de types 3:2, 2:1 et 4:3, et ils se calculent d'une pause à l'autre. Il est à noter que sur les tracés, tous les premiers PR des séquences de Wenckebach sont identiques. De plus, en tenant compte de l'ensemble du tracé, les QRS ne sont pas équidistants ou réguliers entre eux.

Figure 7.6 Diagramme et tracé : rythme sinusal à 72 batt./min ; bloc auriculoventriculaire du 2e degré de type I avec conduction 4:3

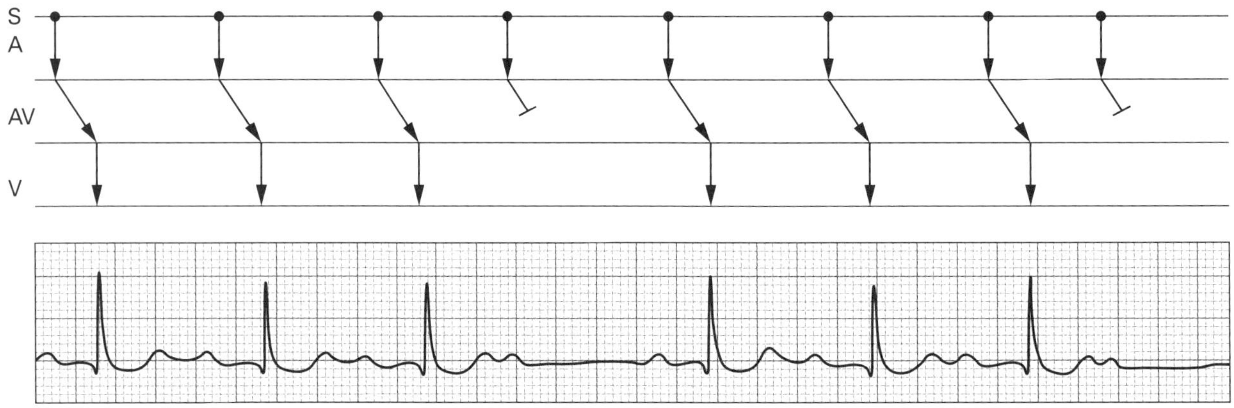

Tracé 7.1 Rythme sinusal à 100 batt./min ; bloc auriculoventriculaire du 2e degré de type I avec conduction 3:2

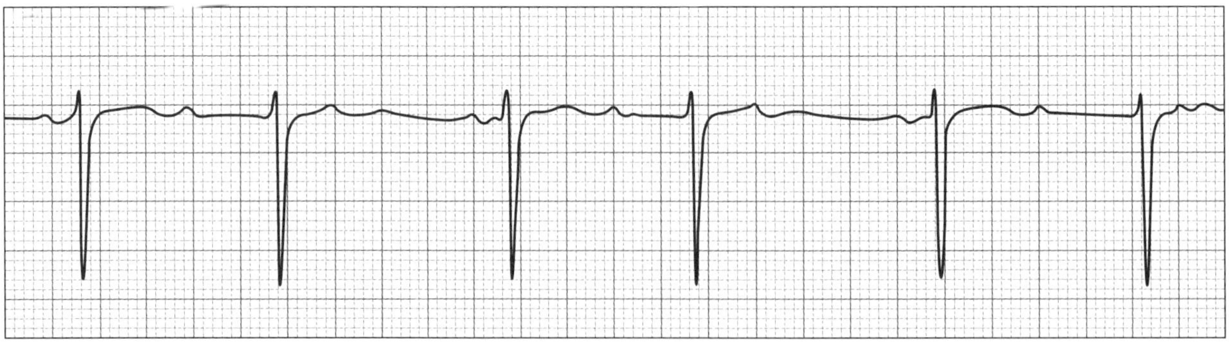

Tracé 7.2 **Tachycardie sinusale à 110 batt./min; bloc auriculoventriculaire du 2e degré de type I avec conduction 3:2, 2:1 et 4:3**

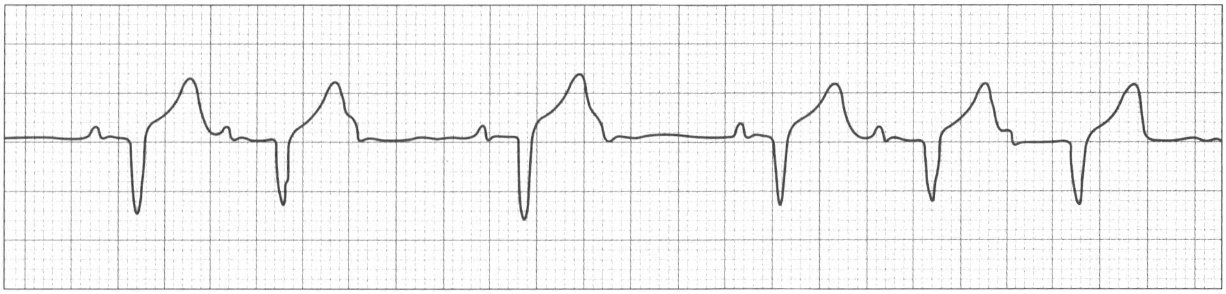

Le bloc AV du 2e degré de type I est généralement associé à l'infarctus inférieur ou postéro-inférieur. Localisé au nœud AV, ce bloc est précoce, progressif, bien toléré, transitoire et récidivant (*voir les tableaux 7.4 et 7.5*).

Signes cliniques

Des pulsations cardiaques légèrement irrégulières ainsi que des signes et des symptômes de la bradycardie, si le rythme sinusal est lent, sont les signes cliniques du bloc AV du 2e degré de type I.

Traitement

Généralement, le bloc AV de type I ne nécessite aucun traitement, sauf si le rythme sinusal de base est lent; dans ce cas, le traitement est celui de la bradycardie sinusale symptomatique (*voir le chapitre 5*). Une accélération de la fréquence cardiaque réduit l'intervalle PR et, dans certains cas, peut convertir le bloc en une conduction normale de type 1:1.

Tableau 7.4 **Caractéristiques électrocardiographiques selon le type de bloc du 2e degré**

Type de bloc	Siège du bloc	PR	QRS
Type I	Nœud AV	Long	Normal
Type II	Faisceau de His	Normal ou long	Normal
Type II	Branche	Normal ou long	Large

Surveillance clinique

Il convient de noter toute transition vers un bloc plus important ou l'installation d'un rythme de base plus lent associé ou non à des symptômes.

7.4.2 Type II

Mécanisme électrophysiologique

Le siège du bloc est distal au faisceau de His (environ 30 %) ou de ses branches. Ces structures obéissent à la loi du « tout ou rien »: elles laissent passer ou bloquent l'influx sinusal (*voir les figures 7.7 et 7.8*).

Figure 7.7 **Correspondance électromécanique – type II**

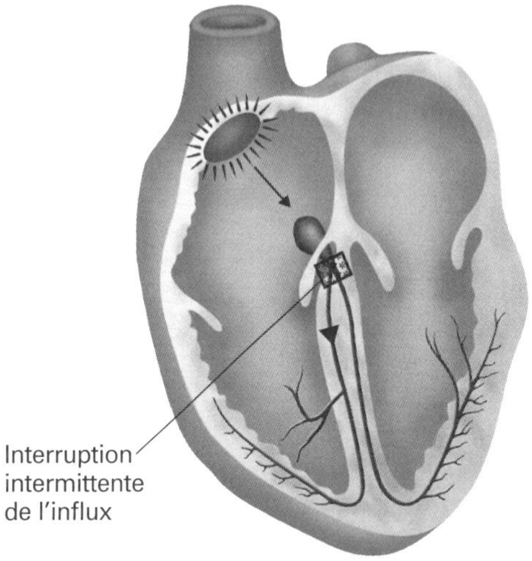

Figure 7.8 **Diagramme et tracé : bloc auriculoventriculaire du 2e degré de type II avec conduction 6:5**

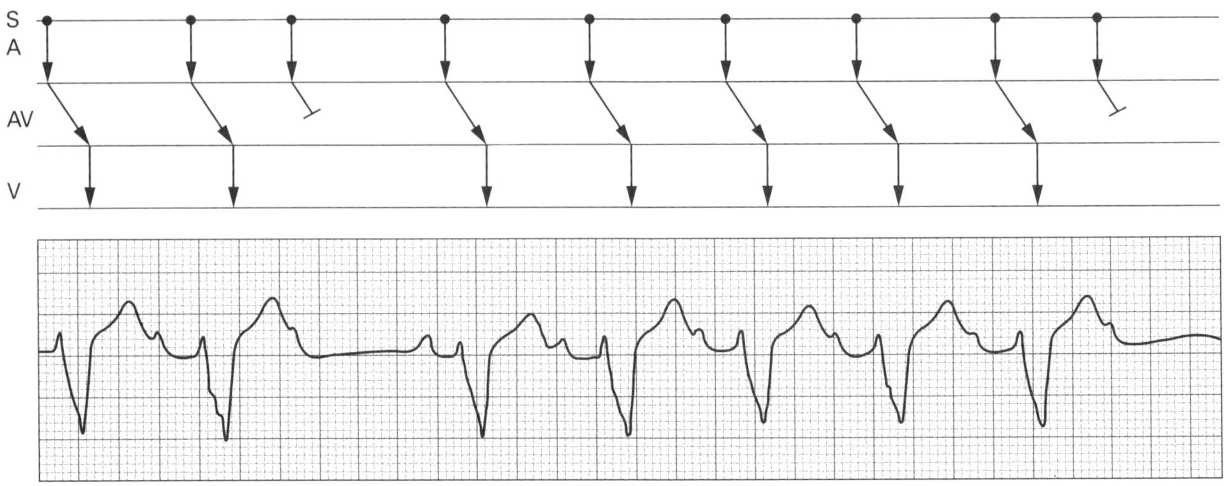

Critères électrocardiographiques

Les critères électrocardiographiques comprennent d'abord une onde P bloquée sur un intervalle PR constant. La conduction AV est fixe ou variable. La fréquence sinusale est plus élevée que la fréquence ventriculaire. Le complexe QRS est normal dans 27 à 35 % des cas ou il est élargi et dépend de la localisation du bloc AV (Surawicz & Knilans, 2008). L'intervalle PR peut être normal ou allongé, mais il reste constant (*voir la section 7.7*).

Signes cliniques

Des pulsations régulières ou irrégulières en relation avec le mode de conduction de même que des signes et des symptômes du bloc AV complet (*voir la section 7.6.3*), si la fréquence ventriculaire est lente, sont les signes cliniques du bloc AV du 2e degré de type II.

Traitement

L'observation, la médication et l'installation d'un cardiostimulateur transcutané ou endoveineux, temporaire ou permanent, sont les interventions thérapeutiques indiquées pour un bloc AV du 2e degré de type II. Toute fréquence ventriculaire lente et susceptible d'entraîner un syndrome de bas débit doit être considérée, et ce, indépendamment de son origine sinusale, auriculaire, auriculoventriculaire, jonctionnelle ou ventriculaire. À ce sujet, il convient de se référer aux algorithmes thérapeutiques de la bradycardie présentés dans les figures 7.13 et 7.14.

Surveillance clinique

La surveillance clinique comprend le rapport de toute transition vers un bloc AV de haut degré ou un bloc complet, l'observation des signes et des symptômes d'une baisse du débit cardiaque (*voir le tableau 5.1*) et la consignation de la réponse aux manœuvres thérapeutiques.

7.4.3 Bloc auriculoventriculaire avec conduction 2:1

Pour un bloc AV avec conduction 2:1, il est souvent impossible de différencier le type I du type II. Cependant, un PR long et un QRS fin favorisent un type I, tandis qu'un QRS normal et large milite en faveur d'un type II. L'étude endocavitaire du faisceau de His objective la localisation du bloc AV (*voir le tracé 7.3*).

7.4.4 Approche diagnostique des blocs auriculoventriculaires du 2e degré selon le type de bloc

Le tableau 7.5 montre la corrélation entre les principaux paramètres physiologiques et les deux types de blocs AV du 2e degré.

Tracé 7.3 **Rythme sinusal à 85 batt./min; bloc de la branche gauche complet (QRS > 0,12 s); bloc auriculoventriculaire du 2e degré avec conduction 2:1**

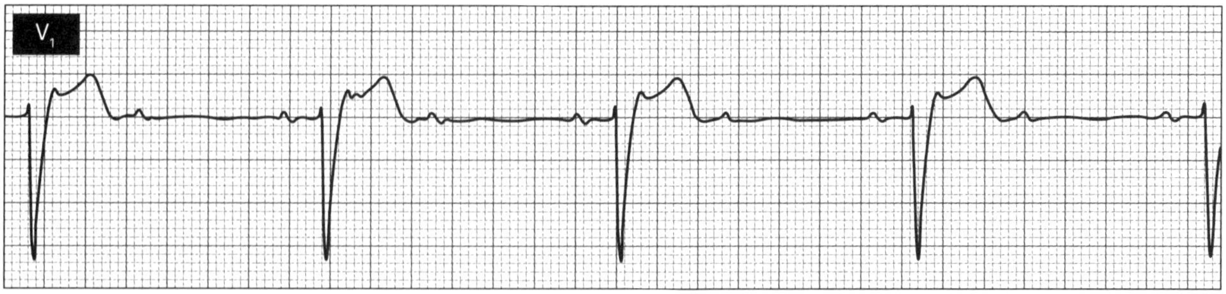

Tableau 7.5 **Corrélation entre des paramètres physiologiques et les types de blocs auriculoventriculaires du 2e degré**

Paramètres physiologiques	Bloc de type I	Bloc de type II
Siège du bloc	Nœud AV	His-Purkinje
Vitesse de conduction	Lente	Rapide
Période réfractaire relative	Longue	Cliniquement inexistante
Stimulation sympathique	Accélère la conduction	Aucun effet
Stimulation parasympathique	Ralentit la conduction	Aucun effet
Digitale – bloquants calciques	Ralentissent la conduction	Aucun effet
β-bloquants – adénosine	Ralentissent la conduction	Aucun effet
Intervalle PR	Long	Normal ou long
Durée QRS	Normale	His: normale Distale au His: large

Source: Adapté de Waugh, R.A., Ramo, B.W., Wagner, G.S., & Gilbert, M. (Eds) (1994). *Cardiac arrhythmias: A practical guide for the clinician* (2nd ed.). Philadelphia: F.A. Davis Company.

7.4.5 Étude endocavitaire du faisceau de His

Dans certains cas, en raison des incertitudes de l'ECG de surface, l'enregistrement de l'activité du tronc du faisceau de His devient utile pour poser le diagnostic topographique des blocs AV (*voir le tableau 7.6 et la figure 7.9*).

Schématiquement, la propagation de la conduction depuis le nœud sinusal jusqu'à la dépolarisation septale ventriculaire est représentée par des intervalles dont les valeurs sont considérées comme électrophysiologiques. Les intervalles normaux sont:

- SA: ± 25 à ± 45 ms
- AH: ± 60 à ± 120 ms
- HV: ± 35 à ± 55 ms

L'intervalle SA témoigne de la conduction sinoauriculaire et s'étend du début de l'onde P de l'ECG de surface jusqu'à l'onde A de l'électrogramme de His.

La conduction auriculoventriculaire se situe entre l'onde P et le complexe QRS, particulièrement dans le tiers terminal du segment PR. En enregistrement endocavitaire, elle se place entre l'onde A, qui représente l'activité électrique de la partie basse de l'oreillette droite, et l'activité hissienne, qui précède l'activation ventriculaire.

L'activité du tronc hissien (H) délimite donc deux intervalles: l'un, appelé intervalle AH, qui précède l'activité du faisceau de His; l'autre, appelé HV, qui suit l'activité du faisceau de His et de ses branches (réseau de Purkinje).

Tableau 7.6 **Site du bloc**

Bloc suprahissien	
• Au nœud AV ou à la portion proximale du faisceau de His – Foyer de substitution hissien – Dépolarisation synchrone des deux ventricules • ECG – QRS normal • Endocavitaire – Intervalle AH prolongé	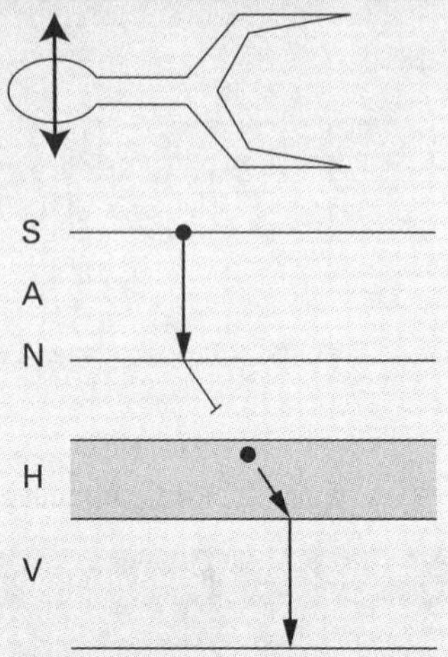

Bloc intrahissien	
• Au tronc du faisceau de His – Foyer de substitution dans la partie distale du faisceau de His – Dépolarisation ventriculaire synchronisée • ECG – QRS normal • Endocavitaire – Intervalle HV peu modifié	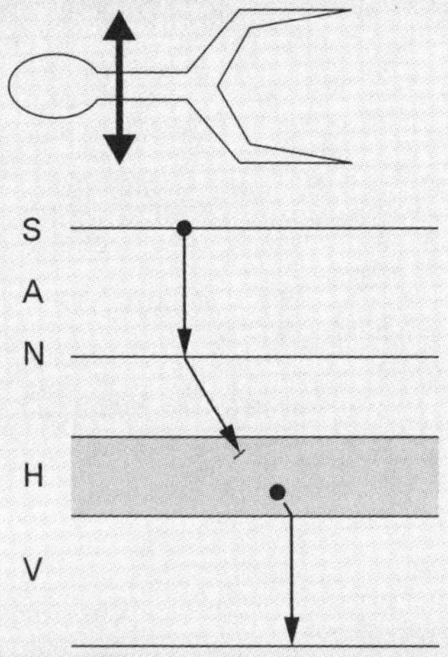

Bloc infrahissien	
• À la partie distale du faisceau de His – Foyer de substitution dans une branche – Aspect de bloc de branche • ECG – QRS élargi • Endocavitaire – Intervalle HV allongé	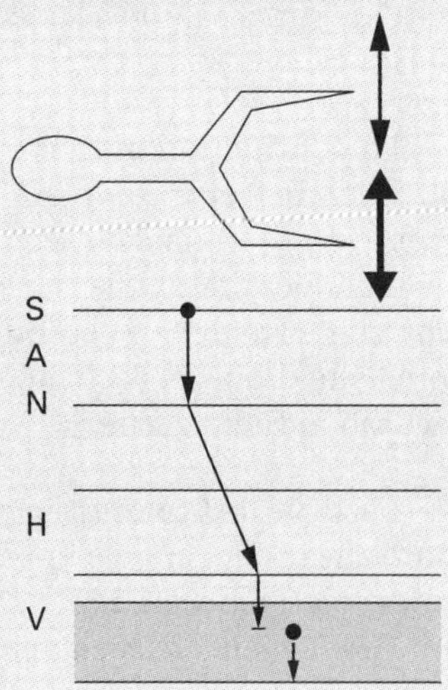

Figure 7.9 **Électrocardiogramme endocavitaire du faisceau de His**

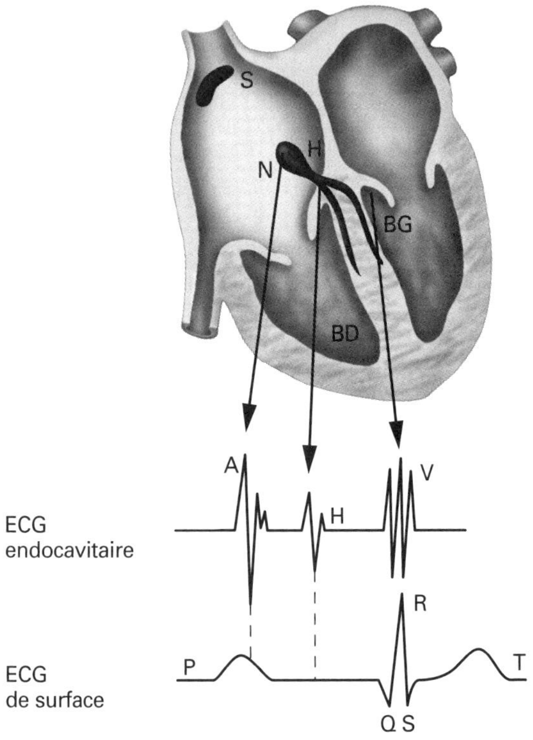

7.5 Bloc auriculoventriculaire de haut degré, ou avancé

7.5.1 Critères électrocardiographiques

Dans ce type de bloc, au moins deux des impulsions supraventriculaires consécutives ne parviennent pas à dépolariser les ventricules. Une fibrillation auriculaire avec réponse ventriculaire lente ou un flutter auriculaire avec mode de conduction égal ou supérieur à 5:1 devraient évoquer un bloc auriculoventriculaire (BAV) de haut degré ou un BAV complet. Plus de 50 % des impulsions sont bloquées sur l'ensemble du tracé. Des captures ventriculaires sont occasionnelles. Le mode de conduction s'établit en additionnant le nombre d'ondes P bloquées entre deux cycles sinusaux consécutifs à l'onde P qui entraîne un complexe QRS (*voir la figure 7.10*). La conduction peut être fixe ou variable. Les modes de conduction possibles sont les suivants:

- 3:1, où 2 ondes P sinusales sur 3 restent bloquées;
- 4:1, où 3 ondes P sinusales sur 4 restent bloquées;
- 5:1, où 4 ondes P sinusales sur 5 restent bloquées.

7.5.2 Signes cliniques et traitement

Les signes cliniques, l'approche thérapeutique et le traitement sont identiques à ceux du bloc AV complet.

7.6 Bloc auriculoventriculaire du 3e degré, ou bloc auriculoventriculaire complet

Le bloc AV du 3e degré se caractérise par l'absence complète de conduction entre les oreillettes et les ventricules. Il s'agit d'une interruption complète de la conduction AV. Le siège du bloc peut être au nœud AV, au faisceau de His et dans les branches. Son incidence est de 2,5 à 8 % depuis l'introduction de la thérapie thrombolytique, lorsqu'il y a syndrome coronarien aigu (Surawicz & Knilans, 2008).

7.6.1 Mécanisme électrophysiologique

Le mécanisme en cause est une dissociation auriculoventriculaire (*voir les figures 7.11 et 7.12*): les oreillettes et les ventricules sont dissociés dans leur conduction. Un influx sinusal active les oreillettes, mais le nœud AV bloque le passage à l'étage inférieur. Les ventricules sont alors dépolarisés par un autre centre d'automatisme situé au-dessous du nœud AV, soit la jonction du faisceau de His ou le réseau de Purkinje. La conduction ventriculoauriculaire est aussi possible.

Figure 7.11 **Correspondance électromécanique – bloc auriculoventriculaire du 3e degré**

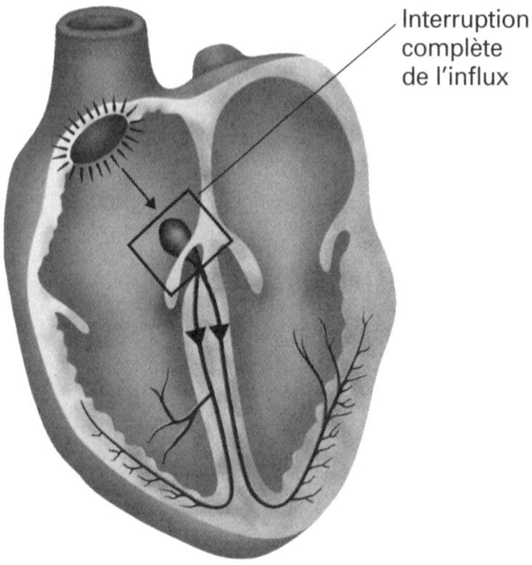

Figure 7.10 **Diagramme et tracé: tachycardie sinusale à 120 batt./min; bloc auriculoventriculaire de haut degré avec conduction 4:1**

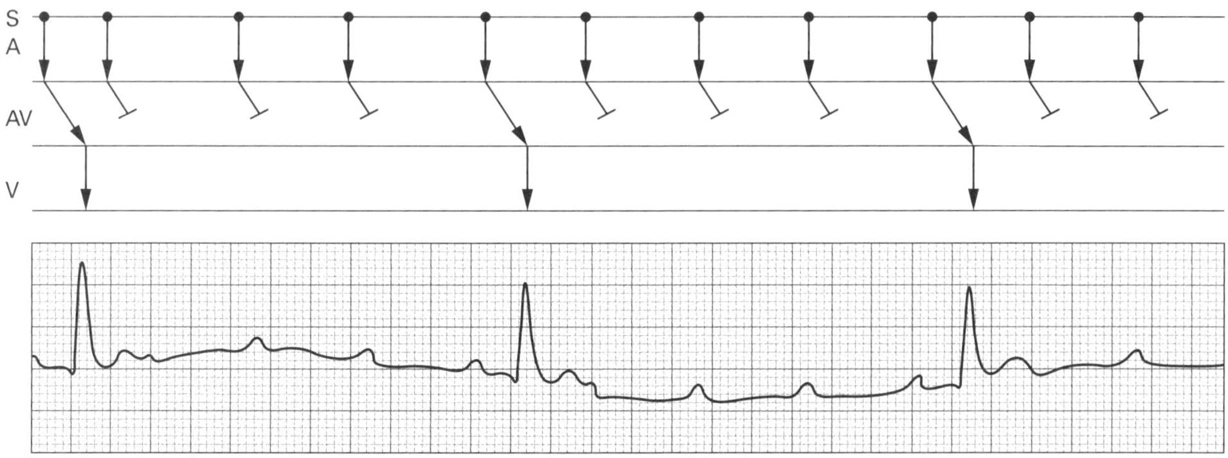

Figure 7.12 Diagramme et tracé : rythme sinusal à 66 batt./min ; bloc auriculoventriculaire complet sur un rythme d'échappement jonctionnel à ± 43 batt./min

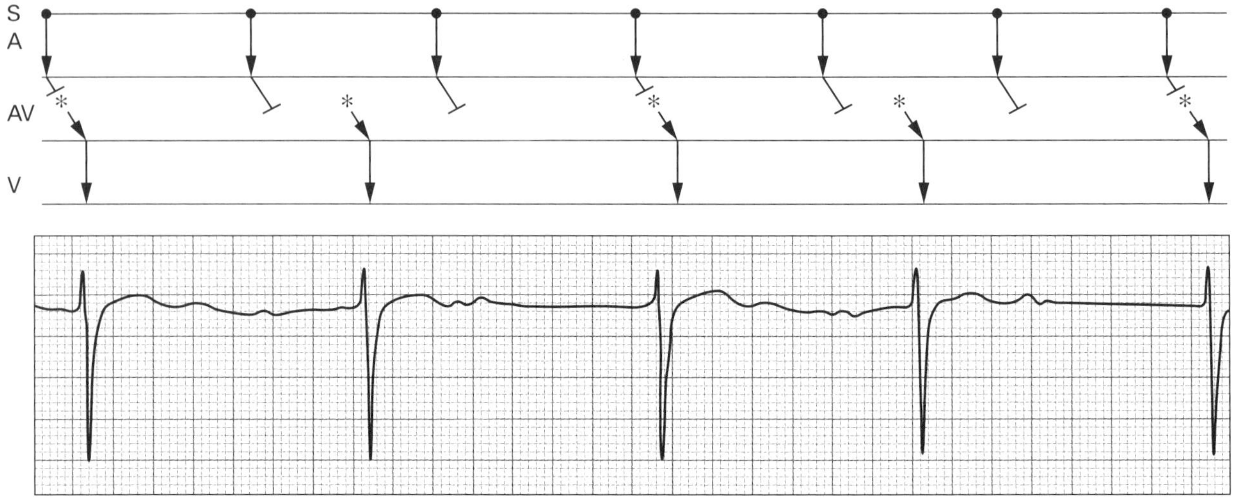

7.6.2 Critères électrocardiographiques

L'intervalle PR varie constamment à cause de la dissociation auriculoventriculaire. La fréquence sinusale ou auriculaire est plus rapide que la fréquence ventriculaire (arythmie sinusale ventriculophasique). L'intervalle PP est régulier ou légèrement irrégulier. Les QRS sont fins ou larges, réguliers et plus lents que ceux de la fréquence supraventriculaire. L'arythmie sinusale ventriculophasique (30 à 40 %) peut parfois constituer le rythme de base : l'intervalle PP avec QRS est alors plus court que l'intervalle PP sans QRS (*voir le tracé 7.4*).

Morphologie du complexe QRS et fréquence ventriculaire

Lorsqu'il y a présence d'un bloc complet de la conduction auriculoventriculaire, il y a mise en activité de centres d'automatisme latents. Ces générateurs de relève, c'est-à-dire le rythme d'échappement jonctionnel ou le rythme d'échappement ventriculaire, « s'échappent » à leur fréquence électrophysiologique afin de prévenir l'arrêt cardiaque.

Le rythme d'échappement jonctionnel (REJ) est le centre d'automatisme jonctionnel ; le bloc est proximal à la bifurcation du faisceau de His. Les complexes QRS sont fins, sauf si le bloc de branche est concomitant. La fréquence ventriculaire approximative se situe entre 40 et 60 batt./min (*voir le tracé 7.5*).

Le rythme d'échappement ventriculaire (REV) est le centre d'automatisme ventriculaire ; le bloc est distal, en aval du faisceau de His (réseau de Purkinje). Les complexes QRS sont larges. La fréquence ventriculaire approximative se situe entre 20 et 40 batt./min (*voir le tracé 7.6*).

Interprétation

L'interprétation d'un tracé doit inclure le rythme et la fréquence supraventriculaires, le type de bloc AV ainsi que l'origine du rythme d'échappement et la fréquence ventriculaire (*voir le tracé 7.7*).

7.6.3 Signes cliniques

Les signes cliniques du bloc AV du 3e degré sont présentés dans l'encadré 7.1. Au cours d'un bloc AV complet, les signes et les symptômes sont intimement liés à la fréquence ventriculaire.

7.6.4 Traitement

L'observation, la médication et l'installation d'un cardiostimulateur transcutané ou endoveineux,

Tracé 7.4 Arythmie sinusale ventriculophasique de 63 à 75 batt./min; bloc auriculoventriculaire complet sur un rythme d'échappement jonctionnel à ± 50 batt./min

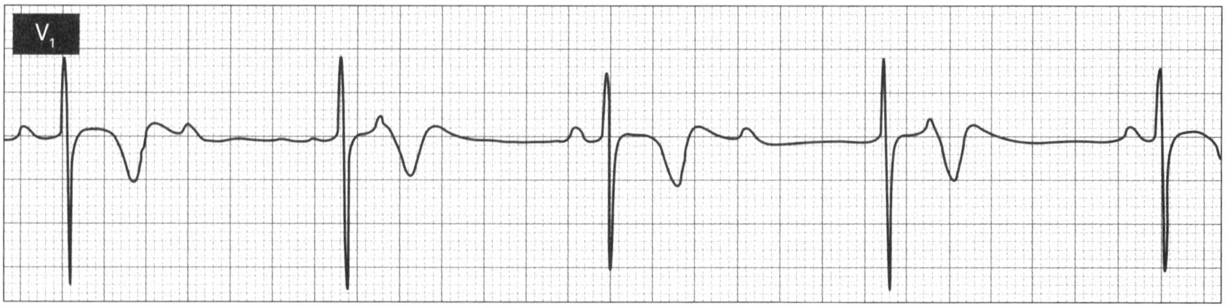

Tracé 7.5 Rythme sinusal à 66 batt./min; bloc auriculoventriculaire complet sur un rythme d'échappement jonctionnel à ± 43 batt./min

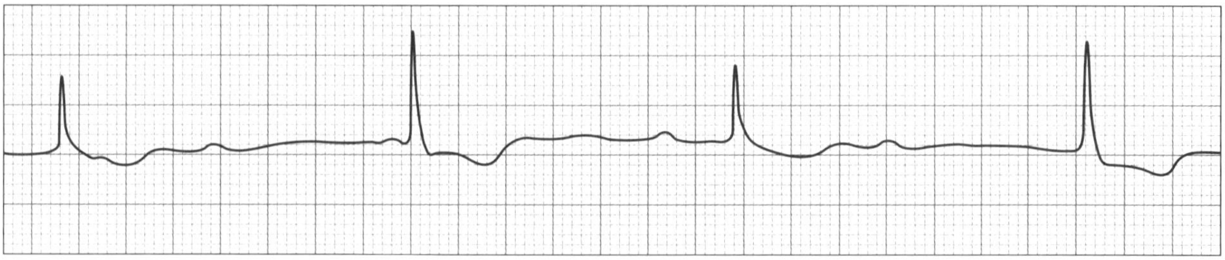

Tracé 7.6 Rythme sinusal à 69 batt./min; bloc auriculoventriculaire complet sur un rythme d'échappement ventriculaire à ± 40 batt./min

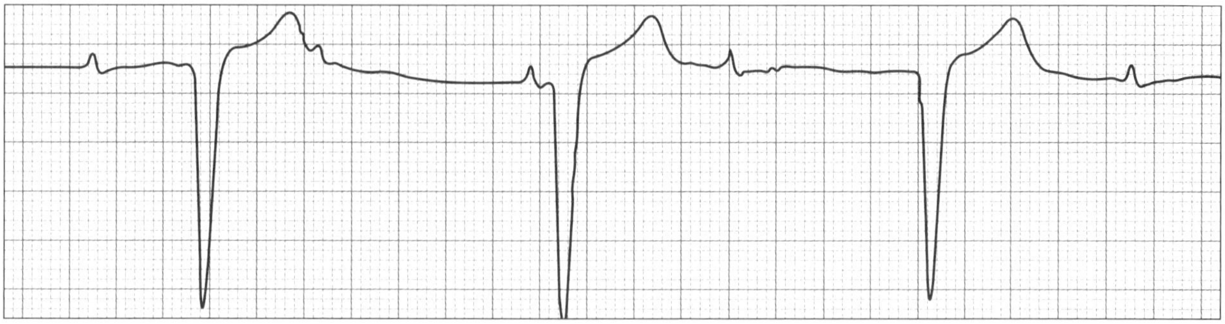

Tracé 7.7 Rythme sinusal à 90 batt./min; bloc auriculoventriculaire du 3e degré sur un rythme d'échappement jonctionnel à 42 batt./min

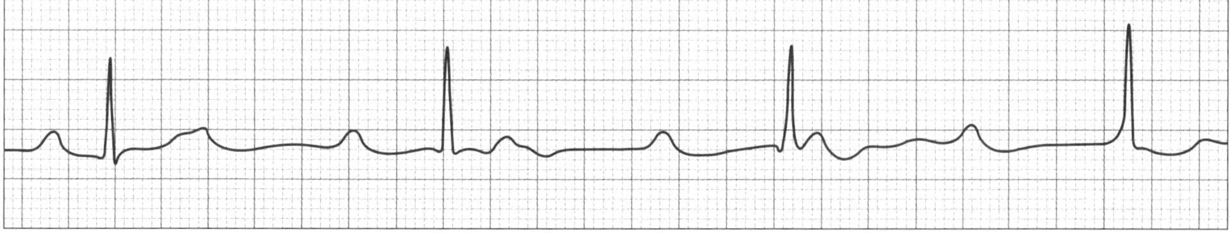

temporaire ou permanent, sont les interventions thérapeutiques indiquées pour un bloc AV du 3e degré. Toute fréquence ventriculaire lente et susceptible d'entraîner un syndrome de bas débit doit être considérée, et ce, indépendamment de son origine sinusale, auriculaire, jonctionnelle ou ventriculaire. À ce sujet, il convient de se référer aux algorithmes thérapeutiques de la bradycardie présentés dans les figures 7.13 et 7.14.

Figure 7.13 **Algorithme de la bradycardie – Soins avancés en réanimation (adaptation nord-américaine)**

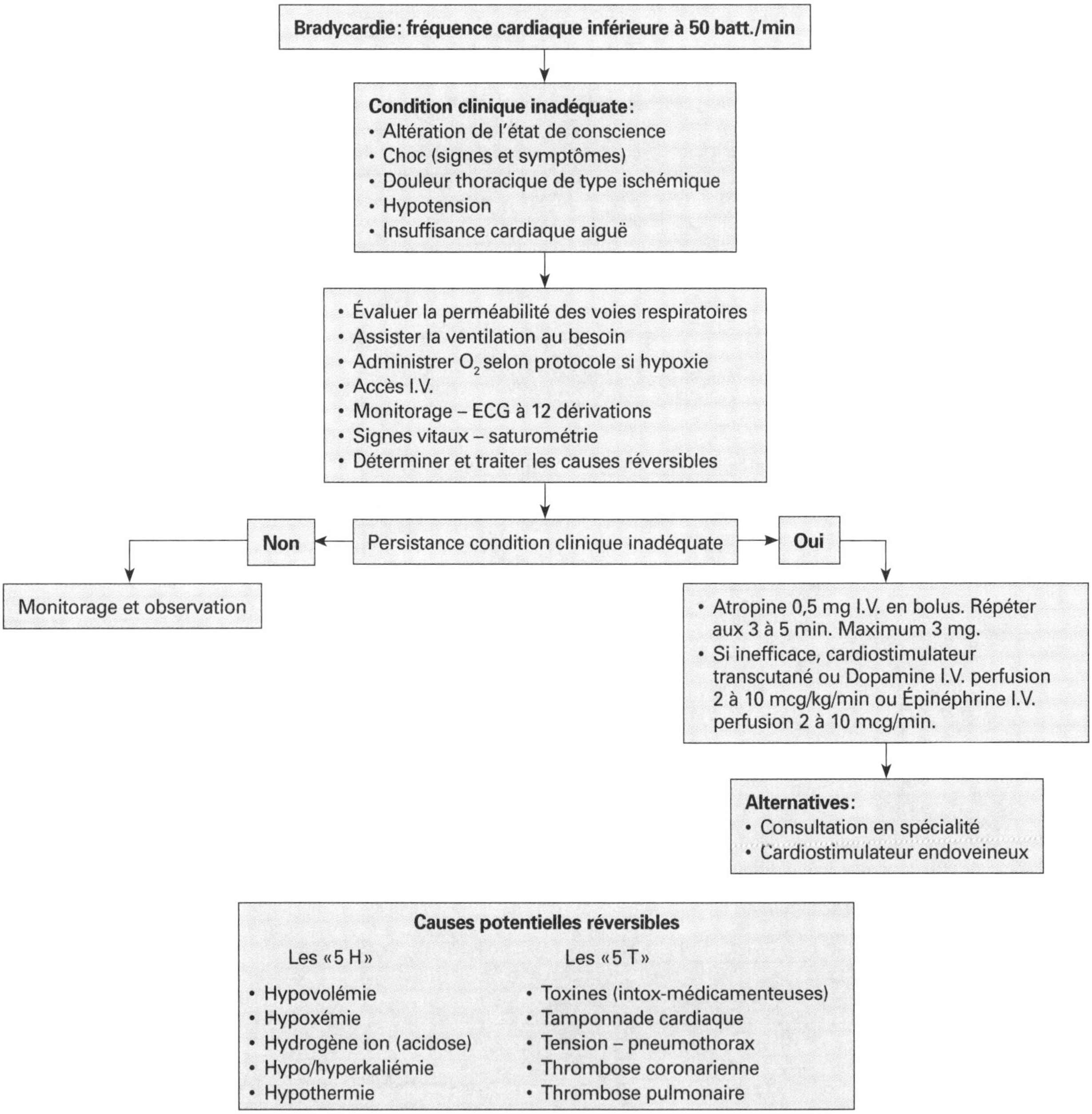

Source: Reproduit de Circulation, Journal of The American Heart Association, Part 8: adult advanced cardiovascular life support, American Heart Association, p.S749, 2010.

Encadré 7.1 Signes cliniques du bloc auriculoventriculaire du 3e degré

- Asymptomatique
- Auscultation : variation d'intensité des bruits cardiaques B1 et B3 à l'apex
- Dyspnée
- Fatigue
- Fréquence lente et régulière de 20 à 50 batt./min
- Pulsations veineuses jugulaires brusques appelées « ondes de canon sur les jugulaires » ; reflet d'une oreillette droite qui se contracte sur une valvule tricuspide fermée, entraînant le phénomène de la dissociation auriculoventriculaire
- Syndrome d'Adams-Stokes : lipothymies ou syncopes, conséquences de l'hypoperfusion cérébrale
- Syndrome lié à l'hypoperfusion cérébrale ou à la baisse du débit cardiaque (*voir le tableau 5.1*)

Figure 7.14 **Algorithme de la bradycardie – Soins avancés en réanimation (adaptation européenne)**

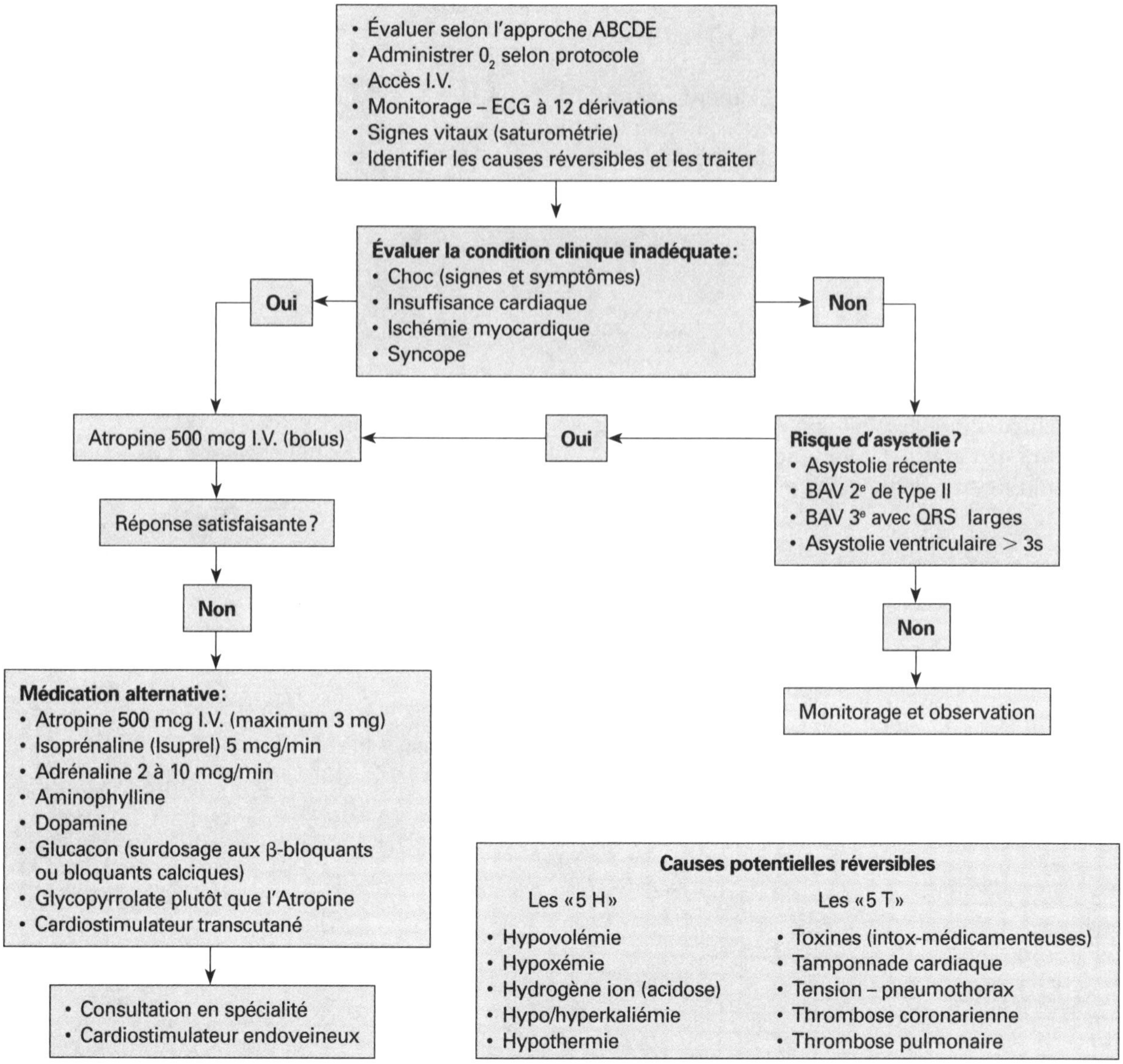

Source : Adapté de European Resuscitation Council (ERC) (2010). European Resuscitation Council Guidelines for Resuscitation 2010. *Resuscitation, 81*, p. 1332.

7.6.5 Surveillance clinique

La surveillance clinique comprend l'observation des signes et des symptômes d'un bas débit (*voir le tableau 5.1*) ainsi que l'évaluation de la réponse aux manœuvres thérapeutiques. Il est à noter que la bradycardie sinusale et le bloc AV précoce, accompagnés d'une hypotension et d'une baisse du débit cardiaque, tendent à augmenter la masse myocardique nécrosée, à créer une instabilité électrique myocardique et à occasionner une fibrillation ventriculaire.

7.7 Théorie des «P bloquées»

La théorie des «P bloquées» est une approche mnémotechnique qui a pour but de démystifier rapidement et efficacement les blocs AV des 2e et 3e degrés, de même que les extrasystoles auriculaires (ESA) bloquées (*voir la figure 7.15*).

7.8 Asystolie

L'asystolie consiste en l'absence totale d'activation ventriculaire associée ou non à une dépolarisation auriculaire. L'incidence est de 1 à 14 % lorsque l'asystolie est associée à un syndrome coronarien.

7.8.1 Mécanisme électrophysiologique

Les fibres ventriculaires ne sont pas activées par l'impulsion d'origine supraventriculaire. Les centres automatiques de relève sont supprimés (*voir la figure 7.16*).

L'asystolie peut également faire suite à une réaction vagale ou à un bloc siégeant au nœud AV. Elle peut être aussi liée à un phénomène de la phase 4 du potentiel d'action (*voir la section 4.4.3*). Dans ces cas, le pronostic est plus favorable.

Figure 7.16 **Correspondance électromécanique – asystolie**

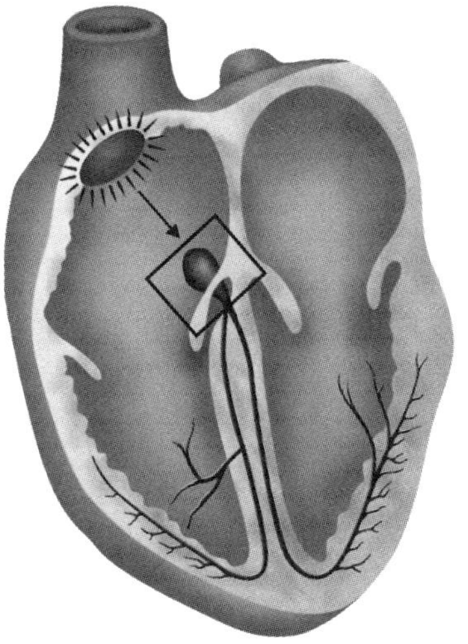

Figure 7.15 **Théorie des «P bloquées»**

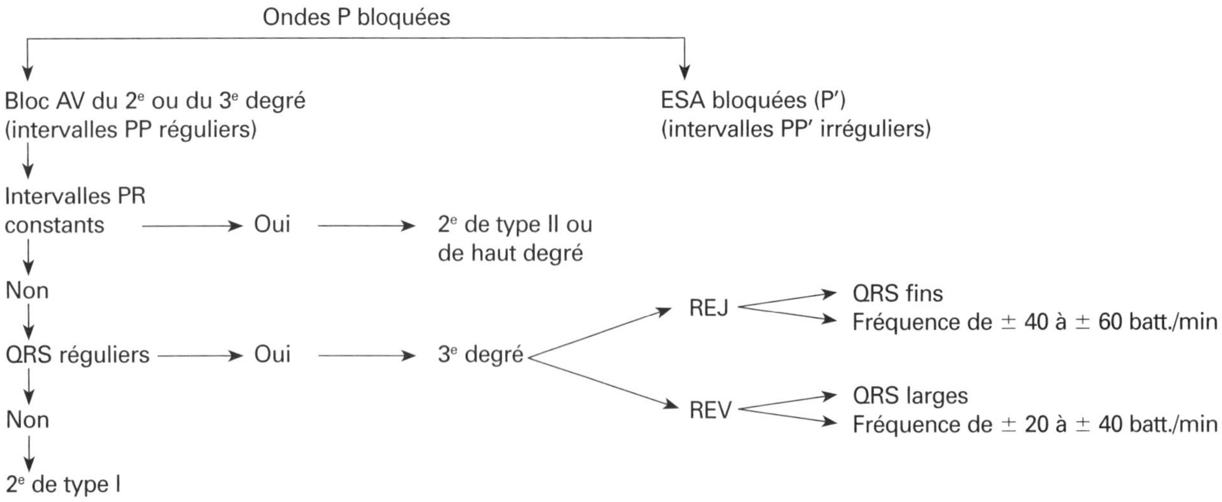

7.8.2 Critères électrocardiographiques

Les critères électrocardiographiques dépendent du type d'asystolie. Il y a deux types d'asystolie : l'asystolie complète et l'asystolie ventriculaire. L'asystolie complète est caractérisée par une absence totale d'activation auriculaire et ventriculaire dont la durée est supérieure à 3 s. Il y a absence du cycle PQRST (*voir la figure 7.17*).

Pour sa part, l'asystolie ventriculaire est caractérisée par l'absence d'activation ventriculaire, malgré une dépolarisation auriculaire. Dans ce type d'asystolie, les intervalles PP sont plus ou moins réguliers pour le rythme sinusal, les intervalles FF sont réguliers s'il s'agit d'un flutter auriculaire et la ligne isoélectrique est hachurée pour la fibrillation auriculaire. Pour tous ces rythmes, les complexes QRS sont absents pour une durée supérieure à 3 s (*voir la figure 7.18*).

Figure 7.17 **Diagramme et tracé d'une asystolie complète**

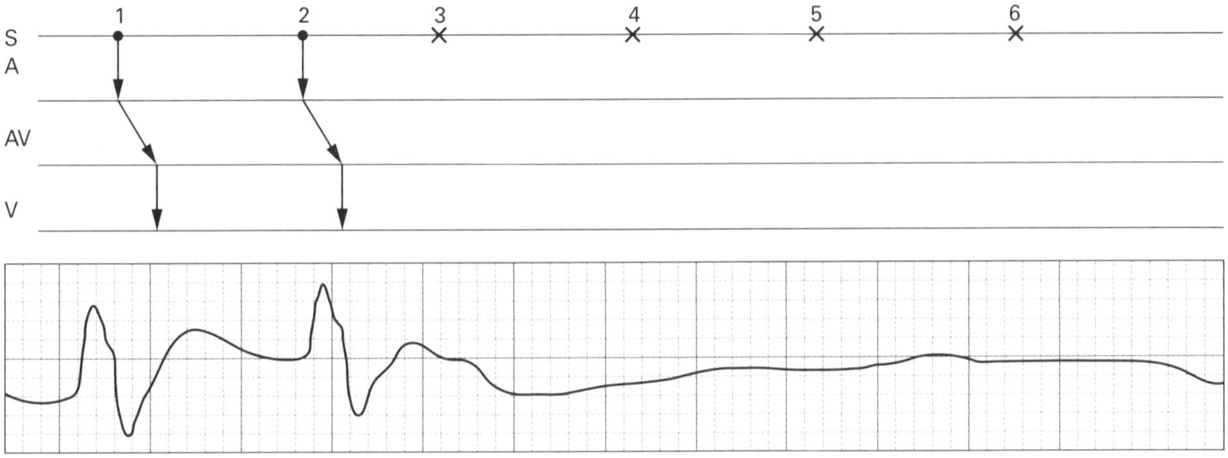

Figure 7.18 **Diagramme et tracé d'une asystolie ventriculaire**

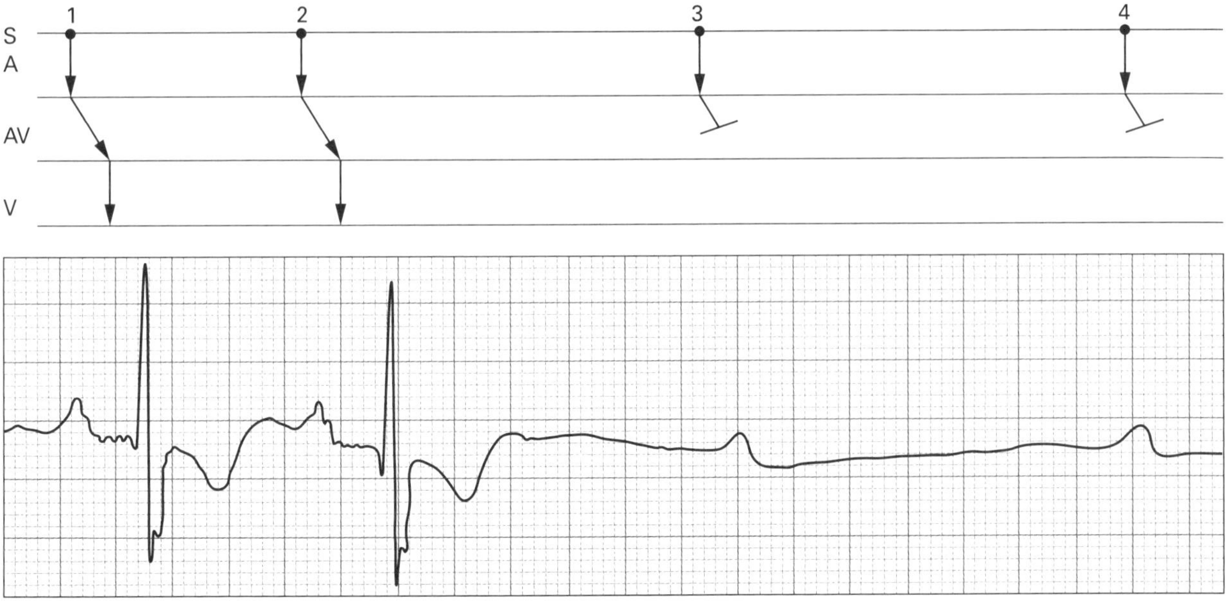

7.8.3 Étiologie

L'étiologie de l'asystolie est présentée dans l'encadré 7.2.

7.8.4 Signes cliniques

Les signes et les symptômes de l'asystolie sont les mêmes que ceux de l'arrêt cardiorespiratoire.

7.8.5 Traitement

Le traitement de l'asystolie correspond aux soins avancés en réanimation cardiorespiratoire. La priorité est d'obtenir un rapport de compressions/ventilations de 30:2 sans interruption. Une vérification du rythme et de la pulsation doit être effectuée toutes les deux minutes. La reprise immédiate du cycle compressions/ventilations est à prévoir si l'asystolie est persistante. De l'adrénaline 1 mg par voie intraveineuse (I.V.) ou intraosseuse (I.O.) doit être administrée toutes les 3 à 5 min. La vasopressine 40 unités peut être substituée à la première ou à la deuxième dose d'adrénaline. Le traitement comprend également la détermination et le traitement des causes réversibles (*voir les figures 7.13 et 7.14*). La pharmacothérapie de l'asystolie est présentée dans les tableaux 7.7 à 7.10.

Encadré 7.2 Étiologie de l'asystolie

- Acidose métabolique sévère
- Arythmies (activité électrique sans pouls, arrêt sinusal, BAV complet, fibrillation ventriculaire)
- Déséquilibres électrolytiques (hypokaliémie, hyperkaliémie, hypocalcémie, hypomagnésémie)
- Embolie pulmonaire massive
- État de choc
- Hypertonie vagale intense
- Hypothermie
- Insuffisance cardiaque sévère
- Insuffisance respiratoire
- Intoxication médicamenteuse
- Perfusion coronarienne inadéquate et prolongée
- Syndrome coronarien aigu
- Tamponnade

Tableau 7.7 **Pharmacothérapie des anomalies de la jonction auriculoventriculaire : Sulfate d'atropine**

Mécanismes d'action	Parasympatholytique dont l'action vagolytique entraîne une accélération de la fréquence cardiaque et une augmentation de la conduction auriculoventriculaire.
Pharmacologie	**Posologie:** 0,5 à 1,0 mg I.V. toutes les 3 à 5 min, pour une dose maximale de 3 mg ou 0,04 mg/kg. Une dose inférieure à 0,5 mg pourrait entraîner une bradycardie paradoxale transitoire. **Asystolie:** 1 mg I.V. toutes les 3 à 5 min, pour une dose maximale de 3 mg ou 0,04 mg/kg. La dose peut être administrée par voie parentérale.
Indications	Bradycardie sinusale symptomatique à QRS fins
Contre-indications	Asystolie et activité électrique sans pouls
Effets secondaires	Tachycardie, mydriase, rétention urinaire et modification du segment ST à l'ECG
Surveillance clinique	Réponse thérapeutique et signes vitaux

Tableau 7.8 **Pharmacothérapie des anomalies de la jonction auriculoventriculaire : Chlorhydrate d'isoprotérénol (Isuprel[MD])**

Mécanismes d'action	Sympathomimétique stimulateur des récepteurs β-adrénergiques. Ses effets sont chronotropes, dromotropes et inotropes positifs. Le médicament entraîne une diminution de la résistance périphérique et un effet bronchodilatateur.

▼

Tableau 7.8 **Pharmacothérapie des anomalies de la jonction auriculoventriculaire : Chlorhydrate d'isoprotérénol (Isuprel[MD]) (*suite*)**

Pharmacologie	Dilution de 0,2 mg I.V./1 ml dans 100 ml de dextrose 5 % ou de Na Cl 0,9 %. Perfusion continue, débit à 2 mcg/min (60 ml/h).
Indications	Contrôle temporaire d'une bradycardie, avec ou sans bloc AV, qui est hémodynamiquement significative et réfractaire à l'atropine. Attente d'un cardiostimulateur.
Effets secondaires	Risque d'arythmies cardiaques, d'hypertension, d'hypotension, de palpitations, de douleur angineuse
Surveillance clinique	Survenue d'une douleur angineuse, monitorage continu, signes vitaux, débit urinaire, pression veineuse centrale et gazométrie sanguine

Tableau 7.9 **Pharmacothérapie des anomalies de la jonction auriculoventriculaire : Épinéphrine (Adrenaline[MD])**

Mécanismes d'action	Catécholamine endogène sympathomimétique administrée par voie intraveineuse ou endotrachéale. L'épinéphrine exerce une action stimulatrice sur les récepteurs alpha et bêta. À faible dose, les récepteurs bêta 1 et bêta 2 sont stimulés. À dose thérapeutique, les récepteurs alpha et bêta 1 sont stimulés.
Pharmacologie	**Sur le plan cardiaque :** effets bathmotropes, chronotropes et inotropes positifs ; consommation d'oxygène augmentée **Sur le plan vasculaire :** pression artérielle et résistances vasculaires périphériques accrues
Posologie	1 mg I.V. en bolus toutes les 3 à 5 min
Dilution	1 pour 10 000 (10 ml de la solution contient 10 mg d'adrénaline) et 1 pour 1 000 (1 ml de la solution contient 1 mg d'adrénaline)
Indications	Asystolie, activité électrique sans pouls, choc cardiogénique et fibrillation ventriculaire avec des ondes de faible amplitude
Surveillance clinique	Réponse thérapeutique et signes vitaux

Tableau 7.10 **Pharmacothérapie des anomalies de la jonction auriculoventriculaire : Chlorhydrate de dopamine (Intropin[MD] – Révimine[MD])**

Mécanismes d'action	Sympathomimétique qui augmente le débit cardiaque par son action inotrope positive sur le myocarde. En plus de stimuler les récepteurs alpha et bêta, les récepteurs dopaminergiques sont touchés. Ces récepteurs dopaminergiques sont situés dans les muscles vasculaires lisses rénaux, mésentériques, coronariens et cérébraux. L'effet du médicament est proportionnel à la dose administrée.
Effets hémodynamiques	Augmente la perfusion rénale (dose dopaminergique), augmente le débit cardiaque (dose β-adrénergique) et accroît les résistances périphériques et la pression artérielle (dose α-adrénergique).
Pharmacologie	**À faible dose, de 2 à 5 mcg/kg/min :** vasodilatation des vaisseaux sanguins rénaux et mésentériques, et augmentation du débit cardiaque sans accroissement de la fréquence cardiaque et de la pression artérielle. **À dose modérée, de 5 à 10 mcg/kg/min :** stimulation directe des récepteurs bêta 1, d'où l'effet inotrope positif ; stimulation indirecte des récepteurs alpha, ce qui entraîne une vasoconstriction périphérique et une augmentation de la pression artérielle. **À dose supérieure à 10 mcg/kg/min :** vasoconstriction des vaisseaux sanguins rénaux et mésentériques, augmentation des résistances périphériques et élévation de la pression artérielle diastolique. Cependant, la vasoconstriction systémique et l'augmentation du débit cardiaque maintiennent la pression artérielle à des niveaux acceptables. **Pharmacocinétique :** début d'action d'environ 5 min ; durée d'action inférieure à 10 min ; demi-vie de 2 min

▼

Tableau 7.10 **Pharmacothérapie des anomalies de la jonction auriculoventriculaire : Chlorhydrate de dopamine (Intropin^MD – Révimine^MD) (*suite*)**

Indications	Correction des déséquilibres hémodynamiques associés au choc, à un traumatisme et à une chirurgie à cœur ouvert
Effets secondaires	Arythmies cardiaques, nausées, vomissements, douleurs angineuses, palpitations, céphalées et vasoconstriction
Surveillance clinique	Correction de l'hypovolémie, si possible avant le traitement, et vérification du site de perfusion, car l'extravasation peut entraîner de la nécrose tissulaire ; signes vitaux, monitorage continu et débit urinaire.

7.9 Activité électrique sans pouls

L'activité électrique sans pouls (AÉSP) est le phénomène par lequel l'impulsion électrique du cœur n'entraîne pas la contraction du myocarde.

7.9.1 Mécanisme électrophysiologique

Le couplage électrique et mécanique est rompu. La pompe cardiaque est défaillante, malgré la présence d'une activité électrique. Bien que le mécanisme ne soit pas bien compris, il est probable que la perfusion inadéquate du myocarde en soit la résultante (*voir la figure 7.19*).

7.9.2 Critères électrocardiographiques

Le cycle PQRST peut se présenter à l'ECG sous la forme d'un rythme actif ou passif, ou d'un rythme supraventriculaire ou ventriculaire (*voir le tracé 7.8*).

Figure 7.19 **Activité électrique sans pouls**

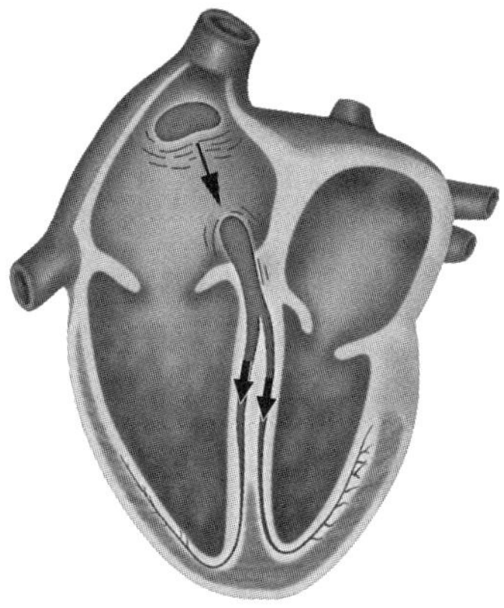

7.9.3 Étiologie

L'étiologie de l'activité électrique sans pouls est présentée dans l'encadré 7.3.

7.9.4 Signes cliniques

Les signes cliniques de l'AÉSP sont les suivants : un arrêt respiratoire, un arrêt circulatoire et une activité électrique visible sur le tracé, malgré l'absence d'une pulsation.

Tracé 7.8 **Rythme idiojonctionnel accéléré de 72 batt./min (rythme actif)**

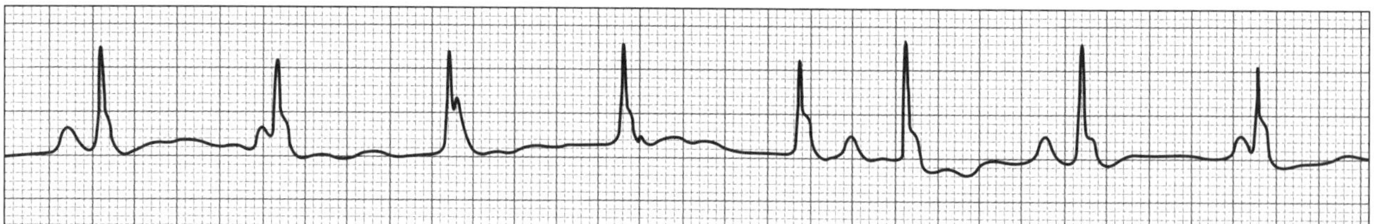

Encadré 7.3 Étiologie de l'activité électrique sans pouls

- Acidose sévère
- Embolie pulmonaire
- Hyperglycémie
- Hyperkaliémie
- Hypoglycémie
- Hypokaliémie
- Hypothermie
- Hypovolémie (hémorragie)
- Hypoxémie
- Intoxication médicamenteuse
- Ischémie étendue et prolongée
- Pneumothorax sous tension
- Septicémie
- Syndrome coronarien aigu
- Tamponnade cardiaque
- Vagotonie

7.9.5 Traitement

Le traitement de l'activité électrique sans pouls comprend les soins avancés en réanimation cardiorespiratoire ainsi que l'administration d'adrénaline ou de vasopressine. Il est identique au traitement de l'asystolie. Le chlorure de calcium est administré si le client est atteint d'hyperkaliémie, d'hypercalcémie et d'une surdose aux bloquants calciques. Il faut également déterminer et traiter les causes réversibles.

7.10 Considérations cliniques des blocs auriculoventriculaires dans l'infarctus

Les arythmies cardiaques associées à l'infarctus inférieur ou antérieur (*voir le tableau 7.11*) ont des répercussions électrophysiologiques et hémodynamiques sur le pronostic.

Tableau 7.11 Corrélations cliniques des blocs auriculoventriculaires et syndrome coronarien aigu

	Infarctus inférieur	Infarctus antérieur
Type de bloc AV	• Au-dessus du faisceau de His	• Distal au faisceau de His ou de ses branches
Électrophysiologie	• Période réfractaire relative • Conduction décrémentielle	• Absence de période réfractaire relative • Présence ou absence de conduction
Artère coronaire lésée	• Droite	• Gauche
Arythmies	• Bloc AV du 1er degré • Bloc AV du 2e degré de type I	• Blocs bifasciculaires et trifasciculaires • Bloc du 2e degré de type II • Bloc AV de haut degré • Bloc AV du 3e degré
Morphologie de QRS	• Normal et fin	• Fin ou large, avec bloc de branche
Rythme d'échappement, si BAV complet	• Jonctionnel • Fréquence de ± 40 à ± 60 batt./min	• Ventriculaire • Fréquence de ± 20 à ± 40 batt./min
Répercussions hémodynamiques	• Bradycardie modérée	• Asystolie • Insuffisance cardiaque • Fibrillation ventriculaire
Traitement	• Atropine	• Sympathomimétiques • Cardiostimulateur
Pronostic d'un bloc du 3e degré	• Bloc transitoire	• Défavorable • Mortalité élevée

7.11 Blocs intraventriculaires

Les troubles de la conduction intraventriculaire sont, avec l'infarctus du myocarde et l'hypertrophie ventriculaire, les anomalies les plus importantes qui contribuent à modifier la forme du complexe ventriculaire. L'incidence est de l'ordre de 1 à 5 % à la phase aiguë d'un syndrome coronarien (*voir le tableau 7.12*). Lorsqu'un bloc de branche apparaît au même moment qu'une accélération de la fréquence cardiaque et qu'il disparaît au cours du ralentissement, les expressions «fréquence critique» ou «fréquence dépendante» sont utilisées (*voir le tracé 7.9*). Sur un cœur sain, les blocs intraventriculaires traduisent une fibrodégénérescence du tissu de conduction.

Il existe deux conditions préalables au bloc de branche. Premièrement, le rythme doit être supraventriculaire: le même influx dépolarise alors successivement les oreillettes et les ventricules. Le rythme est soit sinusal, soit auriculaire; il peut aussi prendre la forme d'un flutter, d'une fibrillation auriculaire ou d'une tachycardie auriculaire. Deuxièmement, le complexe QRS doit avoir une durée supérieure à 0,10 s dans la dérivation V_1. Le bloc est soit incomplet, soit complet. Si le bloc est incomplet, la durée de QRS est de 0,10 s et 0,11 s. Si le bloc est complet, sa durée sera supérieure ou égale à 0,12 s.

7.11.1 Bloc de la branche droite

Mécanisme électrophysiologique

Dans la figure 7.20, le vecteur 1 n'est pas modifié, car l'activation septale chemine normalement de gauche à droite (onde R). Le vecteur 2 n'est pas modifié non plus, car l'activation chemine normalement dans le ventricule gauche (onde S). Dans le vecteur 3, la branche droite étant bloquée, les impulsions se propagent de proche en proche, par voie transseptale

Figure 7.20 Transmission de l'influx en cas de bloc de la branche droite

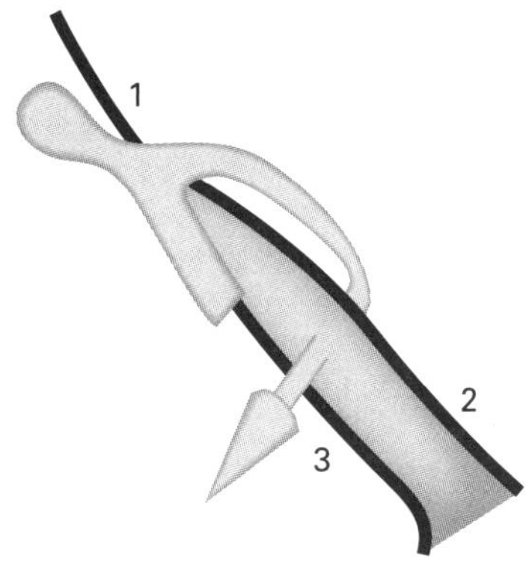

Tableau 7.12 Incidence des blocs intraventriculaires à la phase aiguë de l'infarctus

Anatomie	Subdivision	Trouble de la conduction
Branche gauche	Tronc	Bloc de la branche gauche (5 %)
	Hémibranche gauche antérieure	Hémibloc gauche antérieur (3 à 4 %)
	Hémibranche gauche postérieure	Hémibloc gauche postérieur (0,2 à 0,4 %)
Branche droite		Bloc de la branche droite (6,2 %)

Tracé 7.9 Accélération de la fréquence cardiaque et morphologie changeante du complexe QRS, bloc de la branche droite

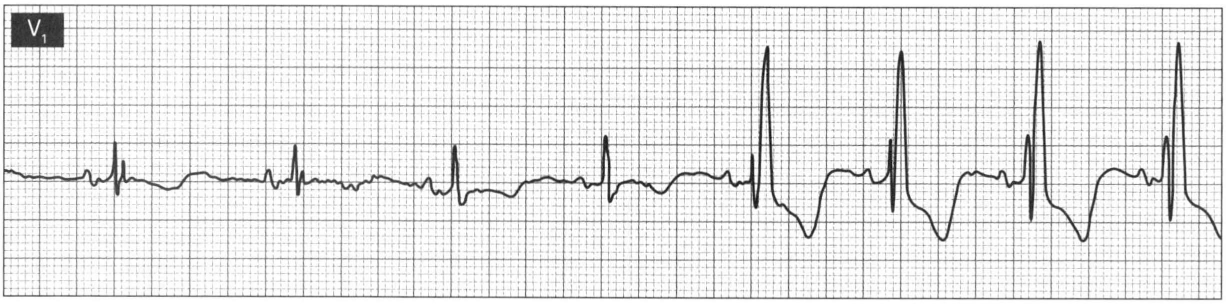

et avec un certain retard, du ventricule gauche au ventricule droit, d'où l'expression d'une onde R′ un peu large et empâtée (*voir le tracé 7.10*). Dans le bloc incomplet, la branche droite n'est pas totalement bloquée, et la conduction est seulement ralentie.

Prévalence

La prévalence du bloc de la branche droite (BBD) est de 1,8 sur 1 000. Il atteint 17 % pour les gens dont l'âge est égal ou supérieur à 80 ans. La prévalence du bloc de la branche droite incomplet à complet est de 5 % (Surawicz & Knilans, 2008).

Étiologie

L'étiologie du bloc de la branche droite est présentée dans l'encadré 7.4.

Critères électrocardiographiques

Le plus souvent, le rythme de base est sinusal ou auriculaire (tachycardie auriculaire, fibrillation auriculaire ou flutter auriculaire). Le complexe QRS est d'une durée supérieure à 0,10 s. Le tracé est positif en V_1 ou d'aspect RSR′ (*voir le tracé 7.10*) positif ou négatif en V_1 (*voir le tracé 7.11*). Il y a également

Tracé 7.10 **Aspect rSR′ du complexe QRS lors d'un bloc de la branche droite**

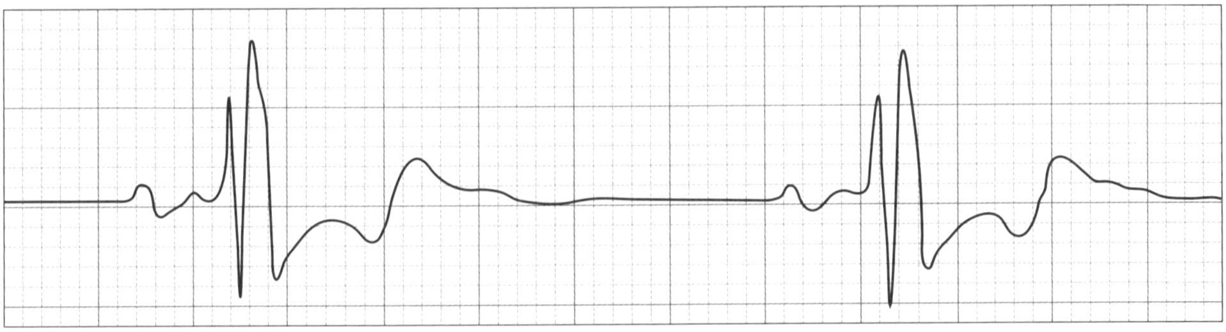

Encadré 7.4 Étiologie du bloc de la branche droite

- Anomalie d'Ebstein (80 à 95 %)
- Cardiomyopathie
- Certaines cardiopathies congénitales (communication interauriculaire, défaut du septum ventriculaire précurseur d'arythmies malignes et de mort subite, tétralogie de Fallot)
- Embolie pulmonaire
- Fibrose myocardique ventriculaire gauche
- Hypertension artérielle
- Infarctus du myocarde (3 à 29 %)
- Maladie cardiaque organique
- Pontage aortocoronarien (anomalie de conduction la plus fréquente [14 à 60 %] selon diverses études [Surawicz & Knilans, 2008])
- Sténoses valvulaires aortique et tricuspidienne
- Syndrome de Brugada
- Ventriculotomie

Tracé 7.11 **Rythme sinusal à 100 batt./min et bloc de la branche droite complet (rSr′)**

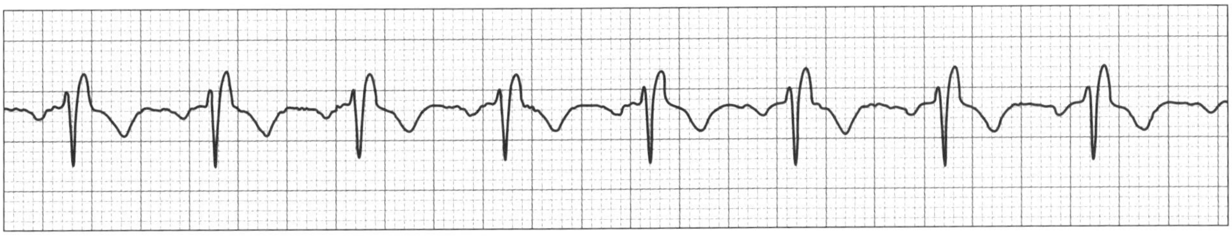

un retard marqué de l'onde s ou S en V_5, V_6 ou D_I. Enfin, l'onde T est contraire à l'onde terminale du complexe QRS.

Pronostic

En l'absence de maladie cardiaque, le pronostic est favorable. Les décès sont de l'ordre de 20 %, dont 50 % sont liés à une mort subite s'il y a présence d'une coronaropathie avérée (Surawicz & Knilans, 2008). Lors d'un syndrome coronarien aigu, la morbidité et la mortalité sont augmentées, malgré l'angioplastie.

7.11.2 Bloc de la branche gauche

Mécanisme électrophysiologique

Dans le vecteur 1 illustré dans la figure 7.21, la branche gauche étant bloquée, l'activation septale se fait de droite à gauche (onde Q en V_1). Dans le vecteur 2, la branche gauche étant bloquée, l'activation gagne le ventricule droit. Les forces électromotrices sont faibles. Dans le vecteur 3, l'activation parvient au ventricule gauche avec un certain retard et renforce une onde Q déjà existante.

Figure 7.21 Transmission de l'influx lors d'un bloc de la branche gauche

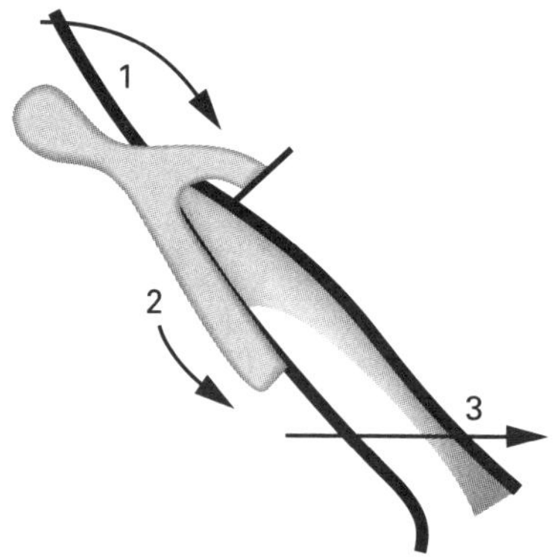

Prévalence

La prévalence du bloc de la branche gauche (BBG) chez les hommes âgés de plus de 50 ans est de 0,4 %. Pour le groupe d'âge des plus de 80 ans, elle est de 6,7 % (Surawicz & Knilans, 2008).

Étiologie

L'étiologie du BBG comprend une cardiomyopathie, une insuffisance cardiaque chez le tiers des personnes, une maladie cardiaque hypertensive, une maladie coronarienne et une valvulopathie aortique.

Critères électrocardiographiques

Le plus souvent, le rythme de base est sinusal ou auriculaire (tachycardie auriculaire, fibrillation auriculaire ou flutter auriculaire). Le complexe QRS est d'une durée supérieure à 0,10 s. La morphologie du tracé présente un aspect QS ou rS en V_1. L'onde R est empâtée en V_5, V_6 ou D_I. L'onde T est contraire à l'onde terminale du complexe QRS (*voir le tracé 7.12*).

Pronostic

Lors d'un infarctus du myocarde, la mortalité est plus importante si le BBG est ancien plutôt que récent.

Tracé 7.12 Tachycardie sinusale à 120 batt./min et bloc de la branche gauche complet

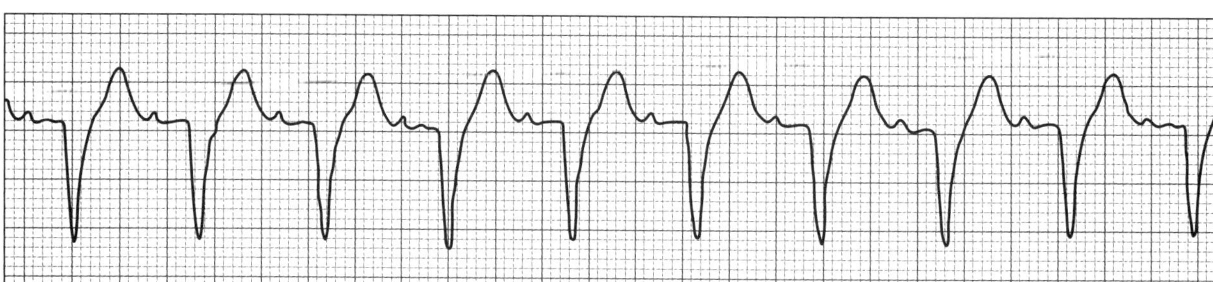

7.11.3 Signification clinique

L'apparition d'un bloc de branche au cours d'un syndrome coronarien aigu augmente le risque de mortalité au cours de la période d'hospitalisation (*voir le tableau 7.13*). Les risques sont encore plus élevés si le bloc est bifasciculaire:

- bloc de la branche droite avec un hémibloc antérieur gauche (HBAG);
- bloc de la branche droite avec un hémibloc postérieur gauche (HBPG).

La présence d'un hémibloc isolé, avec ou sans infarctus du myocarde, n'a apparemment aucune conséquence clinique ou pronostique. Dans la majorité des cas, il s'agit d'un hémibloc antérieur, l'hémibloc postérieur étant plus rare. L'hémibloc est fréquent dans les infarctus (30 %), et il les précède parfois. L'indice de progression subite d'un hémibloc vers un bloc AV de haut degré est de l'ordre de 10 à 15 %.

Tableau 7.13 **Risque de bloc auriculoventriculaire de haut degré en cas de syndrome coronarien aigu**

	Risque faible	Risque moyen	Risque élevé
• BBD et HBAG • BBD et HBPG • BBD alternant avec BBG			31 à 38 %
• BAV du 1er degré et nouveau BBD ou BBG, ou ancien bloc de branche bilatéral		19 à 20 %	
• Aucun ou un seul des trois blocs suivants: BAV du 1er degré, nouveau bloc de branche, ancien bloc de branche bilatéral	9 à 13 %		

Aide-mémoire

L'intervalle PR est l'indice qui permet de différencier les blocs AV.

Bloc AV du 1er degré

- Rythme sinusal
- PR ≥ 0,24 s

Bloc AV du 2e degré

- Type I
  - PR s'allongeant progressivement jusqu'à une onde P bloquée
  - Conduction fixe ou variable (se calcule d'une pause à l'autre)
  - Rythme ventriculaire irrégulier
- Type II
  - Onde P bloquée
  - PR constant
  - Conduction fixe ou variable

Bloc AV de haut degré

- Plus de 50 % des impulsions supraventriculaires ne parviennent pas aux ventricules
- Conduction ≥ 3:1

Bloc AV du 3e degré

- PR ou FR constamment variables
- Onde P bloquée: intervalle PP régulier
- Fréquence ventriculaire régulière et lente
- QRS
  - Fin: rythme d'échappement jonctionnel (REJ) à une fréquence approximative de 40 à 60 batt./min
  - Large: rythme d'échappement ventriculaire (REV) à une fréquence approximative de 20 à 40 batt./min

Asystolie

- Complète
  - Ondes P absentes
  - Complexes QRS absents
- Ventriculaire
  - Ondes P à un rythme ± régulier
  - Absence de complexe QRS

Bloc de branche

- Droite
  - Influx d'origine supraventriculaire
  - Durée de QRS: si 0,11 s, bloc incomplet; si ≥ 0,12 s, bloc complet
  - En V_1, QRS positif ou aspect RSR'
- Gauche
  - Influx d'origine supraventriculaire
  - Durée de QRS: si 0,11 s, bloc incomplet; si ≥ 0,12 s, bloc complet
  - En V_1, QRS négatif d'aspect QS ou rS

Théorie des « P bloquées »

Ondes P bloquées
→ Bloc AV du 2e ou du 3e degré (intervalles PP réguliers)
  → Intervalles PR constants → Oui → 2e de type II
  ↓ Non
  → QRS réguliers → Oui → 3e degré
    → REJ → QRS fins; Fréquence de ± 40 à ± 60 batt./min
    → REV → QRS larges; Fréquence de ± 20 à ± 40 batt./min
  ↓ Non
  → 2e de type I
→ ESA bloquées (P') (intervalles PP' irréguliers)

Autoévaluation

Pour chacun des tracés 1 à 15, préciser les critères électrocardiographiques et l'interprétation. Les fréquences cardiaques sont calculées au compas selon la « méthode des 300 ».

Tracé 1

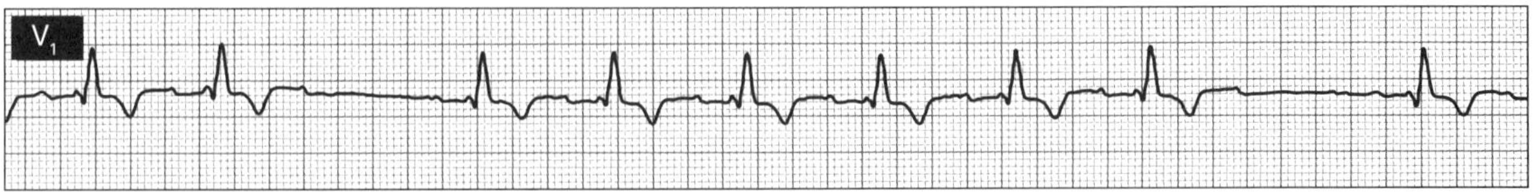

Critères électrocardiographiques ____

____

Interprétation ____

____

Tracé 2

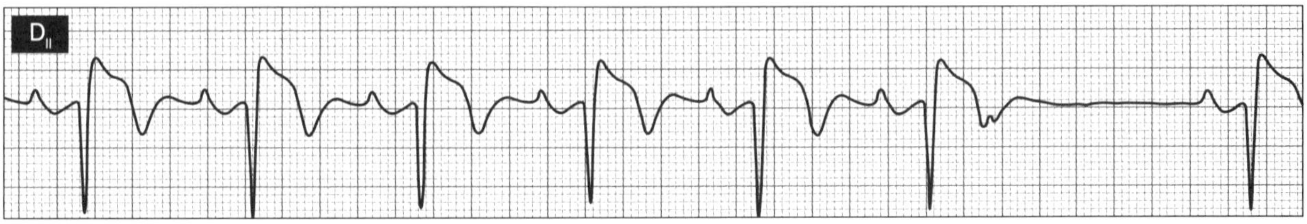

Critères électrocardiographiques ____

____

Interprétation ____

____

Tracé 3

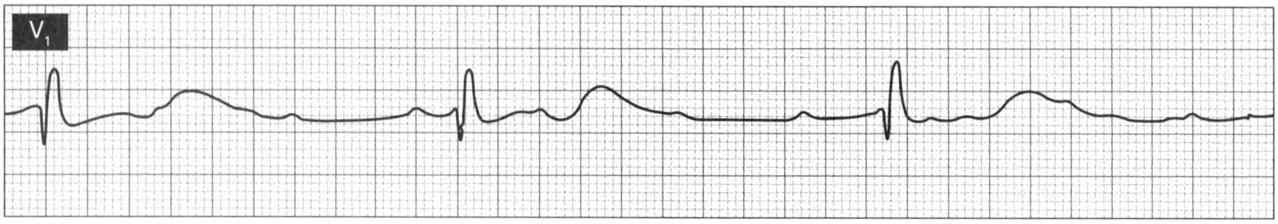

Critères électrocardiographiques ______________________________

____

Interprétation ______________________________

____

Tracé 4

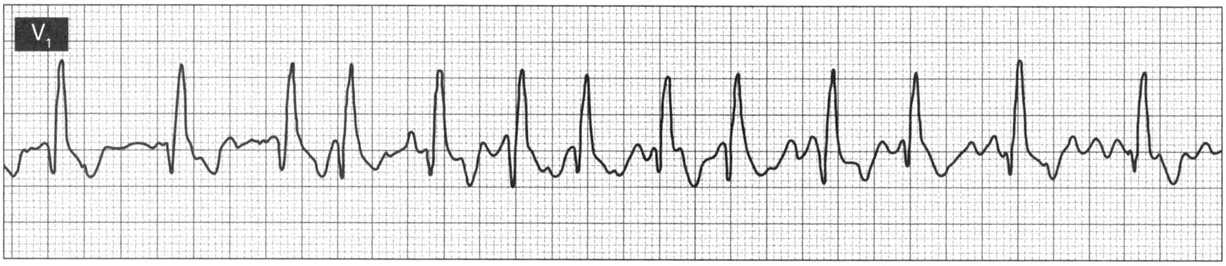

Critères électrocardiographiques ______________________________

____

Interprétation ______________________________

____

Tracé 5

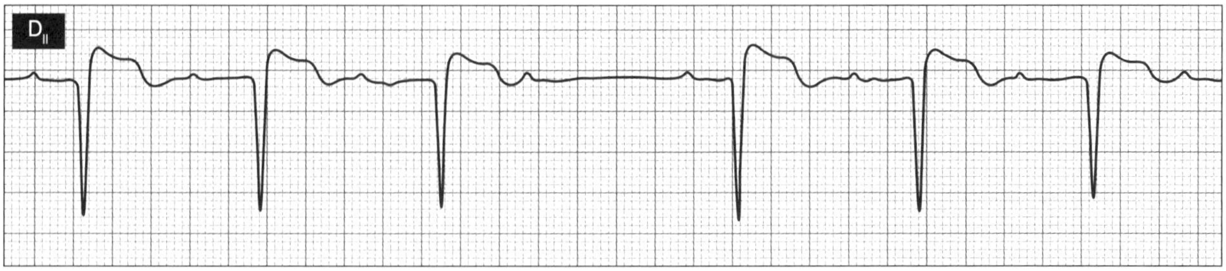

Critères électrocardiographiques ______________________________

____

Interprétation ______________________________

____

Tracé 6

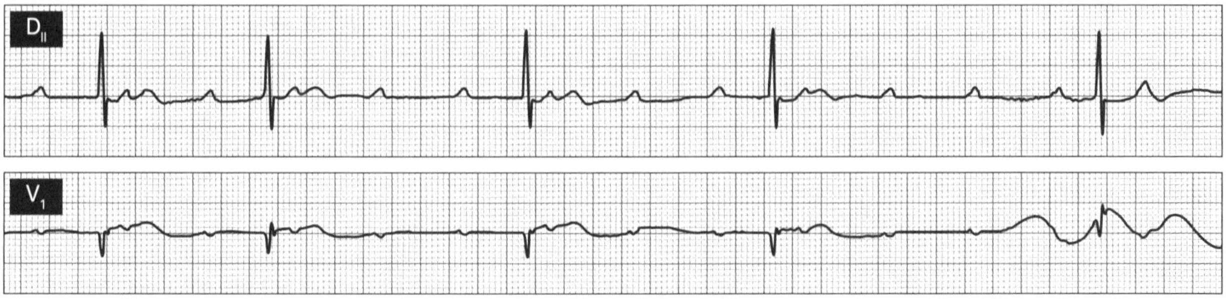

Critères électrocardiographiques ______________________________

____

Interprétation ______________________________

____

Tracé 7

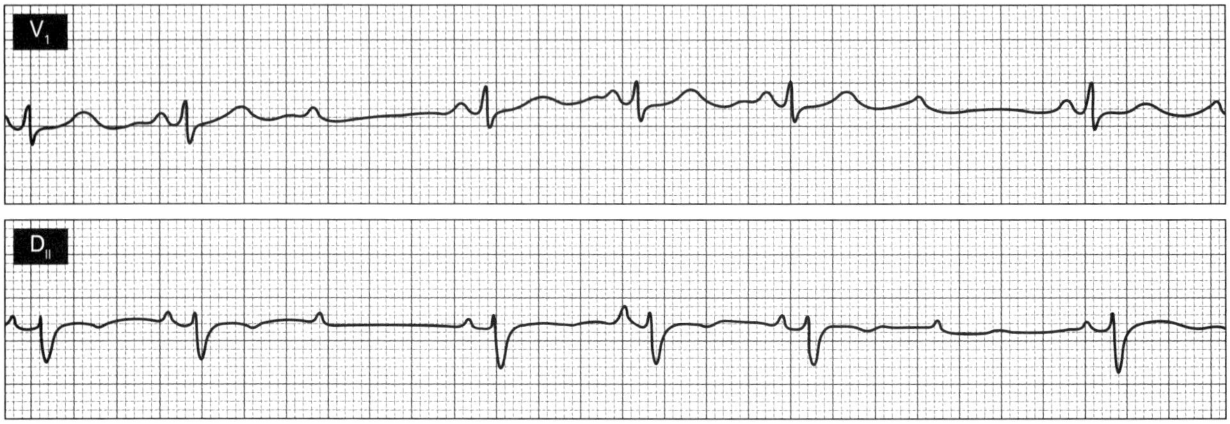

Critères électrocardiographiques ____

____

Interprétation ____

____

Tracé 8

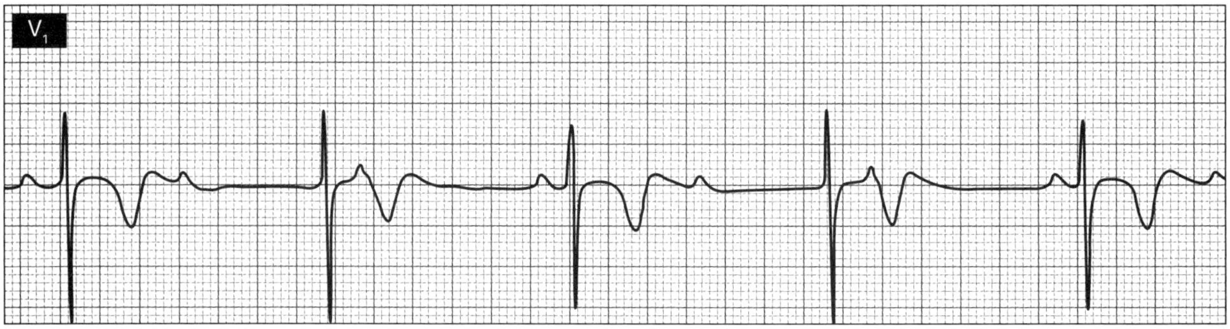

Critères électrocardiographiques ____

____

Interprétation ____

____

Tracé 9

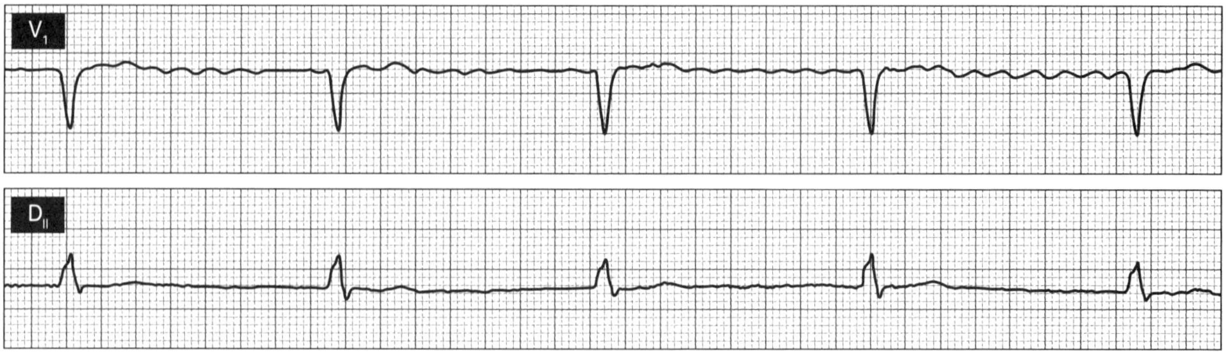

Critères électrocardiographiques ____

____

Interprétation ____

____

Tracé 10

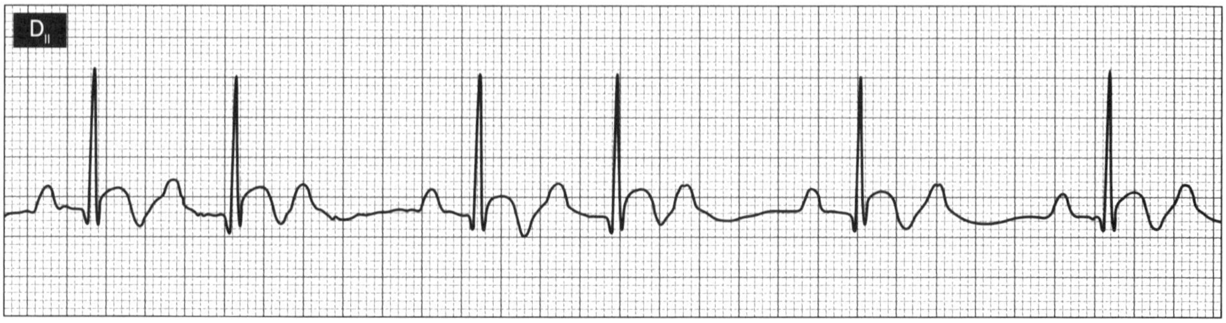

Critères électrocardiographiques ____

____

Interprétation ____

____

Tracé 11

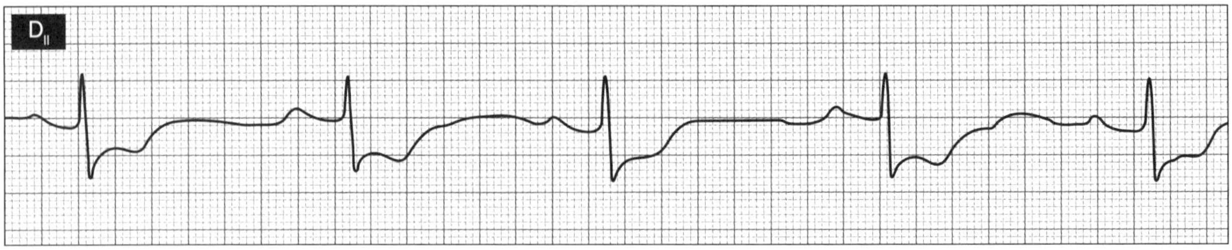

Critères électrocardiographiques ____

____

Interprétation ____

____

Tracé 12

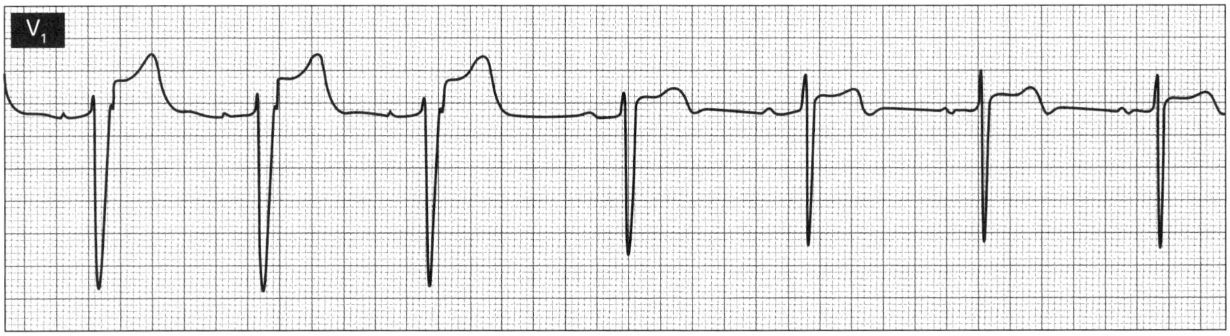

Critères électrocardiographiques ____

____

Interprétation ____

____

Tracé 13

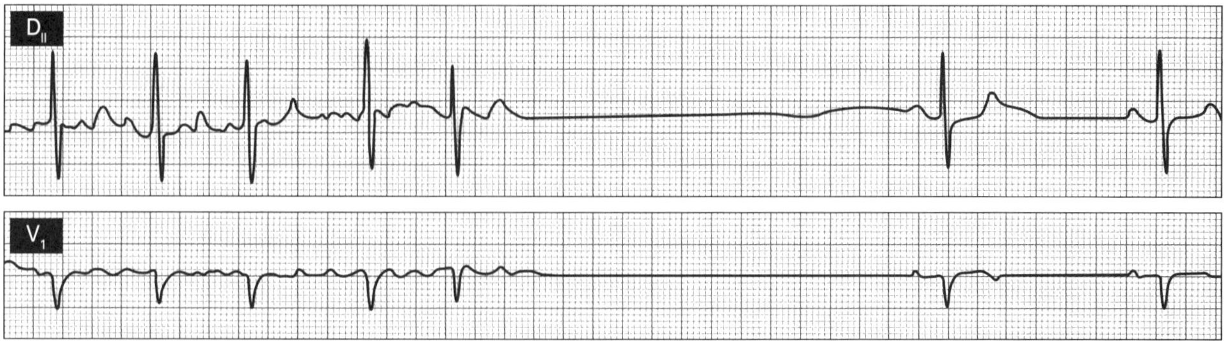

Critères électrocardiographiques ______________________________

____

Interprétation ______________________________

____

Tracé 14

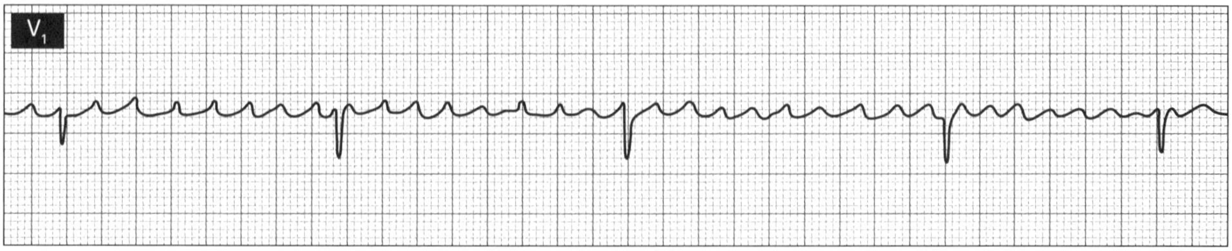

Critères électrocardiographiques ______________________________

____

Interprétation ______________________________

____

Tracé 15

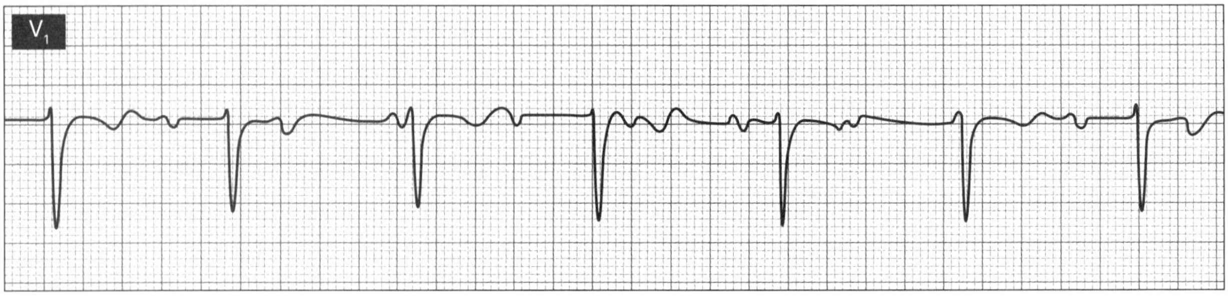

Critères électrocardiographiques ______________________________

____

Interprétation ______________________________

____

Corrigé de l'autoévaluation

1. Rythme sinusal à 80 batt./min. BBD complet. BAV du 2e degré de type II avec conduction 3:2 et 7:6.

2. Rythme sinusal à 69 batt./min. BAV du 1er degré. Extrasystole auriculaire bloquée.

3. Rythme sinusal à 95 batt./min et BAV complet sur un rythme d'échappement ventriculaire à 30 batt./min.

4. Fibrillation auriculaire avec réponse ventriculaire de 85 à 210 batt./min. BBD complet.

5. Rythme sinusal à 72 batt./min. BAV du 2e degré de type I avec conduction 4:3.

6. Rythme sinusal à 100 batt./min. BAV de haut degré avec conduction 2:1, 3:1 et 4:1.

7. Rythme sinusal à 85 batt./min. BAV du 2e degré de type II avec conduction 4:3.

8. Arythmie sinusale ventriculophasique de 66 à 75 batt./min. BAV complet sur un rythme d'échappement jonctionnel de ± 45 batt./min.

9. Fibrillation auriculaire. BAV complet sur un rythme d'échappement ventriculaire de ± 40 batt./min.

10. Rythme sinusal à 95 batt./min. BAV du 2e degré de type I avec conduction 3:2 et 2:1.

11. Bradycardie sinusale de ± 40 batt./min. BAV du 1er degré.

12. Rythme sinusal à 63 batt./min. BAV du 1er degré. BBG complet intermittent à une fréquence critique ou dépendante. Ralentissement sinusal et bradycardie sinusale à 58 batt./min.

13. Fibrillation auriculaire avec réponse ventriculaire de 75 à 95 batt./min. Asystolie complète de 3,2 s (V_1). Bradycardie sinusale de ± 43 batt./min.

14. Flutter auriculaire à 300 batt./min compatible avec un BAV de haut degré, puisque les intervalles FR sont inconstants et que les modes de conduction 8:1 et 10:1 sont irréguliers et lents.

15. Rythme sinusal à 100 batt./min. BAV complet sur un rythme d'échappement jonctionnel à 63 batt./min.

MODULE A

Exercices de révision
Chapitres 5, 6 et 7

OBJECTIFS

- Différencier les anomalies sinusales, auriculaires et auriculoventriculaires grâce à l'interprétation des tracés d'arythmies.
- Réviser les concepts théoriques les plus pertinents à la compréhension de ces arythmies cardiaques.
- Mémoriser les critères électrocardiographiques de ces arythmies.
- Interpréter les tracés proposés.
- Valider les réponses avec le corrigé.

PARTIE 1

RÉVISION DES CONCEPTS

Entourer la lettre correspondant à la bonne réponse.

1. Les conditions essentielles au bloc de branche sont les suivantes :

1. Un influx d'origine sinusale ou supraventriculaire avec conduction aux ventricules.
2. Un segment ST inversé en V_1 et V_2.
3. Un retard dans la conduction intraventriculaire supérieur à 0,10 s.
4. Un QRS d'aspect rSR′ en V_1 et V_2.

A. 1, 2 et 3.

B. 1 et 3.

C. 2 et 3.

D. 1 et 4.

2. En phase aiguë d'infarctus, le bloc auriculoventriculaire (AV) du 2e degré de type I se manifeste plus souvent :

A. Lorsque l'infarctus est situé dans la région inférieure.

B. Lorsqu'il existe un bloc de branche avant l'apparition de l'infarctus.

C. Lorsque l'infarctus est antéroseptal.

D. Lorsque l'infarctus est antérolatéral.

3. Un tracé dont la fréquence ventriculaire est lente et régulière avec un complexe QRS large suggère :

A. Un bloc AV du 1er degré.

B. Un bloc de branche.

C. Un flutter auriculaire avec conduction 3:1.

D. Un bloc AV complet sur un rythme d'échappement ventriculaire.

4. Laquelle des anomalies suivantes est un exemple de bloc AV physiologique ?

A. 2e degré de type I avec conduction 3:2.

B. 2e degré de type II avec conduction 3:1.

C. Flutter auriculaire à 300 batt./min avec conduction 2:1.

D. Bloc AV du 3e degré.

5. Compléter l'algorithme situé au bas de la page.

6. Nommer les trois types d'extrasystoles auriculaires.

____

____

____

Répondre par vrai ou faux aux énoncés suivants.

7. La fréquence cardiaque est un élément important qui aide à préciser l'origine des rythmes. ______

8. L'intervalle PR est un indice fiable pour différencier les blocs auriculoventriculaires. ______

9. Les fibres parasympathiques sont plus nombreuses à l'étage ventriculaire qu'à l'étage auriculaire. ______

10. Dans un bloc AV de haut degré, la moitié des impulsions sont bloquées. ______

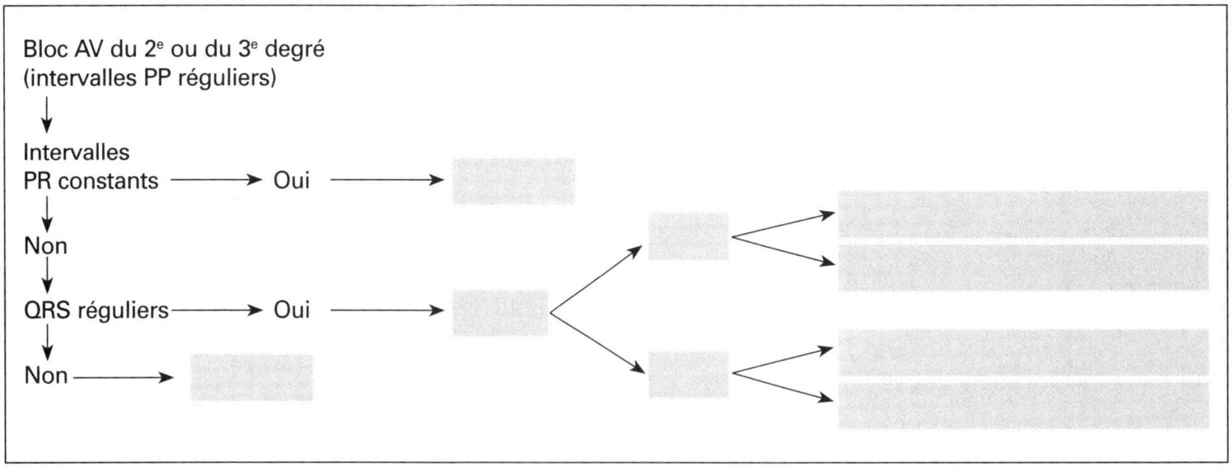

Compléter les phrases suivantes.

11. L'interruption intermittente de la conduction est une particularité du bloc auriculoventriculaire du __________ degré.

12. L'atropine fait partie de la classe pharmacologique des ___________________________________.

13. Associer chacune des arythmies suggérées ci-dessous (A à E) à la fréquence qui lui correspond (1 à 5).

A. Rythme d'échappement jonctionnel ________

B. Tachycardie auriculaire paroxystique ________

C. Rythme d'échappement ventriculaire ________

D. Fibrillation auriculaire ________

E. Flutter auriculaire ________

1. 460 à 700 batt./min

2. 200 à 400 batt./min

3. 40 à 60 batt./min

4. 20 à 40 batt./min

5. 120 à 250 batt./min

14. Parmi les énoncés suivants, déterminer lequel est faux.

A. Dans la fibrillation auriculaire, la diminution du débit sanguin n'excède pas 10 %.

B. La durée de la pause représente au moins le double de l'intervalle PP dans le bloc sinoauriculaire.

C. La dissociation auriculoventriculaire n'est pas exclusive au bloc auriculoventriculaire complet.

D. Le bloc AV du 2e degré de type I est un exemple d'arythmie avec phénomène de Wenckebach.

15. Expliquer en quoi un bloc AV situé dans le faisceau de His ou dans les branches est néfaste.

____

____

____

____

____

____

PARTIE 2

INTERPRÉTATION DE TRACÉS

Pour chacun des 30 tracés proposés, préciser le rythme, la fréquence et l'anomalie, s'il y a lieu. À titre informatif, les fréquences cardiaques sont calculées au compas selon la «méthode des 300».

Tracé 1

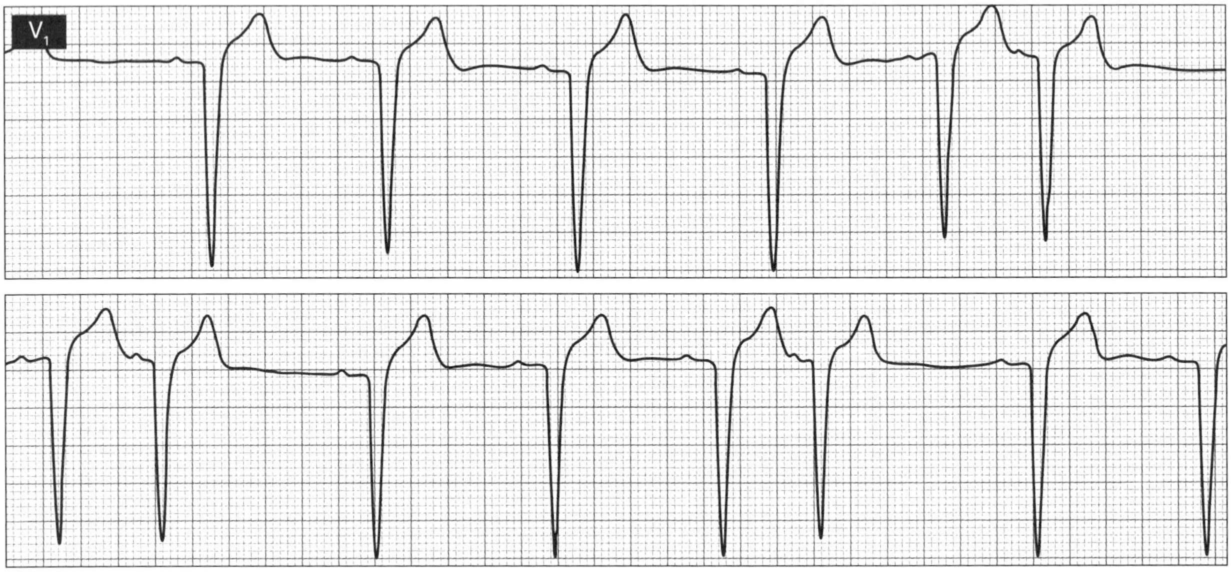

Interprétation ______________________________

____

Tracé 2

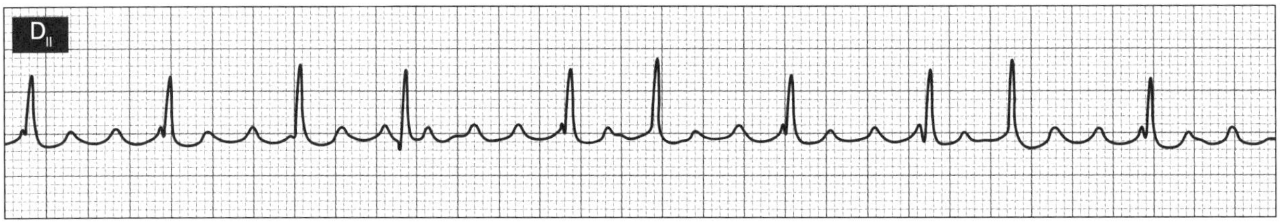

Interprétation ______________________________

____

Tracé 3

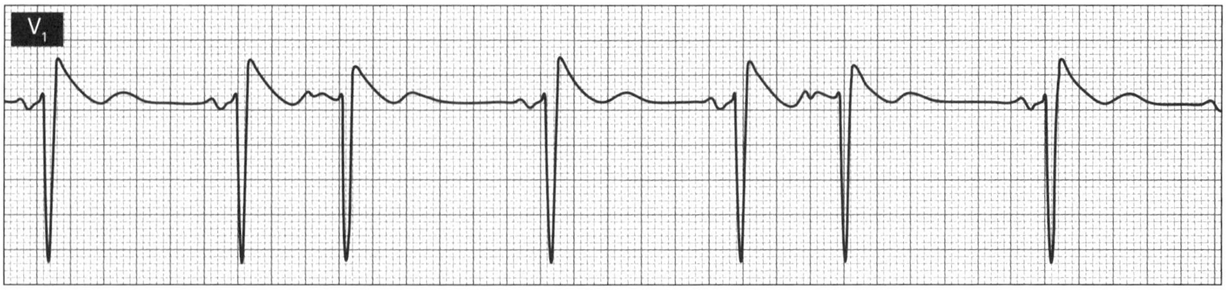

Interprétation ____

____

Tracé 4

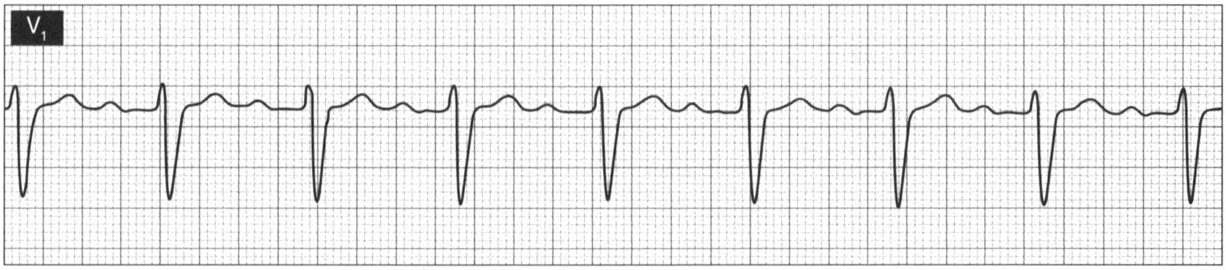

Interprétation ____

____

Tracé 5

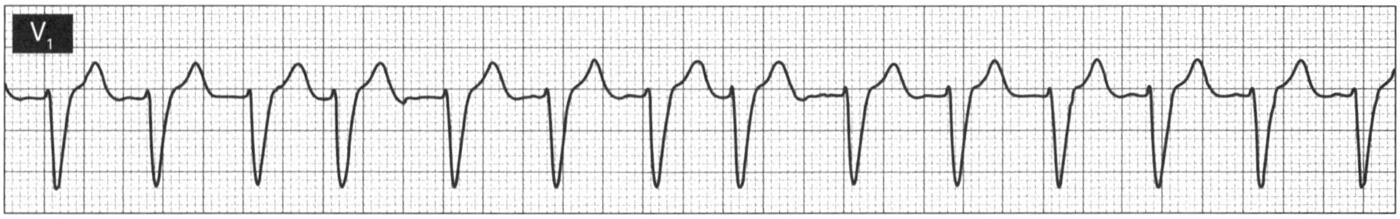

Interprétation ____

____

Tracé 6

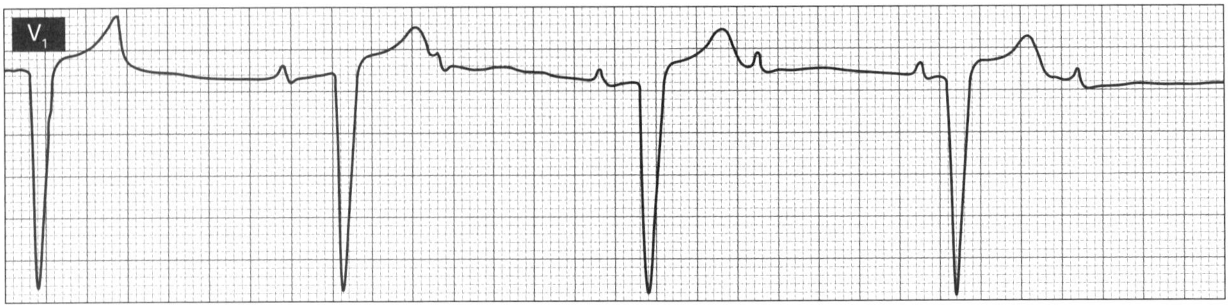

Interprétation ____

____

Tracé 7 (enregistrement discontinu)

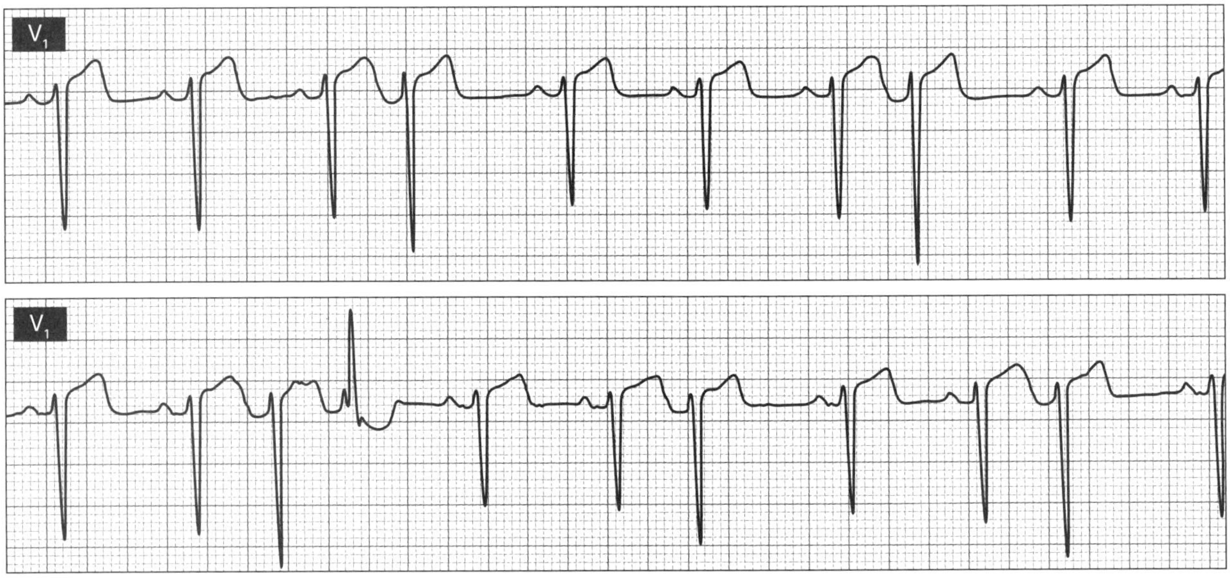

Interprétation ____

____

Tracé 8

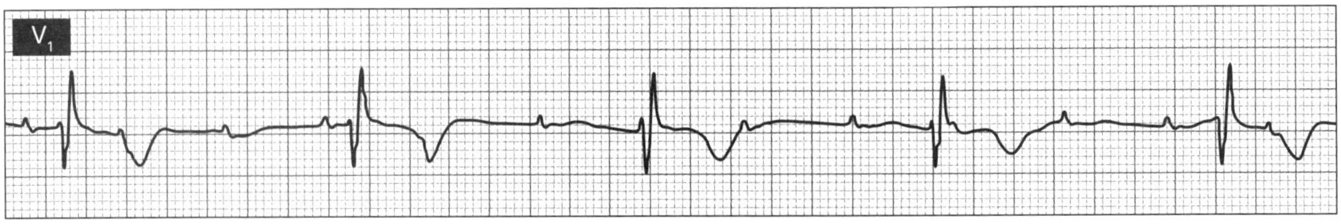

Interprétation ____

____

Tracé 9

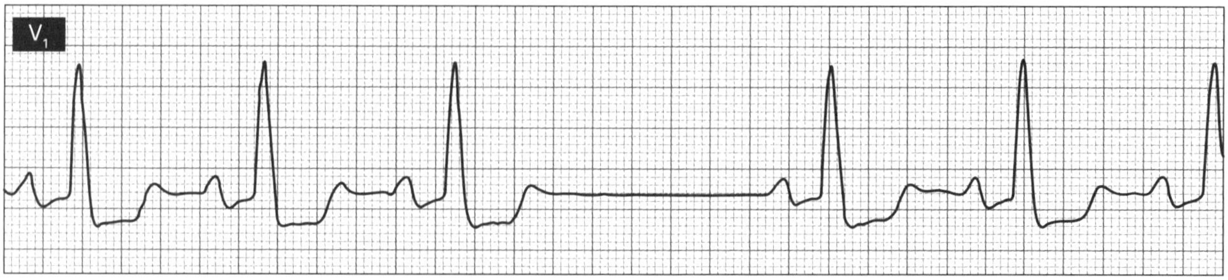

Interprétation ____

____

Tracé 10

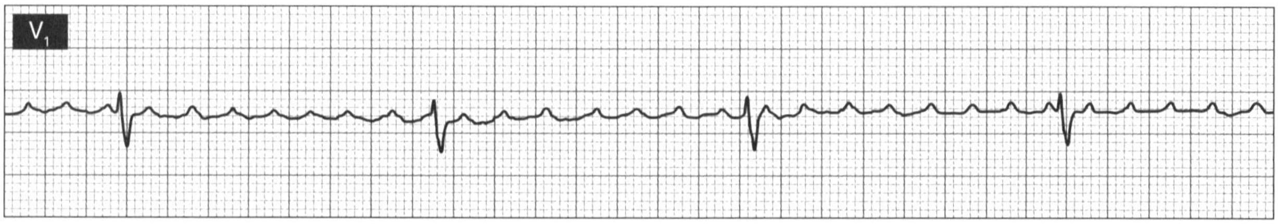

Interprétation ____

____

Tracé 11

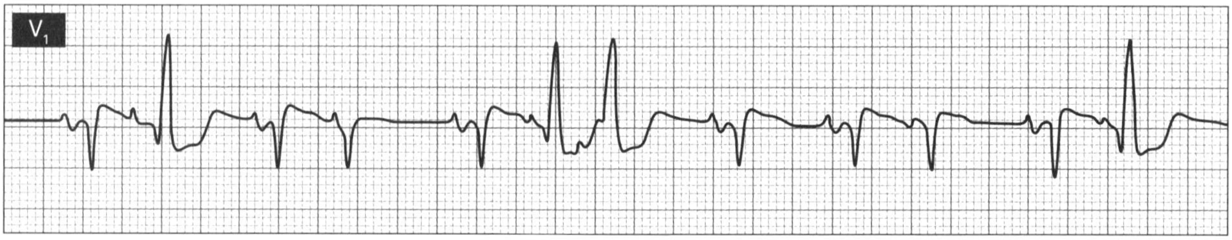

Interprétation ____

____

Tracé 12

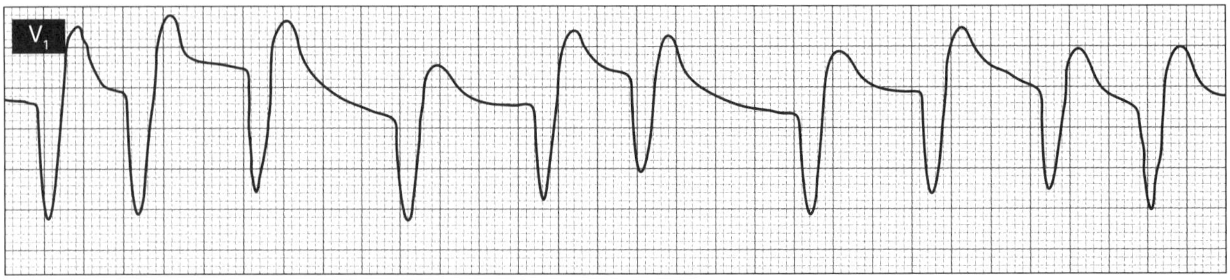

Interprétation ____

____

Tracé 13

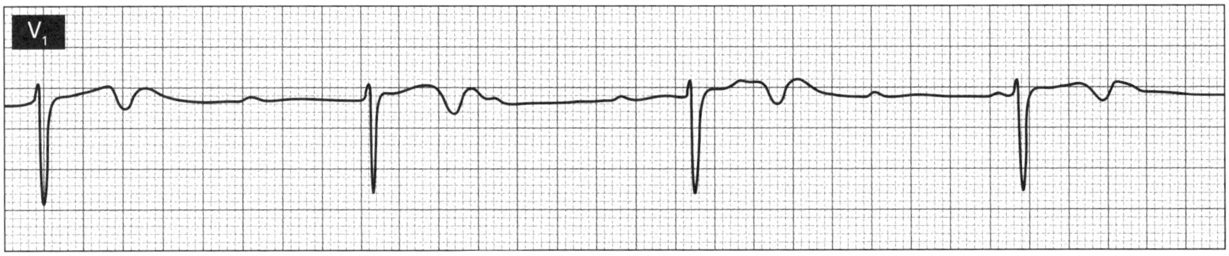

Interprétation ____

____

Tracé 14

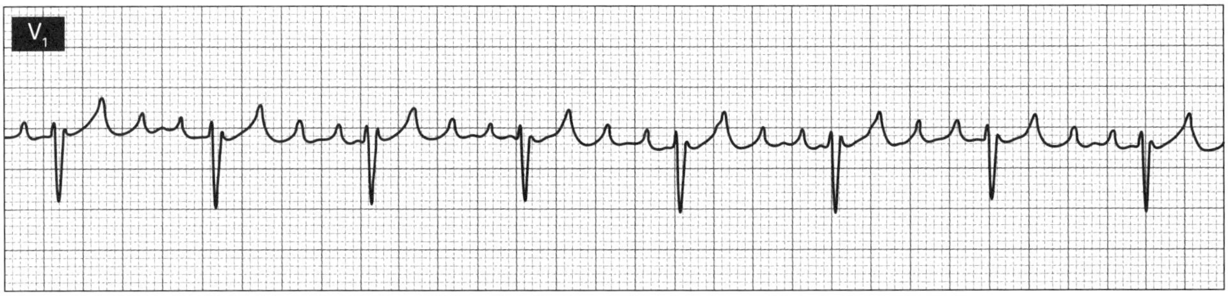

Interprétation ____

____

Module A

Tracé 15

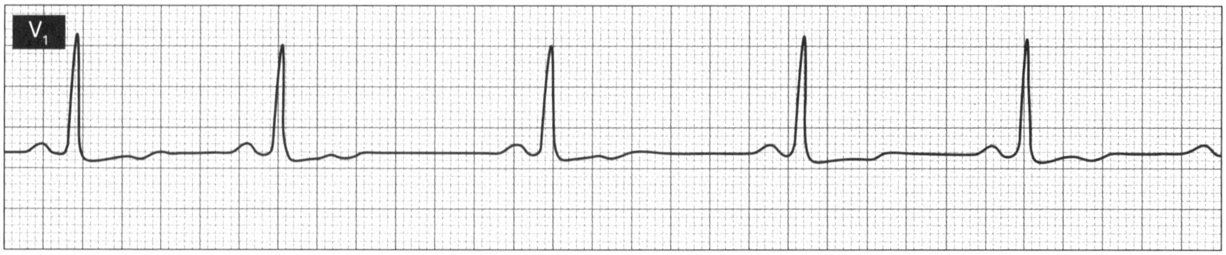

Interprétation ____

____

Tracé 16 (enregistrement continu)

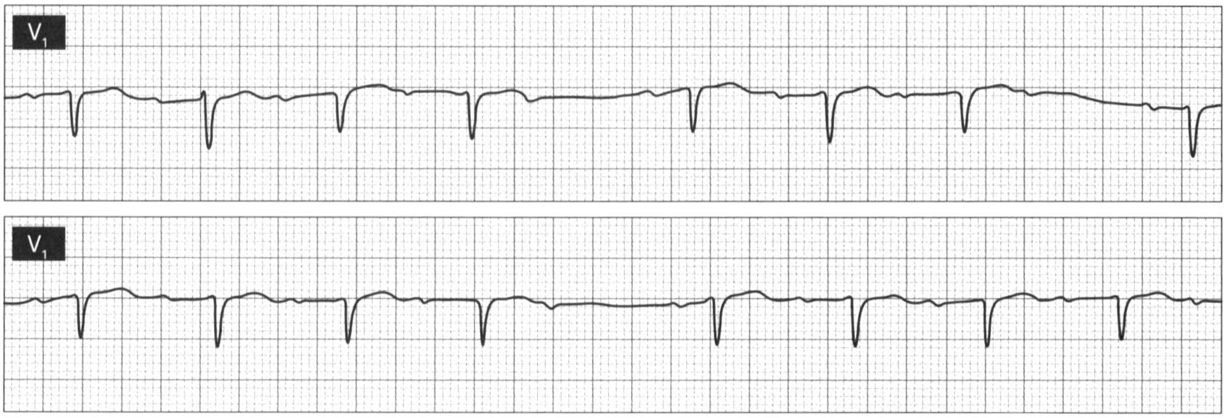

Interprétation ____

____

Tracé 17

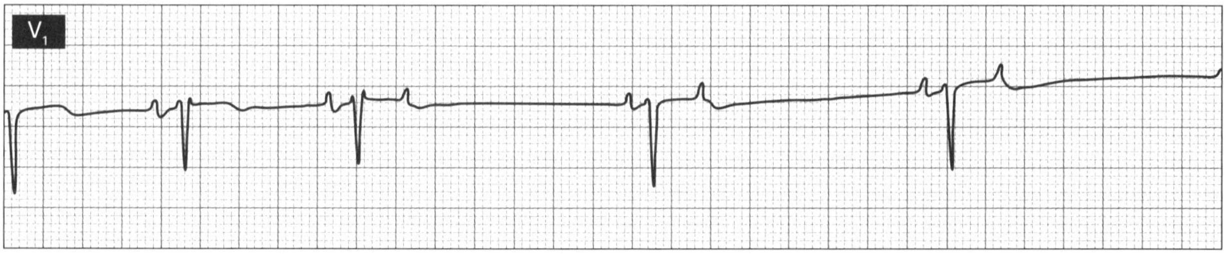

Interprétation ____

____

Tracé 18

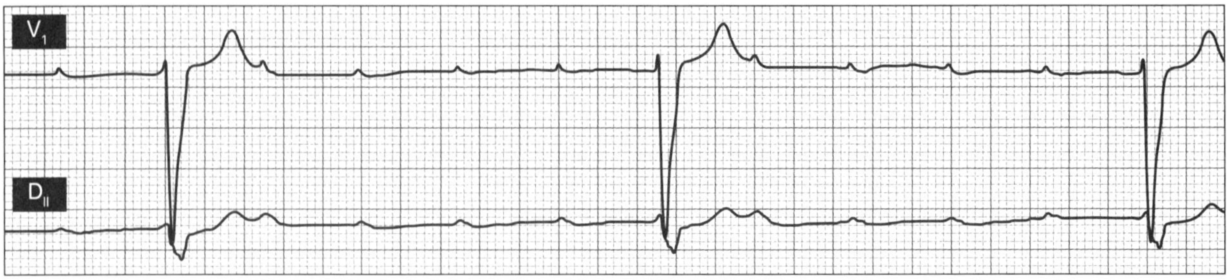

Interprétation ____

____

Tracé 19

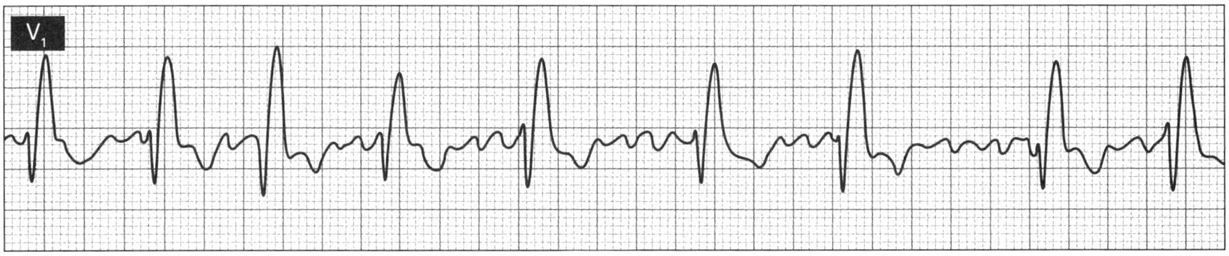

Interprétation ____

____

Tracé 20

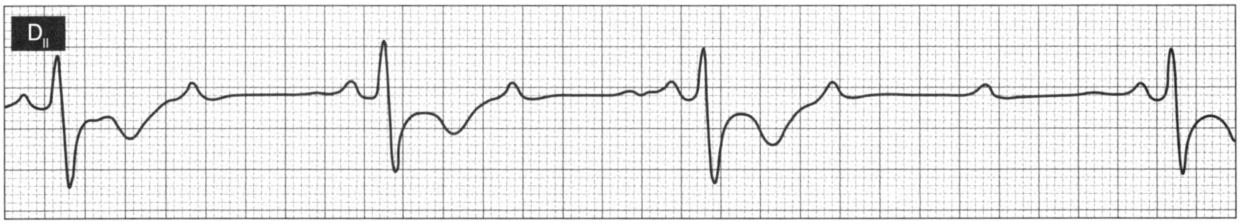

Interprétation ____

____

Tracé 21 **Enregistrement continu en D_{II} et V_1**

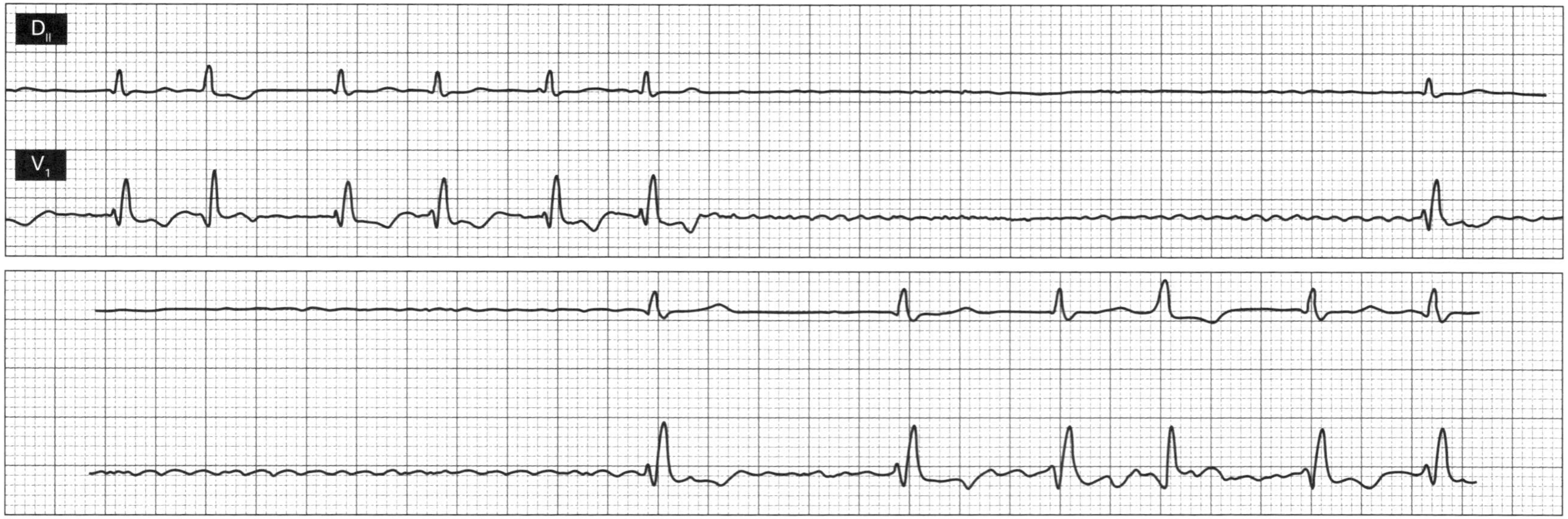

Interprétation ____

____

Tracé 22

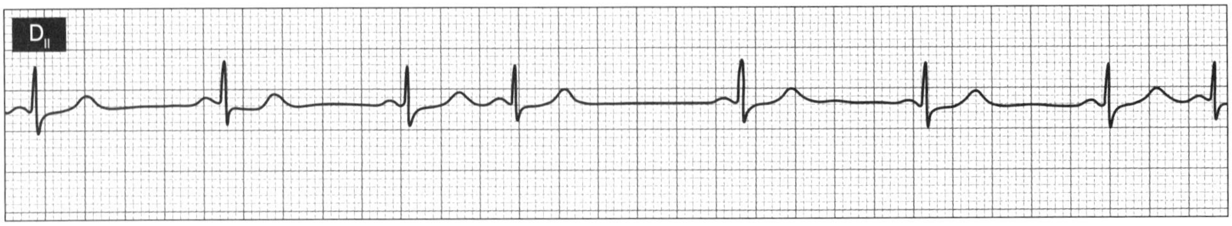

Interprétation ____

____

Tracé 23

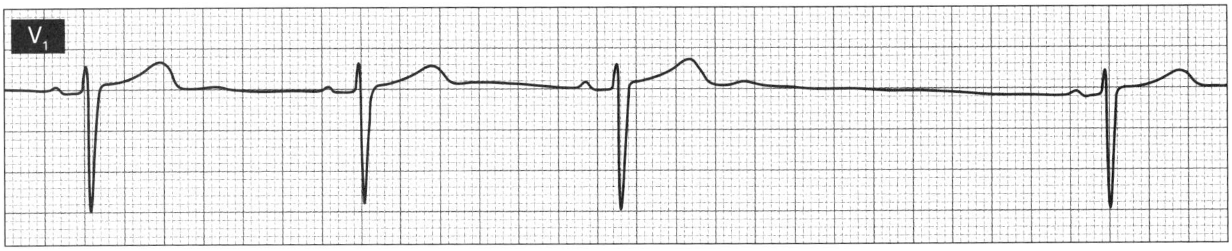

Interprétation ____

____

Tracé 24

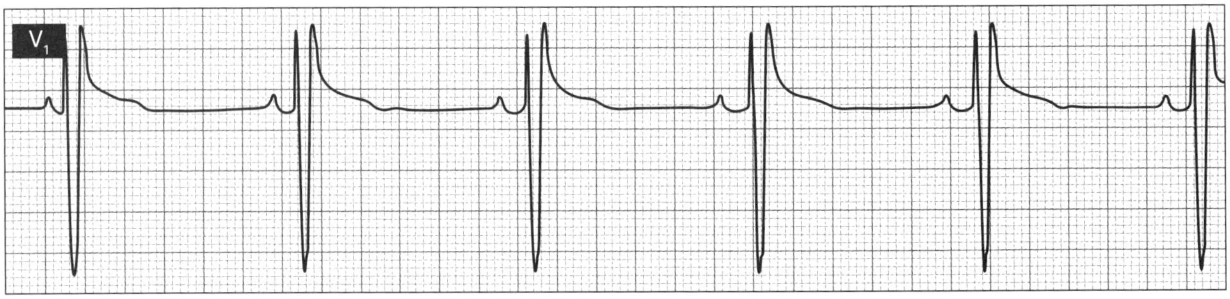

Interprétation ____

____

Tracé 25 (enregistrement continu)

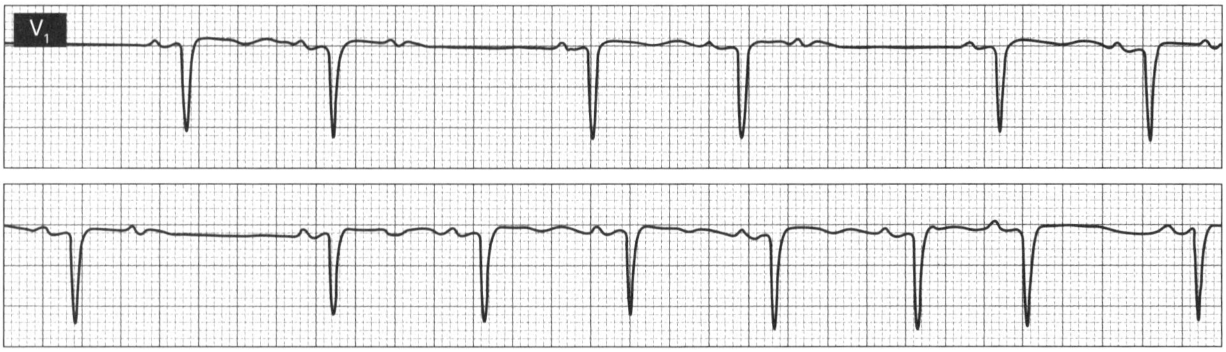

Interprétation ______________________________

____

Tracé 26

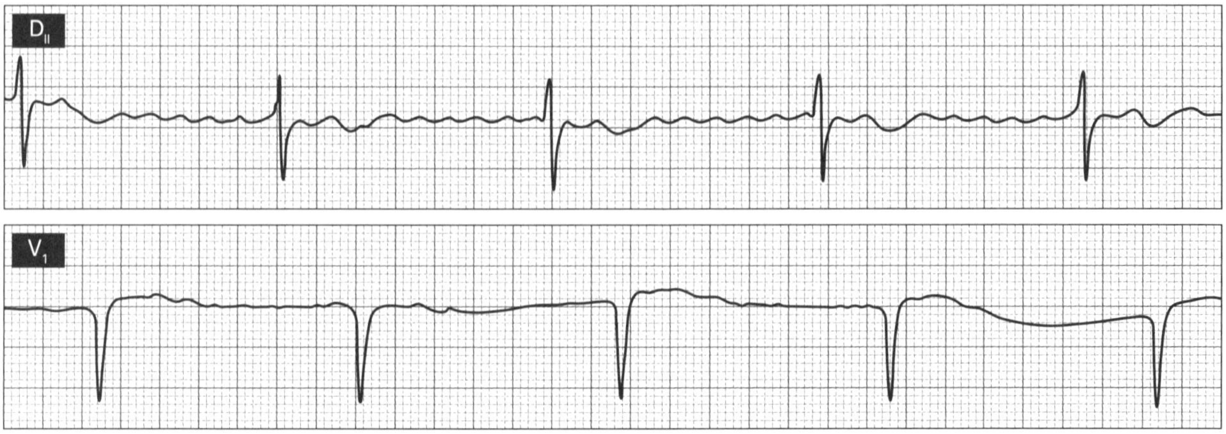

Interprétation ______________________________

____

Tracé 27

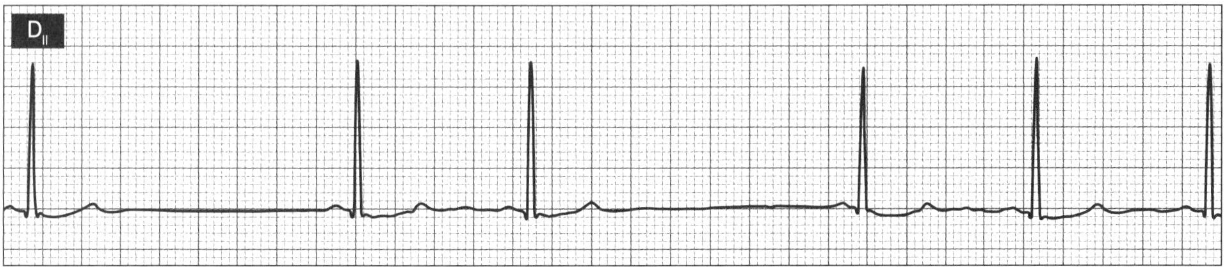

Interprétation ______________________________

____

Tracé 28 (enregistrement continu)

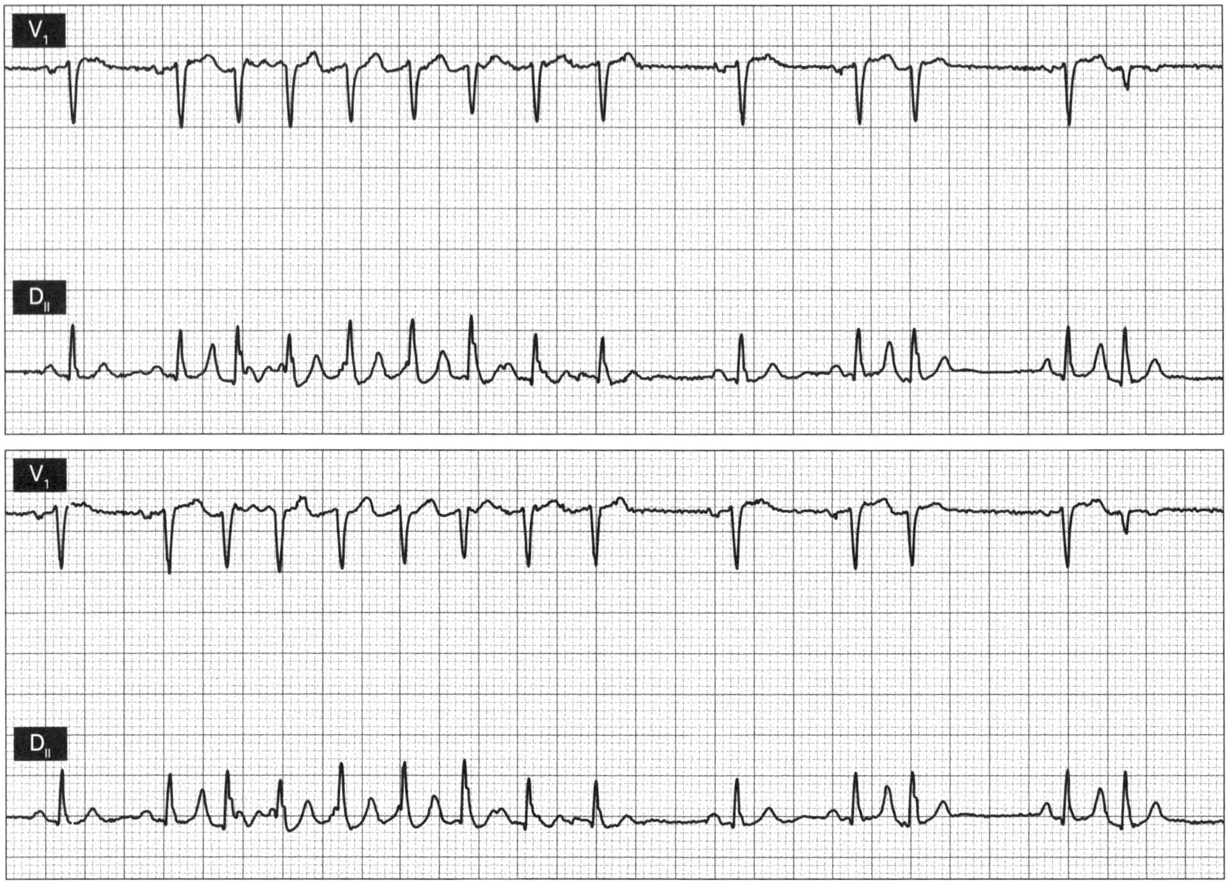

Interprétation ____

____

Tracé 29

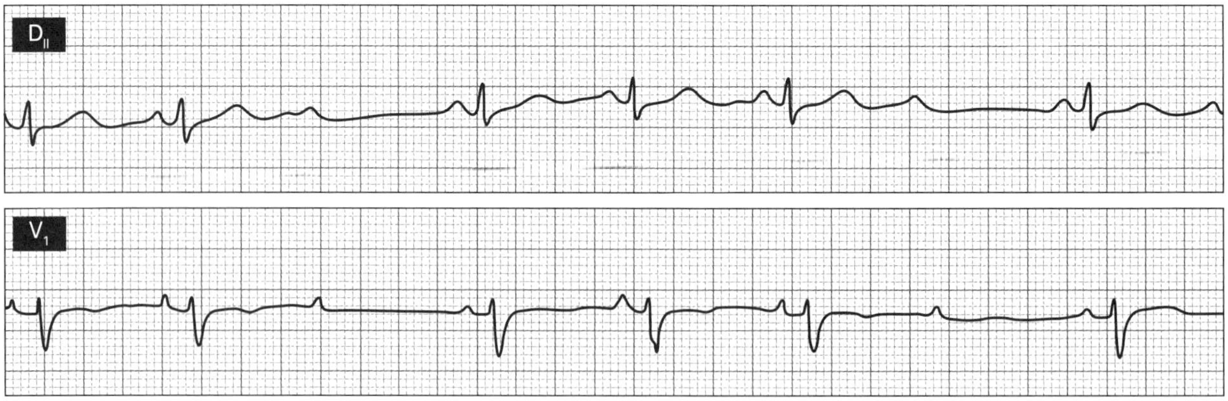

Interprétation ____

____

Tracé 30

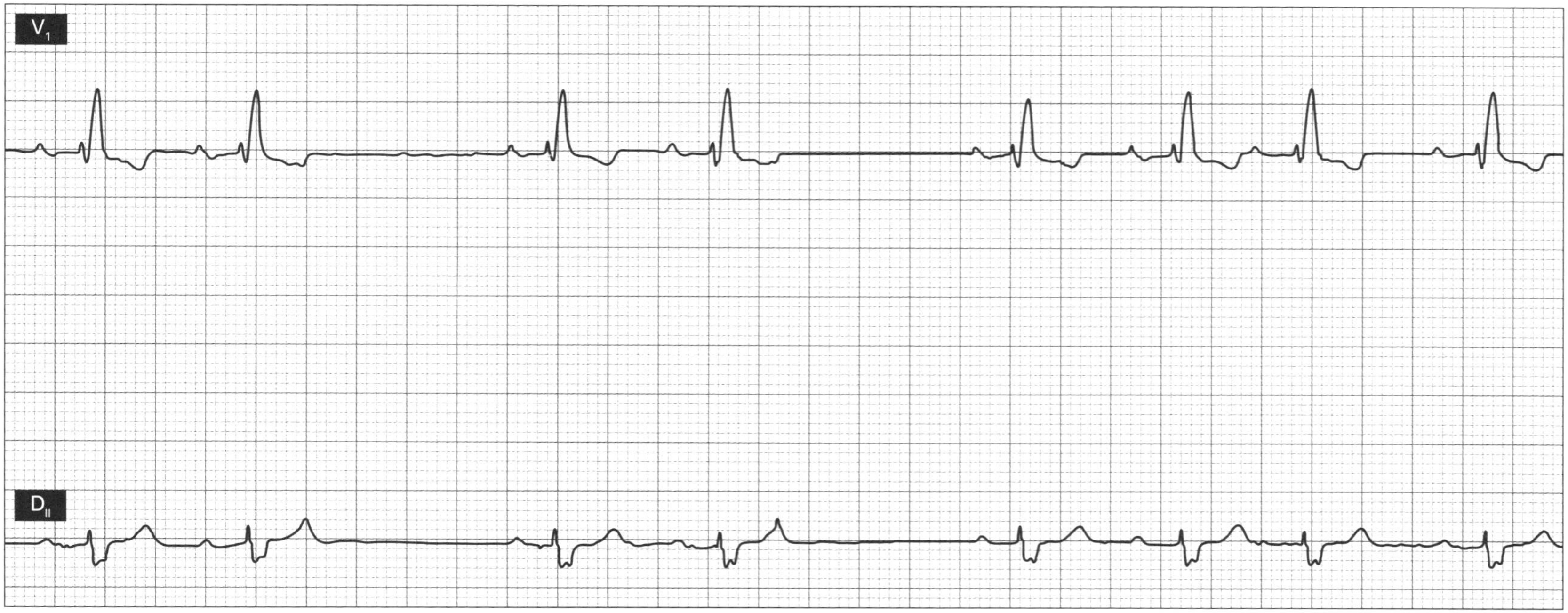

Interprétation ____________________

Corrigé du module A

PARTIE 1

RÉVISION DES CONCEPTS

1. B **2.** A **3.** D **4.** C

5.

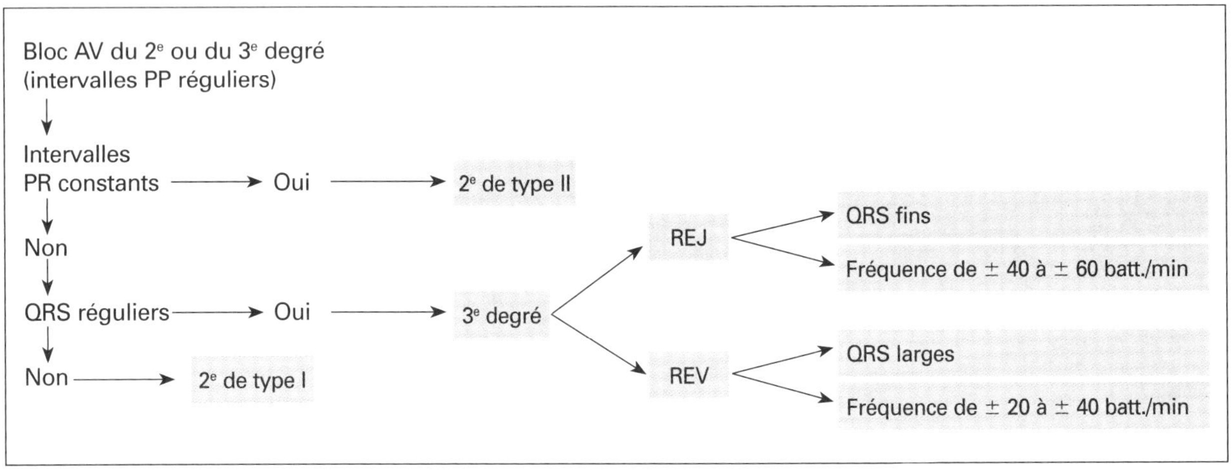

6. ESA avec conduction normale, ESA bloquée, ESA avec conduction ventriculaire aberrante.

7. Vrai

8. Vrai

9. Faux

10. Faux

11. 2e

12. Parasympatholytiques

13. A – 3 C – 4 E – 2
B – 5 D – 1

14. A

15. Le bloc dans le faisceau de His ou dans les branches est en général irréversible, car les centres d'automatisme sont lents et moins fiables dans les branches distales. Souvent, ce bloc progresse subitement à partir d'une « conduction sans bloc » au bloc AV du 3e degré.

PARTIE 2

INTERPRÉTATION DE TRACÉS

1. Rythme sinusal à 60 batt./min. Quatre extrasystoles auriculaires (ESA), dont un couplet.

2. Flutter auriculaire à 300 batt./min avec conduction 2:1, 3:1 et 4:1.

3. Bradycardie sinusale à 54 batt./min. ESA trigéminées.

4. Rythme sinusal à 80 batt./min. Bloc auriculoventriculaire (AV) du 1er degré et BBG complet.

5. Fibrillation auriculaire avec réponse ventriculaire de 110 à 140 batt./min. BBG complet.

6. Rythme sinusal à 75 batt./min. Bloc AV du 3e degré sur un rythme d'échappement ventriculaire à 43 batt./min.

7. Bande supérieure : rythme sinusal à 90 batt./min. ESA quadrigéminées.

   Bande inférieure : rythme sinusal à 90 batt./min. Couplet d'ESA dont le 2e complexe est de la conduction ventriculaire aberrante (CVA), puis ESA trigéminées.

8. Rythme sinusal à 85 batt./min. Bloc AV complet sur un rythme d'échappement ventriculaire de 43 batt./min.
9. Bradycardie sinusale à 60 batt./min. Bloc AV du 1er degré. Bloc de branche droit (BBD) complet. Bloc sinoauriculaire 2:1 ou bloc sinoauriculaire du 2e degré de type II.
10. Flutter auriculaire à 300 batt./min. Bloc AV complet sur un rythme d'échappement jonctionnel à ± 38 batt./min.
11. Tachycardie sinusale à 110 batt./min. Nombreuses ESA, parfois avec CVA, dont un couplet.
12. Fibrillation auriculaire avec réponse ventriculaire de 69 à 130 batt./min. BBG complet.
13. Rythme sinusal à 95 batt./min. Bloc AV du 3e degré sur un rythme d'échappement jonctionnel à 38 batt./min.
14. Flutter auriculaire à 375 batt./min avec conduction 4:1.
15. Bradyarythmie de 45 à 56 batt./min.
16. Rythme sinusal à 95 batt./min. Bloc AV du 2e degré de type I avec conduction 5:4, 4:3 et 6:5.
17. Rythme sinusal à 69 batt./min. ESA bloquées bigéminées.
18. Tachycardie sinusale à 110 batt./min. BBG complet. Bloc AV de haut degré avec conduction 5:1.
19. Fibrillation auriculaire avec réponse ventriculaire de 60 à 100 batt./min. BBD complet.
20. Rythme sinusal à 75 batt./min. Bloc AV de haut degré avec conduction 2:1 et 3:1. Aspect de bloc de branche.
21. Fibrillation auriculaire avec réponse ventriculaire de 60 à 150 batt./min. BBD complet. Deux épisodes consécutifs d'asystolie ventriculaire de 2,8 et ± 3,3 s. Dérivation V_1.
22. Rythme sinusal à 66 batt./min. ESA quadrigéminées.
23. Bradycardie sinusale à ± 45 batt./min. Pause sinusale de 2,4 s.
24. Bradycardie sinusale de 52 batt./min. BBD complet.
25. Bande supérieure : rythme sinusal à 80 batt./min. ESA bloquées trigéminées.

    Bande inférieure : rythme sinusal à 85 batt./min. ESA bloquée et ESA conduite.

26. Fibrillation auriculaire avec bloc AV du 3e degré sur un rythme d'échappement jonctionnel à 43 batt./min.
27. Rythme sinusal à 72 batt./min et 2 épisodes de bloc sinoauriculaire 2:1 ou du 2e degré de type II. Cupule digitalique.
28. Tachycardie sinusale à 110 batt./min. Tachycardie auriculaire paroxystique > 180 batt./min. Deux ESA avec CVA.
29. Rythme sinusal à 85 batt./min. Bloc AV du 2e degré de type II avec conduction 4:3.
30. Rythme sinusal à 75 batt./min. Bloc AV du 1er degré. BBD complet. Épisodes de bloc sinoauriculaire 2:1 (2e degré de type II). ESA isolée.

CHAPITRE 8

Les rythmes passifs et actifs

PLAN

OBJECTIFS

- Définir les expressions « rythme passif » et « rythme actif ».
- Préciser la nomenclature des rythmes passifs et actifs.
- Mémoriser les critères électrocardiographiques des rythmes passifs et actifs.
- Différencier l'échappement jonctionnel de l'échappement ventriculaire.
- Nommer des catégories d'arythmies susceptibles d'entraîner des échappements.
- Classifier les rythmes accélérés d'origine jonctionnelle et ventriculaire.
- Associer les signes cliniques à la tachycardie jonctionnelle paroxystique.
- Résumer l'encadrement thérapeutique, incluant la surveillance clinique, pour chacune des arythmies des rythmes passifs et actifs.

8.1 Définition des rythmes passifs et actifs

La modulation de la balance sympathique-parasympathique et certaines arythmies de réentrée peuvent, d'une part, entraîner la défection ou le ralentissement d'un centre de commande et, d'autre part, favoriser la prise en charge du cœur par les centres d'automatisme inférieurs.

Ces centres d'automatisme, ou générateurs de relève, deviennent actifs lorsque leurs fréquences accélèrent au-delà des fréquences naturelles. Les centres d'automatisme secondaire et tertiaire du cœur sont considérés comme passifs parce qu'ils entraînent le cœur à leur fréquence électrophysiologique respective (*voir la figure 8.1*).

8.2 Rythmes passifs : échappements

La systole d'échappement est une systole d'automatisme de remplacement capable d'activer les ventricules. C'est un phénomène passif qui prend naissance dans le centre d'automatisme secondaire (jonction) ou tertiaire (ventricule).

8.2.1 Mécanisme électrophysiologique

L'échappement est engendré par la défection d'un centre de commande. Le nœud auriculoventriculaire (AV) n'étant pas activé par une impulsion d'origine sinusale dans un délai d'environ 1 à 1,5 s, la jonction émet une ou plusieurs impulsions et prend alors la commande du cœur.

8.2.2 Étiologie

L'étiologie de l'échappement est présentée dans l'encadré 8.1.

8.2.3 Caractéristiques

La systole d'échappement est isolée. Si elle est répétitive (plus de trois), elle produit un rythme d'échappement jonctionnel ou ventriculaire. Elle survient tardivement par rapport au complexe précédent. Dans l'extrasystole, au contraire, le complexe est prématuré. Le centre dont l'automatisme naturel est le plus élevé et en aval de l'anomalie assure l'entraînement du cœur. S'il s'agit d'une défection sinusale, c'est la jonction qui prend la commande du cœur. En revanche, une dysfonction jonctionnelle nécessite

Figure 8.1 Rythmes passifs et actifs

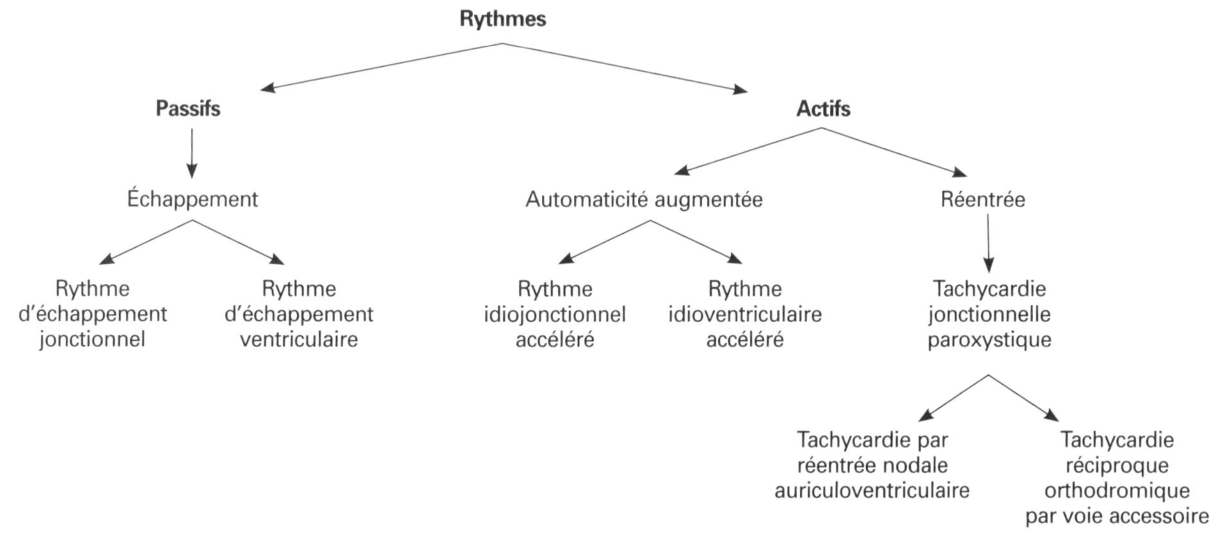

Encadré 8.1 Étiologie de l'échappement

- Antiarythmiques chronotropes négatifs (p. ex., l'amiodarone, les β-bloquants, les bloquants calciques, les digitaliques)
- Blocs auriculoventriculaires des 2e et 3e degrés
- Bloc monofasciculaire de la jonction AV
- Bloc sinoauriculaire
- Bradycardie sinusale
- Infarctus du myocarde
- Infection aiguë
- Ischémie
- Manœuvres vagales
- Signe précoce de surdosage digitalique
- Tonus vagal élevé (p. ex., un trauma médullaire avec choc spinal)

un rythme d'échappement ventriculaire. Le site d'origine de l'échappement se reconnaît à la morphologie de QRS.

8.2.4 Critères électrocardiographiques

Échappement jonctionnel

Sur le tracé électrocardiographique, l'échappement jonctionnel présente un QRS normal ou fin. Une dissociation AV avec absence ou présence des ondes P est observable. Les ondes P visibles reflètent bien l'indépendance du rythme auriculaire et du rythme ventriculaire. Elles sont négatives dans les dérivations D_{II}, D_{III} et aVF. La fréquence ventriculaire de l'échappement jonctionnel est de ± 40 à ± 60 batt./min (*voir le tracé 8.1*).

Échappement ventriculaire

Sur le tracé électrocardiographique, l'échappement ventriculaire présente un QRS anormal, c'est-à-dire un complexe QRS différent du complexe QRS du rythme de base. Il peut être déformé, élargi, ou les deux. La dissociation AV est identique à l'échappement jonctionnel. La fréquence ventriculaire de ce type d'échappement est de ± 20 à ± 40 batt./min (*voir le tracé 8.2*).

8.2.5 Catégories d'arythmies avec échappements

Les rythmes lents, les rythmes rapides, les blocs et les extrasystoles occasionnent les pauses et, à leur tour, les pauses favorisent les échappements.

L'arythmie sinusale, la bradycardie sinusale, l'arrêt sinusal et le bloc sinoauriculaire constituent des exemples de rythmes lents. Le tracé 8.3 correspond à une bradycardie sinusale dont la fréquence est de 54 batt./min, suivie d'un ralentissement sinusal auquel succède un rythme d'échappement jonctionnel voisin de 43 batt./min. L'automaticité du nœud sinusal étant plus lente que celle de la jonction, cette dernière prend la commande pour quatre systoles, jusqu'à ce que l'automaticité du nœud sinusal redevienne dominante (celle-ci n'apparaît pas sur le tracé). C'est une situation fréquente lors d'hypertonie vagale.

La tachycardie supraventriculaire paroxystique (TSVP) est un exemple de rythme rapide. Les deux

Tracé 8.1 **Rythme sinusal à 63 batt./min; échappement jonctionnel (5); rythme sinusal à 75 batt./min**

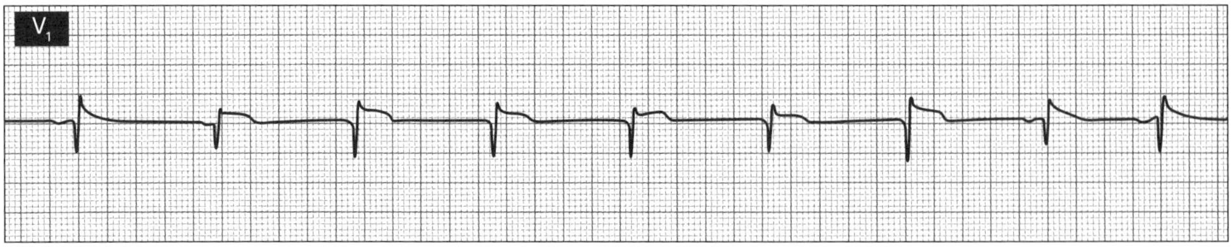

Tracé 8.2 **Bradycardie sinusale à 54 batt./min; extrasystole ventriculaire isolée; échappements ventriculaires (4)**

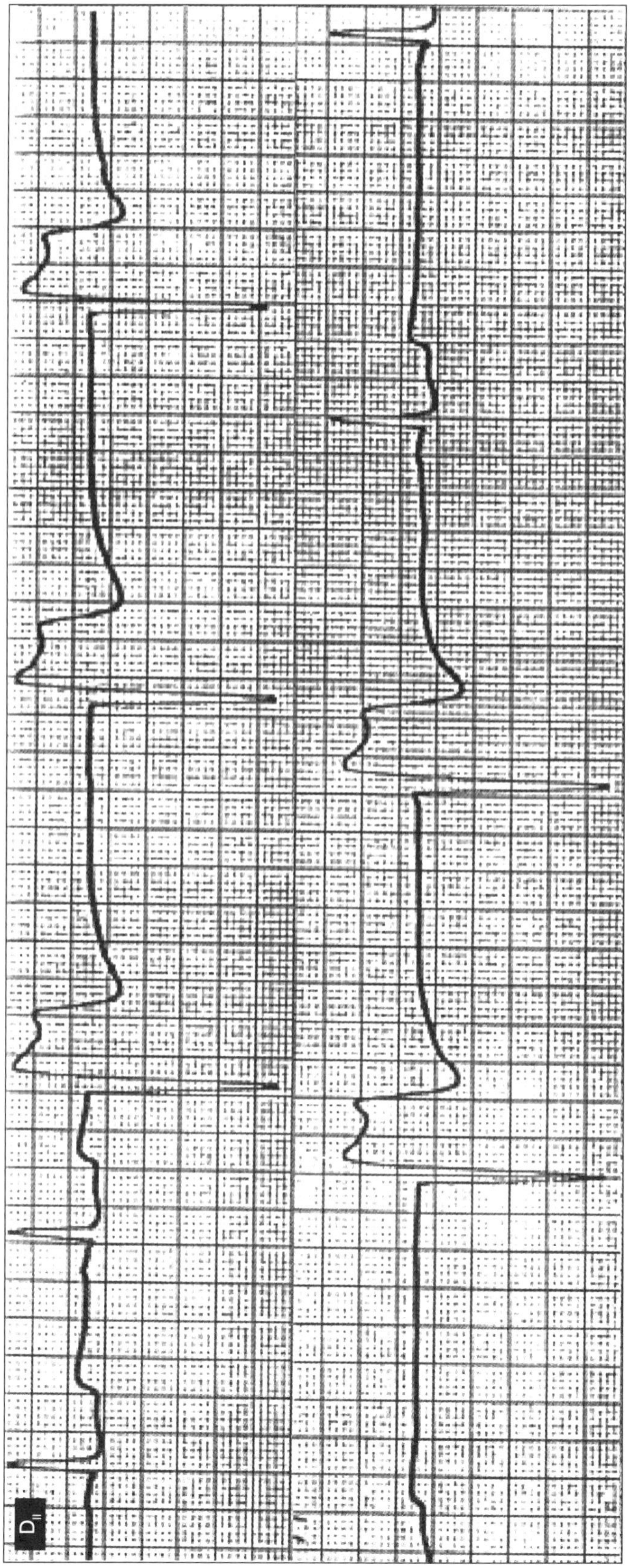

premières systoles du tracé 8.4 sont d'origine sinusale. Elles sont suivies d'une tachycardie auriculaire paroxystique à 140 batt./min, se terminant par une pause et deux échappements jonctionnels. Puis, le rythme sinusal reprend la commande à une fréquence de 54 batt./min.

Les blocs auriculoventriculaires (BAV) des 2e et 3e degrés ainsi que les blocs de haut degré sont susceptibles d'entraîner un rythme d'échappement jonctionnel ou un rythme d'échappement ventriculaire. Le tracé 8.5 illustre une dissociation AV complète : un rythme sinusal moyen de 85 batt./min et un rythme d'échappement jonctionnel légèrement inférieur à 38 batt./min. Un BAV du 3e degré explique cette indépendance auriculaire et ventriculaire. Le tracé 8.6 est un autre exemple de dissociation AV complète : un rythme sinusal de 85 batt./min, lequel est indépendant d'un rythme d'échappement ventriculaire de 33 batt./min. Il s'agit d'une anomalie de conduction causée par un BAV du 3e degré.

Une extrasystole auriculaire (ESA) bloquée entraîne une pause puis un échappement jonctionnel. Le tracé 8.7 correspond à un rythme sinusal de 63 batt./min, un BAV du 1er degré, une ESA bloquée, suivie d'un échappemment jonctionnel.

Le tracé 8.8 correspond à un rythme sinusal de 63 batt./min. Sporadiquement, des extrasystoles

Tracé 8.3

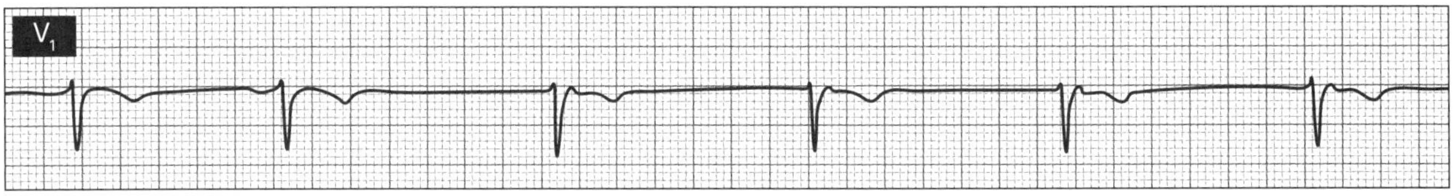

Tracé 8.4 (enregistrement continu)

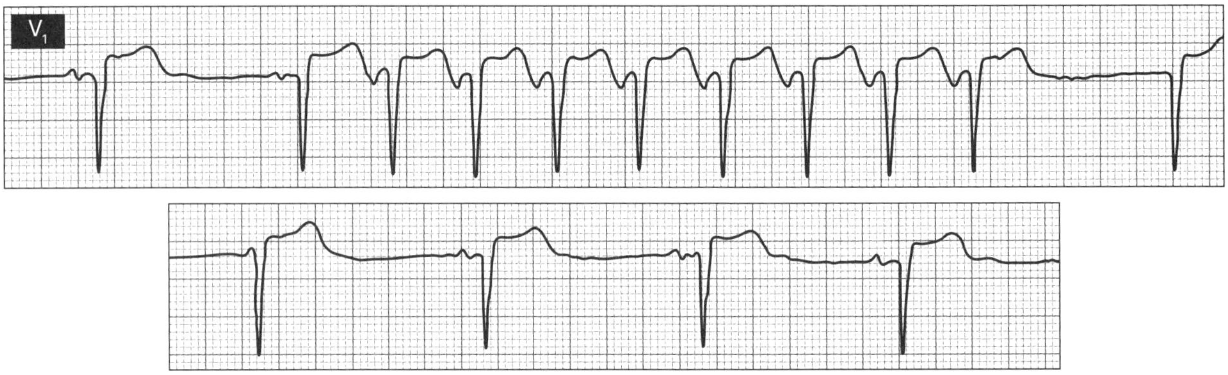

Tracé 8.5

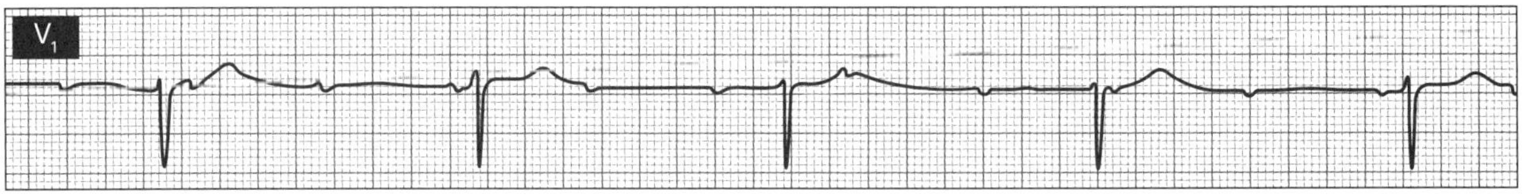

Tracé 8.6

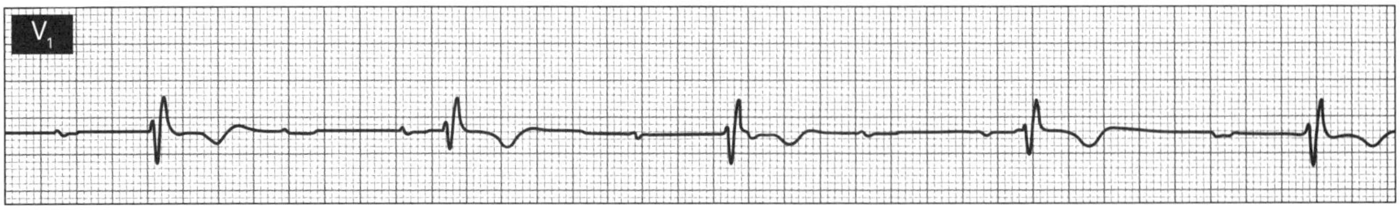

Tracé 8.7 **Rythme sinusal de 66 batt./min. Bloc auriculoventriculaire du 1er degré; extrasystole auriculaire bloquée suivie d'un échappement jonctionnel**

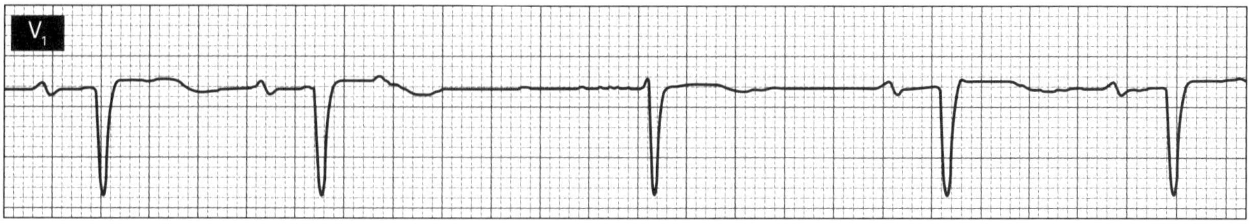

Tracé 8.8 **Rythme sinusal de 63 batt./min, ESV et échappements ventriculaires (enregistrement continu)**

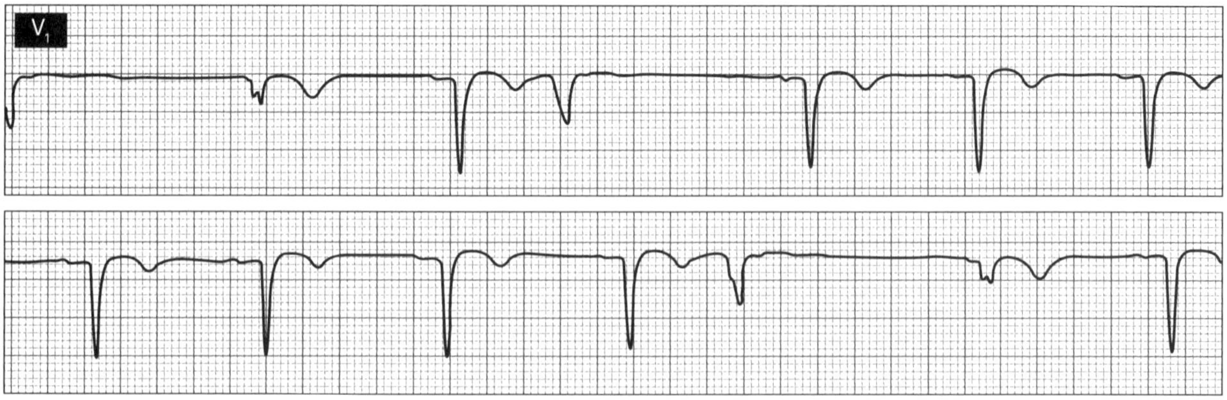

ventriculaires (3e complexe de la bande supérieure et 5e complexe de la bande inférieure) entraînent des échappements ventriculaires. Ces échappements (1er complexe de la bande supérieure et 6e complexe de la bande inférieure) sont précédés d'une pause.

8.2.6 Traitement

Un traitement causal est le choix thérapeutique indiqué dans le cas de l'échappement.

8.2.7 Signification clinique

Pris isolément, l'échappement est anodin et asymptomatique. S'il est regroupé sous forme de rythme d'échappement, les signes cliniques sont fonction de la fréquence ventriculaire.

8.3 Rythmes actifs: automaticité augmentée et réentrée

Les rythmes actifs sont la succession d'au moins quatre complexes dont le point d'origine est un générateur de relève (secondaire ou tertiaire) qui s'accélère au-delà de sa fréquence habituelle (*voir la figure 8.2*).

Les rythmes actifs résultent soit d'une augmentation de l'automaticité de la jonction ou du réseau de Purkinje, soit d'une réentrée engendrée par une dualité potentielle de conduction.

8.3.1 Automaticité augmentée

L'automaticité augmentée peut, d'une part, induire une arythmie rapide à la jonction AV sous forme de rythme idiojonctionnel accéléré avec dissociation AV ou dépolariser à contre-courant les oreillettes et produire une arythmie avec conduction rétrograde et, d'autre part, accroître l'automaticité du réseau de Purkinje pour entraîner un rythme idioventriculaire accéléré.

Rythme idiojonctionnel accéléré

Le rythme idiojonctionnel accéléré (RIJA), aussi appelé tachycardie jonctionnelle non paroxystique ou automatique, survient lorsque la fréquence cardiaque est supérieure à 100 batt./min. Son incidence est de l'ordre de 1 à 2 % lors d'un syndrome coronarien aigu (Surawicz & Knilans, 2008).

Figure 8.2 **Nomenclature des rythmes actifs**

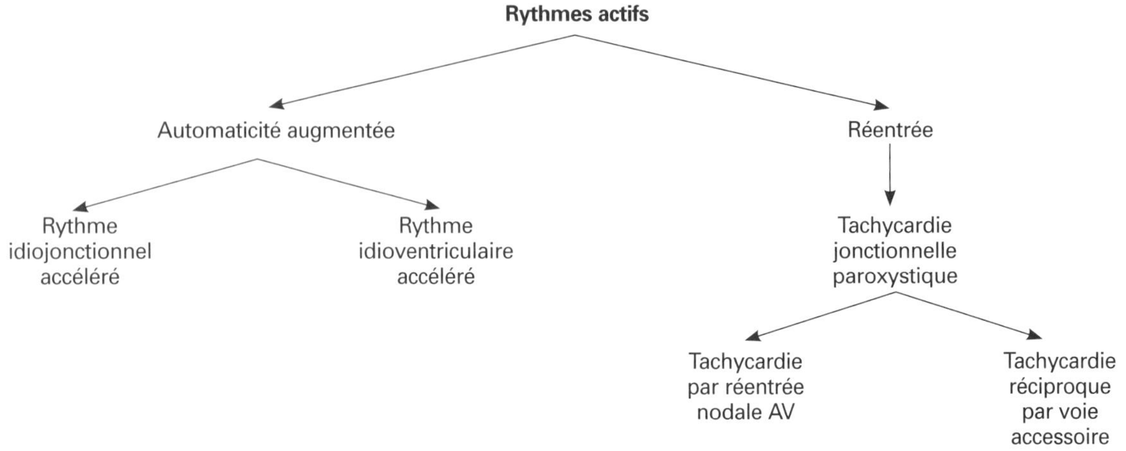

Mécanisme électrophysiologique Le RIJA induit une augmentation de l'automaticité à la jonction distale du nœud AV ou du faisceau de His (arythmie « His-dépendante »). Un ralentissement sinusal avec conduction AV diminuée peut induire une dissociation AV ou une conduction ventriculoauriculaire (rétrograde).

Lorsqu'il y a conduction rétrograde (*voir la figure 8.3*), le mécanisme électrophysiologique est particulier. En effet, un foyer unique à la jonction AV active simultanément les oreillettes de bas en haut (conduction rétrograde) et les ventricules de haut en bas (conduction antérograde).

Figure 8.3 **Rythme idiojonctionnel accéléré avec conduction rétrograde**

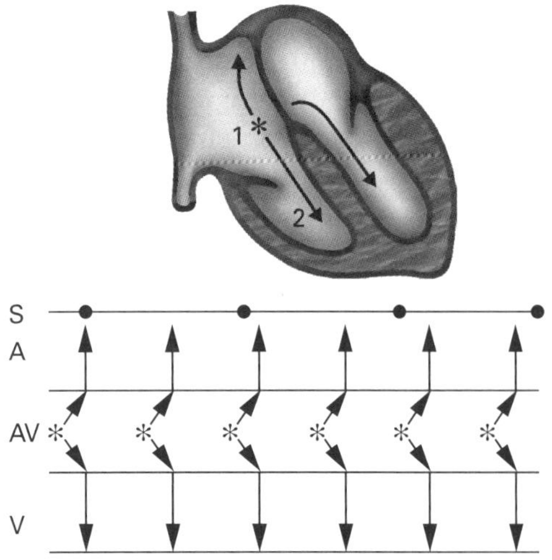

Étiologie L'étiologie du RIJA est présentée dans l'encadré 8.2.

Critères électrocardiographiques Le RIJA avec dissociation AV isorythmique se produit soit par défaut (rythme sinusal, arrêt sinusal, bloc sinoauriculaire), soit par une usurpation qui favorise une automaticité augmentée.

Les rythmes auriculaire et ventriculaire sont indépendants, mais compétitifs. Ce phénomène est secondaire à une anomalie de formation ou de conduction du centre de commande.

Encadré 8.2 Étiologie du rythme idiojonctionnel accéléré

- Chirurgie cardiaque (cause fréquente)
- Hypokaliémie
- Hypoxie
- Infarctus inférieur ou antérieur (10 %)
- Insuffisance cardiaque
- Intoxications médicamenteuses
- Libération d'amines
- Maladie coronarienne
- Myocardite
- Postréanimation
- Remplacement mitral
- Septicémie
- Sujet jeune hyperadrénergique
- Surdosage digitalique ou à la théophylline

Les ondes P se confondent généralement avec le complexe QRS ou le suivent de près, car la conduction rétrograde à l'oreillette est normalement plus lente que la conduction antérograde aux ventricules.

La fréquence sinusale, selon le rythme de base en cours, présente des intervalles PP constants. Pour leur part, les intervalles PR sont variables et en relation avec la dissociation AV. Les complexes QRS sont normaux, sauf s'il y a présence d'une conduction ventriculaire aberrante (CVA) ou d'un bloc de branche.

La fréquence ventriculaire (± 70 à ± 130 batt./min) est supérieure à la fréquence auriculaire, mais compétitive.

Il y a également présence de captures ventriculaires (*voir la figure 8.4*), c'est-à-dire de rares impulsions sinusales activant normalement les ventricules, comme cela est illustré dans le dernier complexe de la bande 1 et le 6e complexe de la bande 2 du tracé 8.9.

Ce tracé présente aussi une dissociation AV isorythmique et une conduction AV avec un intervalle PP constant. Les ondes P se confondent progressivement aux complexes QRS, puisque la fréquence ventriculaire accélère. Celle-ci est d'environ 72 batt./min. Les complexes QRS sont déformés par les ondes P dissociées, et la dépolarisation ventriculaire est sous la commande jonctionnelle.

Figure 8.4 **Capture ventriculaire**

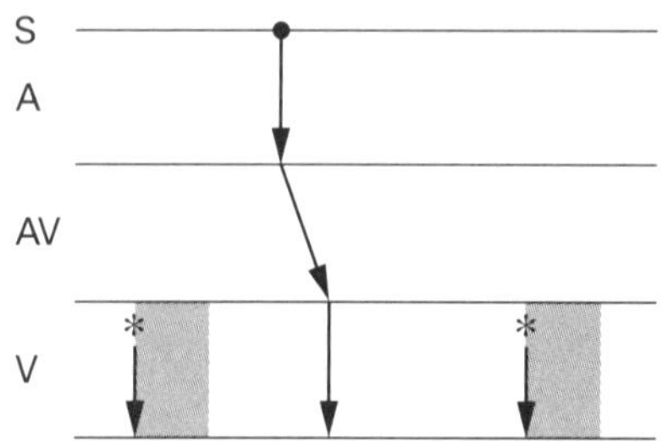

Les critères électrocardiographiques propres à la capture ventriculaire sont les suivants : une systole sinusale prématurée par rapport au QRS dissocié du complexe précédent ; une capture morphologique qui s'apparente à une extrasystole auriculaire, compte tenu de sa prématurité ; et un intervalle PR de la capture plus long que le PR du complexe sinusal.

Pour sa part, le RIJA avec conduction rétrograde présente une fréquence sinusale variant entre 60 et 100 batt./min, et cette fréquence peut s'accroître jusqu'à 140 batt./min. Les ondes P sont négatives dans les dérivations D_{II}, D_{III} et aVF, car les oreillettes sont dépolarisées par voie rétrograde à partir d'une impulsion issue de la jonction (*voir le tracé 8.10*). Les intervalles PR sont trop courts pour conduire, la conduction AV étant plus rapide (inférieure à 0,10 s).

Traitement Puisqu'il s'agit d'une arythmie « Hisdépendante » et non d'une arythmie « AV-dépendante », une résistance thérapeutique pourrait faire échec aux interventions ciblant le nœud AV. Cette arythmie peut se résorber spontanément.

Rythme idioventriculaire accéléré

Le rythme idioventriculaire accéléré (RIVA) correspond, comme son nom l'indique, à une accélération

Tracé 8.9 **Enregistrement discontinu en D_{II} : rythme sinusal à 66 batt./min ; rythme idiojonctionnel accéléré à 72 batt./min avec captures ventriculaires**

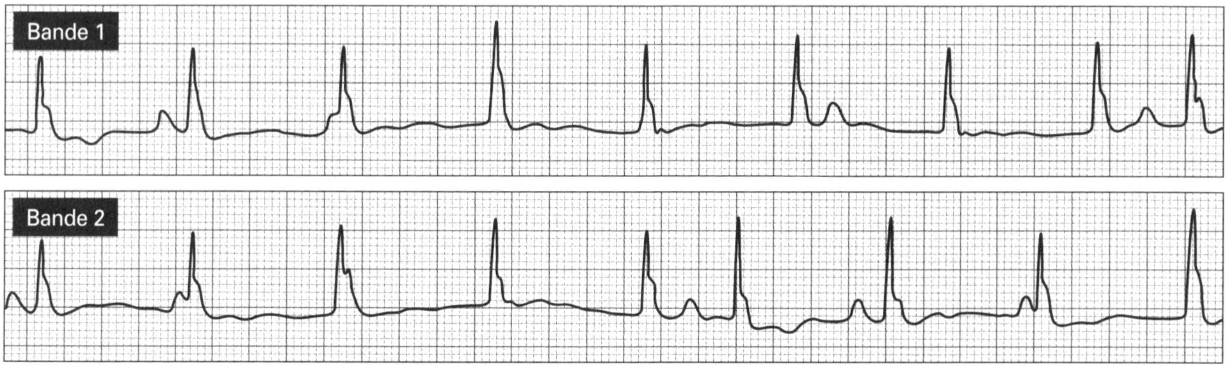

Tracé 8.10 **Rythme idiojonctionnel accéléré à 80 batt./min avec conduction rétrograde ou dépolarisation première des oreillettes**

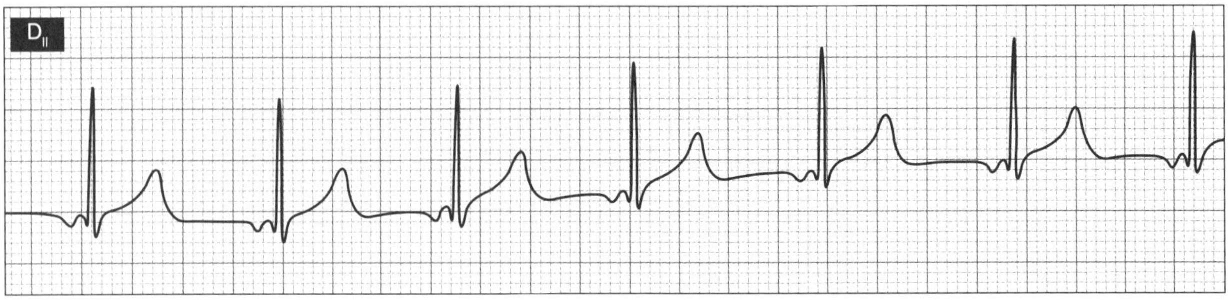

des cellules automatiques du réseau de Purkinje à une fréquence supérieure à 40 batt./min.

Le RIVA est relativement fréquent lors d'un syndrome coronarien aigu (24 à 36 % des cas) (Surawicz & Knilans, 2008). Il s'agit d'un rythme actif similaire au rythme idiojonctionnel accéléré, et il est sans danger. Il accompagne plus fréquemment l'infarctus postéro-inférieur associé à un syndrome d'hypertonie vagale. Il coïncide souvent avec une bradycardie sinusale et apparaît dans les 48 premières heures suivant un syndrome coronarien aigu.

Mécanisme électrophysiologique Une phase 4 plus courte du réseau de Purkinje entraîne un rythme ventriculaire compétitif et dominant par rapport au rythme sinusal (*voir la figure 8.5*).

Étiologie L'étiologie du RIVA est présentée dans l'encadré 8.3.

Particularités du rythme idioventriculaire accéléré Le RIVA est de courte durée (de 5 à 30 cycles), et il est parfois irrégulier. Sa fréquence habituelle varie de 55 à 120 batt./min. Les complexes de fusion, illustrés dans le 2e complexe de la bande supérieure et le 4e complexe de la bande inférieure du tracé 8.11, ainsi que les complexes de capture, illustrés dans le dernier complexe de la bande 1 et le 6e complexe de la bande 2 du tracé 8.9, sont fréquents. La conduction rétrograde vers les oreillettes est possible.

Critères électrocardiographiques Le RIVA présente une dissociation AV. Les rythmes sont compétitifs, c'est-à-dire qu'un rythme sinusal alterne avec

Figure 8.5 **Correspondance électromécanique – rythme idioventriculaire accéléré**

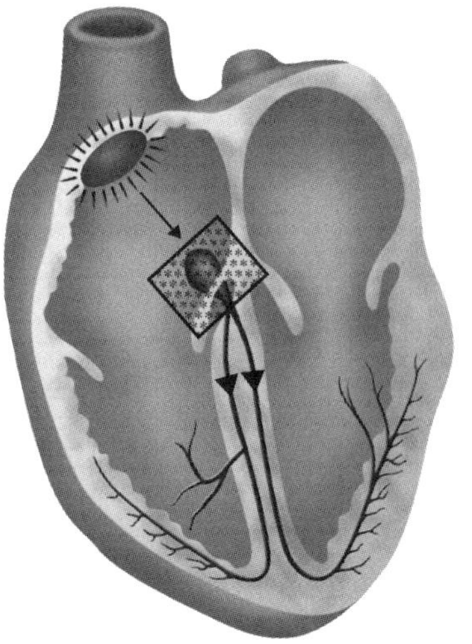

Encadré 8.3 Étiologie du rythme idioventriculaire accéléré

- Antagonistes calciques
- Antidépresseurs tricycliques
- Augmentation du tonus sympathique
- β-bloquants adrénergiques
- Cardiopathies congénitales
- Hypokaliémie
- Infarctus du myocarde
- Ischémie aiguë
- Reperfusion (90 % post-24 heures) coronarienne postthrombolyse et postangioplastie, puis régression du RIVA dans les 8 à 12 heures suivant la thérapie thrombolytique
- Suite d'une réanimation cardiorespiratoire
- Surdosage digitalique

un rythme ventriculaire accéléré, ou ils fusionnent l'un dans l'autre. Les fréquences des deux rythmes sont relativement similaires. Le tracé 8.11 montre un rythme idioventriculaire accéléré à une fréquence qui varie de 50 à 66 batt./min. Le complexe initial du rythme ventriculaire accéléré, appelé fusion, est plutôt retardé, tout comme un échappement ventriculaire.

Les complexes de fusion sont l'apparition sur le tracé d'une troisième morphologie de complexe intermédiaire et différente de deux morphologies déjà bien identifiées. Les 2e et 10e complexes correspondent à des fusions ; leurs morphologies sont différentes des morphologies des complexes sinusaux et du rythme idioventriculaire accéléré (*voir la figure 8.6*).

La fusion est une dépolarisation ventriculaire simultanée amorcée d'une part par une impulsion d'origine sinusale et, d'autre part, par le foyer ectopique ventriculaire. La morphologie du complexe de fusion présente d'abord un QRS de morphologie intermédiaire plus étroit que le complexe ventriculaire, et plus large que le complexe sinusal. Le complexe de fusion pourrait aussi être la résultante d'une impulsion auriculaire (p. ex., une fibrillation auriculaire [FA]) jumelée au rythme idioventriculaire. L'onde P précédant le complexe QRS de fusion est dissociée de l'activité ventriculaire.

Signes cliniques Le RIVA est le plus souvent asymptomatique. Lors d'une dysfonction ventriculaire gauche, l'hypotension pourrait être significative, compte tenu du fait que la dissociation AV est liée à une perte de contraction auriculaire.

Traitement L'atropine est parfois indiquée pour accélérer la fréquence sinusale et le rythme ventriculaire. Ce rythme actif est habituellement transitoire et bénin. Le traitement est limité aux tachycardies supraventriculaires symptomatiques.

8.3.2 Réentrée : tachycardie jonctionnelle paroxystique

La tachycardie jonctionnelle paroxystique est une arythmie généralement de courte durée et symptomatique dans sa phase rapide. L'asymétrie des voies de conduction au nœud AV favorisera la tachycardie par réentrée nodale (*voir la figure 8.7*), alors qu'une

Tracé 8.11 **Enregistrement continu : rythme sinusal à 60 batt./min alternant avec un rythme idioventriculaire accéléré à 54 batt./min**

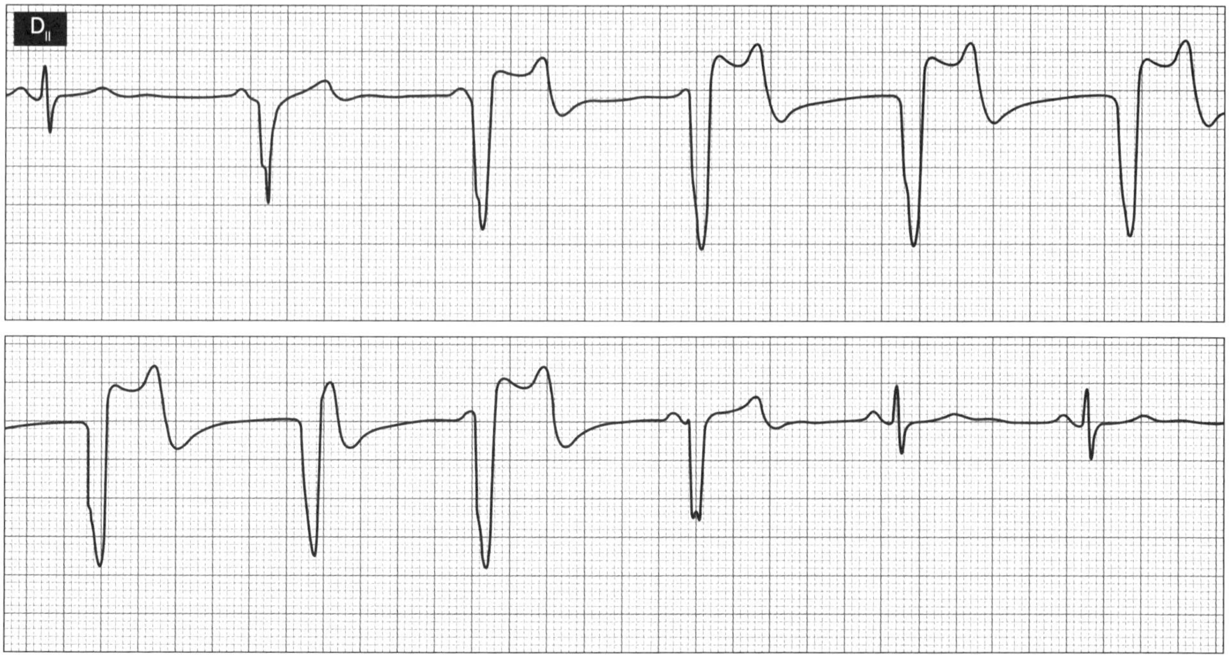

Figure 8.6 **Complexe de fusion (2e complexe)**

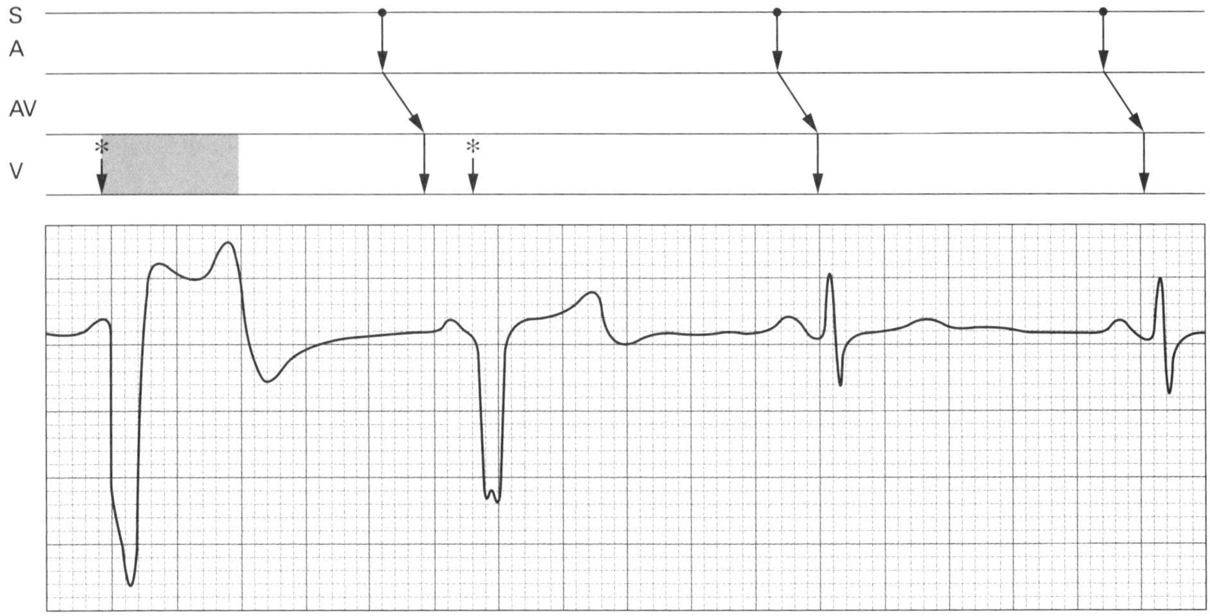

conduction rétrograde vers les oreillettes par une voie anatomique anormale, appelée voie accessoire, entraînera un syndrome de préexcitation dont le plus connu est le Wolff-Parkinson-White (WPW) (*voir la figure 8.11*). La tachycardie jonctionnelle paroxystique constitue environ 50 % des cas de tachycardies supraventriculaires paroxystiques. De plus, environ 60 % des tachycardies jonctionnelles seraient dues à l'existence d'un faisceau accessoire, mais une préexcitation ne serait visible que dans 15 % des cas (Taboulet, 2010).

Étiologie

L'étiologie de la tachycardie jonctionnelle paroxystique est présentée dans l'encadré 8.4.

Figure 8.7 **Tachycardie jonctionnelle paroxystique**

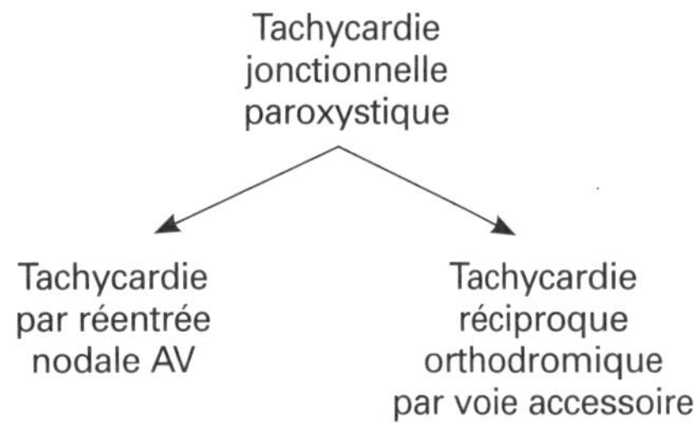

Tachycardie par réentrée nodale auriculoventriculaire (Bouveret)

Mécanisme électrophysiologique La tachycardie par réentrée nodale AV a son origine dans les fibres musculaires auriculaires, dans la région du triangle de Koch, ce qui entraîne une dissociation longitudinale fonctionnelle entre les voies lente et rapide du nœud AV dont les propriétés électrophysiologiques sont distinctes (*voir la figure 1.13*).

Encadré 8.4 Étiologie de la tachycardie jonctionnelle paroxystique

- Anomalies congénitales du nœud AV
- Augmentation du tonus sympathique
- Découverte fortuite
- Digitale
- Hyperthyroïdie (haute incidence pour le syndrome de WPW)
- Ischémie
- Jeunes adultes sans signes de cardiopathie, incluant les deux tiers des syndromes de WPW
- Réaction vasovagale présyncope ou postsyncope (18 %)

La voie à conduction lente a une période réfractaire courte, tandis que la voie à conduction rapide possède une période réfractaire plus longue. Les deux voies ont une jonction proximale et distale commune.

Par mode antérograde, une impulsion sinusale active les ventricules par la voie rapide. Simultanément, l'impulsion traverse la voie lente vers le pôle inférieur du nœud AV (*voir la figure 8.8*).

La conduction d'une impulsion chemine vers l'oreillette par mode rétrograde (*voir la figure 8.9*). L'impulsion est conduite par mode antérograde vers les ventricules à un moment critique par la voie lente dont la période réfractaire est plus courte, et par la voie rapide qui est en période réfractaire. À la jonction distale, l'impulsion emprunte la voie rapide, maintenant apte à conduire, et réexcite l'oreillette par voie rétrograde. Si le phénomène se répète sur un ou deux battements, ceux-ci sont considérés comme réciproques, ou en écho. Si le phénomène est répétitif, il devient de la tachycardie.

Figure 8.8 **Dissociation entre les deux voies de conduction du nœud auriculoventriculaire**

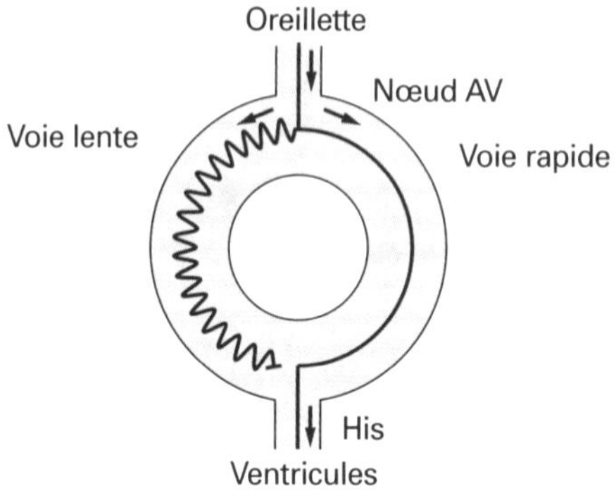

Figure 8.9 **Circuit de réentrée engendré par une extrasystole auriculaire prématurée**

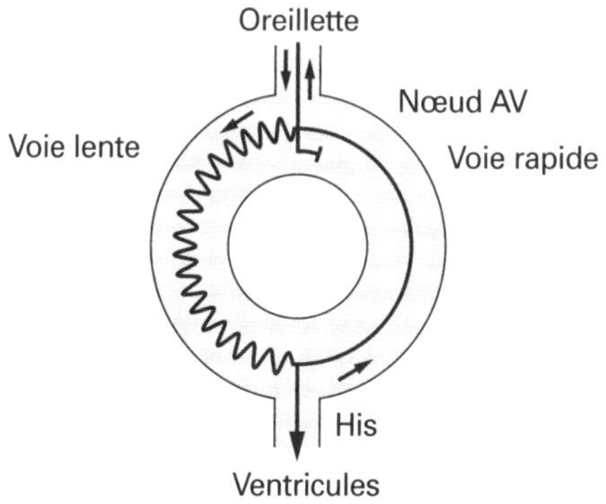

Un circuit de réentrée est alors établi : l'extrasystole auriculaire est souvent l'élément déclencheur, et la stimulation vagale, l'élément avorteur de ce phénomène, car il s'agit d'une arythmie « AV-dépendante ». La tachycardie par réentrée nodale constitue plus de 50 % des TSVP.

Étiologie L'étiologie de la tachycardie par réentrée nodale AV est présentée dans l'encadré 8.5.

Critères électrocardiographiques Une alternance électrique, un début et une fin brusques, un intervalle RP plus court que PR ainsi qu'une fréquence de ± 140 à ± 220 batt./min sont des caractéristiques de la tachycardie par réentrée nodale AV (*voir le tracé 8.12*).

Une extrasystole auriculaire avec un P'R long peut être l'élément déclencheur de la tachycardie. Le tracé présente alors une dépression de 2 mm du segment ST ou une onde T inversée avec QRS fin. L'onde R est positive et large en aVR et aVL.

Dans 95 % des cas de tachycardie par réentrée nodale AV, les ondes P se confondent au QRS ou le suivent, et elles sont inversées dans les dérivations D_{II}, D_{III} et aVF. Les ondes P ne peuvent être détectées à l'ECG que dans 50 % des tachycardies. Lorsqu'elles sont décelées, les ondes P sont visibles dans les dérivations aVR et V_1. En V_1, l'onde R' est présente si le complexe RSR' est absent au préalable sur le rythme de base. Le complexe QRS est normal ou anormal en présence d'une conduction ventriculaire aberrante ou d'une préexcitation ventriculaire.

Encadré 8.5 Étiologie de la tachycardie par réentrée nodale auriculoventriculaire

- Absence de maladie organique
- Anxiété
- Hypoxie
- Médication
- Stimulants exogènes (boissons énergisantes, caféine, nicotine)

Tracé 8.12 **Fin d'une tachycardie par réentrée nodale auriculoventriculaire à ± 130 batt./min convertie en rythme sinusal à 80 batt./min sous l'effet du vérapamil (l'onde P rétrograde déforme l'onde T)**

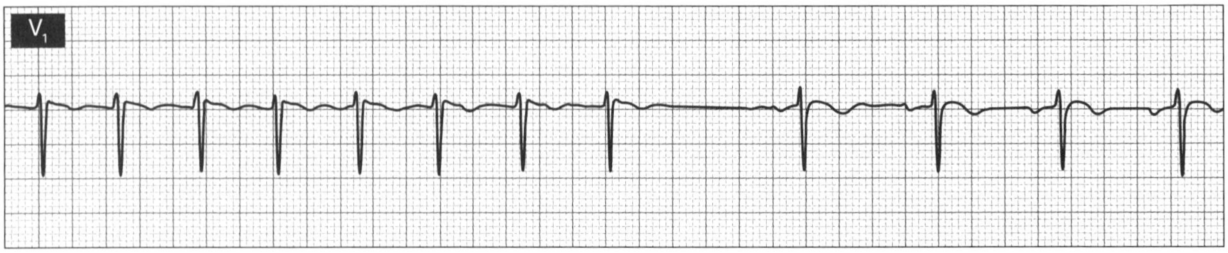

Signes cliniques Les signes cliniques de la tachycardie par réentrée nodale AV sont présentés dans l'encadré 8.6.

Traitement Le massage du sinus carotidien est généralement efficace; il entraîne une hypertonie vagale, ce qui déprime la conduction de la voie lente.

Modèle thérapeutique de la tachycardie jonctionnelle paroxystique

Les manœuvres de Valsalva et le massage du sinus carotidien sont des traitements non pharmacologiques indiqués pour la tachycardie jonctionnelle paroxystique. Quant à la pharmacothérapie, elle est présentée dans le tableau 8.1. Enfin, les interventions électriques comprennent la cardioversion électrique, si l'hémodynamie est instable, et l'ablation par cathéter radiofréquence.

Surveillance clinique La surveillance clinique comprend le monitorage du rythme cardiaque, la sémiologie clinique, la tolérance hémodynamique et l'évaluation à la réponse thérapeutique.

Tachycardie jonctionnelle réciproque orthodromique par voie accessoire

Dans le syndrome de préexcitation, l'impulsion emprunte une voie anatomique anormale (*voir la*

Encadré 8.6 Signes cliniques de la tachycardie par réentrée nodale auriculoventriculaire

- Angoisse
- Asymptomatique
- Chute du débit cardiaque
  - Ischémie cérébrale avec lipothymie possible
  - Ischémie coronarienne se traduisant par une douleur thoracique
  - Insuffisance cardiaque aiguë sous l'aspect d'un œdème aigu pulmonaire
- Dyspnée
- Palpitations
- Pollakiurie en rapport avec la sécrétion du peptide auriculaire antidiurétique
- Précordialgie
- Pulsations cardiaques de ± 150 à ± 200 batt./min
- Syncope (17 %)

Tableau 8.1 **Pharmacothérapie de la tachycardie jonctionnelle paroxystique**

Médicament	Posologie/indications
Adénosine (Adénocard[MD])	• 6 mg I.V. rapidement en bolus
Diltiazem (Cardizem[MD], *Tildiem*[MD])	• 20 à 25 mg I.V. pendant 2 min, si pression artérielle stable • En cas d'échec, répétition de la dose 15 min plus tard avec ajout de 5 mg à la dose initiale
Vérapamil (Isoptin[MD], *Isoptine*[MD])	• 5 à 10 mg I.V. pendant 2 min, si pression artérielle stable • Répétition de la dose 10 min plus tard, si nécessaire

figure 8.10) et contourne la jonction nodohissienne pour atteindre les ventricules. La plus fréquente des variantes de préexcitation est celle qui a été décrite par Wolff, Parkinson et White en 1930.

Prévalence La prévalence du syndrome de Wolff-Parkinson-White (WPW) est de 0,15 à 0,20 % dans la population en général, et l'incidence est de 3 cas pour 1 000 habitants. Dans les deux tiers des cas, l'arythmie chez l'adulte n'est pas consécutive à une maladie cardiaque organique. Le WPW est plus fréquent chez les hommes. Chez les enfants, la prévalence est de 0,15 %, et 20 à 30 % des cas sont associés à une maladie congénitale, principalement à la maladie d'Ebstein. L'incidence de tachyarythmie est de 40 à 50 % pour l'ensemble des WPW (Surawicz & Knilans, 2008).

La tachycardie par réentrée nodale AV représente la manifestation clinique la plus fréquente du WPW (80 %). Dans 15 à 30 % des cas, un flutter ou une fibrillation auriculaires sont observés. L'association tachycardie-fibrillation-flutter apparaît dans environ 18 % des cas (Taylor & Ignaszewski, 2005).

Localisation des faisceaux accessoires Dans un WPW, la conduction AV est réalisée par des fibres anatomiques musculaires anormales appelées voies accessoires. Ces voies sont dues à la persistance de fibres musculaires entre les parois de l'oreillette et du ventricule. La figure 8.10 illustre les principaux faisceaux du syndrome de WPW. Le faisceau de Kent gauche est le pont musculaire entre le myocarde auriculaire et le myocarde ventriculaire gauche (1). C'est le faisceau le plus sollicité lors d'un WPW (50 %). Le faisceau de Kent droit est situé sur la paroi libre du côté droit (10 %) (2). Le faisceau septal droit relie l'oreillette droite à la partie antérosupérieure septale (3) (10 %) ; pour sa part, le gauche relie l'oreillette gauche au septum postéro-inférieur (4) (30 %). Le septal moyen, quant à lui, relie le septum interauriculaire et le septum interventriculaire dans leur portion médiane respective (5).

Figure 8.10 Faisceaux accessoires

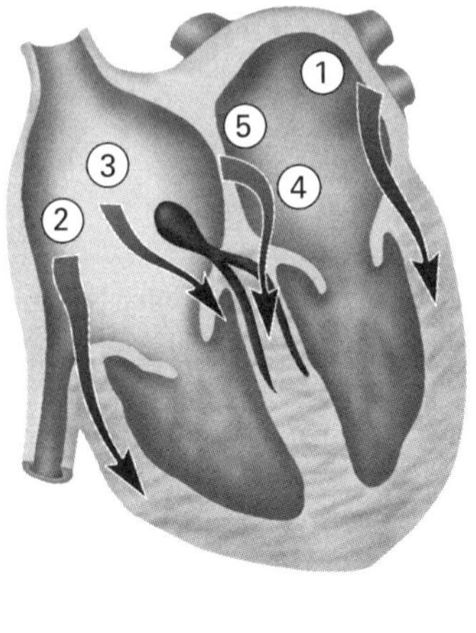

La présence de multiples voies accessoires limite la précision du site de préexcitation sur l'ECG de surface (prévalence de 10 %).

La TSVP est responsable de 75 à 80 % des formes diverses de tachycardies lors du syndrome de WPW. Lorsque les voies accessoires sont impliquées, il faut distinguer la tachycardie jonctionnelle réciproque par réentrée orthodromique de la tachycardie jonctionnelle réciproque par réentrée antidromique. Dans une tachycardie jonctionnelle réciproque par réentrée orthodromique, le circuit de réentrée est constitué par l'oreillette, le nœud AV, le système His-Purkinje et le myocarde ventriculaire pour la direction antérograde de l'impulsion, et celle-ci retourne à l'oreillette par le faisceau accessoire par voie rétrograde. Dans cette forme, l'onde delta n'est pas visible, et le complexe QRS est fin. Pour ce qui est de la tachycardie jonctionnelle réciproque par réentrée antidromique, une forme plus rare (11 %), l'impulsion emprunte le faisceau accessoire pour activer les ventricules, puis remonte vers l'oreillette de façon rétrograde par les voies AV normales.

Mécanisme électrophysiologique Dans la partie supérieure de la figure 8.11, le substrat est constitué de deux voies anatomiques distinctes :

- la voie accessoire auriculoventriculaire (faisceau de Kent), avec une conduction rapide et une période réfractaire longue ;
- la voie nodohissienne, avec une conduction plus lente et une période réfractaire plus courte.

Dans la partie inférieure de la figure, durant une extrasystole auriculaire, l'influx s'engage par voie AV normale antérograde dans le nœud AV non réfractaire vers les deux ventricules pour exciter la voie accessoire (faisceau de Kent) dans sa partie ventriculaire. Il remonte de façon rétrograde par cette voie accessoire vers l'oreillette ; il boucle ainsi ce circuit antérograde nodohissien et rétrograde par la voie accessoire. Il s'agit d'une tachycardie de réentrée orthodromique par voie accessoire associée au syndrome de WPW.

Figure 8.11 **Syndrome de Wolff-Parkinson-White**

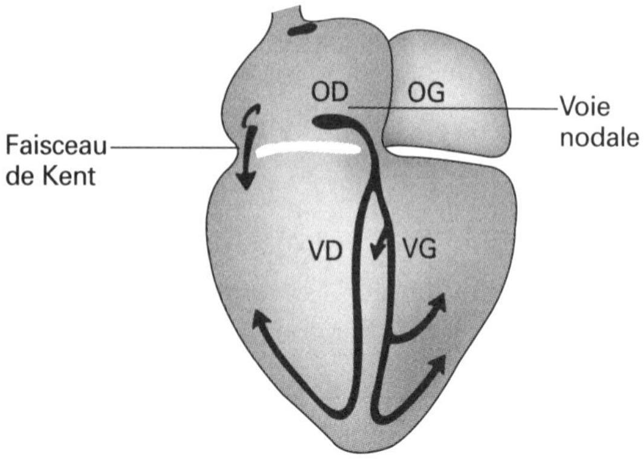

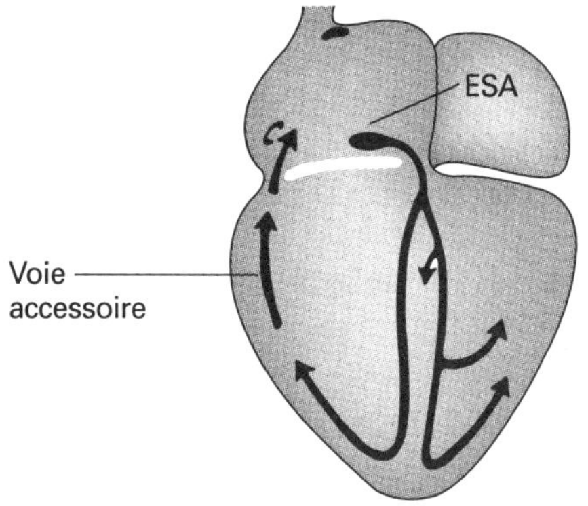

Étiologie L'étiologie de la tachycardie jonctionnelle réciproque orthodromique par voie accessoire est présentée dans l'encadré 8.7.

Critères électrocardiographiques Les critères électrocardiographiques et leur signification sont présentés dans le tableau 8.2 (*voir les tracés 8.13 et 8.14*).

Risque associé au syndrome de Wolff-Parkinson-White Une tachycardie supraventriculaire rapide (de

Encadré 8.7 Étiologie de la tachycardie jonctionnelle réciproque orthodromique par voie accessoire

- Anomalie d'Ebstein (5 à 10 %)
- Atrésie tricuspidienne
- Coarctation de l'aorte
- Correction chirurgicale pour transposition des gros vaisseaux
- Défaut septal auriculaire ou ventriculaire
- Hyperthyroïdie
- Prolapsus valvulaire mitral
- Trétralogie de Fallot
- Tumeurs cardiaques

Tableau 8.2 **Critères électrocardiographiques et signification de la tachycardie jonctionnelle réciproque orthodromique par voie accessoire**

Critère	Signification
Intervalle PR < 0,12 s chez l'adulte	Une partie du myocarde ventriculaire est excitée prématurément par une impulsion qui traverse une voie accessoire plutôt que la voie nodohissienne.
Onde δ (onde delta): onde initiale lente avec empâtement dans la partie initiale du complexe QRS, d'une durée de 0,02 à 0,07 s	La durée du complexe QRS et l'amplitude de l'onde δ sont fonction du degré de préexcitation.
Complexe QRS ≥ 0,12 s	Partie terminale ou QRS: souvent dû à la contribution tardive du ventricule non préexcité dépendant de la voie nodohissienne (complexe de fusion).
Morphologie du QRS en V_1	L'onde δ négative suggère une origine ventriculaire droite de la préexcitation, tandis qu'une onde positive (aspect bloc de branche droit [BBD]) suggère une origine ventriculaire gauche.
Morphologie de l'onde δ en D_{II}, D_{III} et aVF	La morphologie positive suggère une origine supérieure de la préexcitation, alors qu'une morphologie négative suggère une origine inférieure. Dans les deux cas, l'origine peut être droite ou gauche.
Onde R monophasique de V_1 à V_6 spécifique à la fibrillation auriculaire avec préexcitation	
Segment ST et onde T modifiés	Anomalie secondaire de la repolarisation
Alternance électrique avec QRS fins	Réentrée AV ou voie accessoire cachée

Tracé 8.13 **Rythme sinusal à 90 batt./min entrecoupé de complexes de type Wolff-Parkinson-White**

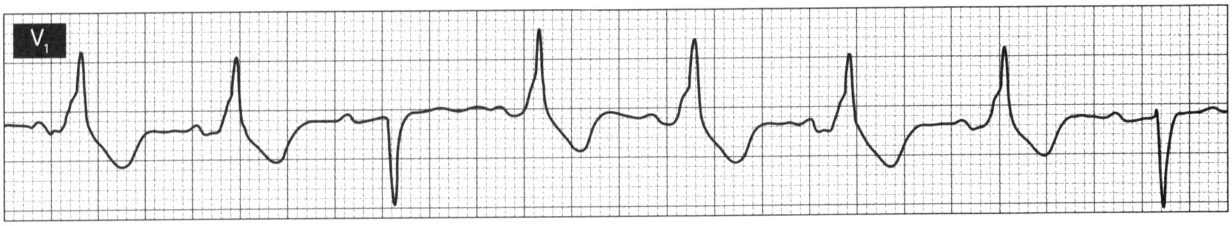

Tracé 8.14 **Fibrillation auriculaire paroxystique avec réponse ventriculaire de 110 à 240 batt./min associée à un syndrome de Wolff-Parkinson-White**

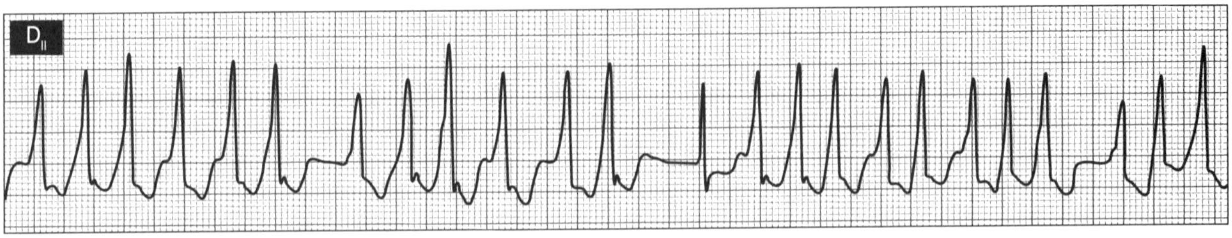

type FA) normalement bloquée dans le nœud AV peut être transmise aux ventricules par le réseau accessoire et dégénérer en fibrillation ventriculaire fatale. La thérapie digitalique peut aggraver ce mécanisme.

Pronostic En l'absence de cardiopathie, le pronostic est favorable. La fibrillation auriculaire constitue le plus grand risque de mort subite lors d'un WPW. Approximativement 30 % des sujets asymptomatiques, avec ou sans syndrome de préexcitation, présentent des symptômes dans les 10 années suivant l'apparition d'un WPW. Le taux de mortalité pour le WPW varie de 0,02 % à 0,15 % annuellement (Taboulet, 2010).

Traitement Les paramètres d'orientation du traitement du WPW sont les suivants : la fréquence et la durée des tachycardies, la fréquence cardiaque pendant la tachycardie et la gravité des symptômes. L'algorithme thérapeutique du WPW est présenté dans la figure 8.12.

Figure 8.12 **Algorithme thérapeutique du Wolff-Parkinson-White**

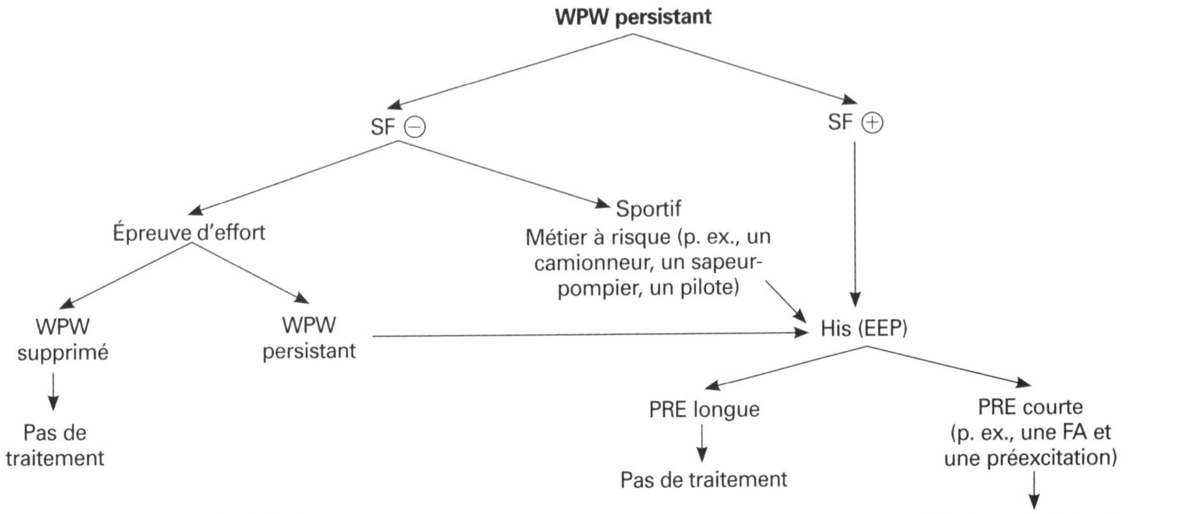

EEP : examen électrophysiologique
PRE : période réfractaire effective
SF : signes fonctionnels (sémiologie) : – absence ; + présence

La thérapie digitalique, l'adénosine, les bêtabloquants et les bloquants calciques sont contre-indiqués lorsque le flutter ou la fibrillation auriculaires sont associés au syndrome de préexcitation ventriculaire. La protection recherchée au nœud AV est obsolète, puisque l'impulsion supraventriculaire est transmise aux ventricules par la voie accessoire. Ces médicaments, en inhibant le nœud AV, favorisent de façon indirecte la progression de l'impulsion dans la voie accessoire. Il a été démontré que ce mécanisme peut entraîner la mort subite.

8.4 Résumé du traitement des rythmes passifs et actifs

Le tableau 8.3 présente la synthèse du traitement des rythmes passifs et actifs, ainsi que les alertes cliniques.

Tableau 8.3 **Traitement des rythmes passifs et actifs**

	Arythmie	Choix thérapeutiques	Alertes cliniques
Rythmes passifs	Échappements jonctionnels et ventriculaires	• Aucun traitement	• Nombre • Pauses • Contexte
	Rythme d'échappement jonctionnel	• Aucun traitement	• Signes vitaux • Sémiologie
	Rythme d'échappement ventriculaire consécutif au BAV complet	• Algorithme thérapeutique de la bradycardie (*voir les figures 7.13 et 7.14*)	• Sémiologie • Signes vitaux • Syndrome de bas débit
Rythmes actifs	RIJA	• Aucun traitement	
	RIVA	• Atropine, si bradycardie sinusale	• Rythme et fréquence
	Tachycardie par réentrée nodale AV	• Ablation par cathéter radiofréquence • Cardioversion, si hémodynamie instable • Stimulation endocavitaire (*pacing*) • Manœuvres vagales • Médicaments – Adénosine I.V. (90 % de conversion) – β-bloquants I.V. – Diltiazem I.V. (Cardizem[MD], *Tildiem*[MD]) – Vérapamil I.V. (85 à 90 % de conversion)	• Sémiologie • Signes vitaux • Réponse thérapeutique
	Tachycardie réciproque orthodromique par voie accessoire	• Ablation par cathéter radiofréquence • Cardioversion électrique • Modèle thérapeutique de la tachycardie jonctionnelle paroxystique • Médicaments – Amiodarone – Flécaïnamide – Procaïnamide – Propafénone	• Sémiologie • Signes vitaux • Réponse thérapeutique

Aide-mémoire

Les rythmes lents, les rythmes rapides, les blocs et les extrasystoles occasionnent les pauses, et les pauses favorisent les échappements.

Rythmes passifs

Échappement

- Systoles isolées ou répétitives
- Systole initiale tardive
- Jonctionnel
  - QRS fins
  - Fréquence: ± 40 à ± 60 batt./min
- Ventriculaire
  - QRS différents des QRS du rythme de base
  - Fréquence: ± 20 à ± 40 batt./min

Rythmes actifs

Rythme idiojonctionnel accéléré

- Dissociation AV
  - Fréquence: ± 70 à ± 130 batt./min
  - Ondes P dissociées des QRS
  - Fréquence ventriculaire supérieure à la fréquence auriculaire
  - QRS identiques aux QRS du tracé de base
  - Captures ventriculaires
- Conduction rétrograde
  - Fréquence: ± 60 à ± 140 batt./min
  - Ondes P négatives en D_{II}, D_{III} et aVF
  - Intervalles PR ou RP constants

Rythme idioventriculaire accéléré

- Systole initiale retardée ou peu prématurée
- QRS différents des QRS du rythme de base
- Rythme régulier
- Fréquence: ± 55 à ± 120 batt./min
- Fusion: au début, à la fin du rythme, ou les deux

Tachycardie par réentrée nodale AV

- Début et fin brusques
- Fréquence: ± 140 à ± 220 batt./min
- Ondes P dissociées des QRS et inversées en D_{II}, D_{III} et aVF
- Intervalle RP < PR

Tachycardie réciproque orthodromique par voie accessoire

- Onde δ (delta)
- Intervalle PR < 0,12 s
- QRS ≥ 0,12 s: aspect de BBG ou BBD

Autoévaluation

PARTIE 1

Encercler la lettre correspondant à votre choix.

1. L'arythmie suivante est un exemple de dissociation AV:
   A. Tachycardie auriculaire à 180 batt./min
   B. Rythme jonctionnel accéléré
   C. Tachycardie par réentrée nodale
   D. Flutter auriculaire avec conduction variable

2. L'arythmie qui convient le mieux à un rythme passif est la suivante:
   A. Rythme d'échappement jonctionnel
   B. WPW
   C. Rythme idiojonctionnel accéléré
   D. RIVA

3. La fréquence habituelle du RIVA est la suivante:
   A. 40 à 60 batt./min
   B. 140 à 220 batt./min
   C. 55 à 120 batt./min
   D. 90 à 130 batt./min

4. En présence de quelles arythmies la digitale est-elle contre-indiquée lors d'un syndrome de préexcitation?

____

____

5. Indiquer les quatre types d'arythmies les plus susceptibles d'entraîner des échappements.
   - ____
   - ____
   - ____
   - ____

Répondre par vrai ou faux aux énoncés suivants.

6. La tachycardie jonctionnelle paroxystique représente environ 50 % des TSVP. _____

7. L'échappement survient prématurément, alors que l'extrasystole est retardée. ______

8. Le complexe QRS large pendant un échappement ventriculaire signifie que celui-ci est d'origine supraventriculaire. ______

9. Un ralentissement sinusal ou une accélération de la jonction peuvent entraîner une dissociation AV. ______

10. Le rythme jonctionnel avec conduction rétrograde est une arythmie avec dissociation AV. ______

PARTIE 2

Pour chacun des tracés 1 à 15, préciser les critères électrocardiographiques et l'interprétation. Les fréquences cardiaques sont calculées au compas selon la «méthode des 300».

Tracé 1

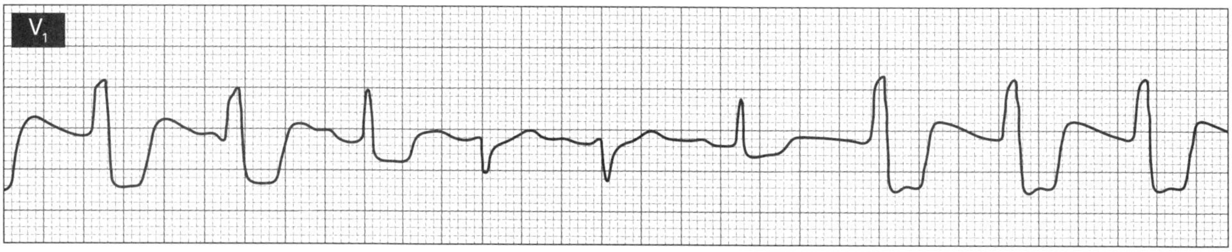

Critères électrocardiographiques ____

____

Interprétation ____

____

Tracé 2

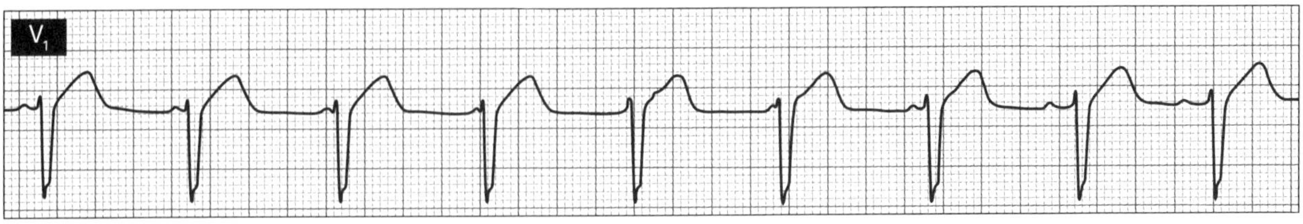

Critères électrocardiographiques ______________________________

____

Interprétation ______________________________

____

Tracé 3 (enregistrement continu)

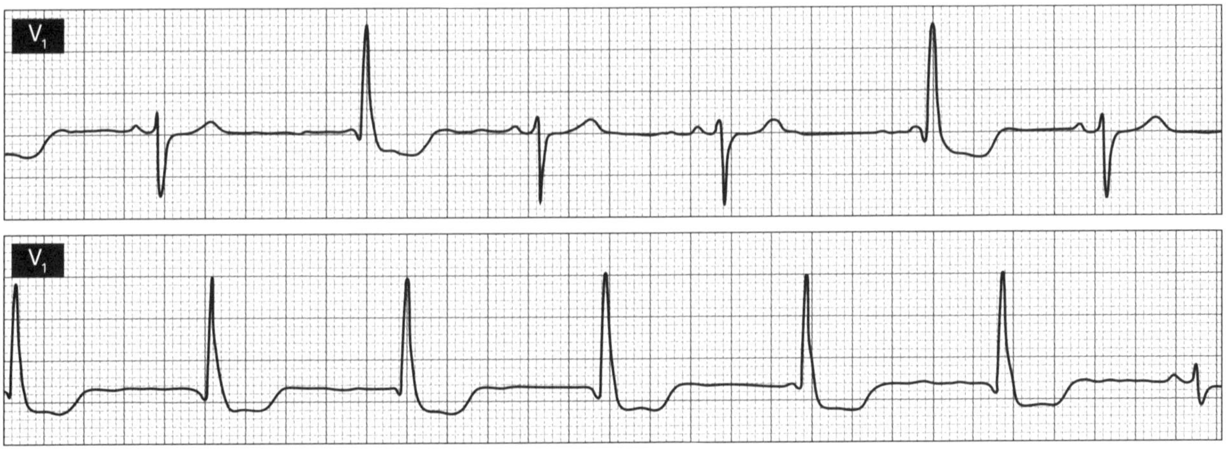

Critères électrocardiographiques ______________________________

____

Interprétation ______________________________

____

Tracé 4 (enregistrement discontinu)

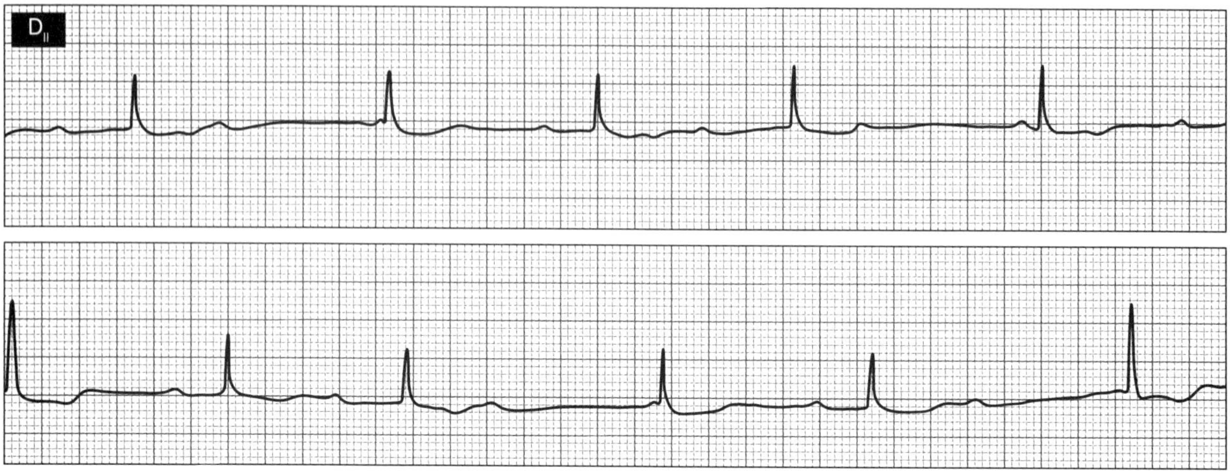

Critères électrocardiographiques ______________________________

____

Interprétation ______________________________

____

Tracé 5

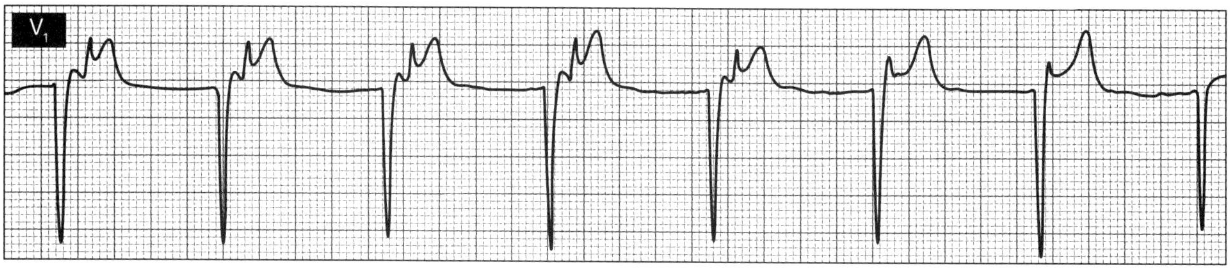

Critères électrocardiographiques ______________________________

____

Interprétation ______________________________

____

Tracé 6

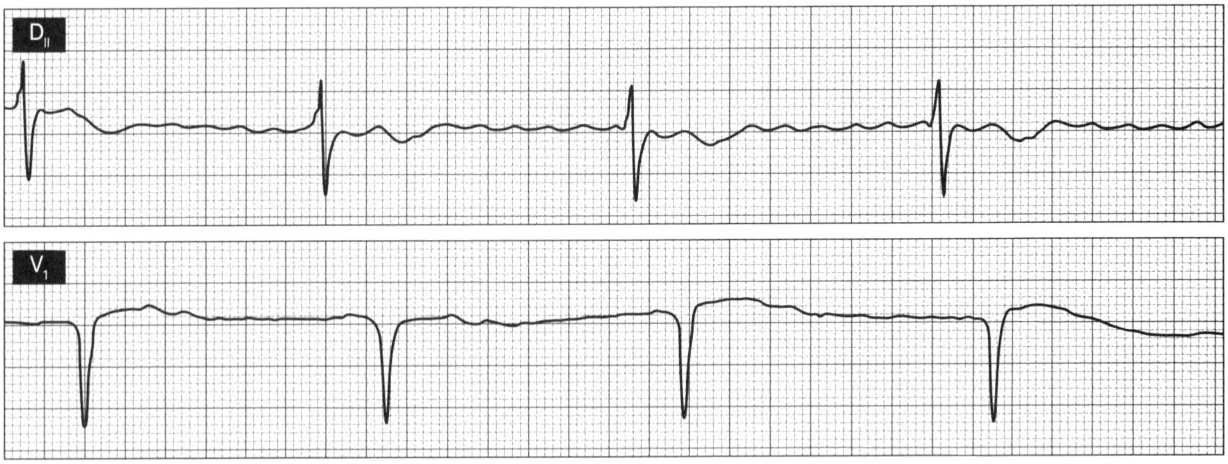

Critères électrocardiographiques ______________________________

____

Interprétation ______________________________

____

Tracé 7

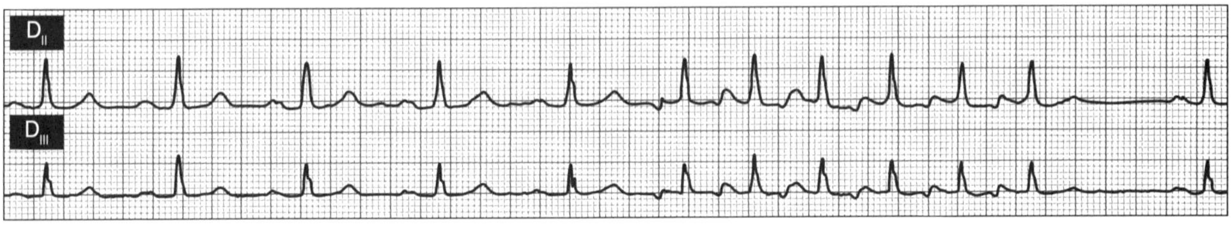

Critères électrocardiographiques ______________________________

____

Interprétation ______________________________

____

Tracé 8 (enregistrement continu)

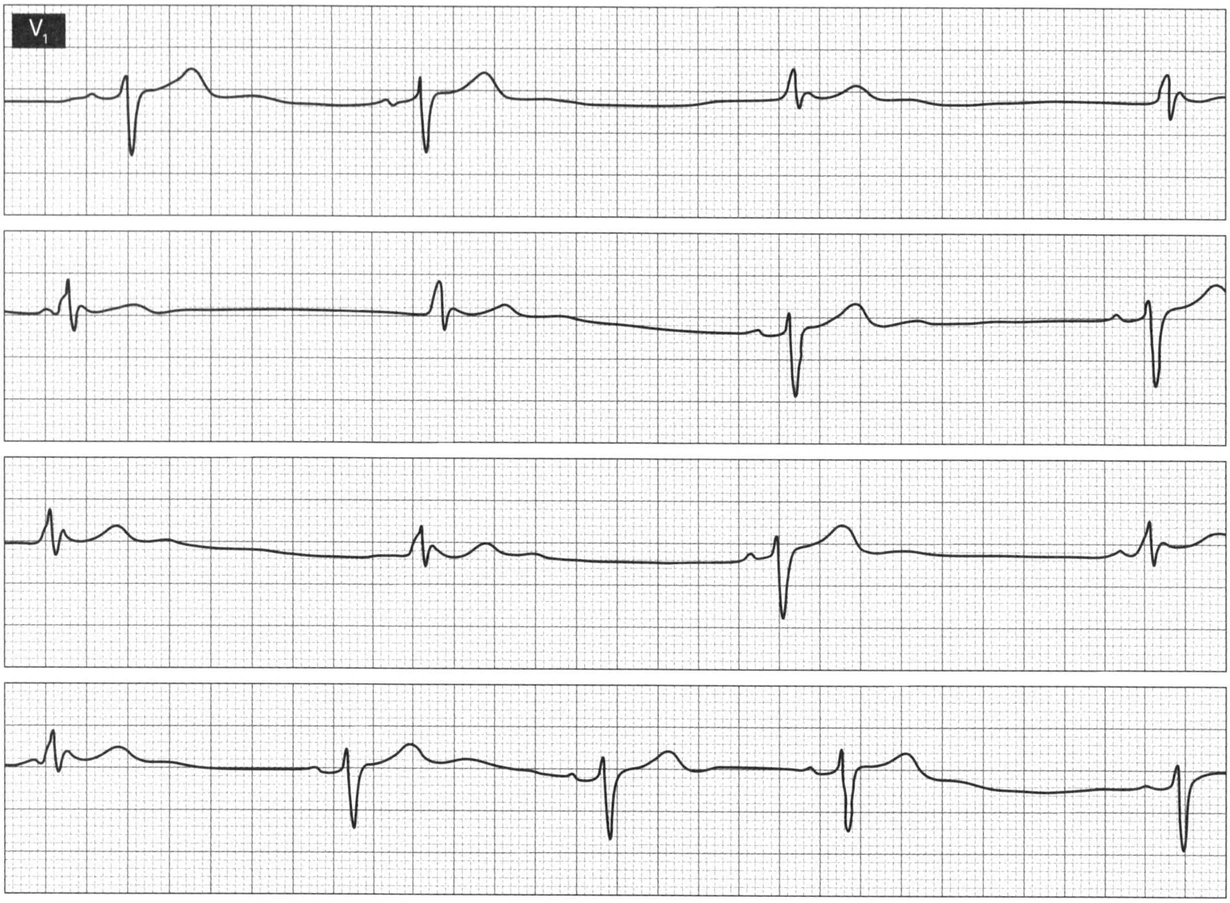

Critères électrocardiographiques ______________________________

____

Interprétation ______________________________

____

Tracé 9

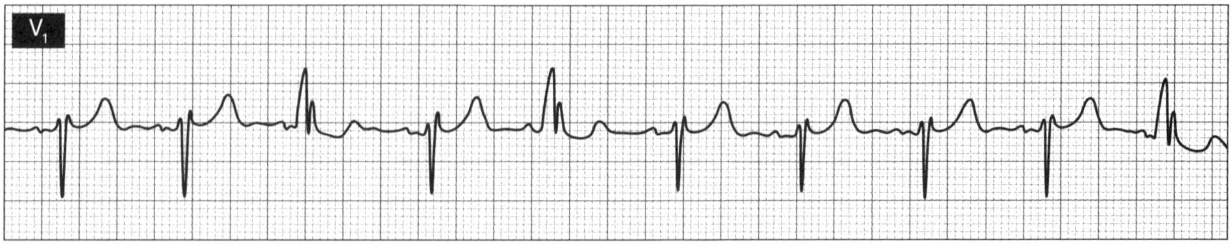

Critères électrocardiographiques ______________________________

____

Interprétation ______________________________

____

Tracé 10

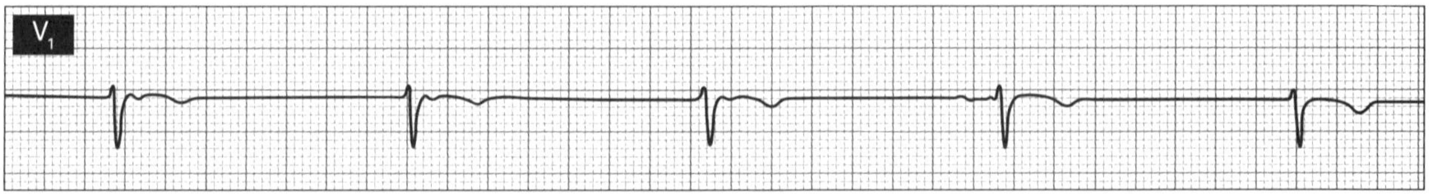

Critères électrocardiographiques ______________________________

____

Interprétation ______________________________

____

Tracé 11

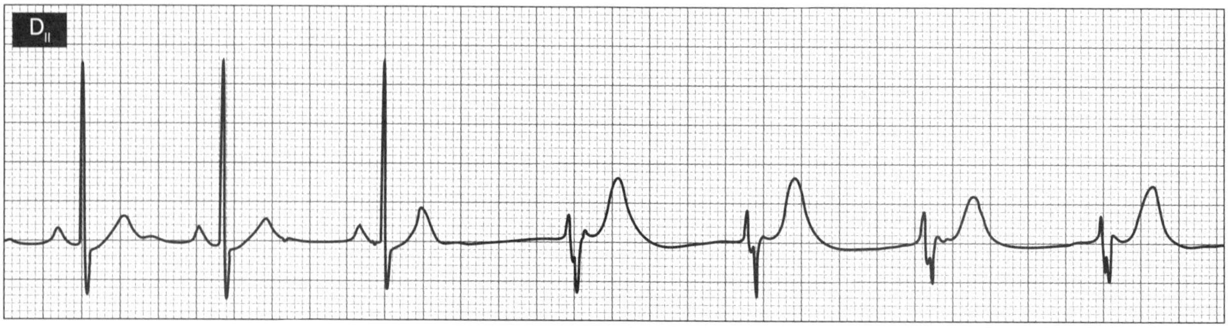

Critères électrocardiographiques ____

____

Interprétation ____

____

Tracé 12

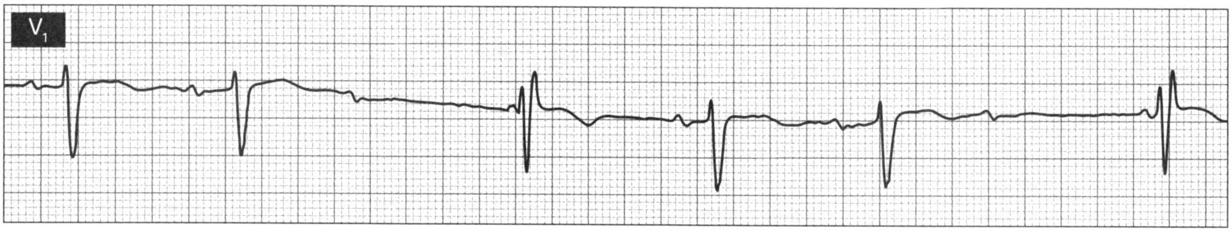

Critères électrocardiographiques ____

____

Interprétation ____

____

Tracé 13

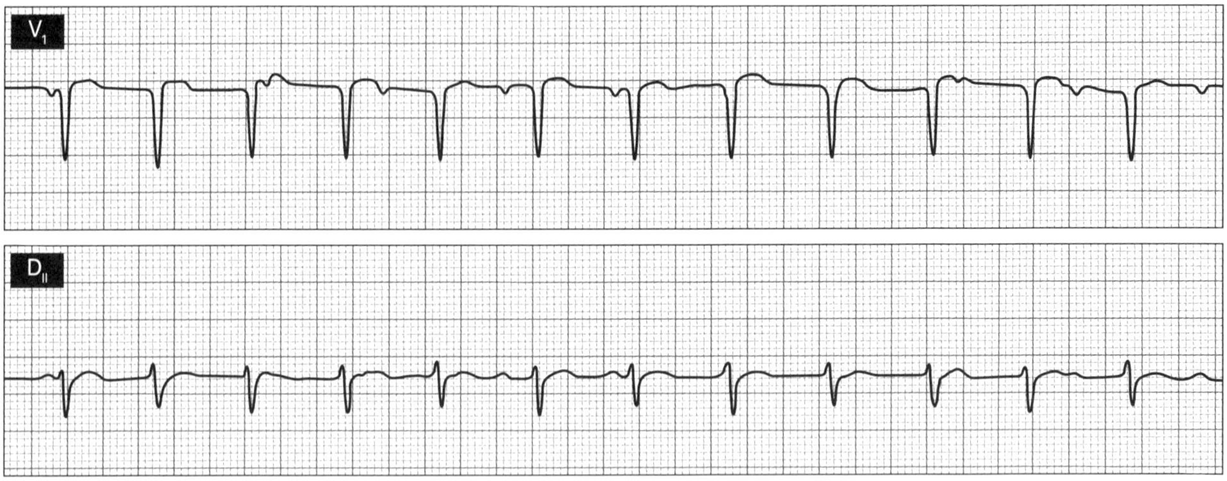

Critères électrocardiographiques ______________________________

____

Interprétation ______________________________

____

Tracé 14

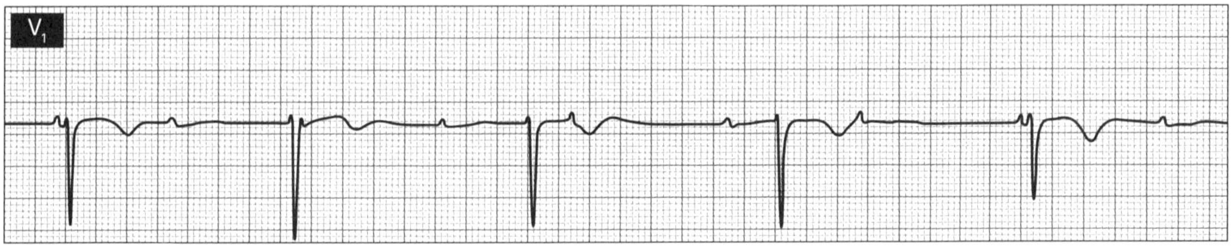

Critères électrocardiographiques ______________________________

____

Interprétation ______________________________

____

Tracé 15

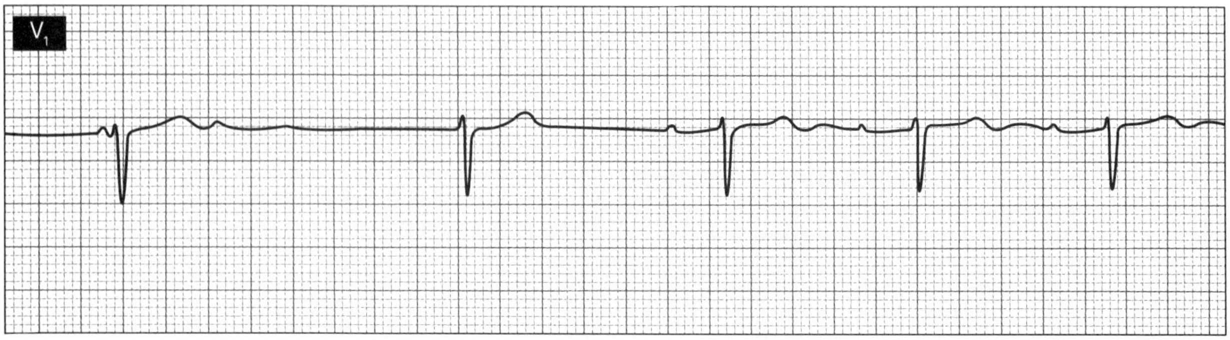

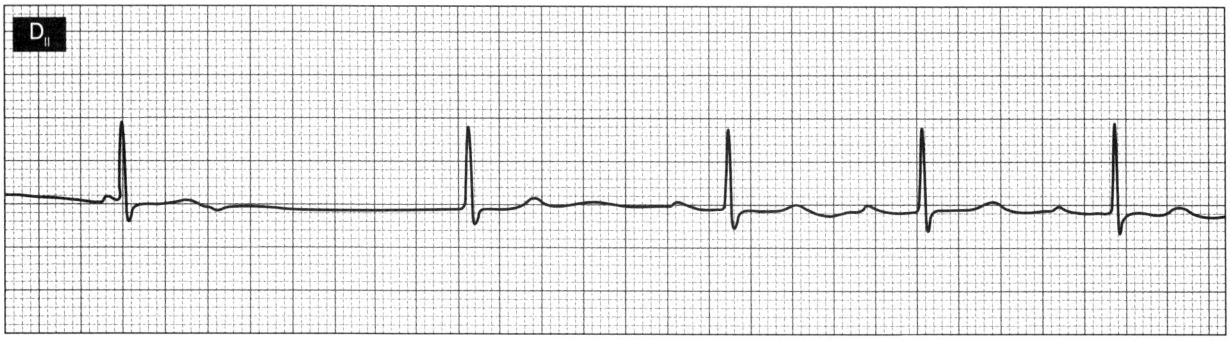

Critères électrocardiographiques ____

____

Interprétation ____

____

Corrigé de l'autoévaluation

PARTIE 1

1. B
2. A
3. C
4. Flutter auriculaire ou fibrillation auriculaire
5. • Rythmes lents
   • Rythmes rapides
   • BAV des 2e et 3e degrés et bloc sinoauriculaire
   • Extrasystoles
6. Vrai
7. Faux
8. Faux
9. Vrai
10. Faux

PARTIE 2

1. Rythme sinusal à 100 batt./min. Rythme idioventriculaire accéléré à 95 batt./min. Les 3e et 6e complexes correspondent à des fusions.

2. Rythme idiojonctionnel accéléré à 80 batt./min. Rythme sinusal à 85 batt./min.

3. Rythme sinusal à 66 batt./min entrecoupé de complexes ventriculaires. Rythme idioventriculaire accéléré à 60 batt./min se terminant brusquement par une fusion.

4. Rythme sinusal à 69 batt./min et BAV du 2e degré de type I avec conduction 3:2 et 2:1. Les pauses entraînent des échappements jonctionnels (2e et 5e complexes de la bande supérieure, puis 1er, 4e et 6e complexes de la bande inférieure).

5. Rythme idiojonctionnel accéléré à 60 batt./min avec conduction rétrograde.

6. Fibrillation auriculaire et BAV du 3e degré sur un rythme d'échappement ventriculaire supérieur à 38 batt./min.

7. Rythme sinusal à 72 batt./min. BAV du 1er degré. Tachycardie jonctionnelle paroxystique à 130 batt./min.

8. Bradyarythmie sinusale de 37 à 52 batt./min alternant avec un rythme d'échappement ventriculaire à 33 batt./min. Échappements ventriculaires.

9. Rythme sinusal à 95 batt./min entrecoupé de complexes de préexcitation de type WPW.

10. Rythme d'échappement jonctionnel supérieur à 38 batt./min.

11. Ralentissement sinusal de 69 à 63 batt./min. Extrasystole auriculaire bloquée (onde T du 3e complexe sinusal). Rythme idioventriculaire accéléré à 58 batt./min.

12. Rythme sinusal à 69 batt./min. Bloc de branche gauche complet. BAV du 2e degré de type I avec conduction 3:2. Deux échappements ventriculaires (3e et 6e complexes).

13. Tachycardie jonctionnelle non paroxystique ou automatique supérieure à 100 batt./min.

14. Arythmie sinusale ventriculophasique de 58 à 80 batt./min. BAV complet sur un rythme d'échappement jonctionnel à 38 batt./min.

15. V_1: Rythme sinusal à 66 batt./min. BAV du 1er degré. Une extrasystole auriculaire bloquée. Deux échappements jonctionnels (1er et 2e complexes). Ondes U visibles suivant l'onde T des 3e, 4e et 5e complexes.

CHAPITRE 9

Les anomalies ventriculaires

PLAN

OBJECTIFS

- Classifier les extrasystoles ventriculaires selon l'origine, le nombre, la morphologie, la structure du regroupement, le mode d'apparition, le potentiel de dangerosité et la sévérité.
- Différencier les critères de l'extrasystole ventriculaire de ceux de la conduction ventriculaire aberrante lors d'une fibrillation auriculaire.
- Préciser les critères électrocardiographiques des arythmies suivantes : extrasystole ventriculaire, tachycardie ventriculaire, torsade de pointes, syndrome de Brugada, syndrome de repolarisation précoce et fibrillation ventriculaire.
- Préciser dans l'ordre les critères de reconnaissance de la tachycardie ventriculaire tachycardie à QRS larges selon l'approche électrocardiographique et celle de Brugada, et selon les critères morphologiques des dérivations V_1 et V_2.
- Associer la fréquence cardiaque à certains rythmes à QRS larges.
- Estimer les risques de mortalité par fibrillation ventriculaire lors d'un syndrome coronarien.
- Résumer l'encadrement thérapeutique, incluant les algorithmes thérapeutiques et la surveillance clinique, pour chacune des anomalies ventriculaires.

9.1 Extrasystole ventriculaire

L'extrasystole ventriculaire (ESV) est une impulsion électrique qui prend naissance prématurément dans un foyer ventriculaire ectopique. D'une certaine façon, ce foyer d'excitation est lié au complexe sinusal précédent.

L'ESV est l'arythmie la plus fréquente chez le sujet sain (1 % de la population générale) ou atteint de cardiomyopathie. Selon les études réalisées par monitorage ambulatoire des 24 heures par Brodsky et ses collaborateurs (1977) et par Glasser et ses collaborateurs (1979), la prévalence est de l'ordre de 40 à 55 %. L'incidence est de 75 à 90 % dans les coronaropathies chroniques. Les ESV sont particulièrement fréquentes au cours des 24 premières heures d'un syndrome coronarien. Par la suite, leur persistance peut être influencée par l'étendue et l'évolution de ce syndrome.

9.1.1 Mécanismes électrophysiologiques

Automaticité augmentée

Un foyer ventriculaire ectopique contient des cellules génératrices d'impulsions dont le potentiel d'action est sous le seuil d'excitabilité (*voir la figure 9.1*). Ce potentiel automatique anormal peut être augmenté par certains facteurs tels que les troubles électrolytiques, l'étirement de la fibre ou le contexte adrénergique. Il atteint ainsi son seuil d'action qui sera propagé au ventricule voisin.

Figure 9.1 **Correspondance électromécanique – automaticité augmentée**

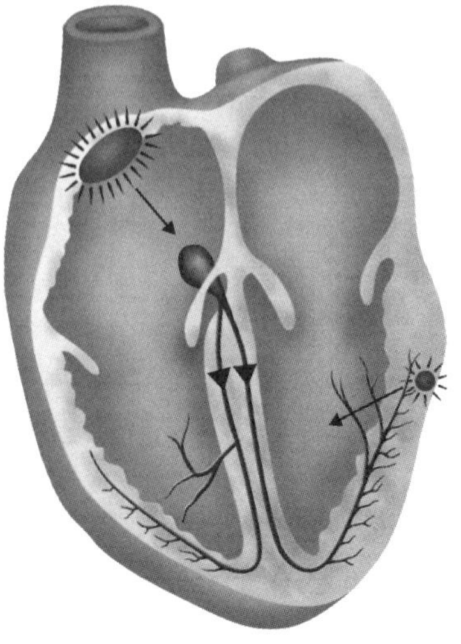

Réentrée

L'impulsion est conduite normalement à travers les fibres de Purkinje et ses branches A et B pour dépolariser le myocarde (*voir la figure 9.2*).

L'impulsion qui chemine par voie antérograde est bloquée dans la branche B, car un bloc de conduction empêche l'impulsion de progresser vers le myocarde. Le tissu proximal à la zone du bloc est dans une période réfractaire.

Le myocarde est dépolarisé par l'impulsion qui est propagée par la voie normale A. Cette impulsion progresse par voie rétrograde à travers la branche B qui, au préalable, était réfractaire, pour atteindre la jonction proximale des deux voies de conduction (lignes pointillées de la figure 9.2), car le temps de conduction sur tout le trajet du circuit de réentrée est plus long que la période réfractaire du tissu proximal à la zone du bloc. Si ce phénomène est isolé, il sera interprété comme étant une ESV. Cependant, si l'impulsion passe de la voie B à la voie A par la jonction commune aux deux voies, cette conduction asymétrique produira une boucle ou un circuit de réentrée sous forme de tachycardie ventriculaire.

9.1.2 Étiologie

L'étiologie de l'extrasystole ventriculaire est présentée dans l'encadré 9.1.

9.1.3 Critères électrocardiographiques

La triade de l'ESV comprend une absence d'onde P, un complexe QRS prématuré et un complexe QRS large et déformé (*voir le tracé 9.1*).

Les critères électrocardiographiques comprennent aussi une pause compensatrice ou un repos compensateur complet (*voir le tracé 9.2*). Le rythme sinusal n'est pas perturbé par l'ESV, car l'impulsion sinusale est déclenchée avant la survenue de l'impulsion ventriculaire. La somme des intervalles des cycles qui précèdent et qui suivent l'extrasystole est égale aux intervalles de deux cycles sinusaux réguliers et consécutifs : RR′ + R′R = 2RR.

Figure 9.2 **Réentrée**

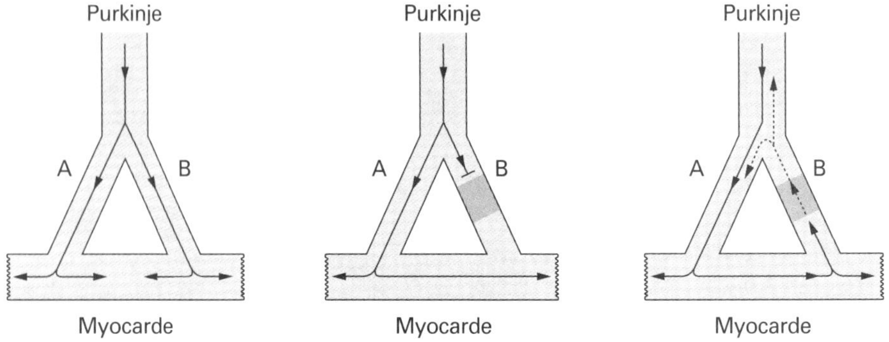

Encadré 9.1 Étiologie de l'extrasystole ventriculaire

- Acidose, alcalose ou hypercapnie
- Âge avancé[a]
- Anesthésie générale
- Bradycardies et blocs auriculoventriculaires
- Cardiomyopathies
- Cathétérisme cardiaque
- Coronaropathies
- Décharge électrique
- Dysplasie arythmogène du ventricule droit
- Embolie pulmonaire
- Exercice (augmentation ou suppression des ESV)
- Hypertension artérielle
- Hypertrophie ventriculaire gauche
- Hypocalcémie
- Hypokaliémie
- Hypomagnésémie
- Hypothermie
- Hypoxie
- Infarctus du myocarde au stade aigu (90 %)
- Insuffisance cardiaque globale
- Irritation myocardique par les électrodes d'un cardiostimulateur
- Médicaments sympathomimétiques
- Phénomène R/T
- Stimulants exogènes (p. ex., les boissons énergisantes, l'alcool, la caféine, la nicotine)
- Suites d'une chirurgie cardiaque (20 à 50 % des ESV)
- Surdosage digitalique
- Valvulopathies (surtout le prolapsus mitral, lequel affecte de façon bénigne 6 à 15 % de la population; environ 35 % de ces personnes présentent des extrasystoles auriculaires et des extrasystoles ventriculaires)

[a] Certaines personnes d'âge avancé présentent des arythmies ventriculaires à l'exercice lorsque leur fréquence cardiaque excède 170 batt./min.

Tracé 9.1

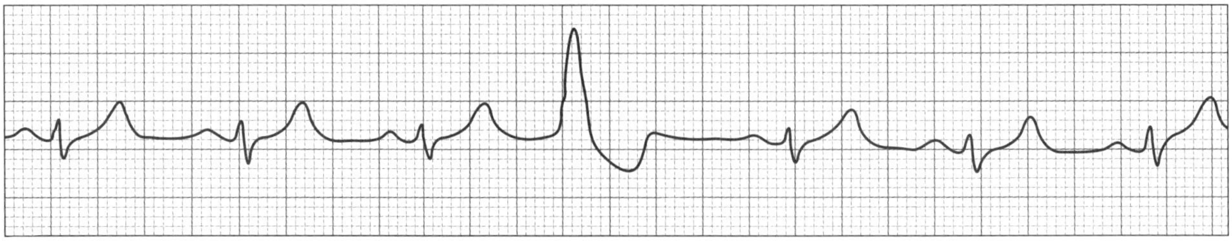

Tracé 9.2

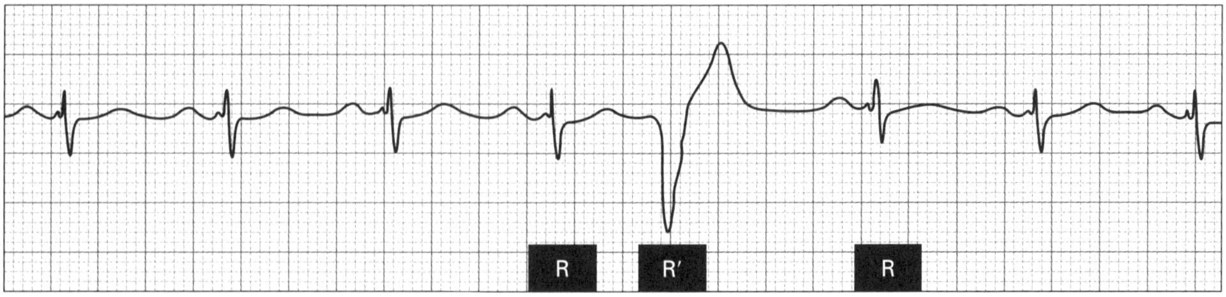

Enfin, l'onde T est importante et elle est souvent l'inverse du complexe QRS (*voir le tracé 9.3*).

9.1.4 Nomenclature

Les ESV sont classifiées selon l'origine, le nombre, la morphologie, la structure du regroupement, le mode d'apparition, le potentiel de dangerosité et la sévérité.

Selon l'origine

Extrasystole ventriculaire droite L'ESV droite, illustrée dans la figure 9.3, est d'abord caractérisée par l'activation du ventricule droit. La dépolarisation transseptale se fait de droite à gauche. L'activation du ventricule gauche est ainsi retardée. Le complexe QRS est négatif en V_1 (*voir le tracé 9.4*).

Extrasystole ventriculaire gauche L'ESV gauche, illustrée dans la figure 9.4, est d'abord caractérisée par l'activation primaire du ventricule gauche. La dépolarisation transseptale se fait de gauche à droite. L'activation du ventricule droit est ainsi plus tardive. Le complexe QRS est positif en V_1 (*voir le tracé 9.5*).

Extrasystole ventriculaire septale (jonctionnelle) L'ESV septale, illustrée dans la figure 9.5, n'est pas fréquente. Il s'agit d'une ESV haute, c'est-à-dire qu'elle prend son origine dans le septum. L'activation des deux ventricules est presque simultanée. Le complexe QRS est de durée normale (*voir le tracé 9.6*).

Selon le nombre

Extrasystoles ventriculaires isolées Les ESV isolées sont peu fréquentes. Les ESV se produisent moins de 5 fois par minute ou moins de 30 fois par heure.

Extrasystoles ventriculaires nombreuses Les ESV nombreuses sont fréquentes et souvent polymorphes. Les ESV se produisent plus de 5 fois par minute par ECG standard, et plus de 10 à 30 fois par heure par monitorage ambulatoire.

Tracé 9.3

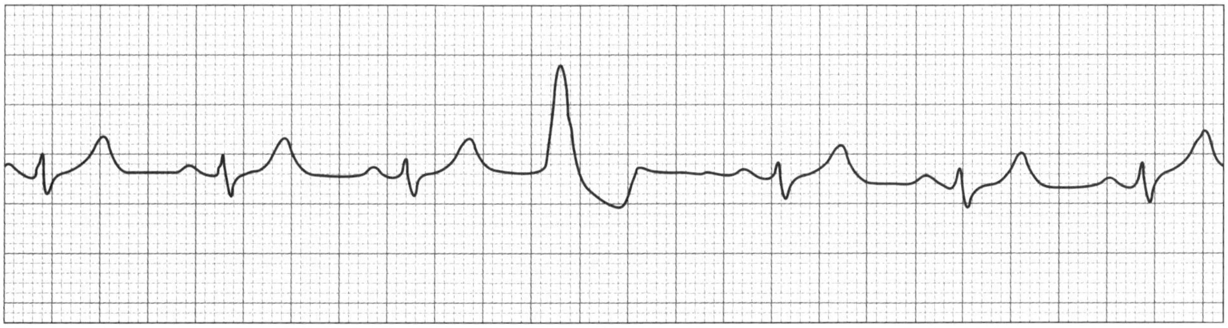

Figure 9.3 Extrasystole ventriculaire droite (aspect de bloc gauche)

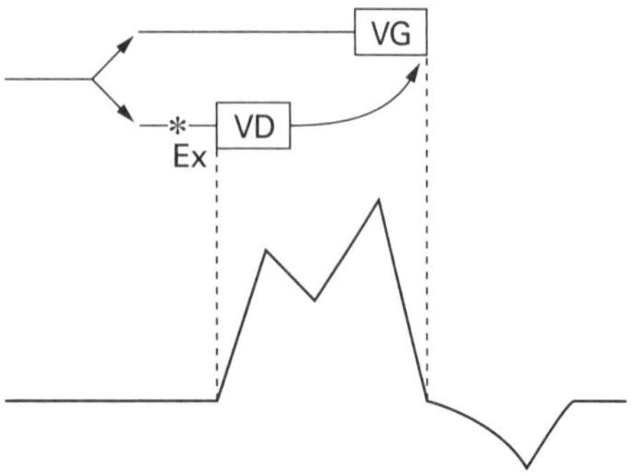

Figure 9.4 Extrasystole ventriculaire gauche (aspect de bloc droit)

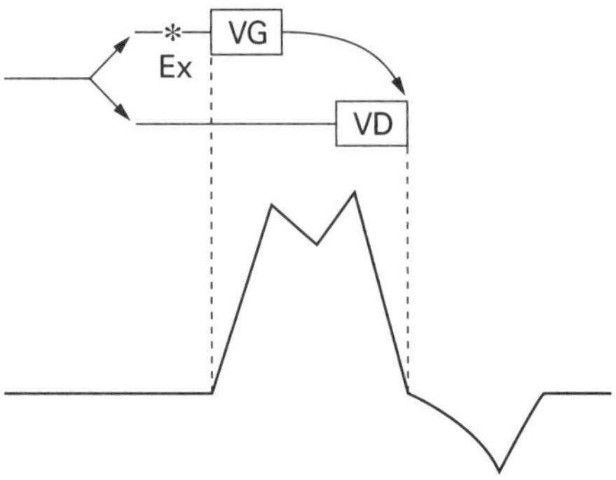

Tracé 9.4 Rythme sinusal à 90 batt./min; deux extrasystoles ventriculaires monomorphes

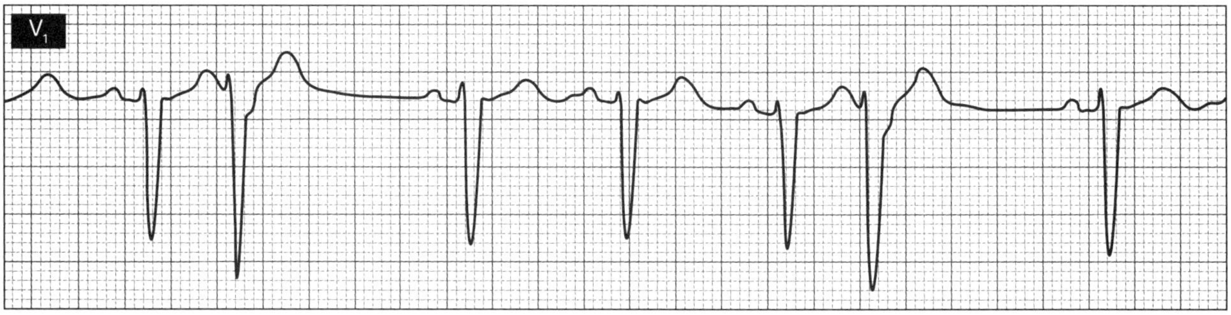

Tracé 9.5 Rythme sinusal à 80 batt./min; trois extrasystoles ventriculaires polymorphes

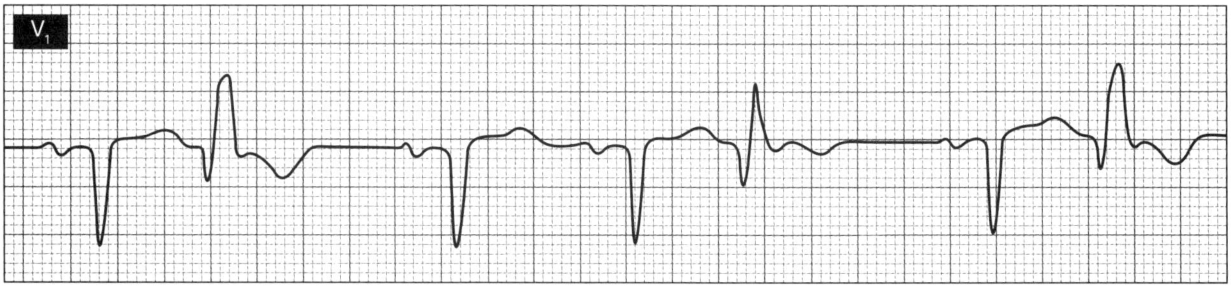

Figure 9.5 Extrasystole ventriculaire septale

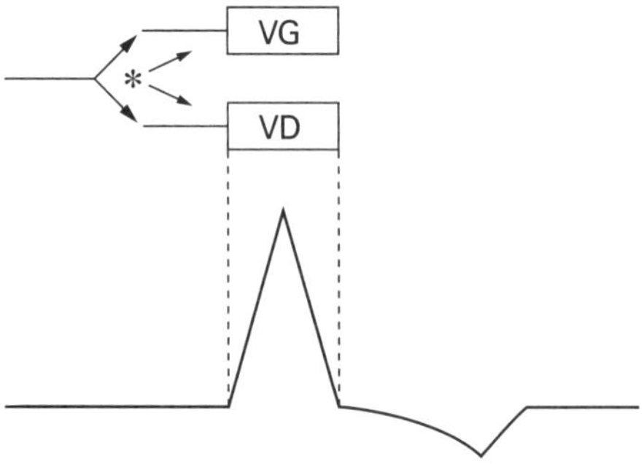

Couplet (doublet, ou pairée) L'ESV par couplet est caractérisée par une succession de deux ESV consécutives (*voir le tracé 9.7*).

Salve, ou triplet L'ESV en salve, ou en triplet, est caractérisée par une succession de trois ESV consécutives (*voir le tracé 9.8*). Le couplet et la salve peuvent être bigéminés, trigéminés ou quadrigéminés.

Tracé 9.6 **Bradycardie sinusale à 58 batt./min ; couplet d'extrasystoles jonctionnelles suivi d'un échappement jonctionnel**

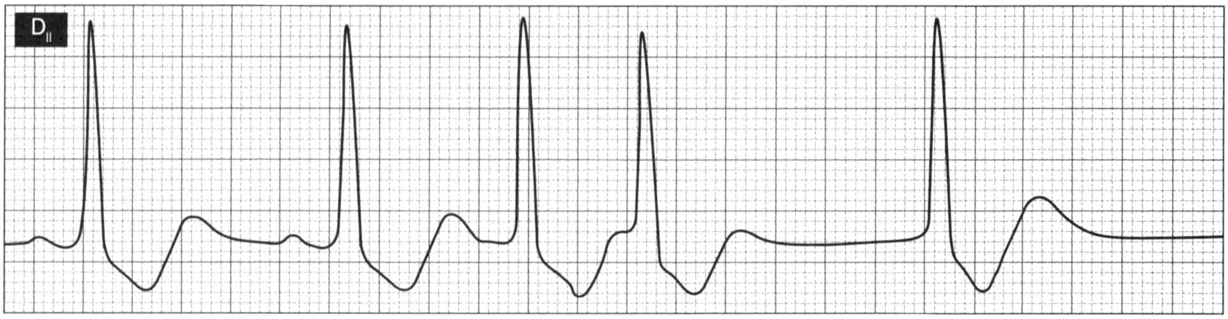

Tracé 9.7 **Rythme sinusal à 75 batt./min ; extrasystoles ventriculaires polymorphes trigéminées, dont un couplet**

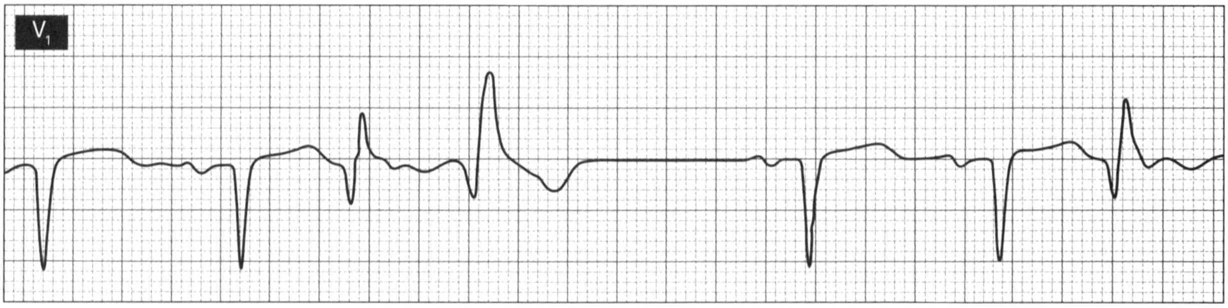

Tracé 9.8 **Rythme sinusal à 100 batt./min ; salve d'extrasystoles ventriculaires polymorphes**

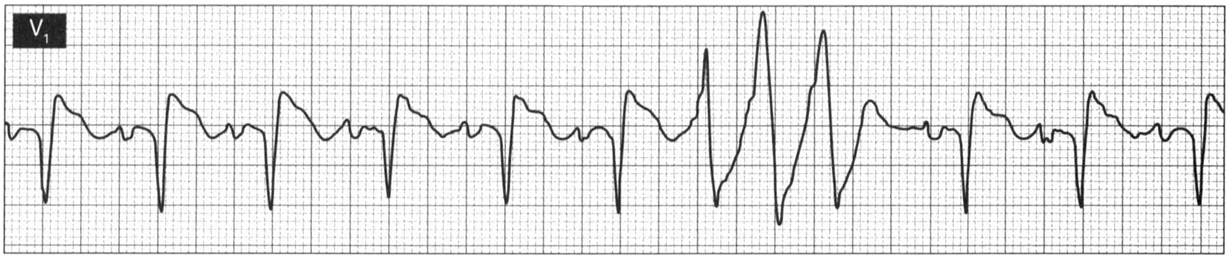

Selon la morphologie

Extrasystole ventriculaire monomorphe L'ESV monomorphe est caractérisée par des complexes QRS de forme identique (*voir le tracé 9.9*).

Extrasystole ventriculaire polymorphe L'ESV polymorphe est caractérisée par des complexes QRS de morphologies différentes (*voir le tracé 9.10*).

Selon la structure du regroupement

Extrasystole ventriculaire bigéminée L'ESV bigéminée est représentée par un complexe sinusal suivi d'une ESV, sur au moins deux séquences consécutives (*voir le tracé 9.11*).

Extrasystole ventriculaire trigéminée L'ESV trigéminée est représentée par deux complexes sinusaux suivis d'une ESV, sur au moins deux séquences consécutives (*voir le tracé 9.12*).

Extrasystole ventriculaire quadrigéminée L'ESV quadrigéminée est représentée par trois complexes sinusaux suivis d'une ESV, sur au moins deux séquences consécutives (*voir le tracé 9.13*). Le couplet et la salve peuvent être bigéminés, trigéminés et quadrigéminés (*voir le tracé 9.14*).

Tracé 9.9 Rythme sinusal à 90 batt./min; extrasystoles ventriculaires monomorphes trigéminées

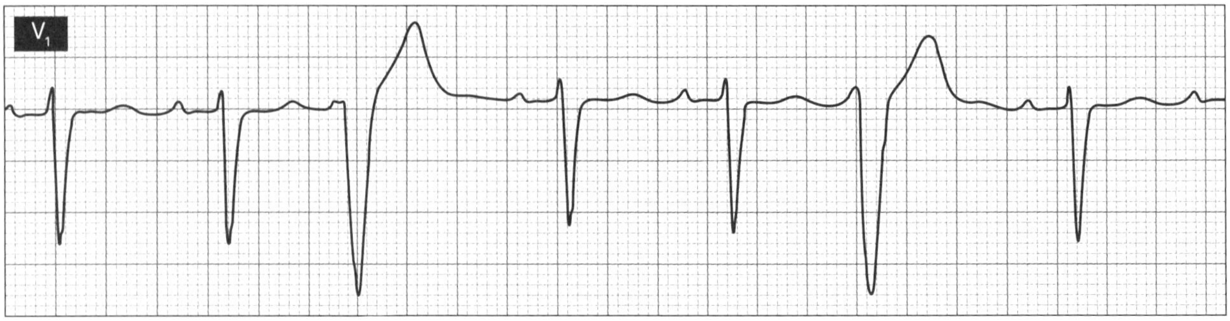

Tracé 9.10 Rythme sinusal à 95 batt./min; extrasystoles ventriculaires polymorphes (3)

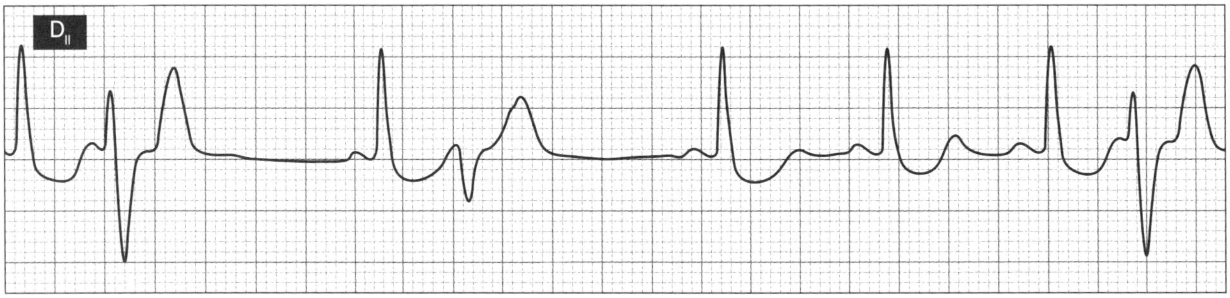

Tracé 9.11 Rythme sinusal; extrasystoles ventriculaires monomorphes bigéminées

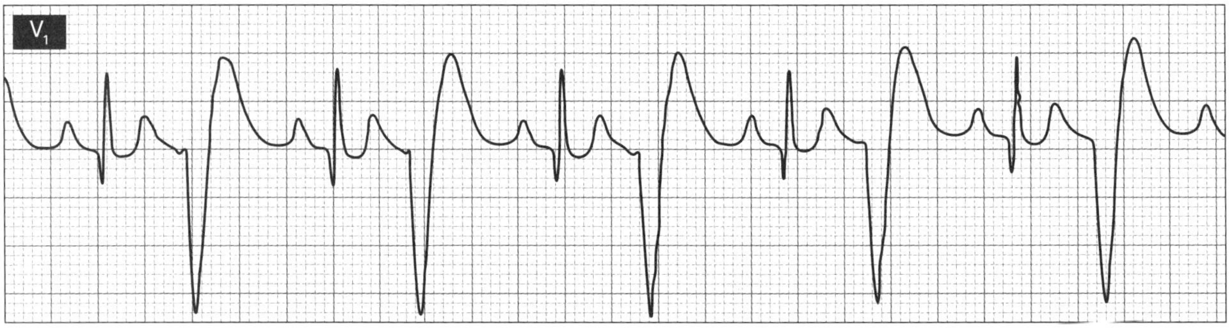

Tracé 9.12 Rythme sinusal à 80 batt./min; extrasystoles ventriculaires monomorphes trigéminées

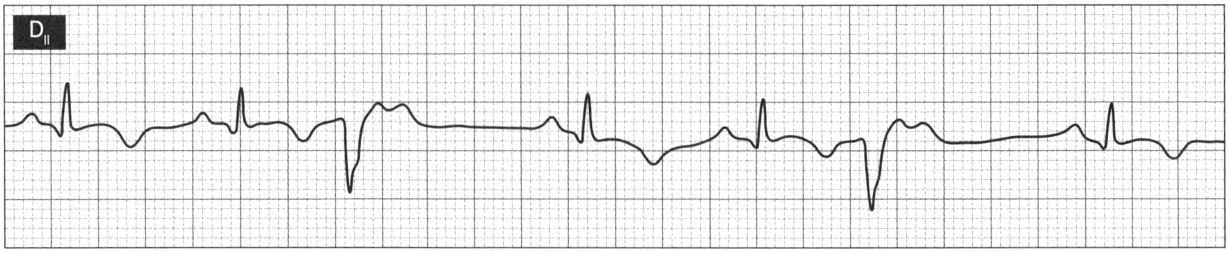

Tracé 9.13 **Rythme sinusal à 85 batt./min; extrasystoles ventriculaires monomorphes trigéminées et quadrigéminées (enregistrement continu)**

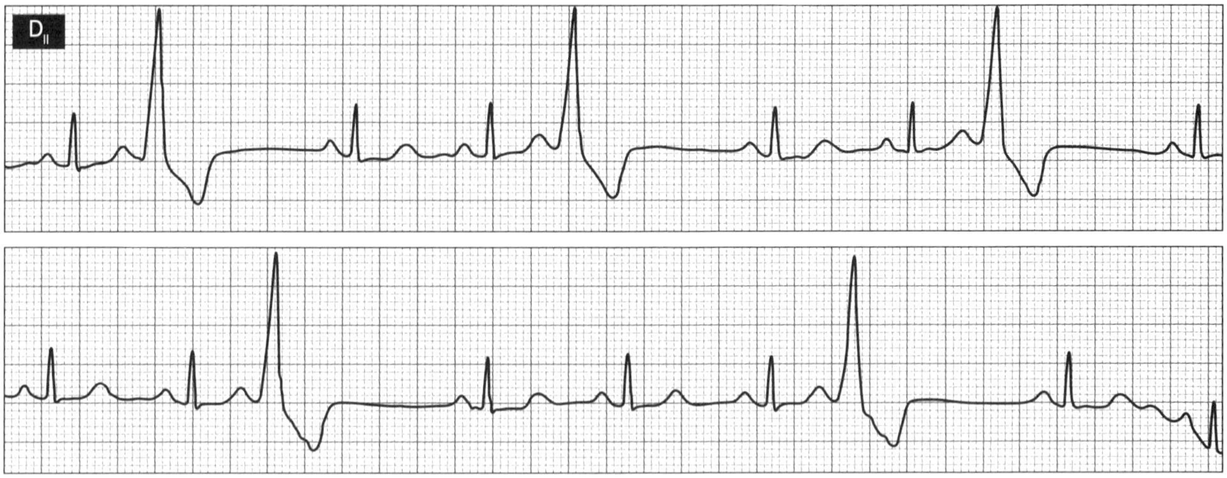

Tracé 9.14 **Rythme sinusal; couplets d'extrasystoles ventriculaires polymorphes bigéminées**

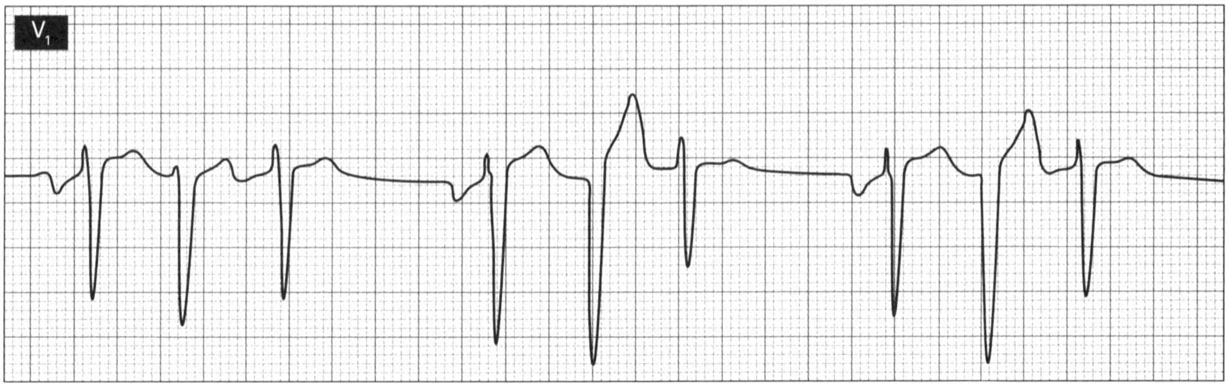

Selon le mode d'apparition

Extrasystole ventriculaire interpolée Dans l'ESV interpolée, la systole s'intercale entre deux cycles sinusaux normaux sans modifier le rythme (*voir la figure 9.6*). Elle survient si l'ESV est précoce et si le rythme sinusal est lent. Elle pénètre la jonction auriculoventriculaire (AV) par voie rétrograde (conduction cachée) pendant qu'une impulsion descendante, d'origine sinusale, peut être conduite de la jonction AV aux ventricules. Alors, la conduction AV (intervalle PR) de la systole sinusale postextrasystolique s'allonge de façon variable.

Les critères électrocardiographiques sont les suivants: une extrasystole s'interposant entre deux complexes sinusaux normaux sans en changer le rythme et un allongement fréquent de l'intervalle PR du complexe suivant l'ESV.

Extrasystole ventriculaire télédiastolique (1er et 8e complexes) Dans l'ESV télédiastolique, la systole survient tardivement en diastole. Les critères électrocardiographiques comprennent d'abord un complexe peu prématuré. L'extrasystole est précédée d'une onde P sinusale. L'intervalle PP est régulier, et l'intervalle PR de l'ESV est plus court que l'intervalle PR conduit du complexe sinusal (*voir le tracé 9.15, 1er et 2e complexes*).

Extrasystole ventriculaire avec conduction rétrograde Dans l'ESV avec conduction rétrograde, l'impulsion ventriculaire pénètre par voie rétrograde

Figure 9.6 Bradycardie sinusale < 43 batt./min avec deux extrasystoles ventriculaires monomorphes interpolées

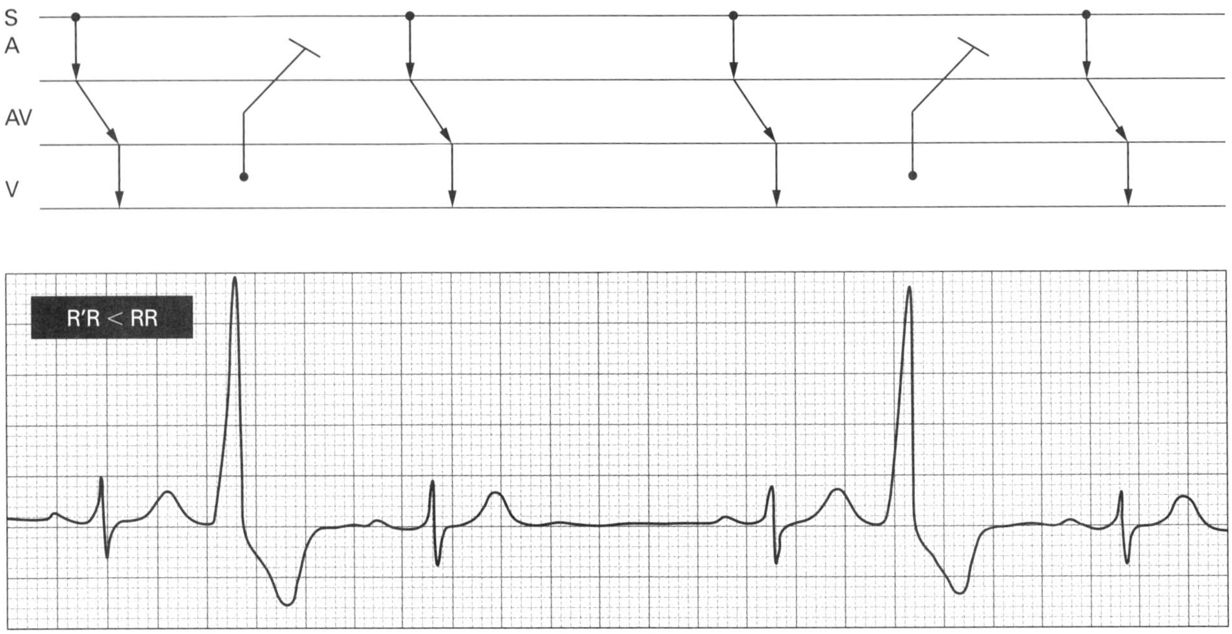

Tracé 9.15 Rythme sinusal à 95 batt./min; extrasystoles ventriculaires (2) télédiastoliques polymorphes

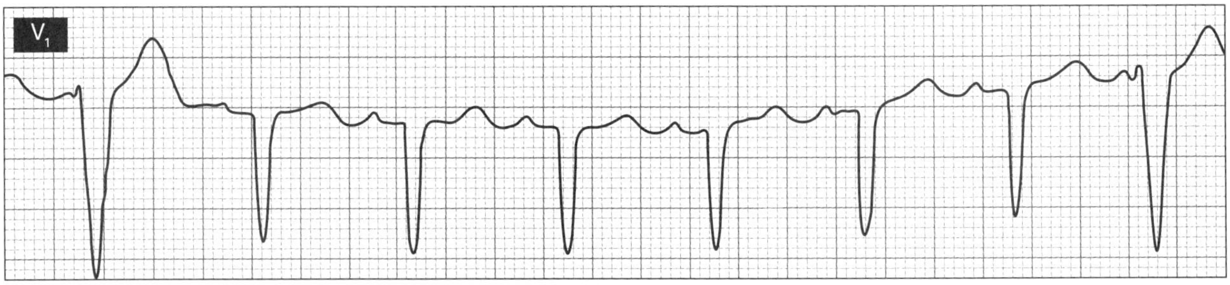

le nœud AV, puis active l'oreillette. La période réfractaire du nœud AV est prolongée et, subséquemment, il se produit un délai de transmission par voie antérograde de l'impulsion suivante; ce délai est appelé pause décalante.

Les critères électrocardiographiques comprennent une onde P sinusale qui s'intercale entre le complexe QRS et l'onde T de l'ESV. L'intervalle PP est régulier sur le tracé. L'intervalle RP de l'ESV est égal à l'intervalle PR du complexe sinusal (*voir le tracé 9.16*).

Extrasystole ventriculaire avec phénomène R/T Dans l'ESV avec phénomène R/T, l'extrasystole est liée à l'onde T du complexe précédent (*voir le tracé 9.17*).

L'index de prématurité sert à évaluer le degré de prématurité et, conséquemment, de dangerosité de l'ESV. Il se calcule ainsi: l'intervalle de couplage de l'ESV est divisé par l'intervalle QT du complexe QRS auquel l'extrasystole est couplée (*voir le tracé 9.18*). L'intervalle de couplage correspond au nombre de petits carrés (mesure exprimée en centièmes de seconde) entre le complexe QRS de l'ESV et le complexe QRS qui précède l'ESV. Un index supérieur à 1 signifie que l'ESV est tardive et survient après l'onde T. Un index égal ou inférieur à 1 signifie que l'ESV est assez précoce et survient sur l'onde T. Un index égal ou inférieur à 0,85 signifie que l'ESV est très précoce et tombe sur la pointe de l'onde T ou même sur sa branche ascendante.

Tracé 9.16 **Rythme sinusal à 85 batt./min; deux extrasystoles ventriculaires monomorphes avec conduction rétrograde**

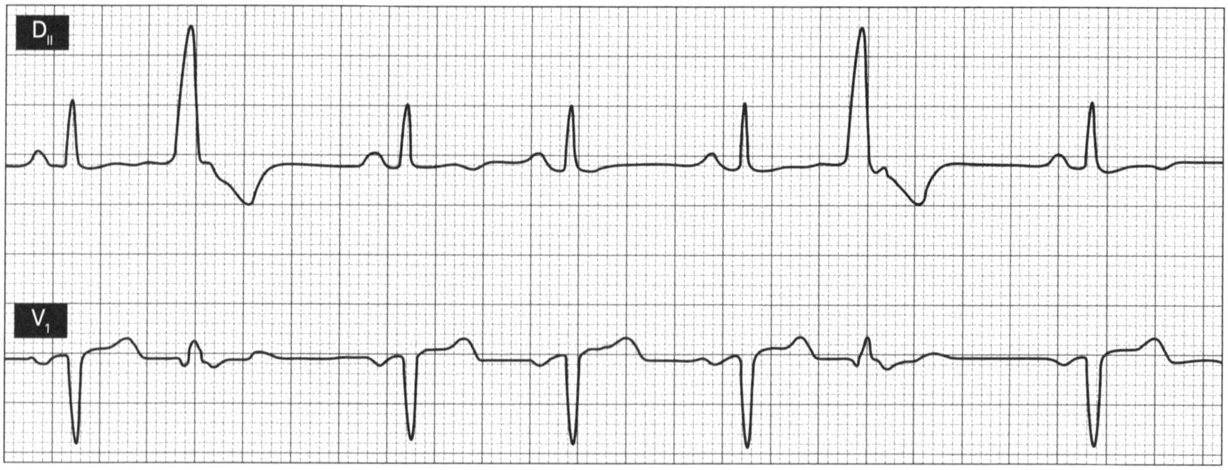

Tracé 9.17 **Rythme sinusal à 100 batt./min; extrasystole ventriculaire R/T dégénérant en fibrillation ventriculaire**

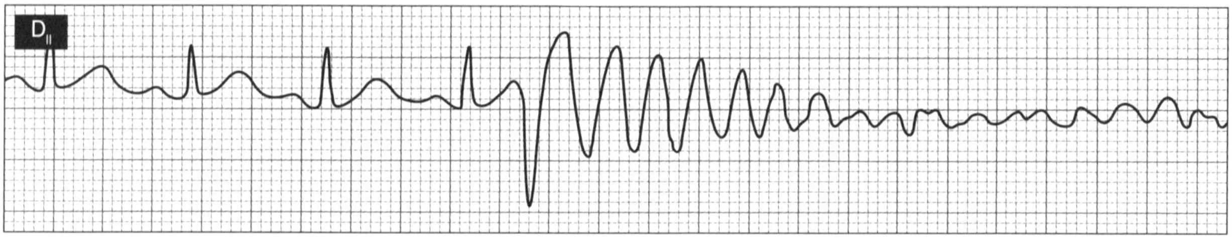

Tracé 9.18 **Index de prématurité: 0,86**

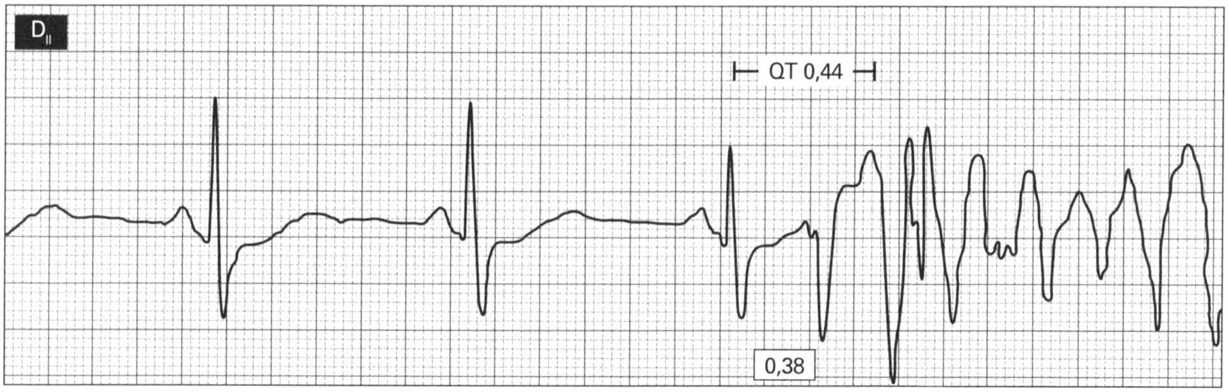

Selon le potentiel de dangerosité

Bien que les ESV aient été associées à une augmentation de la mortalité cardiaque, de nombreuses personnes présentant des ESV n'ont jamais eu d'arythmies malignes, et celles qui ont présenté une fibrillation ventriculaire n'ont pas nécessairement eu d'activité ventriculaire ectopique au préalable. Les ESV accentuées par l'exercice, en couplet, en salves, en phénomène R/T, polymorphes et répétitives nécessitent une attention particulière.

Selon la sévérité et l'encadrement thérapeutique

Les ESV sont bénignes ou malignes (Lecrubier, 2010). Les ESV bénignes sont caractérisées par un couplage long. Elles sont isolées, et elles diminuent ou disparaissent spontanément à l'effort. Les complexes QRS sont monomorphes. La probabilité qu'elles évoluent vers une cardiomyopathie est faible.

Généralement, le traitement n'est pas justifié. Dans les ESV symptomatiques, les bêtabloquants, les bloquants calciques et les antiarythmiques sont indiqués. Le recours à l'ablation par radiofréquence est rare.

Les ESV malignes altèrent le débit cardiaque et augmentent la consommation d'oxygène par le myocarde. Elles sont aussi caractérisées par une dysfonction ventriculaire gauche. Elles sont nombreuses (plus de 10 % sur 24 heures) et complexes, et ce, au repos et à l'effort. Les complexes QRS sont polymorphes. Les ESV deviennent symptomatiques avec une dyspnée, une précordialgie et une syncope.

Le traitement des ESV malignes inclut les options suivantes : l'étiologie responsable du risque de mort subite, l'ablation du foyer des ESV pour cardiomyopathie avec récupération de la fraction d'éjection ventriculaire gauche (FEVG) et l'implantation d'un défibrillateur. S'il y a lieu, la pharmacothérapie comprend les bêtabloquants, les bloquants calciques et les antiarythmiques.

9.1.5 Extrasystole ventriculaire ou conduction ventriculaire aberrante lors de fibrillation auriculaire

En fibrillation auriculaire, des complexes QRS différents des complexes QRS du rythme de base naissent soit d'un foyer ectopique ventriculaire, soit d'une conduction ventriculaire aberrante (CVA) d'origine auriculaire, aussi connue sous le nom de phénomène d'Ashman. En présence de ce phénomène, l'impulsion auriculaire chemine par le nœud AV et les branches dont les périodes réfractaires sont inégales ; elle est particulièrement allongée pour la branche droite. Des complexes QRS répétitifs de CVA (*voir le tracé 9.19, bande inférieure*) pourraient simuler un épisode de tachycardie ventriculaire et influencer à tort un traitement. D'autre part, lors d'une extrasystole ventriculaire, l'impulsion dépolarise les ventricules par voie transseptale ; ce phénomène, s'il est répétitif (*voir le tracé 9.19, bande supérieure*), peut engendrer un risque potentiel de tachycardie ventriculaire. Il est donc important de différencier l'ectopie ventriculaire de la CVA en présence de fibrillation auriculaire.

Tracé 9.19 **Fibrillation auriculaire avec extrasystole ventriculaire (bande supérieure); fibrillation auriculaire avec conduction ventriculaire aberrante intermittente (bande inférieure)**

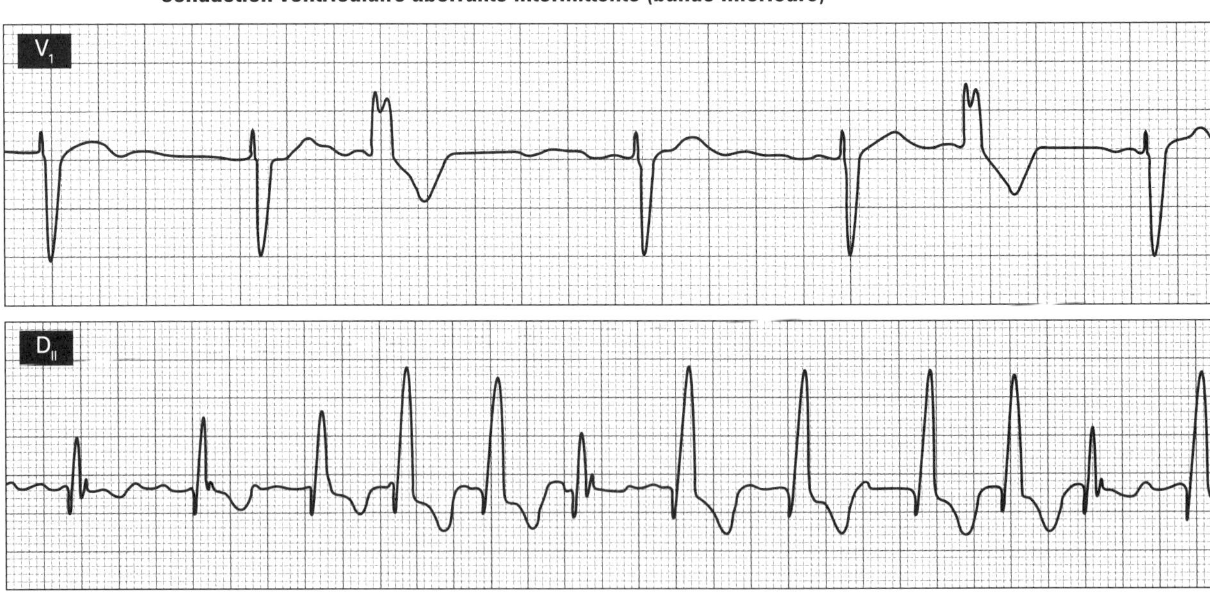

Puisqu'il n'y a pas de critères électrocardiographiques absolus pour les différencier, le tableau 9.1 compare les critères de présomption favorisant l'une ou l'autre de ces deux arythmies.

9.1.6 Surveillance clinique

La surveillance clinique comprend l'évaluation des ESV selon le contexte clinique. Les ESV considérées comme malignes doivent être rapportées. Les signes cliniques doivent être associés aux ESV. Enfin, la réponse au traitement doit être évaluée.

Tableau 9.1 **Critères de différenciation de l'extrasystole ventriculaire et de la conduction ventriculaire aberrante lors d'une fibrillation auriculaire**

	Extrasystole ventriculaire (ESV)	Conduction ventriculaire aberrante (CVA)
	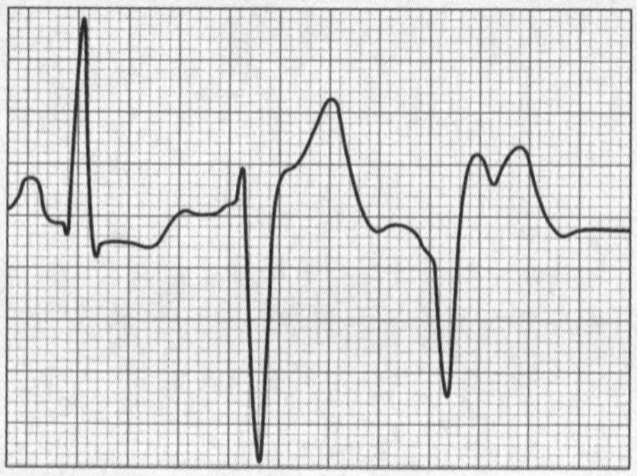	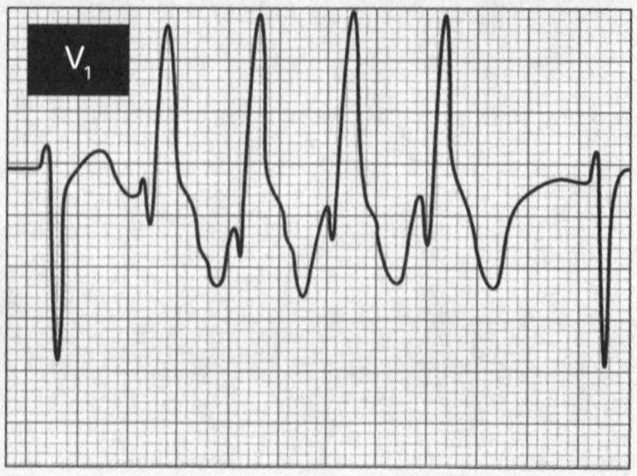
Complexe QRS	• Monophasique ou diphasique • Intervalle QRS > 0,14 s • Aspect QR ou RS en V_1 • Aspect rS ou QS en V_6 • Concordance précordiale de V_1 à V_6	• Triphasique en V_1 : rsR' • QRS < 0,14 s • Aspect de bloc de la branche droite
Vecteur initial du complexe QRS	• Différent de celui des QRS sinusaux	• Identique à celui des QRS sinusaux
Intervalle de couplage	• Constant	• Variable avec le complexe précédent: cycle long-cycle court • Aberration suivant un complexe précédé d'une longue pause (phénomène d'Ashman)
Pause postextrasystolique	• Compensatrice	• Non compensatrice
Accélération du rythme cardiaque	• Disparition des ESV	• Salves de complexes déformés par altération de la période réfractaire relative favorisées • Rythme de base auriculaire
Bigéminisme	• Fréquent dans l'intoxication digitalique	• Absent
Réponse au traitement	• Positive à la médication	• Positive aux manœuvres vagales
Tracé antérieur	Critère de choix, à condition de pouvoir comparer le QRS déformé de la fibrillation auriculaire à d'autres QRS (déformés et identiques) d'ESV sur des tracés antérieurs	

Exercices de révision Pour chacun des tracés suivants, préciser le rythme, calculer la fréquence cardiaque, déceler les anomalies, puis interpréter le tracé. Les fréquences sont calculées au compas selon la « méthode des 300 ». Comparer les réponses avec le corrigé de la page 259.

Tracé 1

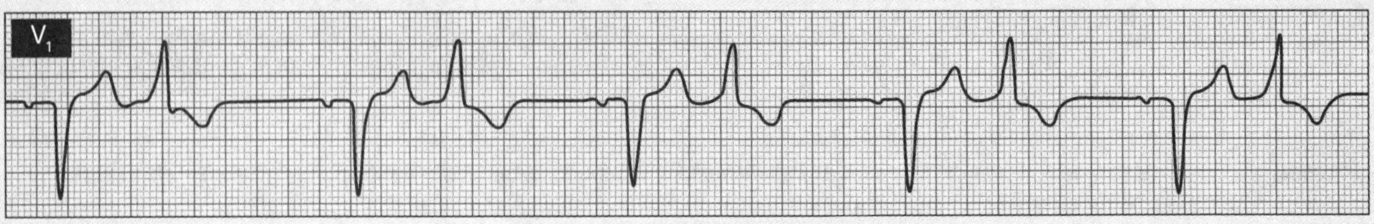

Interprétation ____

____

Tracé 2

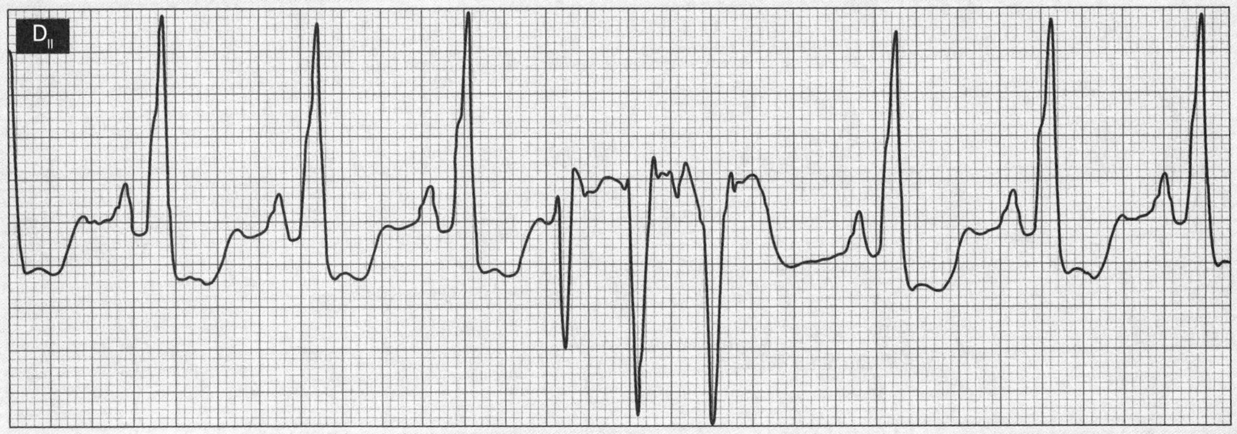

Interprétation ____

____

Tracé 3

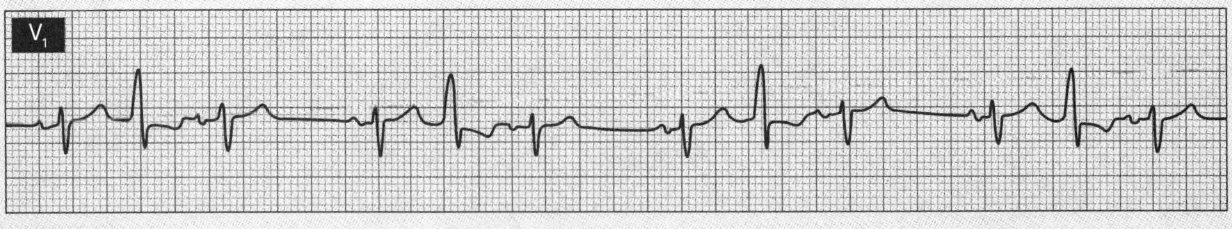

Interprétation ____

____

Tracé 4

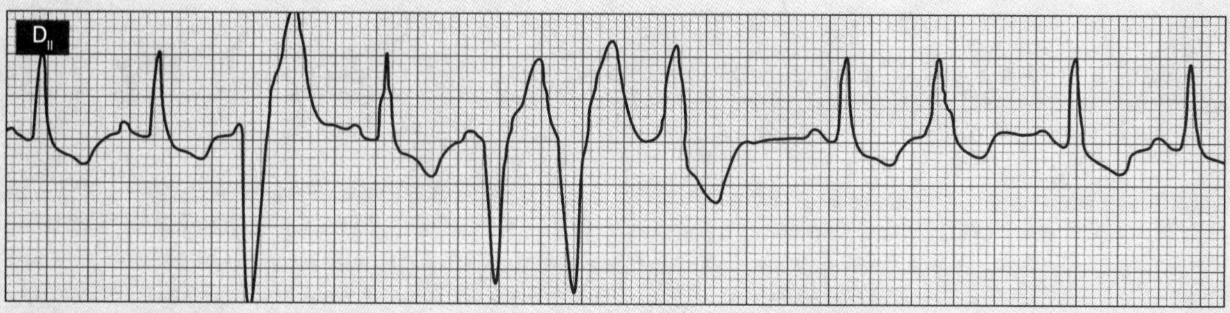

Interprétation ____

____

Tracé 5

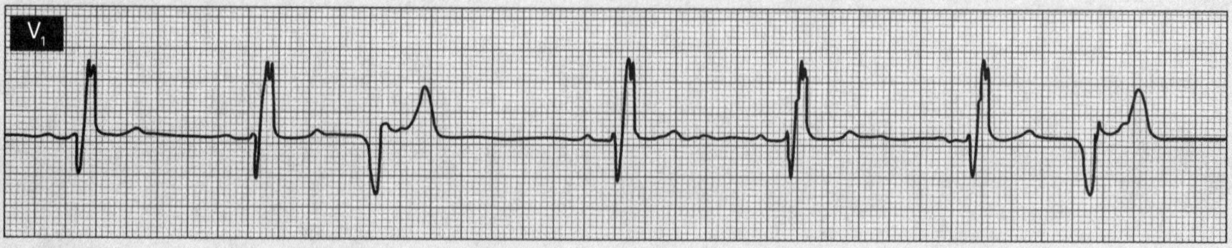

Interprétation ____

____

Tracé 6 (enregistrement continu)

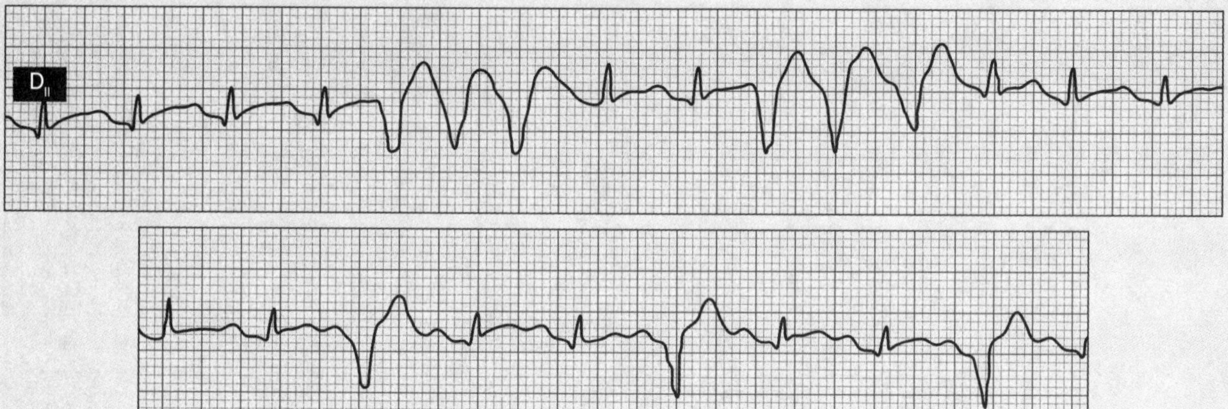

Interprétation ____

____

Tracé 7

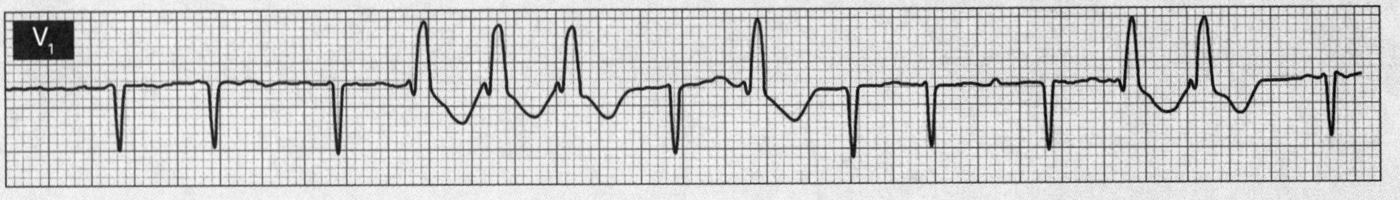

Interprétation ______________________________________

____

Tracé 8

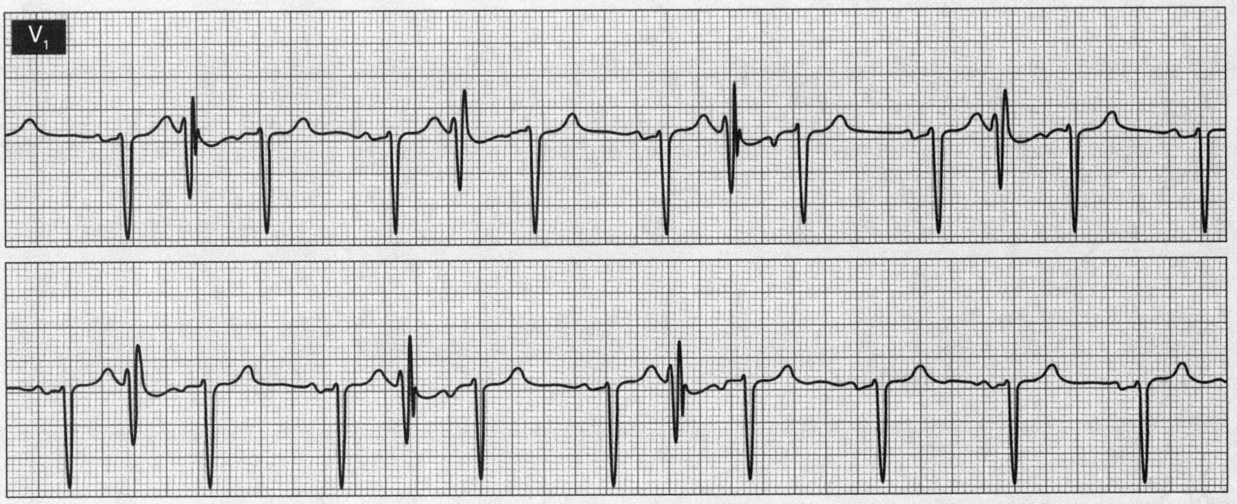

Interprétation ______________________________________

____

Tracé 9

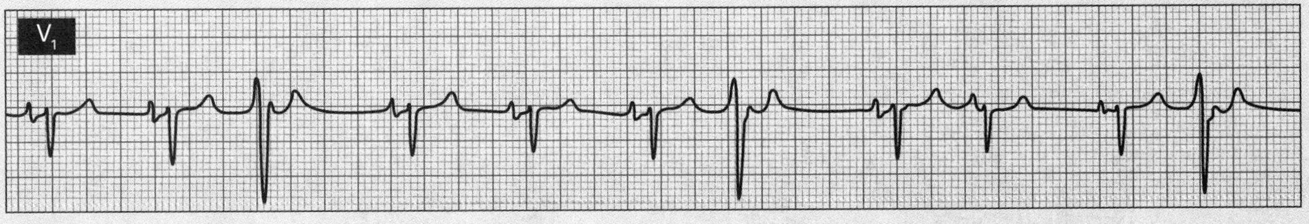

Interprétation ______________________________________

____

Tracé 10

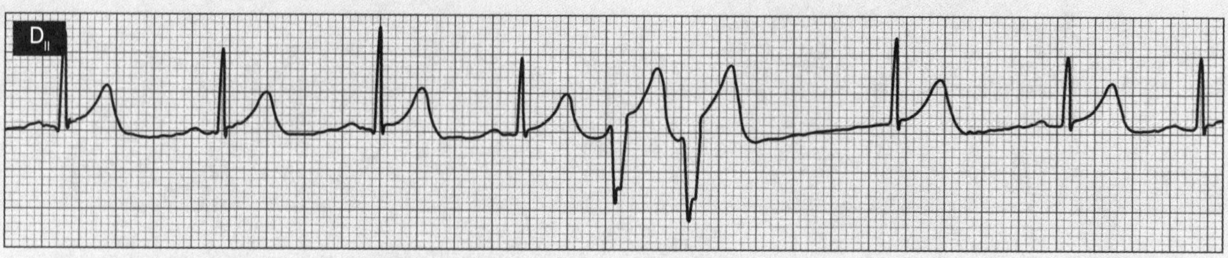

Interprétation ____

____

Tracé 11

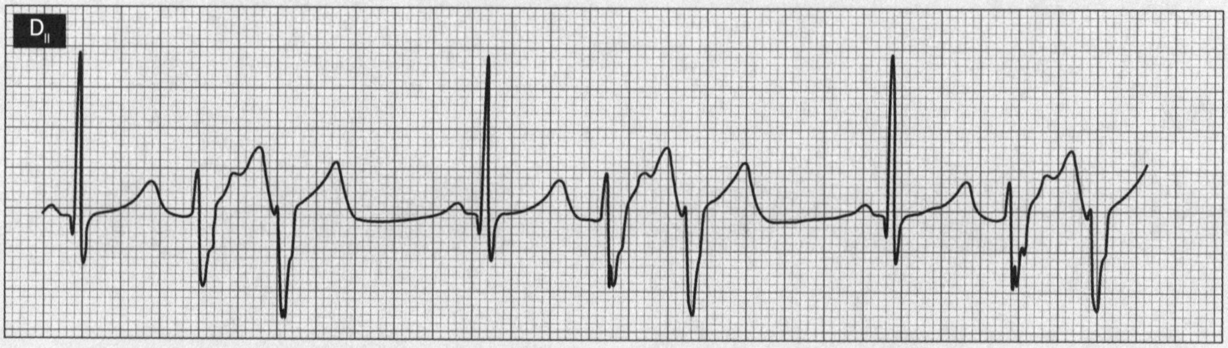

Interprétation ____

____

Tracé 12

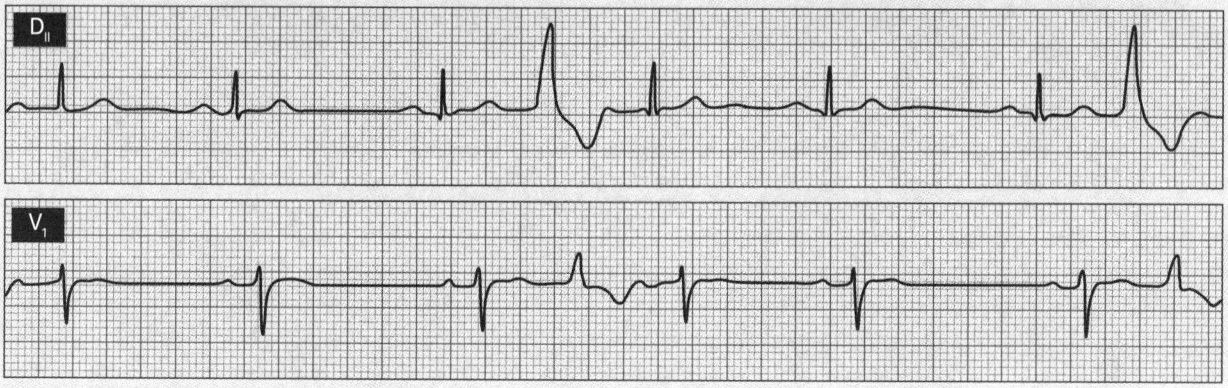

Interprétation ____

____

Tracé 13

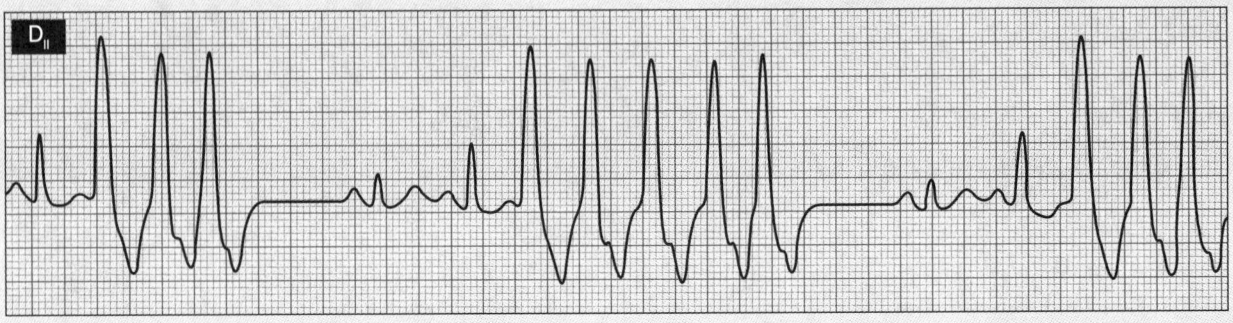

Interprétation ____

____

Tracé 14

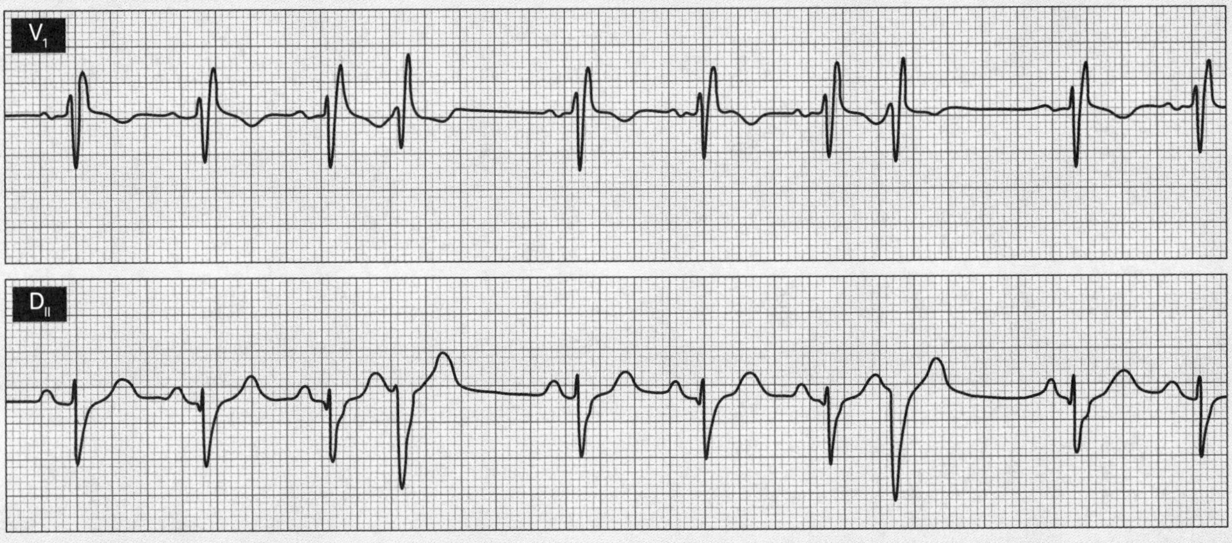

Interprétation ____

____

Tracé 15

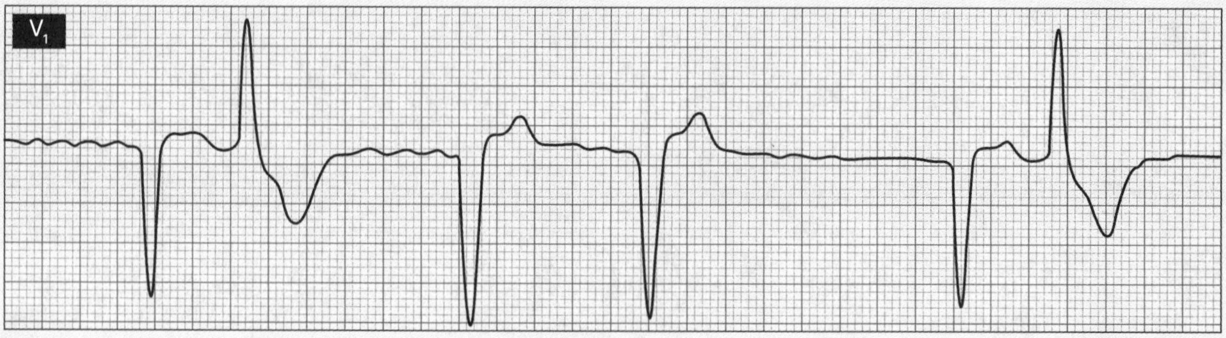

Interprétation ____

____

9.2 Parasystolie ventriculaire

La parasystolie ventriculaire est l'interaction de deux centres d'automatisme. Un foyer ectopique (paracentre ventriculaire) entre en compétition avec le rythme cardiaque dominant. Un stimulateur à fréquence fixe est l'analogue parfait d'une parasystolie. L'incidence de la parasystolie est de 1 à 1,5 cas par 1 000 électrocardiogrammes.

9.2.1 Double mécanisme électrophysiologique

Un bloc de protection empêche l'impulsion d'origine sinusale de supprimer les excitations du paracentre qui sont en train de se former. Toute excitation de l'un des deux centres, sinusal ou ectopique, trouve une réponse ventriculaire si elle se produit en dehors de la période réfractaire du myocarde.

9.2.2 Critères électrocardiographiques

La parasystolie ventriculaire comporte des complexes ventriculaires prématurés dont les intervalles de couplage sont variables. Un intervalle de couplage de plus de 0,06 s avec le complexe précédent est souvent une indication menant au diagnostic de parasystolie.

Il existe aussi une relation mathématique entre les intervalles interectopiques : les plus longs sont des multiples des plus courts. Les intervalles interectopiques les plus courts peuvent présenter des variations de 0,04 à 0,12 s. Sur le tracé 9.20, les intervalles interectopiques mesurent 2,8 s (70 × 0,04 s), 1,38 s (34,5 × 0,04 s), 1,38 s et 2,76 s. Le dénominateur commun est 1,38 s (34,5 petits carrés × 0,04 s).

Les complexes de fusion sont engendrés par l'activité simultanée des deux centres d'automatisme (2e complexe de la deuxième bande du tracé 9.20).

9.2.3 Signification clinique

La parasystolie ventriculaire est généralement associée à des atteintes myocardiques importantes. Le cœur pulmonaire chronique peut aussi en être l'expression. Aussi, des personnes normales présentant des ESV sont affectées de cette arythmie.

9.2.4 Traitement

Sans répercussion hémodynamique, la parasystolie ventriculaire ne justifie pas de traitement spécifique, à l'exception du traitement causal.

9.3 Tachycardie ventriculaire

La tachycardie ventriculaire (TV) est la succession d'au moins quatre ESV consécutives, imprégnant un rythme cardiaque à une fréquence supérieure à 100 batt./min. Les complexes sont généralement

Tracé 9.20 (enregistrement continu)

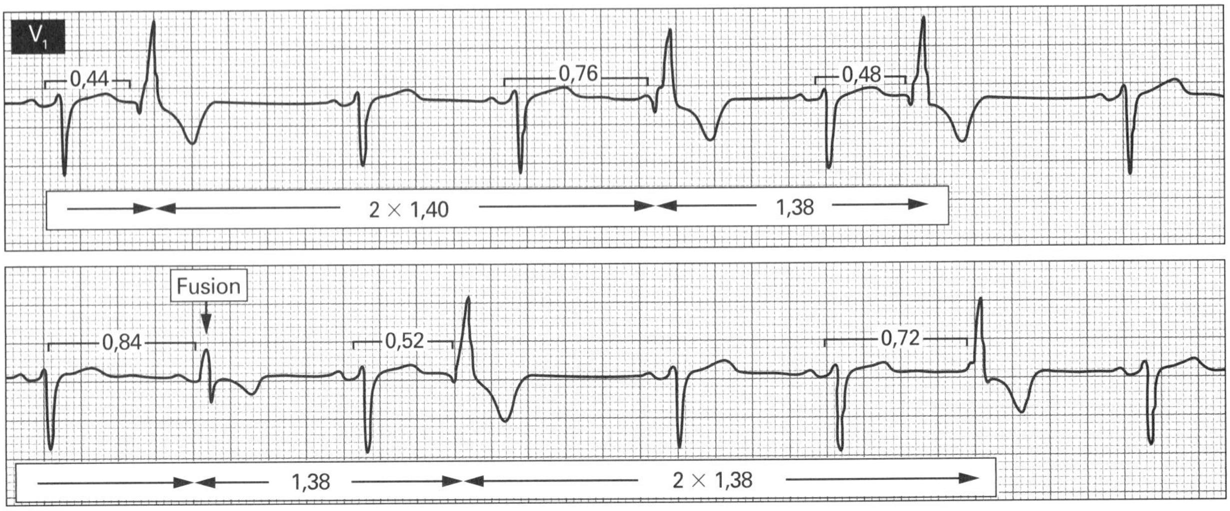

monomorphes, soit avec retard droit (aspect bloc de branche droit [BBD]) (*voir le tracé 9.26*), soit avec retard gauche (aspect bloc de branche gauche [BBG]) (*voir le tracé 9.27*). La TV inclut la tachycardie incessante, paroxystique, soutenue et à QRS larges, ainsi que la torsade de pointes (*voir la figure 9.7*). Dans 10 % des cas, la TV est idiopathique. La cardiopathie structurelle, le syndrome coronarien (ischémie) et les anomalies électrolytiques sont les causes les plus fréquemment rapportées lors d'une TV. Selon diverses études (Surawicz & Knilans, 2008), dans le décours d'un syndrome coronarien aigu, l'incidence est de l'ordre de 6 à 40 %.

Avant l'avènement du monitorage ambulatoire, plusieurs études rapportaient que la maladie coronarienne était responsable de plus de 70 % des tachycardies ventriculaires paroxystiques, dont la moitié d'entre elles étaient consécutives à l'infarctus du myocarde.

Dans une série de 820 clichés de personnes ayant subi un infarctus avec enregistrement Holter des 24 heures, 11 % des sujets présentaient de la TV non soutenue alors que 2 % manifestaient de la TV soutenue (Bigger, Fleiss & Rolnitzky, 1986). Le risque de tachycardie ventriculaire postinfarctus des six premiers mois est de l'ordre de 20 %. La TV idiopathique, incluant l'origine ventriculaire droite, est bien documentée chez des sujets sains âgés de moins de 40 ans. L'alcool, la caféine, la nicotine, l'exercice et le stress en seraient les principaux précurseurs (Surawicz & Knilans, 2008).

9.3.1 Tachycardie ventriculaire incessante

La tachycardie ventriculaire incessante est une TV récurrente dont les épisodes fréquents le jour et la nuit sont entrecoupés de quelques complexes sinusaux (*voir le tracé 9.21*). Les tumeurs myocardiques des cellules de Purkinje, la cardiomyopathie chez les enfants, la coronarographie, la période postangioplastie et les antiarythmiques de classe Ic (flécaïnide) favorisent ce type d'arythmie.

Figure 9.7 **Nomenclature des tachycardies ventriculaires**

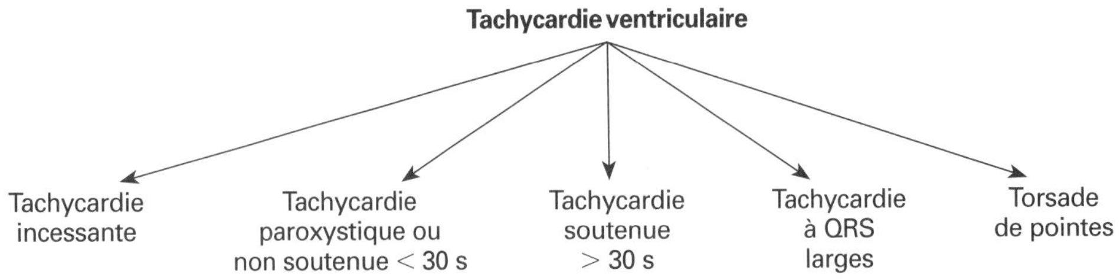

Tracé 9.21 **Rythme sinusal à 95 batt./min; couplet et salves d'extrasystoles ventriculaires monomorphes; accès de tachycardie ventriculaire paroxystique de 140 à 210 batt./min (enregistrement continu)**

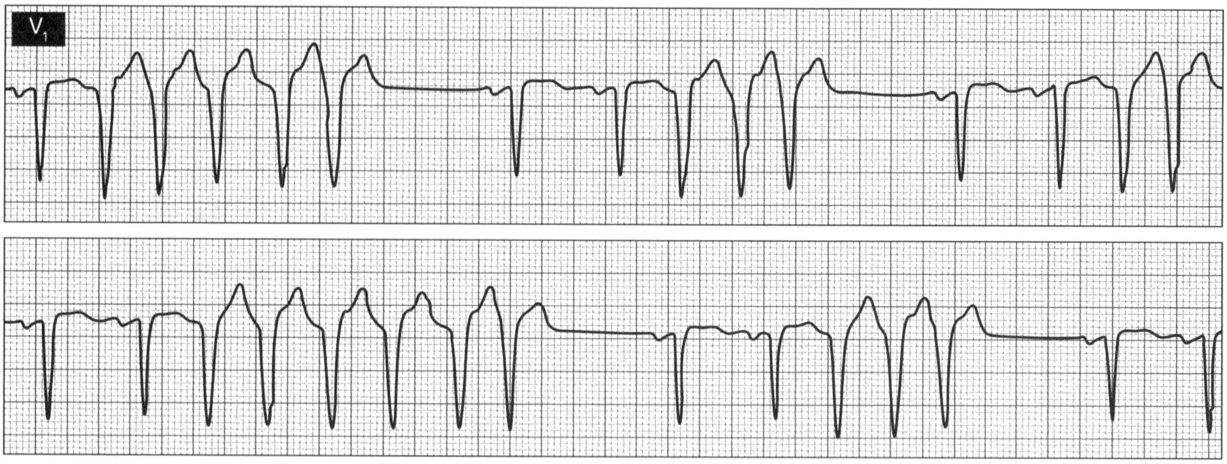

9.3.2 Tachycardie ventriculaire paroxystique, ou non soutenue

La tachycardie ventriculaire paroxystique (TVP) est caractérisée par une suite d'au moins quatre ESV consécutives, à début et à fin brusques, dont la fréquence est supérieure à 100 batt./min. Sa durée n'excède pas 30 s. Son incidence est de 25 % le premier jour de l'infarctus; elle est de 50 % au cours de la première semaine et elle baisse à 10 % avant le deuxième mois qui suit l'infarctus.

Critères électrocardiographiques

Sur le tracé, la TVP débute par une ESV. Le complexe QRS a une morphologie différente du QRS sinusal, et il est habituellement monomorphe (90 % des TVP). Sa durée est souvent de 0,15 à 0,20 s, et la variation entre les QRS est de moins de 0,04 s (90 % des cas). Il est d'origine ventriculaire droite si le complexe est négatif en V_1. La fréquence ventriculaire est de ± 120 à ± 220 batt./min. La TVP est aussi caractérisée par une dépression ou une élévation du segment ST avec une onde T inversée (*voir le tracé 9.22*).

Signification clinique

Un épisode de tachycardie ventriculaire paroxystique prolongé, dans un contexte d'infarctus en phase aiguë ou de cardiopathie importante, est sujet à traitement.

9.3.3 Tachycardie ventriculaire soutenue

La tachycardie ventriculaire soutenue est caractérisée par une suite d'au moins quatre ESV consécutives, dont la fréquence est supérieure à 100 batt./min. Sa durée excède 30 s. Environ 3,5 % des cas sont associés à des infarctus étendus, à la défaillance cardiaque et au choc cardiogénique (Surawicz & Knilans, 2008).

Tachycardie avec dissociation auriculoventriculaire complète

Puisqu'il s'agit le plus souvent d'un mécanisme de réentrée, la fréquence cardiaque est sous dominance ventriculaire. Les rythmes auriculaires et ventriculaires sont le plus souvent indépendants, la fréquence ventriculaire étant plus élevée que la fréquence auriculaire (*voir la figure 9.8 et le tracé 9.23*). La dissociation AV n'est pas un argument diagnostique irréfutable en faveur de la tachycardie ventriculaire, mais un indice à valeur élevée. L'activité auriculaire est difficile à isoler, d'autant plus qu'elle est rapide (supérieure à 100 batt./min) ou que le complexe QRS est large (supérieur à 0,15 s). La tachycardie ventriculaire avec dissociation AV est reconnue à l'ECG de surface dans environ 25 % des cas. Ajoutons que la conduction rétrograde vers les oreillettes est présente dans environ 25 % des tachycardies ventriculaires (*voir le tracé 9.24*).

Tracé 9.22 Rythme sinusal ; bloc auriculoventriculaire du 1er degré ; tachycardie ventriculaire paroxystique > 180 batt./min ; extrasystole ventriculaire

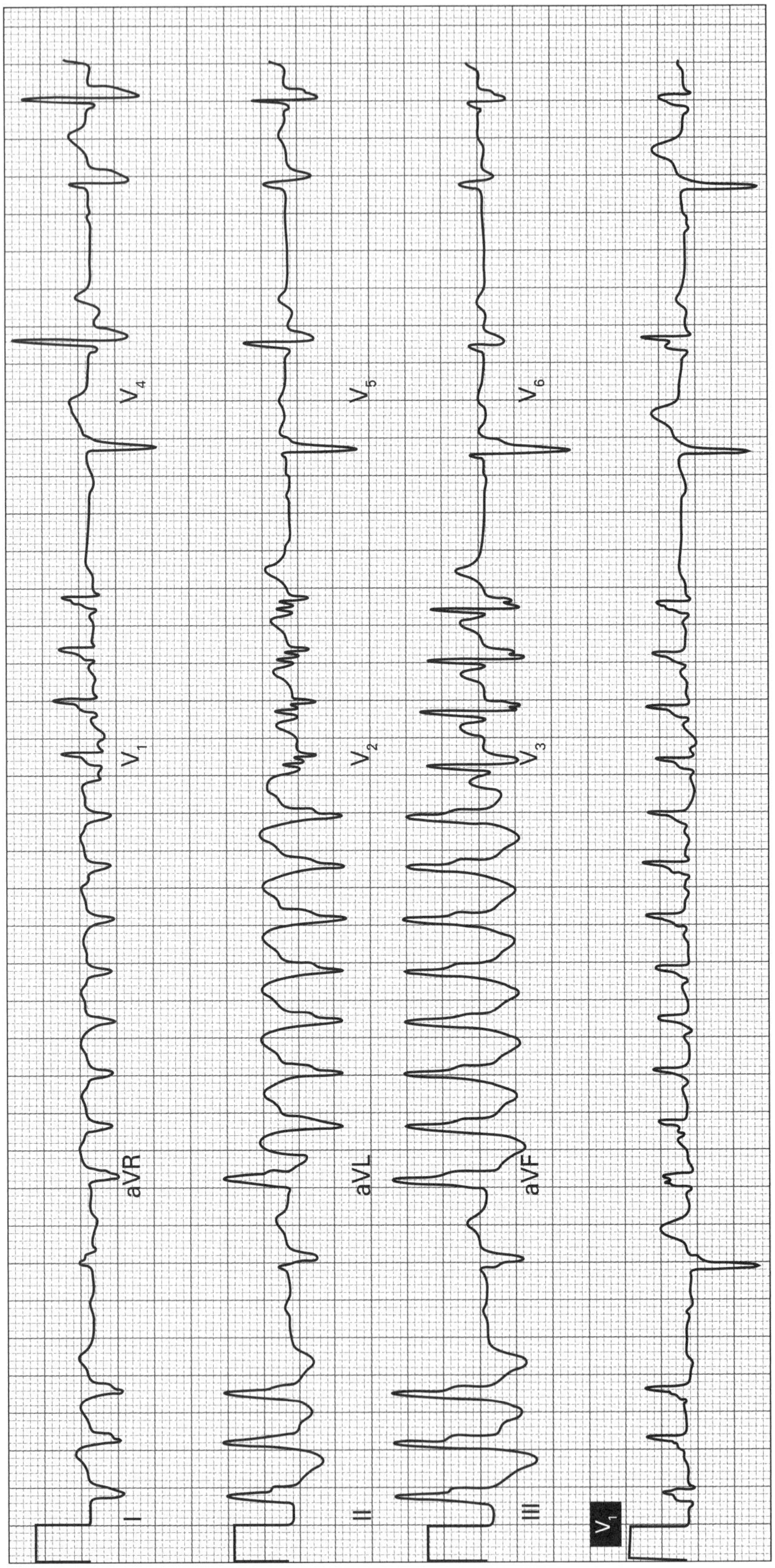

Figure 9.8 Tachycardie ventriculaire soutenue à 210 batt./min

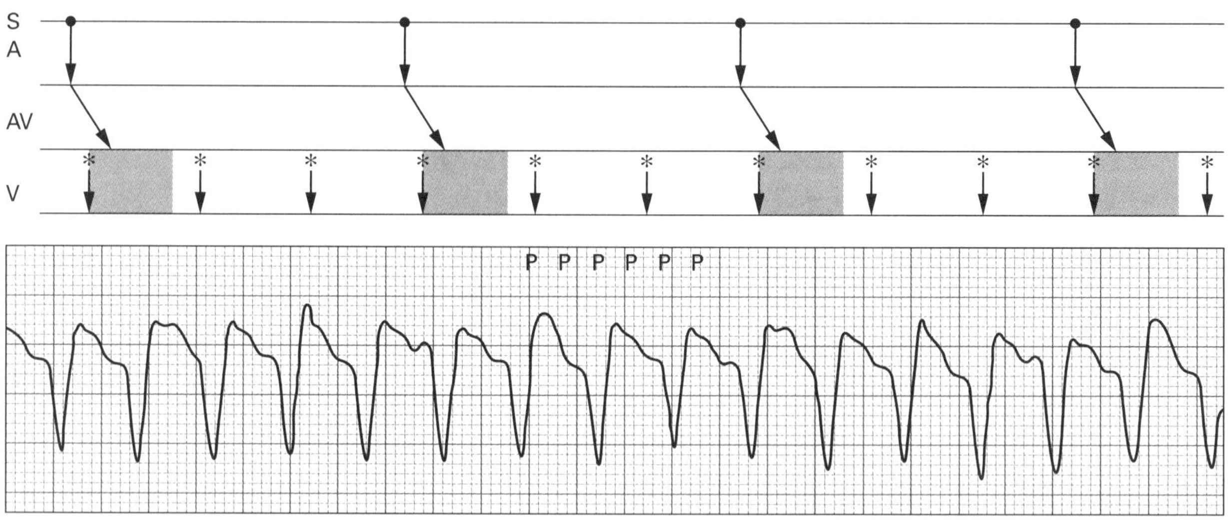

Tracé 9.23 Tachycardie ventriculaire soutenue avec retard gauche < 180 batt./min

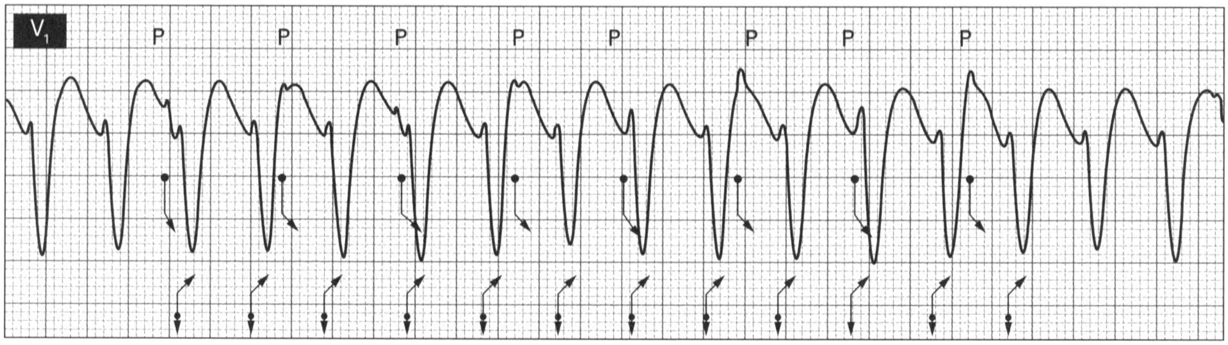

Source: Mangiola, S. (1977). *Self-assessment in electrocardiography.* Philadelphia: Lippincott Wiliams & Wilkins.

Tachycardie avec capture ventriculaire

Si le rythme ventriculaire n'est pas trop rapide, l'impulsion supraventriculaire parvient de temps à autre à activer les ventricules par la jonction AV; il s'agit alors d'une capture ventriculaire. Sa présence en cas de tachycardie à QRS larges (*voir le tracé 9.25*) est un indicateur diagnostique d'une tachycardie ventriculaire. Les captures ou les fusions sont présentes (5 %) lorsque le rythme ventriculaire est inférieur à 140 batt./min, ce qui n'est pas habituel pour une tachycardie ventriculaire.

9.3.4 Tachycardie à QRS larges (QRS $\geq$ 0,12 s)

Il est parfois difficile de préciser l'origine d'une tachycardie lorsque la fréquence cardiaque varie entre 120 et 200 batt./min, et que la durée d'un QRS est égale ou supérieure à 0,12 s. S'agit-il d'une tachycardie ventriculaire, d'une tachycardie supraventriculaire avec bloc de branche, d'une conduction ventriculaire aberrante ou du syndrome de préexcitation ventriculaire?

Tracé 9.24 **Tachycardie ventriculaire soutenue avec aspect retard droit à 140 batt./min et conduction rétrograde 1:2**

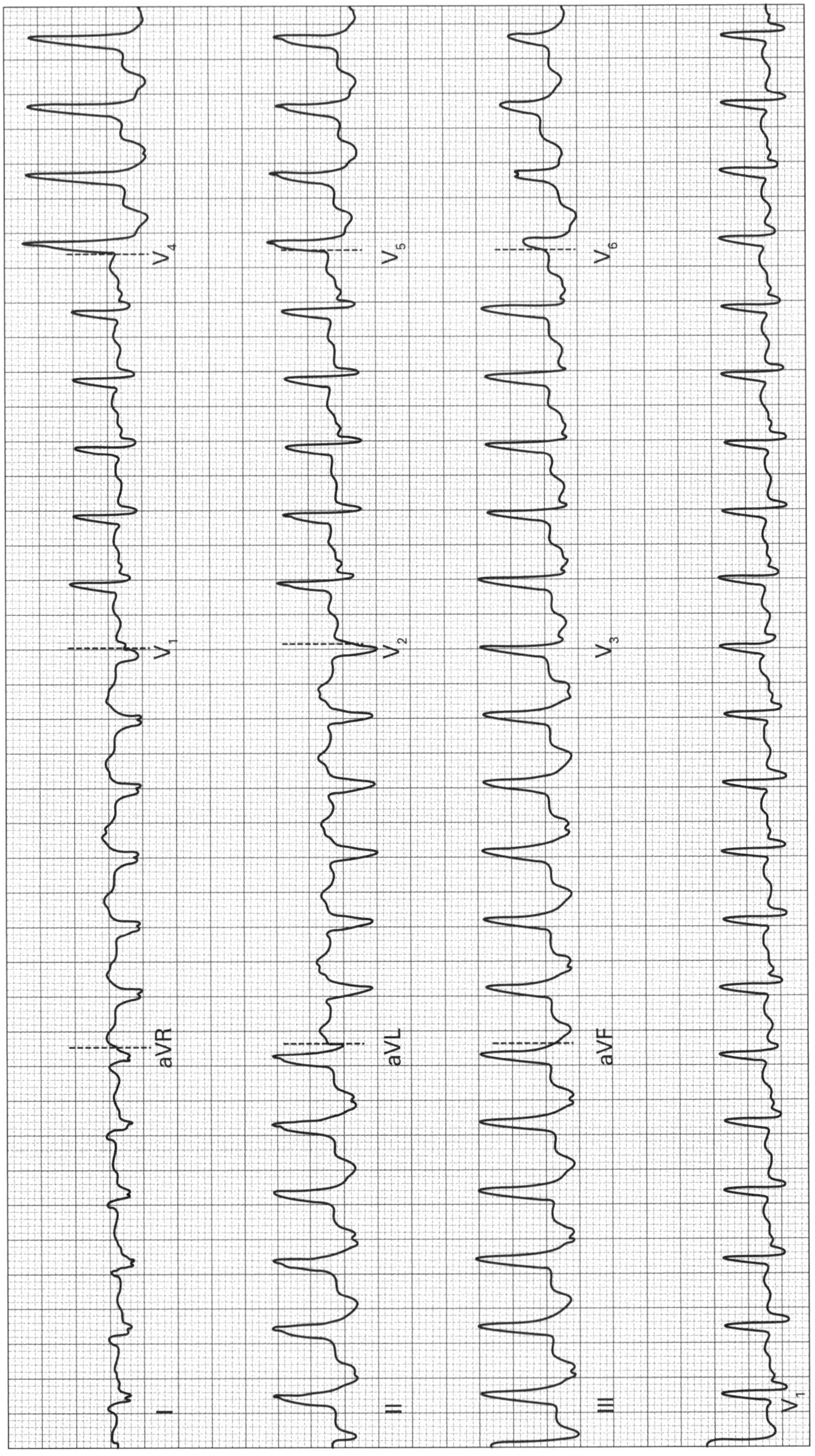

Tracé 9.25 **Tachycardie ventriculaire à 120 batt./min avec aspect retard droit, entrecoupée de captures (6e et 15e complexes) et de fusions (8e et 11e complexes)**

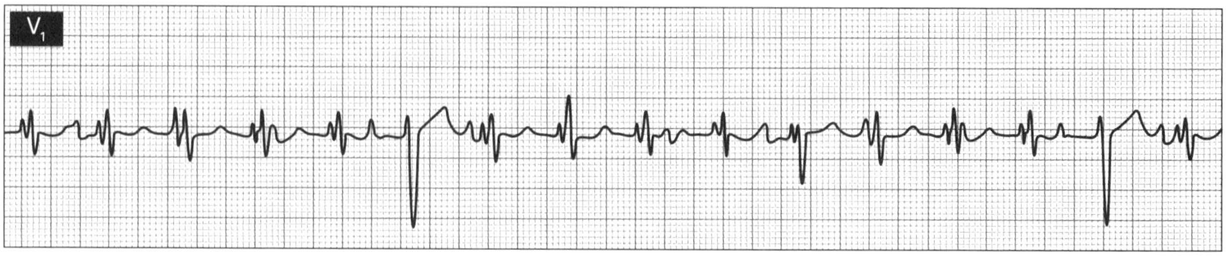

Certains critères intégrés permettent de retenir avec une plus grande exactitude le diagnostic d'une tachycardie ventriculaire. L'ECG à 12 dérivations, les dérivations aVR, V_1, V_2 et V_6 ainsi que l'algorithme de Brugada résument les critères à rechercher pour valider le diagnostic d'une TV.

Électrocardiogramme à 12 dérivations

La reconnaissance d'un complexe supraventriculaire dissocié parmi les QRS élargis sur une dérivation quelconque constitue un élément indispensable dans la recherche diagnostique d'une TV (*voir la figure 9.8 et le tracé 9.23*).

Dérivations aVR, V_1, V_2 et V_6

Une onde R initiale dominante dans la dérivation aVR est un critère facile à repérer sur l'ECG (*voir les tracés 9.26 et 9.28*).

Dans les dérivations V_1 et V_2, la morphologie du complexe QRS avec retard droit (aspect BBD) ou avec retard gauche (aspect BBG) a une forte valeur prédictive positive. Le retard droit peut présenter les morphologies suivantes : une onde R monophasique, un aspect QR ou RS, un QRS triphasique ou un aspect RR' dont R est plus long que R' (*voir le tracé 9.28, dérivation V_1*). Le retard gauche présente les critères suivants : une onde R dont la durée est supérieure à 30 ms, une onde S ou Q crochetée avec un intervalle supérieur à 60 ms entre le début du complexe QRS et le nadir (pointe) de l'onde S ou de l'onde Q, selon le cas (*voir la figure 9.9*).

Dans la dérivation V_6, la morphologie du complexe QRS présente un retard gauche. Toute onde Q dans cette dérivation signe une TV. Cependant, ce critère est peu fréquent (*voir le tracé 9.26*).

Algorithme de Brugada

L'approche de Brugada (Andries, Brugada & Brugada, 1992) pour la reconnaissance de la tachycardie ventriculaire est fiable (*voir la figure 9.10*). Elle repose sur l'hypothèse que la prolongation de la déflexion intrinsécoïde dans les dérivations est le reflet d'une activation ventriculaire myocardique plutôt que d'une activation ventriculaire par le tissu de Purkinje, ce qui se répercute sur la morphologie RS (QRS), marqueur de choix d'une tachycardie ventriculaire. D'une part, le diagnostic de TV peut être basé sur l'ECG de surface à la seule reconnaissance chronologique de l'une des quatre étapes dans les dérivations précordiales ; d'autre part, le diagnostic de tachycardie supraventriculaire (TSV) sera établi à l'exclusion des quatre étapes de l'approche de Brugada.

Première étape Si la morphologie RS ne peut être déterminée dans les dérivations précordiales, la tachycardie ventriculaire est diagnostiquée avec une spécificité de 100 % (*voir les tracés 9.26 et 9.27*). Si la morphologie RS peut être reconnue clairement sur une ou plusieurs dérivations précordiales (*voir le tracé 9.28*), il faut passer à la deuxième étape.

Deuxième étape L'intervalle RS doit être supérieur à 100 ms (ou 0,10 s). Cet intervalle se mesure de la portion initiale de l'onde R jusqu'à la partie la plus profonde de l'onde S (nadir), dans la dérivation précordiale dont la durée de l'intervalle RS est la plus longue (V_3) (*voir le tracé 9.24*). Le diagnostic est fiable avec une spécificité de 98 %.

Troisième étape La présence de captures ventriculaires ou de fusions confirme la dissociation AV. Ces complexes sont davantage visualisés dans le plan

Tracé 9.26 **Électrocardiogramme à 12 dérivations: tachycardie ventriculaire monomorphe à 210 batt./min avec aspect retard droit (aspect bloc de branche droit)**

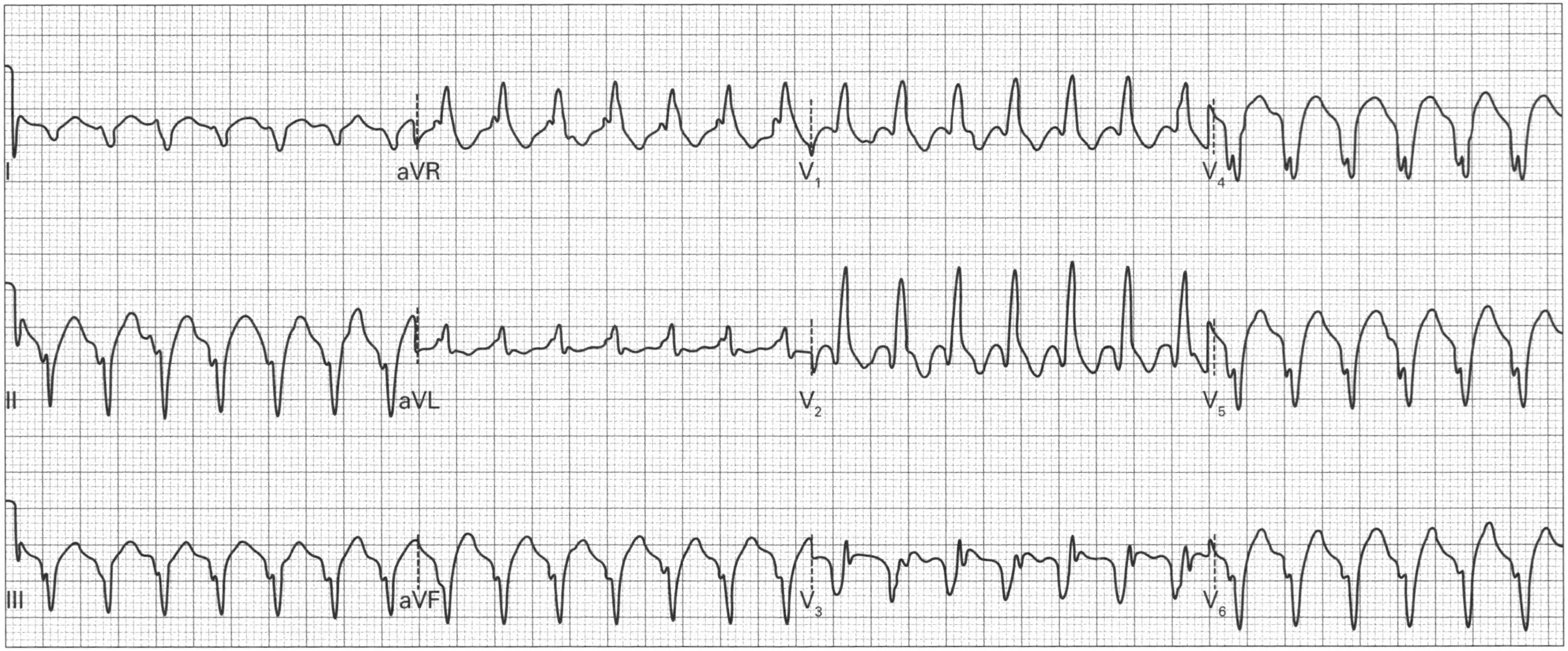

Tracé 9.27 **Électrocardiogramme à 12 dérivations: tachycardie ventriculaire monomorphe avec retard gauche (aspect bloc de branche gauche) à 150 batt./min**

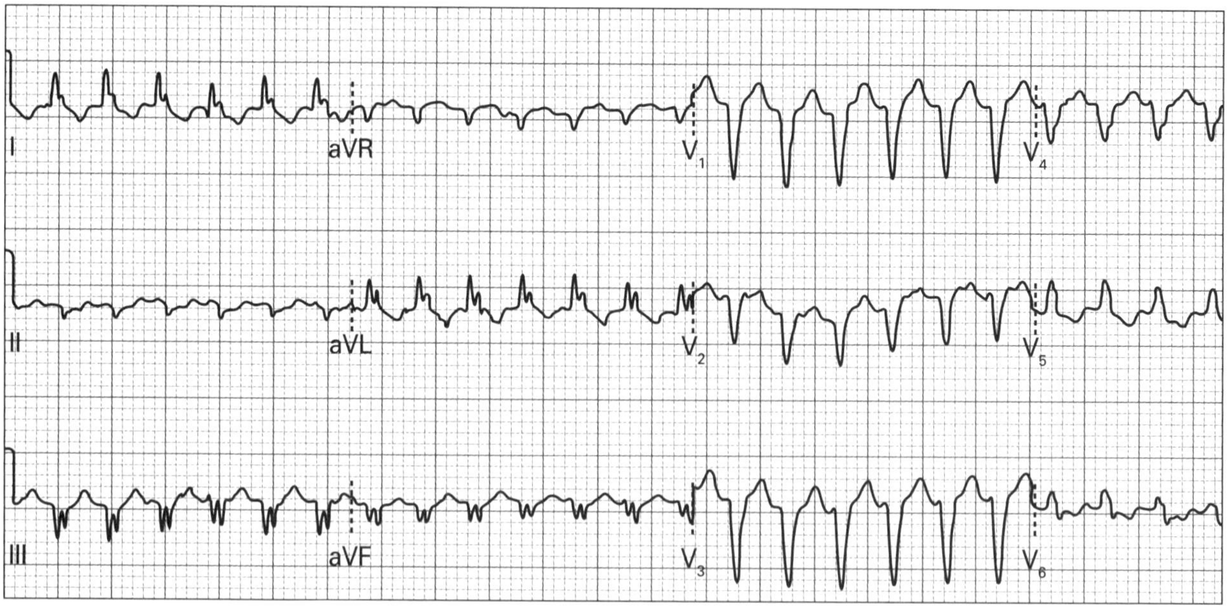

frontal et la dérivation V_1. Cependant, ce critère est peu représentatif (5 %) pour le diagnostic de tachycardie ventriculaire (*voir le tracé 9.25*).

Quatrième étape Une concordance précordiale positive ou négative des complexes QRS dans les dérivations V_1, V_2 et V_6 milite en faveur de la tachycardie ventriculaire: les complexes QRS sont tous positifs ou négatifs dans ces dérivations (*voir le tracé 9.24*) ou dans toutes les dérivations précordiales. Ce critère est peu représentatif.

9.3.5 Signes cliniques

Des antécédents de santé, notamment un syndrome coronarien, une douleur angineuse, une lipothymie ou une syncope, peuvent permettre de suspecter une TV. Le premier bruit cardiaque (B1) souvent dédoublé, le souffle systolique et les pulsations veineuses «en canon» sont des signes cliniques de la TV. La présence à la jugulaire de l'onde A géante (en canon) est le signe pathognomonique d'une dissociation AV; cependant, celle-ci est absente pour plus de 50 % des TV. Elle résulte de la contraction de l'oreillette sur une valvule tricuspide fermée. Le sang remonte alors vers la veine jugulaire et provoque cette onde visible, mais non pulsatile, au voisinage de l'artère carotidienne. Le pouls artériel et le pouls veineux sont donc dissociés. Les débits cérébral et cardiaque peuvent être touchés.

9.3.6 Traitement

La TV monomorphe stable chez l'adulte réagit bien aux chocs synchronisés à ondes monophasiques ou biphasiques à une dose initiale de 100 J. En cas d'échec, il pourrait être raisonnable d'augmenter progressivement la dose (American Heart Association [AHA], 2010).

Le traitement d'urgence repose sur la correction des facteurs favorisant la cardioversion pharmacologique ou la décharge électrique. Selon Taboulet (2010), la thérapeutique est guidée par des algorithmes précis qui tiennent compte de la détermination des facteurs arythmogènes, de la connaissance de la fonction ventriculaire gauche et de l'appréciation de la tolérance. Ainsi, une pharmacologie appropriée, l'ablation du foyer arythmogène et un défibrillateur externe sont souvent utilisés comme mesures prophylactiques pour prévenir les récidives. (Taboulet, 2010).

La figure 9.11 résume l'algorithme thérapeutique de la tachycardie ventriculaire et des tachycardies à QRS larges ($\geq$ 0,12 s) avec pulsation. Pour sa part, la figure 9.12 résume la version européenne de l'algorithme thérapeutique de la tachycardie.

Tracé 9.28 **Tachycardie ventriculaire monomorphe à 180 batt./min avec aspect retard droit (R > R′ dans la dérivation V_1)**

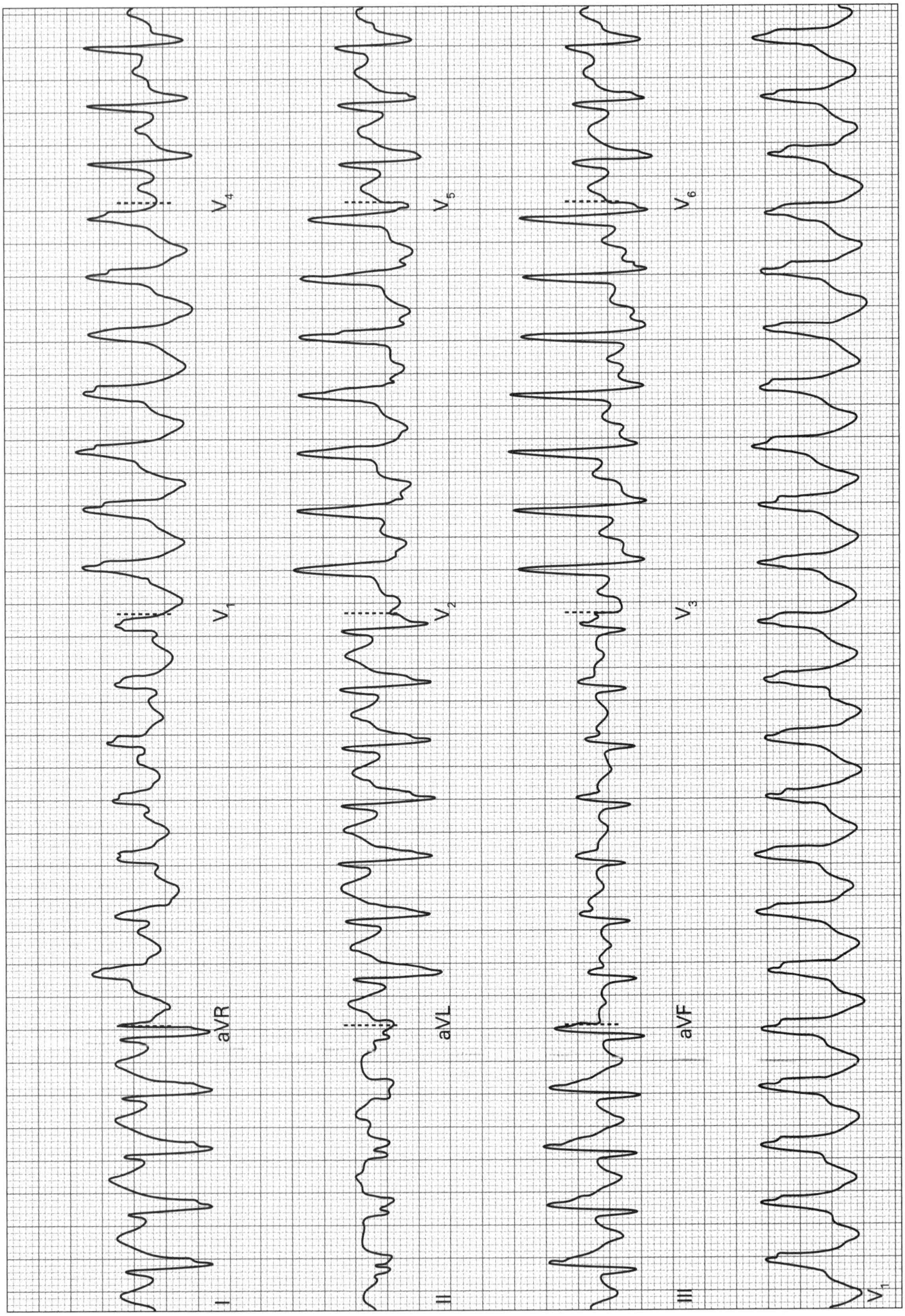

Figure 9.9 **Critères morphologiques en V_1 et V_2**

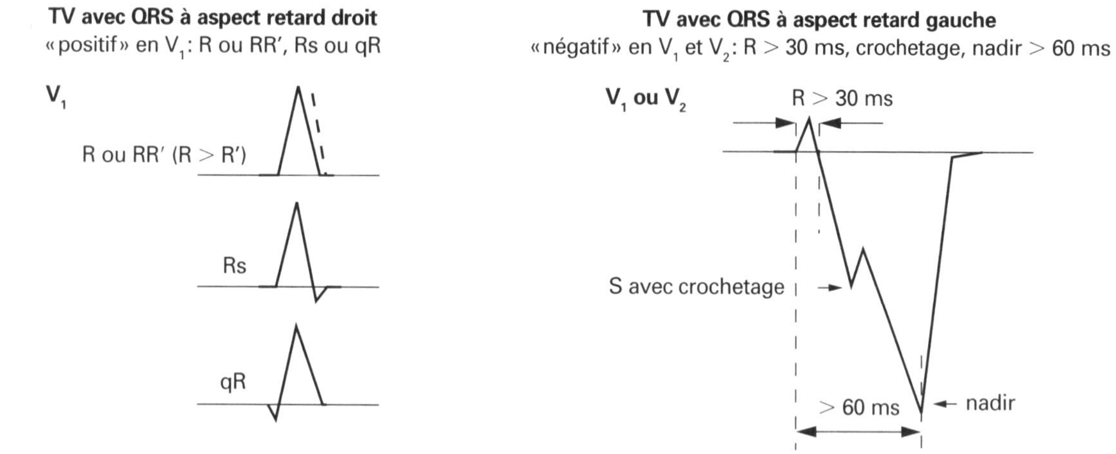

Figure 9.10 **Algorithme diagnostique de la tachycardie ventriculaire selon l'approche de Brugada**

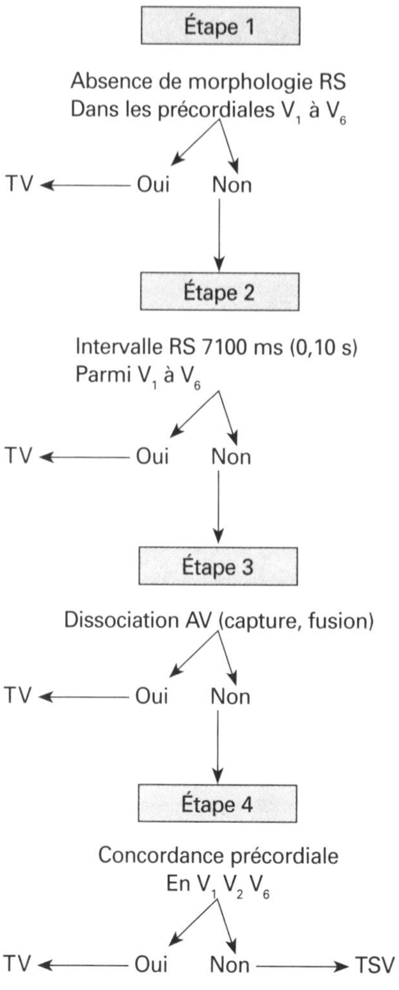

9.3.7 Pronostic

Le taux de décès attribuable à la tachycardie ventriculaire suivie de fibrillation ventriculaire primaire dans les 24 premières heures d'hospitalisation peut atteidre 50 %. La TV soutenue entraîne une mortalité intrahospitalière de l'ordre de 20 % ; associée à de la fibrillation ventriculaire, elle atteint plus de 40 %.

9.3.8 Surveillance clinique

La surveillance clinique de la TV implique de documenter toute tachycardie à QRS larges, de rapporter les signes et les symptômes associés et d'évaluer la réponse au traitement.

9.4 Torsade de pointes

La torsade de pointes est une tachycardie ventriculaire polymorphe de courte durée caractérisée par des complexes QRS d'amplitude et de polarité variables principalement associés à un allongement de l'intervalle QT supérieur à 0,45 s, dont le risque majeur est la fibrillation ventriculaire.

La bradycardie, l'hypokaliémie, l'effet proarythmogène d'une substance ou un médicament qui allonge l'intervalle QT sont les causes les plus favorisantes de cette arythmie.

Figure 9.11 **Algorithme de la tachycardie ventriculaire et des tachycardies à QRS larges ($\geq$ 0,12 s) avec pulsation**

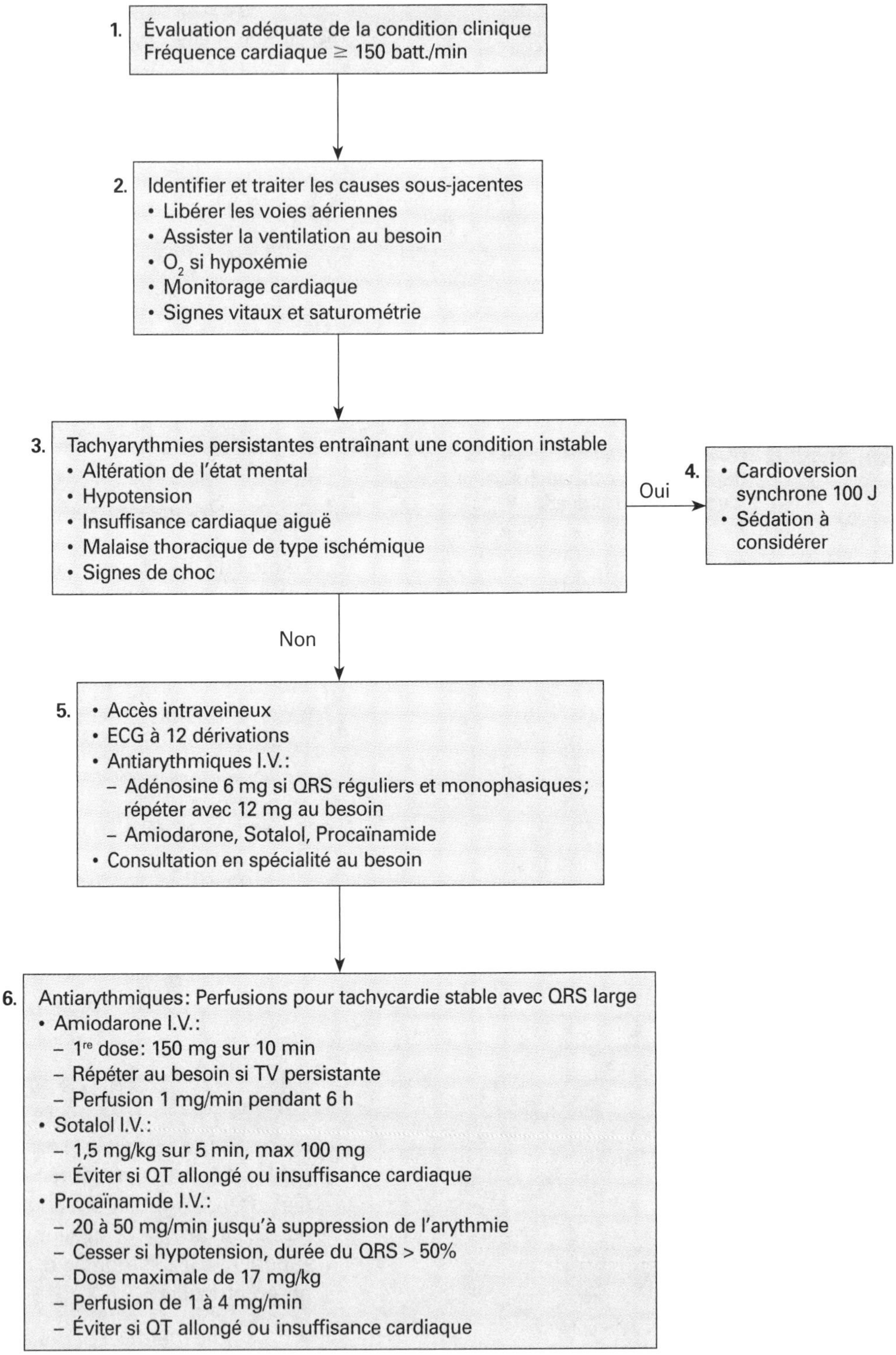

Source: Adapté de American Heart Association (AHA) (2010). 2010 American Heart Association guidelines for cardiopulmonary resuscitation and emergency cardiovascular care. *Circulation, 122*(18 – Suppl. 3), p. S751.

Figure 9.12 **Algorithme de la tachycardie (adaptation européenne)**

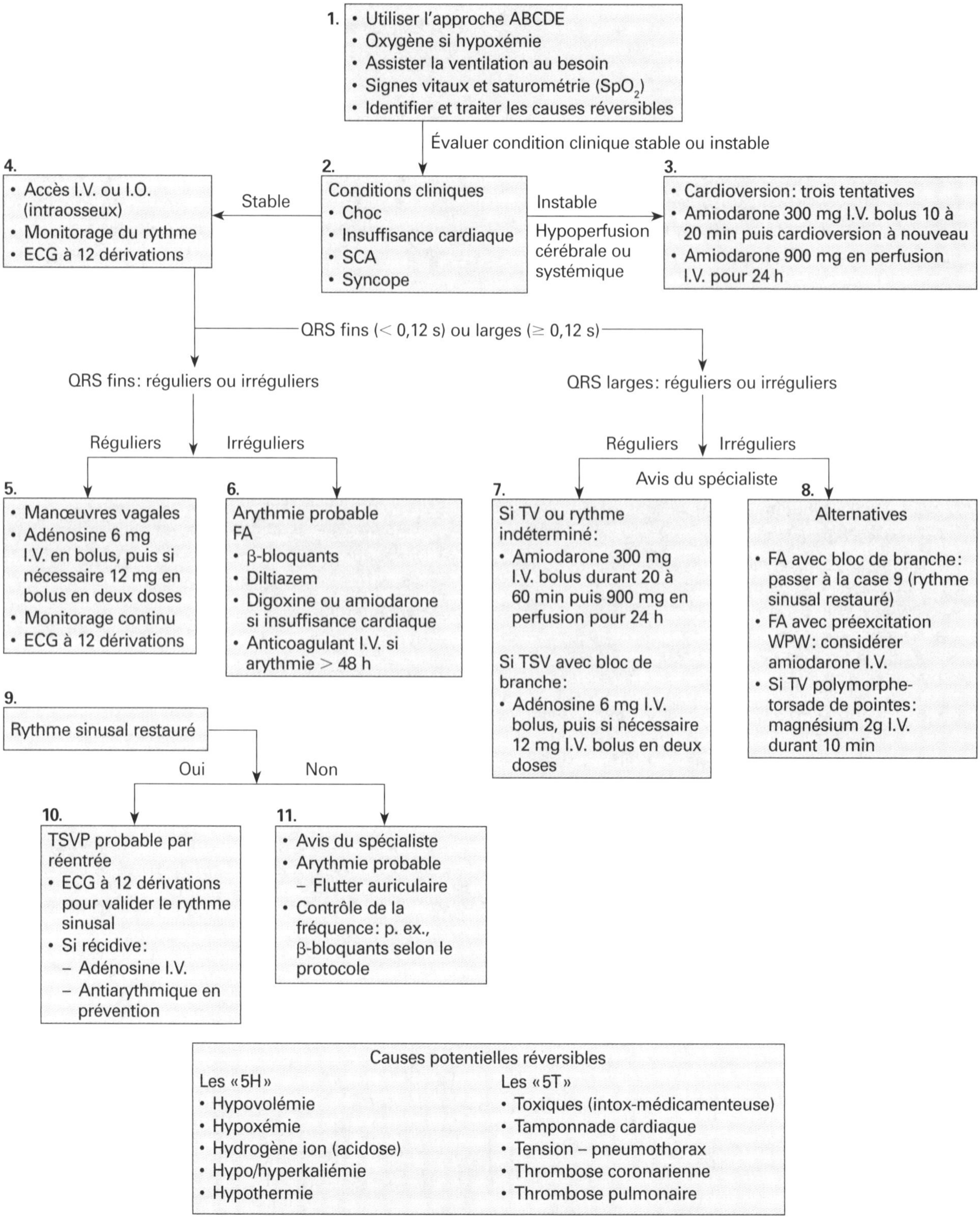

Source: Adapté de European Resuscitation Council (ERC) (2010). European Resuscitation Council Guidelines for Resuscitation 2010. *Resuscitation, 81*, p. 1329.

9.4.1 Étiologie

L'étiologie de la torsade de pointes est présentée dans l'encadré 9.2.

9.4.2 Critères électrocardiographiques

L'intervalle QT est voisin de 0,60 s. Dans le complexe QRS, les pointes sont tantôt dirigées vers le bas, tantôt dirigées vers le haut (5 à 10 complexes par cycle). L'ESV prématurée survient tardivement en diastole sur un intervalle QT prolongé supérieur à 0,50 s en moyenne. Le rythme est souvent interrompu par des complexes isolés normaux ou quasi normaux pendant la transmission des pointes. La fréquence est de 200 à 280 batt./min (*voir le tracé 9.29*).

9.4.3 Signes cliniques

Les signes et les symptômes de la torsade de pointes sont les mêmes que ceux de l'arrêt cardiorespiratoire. Le client peut aussi présenter des syncopes, c'est-à-dire des pertes de connaissance complètes

Encadré 9.2 Étiologie de la torsade de pointes

- Forme primitive
  - Syndrome du QT long congénital caractérisé par un dysfonctionnement des canaux sodiques et potassiques avec une prévalence de 1 cas sur 2 000 (Milhomme, 2011)
- Formes secondaires
  - Anomalies électrolytiques (hypokaliémie [surtout associée aux diurétiques], hypomagnésémie, hypocalcémie[a])
  - Anorexie mentale
  - Antiarythmiques de classe Ia (disopyramide, quinidine et procaïnamide)
  - Antiarythmiques de classe III (amiodarone, sotalol et ibutilide)
  - Antibiotiques (érythromycine, clarithromycine)
  - Antiémétiques (dropéridol, dompéridone)
  - Antidépresseurs tricycliques (anafranil)
  - Antinéoplasique (capécitabine [Xeloda[MD]])
  - Antipsychotiques (halopéridol, thioridazine)
  - Blocs AV des 2e et 3e degrés
  - Bradycardie sinusale importante
  - Diète protéines-liquides
  - Diurétiques
  - Hémorragie sous-arachnoïdienne
  - Hypothermie
  - Hypothyroïdie
  - Insuffisance rénale
  - Maladie cardiaque ischémique et hypertrophique
  - Moxifloxacine
  - Produits de contraste
  - Psychotropes (halopéridol [Haldol[MD]], carbonate de lithium, rispéridone [Risperdal[MD]])

[a] Les anomalies du magnésium sont associées à un trouble électrolytique dans plus de 40 % des cas. Par ailleurs, il y a une combinaison hypokaliémie et hypomagnésémie dans 60 % des cas lorsqu'il y a anomalie du magnésium. L'hypomagnésémie peut affecter la pompe à sodium et à potassium, ou augmenter la perméabilité membranaire au potassium. Elle peut, par surcroît, favoriser la tachycardie ventriculaire et la fibrillation ventriculaire.

Tracé 9.29 Torsade de pointes

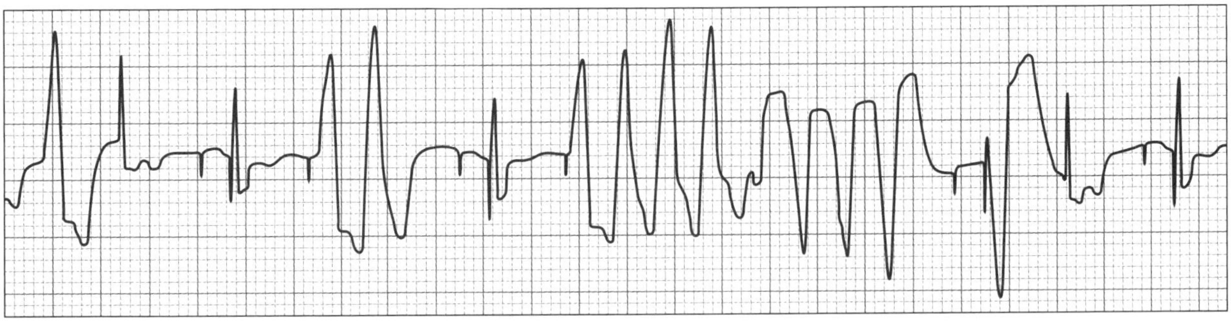

et généralement causées par une ischémie cérébrale transitoire souvent brutale, à l'emporte-pièce. Une fréquence approximative de 160 à 180 batt./min est aussi un signe clinique de la torsade de pointes.

9.4.4 Pronostic

L'allongement de l'intervalle QT favorise le phénomène R/T et, par conséquent, la fibrillation ventriculaire. L'arythmie peut aussi prendre fin spontanément.

9.4.5 Traitement

Le traitement est avant tout causal. Tout agent pharmacologique inducteur de torsades de pointes doit être interrompu. Le potassium doit être normalisé à 4,5 à 5 mmol/L. S'il y a lieu, le sulfate de magnésium ($MgSO_4$) est administré à la dose de 1 à 2 g I.V. sur 10 min; 2 à 4 mg/min en perfusion. Le traitement comprend aussi l'accélération de la fréquence cardiaque par de l'atropine (0,5 mg I.V. toutes les 5 min, jusqu'à une dose totale de 2 mg), de l'isoprotérénol (Isuprel[MD] – 2 à 20 mcg/min I.V.) et par l'implantation d'un cardiostimulateur temporaire. La cardioversion ainsi que l'implantation d'un cardiostimulateur permanent sont également indiquées. Enfin, la défibrillation est aussi une indication en présence d'une hémodynamie instable.

9.4.6 Surveillance clinique

La surveillance clinique consiste à réévaluer les bénéfices par rapport aux risques si l'intervalle QT est supérieur à 0,48 s.

9.5 Flutter ventriculaire

Le flutter ventriculaire est une tachycardie ventriculaire monomorphe très rapide qui dégénère en fibrillation ventriculaire. Il s'agit d'une arythmie caractérisée par des réentrées dans les branches, les fibres de Purkinje ou, plus rarement, les fibres de la musculature myocardique. Il s'observe généralement sur un cœur ischémique.

9.5.1 Critères électrocardiographiques

Le flutter ventriculaire présente des complexes QRS élargis et déformés. Le segment ST et l'onde T tendent à confluer dans une onde appelée onde sinusoïde. La fréquence cardiaque est supérieure à 250 batt./min (*voir le tracé 9.30*).

9.5.2 Signes cliniques

Les signes et les symptômes du flutter ventriculaire sont les mêmes que ceux de l'arrêt cardiorespiratoire. Le client peut aussi présenter des syncopes. Une fréquence ventriculaire supérieure à 250 batt./min, une intolérance hémodynamique et des ondes veineuses pulsatiles «en canon» à la jugulaire sont aussi des signes cliniques observés lors d'un flutter ventriculaire.

9.5.3 Traitement

Le traitement du flutter ventriculaire est le même que celui de la fibrillation ventriculaire. Ce traitement est présenté dans la section suivante.

Tracé 9.30 **Flutter ventriculaire supérieur à 300 batt./min**

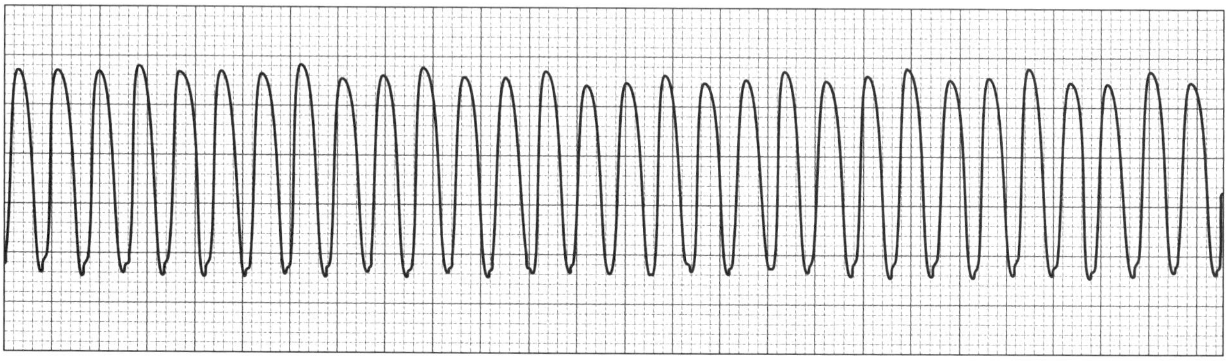

9.6 Fibrillation ventriculaire

La fibrillation ventriculaire (FV) est une désorganisation complète de l'activité mécanique et électrique des ventricules, qui entraîne la mort dans un intervalle de 3 à 5 min. Dans la phase préhospitalière, l'analyse du premier tracé des victimes d'un arrêt cardiaque démontre qu'il s'agit d'une fibrillation ventriculaire dans 40 % des cas (Jacques, 2006) (*voir le tracé 9.31*).

9.6.1 Mécanisme électrophysiologique

La prédisposition de base la plus importante est une altération du substrat ventriculaire. Cette altération entraîne une asymétrie des périodes réfractaires (*voir la figure 9.13*). L'ESV est le catalyseur ou le mécanisme précipitant, car son impulsion peut envahir les ventricules durant la phase asymétrique. La fréquence cardiaque est de l'ordre de 350 batt./min.

9.6.2 Incidence

L'incidence de la fibrillation ventriculaire aux États-Unis est de 300 000 décès par année (AHA, 2010) ; au Canada, elle est de 30 000 décès par année (Fondation des maladies du coeur, 2010).

9.6.3 Répercussions cliniques

La perte de conscience survient entre 6 à 10 s après le début de la fibrillation. La fibrillation ventriculaire est responsable d'environ 75 % des morts subites (Fondation des maladies du cœur, 2010). Les syndromes de Wolff-Parkinson-White, du QT long et de Brugada en constituent les principales causes chez les personnes saines (Surawicz & Knilans, 2008). Lors d'un arrêt sans témoin, la survie décroît de 7 à 10 % à chaque minute postfibrillation ventriculaire ; elle est de 3 à 4 % lors d'un arrêt avec témoin (Jacques, 2006).

Chez les survivants, la fibrillation ventriculaire est associée à un infarctus du myocarde dans 20 % des cas et à une instabilité électrique dans le myocarde ventriculaire dans 80 % des cas. La mortalité des survivants dans les deux ans suivant l'épisode de fibrillation ventriculaire est liée à l'infarctus du myocarde dans 28 % des cas, et elle est en relation avec une instabilité électrique du myocarde ventriculaire dans 47 % des cas. Plus de 50 % des décès attribuables à un syndrome coronarien aigu se produisent dans les quatre premières heures du début de ce syndrome.

Figure 9.13 **Correspondance électromécanique – fibrillation ventriculaire**

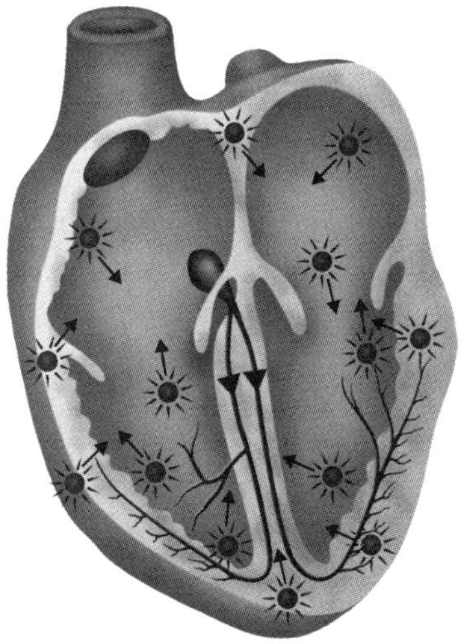

Tracé 9.31 **Rythme sinusal à 95 batt./min ; phénomène R/T et fibrillation ventriculaire**

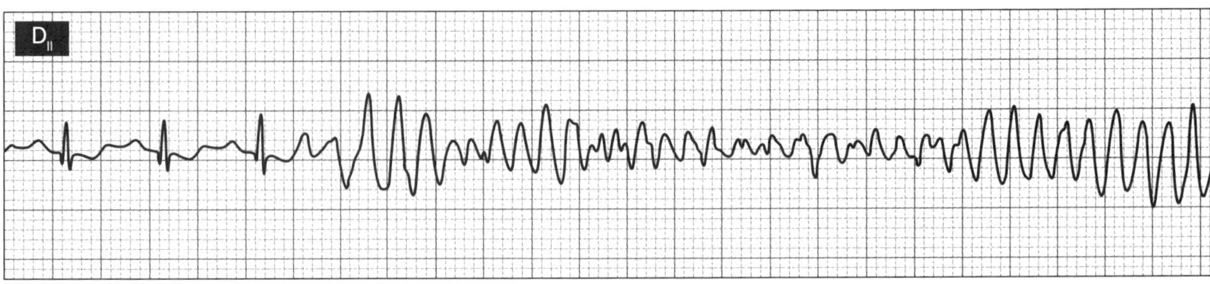

9.6.4 Types de fibrillation ventriculaire

Idiopathique

La fibrillation ventriculaire de type « syndrome de repolarisation précoce » affecte des personnes sans anomalie structurelle précoce. Elle se caractérise par une échographie et une coronarographie normales et sans critères du syndrome de Brugada ou de QT long à l'ECG.

Primaire

La fibrillation primaire, sans défaillance cardiaque, apparaît habituellement dans les 24 premières heures de l'infarctus : dans 60 à 90 % des cas, elle se manifeste au cours des six premières heures de la phase aiguë de l'infarctus.

Dans le décours d'un événement coronarien aigu, elle est surtout consécutive à un phénomène R/T sur QT court, à la tachycardie ventriculaire et, finalement, à des extrasystoles ventriculaires. Pour 20 % des cas d'infarctus documentés, l'épisode survient dans la première heure après le début des symptômes (Surawicz & Knilans, 2008).

Secondaire

La fibrillation ventriculaire secondaire survient moins de 48 heures suivant un épisode coronarien aigu.

Tardive

La fibrillation ventriculaire est dite tardive lorsqu'elle survient plus de 48 heures après l'infarctus. La dysfonction ventriculaire est dominante, et la mortalité intrahospitalière varie de 40 à 60 %.

9.6.5 Infarctus du myocarde et fibrillation ventriculaire

Évolution et risques associés

La mortalité est très élevée au cours des premières heures de l'infarctus. La plupart des décès surviennent subitement et sont causés par une fibrillation ventriculaire (70 %). Une minorité des cas de décès résultent d'un bloc et d'une bradycardie.

Environ 10 à 15 % des sujets admis à l'unité coronarienne présentent une fibrillation ventriculaire au cours des sept premiers jours d'hospitalisation. Au cours des 2e et 3e semaines suivant l'infarctus, 3 à 7 % des survivants des unités coronariennes font un arrêt cardiaque lié à une fibrillation ventriculaire, à un bloc, à de l'asystolie, ou à ces deux derniers problèmes. Dans une étude portant sur 69 enregistrements continus pendant une période de 24 heures, Holter relève 60 % de décès par fibrillation ventriculaire, 21 % par asystolie et 19 % par tachycardie ventriculaire (torsade de pointes) (Jacques, 2006).

Incidence

L'incidence de la fibrillation ventriculaire est supérieure à 30 % chez les personnes ayant un infarctus antéroseptal et un bloc de la branche droite (Surawicz & Knilans, 2008). Elle se situe aux environs de 10 % dans les cas suivants :

- infarctus en phase aiguë compliqué par un choc cardiogénique ou par une insuffisance cardiaque ;
- tachycardie sinusale persistante avec présence d'un B3 ou d'un B4 ;
- enzymes sérologiques élevées et modifications électrocardiographiques importantes, qui reflètent un dommage myocardique étendu.

Pronostic

À la suite d'une défibrillation, seulement 20 à 40 % des victimes ont un rythme cardiaque 60 s après le choc. Selon diverses études (Jacques, 2006), la survie lors d'une fibrillation ventriculaire avec témoin (assistance policière, endroits publics) est de 49 à 75 %. Elle est surtout attribuable à la formation des répondants, à une intervention rapide et à une défibrillation dans un délai inférieur à 5 min. La synthèse des données de 37 pays européens montre un taux de survie à la sortie de l'hôpital après un arrêt cardiopulmonaire survenu en dehors de l'hôpital de 10,7 %. La survie médiane à la sortie après un arrêt cardiaque intrahospitalier est d'environ 15 %.

9.6.6 Traitement

La figure 9.14 résume l'algorithme thérapeutique de la fibrillation ventriculaire et de la tachycardie ventriculaire sans pouls.

Figure 9.14 **Algorithme thérapeutique de la fibrillation ventriculaire et de la tachycardie ventriculaire sans pouls**

1. Appel à l'aide
   Demander le défibrillateur
2. RCR 30:2
   Jusqu'à l'arrivée du défibrillateur
3. Défibrillateur monophasique
   Choc initial de 360 J
   Défibrillateur biphasique
   Choc initial de 120 à 200 J
4. Reprendre le massage immédiatement
   RCR 30:2 pour 2 min
   Évaluation du rythme
5. Second choc identique au premier si rythme défibrillable
   Puis RCR 30:2 pour 2 min
6. Adrénaline 1 mg I.V./I.O.
   Répéter aux 3 à 5 min
7. Troisième choc si rythme défibrillable
   RCR 30:2 pour 2 min
8. Amiodarone 300 mg I.V./I.O.
   Répéter 150 mg au besoin
9. Quatrième choc si rythme défibrillable
   RCR 30:2 pour 2 min
   Déterminer et traiter les causes réversibles (*voir la figure 9.12*)

Source: Adapté de American Heart Association (AHA) (2010). 2010 American Heart Association guidelines for cardiopulmonary resuscitation and emergency cardiovascular care. *Circulation, 122*(18 – Suppl. 3); European Resuscitation Council (ERC) (2010). European Resuscitation Council Guidelines for Resuscitation 2010. *Resuscitation, 81.*

9.7 Syndrome de Brugada

Le syndrome de Brugada est une affection héréditaire autosomique dominante, purement électrique, caractérisée par des arythmies ventriculaires malignes inopinées entraînant la mort subite. Il s'agit d'une entité clinicoélectrocardiographique basée sur la survenue de syncopes ou de morts subites (avortées ou non) chez des personnes ayant un cœur anatomiquement normal et un aspect électrocardiographique caractéristique (Champagne *et al.*, 2007).

9.7.1 Prévalence

Le syndrome de Brugada atteint principalement les hommes âgés de plus de 40 ans sans cardiopathie avec une histoire familiale de mort subite. Il est aussi plus fréquent chez les populations asiatiques. La prévalence de la fibrillation ventriculaire avec syndrome de Brugada représente de 40 à 60 % de tous les cas de fibrillation ventriculaire idiopathique dans certains pays. Son incidence est de 5 cas sur 10 000 (0,4 %). Chez les personnes porteuses du syndrome, 28 % d'entre elles sont victimes d'un arrêt cardiaque entre la naissance et l'âge de 60 ans. La première publication reposant sur huit cas date de 1992 (Brugada & Brugada, 1992). Depuis, le nombre de cas reconnus a augmenté de façon exponentielle à travers le monde entier (Probst *et al.*, 2010)

9.7.2 Étiologie

La mutation génétique (SCN5A, chromosome 3) qui entraîne la perte de fonction des canaux sodiques est responsable du syndrome de Brugada. Cette mutation est présente chez 10 à 25 % des personnes atteintes (Probst *et al.*, 2010).

9.7.3 Critères électrocardiographiques

Le tracé a l'aspect du bloc de la branche droite de V_1 à V_3, et l'aspect RSR′ en V_1. En V_1, V_2 et V_3, le tracé présente un sus-décalage du segment ST, d'aspect convexe (en dôme) ou triangulaire, et une inversion de l'onde T. Les complexes QRS sont d'une durée de 0,12 s. Le déplacement du point J au-dessus de la ligne isoélectrique, c'est-à-dire l'intersection entre la fin du complexe QRS et le début du segment ST, est d'au moins 2 mm (*voir le tracé 9.32*).

9.7.4 Diagnostic différentiel

Les critères de diagnostic du syndrome de Brugada sont relativement similaires à ceux de la dysplasie ventriculaire droite et du syndrome coronarien aigu.

9.7.5 Signes cliniques

Le syndrome de Brugada est soit symptomatique, soit asymptomatique et sans prodrome. Le client peut présenter des palpitations, des syncopes à répétition, des tachycardies ventriculaires polymorphes rapides et de la fibrillation ventriculaire. La mort subite, réanimée ou non, peut être l'expression de ce syndrome.

9.7.6 Traitement

Le traitement comprend d'abord un dépistage électrocardiographique, électrophysiologique et pharmacologique (ajmaline ou flécaïne). Les antiarythmiques de la classe 1c sont contre-indiqués. Dans certains cas, la quinidine peut être justifiée. Aucun traitement n'est indiqué si le syndrome de Brugada est asymptomatique et en l'absence d'antécédent familial de mort subite.

Le défibrillateur ventriculaire automatique constitue parfois une alternative thérapeutique dont voici les indications : antécédent familial de mort subite, prévention de mort subite réanimée et syncope avec syndrome de Brugada.

9.8 Syndrome de repolarisation précoce

Le syndrome de repolarisation précoce a été décrit pour la première fois par Shipley et Hallaran en 1936, et il est considéré comme une variante normale de l'ECG. Au cours des années 1950 à 1960, différentes études ont conforté cette bénignité comme étant un segment ST « juvénile ». Depuis 1984, un lien entre cet aspect dit de « repolarisation précoce » et la mort subite a été établi dans plus d'une dizaine de cas. Depuis

Tracé 9.32 **Électrocardiogramme à 12 dérivations; syndrome de Brugada**

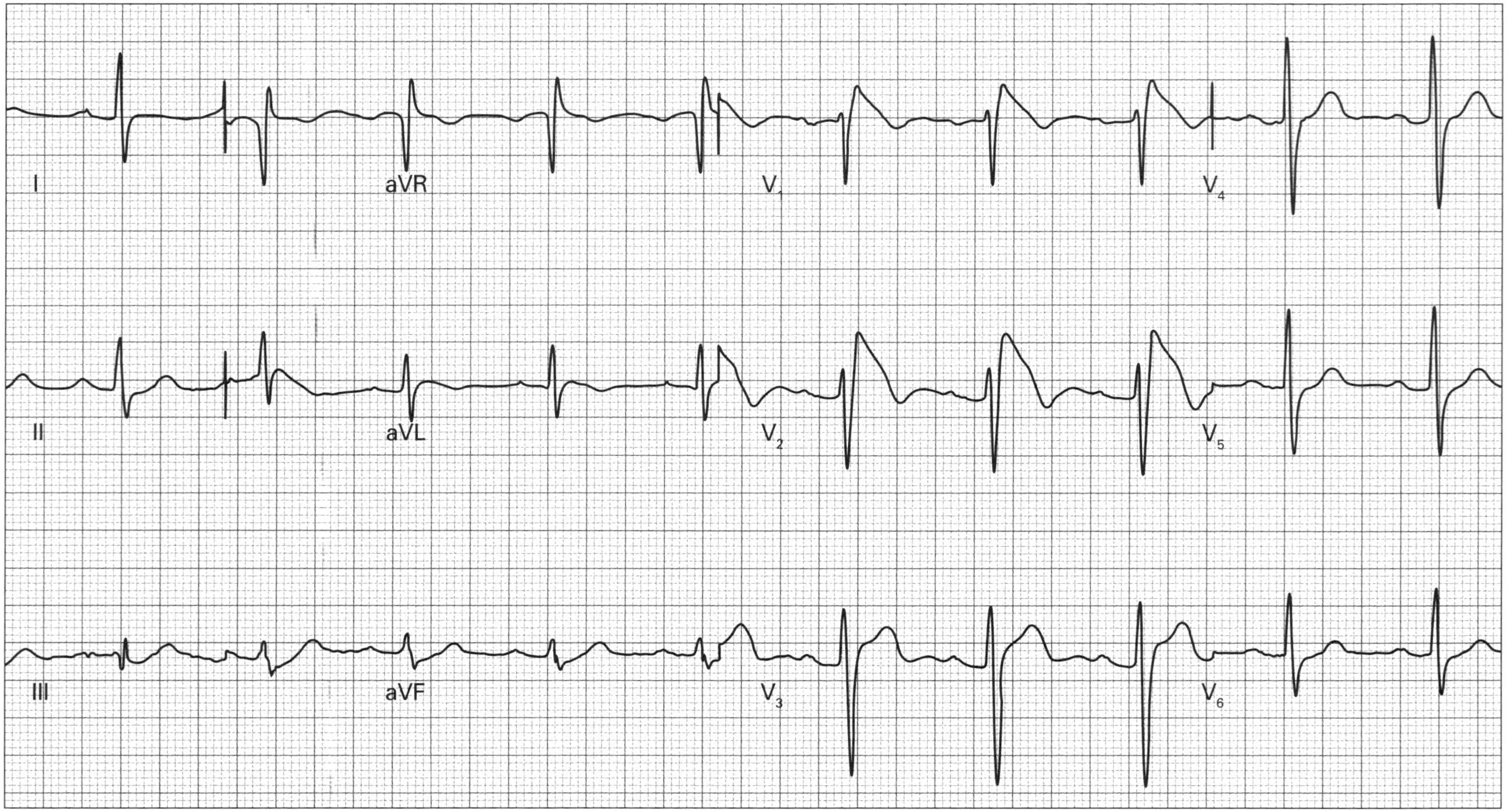

2007, des études cliniques et épidémiologiques ont permis de valider ces hypothèses. La variante normale de la repolarisation (sus-décalage du segment ST) féminine (20 % des femmes de tous âges) ou masculine (90 % des jeunes hommes, et s'atténuant avec l'âge) constitue une entité bien présente à l'ECG (Haïssaguerre *et al.*, 2008).

9.8.1 Définition

Le syndrome de repolarisation précoce est l'élévation du point J d'au moins 0,1 mV dans au moins deux dérivations du même territoire, et un complexe QRS à type d'empâtement ou de crochetage, dans les dérivations inférieures (D_{II}, D_{III}, aVF) ou latérales (D_I, aVL, V_4, V_5, V_6) (Haruta, 2011).

9.8.2 Physiopathologie

Les troubles du rythme de ce syndrome pourraient être en rapport avec une invagination des fibres de Purkinje sur le plan sous-épicardique, ce qui induirait une augmentation de l'activation transmurale et une repolarisation précoce. Une hétérogénéité des périodes réfractaires serait alors observée dans ce territoire, favorisant ainsi les réentrées.

9.8.3 Prévalence

Le syndrome de repolarisation précoce atteint 2 à 5 % de la population, principalement les Afro-Américains, les jeunes et les sportifs. Les études récentes montrent une relation entre l'élévation du point J et la fibrillation ventriculaire dans la population générale. Les personnes à risque sont celles qui ont un antécédent familial de mort subite avant l'âge de 45 ans ou un antécédent personnel de fibrillation ventriculaire, de même que celles qui présentent une récidive de syncope (Haïssaguerre *et al.*, 2008).

Le sexe masculin, des antécédents de signes inexpliqués, un arrêt cardiaque au cours du sommeil et un intervalle QT plus court constituent des marqueurs de vulnérabilité d'arythmies cardiaques associés à une augmentation d'événements rythmiques fatals (Haïssaguerre *et al.*, 2008). La fibrillation ventriculaire peut survenir sans contexte particulier (41 %), au repos (36 %), durant le sommeil (20 %) et au cours de l'activité physique (3 %) (Haïssaguerre *et al.*, 2008).

9.8.4 Critères électrocardiographiques

Dans le syndrome de repolarisation précoce, le tracé présente une élévation du point J supérieure à 0,1 mV ou 1 mm dans deux dérivations à la région inférieure ou latérale (intersection entre la fin du complexe QRS et le début du segment ST) (*voir le tracé 9.33*). Le segment ST présente un sus-décalage à caractère concave (en hamac) pouvant atteindre 4 mm et généralement plus marqué dans les dérivations V_3 et V_4. Les critères doivent exclure les élévations dans les dérivations V_1, V_2 et V_3, lesquelles sont plus spécifiques au syndrome de Brugada ou à une dysplasie arythmogène du ventricule droit. En cas d'association avec une repolarisation juvénile ou une repolarisation masculine, le diagnostic différentiel avec une péricardite ou une lésion sous-épicardique est parfois énigmatique.

9.8.5 Prévention et traitement

Aucun traitement n'est indiqué pour les personnes asymptomatiques. La vigilance est requise pour les personnes asymptomatiques avec une histoire familiale de mort subite et avec une élévation du point J supérieure à 0,2 mV dans les dérivations inférieures. Un Holter implantable est indiqué pour les clients victimes de syncopes. Le traitement peut comprendre aussi une sédation ou de l'isoprotérénol si des arythmies importantes et incommodantes justifient un traitement. Un défibrillateur implantable doit être installé si le client a été victime d'une mort subite réanimée.

Tracé 9.33 **Électrocardiogramme à 12 dérivations; syndrome de la repolarisation précoce**

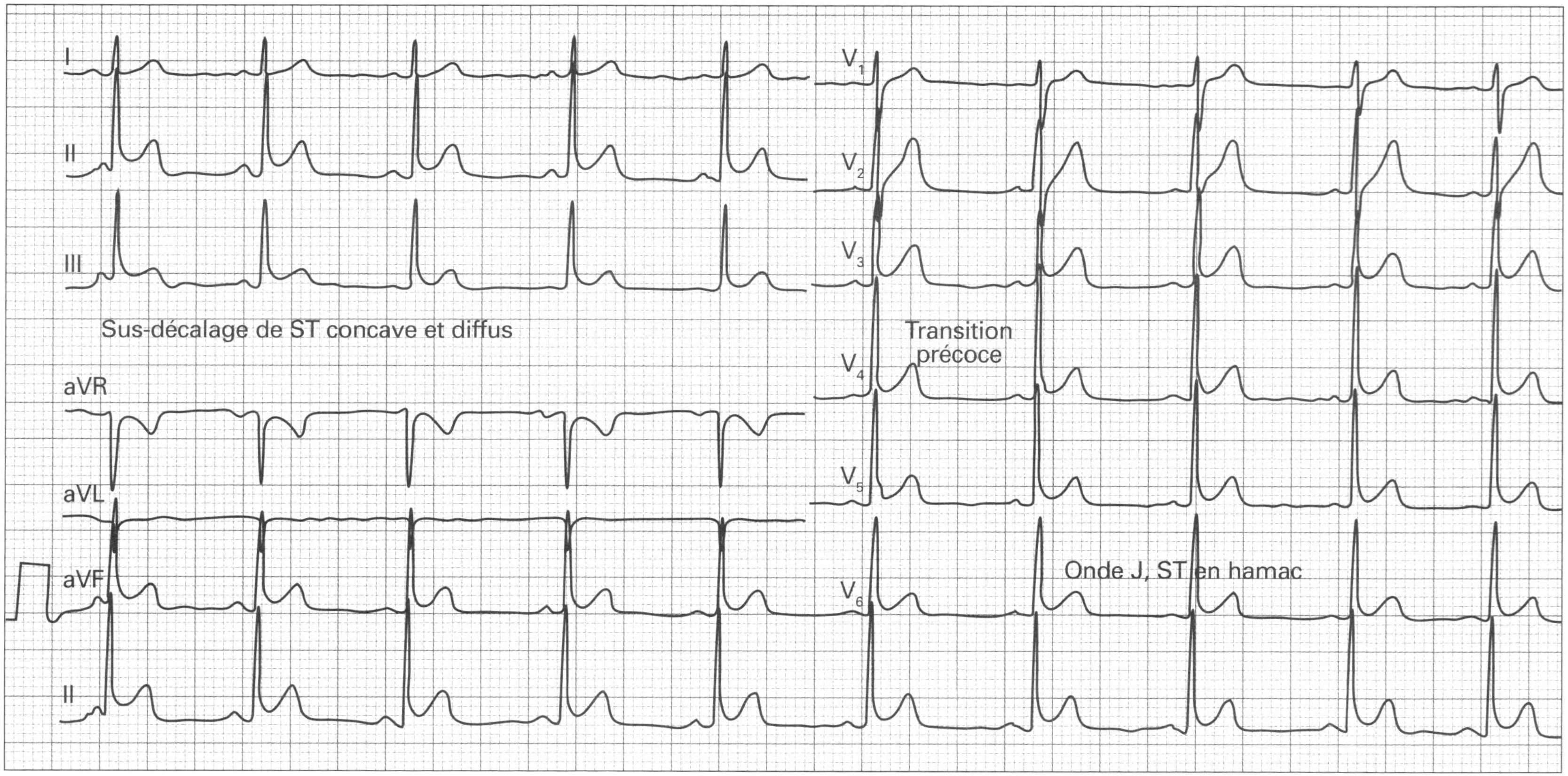

Aide-mémoire

ESV

- Triade
  - Pas d'onde P
  - Complexe prématuré et QRS déformé
  - Repos compensateur complet
- Nomenclature
  - Isolées – nombreuses
  - Monomorphe – polymorphe
  - Couplet (doublet, ou pairée) – salve (triplet)
  - Bigéminée – trigéminée – quadrigéminée
  - Interpolée – télédiastolique – conduction rétrograde – phénomène R/T
- Avec CVA sur base de fréquence auriculaire
  - rsR′ du complexe QRS
  - Réponse ventriculaire rapide

Parasystolie ventriculaire

- Relation mathématique des intervalles interectopiques
- Intervalles de couplage variables
- Fusions

TV incessante

- Courts accès répétitifs de TV entrecoupés de complexes sinusaux

TV paroxystique

- Durée < 30 s
- Début: ESV
- QRS larges et réguliers $> 0,14$ s
- Fréquence: 120 à 220 batt./min
- Début et fin brusques

TV soutenue

- Durée > 30 s et tachycardies à QRS larges ($\geq 0,12$ s)
- Début: ESV
- Captures – fusions
- ECG à 12 dérivations
- Critères morphologiques V_1, V_2 et V_6

Torsade de pointes

- Alternance des complexes QRS entre la positivité et la négativité
- QT long $\pm$ 0,50 s
- Complexe sinusal isolé
- Fréquence: 200 à 280 batt./min

Flutter ventriculaire

- Ondes sinusoïdes
- Complexes QRS élargis
- Segment ST et ondes T introuvables
- Fréquence: > 250 batt./min

Fibrillation ventriculaire

- Ligne isoélectrique ondulée
- Absence de complexe QRS

Syndrome de Brugada

- QRS $\geq 0,12$ s: aspect BBD ou RSR′
- Point J > 2 mm
- Sus-décalage du segment ST en V_1, V_2, V_3 et onde T inversée

Syndrome de repolarisation précoce

- Point J > 1 mm dans les dérivations inférieures ou latérales
- Sus-décalage du segment ST en V_3 et V_4

Synthèse des fréquences des rythmes à QRS larges

- Bloc de branche: conduction AV et fréquence $\pm$ normale selon rythme de base
- Flutter ventriculaire: > 250 batt./min
- Cardiostimulateur: spicule et fréquence $\pm$ 60 à $\pm$ 70 batt./min
- Rythme d'échappement ventriculaire (REV): $\pm$ 20 à $\pm$ 40 batt./min
- Rythme idioventriculaire accéléré (RIVA): $\pm$ 60 à $\pm$ 120 batt./min
- Torsade de pointes: $\pm$ 200 à $\pm$ 250 batt./min
- TV: $\pm$ 120 à $\pm$ 220 batt./min

Autoévaluation

PARTIE 1

Encercler la lettre qui correspond à la bonne réponse.

1. La fusion peut être associée aux arythmies suivantes:

1. Extrasystole télédiastolique
2. Rythme ventriculaire accéléré
3. Tachycardie ventriculaire
4. Rythme d'échappement ventriculaire

A. 1 et 3. B. 1, 2 et 3. C. 2 et 3. D. 1, 2, 3 et 4.

2. Voici un critère fiable de l'extrasystole ventriculaire interpolée:

A. Le PR du complexe faisant suite à l'extrasystole est égal ou inférieur au PR sinusal.
B. L'onde P est peu prématurée, car l'extrasystole est tardive.
C. Le PR du complexe postextrasystolique est plus grand que le PR d'un complexe sinusal normal.
D. L'onde P survient après un QRS, et la pause est décalante.

3. Le traitement de choix d'une TV avec condition clinique instable est le suivant:

A. Défibrillation à 150 J
B. Coup de poing précordial
C. Cardioversion à 100 J
D. Amiodarone 150 mg par voie I.V. ou I.O.

4. L'ordre des interventions lors d'une fibrillation ventriculaire pour un client avec télémétrie est le suivant:

1. Appel à l'aide
2. Choc à 200 joules
3. Demander un défibrillateur
4. Adrénaline
5. Réanimation cardiorespiratoire 30:2 durant 2 min

A. 5, 3 et 5. B. 1, 3 et 5. C. 1, 2 et 5
D. 3, 4 et 2

5. Le traitement immédiat d'une fibrillation ventriculaire à «petites mailles» est le suivant:

A. Adrénaline
B. Cardioversion
C. Amiodarone
D. Défibrillation
E. Réanimation cardiorespiratoire 30:2 durant 2 min

6. Un intervalle QT à 0,60 s peut favoriser l'arythmie suivante:

A. Asystolie ventriculaire
B. Rythme ventriculaire accéléré
C. TV bidirectionnelle
D. Torsade de pointes
E. Flutter ventriculaire

7. Le ou les critères suivants favorisent la CVA lors d'une fibrillation auriculaire:

1. Absence de bigéminisme
2. Aspect rsR' en V_1
3. Réponse positive à la lidocaïne
4. Accélération du rythme cardiaque
5. Tracé antérieur avec ESV sur une base de rythme sinusal

A. 1, 3 et 5. B. 1, 2 et 4. C. 2, 3 et 4.
D. 5. E. 3 et 5.

8. Encercler le complexe de fusion sur le tracé ci-dessous.

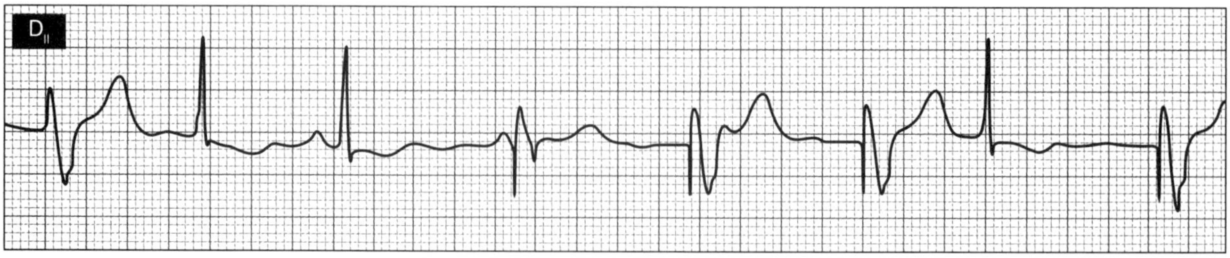

Répondre par vrai ou faux aux énoncés 9 à 14.

9. Lorsqu'il y a une anomalie du magnésium, il y a association d'hypokaliémie dans plus de 60 % des cas.______

10. Le sus-décalage du segment ST lors du syndrome de repolarisation précoce est principalement détecté dans les dérivations V_1, V_2 et V_3. ______

11. Le syndrome de Brugada est d'expression purement électrique. ______

12. La durée de la TV soutenue est supérieure à 30 s. ______

13. Une onde R initiale dominante dans la dérivation aVR constitue un critère de certitude de la TV lors d'une tachycardie à QRS larges. ______

14. L'infarctus du myocarde constitue la principale cause de l'arrêt cardiorespiratoire chez les survivants d'une mort subite. ______

Associer à chacune des arythmies ventriculaires de la colonne de gauche la fréquence cardiaque correspondante de la colonne de droite.

15. Torsade de pointes
16. TV
17. Flutter ventriculaire
18. Rythme idioventriculaire accéléré
19. Rythme d'échappement ventriculaire

A. 20 à 40 batt./min
B. Plus de 250 batt./min
C. 60 à 120 batt./min
D. 120 à 220 batt./min
E. 200 à 250 batt./min

Associer la terminologie de la colonne de droite aux énoncés de la colonne de gauche.

20. Deux complexes sinusaux suivis d'une ESV. La séquence se répète successivement.
21. Extrasystole survenant tard en diastole.
22. Durée inférieure à 30 s.
23. La capture en précise la reconnaissance.
24. L'intervalle QT allongé favorise cette arythmie.

A. ESV interpolée
B. TV paroxystique
C. Bigéminisme
D. Torsade de pointes
E. TV soutenue
F. Tachycardie supraventriculaire
G. Trigéminisme
H. Flutter ventriculaire
I. ESV télédiastolique

PARTIE 2

Pour chacun des tracés 1 à 20, préciser les critères électrocardiographiques et l'interprétation. Les fréquences cardiaques sont calculées au compas selon la «méthode des 300».

Tracé 1

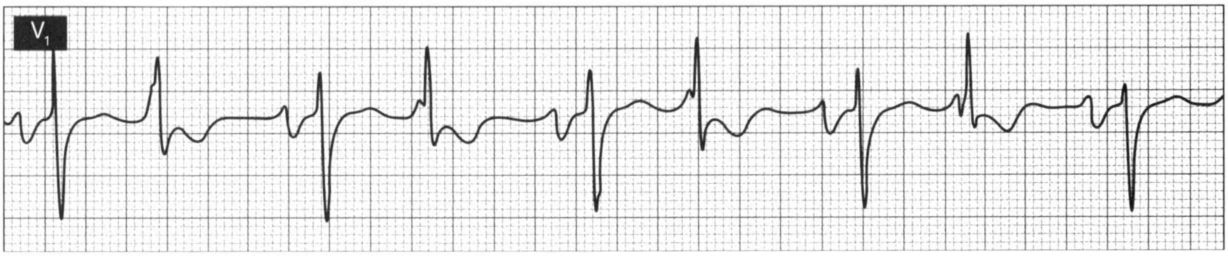

Critères électrocardiographiques ______________________________

____

Interprétation ______________________________

____

Tracé 2

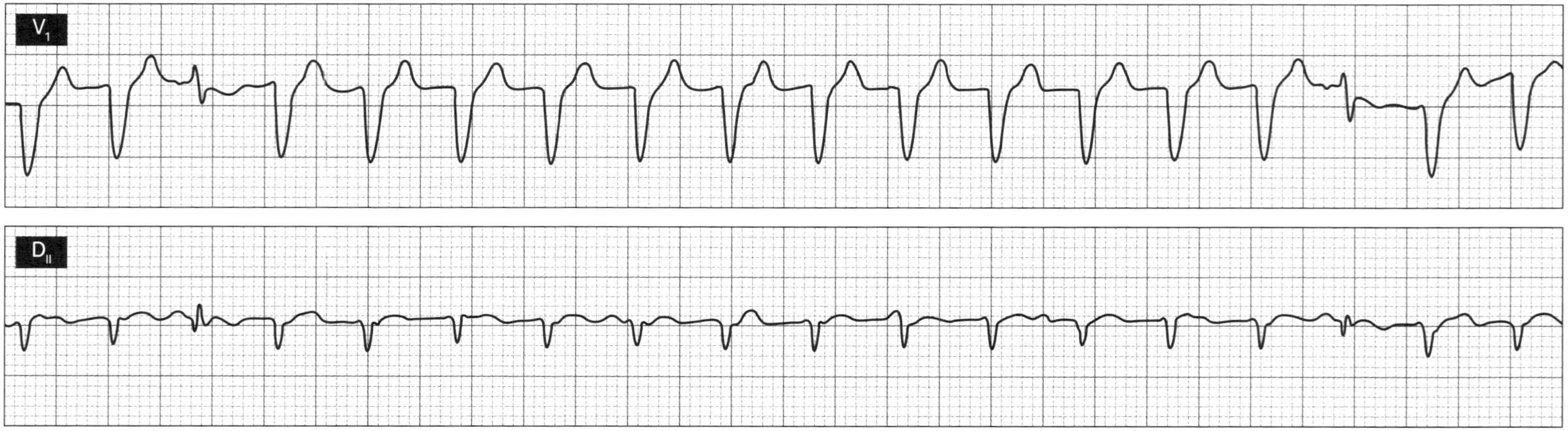

Critères électrocardiographiques ________________

____

Interprétation ________________

____

Tracé 3

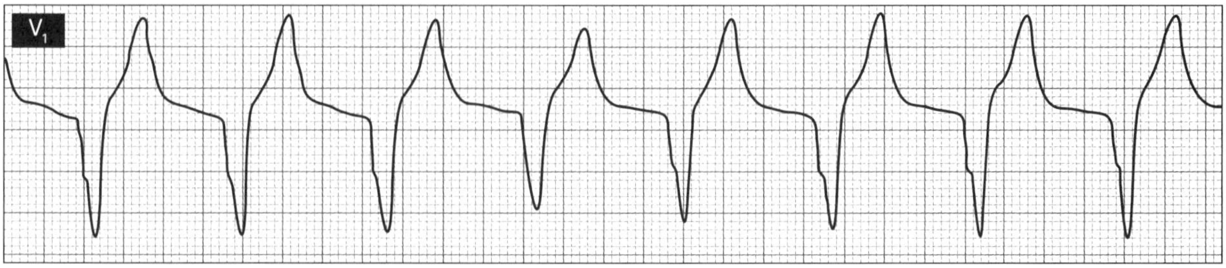

Critères électrocardiographiques ______________________________

____

Interprétation ______________________________

____

Tracé 4

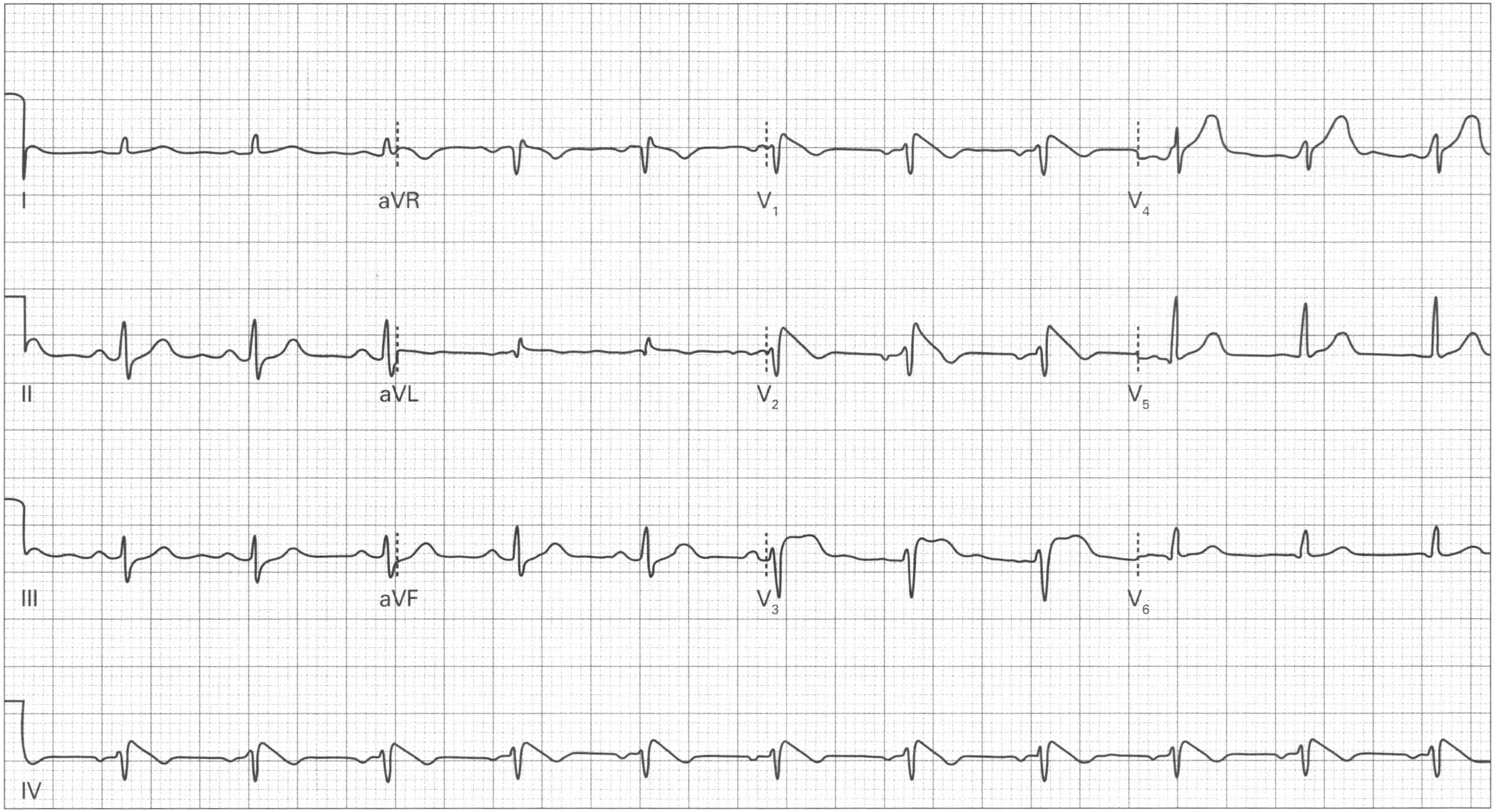

Critères électrocardiographiques ______________________________

____

Interprétation ______________________________

____

Tracé 5

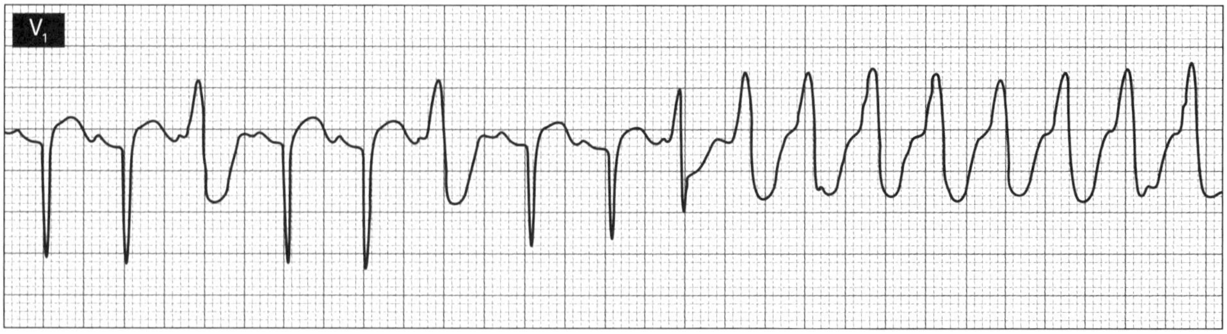

Critères électrocardiographiques ____

____

Interprétation ____

____

Tracé 6

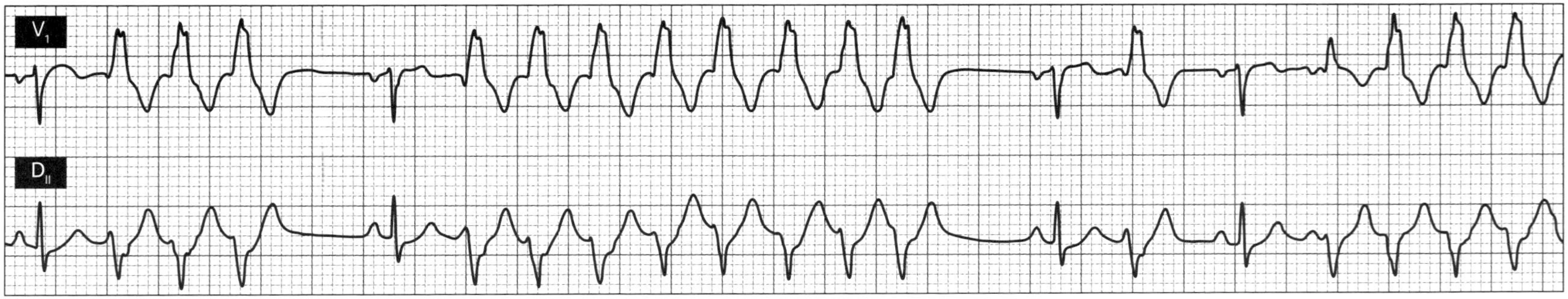

Critères électrocardiographiques ______________________________

____

Interprétation ______________________________

____

Tracé 7 **Enregistrement discontinu en D_{II} pendant un épisode de 40 s**

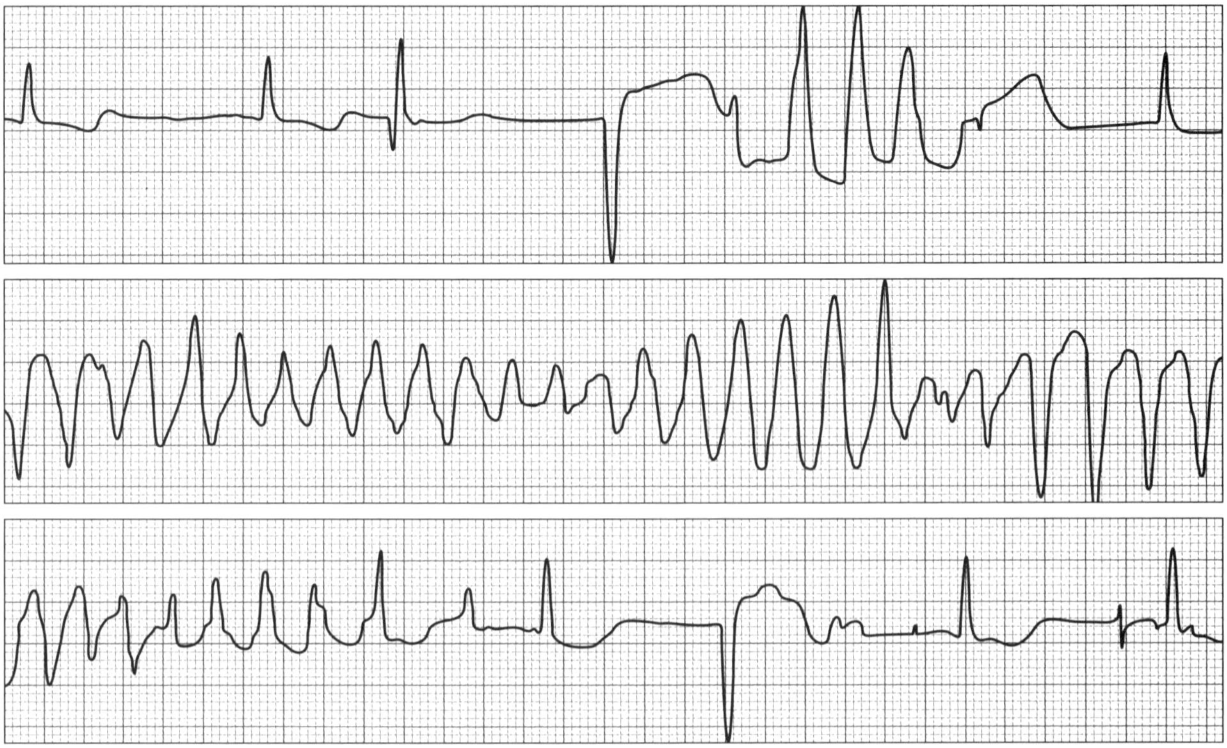

Critères électrocardiographiques ____________________

Interprétation ____________________

Tracé 8

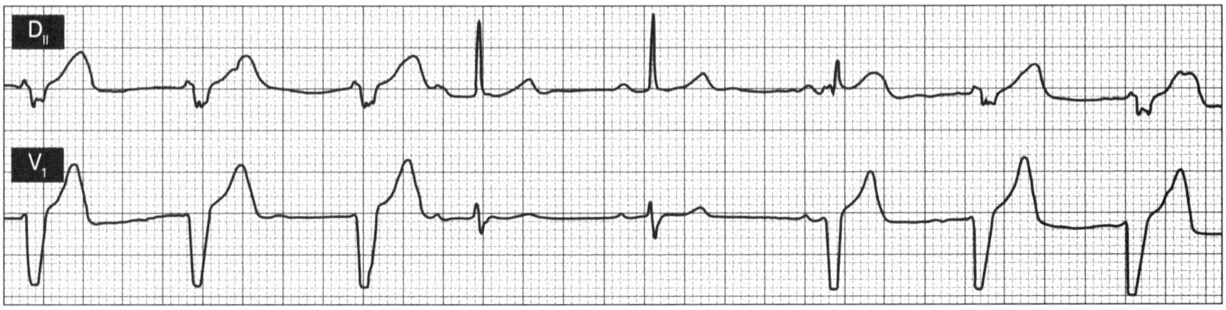

Critères électrocardiographiques ____________________

Interprétation ____________________

Tracé 9

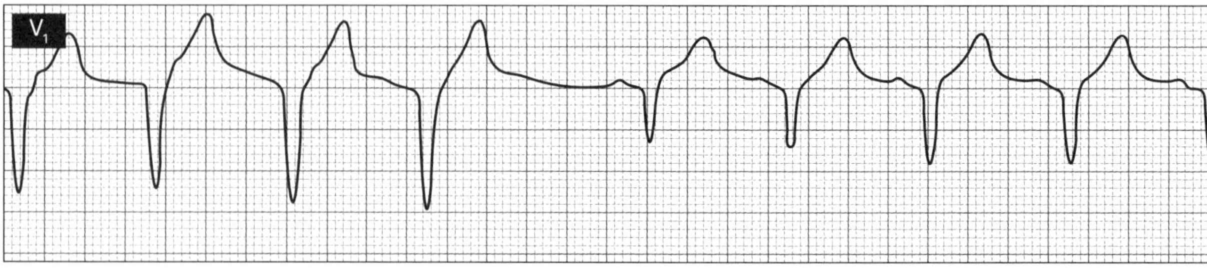

Critères électrocardiographiques ______________________________

____

Interprétation ______________________________

____

Tracé 10

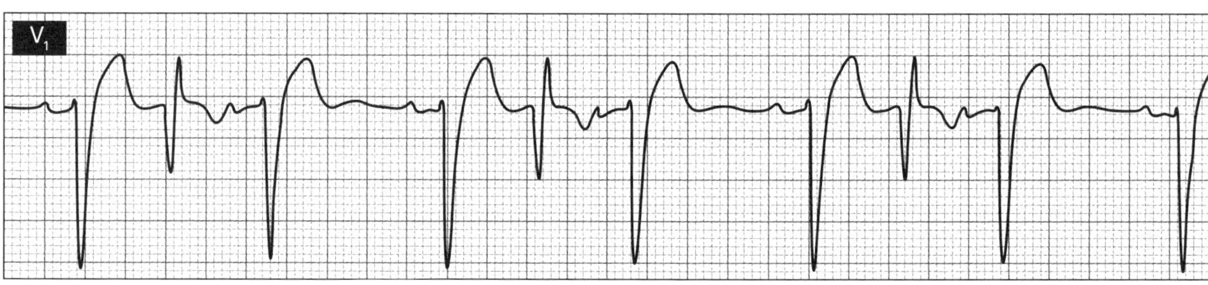

Critères électrocardiographiques ______________________________

____

Interprétation ______________________________

____

Tracé 11

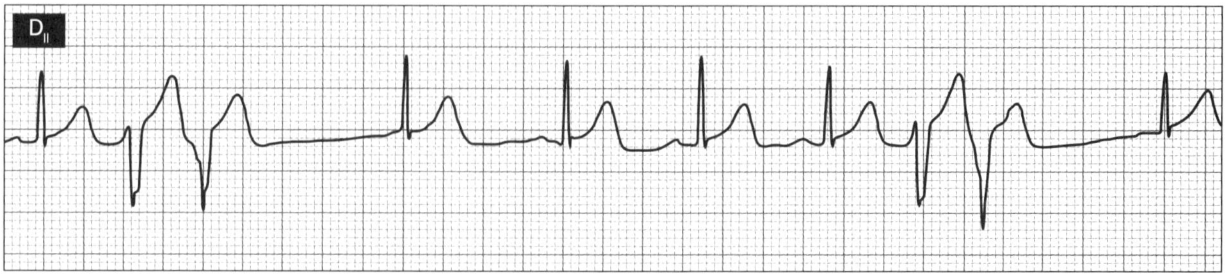

Critères électrocardiographiques ______________________________

____

Interprétation ______________________________

____

Tracé 12 (enregistrement continu)

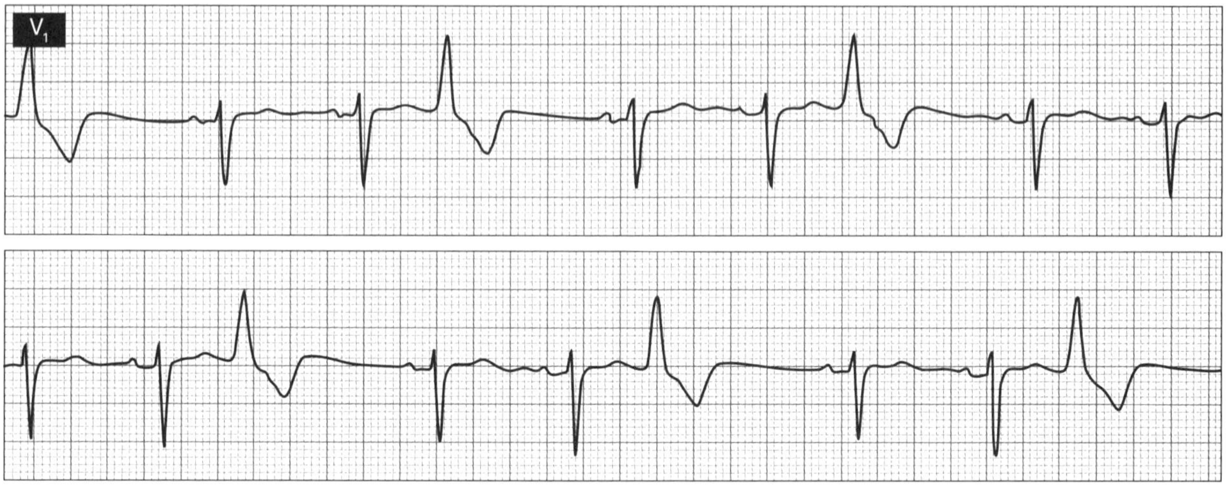

Critères électrocardiographiques ______________________________

____

Interprétation ______________________________

____

Tracé 13

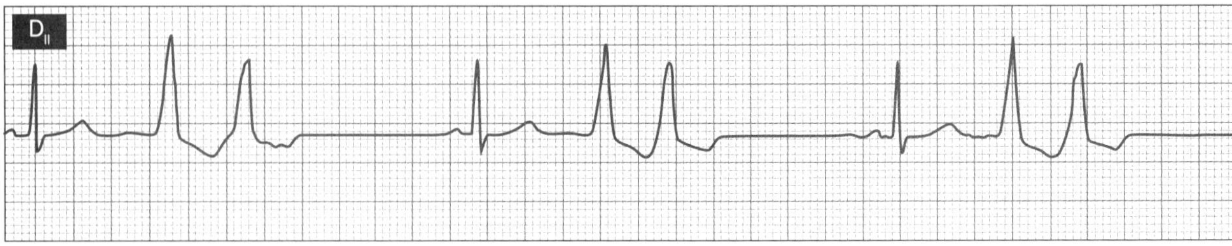

Critères électrocardiographiques ______________________________

____

Interprétation ______________________________

____

Tracé 14

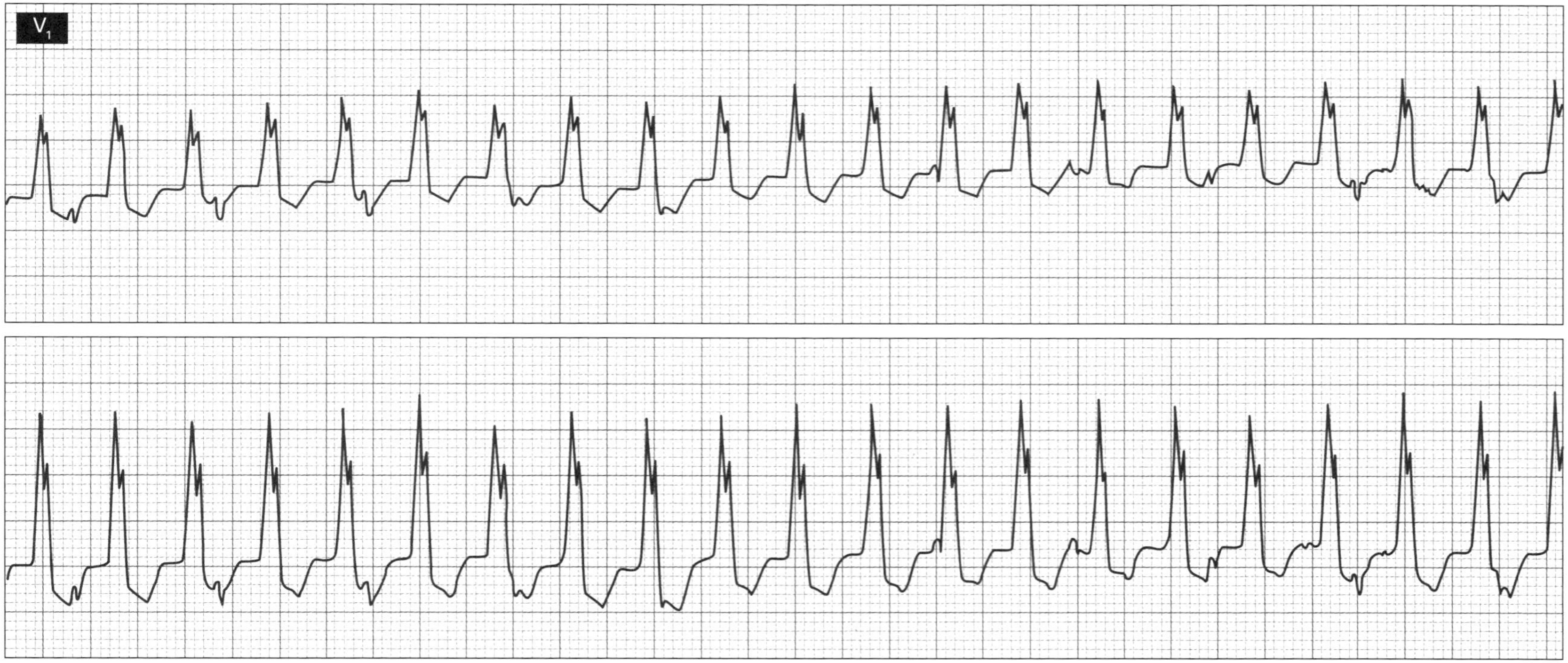

Critères électrocardiographiques ____________________

____

Interprétation ____________________

____

Tracé 15

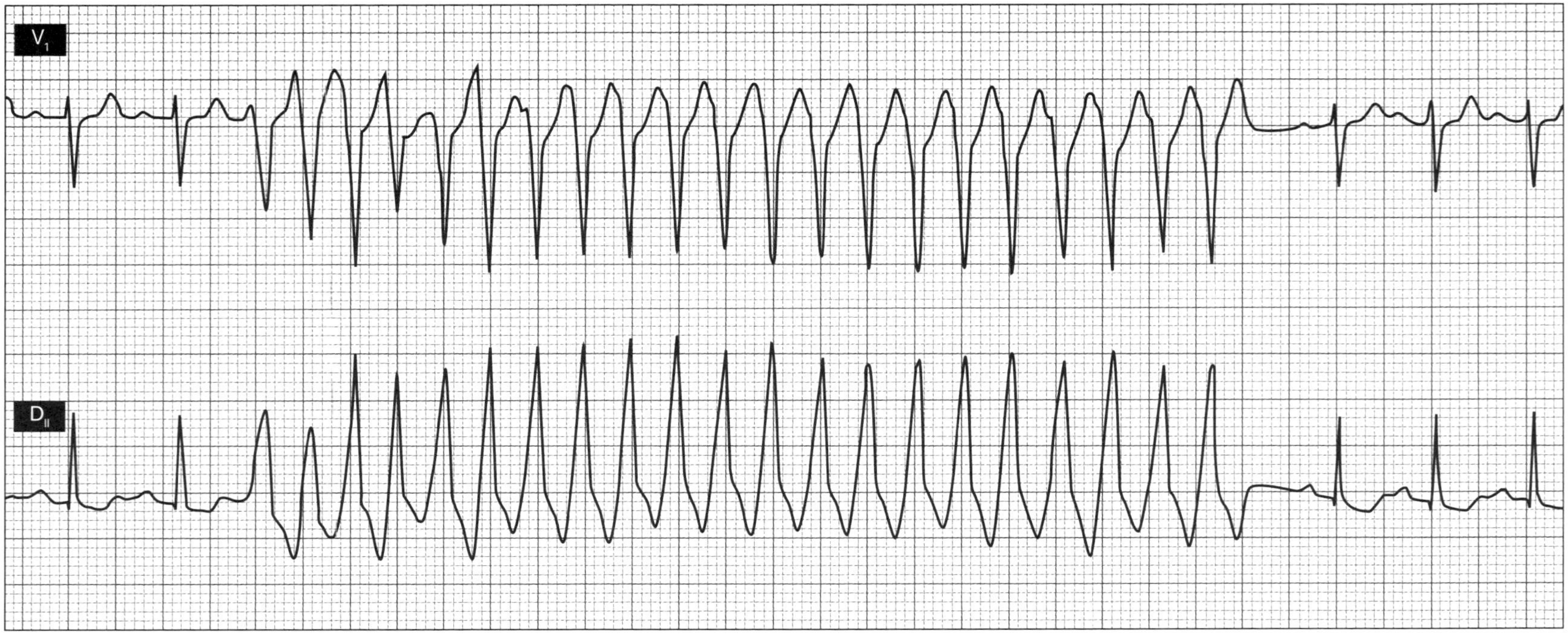

Critères électrocardiographiques ______________________________

____

Interprétation ______________________________

____

Tracé 16 (enregistrement continu)

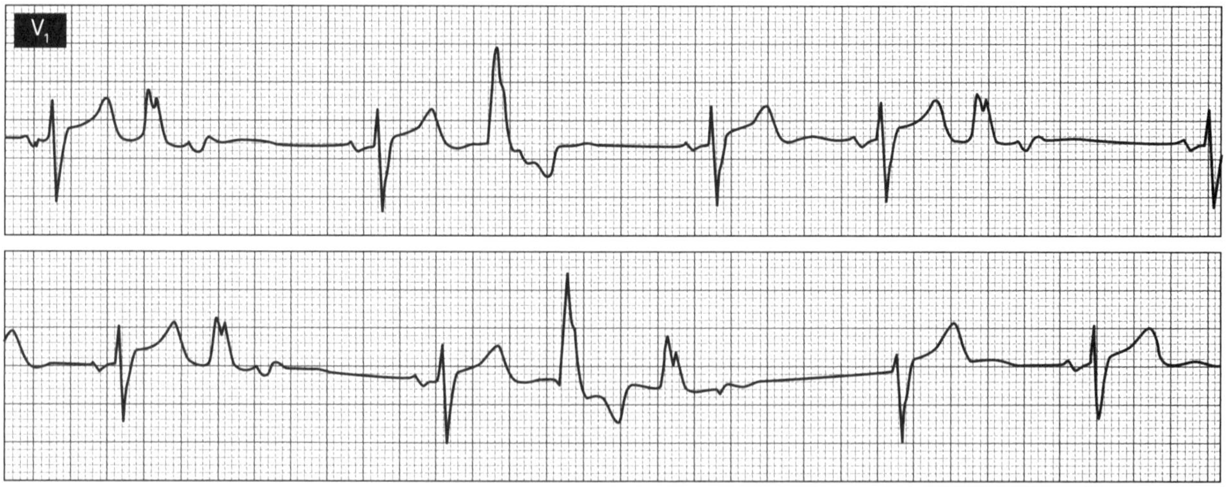

Critères électrocardiographiques ____

____

Interprétation ____

____

Tracé 17

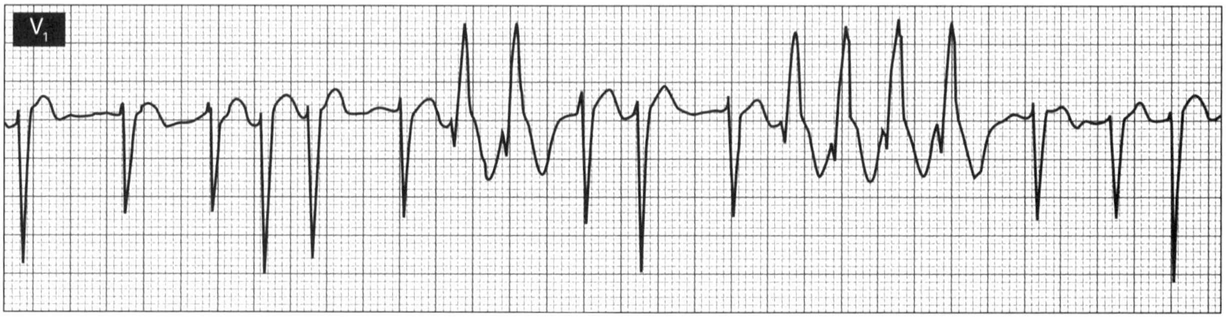

Critères électrocardiographiques ____

____

Interprétation ____

____

Tracé 18 (enregistrement continu)

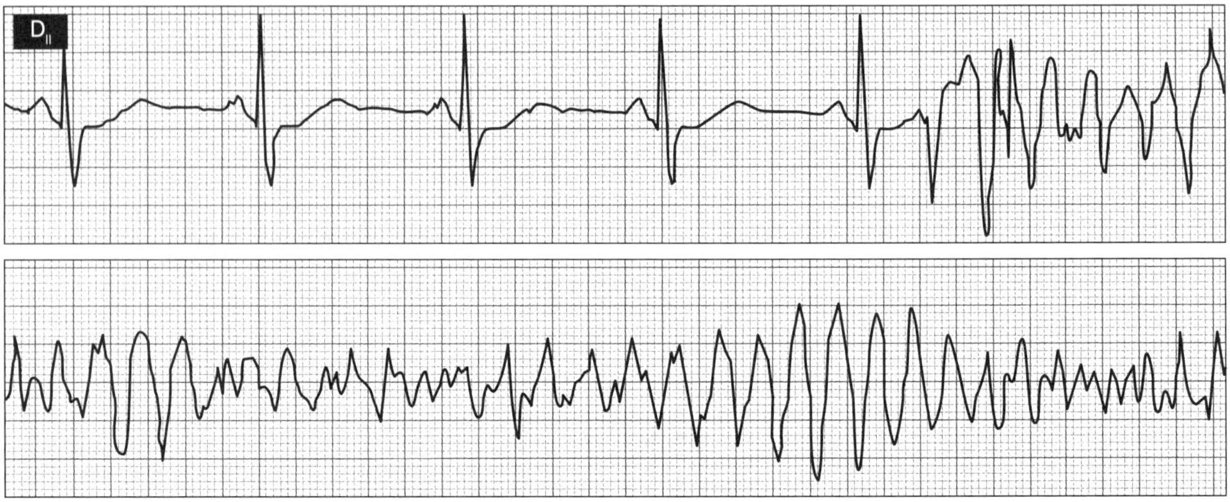

Critères électrocardiographiques ______________________________

____

Interprétation ______________________________

____

Tracé 19

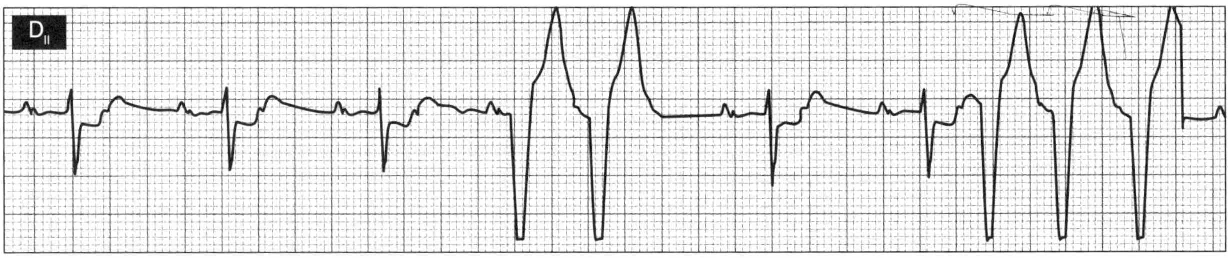

Critères électrocardiographiques ______________________________

____

Interprétation ______________________________

____

Pour les tachycardies à QRS larges des électrocardiogrammes 20a et 20b, préciser les critères de reconnaissance de la tachycardie ventriculaire. Se référer à la section 9.3.4.

Tracé 20a

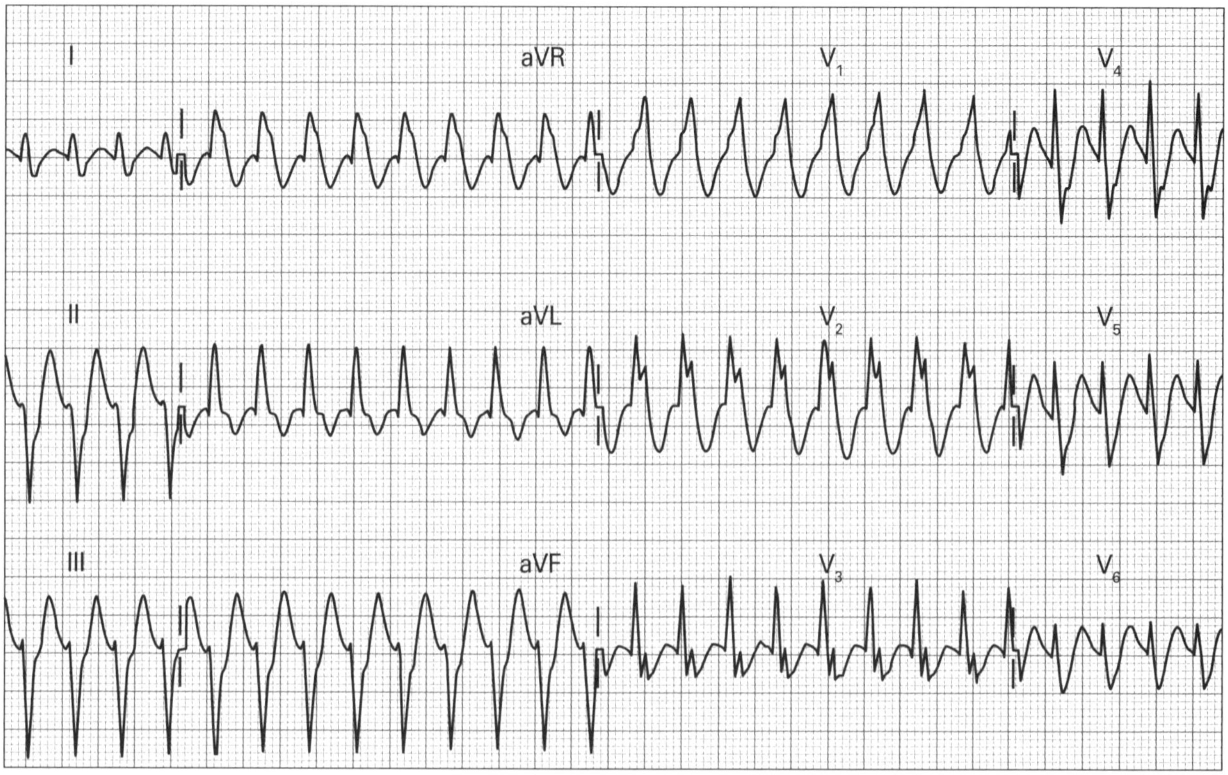

Critères ____

____

Tracé 20b

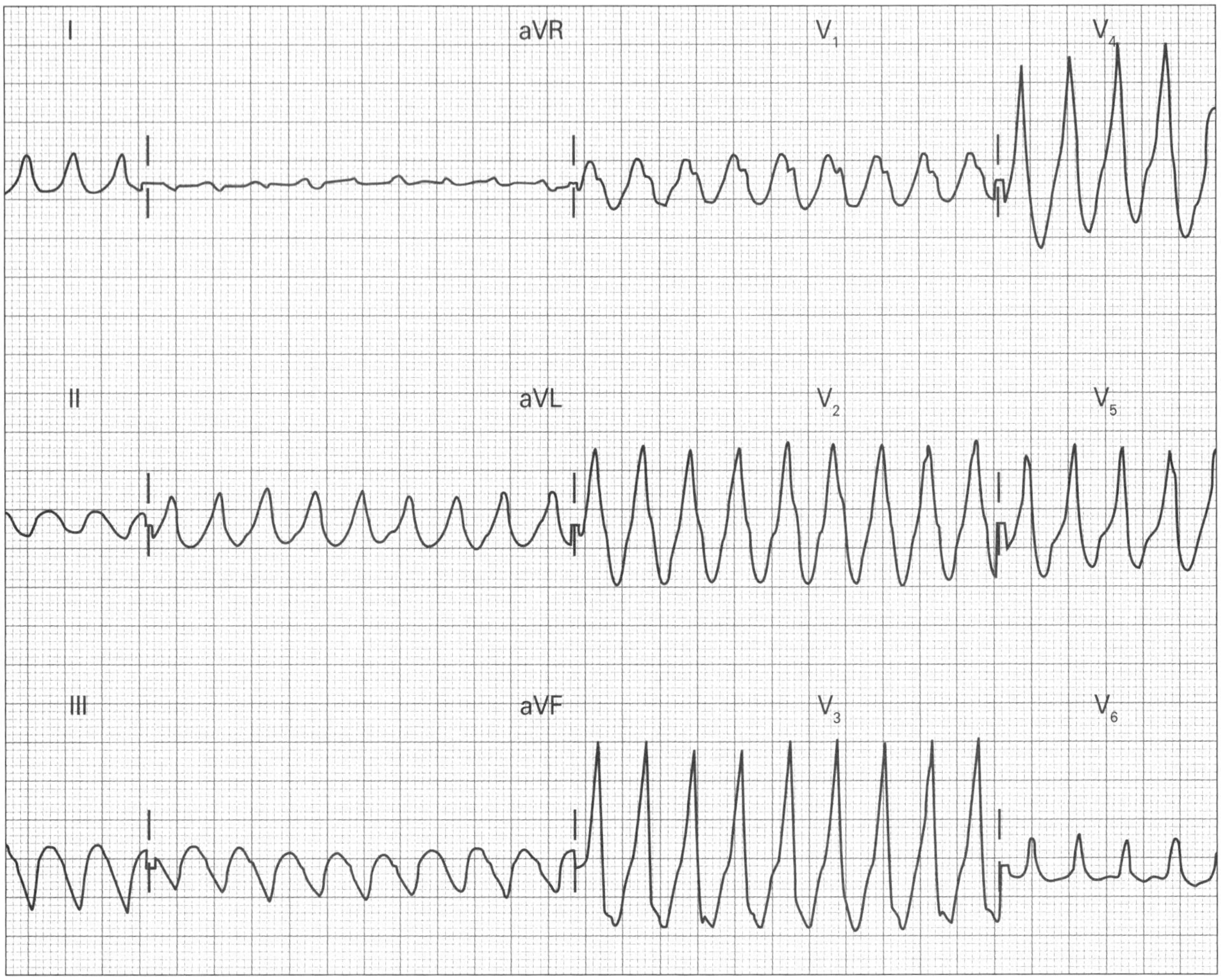

Critères ____

____

Corrigé des exercices de la section 9.1

1. Rythme sinusal. Bloc complet de la branche gauche. ESV monomorphes bigéminées.
2. Rythme sinusal à 80 batt./min. Bloc complet de la branche droite. Salve d'ESV polymorphes.
3. Rythme sinusal à 66 batt./min. ESV monomorphes interpolées trigéminées.
4. Tachycardie sinusale à 110 batt./min. ESV nombreuses et polymorphes, dont une salve. Les 3e et 5e complexes sont des ESV télédiastoliques.
5. Bradycardie sinusale à 50 batt./min. Bloc complet de la branche droite. Deux ESV monomorphes avec conduction rétrograde.
6. Bande supérieure : tachycardie sinusale à 120 batt./min. Deux salves d'ESV polymorphes. Bande inférieure : tachycardie sinusale à 120 batt./min. ESV télédiastoliques polymorphes trigéminées.
7. Fibrillation auriculaire avec réponse ventriculaire de 100 à 180 batt./min. Complexes CVA intermittents probables (valider les critères de présomption, tableau 9.1).
8. Rythme sinusal à 72 batt./min. ESV monomorphes interpolées trigéminées.
9. Rythme sinusal à 72 batt./min. Trois ESV monomorphes avec conduction rétrograde. Une extrasystole auriculaire.
10. Rythme sinusal à 72 batt./min. Couplet d'ESV monomorphes suivi d'un échappement jonctionnel.
11. Rythme sinusal. Couplets d'ESV bigéminés polymorphes.
12. Bradycardie sinusale à 52 batt./min. ESV monomorphes interpolées quadrigéminées.
13. Rythme sinusal à 100 batt./min. Trois salves d'ESV polymorphes, dont les deux dernières sont trigéminées.
14. Rythme sinusal à 85 batt./min. Bloc complet de la branche droite. ESV monomorphes quadrigéminées.
15. Fibrillation auriculaire avec réponse ventriculaire de 38 à 66 batt./min. Bloc complet de la branche gauche. Bloc AV de haut degré probable. Deux ESV monomorphes.

Corrigé de l'autoévaluation

PARTIE 1

1. D
2. C
3. C
4. B
5. D
6. D
7. B
8. 4e complexe
9. Vrai
10. Faux
11. Vrai
12. Vrai
13. Vrai
14. Faux
15. E
16. D
17. B
18. C
19. A
20. G
21. I
22. B
23. E
24. D

PARTIE 2

1. Rythme sinusal à 90 batt./min. BAV du 1er degré. Bloc complet de la branche gauche. ESV monomorphes bigéminées télédiastoliques.
2. Tachycardie ventriculaire > à 180 batt./min. Deux captures ventriculaires.
3. Rythme idioventriculaire accéléré (RIVA) à 85 batt./min.
4. Rythme sinusal à 66 batt./min. Syndrome de Brugada.

5. Tachycardie sinusale à 150 batt./min. ESV monomorphes télédiastoliques trigéminées. Complexe de fusion (9e complexe), puis tachycardie ventriculaire monomorphe. Aspect retard droit supérieur à 210 batt./min.

6. Tachycardie sinusale à 130 batt./min. Deux salves d'ESV monomorphes. TV monomorphe paroxystique. Aspect retard droit à 180 batt./min.

7. Rythme sinusal à 43 batt./min. ESV nombreuses, polymorphes. Une salve. Épisode de torsade de pointes supérieur à 240 batt./min. Échappements jonctionnels et ventriculaires.

8. Bradycardie sinusale à 69 batt./min alternant avec un RIVA à 72 batt./min. Le 6e complexe en D_{II} est une fusion.

9. Rythme sinusal à 85 batt./min. RIVA à 95 batt./min.

10. Rythme sinusal à 66 batt./min. Bloc complet de la branche gauche. ESV monomorphes interpolées trigéminées.

11. Rythme sinusal à 85 batt./min. Deux couplets d'ESV polymorphes, suivis chacun d'un échappement jonctionnel.

12. Rythme sinusal à 85 batt./min. ESV avec conduction rétrograde, monomorphes et trigéminées.

13. Rythme sinusal avec couplets d'ESV bigéminées polymorphes.

14. Tachycardie ventriculaire monomorphe avec aspect retard droit à 150 batt./min. Critères: dissociation AV évidente en V_1 et $R > r'$.

15. Tachycardie sinusale à 110 batt./min. Bloc AV du 1er degré. Tachycardie ventriculaire paroxystique polymorphe avec aspect retard gauche de 210 à 240 batt./min.

16. Rythme sinusal à 66 batt./min. Bloc complet de la branche gauche. ESV avec conduction rétrograde, polymorphes, bigéminées et trigéminées faisant suite au couplet d'ESV. Un échappement jonctionnel.

17. Fibrillation auriculaire avec réponse ventriculaire de 115 à 270 batt./min. Conduction ventriculaire intermittente.

18. Bradycardie sinusale à 54 batt./min. Fibrillation ventriculaire déclenchée par une ESV avec phénomène R/T.

19. Tachycardie sinusale à 140 batt./min. Bloc AV du 2e degré avec conduction 2:1. Couplet et salve d'ESV monomorphes.

20a.

- ECG: TV monomorphe avec aspect retard droit à 240 batt./min.
- Onde R dominante et positive en aVR.
- V_1 Aspect retard droit.

20b.

- ECG: TV monomorphe avec aspect retard droit à 240 batt./min.

Approche Brugada: TV à 240 batt./min.

- 1re étape: absence de la morphologie RS dans les dérivations précordiales.
- 4e étape: concordance positive des complexes QRS de V_1 à V_6.
- Critères morphologiques en V_1 et V_2:
  - V_1: aspect bloc de branche droit ou retard droit $R > r'$ en V_1.

MODULE B

Activité d'intégration
Exercices d'interprétation et cas cliniques

OBJECTIFS

- Instaurer une démarche d'interprétation.
- Réviser les concepts les plus pertinents en ce qui a trait à l'interprétation des tracés d'arythmies cardiaques.
- Établir les corrélations électrophysiologiques, cliniques et électrocardiographiques grâce à des cas cliniques.
- Valider les réponses avec le corrigé.

Préambule

Le tracé électrocardiographique prend toute sa signification dans un contexte clinique. Les cas cliniques sélectionnés dans ce module reflètent cette approche. Ils ont été retenus pour leur pertinence clinique, leur fréquence d'apparition et les objectifs pédagogiques poursuivis.

Ce module propose une démarche d'interprétation susceptible d'accroître la réussite des exercices suggérés de même qu'un index des cas cliniques afin de repérer rapidement une arythmie spécifique. Ce module se divise en deux parties : la première consiste en l'interprétation de 12 tracés de révision générale, et la seconde propose 45 cas cliniques avec tracés intégrés à interpréter.

Un tableau synoptique a été conçu pour repérer ou valider l'ensemble des arythmies présentées dans ce volume. Ce tableau se trouve en annexe, à la fin du manuel, et en format PDF sur le site Web.

Démarche d'interprétation

Première étape

- Calculer le rythme de base et la fréquence.

  Exemples :
  - Rythme sinusal < 66 batt./min.
  - Fibrillation auriculaire avec réponse ventriculaire de 56 à 90 batt./min.
  - Tachycardie ventriculaire à 180 batt./min.

Deuxième étape

- Calculer les intervalles PR, QRS et QT ou QTU, s'il y a lieu.

Troisième étape

- Rechercher les anomalies : blocs AV, échappements, ESA, ESV, pauses, etc.

Quatrième étape

- Détecter la présence d'ondes P bloquées : appliquer la théorie des « P bloquées ».

Cinquième étape : interprétation

- Indiquer le rythme, la fréquence et l'anomalie.

  Exemples :
  - Bradycardie sinusale à 52 batt./min. Bloc AV du 1er degré.
  - Fibrillation auriculaire avec réponse ventriculaire de 60 à 120 batt./min. Bloc complet de la branche droite. ESV nombreuses et polymorphes.
  - Rythme sinusal à 72 batt./min. Bloc AV complet sur REJ à 52 batt./min.

Les fréquences cardiaques sont calculées au compas selon la « méthode des 300 ».

PARTIE 1

EXERCICES D'INTERPRÉTATION

Tracé 1 **Enregistrement simultané en V_2 et V_5**

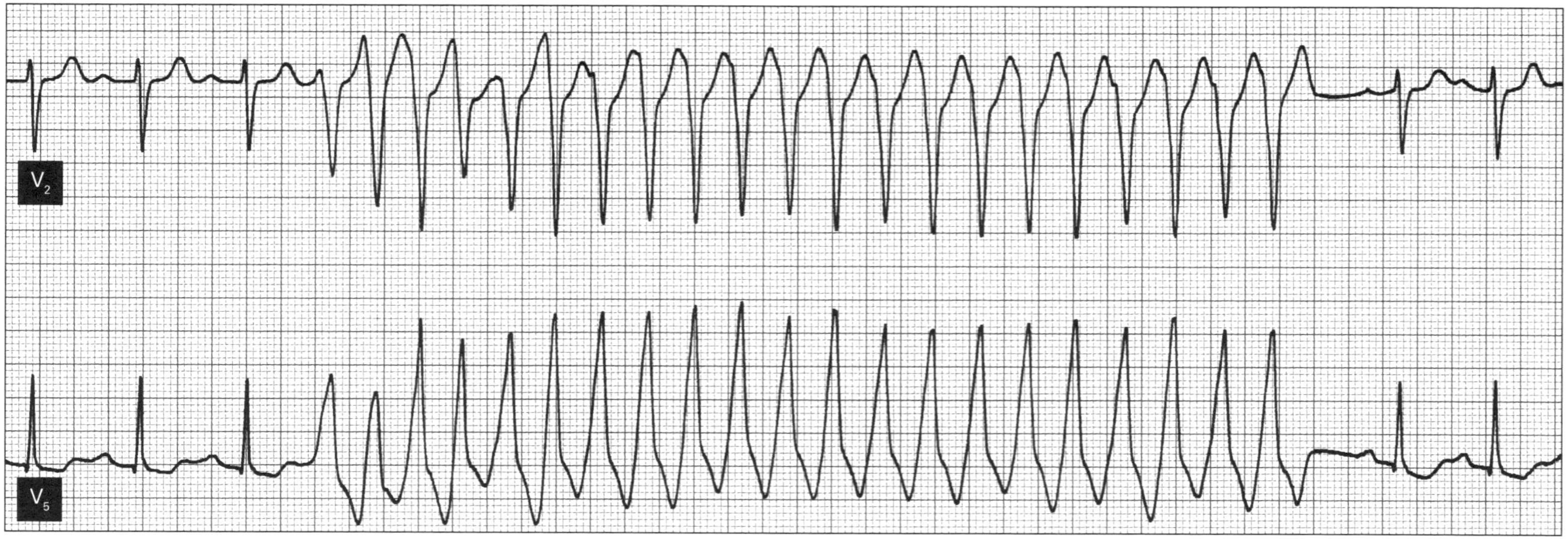

Interprétation ______________________________

____

Tracé 2

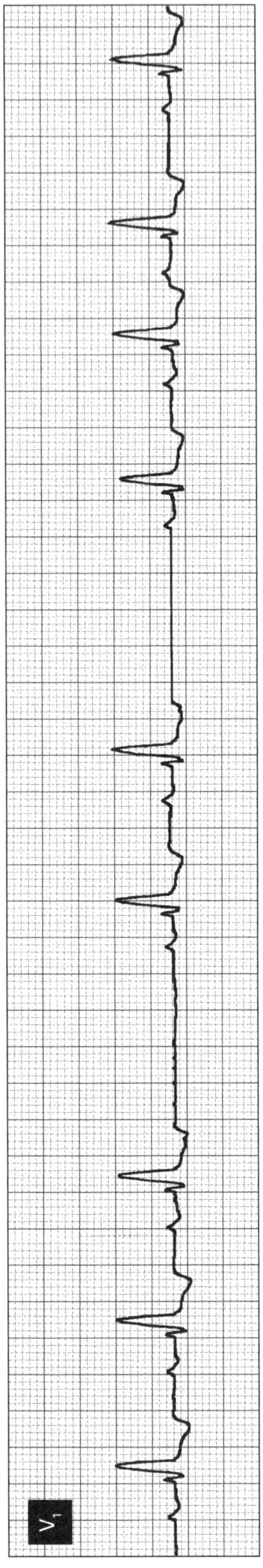

Interprétation ______________________

Tracé 3

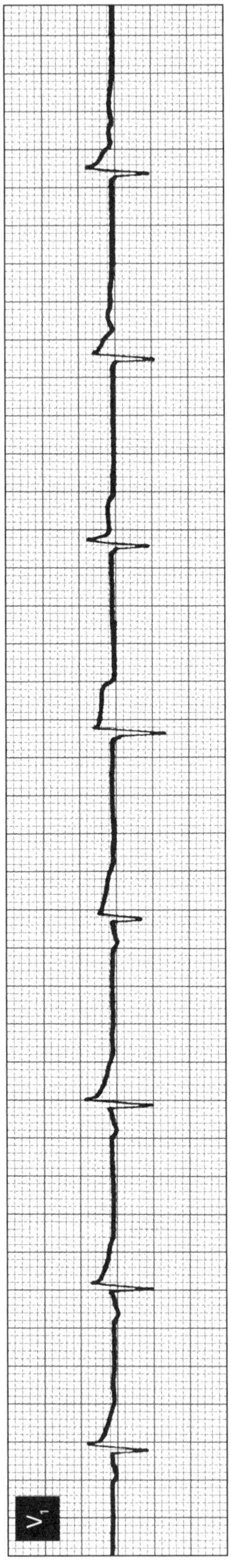

Interprétation ______________________

Tracé 4

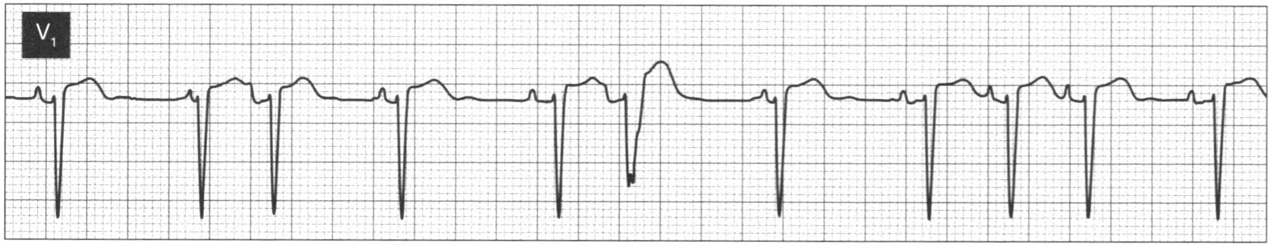

Interprétation ______________________________

____

Tracé 5

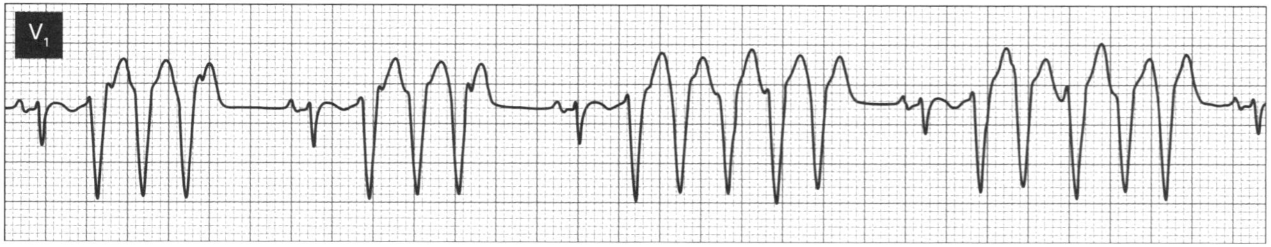

Interprétation ______________________________

____

Tracé 6

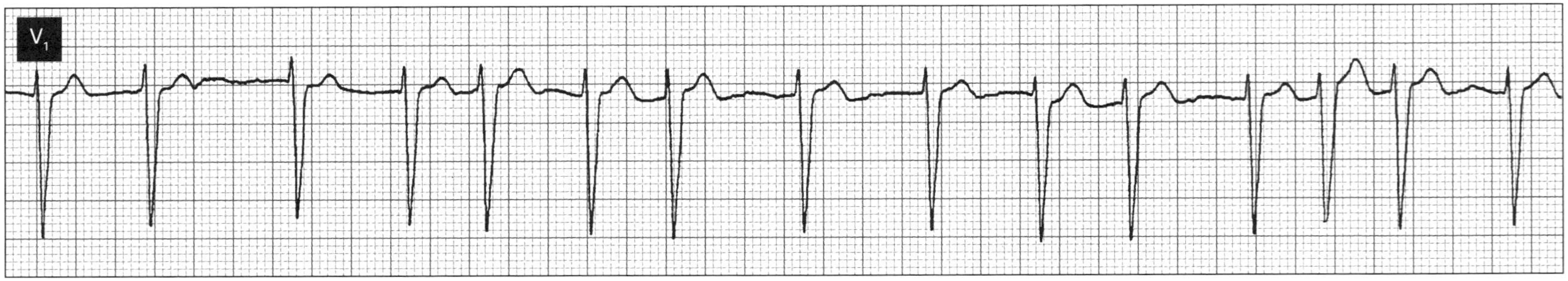

Interprétation ____________________

____

Tracé 7

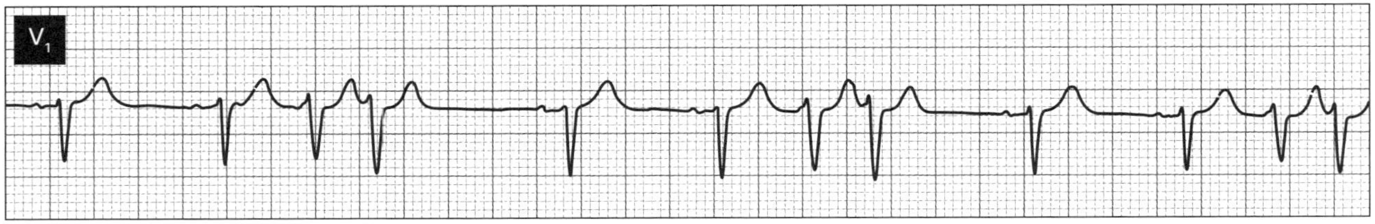

Interprétation ____________________

____

Tracé 8

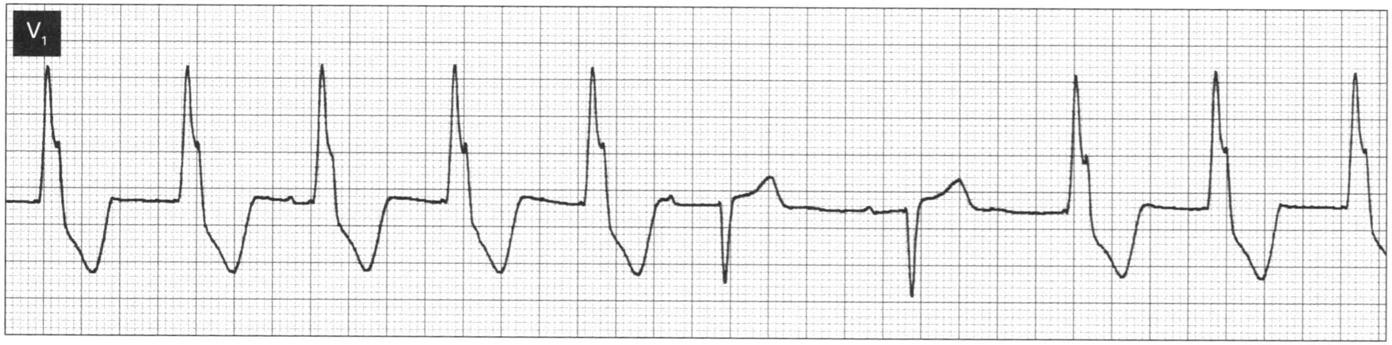

Interprétation ______

Tracé 9

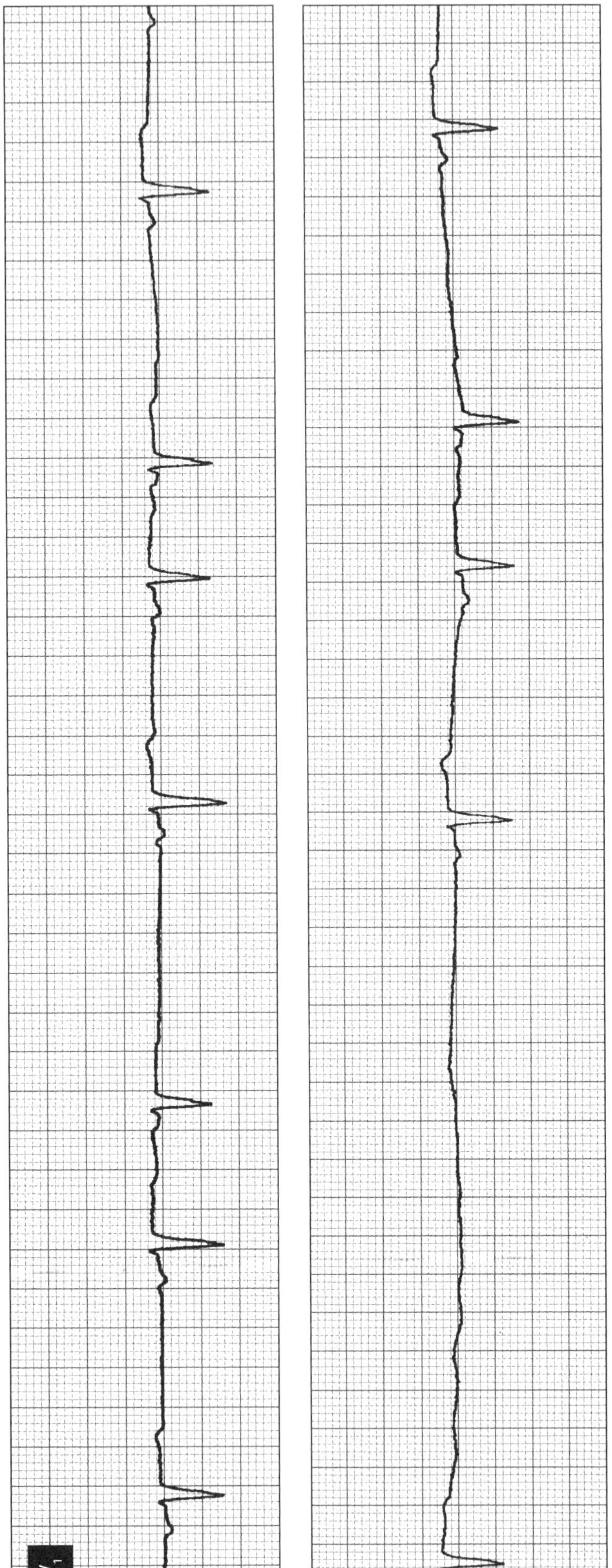

Interprétation ____

____

Tracé 10 Enregistrement simultané en V_1 et D_{II}

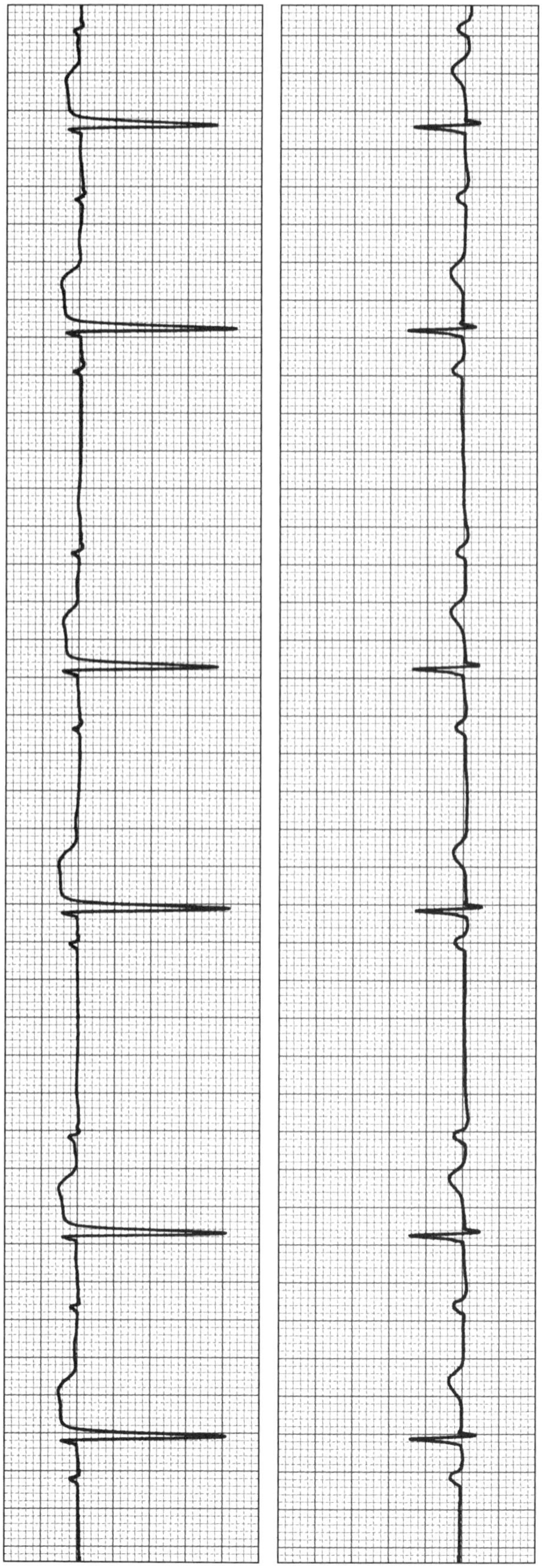

Interprétation ____________________

Tracé 11 **Enregistrement simultané en V_1 et D_{II}**

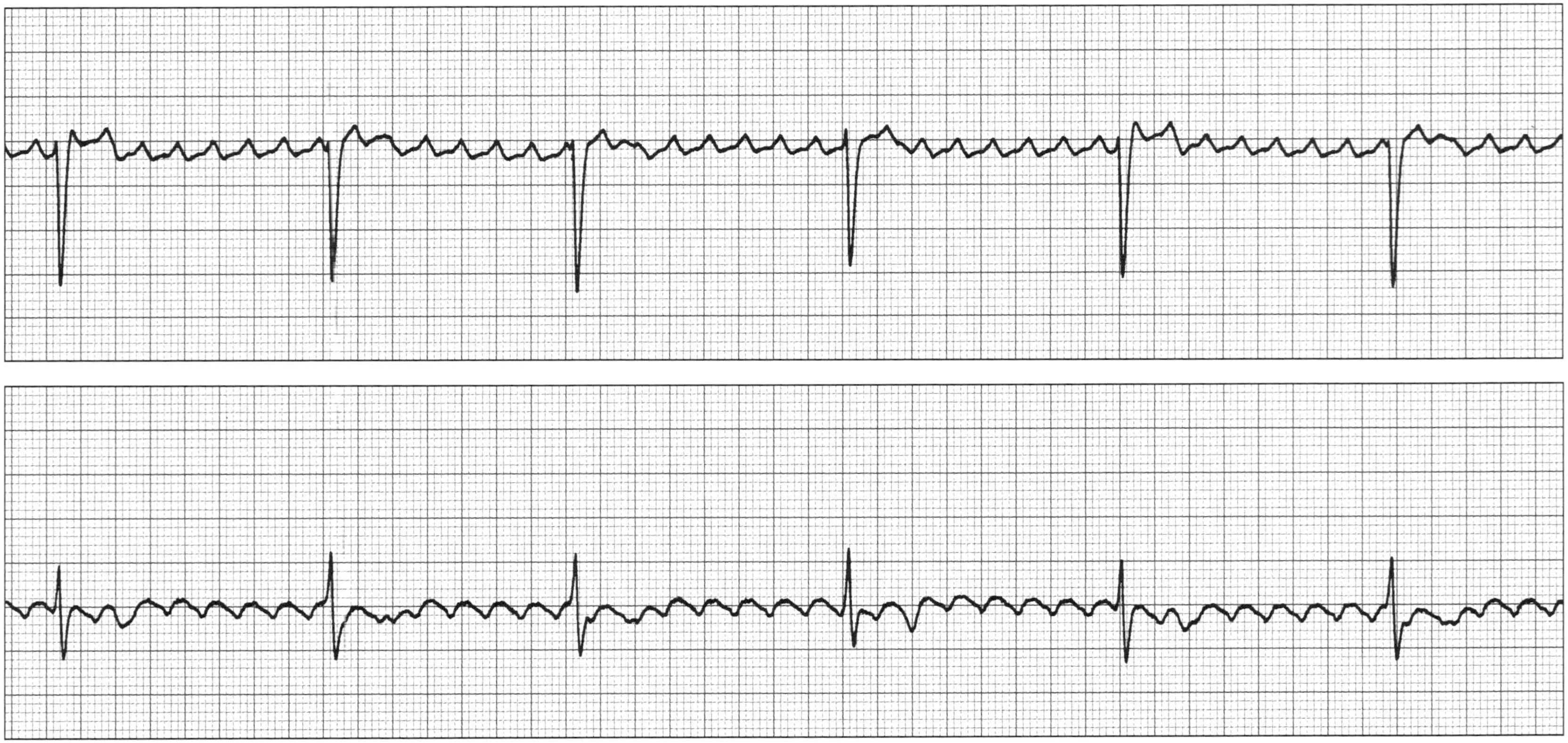

Interprétation ____

____

Tracé 12

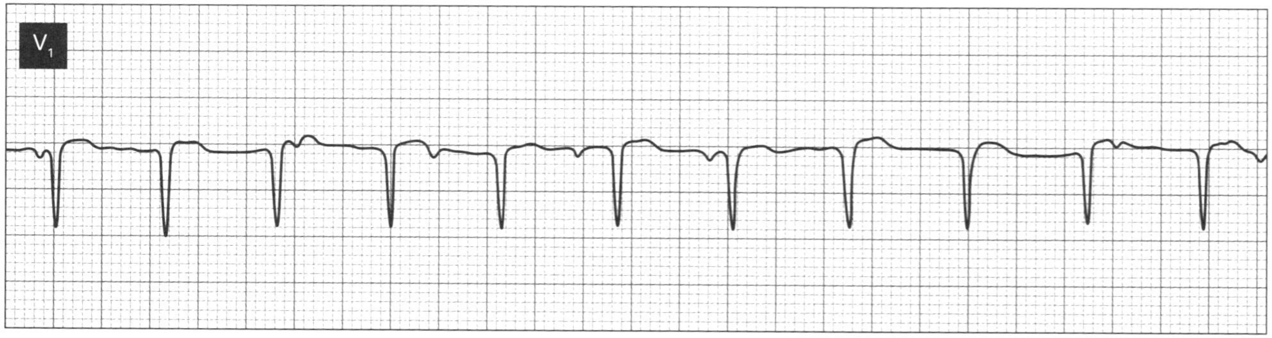

Interprétation ______________________________

____

PARTIE 2

EXERCICES D'INTERPRÉTATION À PARTIR DE CAS CLINIQUES

Cas clinique 1

Une dame âgée de 68 ans est suivie par son médecin pour fatigue et dyspnée. Ses signes vitaux sont normaux, à l'exception d'un pouls lent et irrégulier.

Dérivation D_{II}

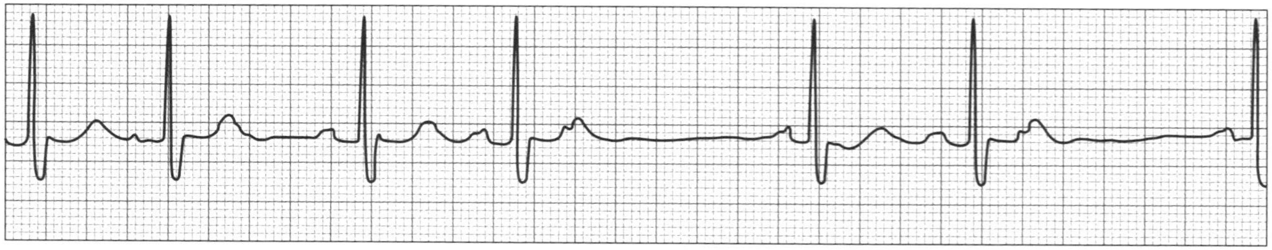

Interprétation ______________________________

____

Cas clinique 2

Un homme âgé de 47 ans est dirigé en hémodynamie pour un syndrome coronarien aigu (syndrome de menace) à la suite de l'échec d'une thrombolyse. Sa coronaire droite est oblitérée à 100 %, et son artère circonflexe, à 80 %. Des endoprothèses ont été mises en place avec succès. Le tracé ci-dessous a été enregistré en cours d'intervention.

Enregistrement simultané en D_I, D_{II} et V_1

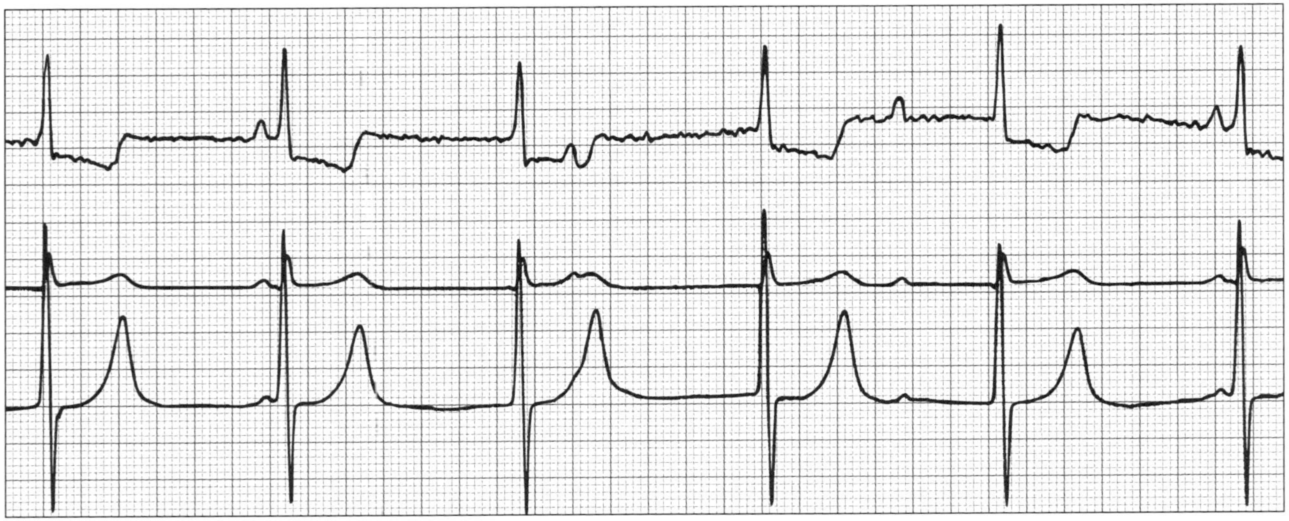

Interprétation ______________________________

____

Cas clinique 3

Un homme âgé de 57 ans souffre de douleurs épigastriques sous forme de « coups de couteau » et présente une diaphorèse. P.A. : 148/70 mm Hg. F.C. : 100 batt./min. Antécédents : communication interventriculaire congénitale et cholécystectomie.

Enregistrement continu en D_{II}

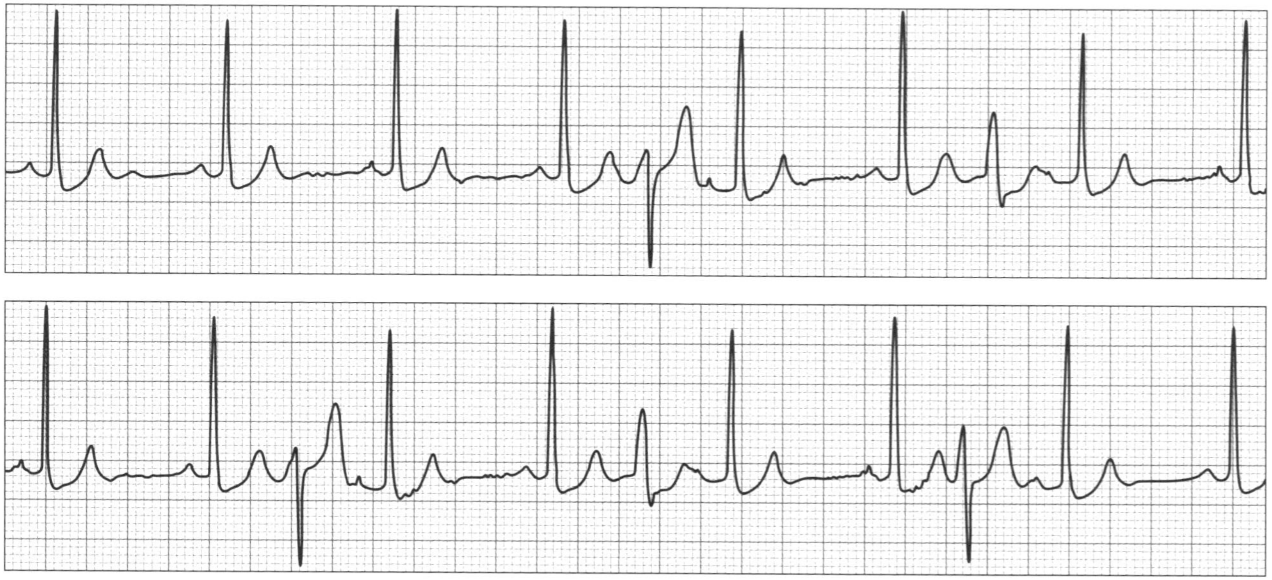

Interprétation ______________________________

____

Cas clinique 4

Le tracé ci-dessous est celui d'un homme âgé de 58 ans sous surveillance de télémétrie à l'étage de cardiologie. Le client est dyspnéique et orthopnéique. Il a un antécédent de chirurgie cardiaque pour quintuple pontage.

Enregistrement continu

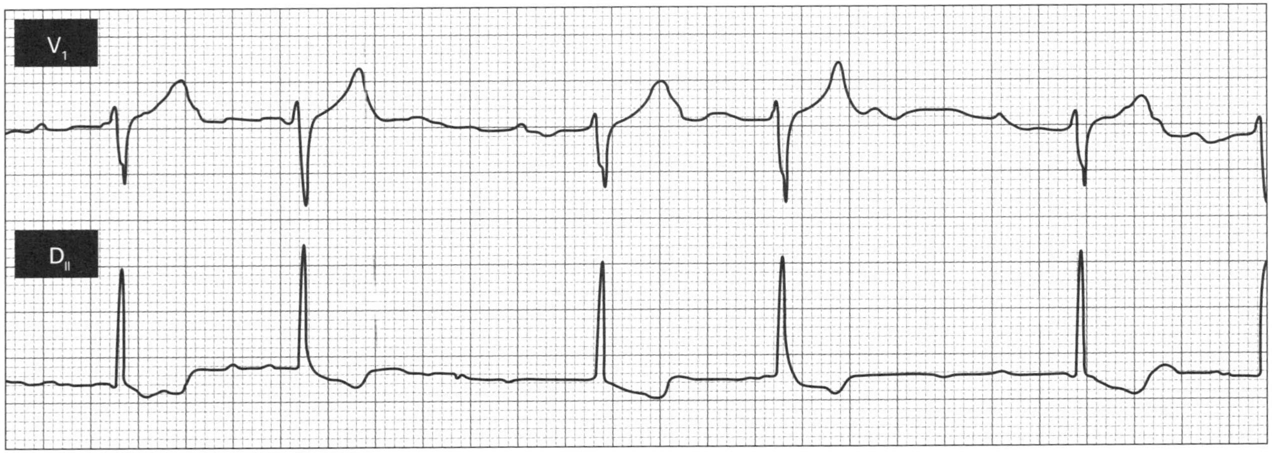

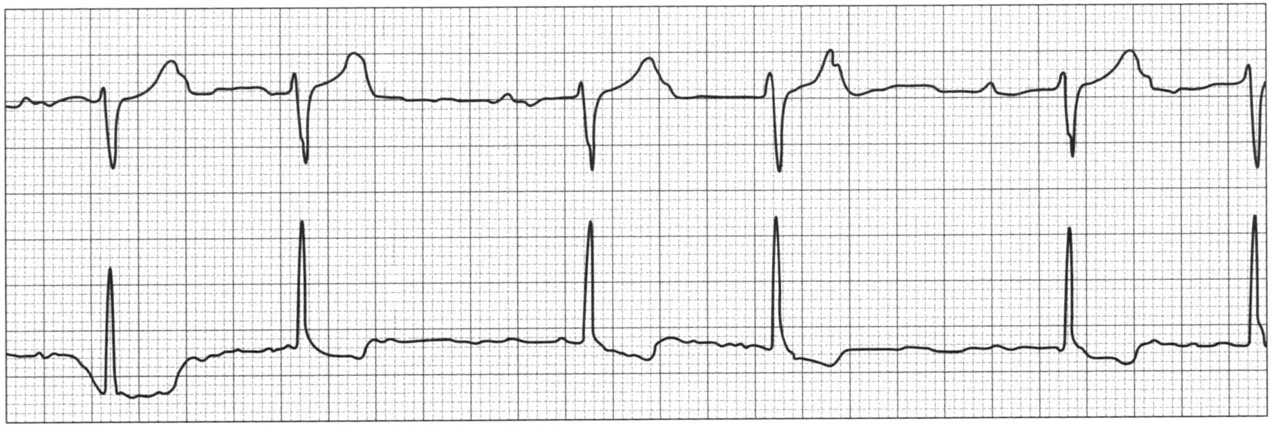

Interprétation ______________________________

____

Cas clinique 5

Un homme âgé de 79 ans est admis à l'hôpital pour une douleur rétrosternale (DRS). Il présente un infarctus sans onde Q documentée (DRS et troponine positive). Un protocole de thrombolyse est en cours. Voici trois enregistrements au cours de la phase aiguë.

Tracé A **Enregistrement simultané en D_{II} et V_1**

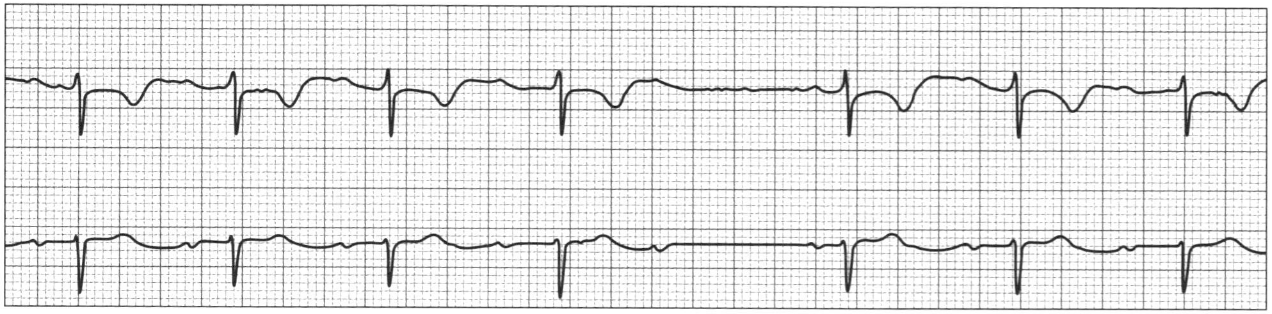

Interprétation ____________________

____

Tracé B **Enregistrement simultané en D_{II} et V_1**

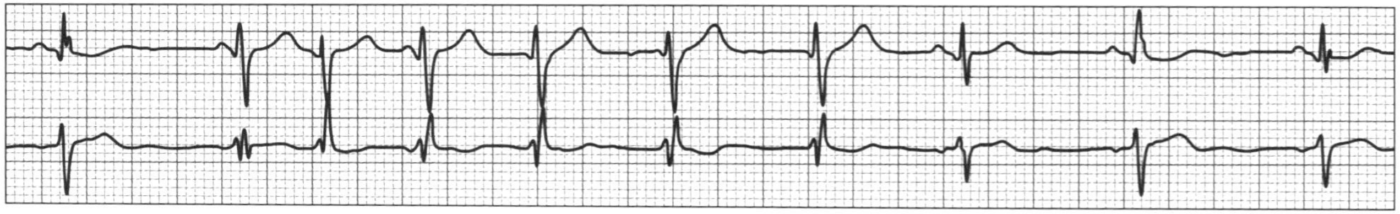

Interprétation ____________________

____

Tracé C **Enregistrement simultané en D_{II} et V_1**

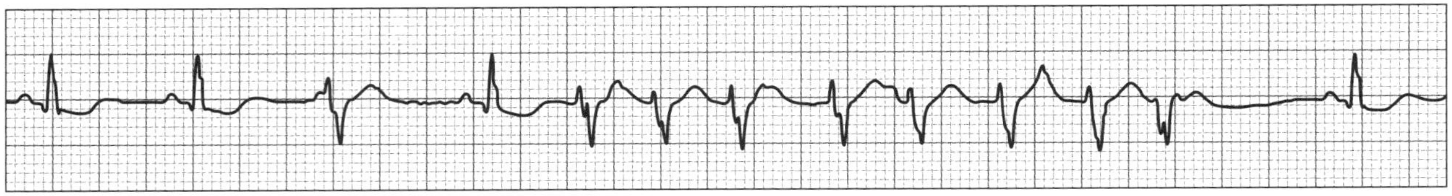

Interprétation ______________________________

____

Cas clinique 6

Un homme âgé de 74 ans souffre d'une douleur interscapulaire sous forme de «coup de poignard» avec irradiation épigastrique d'intensité 6 sur 10 selon l'échelle de douleur. Voici ses signes vitaux: P.A.: 163/89 mm Hg; F.C.: 60 batt./min. Le client n'a aucun antécédent cardiaque.

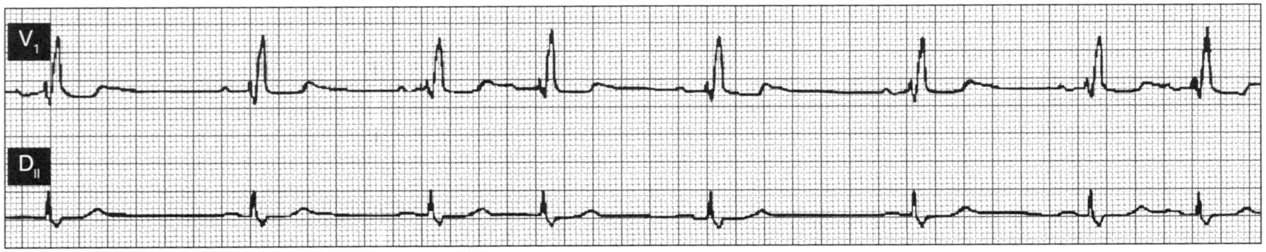

Interprétation ______________________________

____

Cas clinique 7

Une dame âgée de 89 ans est transportée au Service des urgences pour tachycardie. À son admission à l'hôpital, on lui fait un ECG, et ce dernier indique un flutter auriculaire à 280 batt./min avec conduction 2:1. La cliente présente un bilan électrolytique normal, et une pneumonie est en évolution. La dame, assise au fauteuil et asymptomatique, prend de l'amiodarone *per os* depuis quelques jours. Elle présente l'arythmie suivante.

Dérivation D_{II}

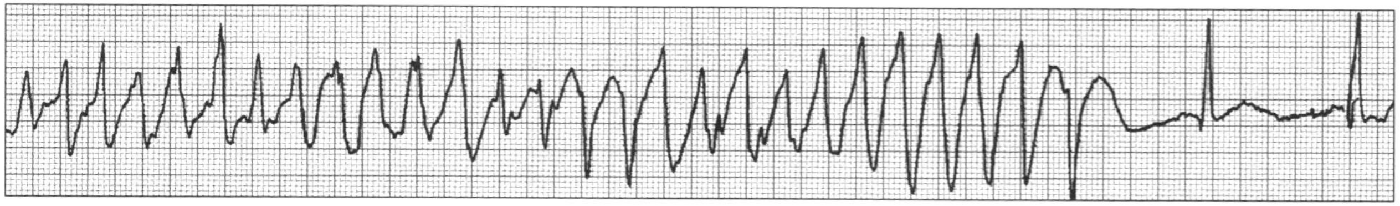

Interprétation ______________________________

____

Cas clinique 8

Un homme âgé de 60 ans a composé le 911 pour une douleur thoracique d'intensité 7 sur 10 de nature angineuse et non soulagée par la nitroglycérine. Il est conscient. Les ambulanciers ont rapporté que sa F.C. est de 235 batt./min, et sa P.A. est de 84/60 mm Hg. Un bloc de branche gauche complet est bien documenté depuis quelques années. Un bolus et une perfusion d'amiodarone (Cordarone[MD]) ont été administrés sans succès. Une cardioversion (choc synchronisé) à 100 J a dégénéré en fibrillation ventriculaire. Une défibrillation (choc non synchronisé) à 200 J a restauré un rythme sinusal.

ECG d'admission

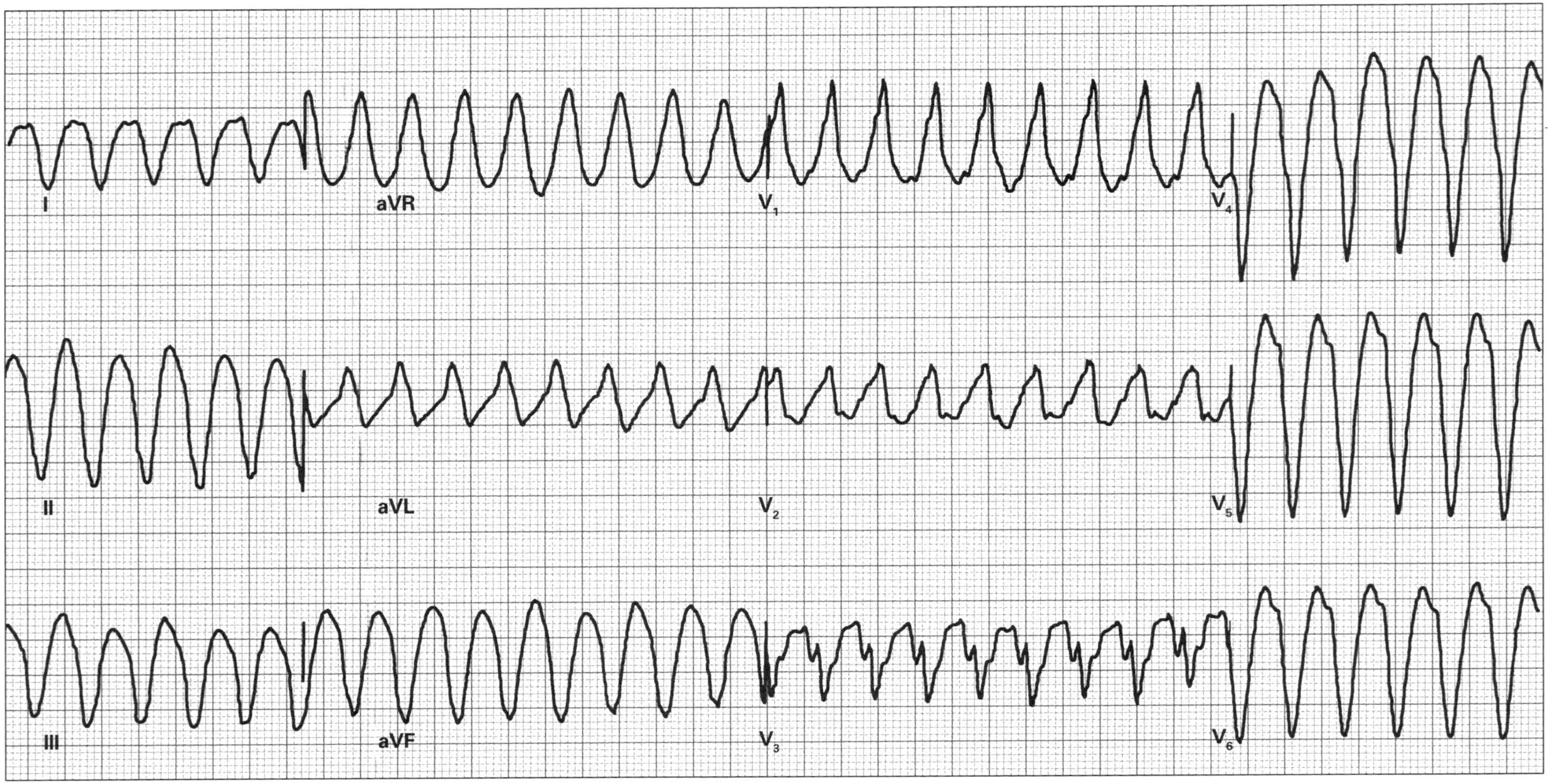

Interprétation ______________________________

____

Cas clinique 9

Le client est un bébé prématuré né à 30 semaines de gestation. À 36 semaines, il présente de façon occasionnelle des épisodes de tachycardie qui répondent efficacement au sotalol (*Sotalex*[MD]) administré deux fois par jour. À la suite d'un gavage, sa F.C. s'est accélérée à 220 batt./min, sa respiration est à 69 R/min et sa P.A. est à 75/59 mm Hg (tracé A). La manœuvre vagotonique (glace au visage) a échoué. L'effet thérapeutique s'est exercé à la suite de l'administration de 0,625 mg d'adénosine (tracé B).

Tracé A **Enregistrement continu en D_{II}**

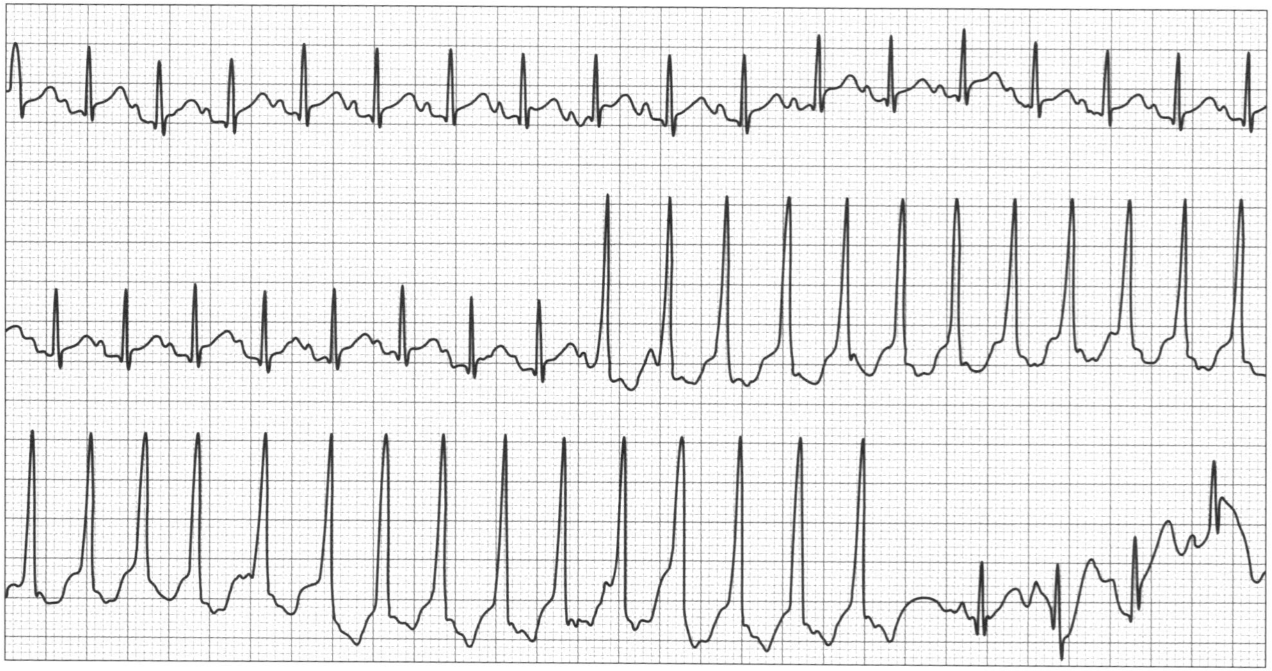

Interprétation ______________________________

____

Tracé B Enregistrement continu en D_{II}

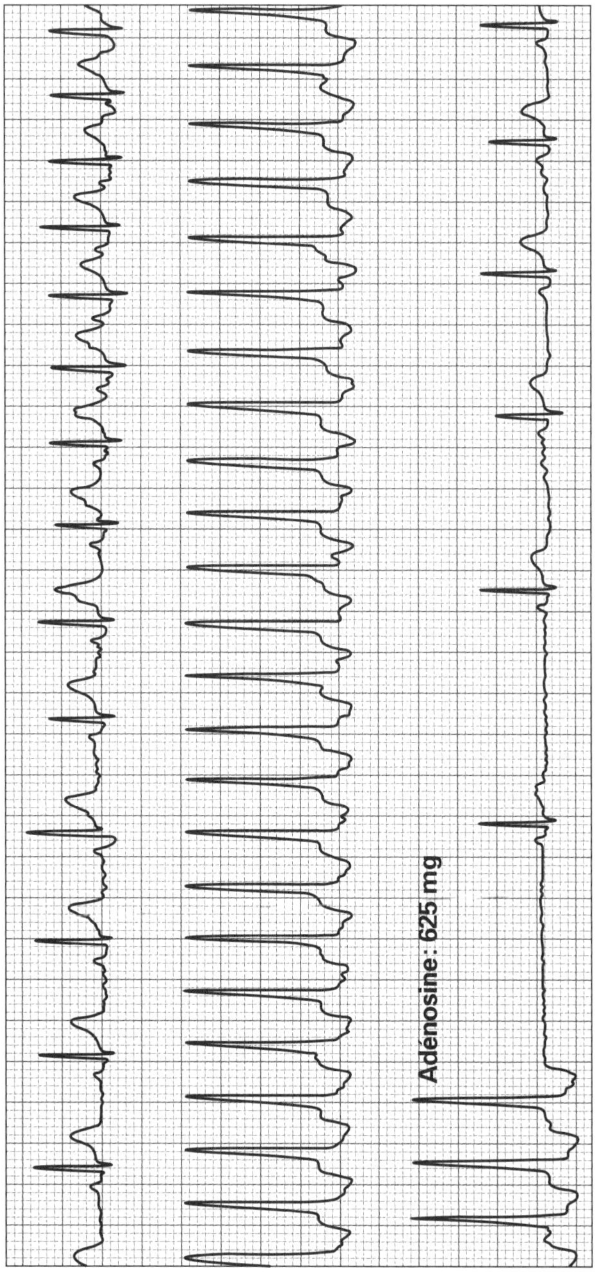

Interprétation ____

Cas clinique 10

Un homme âgé de 56 ans est admis au Service des urgences pour douleur rétrosternale. Il présente des antécédents d'hypertension artérielle et de diabète. Les bilans électrolytique et cardiaque sont anormaux. L'ECG confirme un infarctus postéro-inférieur en phase aiguë.

Tracé A **Dérivation V_1**

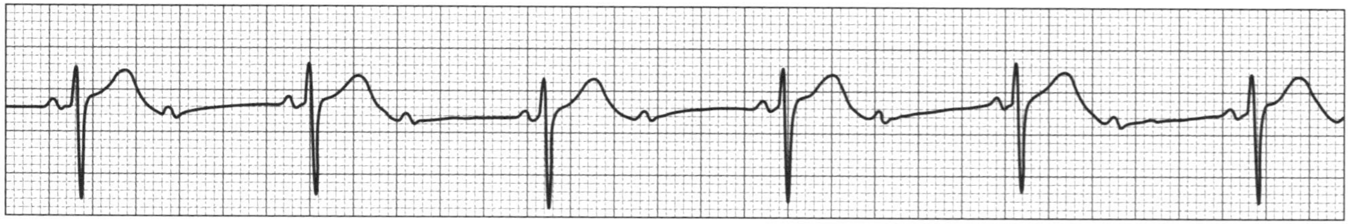

Interprétation ______________________________

____

Tracé B **Dérivation D_{II}**

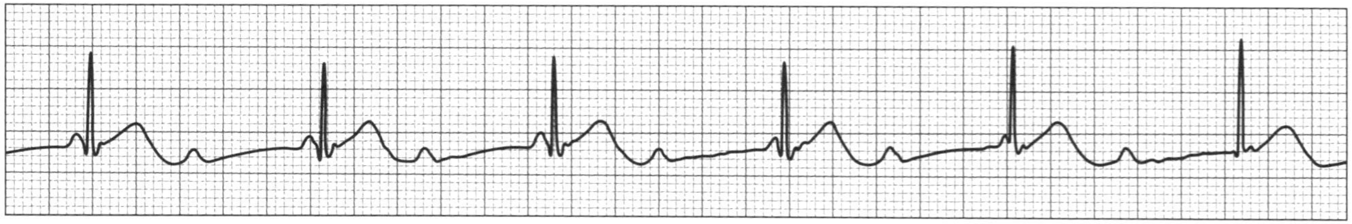

Interprétation ______________________________

____

Cas clinique 11

Une dame âgée de 70 ans est admise à l'hôpital pour douleur rétrosternale avec irradiation au bras gauche et à la région dorsale. La cliente présente de la fibrillation ventriculaire 30 min après son admission. L'ECG confirme un infarctus inférieur en phase aiguë.

Tracé A **Dérivation D_{II} – Tracé 15 min préfibrillation**

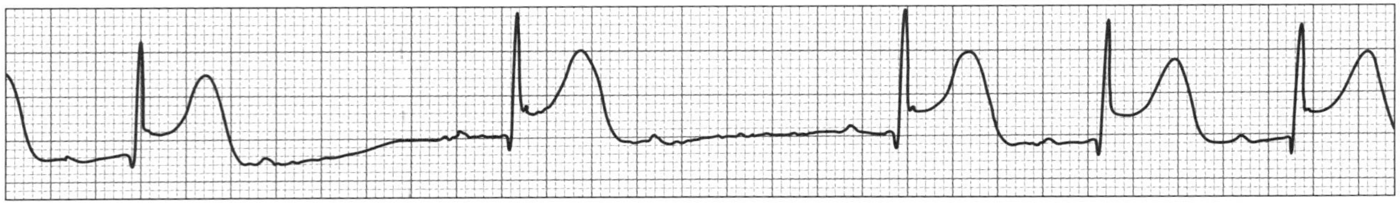

Interprétation ____________________

____

Tracé B **Dérivation V_1 – Tracé continu 2 h postdéfibrillation**

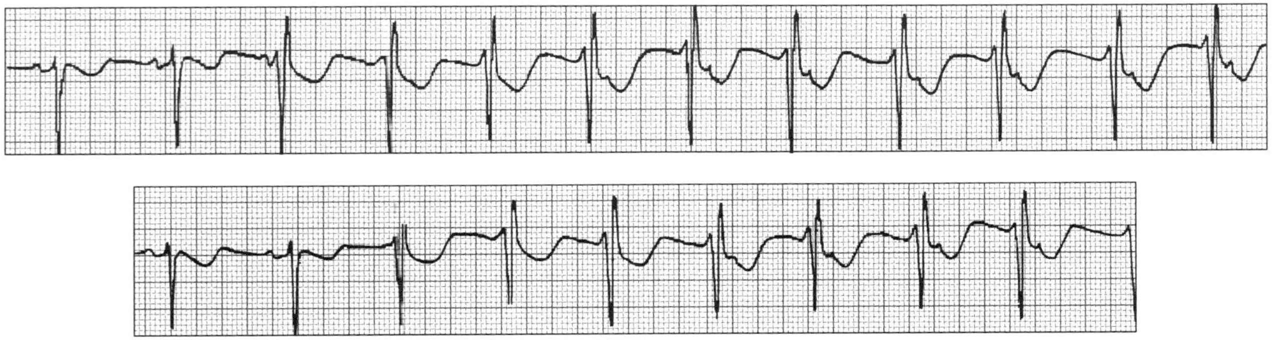

Interprétation ____________________

____

Tracé C **Dérivation V_1 – Tracé 4 h postdéfibrillation**

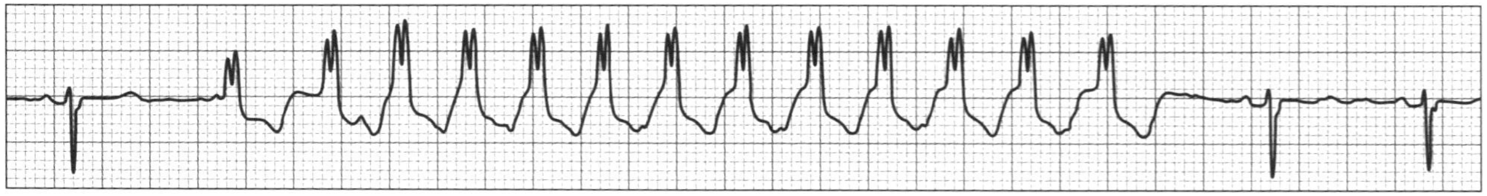

Interprétation ______________________________

____

Cas clinique 12

Une étudiante âgée de 18 ans consulte un médecin au Service des urgences pour lipothymie. Ces informations figurent au dossier de la cliente : P.A. : 107/61 mm Hg ; F.C. : 60 batt./min ; glucométrie : 5,6 mmol/L (N : 3,9 à 5,8 mmol/L) ; ECG : normal. Elle reçoit son congé quelques heures plus tard avec un diagnostic d'hypertonie vagale.

Tracé A **Dérivation D_{II} – Tracé préhospitalier**

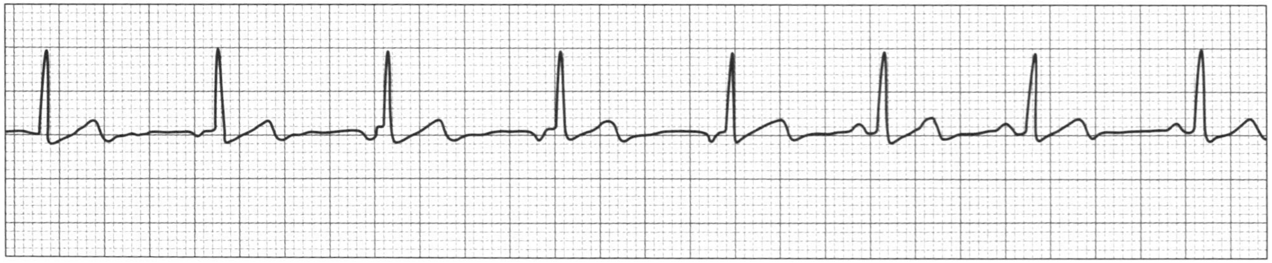

Interprétation ______________________________

____

Tracé B **Dérivation D_{II} – Tracé au Service des urgences 10 min plus tard**

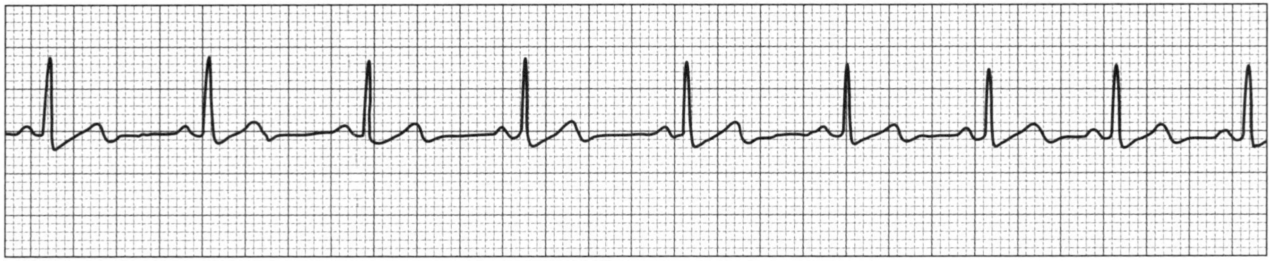

Interprétation ______________________________

____

Cas clinique 13

Un homme âgé de 72 ans sans antécédents consulte son médecin pour fatigue inhabituelle et dyspnée à l'effort. À l'exception d'un pouls irrégulier, ses signes vitaux sont normaux.

Dérivation V_1

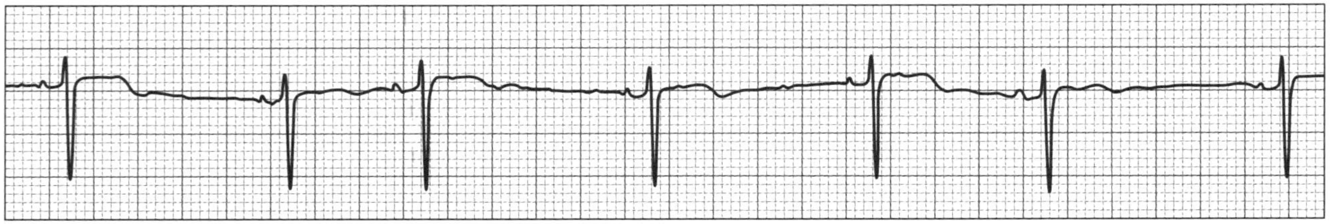

Dérivation D_{II}

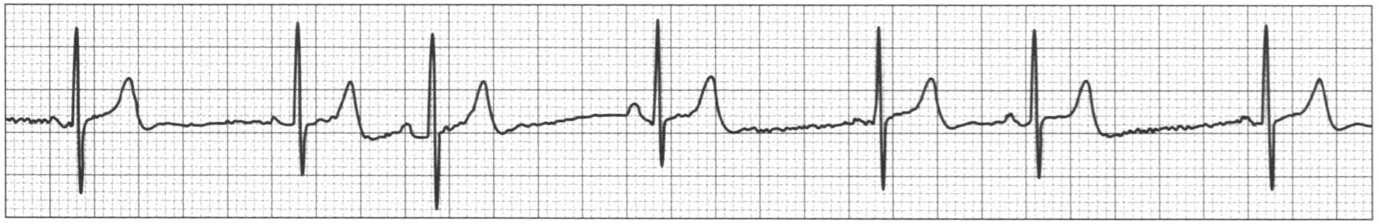

Interprétation ______________________________

____

Cas clinique 14

Un homme âgé de 70 ans consulte son médecin de famille pour un examen médical de routine. Le client est asymptomatique et sans antécédents.

Dérivation V_1

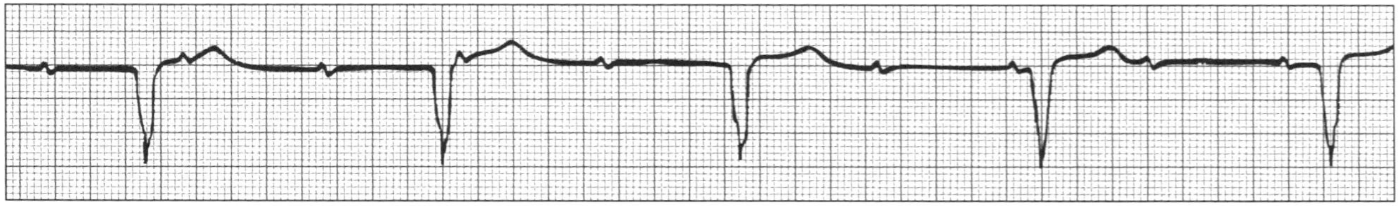

Interprétation ______________________________

____

Cas clinique 15

Un homme âgé de 61 ans consulte son médecin pour une douleur rétrosternale à l'effort ressentie lors d'une randonnée en ski de fond. Il décrit sa douleur sous forme d'une « barre » avec irradiation au bras gauche d'intensité 5 sur 10, selon l'échelle de douleur, et d'une durée de 45 min. L'ECG confirme un infarctus inférieur, et les troponines sont positives.

Tracé A **Dérivation D_{II} – Tracé 72 h postadmission**

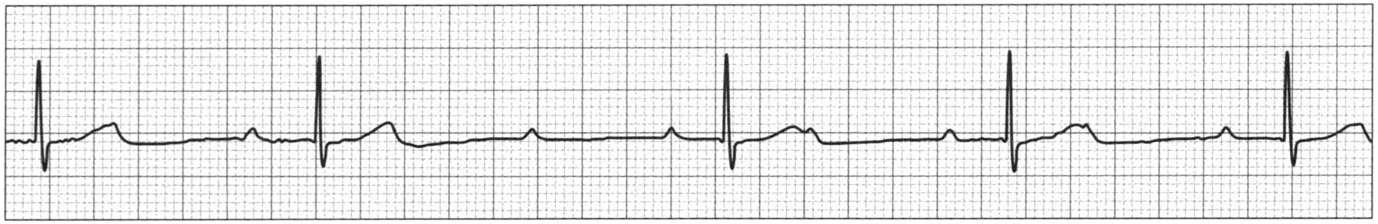

Interprétation ______________________________

____

Tracé B **Dérivation D_{II} – Tracé 72 h postadmission**

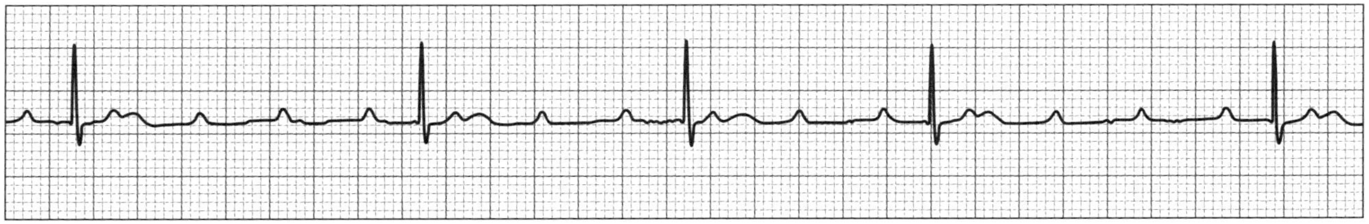

Interprétation ______________________________

____

Cas clinique 16

Un homme âgé de 72 ans est admis aux soins intensifs pour palpitations, dyspnée et douleur rétrosternale au repos. Un B3 est entendu à l'auscultation cardiaque, de même que des crépitants inspiratoires aux bases pulmonaires.

Dérivation V_1

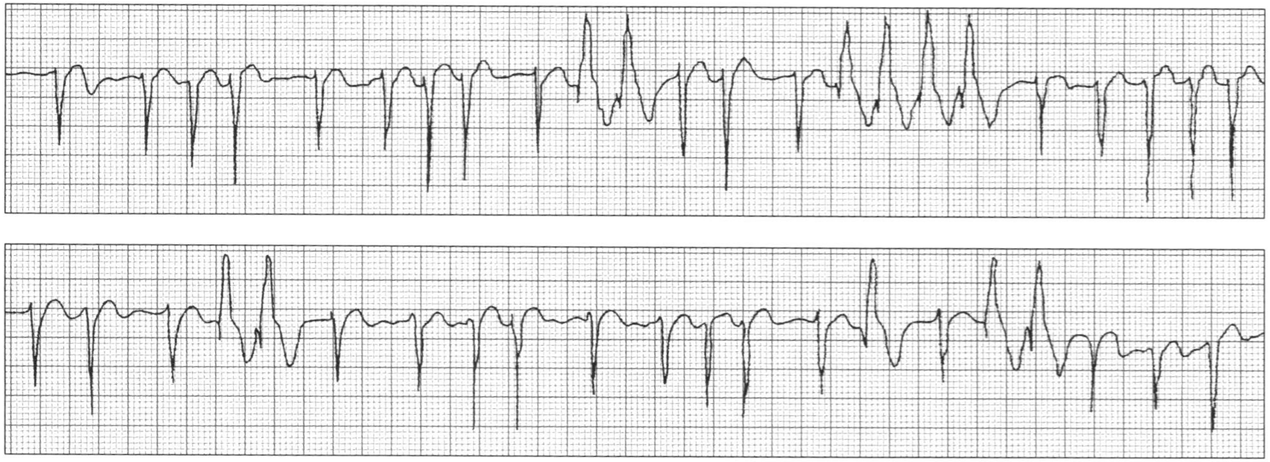

Interprétation ____

____

Cas clinique 17

Une femme âgée de 69 ans est évaluée pour exacerbation de dyspnée et d'orthopnée. Sa P.A. est de 80/50 mm Hg. La cliente est confuse et présente de l'oligurie. Elle prend de la Digoxine[MD]. La dame a des antécédents d'athérosclérose et d'insuffisance cardiaque.

Dérivation V_1

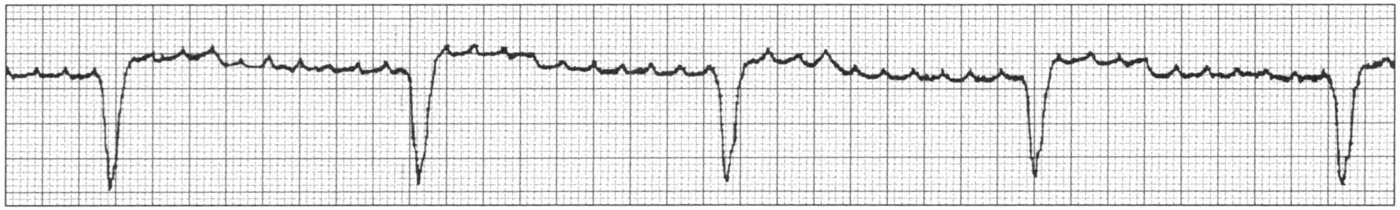

Interprétation ____________________

____

Cas clinique 18

Une dame âgée de 66 ans est admise au Service des urgences, et un diagnostic d'œdème pulmonaire aigu est posé. À l'auscultation, des râles muqueux aux bases sont entendus. Elle présente un complexe acidobasique (alcalose mixte).

Enregistrement simultané en V_1 et D_{II}

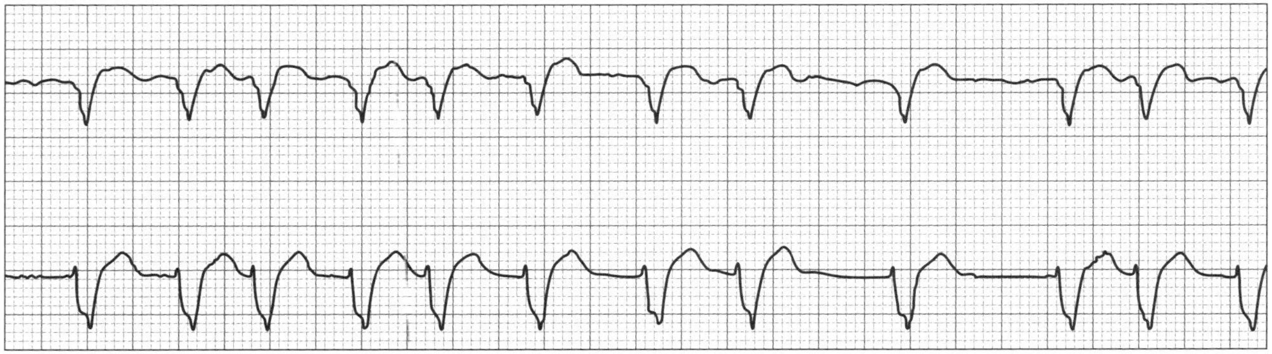

Interprétation ____________________

____

Cas clinique 19

Un homme âgé de 66 ans est admis d'urgence à l'hôpital pour palpitations et douleur rétrosternale. L'ECG confirme une tachycardie à QRS larges. On lui administre un choc synchronisé de 200 J. La coronarographie indique une fraction d'éjection de 50 %, une akinésie apicale et des coronaires normales. Le médecin procède à la mise en place d'un défibrillateur implantable.

Enregistrement simultané en V_1 et D_{II}

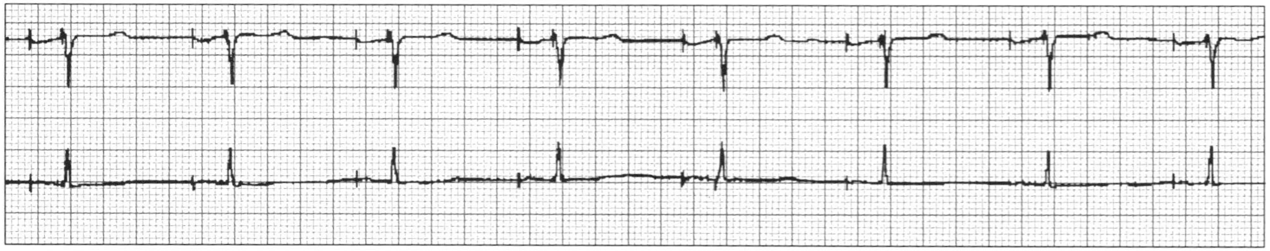

Interprétation ______________________________

____

Cas clinique 20

Une jeune fille âgée de 16 ans est transportée d'urgence à l'hôpital pour dyspnée subite et arrêt cardiorespiratoire. Elle a été défibrillée à trois reprises, sans succès. Le médecin constate une activité électrique sans pouls en cours de réanimation.

Tracé A **Dérivation D_{II}**

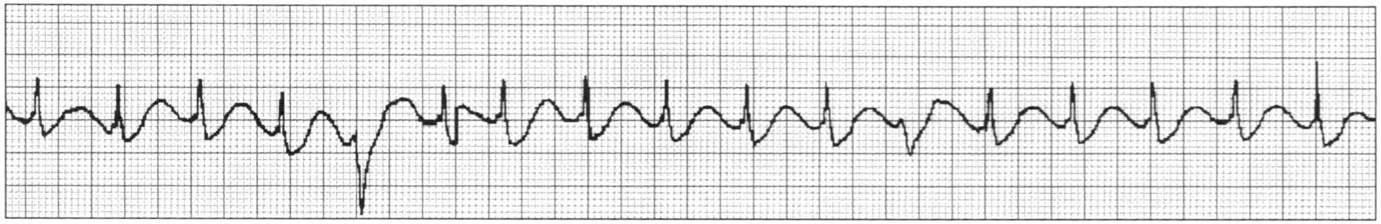

Interprétation ______________________________

____

Tracé B **Dérivation D_{II}**

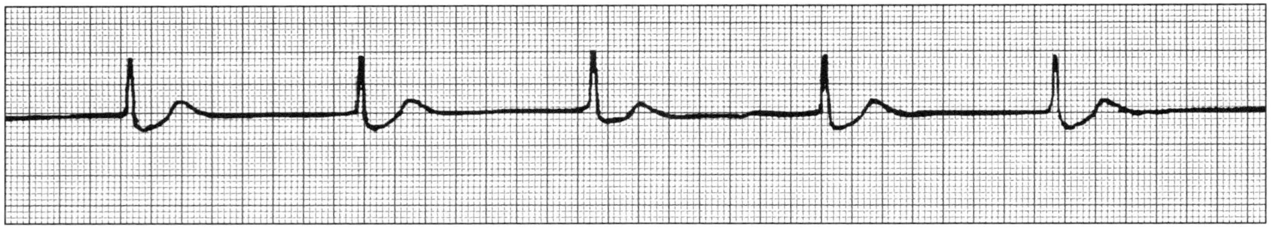

Interprétation ____

____

Cas clinique 21

Un homme âgé de 67 ans est transporté au Service des urgences pour tachycardie, diaphorèse et faciès pâle. Au moment de l'évaluation, le client est asymptomatique. Le médecin constate une conversion spontanée de l'arythmie après miction.

Tracé A **Enregistrement simultané en V_1 et D_{II} – Admission**

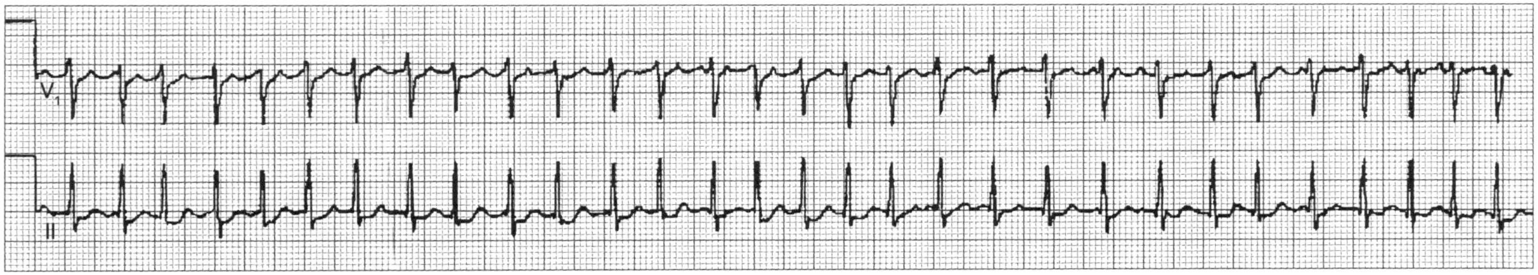

Interprétation ____

____

Tracé B **Dérivation D_{II} – Tracé 12 min plus tard**

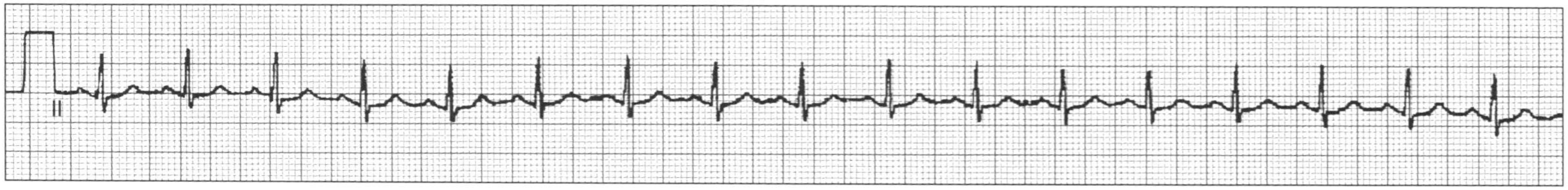

Interprétation ______________________________

____

Cas clinique 22

Une femme âgée de 73 ans est admise aux soins intensifs pour faiblesse et nausées. Son pouls est irrégulier et sa P.A. est de 140/79 mm Hg. La dame présente un antécédent de valvulopathie. Elle prend actuellement cette médication : furosémide, métoprolol, warfarine et amiodarone.

Enregistrement simultané en V_1 et D_{II}

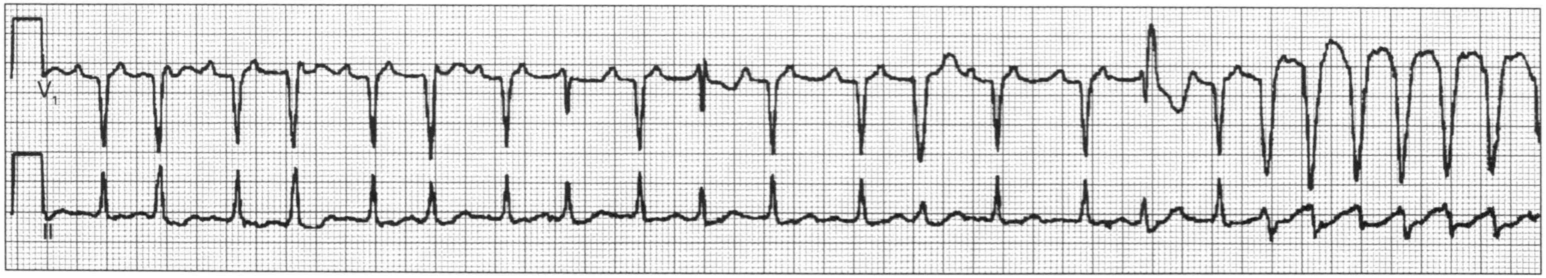

Interprétation ______________________________

____

Cas clinique 23

Un homme âgé de 78 ans consulte un médecin pour une douleur rétrosternale d'intensité 7 sur 10 sur l'échelle de douleur ; cette douleur est soulagée par trois inhalations sublinguales de nitroglycérine. La P.A. du client est de 185/103 mm Hg. L'homme présente des antécédents d'infarctus ancien et il est en attente d'un pontage coronarien.

Dérivation V_5

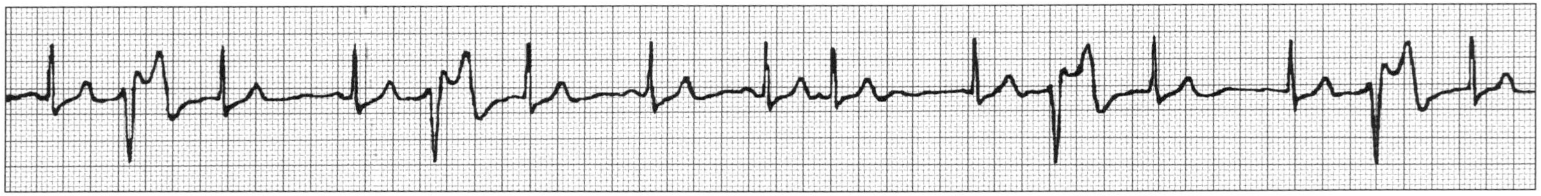

Interprétation ______________________________

____

Cas clinique 24

Un homme âgé de 42 ans travaillant de nuit dans une usine se plaint d'une douleur à l'épaule droite. Le médecin consulté, croyant à un traumatisme de l'épaule, dirige le client vers le Service des urgences pour un examen radiographique. À son arrivée, le client, pâle et en diaphorèse, s'exprime ainsi : « Je suis en train de faire un malaise. » Installé dans la salle de choc (déchocage), il subit un collapsus. Dans un intervalle de 5 min, le client a présenté les arythmies ci-dessous.

Tracé A **Tracé d'admission – Enregistrement continu en D_{II}**

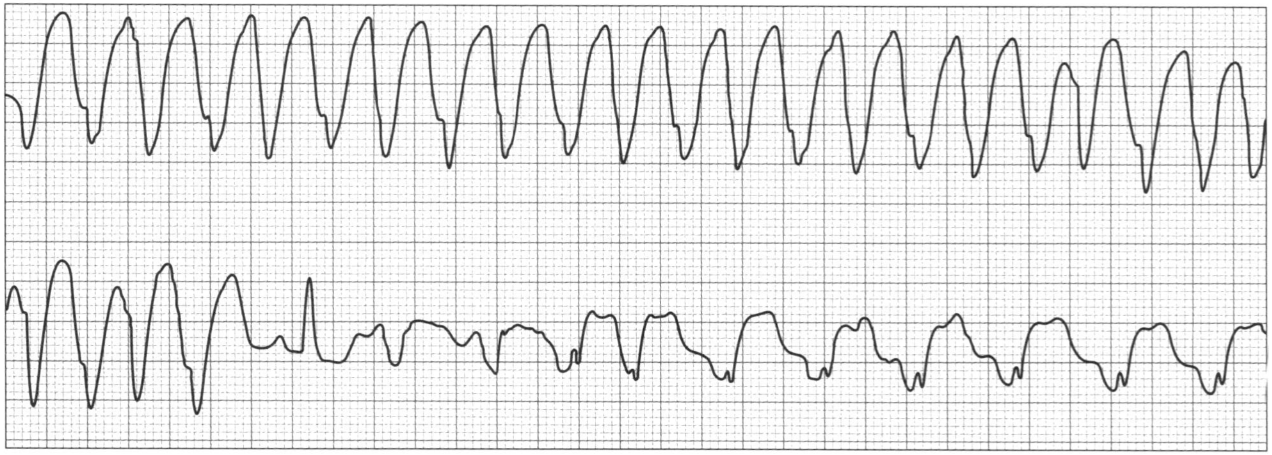

Interprétation ______________________________

____

Tracé B **Enregistrement en D_{II}**

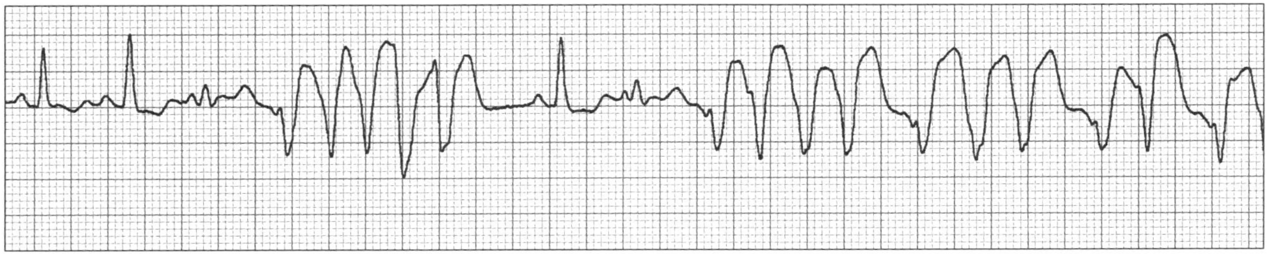

Interprétation ______________________________

____

Tracé C **Choc non synchronisé 150 J – Enregistrement en D_{II}**

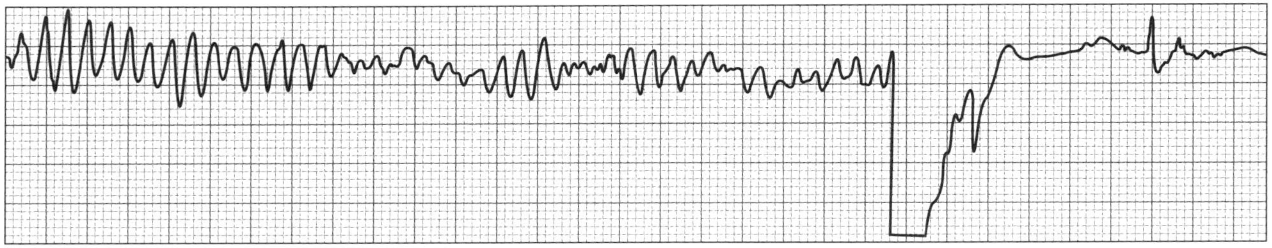

Interprétation ______________________________

____

Cas clinique 25

Un homme âgé de 36 ans consulte un médecin pour une douleur épigastrique d'intensité 6 sur 10 sur l'échelle de douleur. Voici les informations figurant au dossier de ce client : P.A. : 250/108 mm Hg ; glucométrie à jeun : 31 mmol/L (N : 3,9 à 5,8 mmol/L). L'homme souffre d'acidose métabolique compensée.

Dérivation D_{II}

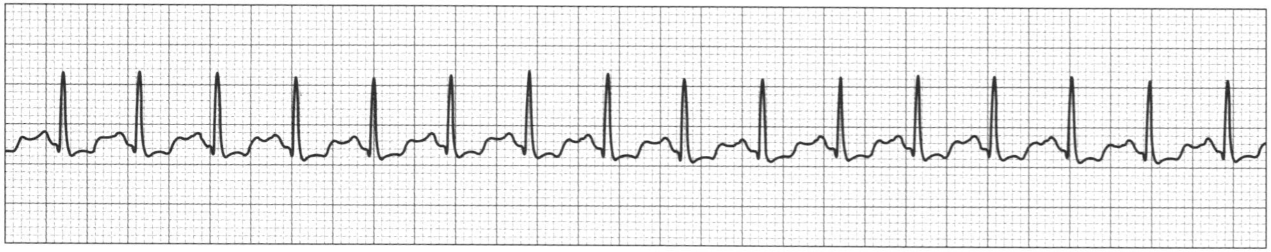

Interprétation ______________________________

____

Cas clinique 26

Une dame âgée de 71 ans est évaluée pour faiblesse et diarrhées depuis 15 jours. Voici les informations figurant à son dossier : P.A. : 63/48 mm Hg ; pouls irrégulier ; saturométrie : 91 % ; acidose mixte documentée ; kaliémie : 2,76 mmol/L (N : 3,50 à 5 mmol/L) ; chlorémie : 91 mmol/L (N : 98 à 109 mmol/L) ; urée : 20,1 mmol/L (N : 2,5 à 7,5 mmol/L) ; créatininémie : 312 µmol/L (N : 50 à 100 µmol/L).

Tracé A **Enregistrement continu et simultané en D_{II} et V_1**

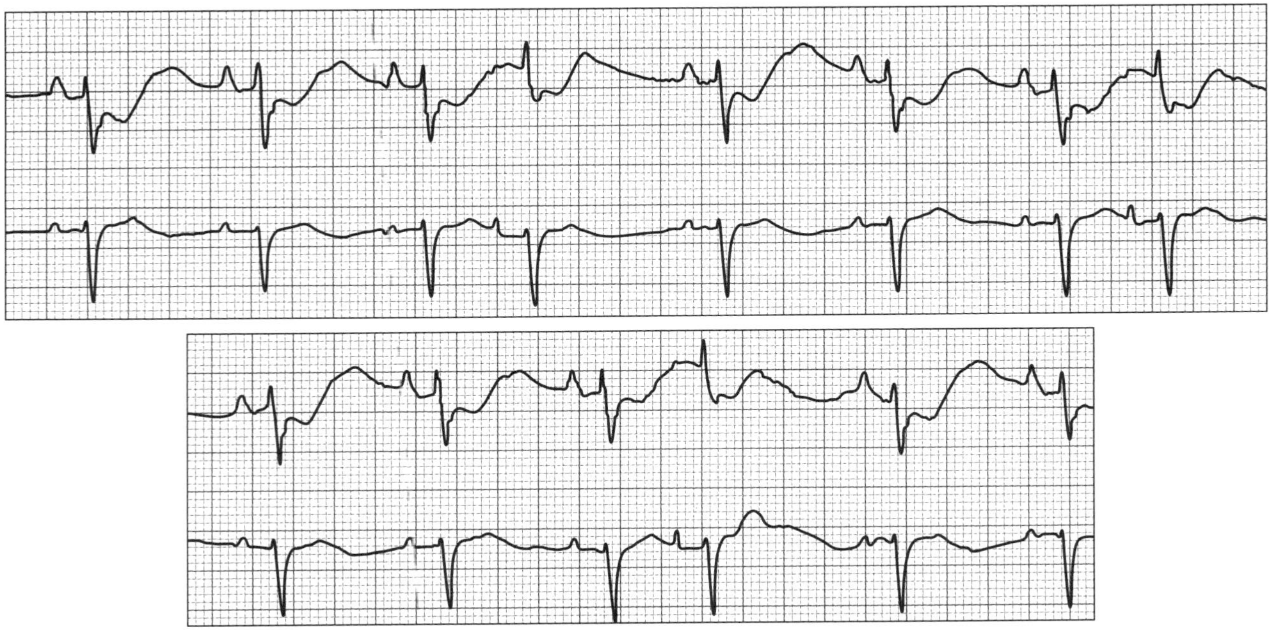

Interprétation ______________________________

____

Tracé B **Enregistrement continu et simultané en D_{II} et V_1**

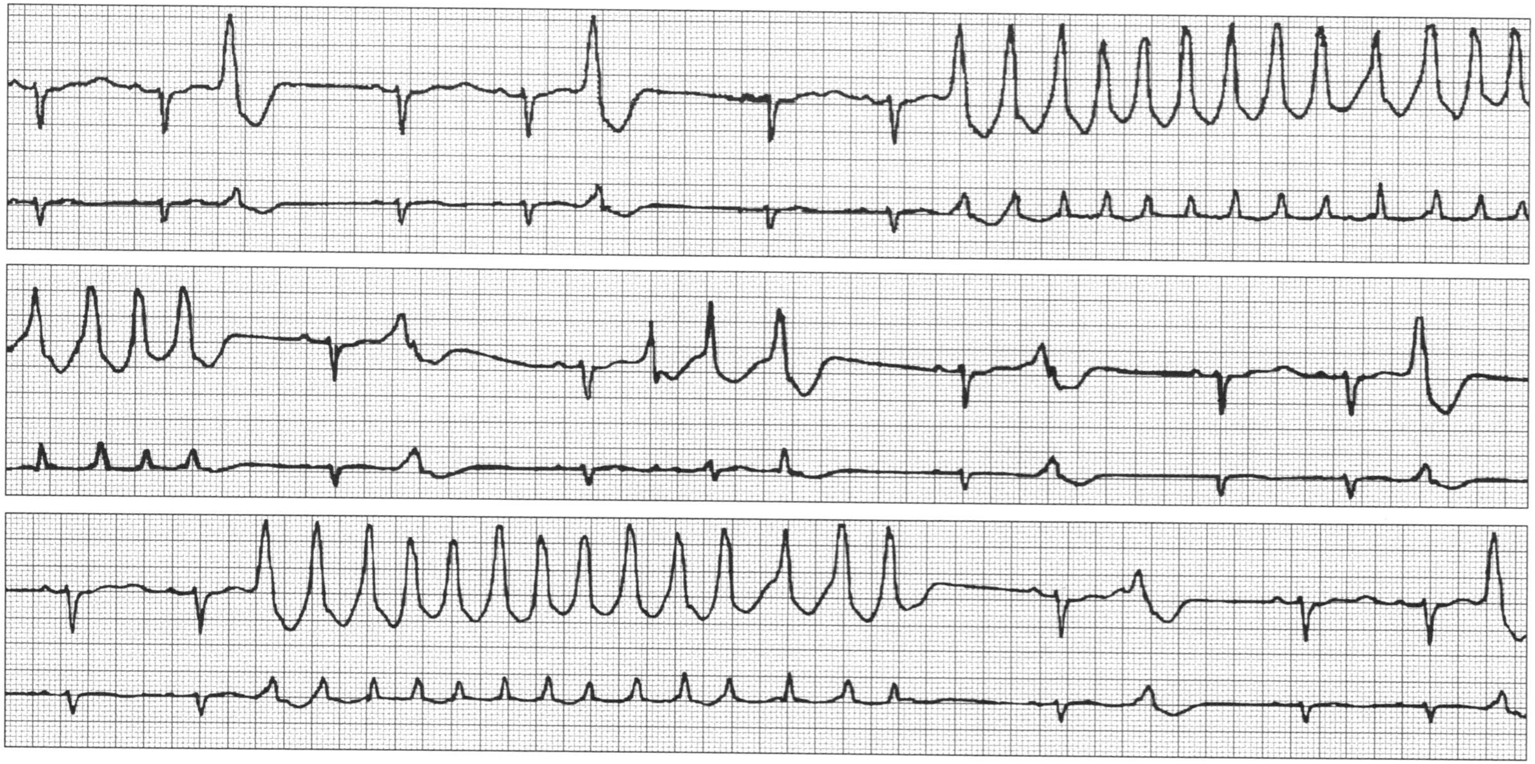

Interprétation ______________________________

____

Cas clinique 27

Une dame âgée de 87 ans est victime de syncope. Elle est semi-consciente et elle présente de la diaphorèse. La cliente a un antécédent de lymphome, et son dossier fait état d'une acidose métabolique documentée.

Tracé A **Enregistrement simultané en V_1 et D_{II}**

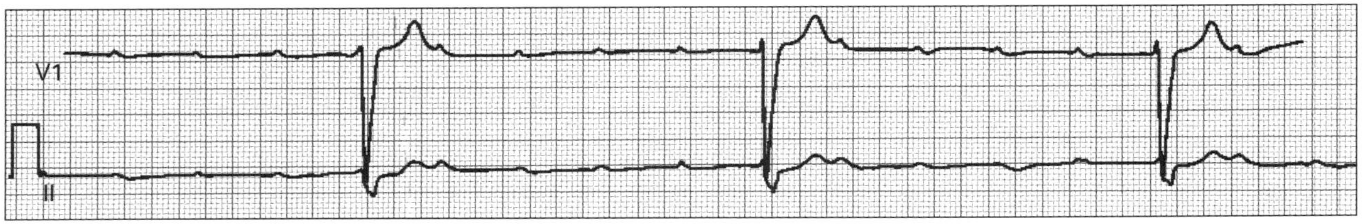

Interprétation ____

____

Tracé B **Dérivation V_1 – Postadministration d'atropine et d'épinéphrine en bolus**

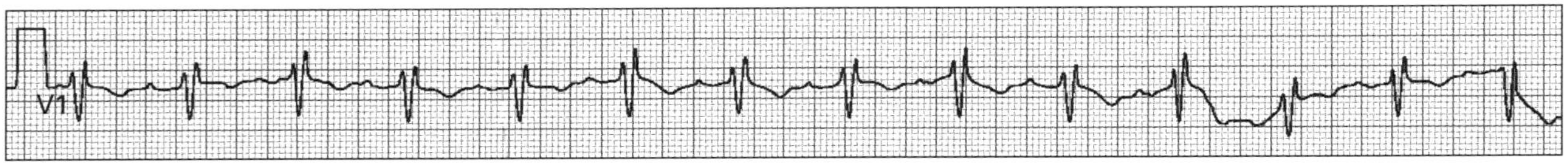

Interprétation ____

____

Cas clinique 28

Un homme âgé de 76 ans polytraumatisé est décédé à la suite d'une hypovolémie postchirurgie. Ses globules rouges et son hémoglobine étaient fortement abaissés. Le dossier faisait état d'une acidose mixte documentée. Le client avait obtenu un score de 3 sur 15 sur l'échelle de Glasgow.

Tracé A **Dérivation D_{II} – Tracé une heure avant le décès**

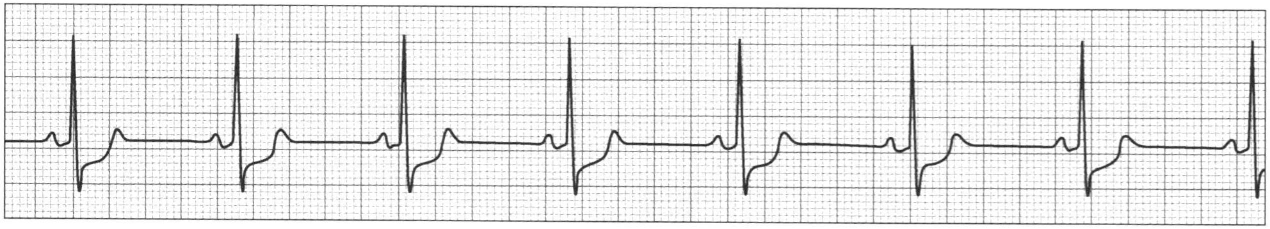

Interprétation ______________________________

____

Tracé B **Dérivation D_{II} – Tracé une heure avant le décès**

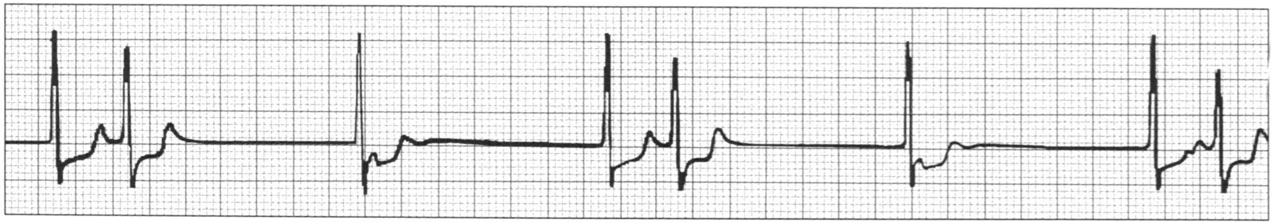

Interprétation ______________________________

____

Cas clinique 29

Un homme âgé de 62 ans ayant récemment subi une fracture du tibia et du péroné consulte un médecin pour palpitations et angoisse. Le client consomme des analgésiques en grande quantité. Le médecin lui prescrit de la warfarine *per os*. Son hémoglobine est à 115 g/L (N : 40 à 170 g/L).

Tracé A **Enregistrement simultané en V_1 et D_{II}**

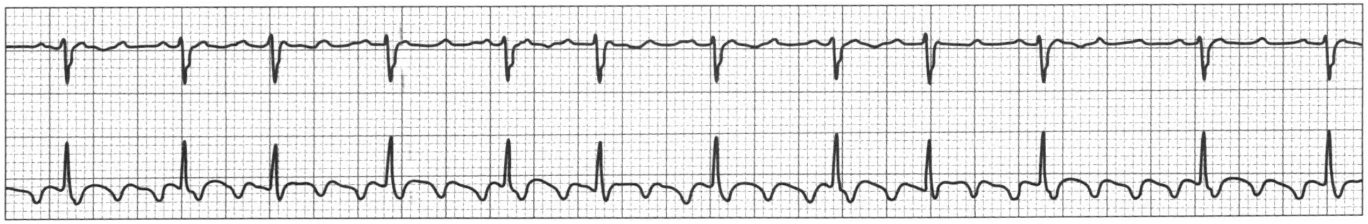

Interprétation ______________________________

____

Tracé B **Dérivation D_{II} – Tracé postcardioversion 30 J**

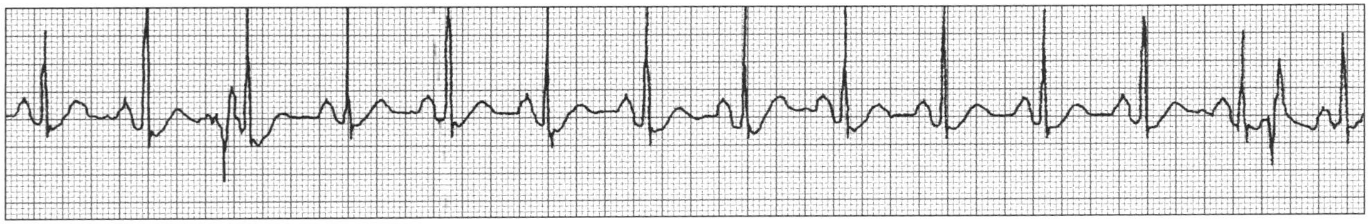

Interprétation ______________________________

____

Cas clinique 30

Un homme âgé de 42 ans consulte un médecin pour une douleur rétrosternale typique *de novo*. Une thrombolyse est en cours. L'ECG confirme un infarctus antéroseptal récent. L'homme présente des antécédents familiaux importants, dont une histoire de QT allongé. La kaliémie du client est de 3,4 mmol/L (N : 3,5 à 5 mmol/L).

Tracé A **Dérivation V_1**

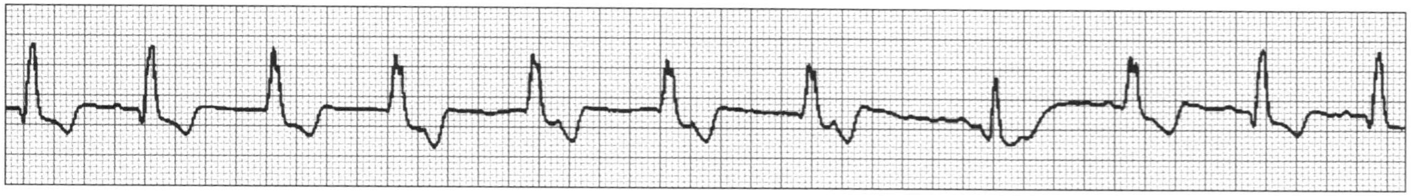

Interprétation ______________________________

____

Tracé B **Dérivation V_1**

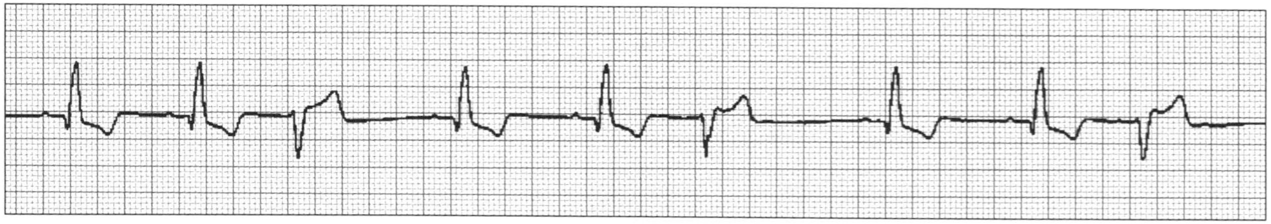

Interprétation ______________________________

____

Tracé C **Dérivation V_1**

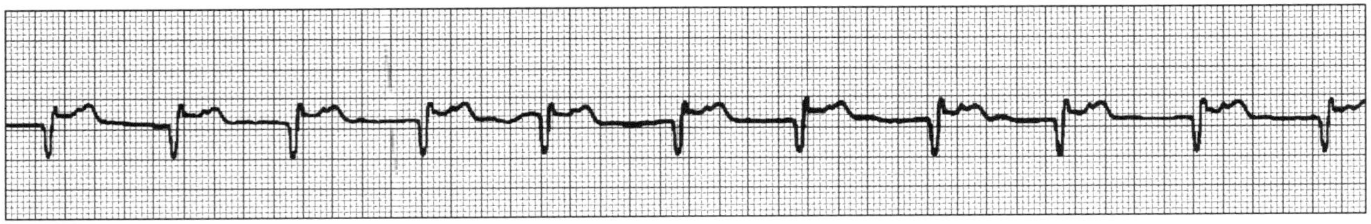

Interprétation ______________________________

____

Cas clinique 31

Une dame âgée de 81 ans est admise aux soins intensifs pour décompensation cardiorespiratoire. Elle présente un faciès grisâtre, et ses extrémités sont froides. Son pouls est lent et irrégulier, et sa P.A. est de 88/46 mm Hg. La cliente a récemment subi un infarctus antéroseptal.

Dérivation D_{II} – Tracé discontinu

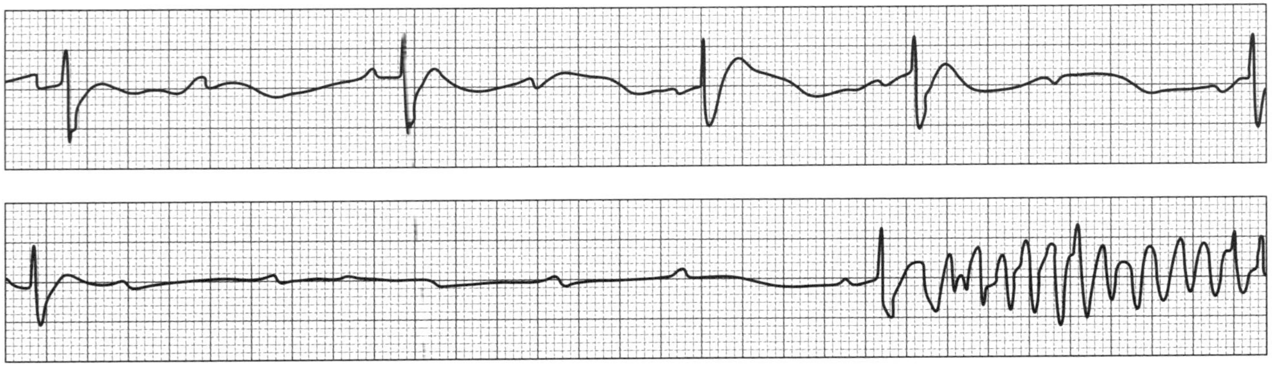

Interprétation ______________________________

____

Cas clinique 32

Une dame âgée de 83 ans est évaluée pour fatigue, vertiges, bradycardie et lipothymie. Voici les informations figurant à son dossier : P.A. : 203/79 mm Hg ; F.C. : 40 batt./min ; saturation : 98 %. La dame présente des antécédents de diabète de type 2. Le médecin procède à la mise en place d'un cardiostimulateur permanent de type DDD six jours plus tard.

Dérivation V_1

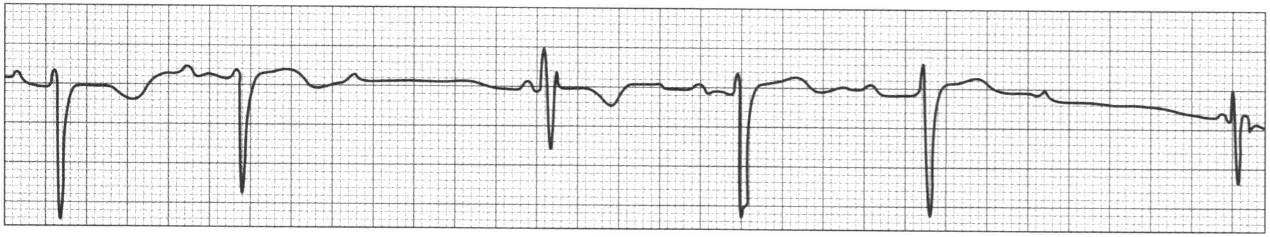

Interprétation ______________________________

____

Cas clinique 33

Un homme âgé de 73 ans est admis aux soins intensifs pour douleur thoracique atypique, dyspnée et bradycardie. Des examens sont en cours. Les signes vitaux du client sont stables.

Dérivation V_5 – Tracé discontinu

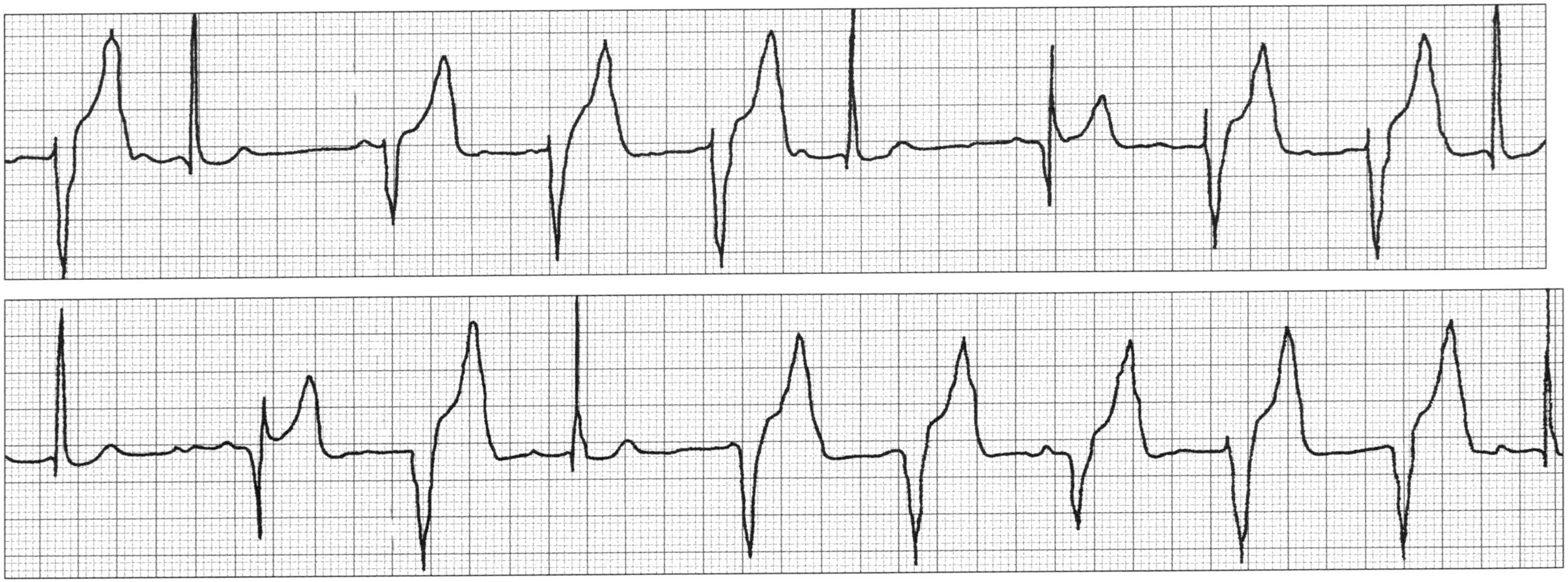

Interprétation ____________________

Cas clinique 34

Une dame âgée de 42 ans est admise d'urgence à l'hôpital pour palpitations, dyspnée et douleur rétrosternale serrative. Le médecin constate un souffle systolique à l'auscultation cardiaque. La P.A. de la dame est de 164/80 mm Hg.

Dérivation V_1 – Tracé discontinu

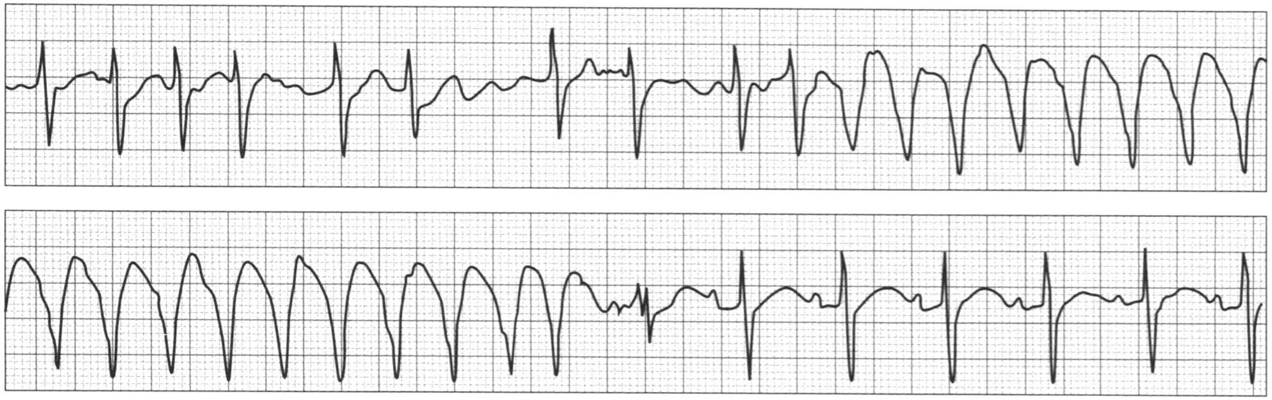

Interprétation ______________________________

____

Cas clinique 35

Une dame âgée de 87 ans séjourne à l'étage de cardiologie. Sous surveillance avec télémétrie, elle présente subitement un flutter ventriculaire documenté (11 h 10) converti par un «coup de poing précordial». Par la suite, la cliente est consciente, orientée, pâle et nauséeuse, et sa peau est moite. La fréquence respiratoire de la dame est de 36 R/min et sa kaliémie est de 2,92 mmol/L (N: 3,50 à 5 mmol/L). Un murmure vésiculaire diminué aux bases est entendu à l'auscultation, et le dossier de la cliente fait état d'une alcalose mixte documentée.

Tracé A **Dérivation V_1 (11 h 21)**

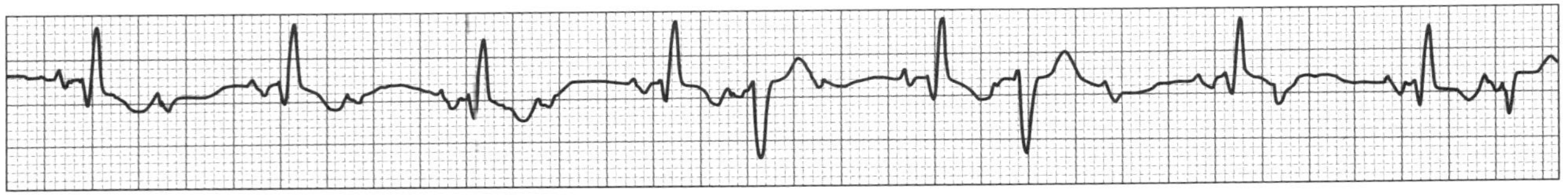

Interprétation ______

Tracé B **Dérivation V_1 (11 h 23, enregistrement continu)**

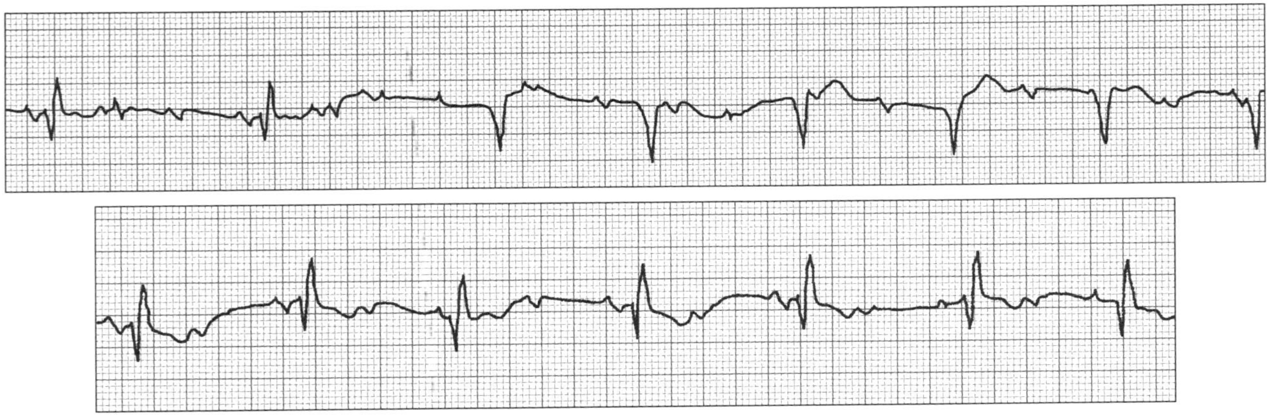

Interprétation ______

Cas clinique 36

Un homme âgé de 66 ans est admis d'urgence à l'hôpital pour palpitations et douleur rétrosternale. Il subit une cardioversion synchronisée de 200 J. Ultérieurement, à la coronarographie, on lit ces informations dans son dossier : fraction d'éjection à 50 %, akinésie apicale et artères coronaires normales. Un défibrillateur implantable a été mis en place.

ECG à 12 dérivations

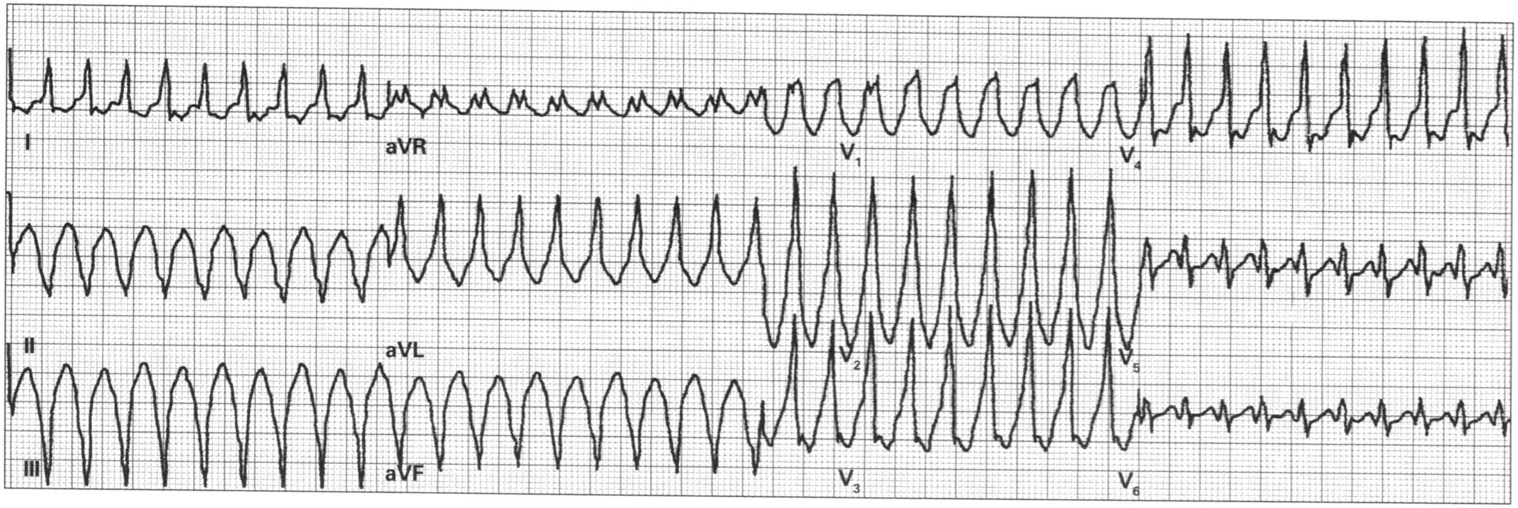

Interprétation ____

____

Cas clinique 37

Un homme âgé de 77 ans souffrant de maladie pulmonaire obstructive chronique (MPOC), ou bronchopneumopathie chronique obstructive (BPCO), est admis à l'hôpital pour dyspnée et douleur rétrosternale d'intensité 10 sur 10 sur l'échelle de douleur, sans irradiation. L'ECG confirme un courant de lésion sous-épicardique dans la région antérieure étendue. Une thrombolyse est en cours depuis 30 min.

Tracé A **Enregistrement simultané en D_{II} et V_1**

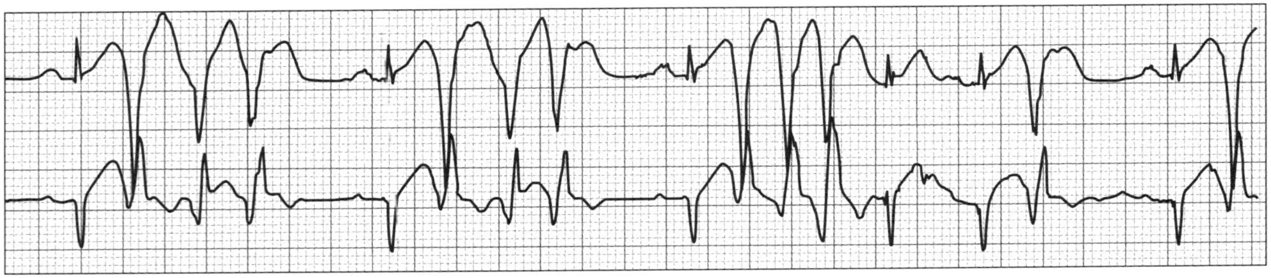

Interprétation ______________________________

____

Tracé B **Enregistrement simultané en D_{II} et V_1**

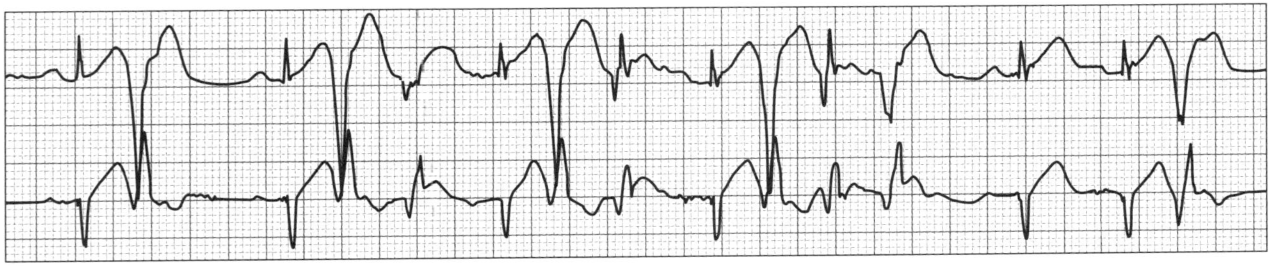

Interprétation ______________________________

____

Cas clinique 38

Un homme âgé de 60 ans est opéré pour un abcès anal. En phase postopératoire, le client est victime d'un arrêt respiratoire à son arrivée à l'étage. Intubé et transféré aux soins intensifs, il est extubé deux heures plus tard.

Tracé A **Dérivation D_{II}**

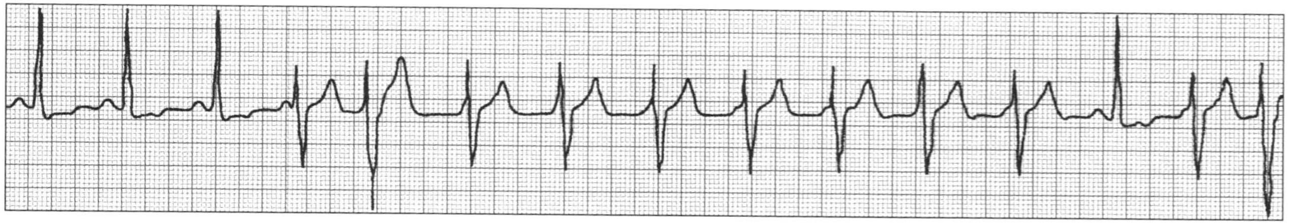

Interprétation ______________________________

____

Tracé B **Dérivation D_{II}**

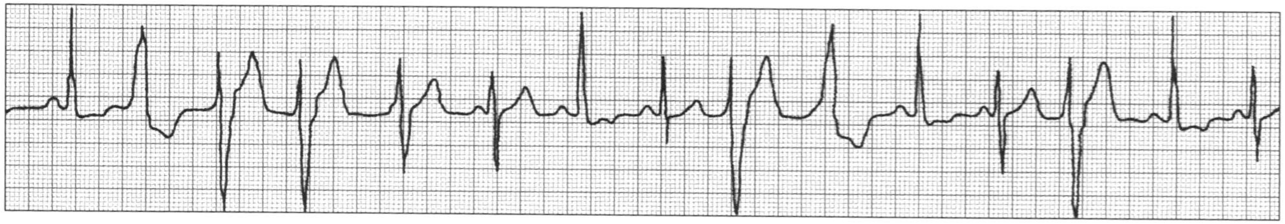

Interprétation ______________________________

____

Cas clinique 39

Une dame âgée de 66 ans est dirigée au Service des urgences pour un œdème pulmonaire aigu. À l'auscultation, il est possible d'entendre des râles muqueux aux bases. La gazométrie artérielle effectuée confirme une alcalose mixte.

Enregistrement simultané en V_1, D_{II} et V_5

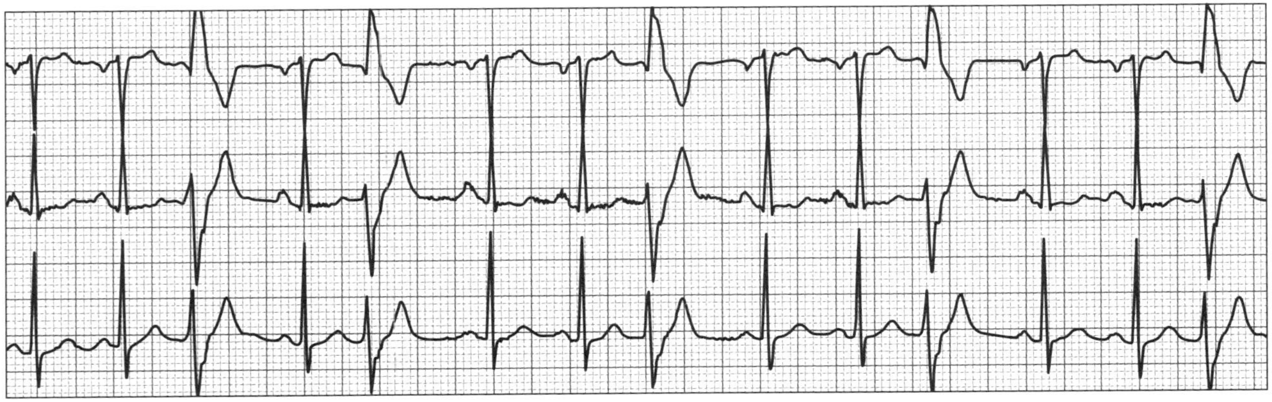

Interprétation ____________________

____

Cas clinique 40

Une dame âgée de 69 ans est admise aux soins intensifs pour douleur thoracique oppressive. Elle a des antécédents d'angine, d'hypertension artérielle, d'obésité et d'hypothyroïdie. Son glucose sérique à jeun est de 15,6 mmol/L (N : 4,6 à 6,1 mmol/L), et son urée est de 8,1 mmol/L (N : 2,1 à 5,7 mmol/L).

Tracé A **Dérivation V_1**

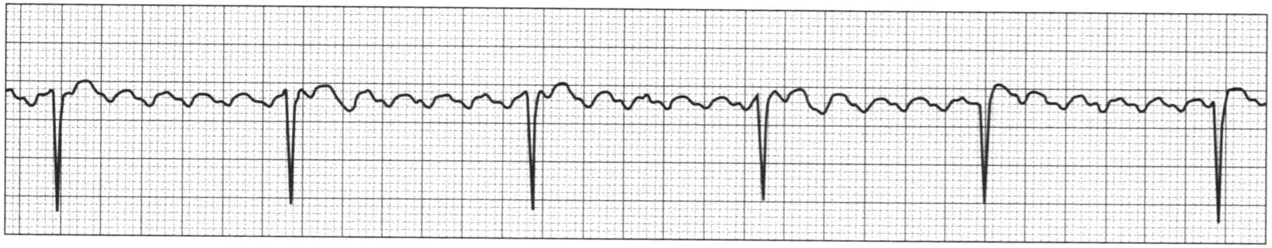

Interprétation ______________________

____

Tracé B **Dérivation V_1**

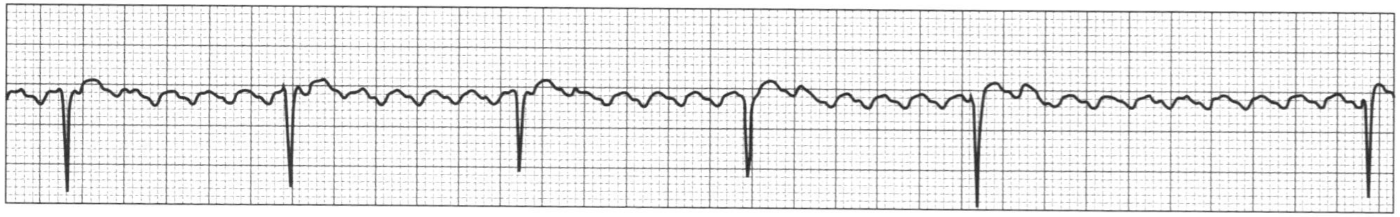

Interprétation ______________________

____

Cas clinique 41

Une femme âgée de 30 ans consulte un médecin au Service des urgences pour des palpitations et une sensation de lipothymie. Elle présente une symptomatologie récidivante, malgré une fulguration de faisceaux accessoires.

Tracé A **Dérivation V_1**

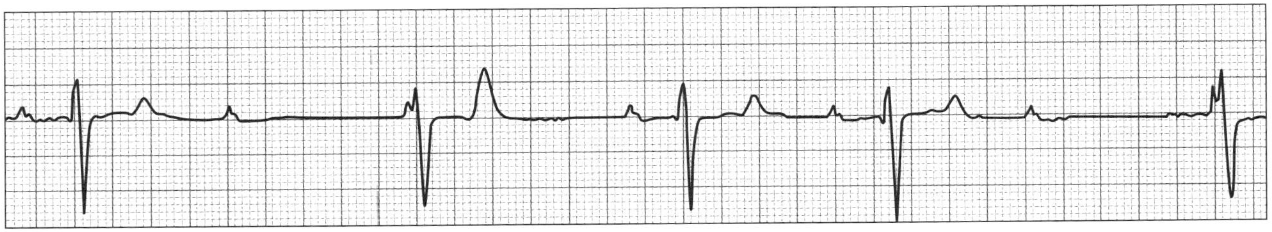

Interprétation ______________________________

____

Tracé B **Dérivation D_{II}**

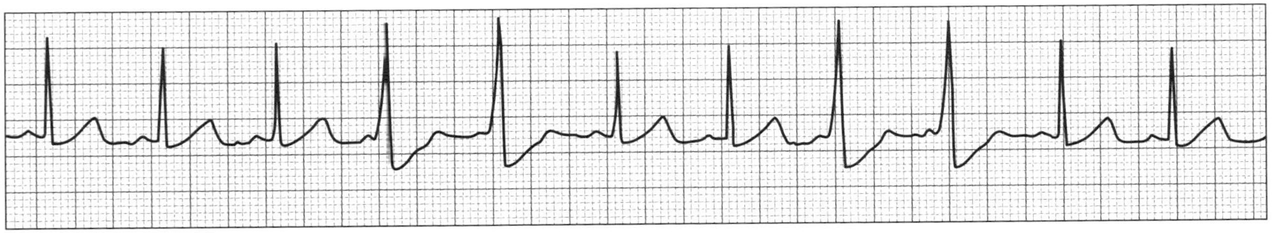

Interprétation ______________________________

____

Cas clinique 42

Une femme âgée de 92 ans est évaluée pour fatigue inhabituelle. Son dossier médical fait état d'une sténose aortique documentée. L'urée et la créatininémie sont augmentées. La cliente est en attente d'un cardiostimulateur permanent.

Tracé A **Dérivation V_1**

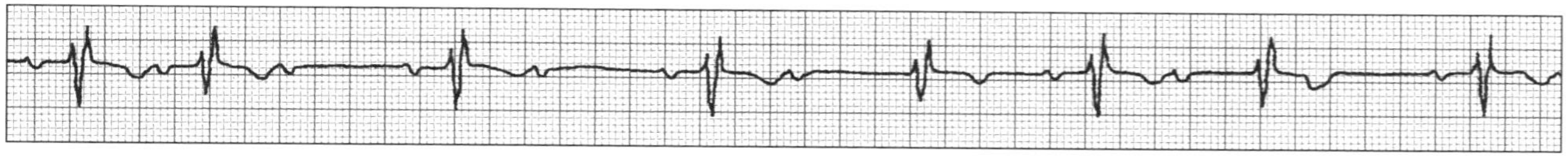

Interprétation ______________________________

____

Tracé B **Dérivation D_{II}**

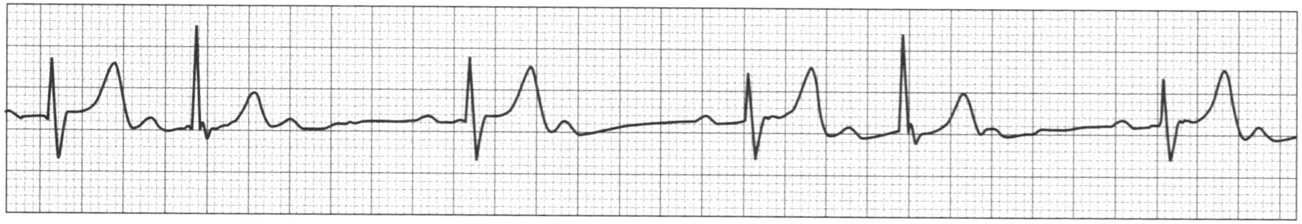

Interprétation ______________________________

____

Cas clinique 43

Une dame âgée de 70 ans est transportée au Service des urgences pour douleur rétrosternale. Son pouls est régulier (40 batt./min) et sa P.A. est à 126/67 mm Hg. La gazométrie artérielle dénote une alcalose mixte. La cliente présente des antécédents d'asthme, de diabète de type 2 et d'infarctus ancien. Un diagnostic médical d'angine instable est posé.

Tracé A **Tracés simultanés en V_1 et D_{II}**

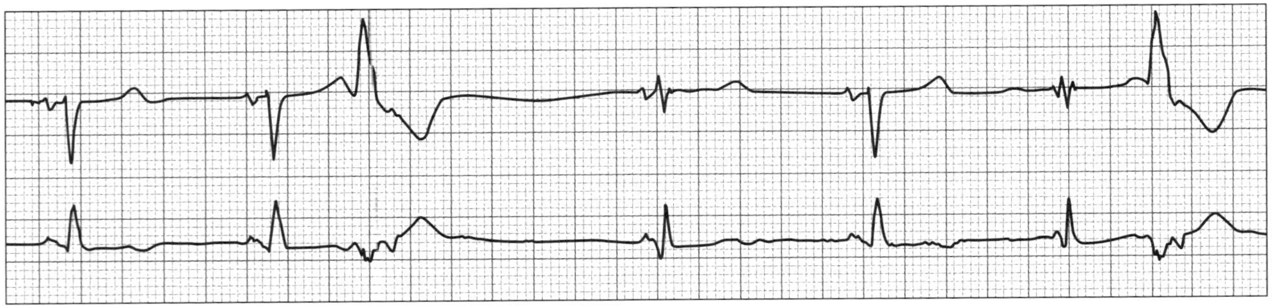

Interprétation ______________________________

____

Tracé B **Tracés simultanés en D_{II} et V_1**

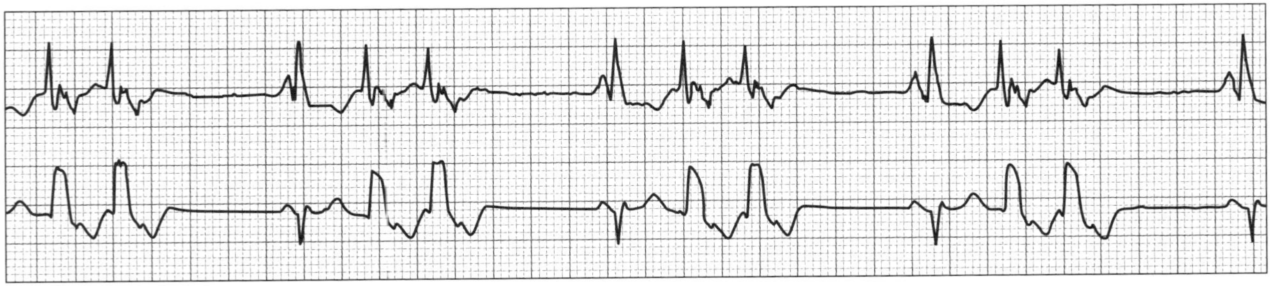

Interprétation ______________________________

____

Tracé C **Tracés simultanés en V_1 et D_{II}**

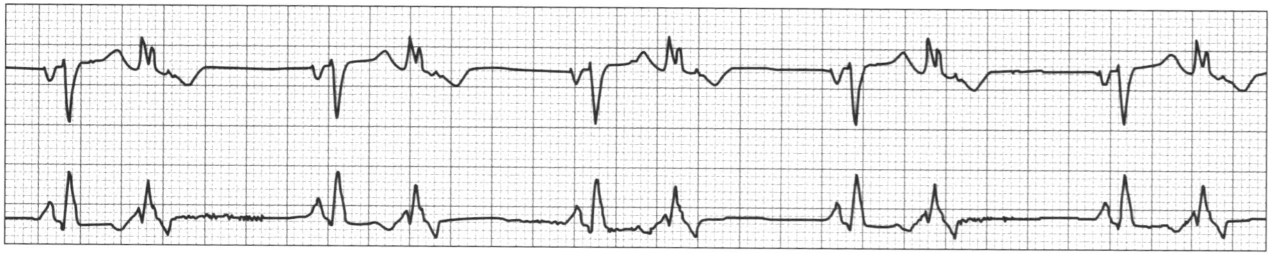

Interprétation

Tracé D **Tracés simultanés en D_{II} et V_1**

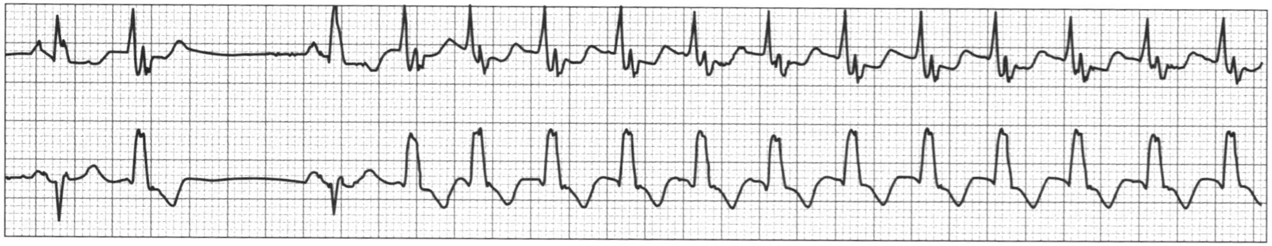

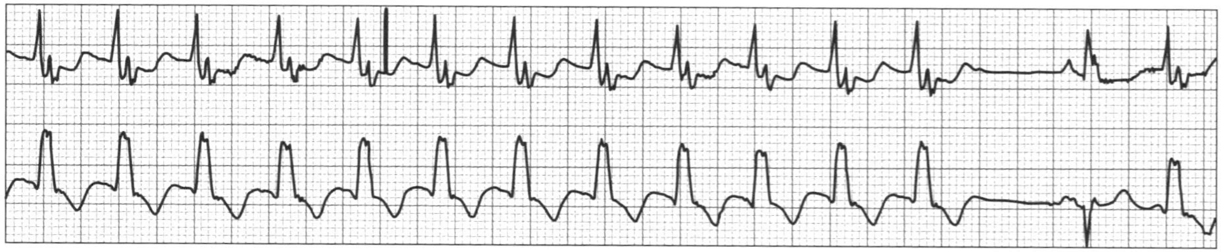

Interprétation

Cas clinique 44

Une femme âgée de 67 ans consulte un médecin au Service des urgences pour faiblesse, fatigue et dyspnée. Elle présente des antécédents de diabète de type 2 et d'hypertension artérielle. Voici la médication en cours : hydrochlorothiazide, warfarine, glyburide, amiodarone et métoprolol. La P.A. de la dame est de 189/70 mm Hg. La cliente est admise à l'étage avec télémétrie. Le moniteur cardiaque indique une bradycardie sinusale à 50 batt./min avec QT de 0,52 s. Le lendemain, le QT est de 0,68 s. La cliente présente diverses arythmies dans les 72 h suivantes.

Dérivation D_{II}

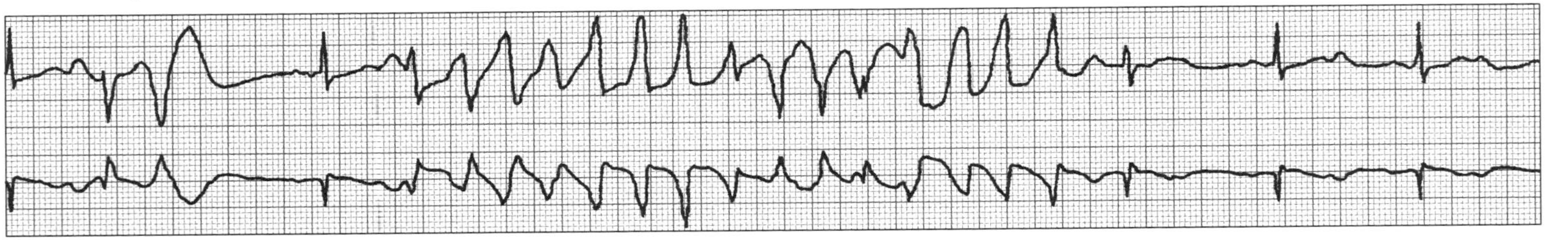

Interprétation ______________________________

____

Cas clinique 45

Une dame âgée de 70 ans est transportée au Service des urgences pour difficulté respiratoire. La dame est désorientée, ce qui complique le remplissage du questionnaire d'admission. Voici néanmoins quelques informations figurant à son dossier: P.A.: 151/72 mm Hg; pouls irrégulier à 150 batt./min; saturométrie: 90 %. Le dossier fait état d'une acidose mixte documentée.

Tracé A **Tracés simultanés en V_1 et D_{II}**

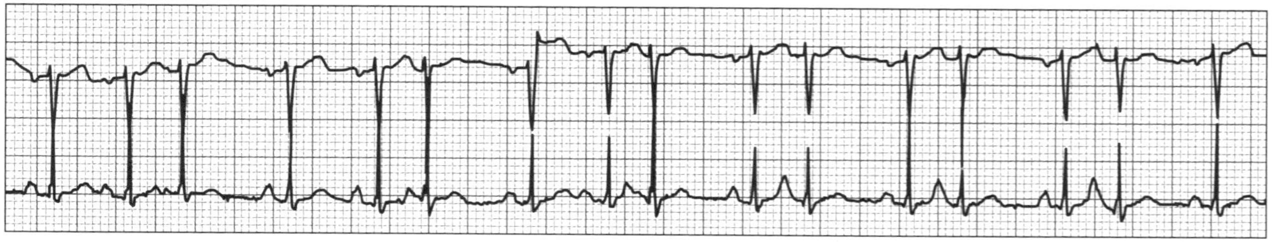

Interprétation ______________________________

____

Tracé B **Dérivation D_{II}**

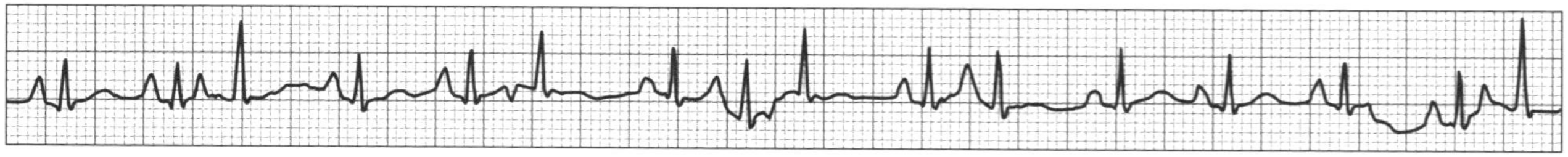

Interprétation ______________________________

____

Index des cas cliniques

PARTIE 1

EXERCICES D'INTERPRÉTATION

Tracé 1

Rythme sinusal à 100 batt./min. Tachycardie ventriculaire polymorphe paroxystique > 210 batt./min. Aspect retard gauche.

Tracé 2

Rythme sinusal à 75 batt./min. Bloc trifasciculaire: bloc auriculoventriculaire (AV) du 1er degré. Bloc de branche droite (BBD). Bloc sinoauriculaire 2:1 (2e degré de type II). Extrasystole auriculaire (ESA).

Tracé 3

Ralentissement sinusal de 72 à 66 batt./min. Rythme d'échappement jonctionnel à 60 batt./min.

Tracé 4

Rythme sinusal (5e, 8e et 11e complexes). ESA avec conduction ventriculaire aberrante (CVA) (6e complexe). Couplet d'ESA (9e et 10e complexes). Échappements jonctionnels (1er, 2e, 4e et 7e complexes). Capture (3e complexe).

Tracé 5

Rythme sinusal. Salves d'extrasystoles ventriculaires (3 à 5 ESV) monomorphes bigéminées.

Tracé 6

Fibrillation auriculaire avec réponse ventriculaire de 80 à 180 batt./min.

Tracé 7

Rythme sinusal à 85 batt./min. Couplets d'ESV monomorphes trigéminées.

Tracé 8

Bradycardie sinusale à 58 batt./min. Bloc AV du 1er degré. Rythme idioventriculaire accéléré (RIVA) à 90 batt./min. Capture (6e complexe).

Tracé 9

Bradycardie sinusale de 50 à 60 batt./min. ESA trigéminées (bande supérieure). Bloc sinoauriculaire 3:1 (haut degré ou avancé). ESA.

Tracé 10

Arythmie sinusale ventriculophasique de 58 à 66 batt./min. Bloc AV du 2e degré avec conduction 3:2.

Tracé 11

Flutter auriculaire à 300 batt./min. Bloc AV de haut degré probable avec un rythme d'échappement jonctionnel de 38 à 43 batt./min.

Tracé 12

Rythme idiojonctionnel accéléré (RIJA) ou tachycardie jonctionnelle non paroxystique à 130 batt./min.

PARTIE 2

EXERCICES D'INTERPRÉTATION À PARTIR DE CAS CLINIQUES

Cas clinique 1

Rythme sinusal à 80 batt./min. Bloc AV du 1er degré. ESA (2e complexe). ESA bloquées trigéminées.

Cas clinique 2

Rythme d'échappement jonctionnel < 50 batt./min.

Cas clinique 3

Rythme sinusal à 72 batt./min. ESV polymorphes interpolées, trigéminées.

Cas clinique 4

Rythme sinusal à 90 batt./min. Bloc AV du 2e degré de type I avec conduction 3:2.

Cas clinique 5

Tracé A

Rythme sinusal à 80 batt./min. Bloc AV du 2e degré de type I avec conduction 5:4.

Tracé B

V_1 : Rythme sinusal à 75 batt./min. RIVA de 130 à 90 batt./min. Les 2e et 8e complexes sont des fusions.

Tracé C

D_{II} : Rythme sinusal à 95 batt./min. Tachycardie ventriculaire paroxystique avec aspect retard gauche de 140 à 210 batt./min. Le 3e complexe est une ESV télédiastolique.

Cas clinique 6

Bradyarythmie sinusale de 43 à 50 batt./min. Bloc complet de la branche droite. ESA quadrigéminées.

Cas clinique 7

Torsade de pointes à 240 batt./min se terminant abruptement, suivie de deux complexes supraventriculaires.

Cas clinique 8

Tachycardie ventriculaire avec aspect retard droit à 240 batt./min. Critères : ECG : onde R initiale positive en aVR. Critères morphologiques : V_1 : onde R ; V_6 : onde Q. Critères de Brugada : aucun des critères de Brugada ne s'applique.

Cas clinique 9

Tracé A

Tachycardie sinusale > 180 batt./min. Tachycardie jonctionnelle paroxystique réciproque par réentrée antidromique > 240 batt./min.

Tracé B

Tachycardie sinusale de 100 à 120 batt./min. Fin de la tachycardie jonctionnelle paroxystique réciproque par réentrée antidromique à 240 batt./min sous l'effet de l'adénosine. Réaccélération du rythme sinusal de 50 à 110 batt./min.

Cas clinique 10

Tracé A

Tachycardie sinusale à 120 batt./min. Bloc AV du 2e degré avec conduction 2:1.

Tracé B

Tachycardie sinusale à 120 batt./min. Bloc AV complet avec rythme d'échappement jonctionnel à 56 batt./min.

Cas clinique 11

Tracé A

Rythme sinusal à 69 batt./min. Bloc AV du 1er degré. Bloc AV du 2e degré avec conduction 2:1.

Tracé B

Rythme sinusal à 63 batt./min. RIVA à 75 batt./min, dont la conduction est parfois rétrograde.

Tracé C

Rythme sinusal à 95 batt./min entrecoupé d'une tachycardie ventriculaire paroxystique à 130 batt./min amorcée par une ESV télédiastolique. Aspect retard droit.

Cas clinique 12

Tracé A

Entraîneur vagabond (*wandering pacemaker*) à 80 batt./min alternant avec un rythme sinusal à 90 batt./min.

Tracé B

Rythme sinusal à 85 batt./min.

Cas clinique 13

Rythme sinusal à 60 batt./min. ESA trigéminées.

Cas clinique 14

Rythme sinusal à 80 batt./min. Bloc AV complet avec un rythme d'échappement ventriculaire à 38 batt./min.

Cas clinique 15

Tracé A

Rythme sinusal à 95 batt./min et bloc AV de haut degré avec conduction 3:1 et 2:1.

Tracé B

Tachycardie sinusale > 150 batt./min et bloc AV de haut degré avec conduction 4:1 et 3:1.

Cas clinique 16

Fibrillation auriculaire avec réponse ventriculaire de 100 à 250 batt./min. CVA intermittente (aspect bloc de la branche droite).

Cas clinique 17

Flutter auriculaire à 375 batt./min et bloc AV du 3e degré avec rythme d'échappement ventriculaire à 38 batt./min.

Cas clinique 18

Fibrillation auriculaire avec réponse ventriculaire de 90 à 210 batt./min. Bloc complet de la branche gauche.

Cas clinique 19

Rythme de cardiostimulateur bifocal à 60 batt./min. Double chambre ou DDD.

Cas clinique 20

Tracé A

Rythme idiojonctionnel accéléré à 130 batt./min. Deux ESV polymorphes.

Tracé B

Rythme d'échappement jonctionnel d'environ 40 batt./min.

Cas clinique 21

Tracé A

Fibrillation auriculaire avec réponse ventriculaire de 150 à 240 batt./min.

Tracé B

Tachycardie sinusale à 110 batt./min.

Cas clinique 22

Tachycardie auriculaire supérieure à 210 batt./min avec conduction 3:2 (phénomène de Wenckebach) et 2:1. CVA intermittente (complexes avec aspect retard droit rS, rSR′ et QS).

Cas clinique 23

Rythme sinusal à 72 batt./min. ESV monomorphes. Quatre ESA. Échappements jonctionnels (4e, 10e et 13e complexes).

Cas clinique 24

Tracé A

Tachycardie ventriculaire de 210 à 240 batt./min. Un complexe sinusal. Tachycardie ventriculaire à 140 batt./min.

Tracé B

Tachycardie sinusale à 140 batt./min. Salve d'ESV (5) polymorphes. Tachycardie ventriculaire polymorphe de 140 à 270 batt./min. Aspect retard gauche. Deux fusions: 3e et 10e complexes.

Tracé C

Fibrillation ventriculaire et reprise du rythme supraventriculaire.

Cas clinique 25

Tachycardie sinusale à 150 batt./min.

Cas clinique 26

Tracé A

Rythme sinusal à 72 batt./min. ESA quadrigéminées.

Tracé B

Rythme sinusal à 66 batt./min. ESV monomorphes trigéminées. Deux épisodes de tachycardie ventriculaire paroxystique. Aspect retard droit de 150 à 210 batt./min. ESV nombreuses, polymorphes, dont une salve. Ondes U intermittentes.

Cas clinique 27

Tracé A

Rythme sinusal à 100 batt./min. Bloc bifasciculaire: bloc complet de la branche gauche et bloc AV de haut degré avec conduction 5:1.

Tracé B

Rythme sinusal à 85 batt./min. Bloc bifasciculaire: bloc AV du 1er degré et bloc complet de la branche droite.

Cas clinique 28

Tracé A

Rythme sinusal à 66 batt./min.

Tracé B

Bigéminisme par échappement-capture.

Cas clinique 29

Tracé A

Flutter auriculaire à 300 batt./min avec conduction 2:1, 3:1 et 4:1.

Tracé B

Rythme sinusal à 85 batt./min. Deux ESV monomorphes interpolées.

Cas clinique 30

Tracé A

Rythme sinusal à 80 batt./min. Bloc complet de la branche droite. Rythme idioventriculaire accéléré de 75 à 66 batt./min. Le 8e complexe est une fusion.

Tracé B

Bradycardie sinusale à 56 batt./min. Bloc complet de la branche droite et ESV polymorphes trigéminées.

Tracé C

Rythme idiojonctionnel accéléré à 69 batt./min avec conduction rétrograde.

Cas clinique 31

Arythmie sinusale ventriculophasique de 63 à 85 batt./min. Bloc AV du 2e degré de type I avec conduction 2:1 et 3:2, aspect de bloc de branche gauche. Asystolie ventriculaire de ± 3,4 s. Fibrillation ventriculaire.

Cas clinique 32

Rythme sinusal à 72 batt./min. Bloc AV du 2e degré de type I avec conduction 3:2. Deux échappements ventriculaires.

Cas clinique 33

Rythme de cardiostimulateur à 72 batt./min entrecoupé de complexes de capture et de fusion.

Cas clinique 34

Fibrillation auriculaire avec réponse ventriculaire de 85 à 210 batt./min. Tachycardie ventriculaire, aspect retard gauche, monomorphe paroxystique de 210 à 240 batt./min se terminant par un complexe de fusion. Tachycardie sinusale de 120 batt./min.

Cas clinique 35

Tracé A

Tachycardie sinusale à 150 batt./min. Bloc complet de la branche droite. Bloc AV du 2e degré avec conduction 2:1. Trois ESV polymorphes.

Tracé B

Tachycardie sinusale à 120 batt./min. Bloc complet de la branche droite. Bloc AV de haut degré avec conduction 3:1 et 2:1 entrecoupé d'un bloc AV complet intermittent sur un rythme d'échappement jonctionnel à 54 batt./min.

Cas clinique 36

Tachycardie ventriculaire aspect retard droit > 240 batt./min. ECG: onde R positive en aVR; onde Q en V_6. Critères morphologiques : V_1: aspect de bloc de branche droite. Critères de Brugada: aucun critère ne s'applique.

Cas clinique 37

Tracé A

Rythme sinusal. ESV polymorphes nombreuses, dont des salves polymorphes bigéminées.

Tracé B

Tachycardie sinusale à 110 batt./min. ESV polymorphes nombreuses. Couplets bigéminés et une salve.

Cas clinique 38

Tracé A

Rythme sinusal à 75 batt./min alternant avec un rythme idioventriculaire accéléré à 85 batt./min. Deux ESV monomorphes.

Tracé B

Rythme sinusal à 85 batt./min alternant avec des complexes de rythme idioventriculaire accéléré (5e, 6e et 12e complexes). ESV nombreuses, polymorphes, dont une salve et un couplet. Le 8e complexe est une fusion.

Cas clinique 39

Tachycardie sinusale à 130 batt./min. ESV monomorphes nombreuses et surtout trigéminées.

Cas clinique 40

Tracé A

Flutter auriculaire à 300 batt./min avec conduction 6:1.

Tracé B

Flutter auriculaire à 300 batt./min avec conduction 6:1 et 10:1. BAV probable.

Cas clinique 41

Tracé A

Bradycardie sinusale à 56 batt./min. Bloc bifasciculaire: bloc complet de la branche gauche et bloc AV du 2e degré de type I avec conduction 2:1 et 3:2 entraînant des échappements jonctionnels.

Tracé B

Rythme sinusal à 100 batt./min entrecoupé de complexes de type syndrome de WPW.

Cas clinique 42

Tracé A

Rythme sinusal à 85 batt./min. Bloc bifasciculaire: bloc complet de la branche droite et bloc AV du 2e degré de type I avec conduction 3:2 et 2:1. Un échappement jonctionnel (5e complexe).

Tracé B

Rythme sinusal à 90 batt./min. Bloc AV du 2e degré de type I probable avec conduction 2:1 (PR long et documenté au tracé A) et complexes de capture (2e et 5e).

Cas clinique 43

Tracé A

Rythme sinusal à 63 batt./min. ESV monomorphes. Deux échappements ventriculaires.

Tracé B

Rythme sinusal. Couplets d'ESV avec conduction rétrograde, monomorphes bigéminées.

Tracé C

Rythme sinusal. ESV avec conduction rétrograde, monomorphes bigéminées.

Tracé D

Rythme sinusal. ESV. Tachycardie ventriculaire parosystique, avec aspect retard droit, à 150 batt./min.

Cas clinique 44

Rythme sinusal à 60 batt./min. Ondes U et QTU à 0,56 s. Couplets d'ESV polymorphes. Bloc AV du 1er degré. Torsades de pointes de 180 à 210 batt./min.

Cas clinique 45

Tracé A

Tachycardie sinusale à 140 batt./min. ESA nombreuses trigéminées et bigéminées. Ondes P pulmonaires en D_{II}.

Tracé B

Tachycardie sinusale à 130 batt./min. ESA nombreuses, parfois trigéminées. Un couplet et ESA avec CVA. Ondes P pulmonaires en D_{II}.

PARTIE 3

L'encadrement thérapeutique

CHAPITRE 10

Les traitements

PLAN

OBJECTIFS

- Énumérer les principales cibles du traitement des arythmies cardiaques.
- Dresser la nomenclature des antiarythmiques selon la classification de Vaughan-Williams.
- Comprendre la corrélation entre le mécanisme d'action de chacune des classes antiarythmiques et leur incidence sur le potentiel d'action de la fibre cardiaque.
- Nommer les principales causes, les éléments précurseurs et les critères électrocardiographiques de la torsade de pointes.
- Réviser les indications de la cardiostimulation et préciser la terminologie à cinq lettres de l'Intersociety Commission for Heart Disease Resources.
- Différencier la cardioversion de la défibrillation.
- Nommer les fonctions du défibrillateur implantable.
- Énumérer les indications de la thermoablation par radiofréquence.

10.1 Causes des arythmies

L'athérosclérose se manifeste dès l'adolescence et s'implante entre l'âge de 20 et 30 ans. Le processus progresse comme une maladie inflammatoire chronique responsable de la majeure partie des affections cérébrovasculaires et coronariennes, notamment le syndrome coronarien. L'infarctus du myocarde entraîne une mortalité très élevée par fibrillation ventriculaire primaire au cours des premières heures de la phase aiguë; celle-ci est responsable de 75 % des morts subites. L'arrêt soudain et imprévu des fonctions cardiorespiratoires est surtout imputable à l'instabilité électrique du myocarde. Les syndromes de Wolff-Parkinson-White (WPW), du QT long, de Brugada et de la repolarisation précoce entraînent sporadiquement la mort subite. Les encadrés 10.1 et 10.2 présentent respectivement les facteurs arythmogènes externes et les affections cardiaques associées aux arythmies.

La reconnaissance de l'arythmie cardiaque, les mécanismes électrophysiologiques et physiopathologiques, l'étiologie, la sémiologie ainsi que les conséquences hémodynamiques et pronostiques constituent les cibles de l'encadrement thérapeutique susceptibles de réduire la morbidité et la mortalité associées aux arythmies cardiaques. Les différents choix thérapeutiques mentionnés dans l'encadré 10.3

Encadré 10.1 Facteurs arythmogènes externes

- Actions vagotoniques
- Affections pulmonaires
- Contexte périopératoire
- Déséquilibre du complexe acidobasique
- Déséquilibre hormonal
- Déséquilibres électrolytiques
- Déséquilibres métaboliques
- Effets proarythmiques
- Exercice
- Fièvre
- Hémorragie
- Hypersensibilité du sinus carotidien
- Hypotension
- Hypoxie
- Ischémie
- Médicaments iatrogéniques (antidépresseurs, antiarythmiques, digitale, etc.)
- Procédure cardiovasculaire effractive
- Stimulants exogènes (alcool, boissons énergisantes, caféine, nicotine)
- Stress psychologique
- Traumatisme crânien

Encadré 10.2 Affections cardiaques associées aux arythmies

- Atteintes anatomiques
- Atteintes congénitales
- Atteintes traumatiques
- Cardiomyopathies (dilatées, hypertrophiques, obstructives et restrictives)
- Chirurgie cardiaque
- Dysplasie du ventricule droit
- Endocardite
- Idiopathie
- Maladies coronariennes
- Maladies dégénératives
- Myocardite
- Prolapsus mitral
- Syndrome de préexcitation
- Syndrome du QT long
- Valvulopathies (maladie aortique et maladie mitrale)

Encadré 10.3 Solutions thérapeutiques des arythmies cardiaques

- Manœuvres d'activation du tonus sympathique-parasympathique (*voir la section 10.2*)
  - Stimulation mécanique
  - Stimulation chimique parasympathomimétique
- Antiarythmiques (*voir la section 10.3*)
  - Classe I
  - Classe II
  - Classe III
  - Classe IV
  - Digitale
  - Adénosine
- Approche non pharmacologique
  - Cardiostimulation (*voir la section 10.4*)
  - Cardioversion électrique (*voir la section 10.5*)
  - Défibrillation (*voir la section 10.6*)
  - Défibrillateur implantable (*voir la section 10.7*)
  - Thermoablation par radiofréquence (*voir la section 10.8*)

sont présentés dans le seul but de permettre de saisir le contexte global du traitement des arythmies cardiaques.

10.2 Manœuvres d'activation du tonus sympathique-parasympathique

10.2.1 Physiologie

Plusieurs terminaisons nerveuses ou récepteurs très sensibles à la pression sanguine se situent dans les parois cardiovasculaires. Ces barorécepteurs sont très nombreux, particulièrement dans le sinus carotidien. La partie terminale de la carotide primitive à sa bifurcation, du côté de la racine de la carotide interne, présente une dilatation : il s'agit du sinus carotidien sous l'angle de la mâchoire. Les barorécepteurs se retrouvent aussi dans l'arc aortique et les artères sous-clavières ; ils répondent à la pression instantanée au cours même du cycle cardiaque. Il s'ensuit une modulation dans la fréquence de décharge des influx de ces centres barorécepteurs. Les influx cheminent entre autres par des nerfs afférents et par le nerf vague jusqu'au bulbe, et ils produisent certains effets sur le système cardiovasculaire, notamment :

- un ralentissement du cœur en diminuant l'activité sympathique et en augmentant la transmission parasympathique (vague) ;
- un affaiblissement de la contractilité myocardique par la diminution des influx sympathiques sur la fibre cardiaque ;
- une baisse du débit cardiaque par diminution de la fréquence cardiaque (F.C.) et du volume systolique.

10.2.2 Manœuvres externes

Les indications diagnostiques ou thérapeutiques concernent la tachycardie supraventriculaire non spécifique, la tachycardie par réentrée nodale, la tachycardie réciproque orthodromique avec voie accessoire (QRS fins) et la tachycardie à QRS larges, sauf si un WPW est connu.

Manœuvres vagales

Certaines manœuvres ralentissent parfois efficacement la F.C. (80 % d'efficacité) et peuvent mettre fin à un accès de tachycardie. Elles sont sécuritaires quand elles sont effectuées avec soin (*voir l'encadré 10.4*).

Massage des sinus carotidiens droit et gauche

Le massage des sinus carotidiens droit (qui déprime surtout le nœud sinusal) et gauche (qui déprime surtout le nœud auriculoventriculaire [AV]) doit être effectué de la façon suivante :

- auscultation et palpation des carotides (le massage n'est pas recommandé si le client est atteint de sténose ou d'un souffle carotidien) ;
- tête à droite et en hyperextension, ou à gauche, selon le cas ;
- compression carotidienne unilatérale ferme sous l'angle de la mâchoire d'environ 5 s au point du massage.

Encadré 10.4 Manœuvres vagales

- Éternuement assez fort provoqué par le chatouillement de la muqueuse nasale
- Immersion de la tête et du visage dans l'eau froide à la suite d'une inspiration forcée
- Insertion d'un tube nasogastrique
- Manœuvre de Valsalva (expiration forcée, à glotte fermée, pendant 10 à 20 s)
- Position fœtale pendant 1 ou 2 min (position accroupie, bras bien croisés contre la poitrine, tronc courbé)
- Position de Trendelenburg (stimulation vagale par remplissage de l'oreillette droite)
- Réflexe nauséeux provoqué par un abaisse-langue (surtout chez les enfants)
- Réflexe oculocardiaque
- Quelques très profondes inspirations forcées
- Toucher rectal circulaire
- Toux forte (comme dans une quinte de toux)

Tracé 10.1 **Massage du sinus carotidien**

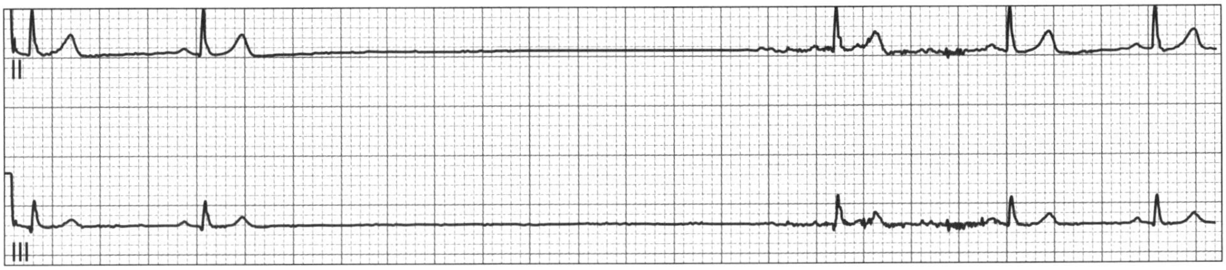

Le résultat est positif lorsque la F.C. est ralentie et que le résultat peut être reproductible. Le tracé 10.1 présente un monitorage ECG continu au cours de la manœuvre.

Les complications possibles des manœuvres externes sont des arythmies, une asystolie prolongée et une hémiplégie.

10.2.3 Stimulation chimique parasympathomimétique

La stimulation chimique parasympathomimétique se fait par l'administration d'adénosine (Adénocard[MD], *Krenosin*[MD]), de diltiazem (Cardizem[MD], *Tildiem*[MD]) et de vérapamil (Isoptin[MD], *Isoptine*[MD])[1]. Ces médicaments peuvent toutefois causer des effets secondaires tels que des bouffées de chaleur, une diplopie passagère, une diaphorèse, de l'hypotension et des vomissements.

10.3 Antiarythmiques

L'approche thérapeutique par l'utilisation des antiarythmiques vise particulièrement la réduction des symptômes et la prévention de la mort subite entraînée habituellement par une tachycardie ventriculaire (TV) ou une fibrillation ventriculaire (FV).

10.3.1 Propriétés de la fibre myocardique

Les propriétés de la fibre myocardique sont l'automaticité, la conductibilité et l'excitabilité. Une altération de l'une ou l'autre de ces propriétés modifie le potentiel d'action de la fibre cardiaque et, de ce fait, favorise les arythmies. Les antiarythmiques utilisés pour maîtriser ou corriger les arythmies peuvent modifier certains paramètres électrocardiographiques, notamment la F.C., l'intervalle PR, le complexe QRS et l'intervalle QT. Le tableau 10.25 résume les principaux effets électrocardiographiques des antiarythmiques administrés à des doses thérapeutiques.

10.3.2 Terminologie électrophysiologique

Les substances pharmacologiques utilisées pour contrôler ou traiter les arythmies cardiaques sont susceptibles d'influer sur les systèmes sympathique et parasympathique, particulièrement sur l'automaticité, la conductibilité et la contractilité de la fibre myocardique. Lorsque le mécanisme d'action de l'antiarythmique se répercute sur l'automaticité, l'effet est dit bathmotrope; sur la F.C., il est question d'effet chronotrope; sur la conduction, d'effet dromotrope; enfin, sur la contraction, l'effet est dit inotrope. Selon le ou les mécanismes d'action en jeu, ces substances augmentent (+) ou diminuent (−) isolément ou simultanément la F.C., la conduction auriculoventriculaire et la force de contraction myocardique (*voir le tableau 10.1*).

10.3.3 Effet arythmogène, ou proarythmique

Les antiarythmiques s'opposent au phénomène d'hyperexcitabilité myocardique. Dans certaines

1. Les médicaments (noms génériques et commerciaux) présentés en caractères italiques dans le texte sont vendus en Europe.

Tableau 10.1 **Terminologie associée aux répercussions électrophysiologiques des substances antiarythmiques**

Effets positifs	Effets négatifs
• **Bathmotrope:** ↑ de l'automaticité	• **Bathmotrope:** ↓ de l'automaticité
• **Chronotrope:** ↑ de la F.C.	• **Chronotrope:** ↓ de la F.C.
• **Dromotrope:** ↑ de la conduction	• **Dromotrope:** ↓ de la conduction
• **Inotrope:** ↑ de la force de contraction myocardique	• **Inotrope:** ↓ de la force de contraction myocardique

conditions, un antiarythmique, au lieu de corriger une arythmie, peut l'entretenir et même l'aggraver: il s'agit de l'effet proarythmique. L'effet proarythmique d'un antiarythmique, ou effet arythmogène, peut être défini de la façon suivante: multiplication du nombre des extrasystoles ventriculaires (ESV) ou du nombre de formes répétitives, ou encore première apparition d'une tachycardie ventriculaire soutenue au moment de la phase initiale du traitement antiarythmique. L'effet proarythmique se manifeste surtout sous forme de torsade de pointes, de tachycardie ventriculaire soutenue et de fibrillation ventriculaire. Les précurseurs de l'effet proarythmique sont principalement l'insuffisance cardiaque gauche avec fraction d'éjection inférieure à 40 %, l'arythmie ventriculaire soutenue et récurrente, les antiarythmiques des classes Ia, Ic et III, une médication concomitante, les déséquilibres électrolytiques, notamment l'hypokaliémie et l'hypomagnésémie, une ischémie myocardique ou encore une anomalie de la repolarisation préexistante se traduisant par un QT long. Une dysfonction du nœud sinusal et un bloc trifasciculaire sont associés à un risque élevé d'asystolie, en dépit d'un niveau pharmacologique thérapeutique.

L'effet «torsades de pointes» est en relation réciproque avec celui des antiarythmiques sur la repolarisation, se traduisant par un allongement de l'intervalle QT. Les antiarythmiques des classes Ia et III, la bradycardie extrême, le bloc auriculoventriculaire (BAV) complet et certains médicaments hypokaliémiques tels les diurétiques sont autant de manifestations cliniques susceptibles de prolonger la repolarisation, d'allonger l'intervalle QT et de favoriser les torsades de pointes.

10.3.4 Pharmacocinétique des antiarythmiques et influence du vieillissement sur la réaction aux médicaments

Facteurs physiologiques

Les changements physiologiques les plus significatifs liés à l'utilisation des médicaments touchent les fonctionnements hépatique et rénal.

Métabolisme hépatique La majorité des réactions métaboliques sont enzymatiques et se produisent dans le foie, organe très vascularisé et riche en enzymes. Le processus du vieillissement cause une réduction du volume du foie, le débit sanguin hépatique étant alors abaissé de 40 à 45 %. Le ralentissement du métabolisme et, par conséquent, la dégradation retardée du médicament entraînent une durée d'action prolongée, une accumulation du médicament et un risque accru d'intoxication. Ainsi, l'insuffisance hépatique perturbe la biotransformation des substances médicamenteuses, surtout celle des substances liposolubles.

Métabolisme rénal Le processus du vieillissement entraîne une réduction du débit rénal d'environ 10 %. Le ralentissement des fonctions rénales, incluant les sécrétions tubulaires et la filtration glomérulaire, peut atteindre 50 %. Les métabolites actifs que le rein n'arrive pas à éliminer retournent dans le réseau sanguin et augmentent la durée d'action, le risque d'effets secondaires et la toxicité, et ce, particulièrement pour les substances hydrosolubles. Les insuffisances rénales aiguës sont causées par des médicaments dans 20 % des cas (Clayton & Stock, 2003).

Augmentation du volume de tissus adipeux L'obésité ralentit la vitesse d'absorption des médicaments, car ils doivent traverser les tissus adipeux. Emmagasinés dans la graisse corporelle, les médicaments liposolubles sont moins efficaces, ce qui entraîne l'accumulation du médicament, une prolongation du stockage et un retard de l'excrétion. À titre d'exemples, le propranolol (Indéral[MD] ou *Avlocardyl*[MD]), l'acébutolol (Sectral[MD]), la lidocaïne (*Xylocard*[MD]) et la morphine sont des médicaments liposolubles.

Volume d'eau de l'organisme L'eau représente environ 55 % du poids corporel chez l'adulte. Le vieillissement peut entraîner une diminution du volume d'eau de l'organisme d'environ 15 % ; les médicaments hydrosolubles peuvent alors demeurer plus longtemps dans le sang et ainsi augmenter leur durée d'action. La digoxine, l'aténolol (Ténormin^MD^, *Ténormine*^MD^) et le pindolol (Visken^MD^) sont des exemples de médicaments hydrosolubles.

Distribution du médicament Certains médicaments comme l'acide salicylique, la warfarine (Coumadin^MD^, *Coumadine*^MD^) et la phénytoïne (Dilantin^MD^, *Di-Hydan*^MD^) se lient fortement aux protéines plasmatiques. Une baisse du taux d'albumine et des protéines totales diminue le nombre de sites de liaison pour ces médicaments; conséquemment, leurs effets sont accrus.

Considérations thérapeutiques

Plusieurs études démontrent que des individus asymptomatiques, sans cardiopathies avérées et présentant des arythmies ventriculaires non soutenues ont un excellent pronostic, ne requérant souvent aucune thérapie antiarythmique. Au cours du vieillissement, l'incidence des arythmies cardiaques est la suivante:

- Extrasystoles ventriculaires: 70 à 80 %;
- Fibrillation auriculaire: 10 %;
- Flutter auriculaire: 10 %;
- Tachycardie supraventriculaire paroxystique: 5 % (Surawicz & Knilans, 2008).

Les dysfonctions du nœud sinusal, les anomalies de la conduction auriculoventriculaire et les tachycardies ventriculaires soutenues constituent les principales causes de syncope chez la personne âgée.

Au cours d'une insuffisance cardiaque systolique, certains antiarythmiques tels que le disopyramide (Rythmodan^MD^, *Isorythm*^MD^), la propafénone (Rythmol^MD^, *Rytmonorm*^MD^) et la flécaïnide (Tambocor^MD^, *Flécaïne*^MD^) sont déconseillés.

Considérations pharmacologiques

Dans une étude portant sur 196 personnes (Kruse, Köhler, Oster & Schlierf, 1987), les prescriptions médicales de 12 % de cette clientèle révélaient des anomalies liées à au moins un des facteurs suivants: l'âge et l'altération de la fonction rénale, l'administration concomitante de certains médicaments, les contre-indications inhérentes aux médicaments et l'interprétation douteuse des effets secondaires.

L'utilisation concomitante d'antiarythmiques dans un contexte hypokaliémique secondaire aux diurétiques peut accroître le risque d'arythmogénicité. L'utilisation de diurétiques peut être liée à des problèmes d'incontinence. Le risque de toxicité médicamenteuse aux doses thérapeutiques habituelles est accru lorsqu'il y a administration concomitante de digitaline et de lithium, entraînant une déshydratation et des déséquilibres électrolytiques, notamment une hypokaliémie. L'administration de warfarine (Coumadin^MD^, *Coumadine*^MD^) présente un risque accru d'hémorragie chez les personnes âgées en raison de la diminution de la synthèse de la vitamine K^+ et de la fixation aux protéines, augmentant alors la quantité du médicament libre en circulation.

Le risque d'intoxication est proportionnel au nombre d'interactions médicamenteuses. Le tableau 10.2 illustre le parallèle entre le nombre de médicaments consommés et le risque d'intoxication (Lin, 2004).

Surveillance clinique

En présence d'une diminution de la fonction rénale, la posologie de plusieurs médicaments doit être réduite, notamment celle des inhibiteurs de l'enzyme de conversion de l'angiotensine (ECA), des antibiotiques et de certains antiarythmiques, dont la digitale. La mesure de la clairance de la créatinine (ClCr) selon la formule de Cockroft constitue un indicateur fiable de la filtration glomérulaire. Il est possible de la calculer sans avoir recours à la méthode fastidieuse de la collecte des urines des 24 heures, et ce, grâce à la formule suivante, appelée équation de Cockroft et Gault:

$$\text{ClCr (en ml/min)} = \frac{140 - \text{âge (ans)} \times \text{poids idéal}}{\begin{array}{c}49 \times \text{créatininémie } (\mu\text{mol/L}) \\ \text{ou } 92 \times \text{créatininémie (mg/dl)}\end{array}}$$

Femme: multiplier le résultat de l'équation par 0,85.

Tableau 10.2 **Parallèle entre le nombre de médicaments consommés et le risque de toxicité**

Nombre de médicaments	Risque de toxicité (%)
2	6
5	50
8	100

- Poids idéal :
  - Hommes = 50 kg + (2,3 × taille en po − 60 po) ou 0,92 × (taille en cm − 152 cm)
  - Femmes = 45,5 kg + (2,3 × taille en po − 60 po) ou 0,92 × (taille en cm − 152 cm)
- Formule abrégée :
  - Cl (homme) : 1,23 × poids (kg) × (140 − âge (ans)/créatininémie en µmol/L)
  - Cl (femme) : 1,04 × poids (kg) × (140 − âge (ans)/créatininémie en µmol/L)
- Normalité :
  - Femmes : 95 ± 20 ml/min
  - Hommes : 120 ± 20 ml/min

10.3.5 Classification des antiarythmiques

Selon la classification de Vaughan-Williams, les antiarythmiques sont répartis en quatre classes (*voir le tableau 10.3*). Selon la classe à laquelle elles appartiennent, ces substances pharmacologiques possèdent certaines propriétés

Tableau 10.3 Classification des antiarythmiques de Vaughan-Williams[a]

Classe	Mécanismes d'action	Médicaments
Classe I Bloquants des canaux sodiques	• Agir sur la phase 0 • Allonger le potentiel d'action • Bloquer l'entrée rapide de sodium • Produire une action comparable à une classe III	**Ia** • Disopyramide (Rythmodan[MD], *Isorythm*[MD]) • Procaïnamide (Pronestyl[MD]) • Quinidine (Longagor[MD], *Quinine*[MD])
	• Bloquer l'entrée rapide de sodium • Agir sur la phase 0 • Raccourcir le potentiel d'action • Élever le seuil d'excitabilité	**Ib** • Lidocaïne (*Xylocard*[MD]) • Mexilétine (Mexitil[MD]) • Phénytoïne (Dilantin[MD], *Di-Hydan*[MD])
	• Agir sur la phase 0 • Bloquer l'entrée rapide de sodium	**Ic** • *Cibenzoline* (*Cipralan*[MD]) • Flécaïnide (Tambocor[MD], *Flécaïne*[MD]) • Propafénone (Rythmol[MD], *Rytmonorm*[MD])
Classe II Bloquants des récepteurs bêtaadrénergiques ou bêtabloquants	• Allonger la phase 4 du potentiel d'action • Allonger la période réfractaire du nœud AV • Bloquer l'action sympathique • Ralentir la fréquence sinusale	• Propranolol (Indéral[MD], *Avlocardyl*[MD]) et bêtabloquants analogues (*voir le tableau 10.14*)
Classe III Prolongation de la repolarisation ou bloquants potassiques	• Agir au niveau de la phase 3 du potentiel d'action • Bloquer le courant potassique • Prolonger la durée des périodes réfractaires et du potentiel d'action des cellules auriculaires et ventriculaires	• Amiodarone (Cordarone[MD]) • Brétylium (Brétylate[MD]) • Dofétilide (Tikosyn[MD]) • Dronédarone (Multaq[MD]) • Ibutilide (Corvert[MD]) • Sotalol (Sotacor[MD], *Sotalex*[MD])
Classe IV Bloquants des canaux calciques	• Agir au niveau de la phase 2 du potentiel d'action • Bloquer l'entrée de calcium • Modifier les potentiels d'action du nœud sinusal, et principalement du nœud AV	• Diltiazem (Cardizem[MD], *Tildiem*[MD]) • Vérapamil (Isoptin[MD], *Isoptine*[MD])

[a] Sauf exception, les contre-indications et les interactions médicamenteuses ont été volontairement soustraites des descriptions pharmacologiques des pages suivantes.

électrophysiologiques et agissent sur l'une ou l'autre des phases du potentiel d'action (*voir la figure 10.1*) en modifiant la perméabilité de la membrane cellulaire aux ions sodiques (Na^+), calciques (Ca^+) et potassiques (K^+). Le tableau 10.25 résume les principaux effets électrocardiographiques des antiarythmiques et le tableau 10.26 en présente les principaux effets électrophysiologiques. Cette classification a cependant une valeur clinique limitée depuis l'introduction de certains traitements tels que le défibrillateur implantable et l'ablation par radiofréquence.

Classe I

Les antiarythmiques de la classe I (bloquants des canaux sodiques) agissent en bloquant l'entrée de sodium dans la cellule. Leur mécanisme d'action est intimement lié au ralentissement de la dépolarisation correspondant à la phase 0 du potentiel d'action dans les cellules à conduction rapide (musculaires, auriculaires et ventriculaires) et les fibres du réseau His-Purkinje. Certains bloquent aussi les canaux potassiques. Les antiarythmiques de la classe I sont divisés en trois sous-groupes, soit Ia, Ib et Ic.

Classe Ia Les antiarythmiques de ce sous-groupe (disopyramide, procaïnamide et quinidine) ralentissent la conduction cellulaire en bloquant les canaux sodiques; de plus, ils prolongent la repolarisation et la période réfractaire du tissu cardiaque en bloquant les canaux potassiques (I_{Kr}). À l'ECG, l'élargissement du complexe QRS est discret, mais l'allongement de l'intervalle QT peut être significatif. L'onde U proéminente et l'onde T modifiée sont aussi observées. L'effet inotrope négatif est à surveiller. La combinaison des antiarythmiques de cette classe avec ceux des classes Ic ou III est à éviter (*voir les tableaux 10.4 à 10.6*).

Figure 10.1 **Incidences des antiarythmiques sur le potentiel d'action**

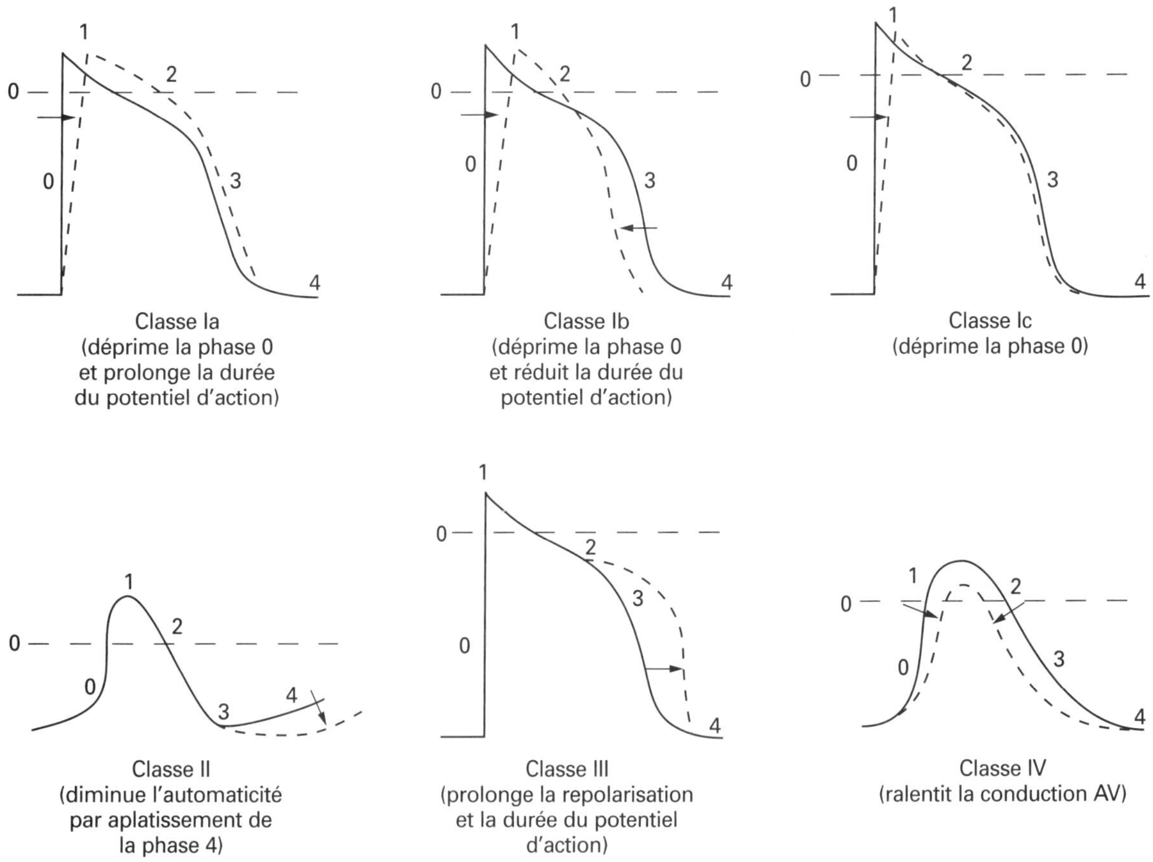

Tableau 10.4 Disopyramide : RythmodanMD, *Isorythm*MD

Électrophysiologie	• Effets semblables à ceux de la quinidine • Effet dromotrope négatif également présent dans les voies accessoires
Électrocardiographie	• ↑ minime des intervalles QRS et QT
Hémodynamie	• Effet cardiodépresseur (inotrope négatif) important • Action vagolytique accélérant la fréquence sinusale et augmentant la conduction AV • ↑ de la pression artérielle, de la postcharge et de la consommation d'oxygène • Antiarythmique non recommandé comme premier choix pour la personne susceptible de présenter une insuffisance cardiaque
Pharmacologie	• Concentration thérapeutique de 2 à 5 mcg/ml ou 6 à 15 µmol/L avec une demi-vie d'élimination de 4 à 10 h • Par voie orale, dose initiale de l'ordre de 150 mg à des intervalles de 6 à 8 h
Effets secondaires	• Effets anticholinergiques, soit bouche sèche, vision brouillée, constipation et rétention urinaire (pour 5 % de la clientèle) • Exacerbation d'une insuffisance cardiaque et effet proarythmique en présence d'un QT allongé
Indications	• Identiques à celles de la quinidine et de la procaïnamide, y compris le traitement des arythmies ventriculaires et supraventriculaires réfractaires
Surveillance clinique	• Symptômes et signes de décompensation ventriculaire gauche, soit dyspnée et fatigue accrue, B3 à l'auscultation cardiaque et crépitants inspiratoires à l'auscultation pulmonaire

Tableau 10.5 Procaïnamide : PronestylMD

Électrophysiologie	• Effets semblables à ceux de la quinidine, à l'exception des effets anticholinergiques • Effets bathmotrope négatif et dromotrope négatif dans le nœud AV et les voies accessoires
Électrocardiographie	• Allongement des intervalles QRS et QT
Hémodynamie	• Hypotension et bradycardie possibles • Possibilité de fonction ventriculaire gauche déprimée si combinaison de la procaïnamide avec d'autres antiarythmiques
Pharmacologie	• Concentration thérapeutique de 4 à 10 mcg/ml ou 17 à 43 µmol/L avec une demi-vie d'élimination de 2 à 5 heures • N-acétyl-procaïnamide (NAPA) : métabolite actif de la procaïnamide devant être dosé en même temps que la procaïnamide • Dose thérapeutique de la NAPA : 6 à 10 mcg/ml ou 22 à 72 µmol/L • NAPA : considérée comme une substance antiarythmique produisant une action modérément pure de classe III • Dose orale initiale recommandée de 500 mg toutes les 6 h pour une dose maximale quotidienne de 6 000 à 8 000 mg
Effets secondaires pour la voie intraveineuse	• Hypotension, surtout au cours d'une thérapie à long terme, soit dépression, psychose et syndrome lupique (20 % de la clientèle) • Abandon du traitement dans environ 40 % des cas, compte tenu de l'importance des effets secondaires (idiosyncrasie [1 à 2 %])
Indications	• Identiques à celles de la quinidine • Médicament de deuxième intention pour le traitement des tachycardies ventriculaires soutenues (si inefficacité de l'amiodarone et de la lidocaïne) • Médicament de choix, par voie intraveineuse, pour le traitement du syndrome de préexcitation sans hypotension
Surveillance clinique	• Pression artérielle et signes d'une baisse de débit cardiaque au cours de la thérapie intraveineuse et monitorage des arythmies pour les traitements d'urgence • Signalement de toute augmentation de la durée des QRS supérieure à 25 % et de la durée des QT supérieure à 0,5 s

Tableau 10.6 **Quinidine: Longagor^MD, *Quinine*^MD**

Électrophysiologie	• Effet bathmotrope négatif sur le plan auriculaire, ventriculaire, du noeud AV et des voies accessoires
Électrocardiographie	• Augmentation des intervalles PR, QRS et surtout QT
Hémodynamie	• Vasodilatation par blocage des récepteurs adrénergiques alpha entraînant surtout de l'hypotension, si administration du médicament par voie veineuse
Pharmacologie	• Concentration thérapeutique de 1,5 à 3 mcg/ml avec une demi-vie d'élimination de 4 à 17 h • Sulfate de quinidine donné par voie orale à raison de 200 mg toutes les 6 h, et ce, jusqu'à un maximum de 2 400 mg par jour
Effets secondaires	• Effets gastro-intestinaux incluant nausées, vomissements, diarrhée, douleurs abdominales, anorexie et un goût amer • Incidence des torsades de pointes de l'ordre de 2 à 10 %, principalement au cours des 48 premières heures du traitement • Cinchonisme également rapporté à des taux sériques élevés: caractérisé par du tinnitus (acouphène), de la dyspnée, des tremblements, des troubles visuels, des vertiges, des céphalées et de la surdité temporaire • Indice de mortalité de l'ordre de 2,9 %
Indications	• Conversion du flutter, de la tachycardie et de la fibrillation auriculaires (50 % pour un an) en rythme sinusal
Surveillance clinique	• Potentiel proarythmique si QTc supérieur à 0,55 s • Signalement de toute augmentation de QT et de QRS de plus de 25 % de la durée initiale • ↑ possible de la digoxinémie de 50 à 100 % • Problèmes de toxicité à la digoxine dus à l'association quinidine-digoxine (20 à 40 % des cas)

Classe Ib Les antiarythmiques de la classe Ib (lidocaïne, mexilétine, phénytoïne) sont considérés comme les moins puissants de cette classe. Ils réduisent la durée du potentiel d'action et augmentent le seuil de fibrillation ventriculaire (ils atténuent le risque de la fibrillation ventriculaire). À l'ECG, les intervalles PR et QRS sont peu touchés, et l'intervalle QTc est raccourci (*voir les tableaux 10.7 à 10.9*).

Classe Ic Les antiarythmiques de la classe Ic (*cibenzoline*, flécaïnide, propafénone) sont les bloquants sodiques les plus puissants. Ils dépriment l'automaticité ou la phase 0 du potentiel d'action, produisent un ralentissement marqué de la conduction et augmentent la période réfractaire des voies accessoires. À l'ECG, la durée du complexe QRS augmente sans modification de l'intervalle QTc. Ils sont efficaces principalement contre les arythmies supraventriculaires et, à un degré moindre, ventriculaires. L'effet proarythmique des antiarythmiques de cette classe est particulièrement important (*voir les tableaux 10.10 et 10.11*).

Classe II

Les antiarythmiques de la classe II sont des bloquants des récepteurs bêtaadrénergiques, ou bêtabloquants, et ils comprennent notamment le propranolol (Indéral^MD, *Avlocardyl*^MD) et des bêtabloquants analogues.

Mécanismes d'action Les bêtabloquants s'opposent de façon compétitive à la norépinéphrine libérée et à l'épinéphrine circulante en occupant les sites récepteurs dans le cœur et d'autres organes. Les récepteurs bêta-1 adrénergiques sont en grand nombre dans le cœur; les récepteurs bêta-2 adrénergiques prédominent, quant à eux, dans le muscle lisse bronchique et vasculaire. Les agents bloqueurs des bêta-1 récepteurs ont une propriété connue sous le nom de cardiosélectivité.

Le principal mécanisme des bêtabloquants est d'inhiber la stimulation cardiaque des récepteurs bêtaadrénergiques. Conséquemment, la F.C. diminue (effet chronotrope négatif), le temps de conduction

Tableau 10.7 Lidocaïne : *Xylocard*MD

Électrophysiologie	• Réduction du potentiel d'action des fibres ischémiques, des fibres de Purkinje et des fibres musculaires des ventricules • Activité déclenchée et automaticité déprimées par la lidocaïne • Durée d'action plus longue que celle de la procaïnamide
Électrocardiographie	• Peu d'influence sur les intervalles PR et QRS ; par contre, raccourcissement de l'intervalle QTc
Hémodynamie	• Peu d'effets dépresseurs sur la conduction et le myocarde
Pharmacologie	• Administration intraveineuse (I.V.) de la dose de charge en bolus de 100 mg pour un adulte de poids moyen • Effets antiarythmiques se manifestant après 45 à 90 s • Durée d'action de 10 à 20 min • Perfusion de l'ordre de 1 à 4 mg/min • Concentration thérapeutique variant de 1,5 à 5 mcg/ml ou de 6 à 22 µmol/L avec une demi-vie d'élimination de 1,5 à 2 h
Effets secondaires	• Surtout neurologiques • Manifestations : agitation, confusion, troubles de l'audition, vertiges et tremblements • Nausées et vomissements possibles
Indications	• Choix possible pour le contrôle des arythmies ventriculaires
Surveillance clinique	• Administration en bolus sur une période de 2 à 3 min afin de prévenir l'hypotension et la défaillance ventriculaire gauche • Signalement des effets secondaires, s'il y a lieu

Tableau 10.8 Mexilétine : MexitilMD

Électrophysiologie	• Effets similaires à ceux de la lidocaïne
Électrocardiographie	• Intervalle QT légèrement plus court
Hémodynamie	• Incidence hémodynamique faible
Pharmacologie	• Concentration thérapeutique de 0,75 à 2 mcg/ml avec une demi-vie d'élimination de 8 à 15 h • Posologie orale recommandée : 150 mg toutes les 8 h
Effets secondaires	• Tremblements, nausées, vomissements, diplopie, constipation et dyspnée • Effets secondaires amoindris si prise de la médication avec des aliments
Indications	• Médication d'appoint dans le traitement de l'arythmie ventriculaire avec un intervalle QTc long et aussi dans le syndrome congénital du QT long • Combinée au propranolol (IndéralMD, *Avlocardyl*MD) ou à l'amiodarone (CordaroneMD) : augmentation de l'efficacité du traitement d'une tachycardie ventriculaire réfractaire et récidivante
Surveillance clinique	• Signalement des effets secondaires, s'il y a lieu

s'allonge (effet dromotrope négatif) et la contractilité déprime (effet inotrope négatif) ; la pression artérielle est ainsi modifiée et le débit cardiaque peut être altéré. Les bêtabloquants ont un effet sympatholytique sur le coeur en bloquant de façon compétitive la stimulation adrénergique de l'excitation et de la conduction ; ils ont une action antiarythmique inhérente. Tous les bêtabloquants sont essentiellement identiques sur le plan des effets thérapeutiques cardiovasculaires. Les différences sont pharmacocinétiques et pharmacodynamiques.

Tableau 10.9 Phénytoïne : Dilantin[MD], *Di-Hydan*[MD]

Électrophysiologie	• Anticonvulsivant (propriétés antiarythmiques mises en évidence en 1950) • Effets identiques à ceux de la lidocaïne • Stimulation vagale déprimée par la phénytoïne
Hémodynamie	• Effet inotrope négatif surtout néfaste pour une fonction ventriculaire déjà perturbée
Pharmacologie	• Concentration thérapeutique : 10 à 20 mcg/ml ou 40 à 80 µmol/L avec une demi-vie d'élimination de 16 à 24 h • Posologie suggérée par voie orale ou veineuse : 10 à 15 mg/kg
Effets secondaires	• Surtout liés à l'atteinte du système nerveux central, comme pour la lidocaïne • Observation plus fréquente de nystagmus, d'ataxie et de somnolence
Indications	• Médication d'appoint pour les arythmies supraventriculaires et ventriculaires liées à l'intoxication digitalique (même si la lidocaïne est jugée aussi efficace et plus facile à administrer)
Surveillance clinique	• Monitorage des arythmies cardiaques et de la pression artérielle nécessaire (possibilité d'hypotension et de bloc AV de haut degré, surtout si médication donnée plus rapidement que 25 à 50 mg/min)

Tableau 10.10 Flécaïnide : Tambocor[MD], *Flécaïne*[MD]

Électrophysiologie	• Dépression de la vitesse de conduction AV et des voies accessoires • Allongement du temps de dépolarisation cellulaire des oreillettes, du réseau de Purkinje et du muscle ventriculaire
Électrocardiographie	• Intervalles PR et QRS possiblement allongés de 20 à 30 % • Repolarisation non touchée
Hémodynamie	• Aggravation possible de la symptomatologie due à l'effet inotrope négatif, surtout en présence d'une insuffisance cardiaque préexistante • Augmentation de la mortalité due à la flécaïnide si utilisée pour contrer une arythmie ventriculaire non soutenue, après un infarctus du myocarde récent
Pharmacologie	• Concentration thérapeutique : 0,2 à 1 mcg/ml avec une demi-vie d'élimination de 7 à 23 h • Niveau thérapeutique supérieur à 1 mcg/ml devant être associé à un effet proarythmique • Posologie orale recommandée : 100 mg toutes les 12 h • Dose quotidienne maximale de 300 mg, si fonction ventriculaire gauche non altérée • ↑ possible de la concentration plasmatique de la digoxine et du propranolol
Effets secondaires	• Effets secondaires non cardiovasculaires transitoires et bien tolérés • Autres effets : dyspnée, vertiges, troubles visuels, tremblements et céphalées • Avec une dysfonction ventriculaire gauche diminuée, incidence proarythmique pouvant atteindre 20 %, surtout en présence de doses orales quotidiennes excédant 400 mg et si concentration plasmatique supérieure à 1 mcg/ml
Indications	• Traitement des arythmies supraventriculaires suivantes : tachycardie jonctionnelle de réentrée, flutter auriculaire, fibrillation auriculaire, syndrome de préexcitation sans cardiomyopathie avérée et ESV fréquentes
Contre-indications	• Insuffisance cardiaque et cardiopathie ischémique
Surveillance clinique	• Induction possible d'un flutter auriculaire plus rapide en l'absence d'une utilisation conjointe d'un agent dromotrope • Développement d'une tachycardie ventriculaire incessante

Tableau 10.11 **Propafénone: Rythmol^MD, *Rytmonorm*^MD**

Électrophysiologie	• ↓ de la vitesse de dépolarisation ou de la phase 0 du potentiel d'action sans influence importante sur la durée du potentiel d'action • Dépression du nœud sinusal et ralentissement de la conduction à travers toutes les structures du cœur • Faible effet bloquant sur les récepteurs bêtaadrénergiques (potentiel de 1/40 du propranolol) et sur les canaux calciques
Électrocardiographie	• Intervalles PR et QRS plus longs • Peu de changements quant à l'intervalle QT
Hémodynamie	• Exacerbation possible d'une insuffisance cardiaque en présence d'une fonction ventriculaire amoindrie
Pharmacologie	• Concentration thérapeutique: 0,5 à 2 mcg/ml avec une demi-vie d'élimination de 1 à 9 h • Concentration orale initiale suggérée: 150 mg toutes les 8 h avec une dose quotidienne maximale de 600 mg administrée à des intervalles de 8 à 12 h • ↑ de la concentration plasmatique de la digoxine de l'ordre de 30 à 40 % et accentuation de l'effet de la warfarine (Coumadin^MD, *Coumadine*^MD)
Effets secondaires	• Nausées, vomissements, constipation, dyspnée, diplopie, paresthésie, vertiges, fatigue, céphalées et altération du goût (10 à 15 %)
Indications	• Traitement des arythmies supraventriculaires suivantes: tachycardie jonctionnelle de réentrée, flutter auriculaire, fibrillation auriculaire, syndrome de préexcitation sans cardiomyopathie avérée et ESV fréquentes
Contre-indications	• Insuffisance cardiaque et cardiopathie ischémique
Surveillance clinique	• Induction possible d'un flutter auriculaire plus rapide en l'absence d'une utilisation conjointe d'un agent dromotrope • Développement d'une tachycardie ventriculaire incessante (incidence de survenue de l'effet proarythmique plus faible qu'avec la flécaïnide)

Le degré de lipophilie d'un bêtabloquant est l'une des propriétés pharmacocinétiques les plus importantes. Le tableau 10.12 donne les principales caractéristiques de la lipophilie, qui est le degré de solubilité d'un agent dans les lipides ou les graisses, et de l'hydrophilie, qui est la capacité d'un agent à se dissoudre dans l'eau.

Propriétés pharmacologiques La cardiosélectivité est la capacité d'un agent pharmacologique à effectuer un blocage sélectif des bêta-1 récepteurs tout en inhibant le moins possible les bêta-2 récepteurs. Cette propriété est relative et non absolue; de plus, elle est proportionnelle à la dose administrée (*voir le tableau 10.13*). Elle est considérée dans certaines affections pulmonaires, vasculaires périphériques et diabétiques.

L'activité sympathomimétique intrinsèque (ASI), ou activité agoniste partielle, est la capacité de certains agents de stimuler et d'inhiber les bêtarécepteurs. L'acébutolol (Sectral^MD), l'oxprénolol (Trasicor^MD) et le pindolol (Visken^MD) ont en commun cette propriété. Pendant l'effort, les agents qui ont une ASI inhibent autant l'activité bêtaadrénergique que tout autre bêtabloquant. L'activité agoniste partielle pourrait être favorable chez les personnes atteintes d'insuffisance cardiaque ou de bradycardie excessive au repos.

Le principal effet de l'action stabilisatrice de la membrane (ASM), ou effet *quinidinelike*, est la diminution du potentiel d'action myocardique. Sa signification clinique est obscure. À très fortes doses, ces agents peuvent avoir des effets antiarythmiques accrus. Le propranolol (Indéral^MD, *Avlocardyl*^MD) est l'agent ayant la plus grande activité stabilisatrice de la membrane.

Le tableau 10.14 résume les propriétés pharmacocinétiques et pharmacodynamiques des principaux bêtabloquants utilisés en clinique. Le tableau 10.15 présente les autres caractéristiques des bêtabloquants.

Tableau 10.12 **Propriétés pharmacocinétiques des agents lipophiles et hydrophiles**

Agents lipophiles	Agents hydrophiles
• Métabolisés par le foie • Courte demi-vie d'élimination de 3 à 6 h • Action de courte durée • Plusieurs doses quotidiennes nécessaires, sauf pour un agent à libération lente • Interactions médicamenteuses possibles	• Éliminés par les reins • Demi-vie d'élimination pouvant atteindre 24 h • Action prolongée • Une seule dose quotidienne nécessaire • Aucune interaction pharmacocinétique

Tableau 10.13 **Caractéristiques des bêta-1 et des bêta-2 selon les sites d'action**

	Bêta-1 récepteurs	Bêta-2 récepteurs
Site	• Muscles cardiaques et tissus cardiaques	• Tissus musculaires lisses bronchiques et vasculaires
Action prédominante	• Cœur: effets bathmotrope +, chronotrope + et inotrope + • Rein: libération de rénine • Tissus adipeux: lipolyse; dégradation des graisses augmentée	• Muscle bronchique: bronchodilatation augmentée • Vaisseaux sanguins périphériques: vasodilatation augmentée; muscles hépatiques et squelettiques provoquant la glycogénolyse, soit la diminution ou la disparition du sucre contenu dans les liquides ou les tissus de l'organisme • Pancréas: sécrétion d'insuline augmentée
Effecteur	• Norépinéphrine (neurotransmetteur)	• Épinéphrine circulante (hormone)
Blocage bêtaadrénergique non sélectif	• Bradycardie • Inhibition de la libération de la rénine • Réduction des acides gras libres	• Bronchospasmes • Vasoconstriction • Réduction d'énergie

Classe III

Les antiarythmiques de cette classe (bloquants potassiques [amiodarone, brétylium, dronédarone, sotalol]), surtout efficaces en prophylaxie, agissent dans la phase 3 du potentiel d'action en bloquant les sorties de potassium de la cellule au cours de la repolarisation (I_{Kr}). En prolongeant la repolarisation, ils contrôlent la formation de circuits de réentrée. La durée du potentiel d'action étant augmentée, la répercussion électrocardiographique se fait principalement sentir sur l'allongement de l'intervalle QT (*voir les tableaux 10.16 à 10.19*).

Classe IV

Les antiarythmiques de la classe IV (bloquants des canaux calciques) agissent sur la phase 2 du potentiel d'action en bloquant les canaux calciques des cellules nodales. L'effet le plus dominant est le ralentissement de la conduction AV associé à une diminution de la F.C. De plus, ils sont cardiodépressifs (*voir les tableaux 10.20 et 10.21*).

Digitale

La digitale (digoxine [Lanoxin[MD]]), introduite en 1930, est un cardiotonique dont les indications de nos jours sont cependant limitées. Les caractéristiques de la digitale sont présentées dans les tableaux 10.22 et 10.23.

Adénosine

Bien que l'adénosine ne fasse pas partie de la classification de Vaughan-Williams, ses propriétés antiarythmiques sont hautement considérées.

Les caractéristiques de l'adénosine (Adénocard[MD], *Krenosin*[MD]) sont présentées dans le tableau 10.24.

Tableau 10.14 **Propriétés pharmacocinétiques et pharmacodynamiques des bêtabloquants**

Médicaments	Puissance comparative: propranolol = 1	Cardio-sélectivité	Activité sympatho-mimétique intrinsèque (ASI)	Activité de stabilisation de la membrane (ASM)	Lipophile (L) ou hydrophile (H)	Demi-vie d'élimination[a]
Acébutolol (Sectral[MD])	0,3	+	+	+	L	4 h
Aténolol (Ténormin[MD], *Ténormine*[MD])	1,0	+	0	0	H	9 h
Bisoprolol (Monocor[MD], *Soprol*[MD], *Detentiel*[MD], *Cardensiel*[MD])	–	+	0	0	L	11 h
Métoprolol (Lopresor[MD], Bétaloc[MD], *Seloken*[MD])	1,0	+	+	+	L	4 h
Nadolol (Corgard[MD])	6	0	0	0	H	20 h
Oxprénolol (Trasicor[MD])	0,5 à 1,0	0	+	+	L	2 h
Pindolol (Visken[MD])	6	0	+	+	L	3 h
Propranolol (Indéral[MD], *Avlocardyl*[MD])	1,0	0	+	+	L	4 h
Timolol (Blocadren[MD], *Timacor*[MD])	6	0	0	0	L	4 h
Esmolol (Brévibloc[MD])	NÉ[b]	+	0	0	H	9 min
Labétolol (*Normodyne*[MD], Trandate[MD])	0,2	0	+	+	L	6 h
Carvédilol (Coreg[MD], *Kredex*[MD])	NÉ[b]	0	+	+	L	7 à 10 h

[a] Demi-vie d'élimination: temps que met une substance médicamenteuse à diminuer de moitié sa concentration plasmatique, qu'elle soit initiale ou restante.
[b] NÉ: non évaluée.

Tableau 10.15 **Bêtabloquants**

Électrophysiologie	• Allongement du temps de conduction AV et de la période réfractaire sinoauriculaire • Réduction de l'automaticité des fibres de Purkinje par l'aplatissement de la phase 4 du potentiel d'action (plus la durée de la phase 4 est longue, plus lente sera la F.C.)
Électrocardiographie	• F.C. ralentie et conduction auriculoventriculaire prolongée, donc allongement des intervalles PR et QT sans modification du QTc
Hémodynamie	• Considérant l'effet dépresseur sur le sinus, le nœud AV et la fonction ventriculaire, surveillance accrue nécessaire des effets secondaires lorsque jumelage des bêtabloquants aux bloquants calciques et aux antiarythmiques de la classe III
Effets secondaires	• Cardiorespiratoires: bradycardie, bloc AV, bronchospasme, défaillance cardiaque et hypotension • Neurologiques: étourdissements, fatigue, confusion, insomnie, cauchemars, hallucinations et dépression • Autres: claudication, perte de cheveux, douleurs abdominales, nausées, diarrhée et constipation
Indications	• Tachycardie supraventriculaire de réentrée, contrôle de la fréquence dans le flutter auriculaire ou la fibrillation auriculaire, et en prophylaxie de la mort subite post-infarctus
Surveillance clinique	• F.C. précédant la prise de la médication • Signalement des effets secondaires, principalement en présence de signes d'un syndrome de bas débit (*voir le chapitre 5, section 5.2.6*)

Tableau 10.16 **Amiodarone : Cordarone^MD**

Électrophysiologie	• Puissant antiarythmique prolongeant la période réfractaire et la repolarisation de tous les tissus cardiaques (de classe III, *per os*) et déprimant la conduction sinoauriculaire et auriculoventriculaire (de classe IV, par voie I.V.) • Prolongation de la période réfractaire des voies accessoires en cas de WPW
Électrocardiographie	• Ralentissement de la F.C. et allongement des intervalles PR, QRS et surtout QT • Apparition possible de l'onde U • Torsade de pointes (< 1 %)
Hémodynamie	• Réduction de la pression artérielle et des résistances vasculaires périphériques
Pharmacologie	• Teneur en iode de 37 % et demi-vie d'élimination moyenne de 52 jours • Par voie I.V. : effet thérapeutique de classe IV apparaissant rapidement avec une dose de 300 mg en bolus (dilués dans 20 à 30 ml DW 5 %) suivie d'une perfusion I.V. de 900 mg sur une période de 24 h • Par voie orale : effet thérapeutique de classe III apparaissant en 5 à 10 jours suivant le début de la thérapie, nécessitant un premier passage hépatique et la formation d'un métabolite actif, soit la deséthylamiodarone • Dose de charge recommandée : 10 à 12 g, à raison d'un maximum de 400 mg 3 fois par jour • Dose d'entretien de 200 mg par jour indiquée pour la thérapie à long terme • Dose de 400 mg réservée à certaines arythmies purement ventriculaires si dose d'entretien de 200 mg inefficace • Élévation du taux sérique de la digoxine de plus de 100 %, de la warfarine (Coumadin^MD) et de plusieurs antiarythmiques (procaïnamide, phénytoïne et quinidine)
Effets secondaires	• Fonctions hépatique (15 %), cardiovasculaire, dermatologique (25 à 75 %), neurologique (3 à 30 %) et pulmonaire • Incidence d'une fibrose pulmonaire (< 3 %), formation de microdépôts cornéens (100 %), perception de halos autour des lumières apparaissant dans la majorité des cas 3 mois après le début du traitement et réversibles à l'arrêt du traitement • Effets secondaires : bradycardie (< 5 %), cyanose, étourdissements, hypotension, hypothyroïdie (< 20 %), hyperthyroïdie (< 3 %), photosensibilité, tremblements • Élimination du médicament s'échelonnant sur une période de quatre à six mois
Indications	• Tachycardie supraventriculaire réfractaire à toute thérapie conventionnelle • Tachycardie ventriculaire et fibrillation ventriculaire en situation aiguë • Prévention secondaire en adjuvant au défibrillateur implantable
Contre-indications	• Dysfonctions hépatiques, maladie pulmonaire avancée, troubles thyroïdiens non traités, BAV de haut degré et complet
Surveillance clinique	• Signalement des effets secondaires et de l'effet proarythmique

Tableau 10.17 **Brétylium : Brétylate^MD**

Électrophysiologie	• Augmentation de la durée de la période réfractaire relative et prolongation de la durée du potentiel d'action dans le tissu auriculaire, le réseau His-Purkinje et le tissu ventriculaire
Électrocardiographie	• Ralentissement de la F.C. et allongement de l'intervalle QTc
Hémodynamie	• Manifestation de l'effet inotrope positif et de l'augmentation des résistances périphériques, y compris une hausse de la pression artérielle au cours des 15 premières minutes • Par la suite, prédominance de l'hypotension posturale

▼

▼

Pharmacologie	• Concentration myocardique plutôt que plasmatique atteinte au bout de 3 à 6 h avec une demi-vie d'élimination moyenne de 10 h • Posologies recommandées: consultation des algorithmes thérapeutiques de la tachycardie ventriculaire et de la fibrillation ventriculaire
Effets secondaires	• Bradycardie, nausées, vomissements et douleurs abdominales • Hypotension de posture fréquente (60 %)
Indications	• Médicament de deuxième intention pour le traitement de la tachycardie ventriculaire et de la fibrillation ventriculaire
Surveillance clinique	• Hypotension orthostatique à surveiller (dramatique en présence d'une dysfonction ventriculaire gauche ou d'une hypovolémie) • Meilleure approche thérapeutique à court terme: position de Trendelenburg et administration de liquides par voie I.V.

Tableau 10.18 **Dronédarone: Multaq**MD

Électrophysiologie	• Agent bloquant de plusieurs canaux: inhibition des canaux potassiques (classe III), des canaux sodiques (classe I), des canaux calciques (classe IV) et effet sympatholytique (classe II) • Prolongation des périodes réfractaires effectives de l'oreillette et du nœud AV
Électrocardiographie	• Ralentissement de la F.C. et allongement des intervalles PR et QTc
Pharmacologie	• Posologie: 1 co. de 400 mg *per os* 2 fois par jour au moment du repas • Pic d'action: 3 à 6 h • Demi-vie: 25 à 30 h
Effets secondaires	• Les plus fréquents: diarrhée, douleurs abdominales, indigestion, fatigue, nausées et vomissements
Indications	• Fibrillation auriculaire sur cœur sain avec ou sans anomalies structurelles cardiaques minimales • Maintien du rythme sinusal chez les clients en fibrillation auriculaire non permanente associée à une hypertension artérielle, une hypertrophie ventriculaire gauche, une coronaropathie, une insuffisance cardiaque de classe I ou II stable ou bien une contre-indication à la CordaroneMD
Contre-indications	• BAV de haut degré et BAV complet, bradycardie extrême, dysfonctions hépatiques, insuffisance cardiaque instable ou de classes III et IV • Intervalle QTc > 0,50 s
Surveillance clinique	• Effets secondaires • Intervalle QTc

Tableau 10.19 **Sotalol: Sotacor**MD**, *Sotalex*MD**

Électrophysiologie	• Bêtabloquant agissant également dans la phase 3 du potentiel d'action en bloquant les sorties de potassium • En raison d'un allongement de la repolarisation ventriculaire, contribution à un effet proarythmique plus fréquent
Électrocardiographie	• Ralentissement de la F.C. • Allongement des intervalles PR et QTc (surtout) de 40 à 110 ms
Pharmacologie	• Concentration thérapeutique: 1 à 3 mcg/ml avec une demi-vie d'élimination de 17 h • Dose initiale suggérée: 80 à 160 mg *per os* 2 fois par jour jusqu'à 480 mg quotidiennement • À des doses de 80 à 160 mg 2 fois par jour, prédominance de l'effet bêtabloquant

▼

▼

Effets secondaires	• Douleur thoracique, œdème, palpitations, bradycardie, bloc AV et bronchospasme • Autres effets secondaires rapportés : céphalées, étourdissements, fatigue, faiblesse, nausées et dyspnée
Indications	• Traitement des arythmies supraventriculaires et ventriculaires sans atteinte cardiaque
Surveillance clinique	• ECG : QTc < 0,50 s • Observation des effets du ralentissement du débit cardiaque (*voir le chapitre 5*) et de l'effet proarythmique, comme celui des torsades de pointes (4 %) et du bilan ionique • Attention particulière à porter à son association avec les diurétiques

Tableau 10.20 **Diltiazem : Cardizem^MD, *Tiazac*^MD, *Tildiem*^MD**

Électrophysiologie	• Spectre d'action comparable au vérapamil • Effets chronotrope, dromotrope et inotrope négatifs • Période réfractaire du nœud auriculoventriculaire prolongée • Inhibition de l'entrée des ions calcium au cours de la dépolarisation de la membrane du muscle cardiaque et du muscle lisse vasculaire
Électrocardiographie	• Ralentissement de la F.C. et allongement de l'intervalle PR
Hémodynamie	• ↓ de la pression artérielle et de la postcharge due à l'effet relaxant du diltiazem sur les muscles lisses des vaisseaux
Pharmacologie	• Taux sérique thérapeutique : 80 à 130 mg/ml pour une réduction de la F.C. de 20 à 30 % • Demi-vie d'élimination variant de 3 à 7 h • Réduction de la F.C. apparaissant dans les 2 à 7 min suivant l'administration en bolus • Pour le traitement aigu : injection du diltiazem par voie I.V. sous forme de bolus à raison de 0,25 mg/kg en 2 min (5 à 15 mg/h) ; possibilité de répétition de cette dose à raison de 0,35/kg 15 min plus tard • Dose recommandée en perfusion : 10 mg/h pour une période de 24 h
Effets secondaires	• Hypotension et réactions au site de l'injection
Indications	• Tachycardie supraventriculaire et contrôle de la F.C. si non-obtention du maintien en rythme sinusal (fibrillation auriculaire persistante)
Contre-indications	• Contre-indication du diltiazem dans la tachycardie ventriculaire et la fibrillation auriculaire avec préexcitation ventriculaire (entraînement simultané possible d'un effet dromotrope positif sur les voies accessoires et d'une vasodilatation périphérique pouvant se solder par de l'hypotension et un collapsus cardiovasculaire) • Insuffisance cardiaque avec fraction d'éjection ventriculaire gauche (FEVG) < 40 %, BAV de haut degré et complet
Surveillance clinique	• Ralentissement de la F.C. • Allongement de l'intervalle PR • Hypotension au moment de l'administration intraveineuse

Tableau 10.21 **Vérapamil : Isoptin^MD, *Isoptine*^MD**

Électrophysiologie	• Inhibition de l'influx transmembranaire de calcium dans les cellules du myocarde et du muscle vasculaire • Effets bathmotrope, chronotrope et dromotrope négatifs portant principalement sur le nœud AV • Effet inotrope négatif sur le myocarde • Sensibilité des fibres à réponse lente du nœud AV au vérapamil
Électrocardiographie	• Ralentissement de la F.C. et allongement de l'intervalle PR

▼

▼

Hémodynamie	• ↓ de la pression artérielle et de la postcharge due à l'effet relaxant du vérapamil sur les muscles lisses des vaisseaux
Pharmacologie	• Taux sérique thérapeutique: 1,25 mg/ml avec une demi-vie d'élimination variant entre 3 et 7 h • Pour la prise orale, effet maximal dans les 5 h suivant l'administration • Dose orale d'entretien variant de 120 à 360 mg par jour • Par voie I.V.: effet dromotrope négatif survenant après 2 min et persistant pour 15 à 20 min • Pour le traitement aigu: injection du vérapamil par voie I.V. à raison de 0,15 mg/kg (5 mg) sur 1 à 2 min; dose pouvant être répétée 30 min plus tard • Dose recommandée en perfusion: 0,005 mg/kg/min • Évaluation préalable nécessaire pour l'administration concomitante de vérapamil et de bêtabloquants • ↑ de la concentration de digoxine d'environ 50 % causée par le vérapamil
Effets secondaires	• Bradycardie sinusale, arrêt sinusal • Antiarythmique généralement bien toléré • Signalement nécessaire de la constipation, des céphalées, du prurit et des vertiges
Indications	• Tachycardie supraventriculaire et contrôle de la F.C. si non-obtention du maintien en rythme sinusal (fibrillation auriculaire persistante)
Contre-indications	• Contre-indication du vérapamil dans la tachycardie ventriculaire et la fibrillation auriculaire avec préexcitation ventriculaire (entraînement simultané possible d'un effet dromotrope positif sur les voies accessoires et d'une vasodilatation périphérique pouvant se solder par de l'hypotension et un collapsus cardiovasculaire) • Insuffisance cardiaque avec FEVG $<$ 40 %, BAV de haut degré et complet
Surveillance clinique	• Ralentissement de la F.C. • Allongement de l'intervalle PR • Pauses • BAV • Hypotension au moment de l'administration intraveineuse

Tableau 10.22 **Digitale: digoxine (Lanoxin^MD^)**

Électrophysiologie	• Action inotrope positive par augmentation du calcium intracellulaire, conséquence du blocage de la pompe Na^+/K^+ ATPase • Réduction du potentiel d'action de la musculature auriculaire, ventriculaire et des fibres de Purkinje • Phase 4 du potentiel d'action accrue • Médicament pouvant aussi induire une automaticité déclenchée dans la jonction, expliquant certaines tachyarythmies de la toxicité digitalique
Effets indirects	• Sur le tonus vagal: renforcement du tonus vagal (effet tonotrope positif) • Sur le sinus: effet bathmotrope négatif sur le nœud sinusal • Sur les oreillettes: effet dromotrope négatif • Sur le nœud AV: effet dromotrope négatif; régularisation du rythme cardiaque • Sur les ventricules: effet inotrope positif; augmentation de la tension de la paroi ventriculaire • Sur le système nerveux sympathique: effet sympathique accru lorsque la concentration plasmatique atteint un niveau toxique
Électrocardiographie	• Intervalle PR allongé et intervalle QT raccourci • Segment ST concave et sous-décalé en forme de cuvette, appelé cupule digitalique, mieux visualisé dans les dérivations D_I, D_{II}, aVL, V_5 et V_6 • Segment ST surélevé dans la dérivation aVR • Ondes T aplaties ou inversées (*voir le tracé 10.2*)

▼

▼

Hémodynamie	• Effet inotrope positif • Débit cardiaque augmenté
Pharmacocinétique	• Concentration thérapeutique: < 1,2 ng/ml ou 2,5 nmol/L avec une demi-vie d'élimination de 35 à 40 h • Atteinte du pic de la concentration plasmatique: 2 à 3 h après une dose orale, et 1,5 à 3 h après une dose I.V. • Dosage de la digoxine important afin de réduire le surdosage et les risques de toxicité • Posologie: de 0,5 à 1 mg par voie I.V. sur une période de 24 h pour un effet rapide • Dose orale d'entretien: généralement entre 0,0625 à 0,25 mg par jour • Indice de toxicité si concentration plasmatique supérieure à 2 mg/ml
Interactions médicamenteuses	• ↑ possible des concentrations de la digoxine si utilisation simultanée d'amiodarone, de flécaïnide, de quinidine, de propafénone et de vérapamil • Possibilité d'hypokaliémie si utilisation simultanée de diurétiques • Réduction de la dose de digoxine chez les personnes âgées dont la créatininémie est diminuée, fidèle témoin de l'insuffisance rénale chronique
Indications	• Insuffisance cardiaque systolique • Fibrillation et flutter auriculaires avec réponse ventriculaire rapide en association avec un antiarythmique dromotrope négatif (bêtabloquant, bloquant calcique)
Contre-indications	• Blocs AV des 2e et 3e degrés sans stimulateur • Anomalies ioniques (hypokaliémie, hypercalcémie, hypomagnésémie) • Syndrome de préexcitation

Tableau 10.23 **Intoxication digitalique**

Précurseurs	• Âge, antiarythmiques, antibiotiques, insuffisance rénale, hypokaliémie, hypercalcémie, hypomagnésémie, maladie cardiaque ou pulmonaire avec hypoxie
Signes cliniques	• Altération de l'état mental, anorexie, céphalées, diarrhée, douleurs abdominales, fatigue, gynécomastie, nausées, vision colorée, vomissements, paresthésie, convulsions
Signes électriques	• Par ordre de fréquence d'apparition probable: blocs AV (33 %), bradycardie sinusale incluant le bloc sinoauriculaire (24 %), tachycardie jonctionnelle non paroxystique (15 %), fibrillation auriculaire (12 %) • Toxicité possible en présence d'une association d'une fibrillation auriculaire avec une tachycardie jonctionnelle non paroxystique
Signes biochimiques	• Valeur de la digoxinémie • Concentration thérapeutique: 1,0 à 2,5 nmol/L, ou 0,5 à 2,0 ng/ml • Prélèvement sanguin: 8 h après la dose orale afin de favoriser l'équilibre entre le plasma et les tissus
Traitement	• Dépistage de l'intoxication • Arrêt de la digitale • Correction des déséquilibres électrolytiques, s'il y a lieu • Connaissance de la digoxinémie: monitorage des arythmies cardiaques • Administration du digibind (DigidotMD), un antidote pour le traitement des risques mortels d'intoxication à la digitale • Correction des arythmies cardiaques spécifiques
Surveillance clinique	• Évaluation de la pulsation avant l'administration de la digitale • Signalement d'une pulsation inférieure à 50 batt./min • Contrôle du dosage sanguin de la digoxine et des électrolytes • Signalement de tout effet secondaire gastro-intestinal ou neurologique • Documentation de toute arythmie consécutive à l'administration du médicament

Tracé 10.2 **Signes d'imprégnation digitalique**

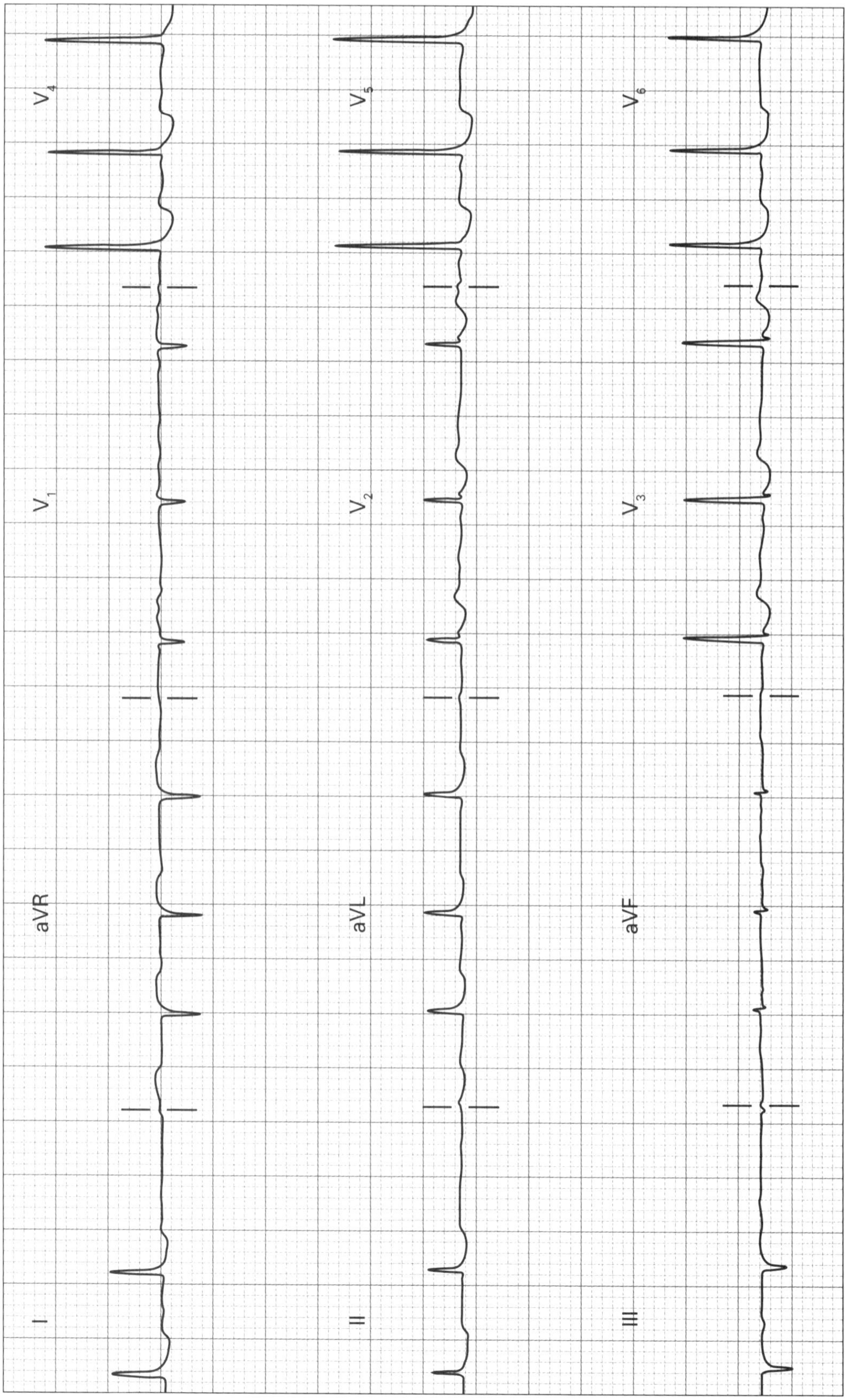

Tableau 10.24 **Adénosine : Adénocard^{MD}, *Krenosin*^{MD}**

Électrophysiologie	• Dépression de l'automaticité du nœud sinusal et des fibres de Purkinje, et effet dromotrope négatif sur la conduction AV • Antagoniste des effets de l'isoprotérénol sur le potentiel d'action du myocarde ventriculaire • Effets consécutifs à l'augmentation de courants potassiques bloquant les courants calciques dans le muscle cardiaque
Hémodynamie	• Vasodilatation coronarienne avec un effet minimal sur la pression artérielle et la contractilité • Réduction de la F.C. et réduction de la conduction AV constituant les effets majeurs de l'adénosine
Pharmacocinétique	• Demi-vie d'élimination inférieure à 10 s et excrétion totale en 30 s • Administration rapide obligatoire (1 à 2 s) ; risque de déclenchement d'une tachycardie réflexe si administration plus lente • Posologie initiale suggérée : 3 à 6 mg, avec des doses subséquentes de 12 mg dans un délai de 1 à 3 min • Administration au site proximal obligatoirement suivie d'un bolus de 20 ml de NaCl • Réponse thérapeutique survenant dans les 20 à 30 s après l'administration
Effets secondaires transitoires	• Fatigue, dyspnée, douleurs thoraciques de nature angineuse, épisodes de bloc AV complet et d'asystolie ventriculaire transitoire, hypotension • Durée possible de ces effets : < 1 min
Indications	• Traitement aigu des tachycardies supraventriculaires de réentrée nodale et orthodromique hémodynamiquement stable • Valeur diagnostique pour les tachycardies à QRS fins
Contre-indications	• Personnes âgées souffrant de troubles coronariens, personnes présentant de la fibrillation auriculaire avec faisceau accessoire, de l'hémodynamie instable ou de la tachycardie jonctionnelle réciproque antidromique • Personnes asthmatiques
Surveillance clinique	• En fonction de la réponse thérapeutique : survenue d'arythmies secondaires, évaluation de la douleur thoracique et modifications de la pression artérielle

10.3.6 Effets électrocardiographiques des antiarythmiques

Le tableau 10.25 présente schématiquement les effets des antiarythmiques administrés à des doses thérapeutiques.

10.3.7 Effets électrophysiologiques des antiarythmiques

Le tableau 10.26 présente schématiquement les principaux effets électrophysiologiques des antiarythmiques.

10.4 Cardiostimulation

La cardiostimulation est un procédé par lequel le myocarde est électriquement stimulé. Une ou des électrodes sont placées dans l'endocarde ou plus rarement sur l'épicarde. Elles sont raccordées au stimulateur qui peut être temporaire ou permanent. De multiples réglages sont disponibles pour prendre en compte différents problèmes rythmiques ou de conduction. Un système de cardiostimulation est composé d'un boîtier métallique, d'un générateur d'impulsions, d'un microprocesseur, d'une ou de plusieurs sondes avec électrodes unipolaires ou bipolaires, ainsi que d'une pile au lithium.

Tableau 10.25 **Effets électrocardiographiques des antiarythmiques**

Classe	Substances	Fréquence sinusale	Intervalle PR	Durée de QRS	Intervalle QTc
Ia	• Disopyramide • Procaïnamide • Quinidine	– – –	– – –	↑ ↑ ↑	↑ ↑ ↑↑
Ib	• Lidocaïne • Mexilétine • Phénytoïne	– – –	– – –	↑ ↑ –	↓ ↓ ↓↓
Ic	• Flécaïnide • Propafénone	– ↓	– ↑	↑↑ ↑↑	– –
II	• Bloquants bêtaadrénergiques	↓↓↓	↑↑	–	–
III	• Amiodarone • Brétylium • Dronédarone • Sotalol	↓ – ↓ ↓↓↓	↑ ↑ ↑↑ ↑	↑ – ↑ ↑↑	↑↑↑ ↑↑ ↑↑ ↑↑↑
IV	• Diltiazem • Vérapamil	↓↓ ↓↓	↑↑ ↑↑↑	– –	– –
	• Digitale	↓	↑ au repos	–	–
	• Adénosine	↓↓	↑↑↑	–	–

↑ ou ↓ = effet léger ; ↑↑ ou ↓↓ = effet modéré ; ↑↑↑ ou ↓↓↓ = effet prononcé ; – = aucun effet.

Tableau 10.26 **Effets électrophysiologiques comparatifs des antiarythmiques**

Classe et substances	Vitesse de conduction auriculaire	Vitesse de conduction AV	Vitesse de conduction ventriculaire	Automaticité – Nœud sinusal	Durée du potentiel d'action
Classe I					
Classe Ia					
Disopyramide (Rythmodan[MD], *Isorythm*[MD])	↓	0	↓	0	↑
Procaïnamide (Pronestyl[MD])	↓	0	↓	0	↑
Quinidine (Longagor[MD], *Quinine*[MD])	↓	0	↓	0	↑
Classe Ib					
Lidocaïne (*Xylocard*[MD])	↓	0	↓	0	↓
Mexilétine (Mexitil[MD])	↓	0	↓	0	↓
Phénytoïne (Dilantin[MD], *Di-Hydan*[MD])	↓	0	0	0	↓
Classe Ic					
Flécaïnide (Tambocor[MD], *Flécaïne*[MD])	↓	0	↓	0	0
Propafénone (Rythmol[MD], *Rytmonorm*[MD])	↓	↓	↓	↓	0

▼

Classe et substances	Vitesse de conduction auriculaire	Vitesse de conduction AV	Vitesse de conduction ventriculaire	Automaticité – Nœud sinusal	Durée du potentiel d'action
Classe II **Bêtabloquants**					
Propranolol (Indéral[MD], *Avlocardyl*[MD]) et bêtabloquants analogues	↓	↓	↓	↓	0
Classe III **Bloquants potassiques**					
Amiodarone (Cordarone[MD])	↓	↓	↓	↓	↑
Dronédarone (Multaq[MD])	↓	↓	↓	↓	↑
Brétylium (Brétylate[MD])	↓	0	↓	↓	↑
Sotalol (Sotacor[MD], *Sotalex*[MD])	↓	↓	↓	↓	↑
Classe IV **Bloquants des canaux calciques**					
Diltiazem (Cardizem[MD], *Tildiem*[MD])	0	↓	0	↓	0
Vérapamil (Isoptin[MD], *Isoptine*[MD])	0	↓	0	↓	0
Digitale et adénosine					
Digitale: digoxine (Lanoxin[MD])	0	↓	0	↓	0
Adénosine (Adénocard[MD], *Krenosin*[MD])	0	↓	0	↓	↑

↓ = diminution; ↑ = augmentation; 0 = aucun effet.

La fonction essentielle du cardiostimulateur est d'accélérer la F.C. si elle est trop lente. Le cardiostimulateur a également pour fonction d'émettre des impulsions dans la ou les chambres cardiaques ciblées, de reconnaître les impulsions spontanées émises par les différentes chambres (*sensing* – fonction d'écoute), de stimuler la F.C. selon divers modes programmés (*pacing* – capture), d'indiquer le vieillissement de sa source d'énergie et d'enregistrer des informations (fonction Holter).

10.4.1 Types de cardiostimulation

Il existe trois types de cardiostimulation. La cardiostimulation transthoracique, ou transcutanée, est la stimulation non effractive au moyen d'électrodes cutanées, l'une près de la région précordiale et l'autre entre les omoplates. La cardiostimulation endocardique est la stimulation qui se fait par l'entremise d'une sonde endocavitaire temporaire installée par voie endoveineuse. La cardiostimulation est dite permanente lorsque la ou les sondes sont placées en contact avec l'endocarde auriculaire ou ventriculaire. La stimulation est à la demande, selon les paramètres programmés.

10.4.2 Types de stimulateurs

Un stimulateur relié à une électrode implantée dans l'oreillette droite ou dans le ventricule droit est dit à simple chambre. Un stimulateur à double chambre est relié à deux électrodes dont l'une est placée dans l'oreillette droite et l'autre dans le ventricule droit. Un stimulateur à triple chambre est relié à trois électrodes, dont la première est placée dans l'oreillette droite, la deuxième dans le ventricule droit et la troisième dans une branche latérale du sinus coronaire (ventricule gauche). La resynchronisation cardiaque par stimulation biventriculaire constitue une indication sélective pour l'insuffisance cardiaque. Depuis l'introduction de cette approche, le critère combiné «mortalité globale-hospitalisation pour cause cardiovasculaire» a diminué de 36 % (Cleland, Calvert, Verboven & Freemantle, 2009).

10.4.3 Nomenclature des codes et des modes de stimulation

Dans le but de classifier les types de cardiostimulateurs, l'Intersociety Commission for Heart Disease Resources (ICHD) a proposé un code à cinq lettres présenté dans l'encadré 10.5 (Bernstein *et al.*, 2002). Ces lettres reflètent le mode de fonctionnement des cardiostimulateurs selon le mode de programmation qui leur est attribué. La nomenclature des modes de stimulation est présentée dans le tableau 10.27.

10.4.4 Indications

Les indications pour lesquelles la mise en place d'un cardiostimulateur est recommandée sont subdivisées en trois classes.

- Classe I: Condition pour laquelle la nécessité d'un cardiostimulateur fait généralement consensus.
- Classe II: Condition pour laquelle un cardiostimulateur est habituellement prescrit, mais pour laquelle les opinions divergent quant à la nécessité thérapeutique.
- Classe III: Condition pour laquelle la non-nécessité d'un cardiostimulateur fait généralement consensus.

Le tableau 10.28 présente uniquement les indications pour les classes I et II, puisque l'emphase est mise sur les indications nécessitant la mise en place d'un cardiostimulateur.

10.4.5 Reconnaissance électrocardiographique

L'impulsion émise par le cardiostimulateur est précédée d'une déflexion verticale fine, positive ou négative selon la dérivation, appelée spicule ou *spike*. Puisque l'électrode est positionnée dans le ventricule droit, le complexe QRS déformé présente le plus souvent un aspect de bloc de branche gauche complet avec une morphologie QS ou rS (*voir le tracé 10.7*). L'onde T est habituellement inversée

Encadré 10.5 Nomenclature des codes de l'Intersociety Commission for Heart Disease Resources

- Première lettre: cavité stimulée (*pacing*). Réfère à la chambre ou aux chambres stimulées par l'électrode placée dans la cavité.
  - O: aucune chambre
  - A: auriculaire
  - V: ventriculaire
  - D: double chambre (auriculaire et ventricule)
- Deuxième lettre: cavité de recueil dans la chambre détectée. Réfère à l'information perçue et transmise au cardiostimulateur.
  - O: aucune chambre
  - A: auriculaire
  - V: ventriculaire
  - D: double chambre
- Troisième lettre: réponse à l'information captée (*sensing*). Détermine le mode de réponse à un événement détecté.
  - O: aucun mode de réponse
  - I: inhibée
  - T: déclenchée (*triggered*) par tout évènement détecté
  - D: double (inhibée et déclenchée)
- Quatrième lettre: réfère à la programmation du cardiostimulateur et au contrôle de fréquence.
  - O: aucune programmation
  - P: programmation simple: fréquence ou caractéristiques des impulsions
  - M: multiprogrammable: mode de stimulation, fréquence, sensibilité du circuit de détection, délai AV, amplitude et durée de l'impulsion, période réfractaire et autres variables
  - C: communication (T: télémétrie): système de communication entre les paramètres du cardiostimulateur et le programmeur (fonction télémétrie)
  - R: réponse ou fréquence asservie (*rate-responsive*): modulation de la F.C. selon le niveau d'activité physique
- Cinquième lettre: fonctionnalités antiarythmiques. Informe sur les capacités antiarythmiques du cardiostimulateur, sans pour autant préciser si elles sont ou non activées.
  - O: aucune fonction
  - P: *pacing* (stimulation, antitachycardie)
  - S: *shock* (choc, cardioversion)
  - D: double (P + S)

Tableau 10.27 **Nomenclature des modes de stimulation**

Nomenclature	Signification
AAI/AAIR (R: rythme cardiaque augmenté à l'effort)	Stimulation des oreillettes avec information captée dans l'oreillette. La stimulation auriculaire sera inhibée par l'activité auriculaire spontanée (*voir le tracé 10.3*).
VVI/VVIR (R: fréquence asservie)	Stimulation des ventricules avec information captée dans les ventricules. La stimulation ventriculaire sera inhibée par l'activité ventriculaire spontanée. Le syndrome du *pacemaker* est plus à risque avec ce mode de cardiostimulation (*voir le tracé 10.4*).
VDD	La stimulation ventriculaire est déclenchée de façon synchronisée à la détection de l'activité auriculaire, et elle est inhibée par l'activité spontanée ventriculaire (*voir le tracé 10.5*).
DDD/DDDR (R: fréquence asservie)	Stimulation des deux chambres avec inhibition des deux chambres par leur activité spontanée. La stimulation ou la détection auriculaire relance un délai auriculoventriculaire à la fin duquel une stimulation ventriculaire sera émise s'il y a absence d'activité intrinsèque détectée à ce moment. Il s'agit du mode de stimulation le plus utilisé; il peut être reprogrammé en tout autre mode (*voir le tracé 10.6*).

Tracé 10.3

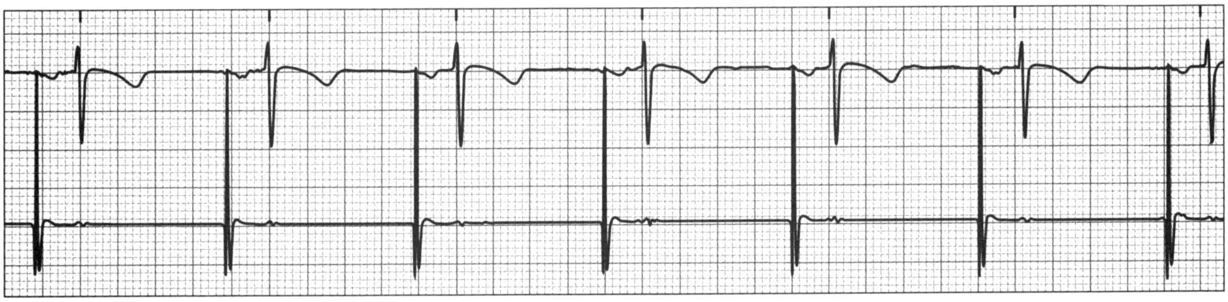

Tracé 10.4

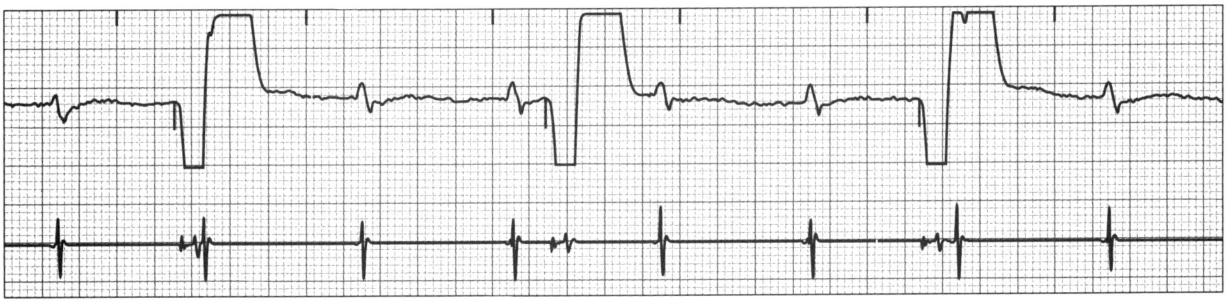

Tracé 10.5

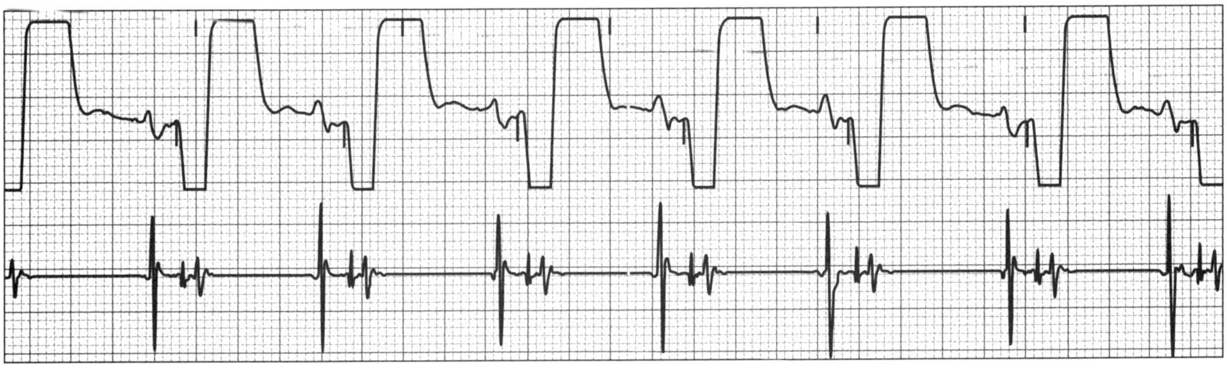

Tracé 10.6

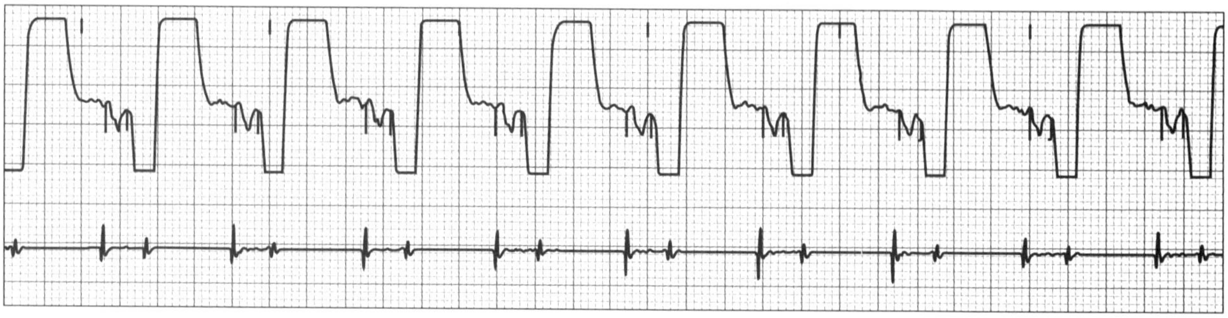

Tableau 10.28 **Indications de la cardiostimulation**

Classe	Indications
Blocs AV acquis	
Classe I	• Bloc AV intermittent ou permanent symptomatique • Bloc AV du 2e degré symptomatique • Fibrillation auriculaire ou flutter auriculaire avec bloc AV avancé symptomatique
Classe II	• Bloc AV complet asymptomatique avec complexes QRS fins
Phase post-infarctus	
Classe I	• Bloc AV complet persistant • Bloc AV du 2e degré de type II persistant
Classe II	• Bloc de branche récent avec bloc AV complet ou de haut degré transitoire • Bloc de branche récent avec bloc AV du 1er degré • Bloc de branche bifasciculaire récent
Bloc bifasciculaire chronique	
Classe I	• Client symptomatique avec bloc fasciculaire et bloc AV de haut degré ou bloc AV complet • Client symptomatique avec bloc bifasciculaire et prolongation de l'intervalle His-ventricule > 100 ms ou bloc distal au faisceau de His
Classe II	• Client symptomatique avec bloc bifasciculaire et syncope d'étiologie inconnue • Client asymptomatique avec bloc bifasciculaire et bloc AV du 2e degré de type II intermittent
Dysfonction du nœud sinusal	
Classe I	• Dysfonction du nœud sinusal avec bradycardie symptomatique traitée ou non traitée avec des substances pharmacologiques • Bradycardie sinusale symptomatique • Insuffisance chronotrope symptomatique
Classe II	• Bradycardie sinusale < 40 à 50 batt./min ou asystolie > 3 s et symptômes non définis pouvant être causés par la bradycardie
Hypersensibilité du sinus carotidien	
Classe I	• Syncope récurrente et asystolie, ou bloc AV > 3 s au cours du massage du sinus carotidien, ou histoire clinique classique d'une syncope vaso-inhibitrice
Classe II	• Syncope récurrente non évidente à l'histoire clinique, mais avec pause > 3 s au massage du sinus carotidien

Tracé 10.7

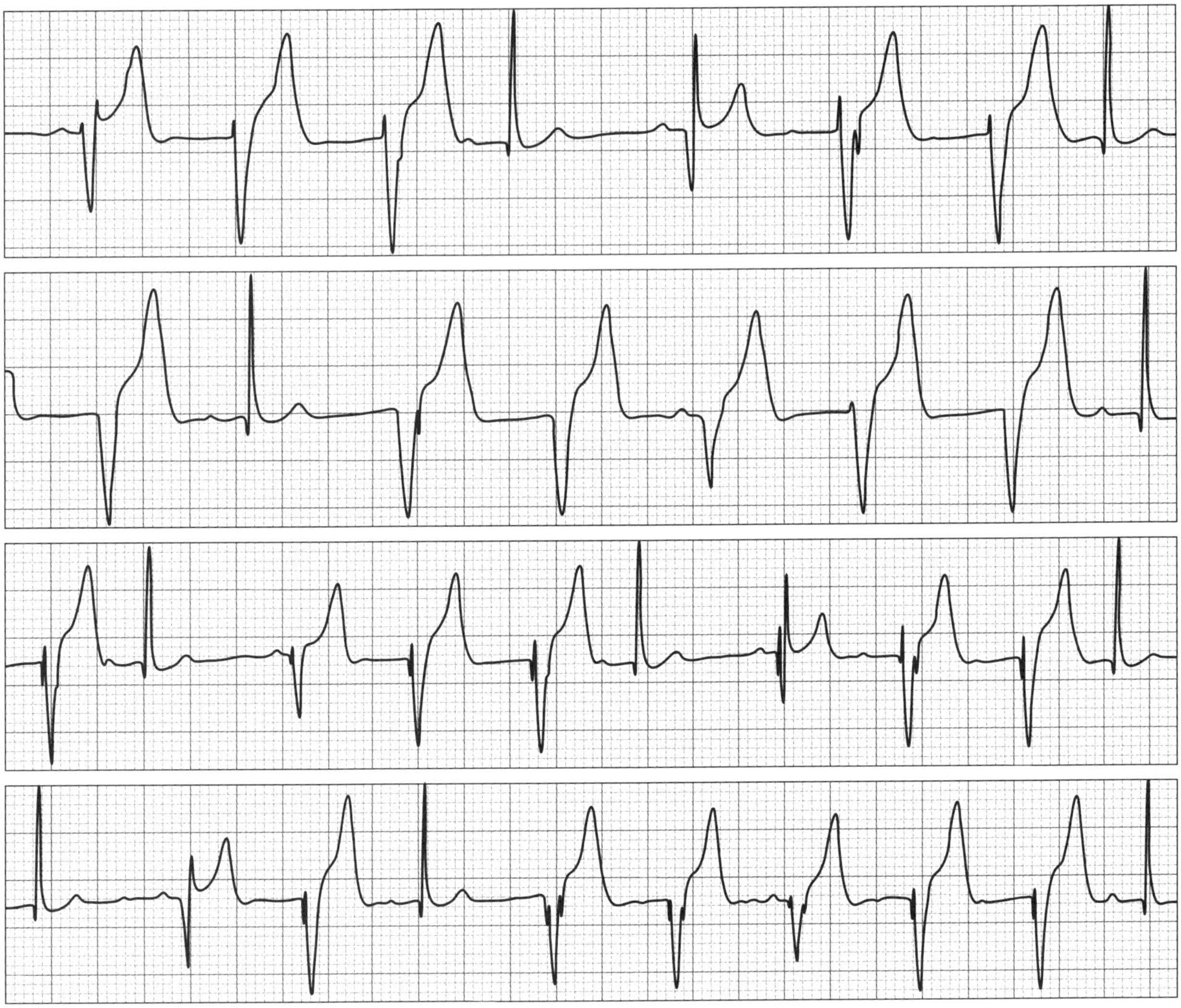

et associée à un intervalle QT prolongé. Le spicule est plus visible dans les dérivations inférieures et précordiales gauches, et il est plus évident dans les dérivations unipolaires que bipolaires. Les fusions et les captures entrecoupent le rythme du cardiostimulateur. Lorsque le rythme est commandé par le cardiostimulateur, il est désigné comme étant un rythme électroentraîné.

10.5 Cardioversion électrique

La cardioversion, ou choc synchronisé, correspond à un procédé utilisant une décharge électrique transthoracique susceptible de dépolariser une masse myocardique suffisamment importante pour rétablir un rythme sinusal anormal. Grâce à un dispositif de synchronisation, la décharge électrique survient 10 ms après le sommet de l'onde R (*voir le tracé 10.8*). Cette décharge dépolarise et allonge la période réfractaire de tout le myocarde excitable, ce qui interrompt les circuits de réentrée et les foyers de décharge, et instaure une homogénéité électrique jusqu'à l'émergence d'un foyer automatique.

Le taux immédiat de réussite de la cardioversion est supérieur à 80 %. Le risque de récidive est de 75 % en un an pour la fibrillation auriculaire. La cardioversion peut être spontanée pour environ 10 % des cas (American Heart Association [AHA], 2010). L'intensité

Tracé 10.8 **Cardioversion 200 J**

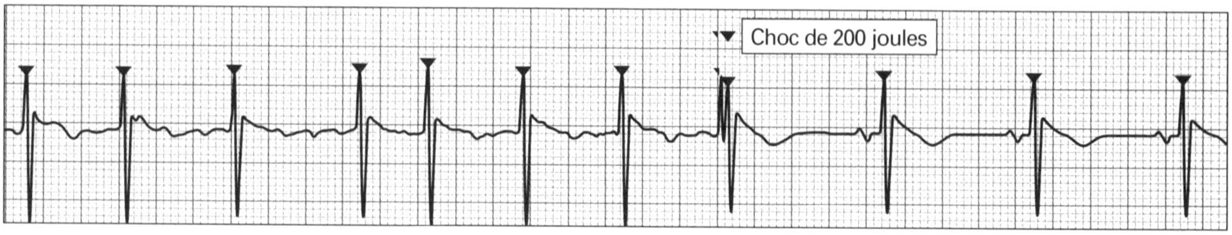

de la décharge électrique nécessaire varie en fonction de la dysrythmie. Le tableau 10.29 présente les indications pour la cardioversion utilisée pour certains types d'arythmies. Le tableau 10.30 présente les conditions favorables au traitement ainsi que les complications possibles.

10.6 Défibrillation

Lorsque les cellules du muscle ventriculaire se dépolarisent de façon indépendante et asynchrone, le sang cesse d'être propulsé et la circulation s'arrête. À moins de rétablir une contraction mécanique efficace en resynchronisant la dépolarisation, l'anoxie cérébrale s'installe dans les quatre à six minutes suivant la mort clinique (AHA, 2003).

La défibrillation, ou choc non synchronisé, est le passage d'un courant d'une intensité suffisante à travers le myocarde afin de dépolariser une masse critique du muscle cardiaque simultanément, de permettre à un centre d'automatisme de prendre la commande du cœur et d'entraîner par la suite une activité électrique spontanée (*voir le tracé 10.9*). Lorsque la défibrillation a mis fin à la fibrillation ventriculaire cinq secondes après le choc, l'intervention est jugée réussie.

Tableau 10.29 **Indications de la cardioversion**

Arythmie	Indications
Tachycardie ventriculaire	• Ondes monophasiques: 200 J • Ondes biphasiques: 120 à 150 J
Flutter auriculaire et tachycardie supraventriculaire	• Ondes monophasiques: 100 J • Ondes biphasiques: 70 à 100 J
Fibrillation auriculaire	• Ondes monophasiques: 200 J • Ondes biphasiques: 120 à 150 J

10.6.1 Facteurs inhérents à la défibrillation

La réussite de la défibrillation dépend de l'administration d'une quantité de courant à travers le myocarde, de l'état métabolique du client, de l'existence d'une ischémie myocardique et de la médication administrée antérieurement au choc. Pour sa part, le courant déchargé est influencé par l'impédance transthoracique et la position des électrodes. De plus, puisque la majorité du courant est dispersé à travers diverses directions du thorax, seulement 4 % du courant déchargé atteint le cœur. La pilosité thoracique,

Tableau 10.30 **Conditions favorables et complications liées à la cardioversion**

Conditions favorables	Complications
• Absence d'intoxication digitalique • Antécédents pharmacologiques favorables • Anticoagulothérapie adéquate • Échographie transœsophagienne • Kaliémie normale • Monitorage cardiaque • Soutien anesthésique	• Arythmies transitoires (surtout si intoxication digitalique) • Bradycardie symptomatique par vagotonie et dépression médicamenteuse • Brûlures • Embolies systémiques (7 %) (risque diminué par l'anticoagulothérapie) • Hypotension transitoire • Œdème pulmonaire

Tracé 10.9 **Défibrillation**

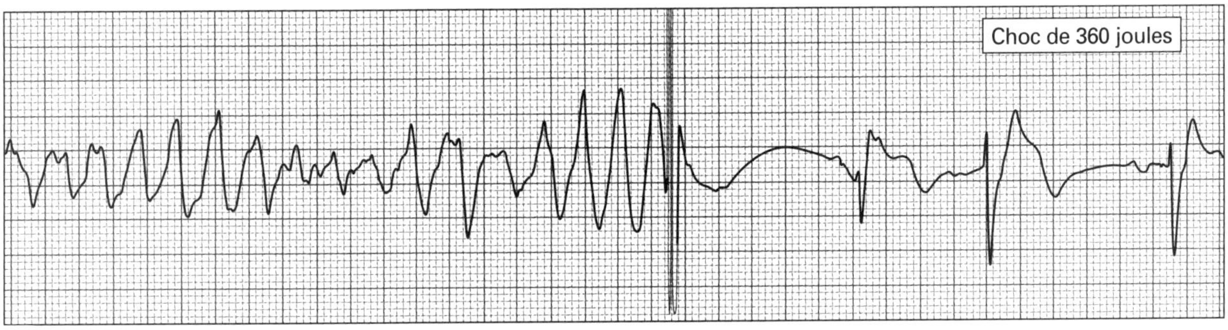

la taille des électrodes, les agents d'interface utilisés et la force appliquée sur les palettes influencent aussi le degré de réussite d'une défibrillation.

10.6.2 Électrodes et agents d'interface

Des électrodes d'environ 10 cm sont appliquées fermement sur le thorax. La résistance cutanée est diminuée au passage du courant électrique préférablement par des compresses autoadhésives de 8 à 12 cm de diamètre, protégeant ainsi la peau des brûlures cutanées. Le gel médical ou à faible conductibilité électrique (gel d'ultrasons) n'est pas recommandé. Si les palettes manuelles sont utilisées, elles doivent être appliquées fermement sur la cage thoracique avec une force optimale de 8 kg pour les adultes, et de 5 kg pour les enfants; cela réduit l'impédance thoracique en augmentant le contact électrique à l'interface électrodes-peau et en réduisant le volume thoracique.

10.6.3 Position des électrodes

La position universelle des électrodes en vue d'une défibrillation n'est pas reconnue. Toutefois, le courant transmyocardique pendant la défibrillation est probablement maximal lorsque les électrodes sont placées dans l'axe de la zone ciblée du cœur.

Position sternale-apex ou antérieure-apex

Une palette est appliquée à la région sous-claviculaire droite et l'autre sous le sein gauche, sur la ligne médioaxillaire antérieure. L'électrode doit être éloignée de la région mammaire (*voir la figure 10.2*).

Figure 10.2 **Palettes en position sternale-apex ou antérieure-apex**

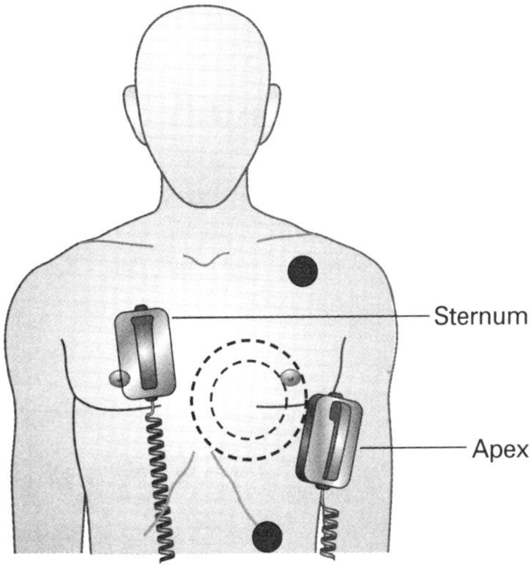

Position antéropostérieure

Une palette est en position sous-claviculaire droite et l'autre, en position postérieure sous l'omoplate gauche (*voir la figure 10.3*). Cet emplacement permet le passage d'une plus grande décharge d'énergie à travers le cœur.

10.6.4 Défibrillateurs monophasiques et biphasiques

Les défibrillateurs monophasiques déchargeant un courant dans une seule direction ont cédé la place aux défibrillateurs biphasiques introduits en 1996. Ceux-ci déchargent un courant qui circule dans une direction positive pendant une durée déterminée

Figure 10.3 Palettes en position antéropostérieure

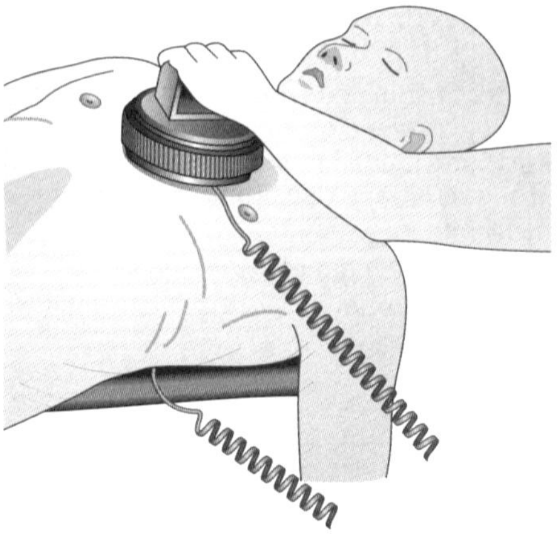

avant de prendre une direction inverse vers une direction négative pour le reste de la décharge électrique (*voir la figure 10.4*). Le taux d'efficacité du premier choc pour une FV\TV de longue durée est de l'ordre de 86 à 98 % pour une onde biphasique comparativement à un taux d'efficacité de 54 à 91 % pour une onde monophasique. C'est la raison qui justifie préférentiellement l'utilisation des défibrillateurs biphasiques. Nécessitant moins d'énergie, ces appareils sont plus petits, plus légers et facilement maniables.

Il est recommandé que le choc initial soit d'au moins 150 J. Si l'utilisateur ne connaît pas les marges d'efficacité de l'appareil, il doit utiliser une charge de 200 J pour le premier choc. Pour les chocs suivants, si nécessaire, des énergies croissantes de 150 à 360 J peuvent être administrées, selon le type d'appareil utilisé.

10.6.5 Types de défibrillateurs

Le défibrillateur externe automatique (DEA) est un appareil sophistiqué avec un soutien informatique important et fiable. La voix et des guides visuels permettent au secouriste de réaliser une défibrillation sécuritaire chez une victime en arrêt cardiaque.

Au préalable, l'utilisateur d'un défibrillateur manuel doit avoir une connaissance minimale des arythmies cardiaques majeures et de la réanimation. Toutefois, avec le DEA, une décharge électrique peut être administrée rapidement sans avoir à attendre l'analyse du rythme, ce qui minimise l'interruption des massages cardiaques. De plus, l'appareil a la possibilité d'être converti pour la cardioversion et la cardiostimulation. L'encadré 10.6 présente les mesures de sécurité à prendre au cours d'une défibrillation. L'algorithme thérapeutique de la fibrillation ventriculaire et de la tachycardie ventriculaire sans pouls est présenté dans la figure 9.14.

Figure 10.4 Ondes monophasique et biphasique

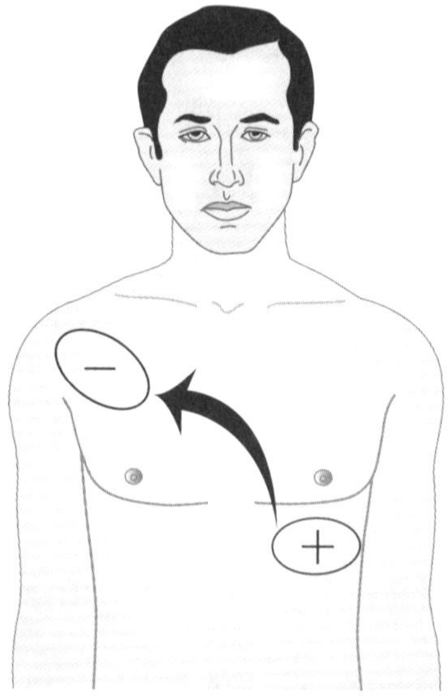

Onde monophasique

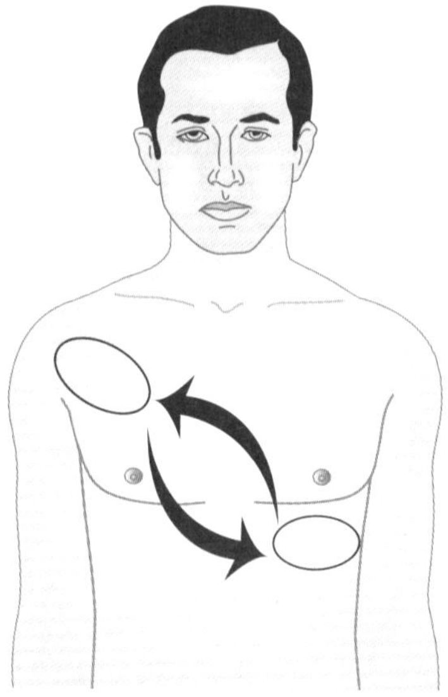
Onde biphasique

Encadré 10.6 Mesures de sécurité en cours de défibrillation

- Éviter tout contact direct ou indirect (objet ou personne) avec la victime.
- Pour la personne qui manie le défibrillateur, éviter de toucher toute partie de la surface des électrodes.
- S'assurer que toutes les personnes entourant le client se tiennent à distance avant de procéder à la défibrillation.
- Charger le défibrillateur manuel uniquement lorsque les palettes sont placées sur la paroi thoracique.
- Pour les clients porteurs d'un cardiostimulateur et d'un défibrillateur implantable, positionner les électrodes du défibrillateur à une distance supérieure à 8 cm de l'appareil implanté.
- Enlever toute source d'oxygène (masque ou canule nasale) et la placer à au moins 1 m de distance de la paroi thoracique afin de prévenir l'arc électrique et, subséquemment, des brûlures importantes chez le client.
- Faire preuve d'une grande prudence avec un environnement et des vêtements mouillés.

10.7 Défibrillateur implantable

Le défibrillateur implantable se compose d'un générateur d'impulsions, communément appelé boîtier, et d'une ou de plusieurs sondes; son poids est d'environ 80 g (*voir la figure 10.5*). Il s'installe à la région sous-claviculaire pectorale comme un cardiostimulateur ordinaire. Il s'agit d'un appareil polyvalent universel avec toutes les propriétés du cardiostimulateur et du défibrillateur. Pour la stimulation antitachycardique, l'appareil émet une série d'impulsions électriques dans le but d'interrompre l'arythmie. L'appareil peut aussi fournir un choc pour une cardioversion. Il se comporte aussi comme un cardiostimulateur pour les rythmes trop lents. Au cours d'une défibrillation, il émet un choc de haute énergie dans les 10 s suivant la détection de l'arythmie. La longévité de la pile varie de trois ans et demi à neuf ans, selon le modèle sélectionné. L'encadré 10.7 présente les indications absolues pour le défibrillateur implantable.

Figure 10.5 Défibrillateur implantable

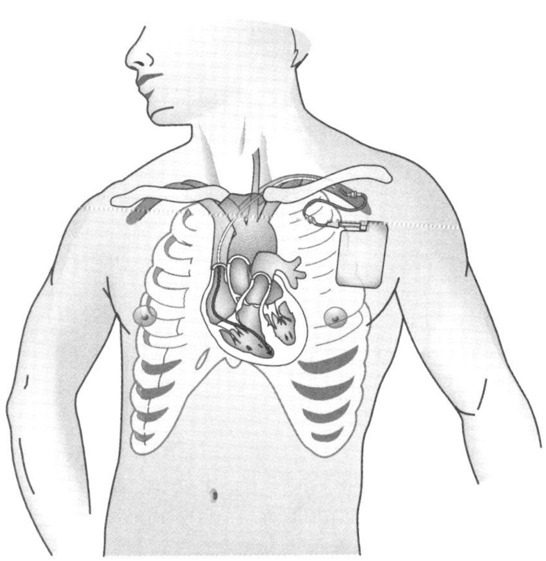

Encadré 10.7 Indications absolues pour le défibrillateur implantable

- Cardiomyopathie dilatée avec FEVG de 35 % et classe NYHA (New York Heart Association) II ou III, en traitement médical optimal
- Cardiopathie ischémique avec FEVG < 30 % mesurée au moins 40 jours après un infarctus et classe NHHA I
- Cardiopathie ischémique avec FEVG < 35 % mesurée au moins 40 jours après un infarctus, classe NHHA II ou III, en traitement médical optimal
- Survivants d'un arrêt cardiaque par FV ou d'une TV hémodynamiquement instable, sans cause aiguë ou réversible
- Syncope de cause inconnue avec TV ou FV inductible à l'exploration électrophysiologique
- TV soutenue spontanée sur cardiopathie structurelle
- TV non soutenue spontanée à distance d'un infarctus, avec FEVG < 40 % et TV inductible à l'exploration électrophysiologique
- Également sujettes à l'implantation d'un défibrillateur: des indications relatives considérées à risque (p. ex., un syndrome de Brugada, une dysplasie ventriculaire droite arythmogène, un syndrome du QT long)

10.8 Thermoablation par radiofréquence

L'ablation consiste en la création d'une lésion thermique sur une zone précise du myocarde par un cathéter déchargeant une énergie liée à la radiofréquence. Les indications et les complications de la thermoablation par radiofréquence sont respectivement présentées dans les encadrés 10.8 et 10.9.

Encadré 10.8 Indications de la thermoablation par radiofréquence

- Ablation du nœud AV pour contrôler la fibrillation auriculaire rebelle à la thérapie médicale (succès > 98 %)
- Certaines tachycardies ventriculaires idiopathiques ou ischémiques (succès ± 80 à ± 90 %)
- Fibrillation auriculaire paroxystique avec échec sur l'essai d'au moins un antiarythmique (succès ± 70 %)
- Fibrillation auriculaire persistante chez certains clients symptomatiques (succès ± 70 %)
- Flutter auriculaire typique (taux de réussite de 95 %)
- Tachycardie auriculaire
- Tachycardie supraventriculaire (taux de réussite > 90 %)
- Tachycardie par réentrée nodale AV (succès ± 98 %)
- Tachycardie jonctionnelle réciproque par réentrée orthodromique ou antidromique (succès de 90 à 95 %)

Encadré 10.9 Complications de la thermoablation par radiofréquence[a]

- Blocs AV et sinoauriculaire
- Embolies pulmonaires
- Embolies systémiques
- Fistule auriculo-œsophagienne
- Induction d'une tachyarythmie auriculaire et ventriculaire
- Hématome
- Paralysie du nerf phrénique
- Phlébite
- Tamponnade cardiaque

[a] Les complications varient de 2 %, selon le substrat ciblé.

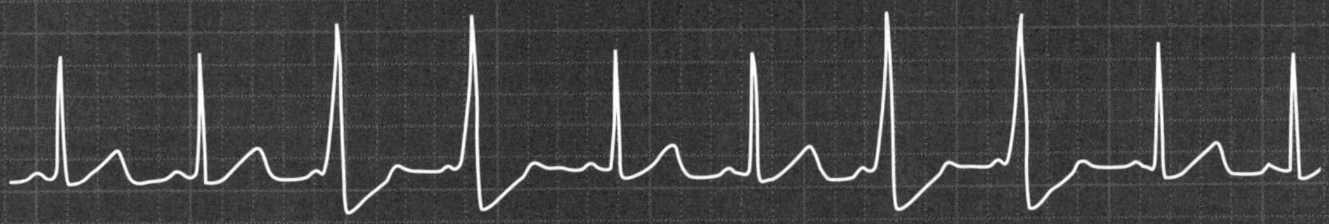

Tableau synoptique des arythmies cardiaques

Arythmies cardiaques	Onde auriculaire	Intervalle PR	Complexe QRS	Conduction AV	Fréquence ou rythme	Critères	Aide-mémoire
Rythme sinusal	P	≤ 0,20 s	≤ 0,10 s	1:1	60 à 100 batt./min	PP réguliers	Régularité du rythme
Anomalies sinusales							
Bradycardie sinusale	P	± normal	± normal	1:1	< 60 batt./min	PP réguliers	Vague – Infarctus inférieur – Médication chronotrope négative
Tachycardie sinusale	P	Plus court	Normal	1:1	> 100 batt./min	PP réguliers	Fièvre – Douleur – Agitation – Sympathique
Arythmie sinusale	P	Normal	Normal	1:1	Irrégulier	Intervalles PP ≥ 0,16 s entre l'intervalle PP le plus court et l'intervalle PP le plus long	Bradyarythmie Deux fréquences < 60 batt./min
Arythmie sinusale ventriculophasique	P	Selon le bloc AV	Normal ou élargi	Interruption intermittente ou totale, selon BAV du 2e ou du 3e degré	Sinusal	Intervalle PP avec QRS < intervalle PP sans QRS	BAV des 2e et 3e degrés (30 à 40 %)
Pause sinusale	Onde P absente	Nul	Absent	Absente	Selon le rythme de base	Pause dans le tracé Relation non mathématique	Pause s'exprimant en secondes Anomalie de formation au nœud sinusal
Bloc sinoauriculaire	Onde P absente	Nul	Absent	Absente	Selon le rythme de base	Pause dans le tracé Relation mathématique	Anomalie de conduction: sinoauriculaire
Entraîneur vagabond	Morphologie variable de l'onde P	± variable	Normal	Normale	Selon le rythme de base	Ondes P changeantes	Enfant – Athlète Hypertonie vagale Intoxication à la digitale

▼

Arythmies cardiaques	Onde auriculaire	Intervalle PR	Complexe QRS	Conduction AV	Fréquence ou rythme	Critères	Aide-mémoire
Anomalies auriculaires							
Extrasystole auriculaire							
• Conduite normalement	P′	P′R = ou ≠ PR	Identique au QRS de base	Aux ventricules	Rythme de base sinusal	Onde P′ Complexe prématuré P′ peut déformer l'onde T du complexe précédent, si P′ invisible P′R < = ou > PR Pause non compensatrice	Isolée – Nombreuses – Couplet (doublet ou pairée) – Salve (triplet) – Bigéminée – Trigéminée – Quadrigéminée Couplets et salves peuvent être bigéminés, trigéminés ou quadrigéminés
• Bloquée	P′	–	Absent	Bloquée à la jonction AV	Rythme de base sinusal	P′ sans QRS	Intoxication à la digitale Pathologies pulmonaires
• Avec CVA	P′	P′R = ou ≠ PR	Différent du QRS de base	Normale	Rythme de base sinusal	QRS différent du QRS de base	Morphologie rsR′ QRS moins élargi que le QRS de l'ESV
Tachycardie auriculaire					Origine auriculaire > 100 batt./min	P′ différent du P sinusal Au moins quatre ESA consécutives qui imprègnent un rythme cardiaque	Débute par une ESA
• Paroxystique (TAP)	P′	P′R	Identique au QRS de base	1:1	150 à 250 batt./min	Début et fin brusques < 30 s	Peut être associée au syndrome de préexcitation
• Soutenue	P′	P′R ≤ 0,12 s	Identique au QRS de base	1:1	140 à 220 batt./min	P′ différent du P sinusal	> 30 s
• Ectopique avec bloc	P′	P′R constant ou variable	Identique au QRS de base	Bloc AV physiologique 2:1, 3:1 et 4:1	150 à 250 batt./min	Fréquence auriculaire rapide avec P′ bloquées P′R variables	Intoxication digitalique Maladie cardiaque avancée Diurétique avec ↓ du K+
• Multifocale	Trois morphologies différentes de P′	P′R multiples	Identique	Bloc AV physiologique	100 à 150 batt./min	Trois morphologies différentes de P′ P′R multiples	MPOC ou BPCO Cœur pulmonaire chronique Diabète Traitement aux bronchodilatateurs

Arythmies cardiaques	Onde auriculaire	Intervalle PR	Complexe QRS	Conduction AV	Fréquence ou rythme	Critères	Aide-mémoire
Flutter auriculaire	F en dents de scie ou en toit d'usine Négative en D_{II}	FR constant	Le plus souvent normal Régulièrement irrégulier	Fixe ou variable 2:1, 3:1 et 4:1 Bloc AV physiologique	Origine auriculaire 240 à 400 batt./min	Ondes F ± 300 batt./min En dents de scie Intervalles FF réguliers Règle de Bix	Ondes en dents de scie Ondes F très régulières Fréquence auriculaire d'environ 300 batt./min Conduction fixe ou variable
Fibrillation auriculaire (FA)	Ondes f hachurées ou aplaties	Nul	Le plus souvent normal ou avec bloc de branche	Variable Bloc AV physiologique	Origine auriculaire 400 à 700 batt./min indécelable sur l'ECG de surface	Ligne isoélectrique hachurée ou ondulée QRS irréguliers Réponse ventriculaire variable	Toute fréquence ventriculaire irrégulière en l'absence d'ondes P doit évoquer la FA
Anomalies de la jonction AV							
Bloc AV du 1er degré	Onde P	≥ 0,24 s constant Peut atteindre 0,50 à 0,60 s	Le plus souvent normal	1:1 Simple retard de conduction au nœud AV	Rythme sinusal	PR ≥ 0,24 s mais constant	Athlète – Hypertonie vagale – Médication chronotrope négative
Bloc AV du 2e degré							
• Type I	Onde P	Allongement progressif jusqu'à une onde P bloquée (phénomène de Wenckebach)	Le plus souvent normal Irrégulier	Conduction intermittente fixe ou variable au nœud AV	Rythme sinusal	Allongement progressif de l'intervalle PR jusqu'à une onde P bloquée QRS irréguliers	Théorie des « P bloquées » Effet vagal Infarctus inférieur
• Type II	Onde P	Constant, normal ou allongé	Normal ou élargi si associé à un bloc de branche Régulier ou irrégulier	Conduction intermittente fixe ou variable au nœud AV	Rythme sinusal	PR constant Ondes P bloquées	Théorie des « P bloquées » Infarctus antérieur

Arythmies cardiaques	Onde auriculaire	Intervalle PR	Complexe QRS	Conduction AV	Fréquence ou rythme	Critères	Aide-mémoire
• Avec conduction 2:1	Onde P	Constant	Normal ou élargi si associé à un bloc de branche Régulier	Conduction intermittente à la jonction AV	Rythme de base	PR constant Deux P pour un QRS QRS fins ou élargis	Peut être associé à un type I ou à un type II
Bloc AV de haut degré ou avancé	Onde P Parfois ondes f ou F	Constant ou plus de PR variables que de PR constants	Normal ou élargi	Intermittente 3:1 ou 4:1 ou plus Le plus souvent, dissociation AV	Rythme sinusal	Plus de 50 % des impulsions bloquées à la jonction AV	Plus de 50 % des ondes P bloquées, soit un bloc intermittent du 3e degré avec de rares captures
Bloc AV du 3e degré ou complet	Onde P Parfois ondes f ou F	Variable	Fin si origine jonctionnelle (± 40 à ± 60 batt./min) Large si origine ventriculaire (± 20 à ± 40 batt./min)	Interruption totale de la conduction Dissociation AV complète	Le plus souvent sinusal; plus rare: flutter auriculaire ou FA Deux fréquences différentes aux étages auriculaire et ventriculaire	Rythme sinusal Ondes P bloquées Intervalles PP réguliers QRS lents et réguliers, fins ou larges	Théorie des «P bloquées» BAV complet si flutter ou fibrillation auriculaires avec réponse ventriculaire lente et régulière
Asystolie							
• Complète	–	–	–	–	–	Absence de PQRST Pause ≥ 3 s	–
• Ventriculaire	Ondes P, F ou f	–	–	Bloc complet à la jonction AV	Seulement auriculaire	Rythme supraventriculaire sans rythme ventriculaire Pause ≥ 3 s	–

Arythmies cardiaques	Onde auriculaire	Intervalle PR	Complexe QRS	Conduction AV	Fréquence ou rythme	Critères	Aide-mémoire
Blocs de branches							
• BBD	Rythme sinusal ou flutter auriculaire ou FA	Constant si rythme sinusal	0,11 s: incomplet	Par les voies habituelles	Rythme de base	1) Rythme supraventriculaire + QRS larges 2) Complexe QRS en V_1 BBD: positif ou RSR′ BBG: négatif	g = portion négative du «g» pour BBG d = portion positive du «d» pour BBD, sauf si RSR′ aspect positif ou négatif
• BBG			≥ 0,12 s: complet				
Rythmes passifs							
REJ	Onde P présente, dissociée du complexe QRS ou absente	Variable	Fin	Dissociation AV	± 40 à ± 60 batt./min	QRS fins Fréquence: ± 40 à ± 60 batt./min	Systole tardive Fréquence ventriculaire Causes des pauses: rythmes lents, rythmes rapides, blocs des 2e et 3e degrés, extrasystoles
REV			Large		± 20 à ± 40 batt./min	QRS larges Fréquence: ± 20 à ± 40 batt./min	
Rythmes actifs							
RIJA ou tachycardie jonctionnelle non paroxystique	Onde P	PR variable PR constant mais plus court que le PR sinusal	Fin, sauf si CVA ou bloc de branche	Dissociation AV Conduction rétrograde	± 70 à ± 130 batt./min	Fréquence ventriculaire > fréquence auriculaire Ondes P négatives en D_{II} et PR constant	Ondes P dissociées des QRS Fréquence > 70 batt./min Captures
RIVA	Onde P	Variable	Fin pour rythme sinusal Différent pour RIVA Intermédiaire pour fusion	Dissociation AV	± 55 à ± 120 batt./min	Fréquence ventriculaire compétitive à la fréquence auriculaire QRS différent du rythme de base Fusion	Courte durée: 5 à 30 cycles Fréquence ventriculaire: ± 80 batt./min QRS moins larges que ESV
Tachycardie jonctionnelle réciproque orthodromique par voie accessoire: syndrome de WPW	Onde P	≤ 0,12 s	Ondes δ (delta) QRS ≥ 0,12 s	Anormale Activation par fibres accessoires	Sinusal ou auriculaire: tachycardie auriculaire, flutter auriculaire, FA	Intervalle PR ≤ 0,12 s Onde δ (delta) QRS > 0,10 s Alternance électrique	Cardiopathies congénitales 75 à 80 % des tachycardies diverses sont des TSVP

Arythmies cardiaques	Onde auriculaire	Intervalle PR	Complexe QRS	Conduction AV	Fréquence ou rythme	Critères	Aide-mémoire
Tachycardie par réentrée nodale AV	Onde P confondue au QRS ou le suivant dans 95 % des cas	RP < PR	QRS fin ou CVA ou préexcitation	Dissociation AV	± 140 à ± 220 batt./min	Paroxystique Ondes P négatives en D_{II}, D_{III} et aVF RP < PR Ondes R plus larges en aVR et aVL	50 % des TSVP Début par ESA avec P'R > PR Alternance électrique
Anomalies ventriculaires							
Extrasystole ventriculaire (ESV)	Onde P absente ou dissimulée dans le QRS ou entre le QRS et l'onde T	Dissocié	Large, positif ou négatif	Dissociation AV, sauf si conduction rétrograde	Rythme de base	Complexe prématuré Absence d'onde P QRS larges Repos compensateur complet	Isolée – Nombreuses – Monomorphe – Polymorphe – Couplet (doublet ou pairée) – Salve (triplet) – Bigéminée – Trigéminée – Quadrigéminée Couplets et salves peuvent être bigéminés, trigéminés ou quadrigéminés
• ESV interpolée	Onde P absente	PR postextra-systolique plus long que le PR du rythme de base	Élargi	Dissociation AV	Rythme sinusal	Ne trouble pas le rythme de base: intervalle PP régulier S'intercale entre deux complexes sinusaux	Ne laisse pas de trou dans le tracé Surtout en présence de bradycardie
• ESV télédiastolique	Onde P précédant le QRS	< que le PR de base	Élargi ou fusionné	Dissociation AV	Rythme sinusal	Précédé d'un P sinusal et PR court	ESV peu prématurée
• ESV avec phénomène R/T	Absence	Nul	Élargi	Dissociation AV	Rythme sinusal	Onde R de l'ESV dans l'onde T du complexe précédent	Peut dégénérer en FV
• FA: ESV plutôt que CVA	Ondes de FA	Nul	Élargi	Dissociation AV	FA avec réponse ventriculaire < 100 batt./min	Complexe monophasique QRS > 0,14 s	FA lente

Arythmies cardiaques	Onde auriculaire	Intervalle PR	Complexe QRS	Conduction AV	Fréquence ou rythme	Critères	Aide-mémoire
• FA : CVA plutôt que ESV	Ondes de FA	Nul	Plus étroit que l'ESV	Activation inégale des branches	FA avec réponse ventriculaire > 100 batt./min	QRS < 0,14 s Aspect de BBD Cycle long – cycle court	Réponse ventriculaire rapide en cours de FA Aspect rsR′ du complexe QRS
Parasystolie ventriculaire	Onde P	± normal	Élargi	Dissociation pour complexes ventriculaires	Rythme de base	Relation mathématique entre les intervalles interectopiques Fusions	Anomalie rare
Tachycardie ventriculaire (TV)	Onde P ou flutter auriculaire ou FA	Dissocié	Critères de l'ESV QRS larges et réguliers Fusion ou capture	Dissociation AV ou conduction rétrograde	Fréquence auriculaire < fréquence ventriculaire 120 à 220 batt./min.	Débute par une ESV Fréquence : ± 150 batt./min Dissociation AV Fusion ou capture	Soutenue > 30 s Non soutenue ≤ 30 s
Tachycardie à QRS larges en faveur de la TV	Onde P ou de FA	Dissocié	≥ 0,12 s	Dissociation AV ou conduction rétrograde	120 à 200 batt./min	ECG : onde R dominante en aVR ; onde Q en V_6 Dérivations : V_1, V_2 ; aspect BBD ; onde R > 0,03 s Critères de Brugada	Dissociation AV Fusions Captures ECG Dérivations V_1, V_2 et V_6 Concordances précordiales V_1, V_2 et V_6
Torsade de pointes (TV polymorphe)	Absence	Nul	Bidirectionnel Élargi	Dissociation AV	Bradycardie sinusale fréquente 200 à 280 batt./min	QT allongé Complexes QRS tantôt négatifs, tantôt positifs Débute par une ESV tardive	Forme de TV QT long Précurseurs : antiarythmiques, bradycardie, hypokaliémie
Syndrome de Brugada	Onde P	± normal	≥ 0,12 s	1:1	Rythme sinusal	Aspect BBD RSR′ Sus-décalage ST, V_1, V_2 et V_3	Aspect triangulaire Segment ST

Arythmies cardiaques	Onde auriculaire	Intervalle PR	Complexe QRS	Conduction AV	Fréquence ou rythme	Critères	Aide-mémoire
Syndrome de repolarisation précoce	Onde P	± normal	Normal ou aspect BBD	1:1	Rythme de base	↑ du point J en inférieur ou latéral Sus-décalage concave du segment ST en V_3 et V_4	Différence avec la variante normale de la repolarisation
Flutter ventriculaire	–	–	Élargi et déformé	–	Fréquence ventriculaire > 250 batt./min	Ondes sinusoïdes Fréquence ventriculaire > 250 batt./min QRS réguliers	Forme de TV Traitement identique à la FV
Fibrillation ventriculaire (FV)	–	–	–	–	–	–	Défibrillation précédée et suivie du massage cardiaque

Liste des abréviations

A

AÉSP Activité électrique sans pouls
ASI Activité sympathomimétique intrinsèque
ASM Activité stabilisatrice de la membrane
ATP Adénosine triphosphate
AV Auriculoventriculaire
AVC Accident vasculaire cérébral

B

BAV Bloc auriculoventriculaire
BBD Bloc de la branche droite
BBG Bloc de la branche gauche
BPCO Bronchopneumopathie chronique obstructive

C

CVA Conduction ventriculaire aberrante

D

DEA Défibrillateur externe automatique
DIG Digitale
DRS Douleur rétrosternale

E

ECA Enzyme de conversion de l'angiotensine
ECG Électrocardiogramme
EEP Étude électrophysiologique
ESA Extrasystole auriculaire
ESV Extrasystole ventriculaire
ETO Écho transœsophagien

F

FA Fibrillation auriculaire
FAP Fibrillation auriculaire paroxystique
F.C. Fréquence cardiaque
F.E. Fraction d'éjection
FEVG Fraction d'éjection du ventricule gauche
FV Fibrillation ventriculaire

H

HBAG Hémibloc antérieur gauche
HBPG Hémibloc postérieur gauche
HTA Hypertension artérielle
HVG Hypertrophie ventriculaire gauche

I

ICT Ischémie cérébrale transitoire
IMA Infarctus myocardique antérieur
IMI Infarctus myocardique inférieur
IVA Interventriculaire antérieure (artère)
IVP Interventriculaire postérieure (artère)

M

MPOC Maladie pulmonaire obstructive chronique

N

NYHA New York Heart Association

O

OD Oreillette droite
OG Oreillette gauche

P

PRA Période réfractaire absolue
PRE Période réfractaire effective
PRR Période réfractaire relative
PRT Période de récupération totale de l'excitabilité

PSN Phase supernormale d'excitabilité
PTD Pression télédiastolique
PTS Pression télésystolique

R

REJ Rythme d'échappement jonctionnel
REV Rythme d'échappement ventriculaire
RIJA Rythme idiojonctionnel accéléré
RIN Rapport international normalisé
RIVA Rythme idioventriculaire accéléré

S

SA Sinoauriculaire
SCA Syndrome coronarien aigu
SF Signes fonctionnels

T

TAP Tachycardie auriculaire paroxystique
TSV Tachycardie supraventriculaire
TSVP Tachycardie supraventriculaire paroxystique
TV Tachycardie ventriculaire

V

VD Ventricule droit
VG Ventricule gauche
VTD Volume télédiastolique
VTS Volume télésystolique

W

WPW Wolff-Parkinson-White (Syndrome de)

Bibliographie

AKSHAY, G., *et al.* (2007). Current concepts in the mechanisms and management of drug – Induced QT prolongation and Torsade de Pointes. *American Heart Journal.*

AMERICAN HEART ASSOCIATION (AHA) (2003). *Defibrillation: Principles and practice, ACLS – The Reference Textbook.* Dallas, Tex.: AHA.

AMERICAN HEART ASSOCIATION (AHA) (2010). 2010 American Heart Association guidelines for cardiopulmonary resuscitation and emergency cardiovascular care. *Circulation, 122*(18 – Suppl. 3), S640-S933.

ANDERSON, R.H., Becker, A.E., Meun, W.P., Verhoeven, R.E., & Allwork, S.P. (Eds) (1980). *Cardiac anatomy: An integrated text and colour atlas* [slide 6: Cardiac sub-systems]. London: Gower Medical Publishing.

ANDRIES, E.W., Brugada, J., & Brugada, P. (1992). An algorithm for diagnosing wide QRS complex tachycardia. *Primary Cardiology, 18*(12), 29-46.

BEAUMONT, J.L. (2008). Surveillance clinique des antiarythmiques en soins critiques. *Première ligne, 23*(3).

BERNSTEIN, A.D., Daubert, J.C., Fletcher, R.D., Hayes, D.L., Lüderitz, B., Reynolds, D.W., *et al.* (2002). The revised NASPE/BPEG generic code for antibradycardia, adaptive-rate, and multisite pacing. North American Society of Pacing and Electrophysiology/British Pacing and Electrophysiology Group. *Pacing and Clinical Electrophysiology, 25*(2), 260-264.

BERTINCHANT, J.-P., & Polge, A. (1999). Troponines: nouveaux marqueurs biochimiques de la souffrance myocardique. *Archives des maladies du cœur et des vaisseaux, 92*(12), 1773-1777.

BIGGER, J.T., Fleiss, J.L., & Rolnitzky, L.M. (1986). Prevalence, characteristics and significance of ventricular tachycardia detected by 24-hour continuous electrocardiographic recordings in the late hospital phase of acute myocardial infarction. *American Journal of Cardiology, 58*(13), 1151-1160.

BRODSKY, M., Wu, D., Denes, P., Kanakis, C., & Rosen, K.M. (1977). Arrhythmias documented by 24 hour continuous electrocardiographic monitoring in 50 male medical students without apparent heart disease. *American Journal of Cardiology, 39*(3), 390-395.

BRUGADA, P., & Brugada, J. (1992). Right bundle branch block, persistent ST segment elevation and sudden cardiac death: A distinct clinical and electrocardiographic syndrome. *Journal of the American College of Cardiology, 20*(6), 1391-1396.

CAMM, A.J., Kirchhof, P., Lip, G.Y., Schotten, U., Savelieva, I., Ernst, S., *et al.* (2010). Guidelines for the management of atrial fibrillation: The Task Force for the management of atrial fibrillation of the European Society of Cardiology (ESC). *European Heart Journal, 31*(19), 2369-2429.

CHAMPAGNE, J., Philippon, F., Gilbert, M., Molin, F., Blier, L., Nault, I., *et al.* (2007). The Brugada syndrome in Canada: A unique French-Canadian experience. *Canadian Journal of Cardiology, 23*(suppl. B), 71B-75B.

CLAYTON, B.D., & Stock, Y. (2003). *Soins infirmiers – Pharmacologie de base.* Laval, Qc: Beauchemin.

CLELAND, J.G., Calvert, M.J., Verboven, Y., & Freemantle, N. (2009). Effects of cardiac resynchronization therapy on long-term quality of life: An analysis from the CArdiac REsynchronisation-Heart Failure (CARE-HF) study. *American Heart Journal, 157*(3), 457-466.

DE ROY, L. (2005). Maladie de l'oreillette. *Archives des maladies du cœur et des vaisseaux, 98*(NS5), 42-47.

EUROPEAN RESUSCITATION COUNCIL (ERC) (2010). European Resuscitation Council Guidelines for Resuscitation 2010. *Resuscitation, 81,* 1219-1451.

FONDATION DES MALADIES DU CŒUR (2010). *Points saillants des Lignes directrices 2010 en matière de réanimation cardiorespiratoire et de soins d'urgence cardiovasculaire de l'American Heart Association.* Ottawa, Ont.: Fondation des maladies du cœur.

FUSTER, V., Walsh, R.A., & Harrington, R.A. (Eds) (2011). *Hurst's The Heart* (13th ed.). New York: McGraw-Hill.

GLASSER, S.P., Clark, P.I., & Applebaum, H.J. (1979). Occurrence of frequent complex arrhythmias detected by ambulatory monitoring: Findings in an apparently healthy asymptomatic elderly population. *Chest, 75*(5), 565-568.

GREENSTEIN, E., & Golderger, J.J. (2011). Implications of progressive aberrancy versus true fusion for diagnosis of wide complex tachycardia. *American Journal of Cardiology, 108*(1), 52-55.

HAÏSSAGUERRE, M., Derval, N., Sacher, F., Jesel, L., Deisenhofer, I., De Roy, L., *et al.* (2008). Sudden cardiac arrest associated with early repolarisation. *New England Journal of Medicine, 358*(19), 2016-2023.

HARUTA, D., *et al.* (2011). Incidence and prognostic value of early repolarization pattern in the 12-lead electrocardiogram. *Circulation, 123*(25), 2931-2937.

HENDY, S., Proulx, M., & Roy, F. (1992). *Le monitoring hémodynamique: approche clinique et soins infirmiers.* Boucherville, Qc: Gaëtan Morin.

JACQUES, J.-M. (2006). *Advanced Life Support* (5e éd.) [manuel de cours] [traduction française]. Soignies, Belgique: Belgian Resuscitation Council.

KILGANNON, J.H., Jones, A.E., Shapiro, N.I., Angelos, M.G., Milcarek, B., Hunter, K., *et al.* (2010). Association between arterial hyperoxia following resuscitation from cardiac arrest and in-hospital mortality. *JAMA, 303*(21), 2165-2171.

KRUSE, W., Köhler, J., Oster, P., & Schlierf, G. (1987). Vermeidbare risiken in der medikamentösen Behandlung hochbetagter patienten [Avoidable risks in the drug treatment of very old patients]. *Deutsche Medizinische Wochenschrift, 112*(39), 1486-1491.

LAPOSTOLLE, F., & Admet, F. (2006). Traitement de référence des intoxications digitaliques cardiaques. *Revue des cardiologues, 23*(2).

LECRUBIER, Aude. (2010). *Extrasystoles ventriculaires: savoir dépister les situations à risque.* [En ligne], www.esculape.com/cardiologie/ESV-risque.pdf (Page consultée le 4 juillet 2011).

LEGUERRIER, A., Scordia, P., Ritter, B., & Matthewman, J. (1996). *Cardiologie médicale, chirurgicale, démarche de soins et cas concrets.* Paris: Éditions Heures de France.

LE HEUZEY, J.Y. (2010). *Les nouvelles recommandations sur les traitements antiarythmiques de la fibrillation atriale.* [En ligne], www.consensus-online.fr/IMG/pdf/heuzey_attitude.pdf (Page consultée le 4 juillet 2011).

LIN, P. (2004). Drug interactions: A method to the madness. *Perspectives in Cardiology, 20*(9), 20-24.

MANGIOLA, S. (1977). *Self-assessment in electrocardiography.* Philadelphia: Lippincott Wiliams & Wilkins.

MILHOMME, D. (2011). L'intervalle QT. *Perspective infirmière, 8*(4), 45-48.

PROBST, V., Veltmann, C., Eckardt, L., Meregalli, P.G., Gaita, F., Tan, H.L., *et al.* (2010). Long-term prognosis of patients diagnosed with Brugada syndrome: Results from the FINGER Brugada Syndrome Registry. *Circulation, 121*(5), 635-643.

ROQUEBRUNE, J.-P. (2008). *Synopsis des médicaments cardiovasculaires.* Lyon (France): Santé-Prévention-Communication, Lipha Santé.

SOBOTKA, P.A., Mayer, J.H., Bauernfeind, R.A., Kanakis, C., & Rosen, K.M. (1981). Arrhythmias documented by 24-hour continuous ambulatory electrocardiographic monitoring in young women without apparent heart disease. *American Heart Journal, 101*(6), 753-759.

SURAWICZ, B., & Knilans, T.K. (2008). *Chou's electrocardiography in clinical practice: Adult and pediatric* (6th ed.). Philadelphia: Saunders.

TABOULET, P. (2010). *L'ECG de A à Z.* Paris: Maloine.

TAYLOR, C., & Ignaszewski, A. (2005). Picking out the pattern. *Perspectives in Cardiology, 21*(2), 12-16.

VANDER, A.J., Sherman, J.H., & Luciano, D.S. (2004). *Physiologie humaine: les mécanismes du fonctionnement de l'organisme* (4e éd.). Montréal: Chenelière McGraw- Hill.

VERECKEI, A., *et al.* (2007). Application of a new algorithm in the differential diagnosis of wide QRS complex tachycardia. *European Heart Journal.*

WANN, L.S. (2011). Focused update on the management of patients with atrial fibrillation (Updating the 2006 guideline). *Journal of the American College of Cardiology.*

WAUGH, R.A., Ramo, B.W., Wagner, G.S., & Gilbert, M. (Eds) (1994). *Cardiac arrhythmias: A practical guide for the clinician* (2nd ed.). Philadelphia: F.A. Davis Company.

ZALENSKI, R.J., Cooke, D., Rydman, R., Sloan, E.P., & Murphy, D.G. (1993). Assessing the diagnostic value of an ECG containing leads V_{4R}, V_8, and V_9: The 15-lead ECG. *Annals of Emergency Medicine, 22*(5), 786-793.

ZEHENDER, M., Kasper, W., Kauder, E., Schönthaler, M., Geibel, A., Olschewski, M., *et al.* (1993). Right Ventricular infarction as an independent predictor of prognosis after acute inferior myocardial infarction. *New England Journal of Medicine, 328*(14), 981-988.

Index

A

B

C

D

E

F

G

H

I

J

L

M

S

T

V

W